Gente

A TASK-BASED APPROACH TO LEARNING SPANISH

CUARTA EDICIÓN

EDICIÓN NORTEAMERICANA

María José de la Fuente
The George Washington University

Carola Goldenberg
The George Washington University

ERNESTO MARTÍN PERIS

NEUS SANS

Please contact https://support.pearson.com/getsupport/s/contactsupport with any queries on this content

Acknowledgments of third-party content appear on the appropriate page within the text.

Cover Design: Lumina Datamatics
Cover Credit: Rawpixel.com/Shutterstock

Library of Congress Cataloging-in-Publication Data
Names: Fuente, María J. de la (María José de la), author. |
Martín, Ernesto (Martín Peris), author. | Goldenberg, Carola, author.
Title: Gente : a task-based approach to learning Spanish / María José de La Fuente,
Carola Goldenberg, Ernesto Martín Peris.
Description: 4. | New Jersey : Pearson, 2020. | Includes index.
Identifiers: LCCN 2019055239 | ISBN 9780135162903 (paperback)
Subjects: LCSH: Spanish language—Textbooks for foreign speakers—English.
Classification: LCC PC4129.E5 F84 2020 | DDC 468.0071—dc23
LC record available at https://lccn.loc.gov/2019055239

1 2020

Access Code Card
ISBN 10: 0-13-530763-5
ISBN 13: 978-0-13-530763-2

Rental Edition
ISBN 10: 0-13-516290-4
ISBN 13: 978-0-13-516290-3

Annotated Instructor's Edition
ISBN 10: 0-13-530562-4
ISBN 13: 978-0-13-530562-1

Brief Contents

Scope & Sequence

GRAMMATICAL/FUNCTIONAL GOALS	VOCABULARY GOALS	STRATEGIES
• The alphabet and pronunciation • Present tense of *ser* and *llamarse* • Subject pronouns (form and use) • Gender and number: articles and nouns • Demonstrative pronouns: *esto, este/a/os/as*	• Numbers (1–20) • Culture • Geography • Classroom	**Oral communication** • Useful expressions for the class **Reading** • Predicting content **Writing** • Writing as a process • Basic sentence connectors
• Adjectives (gender and number) • *Ser* + adjective • The present tense: *-ar*, *-er*, and *-ir* verbs • Possessive adjectives • Talking about age, marital status, professions, and nationality and place of origin	• Nationalities • Numbers (20–100) • Professions • Family and relationships • People's characteristics • People's interests	**Oral communication** • Formulating basic questions **Reading** • Recognizing cognates **Writing** • Reviewing the language use (grammar) of your written work • Basic connectors to organize information
• *Hay, estar* • *También, tampoco* • *Querer* and *preferir: E>IE* • Verbs to express likes and interests • Agreement and disagreement	• Transportation • Tourism and vacation • Lodging and services • Months and seasons	**Oral communication** • Expressing agreement and disagreement **Reading** • Guessing the meaning of words using the context **Writing** • Reviewing the vocabulary of your written work • Connectors to express cause and consequence
• Obligations (*tener que* + infinitive) and needs (*necesitar*) • Use of *un/uno, una, unos, unas* • Numbers from 100 to 1,000 • Demonstrative adjectives • Third-person direct and indirect object pronouns	• Stores and shopping • Clothes and accessories • Colors	**Oral communication** • Formulating direct questions (I) **Reading** • Identifying and using topic sentences **Writing** • Editing your written work for content and organization (I) • Cohesion
• Present Indicative of irregular verbs • Reflexive verbs • States, recommendations, and advice • Expressing frequency • Quantifying: *muy, mucho, demasiado. . .* • The time	• Studies • Days of the week • College life • Housing	**Oral communication** • Formulating direct questions (II) **Reading** • Using a bilingual dictionary (I) **Writing** • Editing your written work for content and organization (II) • Basic connectors for introducing examples and clarifying information

Scope & Sequence *(continued)*

	TASK	OBJECTIVES
6 **Gente que trabaja** 102	Select a candidate for a job	**Communicative** • Greeting and introducing people, formally and informally • Talking about work-related qualities, competencies, and abilities • Addressing people using *tú* and *usted* **Cultural** • El Salvador • Salvadorian heritage in the United States
7 **Gente que viaja** 122	Organize a service trip to the Dominican Republic	**Communicative** • Talking about trips • Using spatial references to talk about trips and itineraries • Situating activities in time, including dates • Talking about activities in the future **Cultural** • Dominican Republic • Dominican heritage in the United States
8 **Gente que come bien** 142	Write a cooking recipe	**Communicative** • Talking about food habits, dishes, and cooking • Interacting in a restaurant • Asking and answering questions related to food preferences and eating habits **Cultural** • Cuba • Cuban heritage in the United States
9 **Gente de ciudad** 162	Identify the main problems of a college campus and offer solutions	**Communicative** • Talking about the location of places in a city • Describing and comparing cities • Expressing opinions • Agreeing or disagreeing with others' opinions **Cultural** • Perú • Peruvian heritage in the United States
10 **Gente extraordinaria** 182	Create a timeline about a historical figure	**Communicative** • Talking about personal experiences in the past • Talking about historical figures and events • Relating historical events in chronological order **Cultural** • Chile • Chilean heritage in the United States
11 **Gente e historias** 202	Write the end of a mystery story	**Communicative** • Talking about personal past events and circumstances • Relating specific events to the historical context in which they took place • Contrasting past and present personal behavior and tendencies **Cultural** • Nicaragua • Nicaraguan heritage in the United States

GRAMMATICAL/FUNCTIONAL GOALS	VOCABULARY GOALS	STRATEGIES
• Formal vs. informal register: *tú* vs. *usted* • Command forms • Use of command forms • Introductions and greetings • *Estar* + gerund	• Professions • Work environment • Workplace • Professional characteristics	**Oral communication** • Phone conversations **Reading** • Using a bilingual dictionary (II) **Writing** • The goal of your composition (context, purpose, reader, and register) • Connectors for adding and sequencing ideas
• Spatial references • Time references • Talking about the future • Expressing conditions • The weather	• Trips • Activities related to travel • The weather • Cardinal points	**Oral communication** • Beyond *sí* and *no*: emphasizing affirmative or negative replies **Reading** • Skimming and scanning texts **Writing** • Using a bilingual dictionary when writing • Writing a paragraph
• Quantifying • Negative quantifiers • Likes, dislikes, agreement, and disagreement • States and conditions • Impersonal *se*	• Foods • Drinks • Measures and containers • Kitchen and restaurant	**Oral communication** • Interacting in a restaurant **Reading** • Word formation **Writing** • Punctuation and capitalization • Connectors for contrasting ideas
• Comparisons • Comparisons of equality • Describing things, people, and places (using relative pronouns) • Expressing and contrasting opinions • Location of people and places	• Cities and services • City problems • Environment	**Oral communication** • Collaboration in conversation (I) **Reading** • Word order in Spanish (I) **Writing** • Adding details to a paragraph • Connecting information using relative pronouns
• The preterit tense • Use of the preterit tense • Talking about dates • Sequencing past events • Articles: *alguno / ninguno, algo / alguien, nada / nadie*	• Biographies • Historical concepts	**Oral communication** • Using approximation and circumlocution **Reading** • Developing a timeline **Writing** • Writing a narrative (I): past actions and events • Use of time markers in narratives (I)
• The imperfect tense • Uses of the imperfect tense • Contrasting the preterit and the imperfect tenses • Relating past events: cause and consequence • *Estar* + gerund (preterit vs. imperfect)	• Historical concepts and events • Mystery story	**Oral communication** • Collaboration in conversation (II) **Reading** • Summarizing a text **Writing** • Writing a narrative (II): including circumstances that surround events • Use of time markers in narratives (II)

Scope & Sequence *(continued)*

GRAMMATICAL/FUNCTIONAL GOALS	VOCABULARY GOALS	STRATEGIES
• Command forms • Pronoun placement with command forms • Recommendations and advice • Talking about health • Adverbs ending in *-mente*	• Medicine: symptoms and illnesses • Parts of the body • Health and nutrition • Sports • Physical activities	**Oral communication** • Collaboration in conversation (III) **Reading** • Word order in Spanish (II) **Writing** • The good writer • Reviewing your text for cohesion
• Verbs like *gustar* • The present perfect • Uses of the gerund • The future tense: form and uses • Third-person direct and indirect object pronouns	• Teaching and learning of languages • Languages	**Oral communication** • Expressing agreement and disagreement during conversation **Reading** • Review of vocabulary strategies (I): using a bilingual dictionary **Writing** • Punctuation and capitalization (II): differences between Spanish and English • Cohesive writing (I): key words and reference words
• Quantifying with verbs like *gustar* • *Ser* + adjective • Comparisons with adjectives • The Conditional tense: form and uses • Direct and indirect questions	• Personality traits	**Oral communication** • Verbal courtesy **Reading** • Review of vocabulary strategies (II): word formation and Spanish affixes **Writing** • Using a bilingual dictionary • Cohesive writing (II): using connectors
• The present subjunctive • Use of subjunctive: expressing wishes and recommendations • Time and place of events • Reflexive verbs to state feelings and emotions	• Movies and television • Arts and entertainment • Leisure	**Oral communication** • Proposing activities **Reading** • Review of pre-reading strategies **Writing** • Editing your writing for content, organization, and cohesion • Expository writing (I): connectors for adding and sequencing ideas, summarizing, and concluding
• Describing objects • Impersonal *se* • Direct and indirect object pronouns • Describing people and things (use of subjunctive)	• Materials • Science and technology	**Oral communication** • Collaboration in conversation (IV) **Reading** • Reviewing a journalistic text (news) **Writing** • Reviewing the vocabulary and grammar of your written work • Expository writing (II): connectors for giving examples, restating ideas, generalizing, and specifying

Scope & Sequence *(continued)*

	TASK	OBJECTIVES
17 Gente y derechos 322	Write a set of questions about human rights for a game show	**Communicative** • Narrating anecdotes and stories • Initiating and summarizing a narration • Asking and answering questions related to past events and circumstances **Cultural** • Bolivia • Bolivian heritage in the United States
18 Gente de negocios 344	Create a commercial to promote a business on a crowdfunding platform	**Communicative** • Talking about the future • Obtaining and giving information about businesses • Describing and evaluating businesses and services **Cultural** • Panamá • Panamanian heritage in the United States
19 Gente y desarrollo 366	Debate about the UN Sustainable Development Goals, decide which is the most important problem, and identify six areas of action to solve it	**Communicative** • Making statements and expressing opinions • Questioning and doubting information and others' opinions • Expressing and rejecting the possibility of future events • Relating two events in the future • Talking about the purpose of an action **Cultural** • Guatemala • Guatemalan heritage in the United States
20 Gente y medio ambiente 388	Prepare a presentation about one of the Sustainable Development Goals related to the environment	**Communicative** • Expressing opinions and emotions about information • Interrupting and questioning others' opinions • Giving recommendations and advice • Describing the effects and consequences of current actions **Cultural** • Ecuador • Ecuadorian heritage in the United States

GRAMMATICAL/FUNCTIONAL GOALS	VOCABULARY GOALS	STRATEGIES
• Uses of the imperfect tense • The pluperfect • Direct questions • *Pero* vs *sino*	• Rights • Human groups • Political conflicts	**Oral communication** • Collaboration in conversation (V) **Reading** • Reading a narration **Writing** • Writing a narration • Connectors of time used in narrations
• *Donde / cuando / como / lo que* + subjunctive • Expressing conditions • The future • Use of subjunctive: expressing wishes and possibility • Quantity of people	• Companies and businesses • Economy and commerce	**Oral communication** • Resources for debating (I) **Reading** • Reading an essay **Writing** • The essay: thesis and development • Writing an essay: use of connectors
• Use of subjunctive: stating vs. querying information • Use of subjunctive: considering and rejecting a possibility • *Cuando* + subjunctive: talking about the future • *Para* + subjunctive: talking about the purpose of an action • Expressing continuity or interruption	• Social groups • Development	**Oral communication** • Resources for debating (II) **Reading** • Reading an argumentative essay **Writing** • Writing argumentative texts (I) • Connectors for argumentative texts
• Use of subjunctive: expressing personal opinions and feelings about information • Use of subjunctive: expressing recommendations / advice • Characteristics: *ser* vs. *estar*	• Environment • Climate change • Nature	**Oral communication** • Resources for debating (III) **Reading** • Reading an argumentative essay: cause and effect **Writing** • Writing argumentative texts (II): cause and effect • Connectors of cause and effect

Preface

What reviewers say:

"We really like the task-based approach and have found that our students are much more engaged in the classroom."

"We find that this approach is much more successful than other communicative approaches in other books we know."

"In the U.S. market, ***Gente*** *is the textbook that best implements the task-based approach. I don't think there is any other textbook that compares to it."*

Why *Gente*?

Learning by doing: the task-based approach

Learning is experiential, and we acquire skills by doing things. Imagine trying to learn to swim, cook, or play golf through explanation *about* —rather than immersion *in*— the actual experience. We learn a language by using it, and a task-based approach offers an optimal framework for this to happen.

In task-based language learning, students become active users of the language as they participate in the learning process.

> **TASK** (in second-language pedagogy):
>
> An activity that focuses on meaning, requires a communicative outcome or product, and makes students draw on their linguistic and non-linguistic resources during performance.

Through meaningful activities and tasks that require student collaboration and communication, ***Gente*** provides resources that create a dynamic, communicatively oriented classroom. Students who have experience with task-based learning report that they gain confidence in speaking and interacting soon after beginning a task-based course. They can cope with natural spontaneous speech quite easily and tackle tough reading texts in an appropriate way. Most importantly, they become independent learners, and independent learners never stop learning!

How do you think your students will feel when, by the end of their Spanish learning sequence, they can *do* the following, and more, in Spanish?

- Plan an end-of-semester party for the class
- Create a brochure with advice for Spanish students in your college
- Select a candidate for a job
- Organize a service trip to the Dominican Republic
- Create a timeline about a historical figure
- Create a poster for a health problem prevention campaign
- Plan a weekend at a leisure and fantasy fair in Bogota
- Design a "smart" campus
- Create a commercial to promote a business on a crowdfunding platform
- Prepare a presentation about one of the Sustainable Development Goals related to the environment

With ***Gente***, students learn by doing!

New to the Fourth Edition

The new edition of *Gente* includes multiple improvements based on extensive instructor and student reviews, interviews, and feedback; new research and findings in the second language learning field in general, and task-based language learning in particular; and market research. At the core, *Gente's* hallmarks continue to be the same:

- Consistent learning sequence
- Content-based grammar approach from a functional, usage-based perspective
- Emphasis on interaction and collaborative learning
- Development of cultural consciousness and cross-cultural awareness
- Development of culture-based, strategic reading and writing

The new or revised features below are the direct result of users' feedback on the key improvements that would strengthen the *Gente* program.

- **Learning Objectives as Can-Do Statements in Alignment with ACTFL Standards** – Every chapter opener of *Gente* now includes learning objectives related to presentational and interpersonal communication, interpretive communication, and intercultural competence. These objectives are written as "can-do" statements that students can own, work toward, and achieve. Students are also encouraged to review and reflect on their progress at the conclusion of each chapter's *tarea* through completion of a progress self-assessment.

PRESENTATIONAL AND INTERPERSONAL COMMUNICATION

Speaking
- talk about my university life.
- ask and answer questions about academic interests and schedules.
- talk about physical or emotional states and give recommendations and advice.
- talk about frequency and quantifying activities.

Writing
- write a basic email explaining my routine in college and giving recommendations for international students.
- edit my writing by focusing on content and organization.
- use connectors to give examples and clarify meaning.

INTERPRETIVE COMMUNICATION

Listening
- identify basic information in conversations related to academic interests, lodging, and schedules.
- understand basic questions related to my college routine, schedule, and lodging.

Reading
- understand the general meaning of an informational text.
- use a bilingual dictionary and other reading strategies to guess the meaning of unfamiliar words.

INTERCULTURAL COMPETENCE

- talk about Spain as a multilingual country.
- understand Spain's past contributions to the United States.
- reflect on the work of a famous Spaniard living in the United States and his impact on the community.

- Updated **and Fully Revised Chapters and *Tareas*** – Based on users' feedback, the authors revised several chapters to incorporate new or updated themes relevant to today's students and society. Likewise, many *tareas* were updated or fully revised accordingly to ensure their meaningfulness to students as well as to allow for in-class completion. Chapter theme changes that involved almost or all-new activities and new *tareas* include:
    - Chapter 5 changed from *Gente en forma* to *Gente que estudia*
    - Chapter 6 changed from *Gente en la casa y en el trabajo* to *Gente que trabaja*
    - Chapter 10 changed from *Gente e historias (I)* to *Gente extraordinaria*
    - Chapter 11 changed from *Gente e historias (II)* to *Gente e historias*
    - Chapter 12 changed from *Gente sana* to *Gente, salud y deportes*
    - Chapter 17 changed from *Gente que cuenta historias* to *Gente y derechos*
    - Chapter 19 changed from *Gente que opina* to *Gente y desarrollo*
    - Chapter 20 theme changed from *Gente con sentimientos* to *Gente y medio ambiente*

  In addition, the authors revised *tareas* for chapters 7, 13, 14, 15, 16, and 18 to better connect with students' lives, reflect today's society, and/or allow for completion of the full task within class time. The countries of focus of Chapters 5 and 15 were also switched from Colombia to Spain.

- **Task-Based Testing Program** – Based on current task-based language learning theory, as well as user and non-user instructor surveys and interviews, ***Gente*** authors made improvements to the testing program to ensure that assessment and learning are pedagogically aligned. The new task-based assessment program is formative and performance-based. Students are asked to perform target tasks at different points in the program, and are assessed on the quality of their performance. The tasks assess productive language skills and are integrative (i.e., they incorporate more than one skill, like reading a text in order to complete a speaking or writing task). Assessment rubrics that provide both task accomplishment criteria and language proficiency criteria provide students with individualized feedback.
- **Grammar Scope and Sequence Updated & Expanded *Consultorio lingüístico*** – The *Consultorio lingüístico* section, an easy-to-understand reference section written in English with Spanish examples and English equivalents, was extensively reviewed and expanded to facilitate processing and understanding of Spanish structures: their forms, meanings, and uses. Grammar is presented as a way to express certain types of meanings through grammatical *forms*. ***Gente*** authors acknowledge that knowing about grammar does not equate to knowing how to use the grammar, but explicit knowledge of the Spanish grammar can help students develop cross-linguistic awareness and establish from–function connections. The review of this component also reflects that grammar is acquired through time and in a spiral (not additive) fashion; for this reason, highly useful grammar structures reappear at different points throughout the ***Gente*** program.

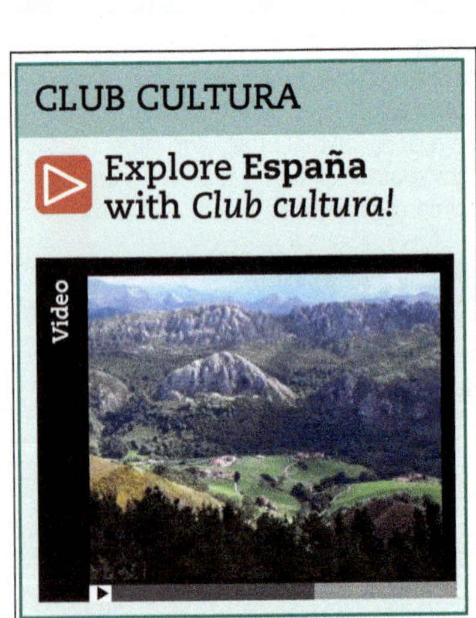

- **Integrated Videos** – Videos are now integrated throughout the text and introduce each chapter (with the exception of Chapter 1). These vibrant videos were shot on location to immerse students in the nuances of culture and the Spanish language from the very start. In most chapters, another video of the chapter's country of focus is integrated into the *Comparaciones culturales* section to further engage students in the cultural customs and daily life of native speakers, including their traditions, geography, history, and festivals. The full series of Videos, along with related activities, remains available to students and instructors in *MyLabSpanish*.
- **Expanded *Comparaciones culturales*** – This section has been expanded to include relevant and updated cultural content about the entire Spanish-speaking world as well as new content about the focus country and the influence of its people on the United States. This additional content promotes awareness of Spanish-speaking communities in the United States. New activities foster comparisons and cross-cultural awareness.
- **Process Approach to Writing** – Writing assignments are varied and relevant to students' needs and interests. The *Gente que escribe* section has been revised to follow a process-oriented approach to writing (similar to *Gente que lee*), with before-, during-, and after-writing activities that encourage students to follow a planned series of steps, including both self-monitoring and peer editing. The new edition also includes peer-review guidelines for students available in *MyLab*.
- **Streamlined *MyLab*** – ***Gente*** users surveyed agree that a streamlined *MyLab* with easy-to-use and easy-to-find resources is the best complement to the textbook. Over one million language learners have used *MyLab* to improve results in their beginning and intermediate language courses. The *MyLab* offering that complements and enhances the new edition of ***Gente*** includes strategically selected and new resources, such as a fully revised student activities manual (written by ***Gente's*** textbook authors); the full *Club cultura* video series and

related activities; new online student activities tied to *Estrategias para leer*, *Estrategias para escribir*, and *Mas allá de la frase* strategy boxes in the textbook; and a new *LiveChat* activity tied to the *Situaciones* interaction activity within *Interacciones*.

How *Gente* Works: Chapter Walkthrough

The task-based approach in **Gente** is highly communicative and creates an immersion-like experience in the elementary and intermediate Spanish classrooms. The visual walkthrough below illustrates **Gente's** chapter organization. The instructional sequence of each of **Gente's** brief 20 chapters (a feature that serves to motivate students by giving them a greater sense of accomplishment) progresses from a focus on input to a focus on output (that is, contextualized input to guided output, to free output, to the global / integrative task).

Chapter Opener and *Acercamientos*. This section introduces students to the theme and the global task that they will carry out in this chapter. The section also presents the pedagogical goals (linguistic and cultural) of the chapter through contextualized language, visuals (photographs, line art, realia), and activities that activate the learner's background knowledge. Learners also receive preliminary information on the country that is the cultural focal point of the chapter.

Capítulo 5

Gente que estudia

Peter Horree / Alamy Stock Photo

Universidad de Salamanca (España)

TAREA GLOBAL

Elaborar un folleto con recomendaciones para estudiantes españoles en tu universidad

CLUB CULTURA

Explore España with *Club cultural!*

Video

At the end of this lesson, I will be able to...

PRESENTATIONAL AND INTERPERSONAL COMMUNICATION

Speaking
- talk about my university life.
- ask and answer questions about academic interests and schedules.
- talk about physical or emotional states and give recommendations and advice.
- talk about frequency and quantifying activities.

Writing
- write a basic email explaining my routine in college and giving recommendations for international students.
- edit my writing by focusing on content and organization.
- use connectors to give examples and clarify meaning.

INTERPRETIVE COMMUNICATION

Listening
- identify basic information in conversations related to academic interests, lodging, and schedules.
- understand basic questions related to my college routine, schedule, and lodging.

Reading
- understand the general meaning of an informational text.
- use a bilingual dictionary and other reading strategies to guess the meaning of unfamiliar words.

INTERCULTURAL COMPETENCE

- talk about Spain as a multilingual country.
- understand Spain's past contributions to the United States.
- reflect on the work of a famous Spaniard living in the United States and his impact on the community.

Acercamientos 83

Acercamientos

5-1 Las materias (*subjects*) de estudio Mira esta lista de materias de estudio. ¿Cuáles son tus favoritas? Elige dos. ¿Cuáles no te gustan? Elige dos.

Matemáticas Química Lengua Literatura
Geografía Física Educación Física Música
Historia Arte Informática (*Computer Sciences*) Tecnología

Ahora, habla con dos compañeros para comparar sus preferencias.

EJEMPLO: E1: A mí me gustan mucho las matemáticas.
E2: A mí no. Yo prefiero la historia: es mi materia favorita.
E3: A mí me encantan las ciencias: química y física.

5-2 Estudiar en España Lee este texto sobre el sistema educativo en España y mira el gráfico. ¿Es igual o diferente en tu país?

www.edusistemaes.org

El sistema educativo de España se compone de cinco partes: la educación infantil, que no es obligatoria; la educación primaria (seis años) que es obligatoria y es gratis en escuelas públicas; la educación secundaria obligatoria (cuatro años) que también es gratis; la educación secundaria no obligatoria o bachillerato (dos años más) y la educación universitaria. La Constitución española dice que la educación es un derecho (*right*) de todos los españoles.

Durante la educación primaria se estudian estas materias: Ciencias Sociales, Educación Artística, Educación Física, Lengua y Literatura, Lengua Extranjera, Matemáticas y Ciencias Naturales. En la educación secundaria hay materias obligatorias y opcionales. Las materias obligatorias son similares a la primaria, pero además se estudian otras como Tecnologías, Música o Educación Cívica. La lengua extranjera es obligatoria; además puedes elegir una segunda lengua extranjera como opcional.

Para poder ir a la universidad, los estudiantes tienen que terminar la educación secundaria (seis años) y pasar un examen de acceso. En España hay 53 universidades públicas y 27 privadas. Los títulos (*degrees*) universitarios son: Grado (tres o cuatro años de universidad), Máster (uno o dos años) y Doctorado. La universidad pública cuesta entre 800 y 2.000 euros por año y la privada un promedio de 9.500 euros por año.

Ahora completa la tabla con tu compañero/a.

	ESPAÑA	TU PAÍS
¿Cuántos años estudias en la escuela primaria?		
¿Cuántos años estudias en la escuela secundaria?		
¿Es obligatoria la escuela primaria?		
¿Es obligatoria la escuela secundaria?		
¿Qué materias estudias en la escuela primaria?		
¿Qué materias estudias en la escuela secundaria?		
¿Cómo es el acceso a la universidad?		
¿Qué títulos puedes obtener en la universidad?		
¿Cuántas universidades hay?		
¿Cuánto cuesta la universidad?		

Vocabulario en contexto. This section introduces the lesson's active vocabulary in context through a series of activities and micro-tasks that focus primarily on comprehension with some guided output. Visuals, text, audio, and instructor discourse combine to create broad and varied sources of input. Some structures that are presented in the subsequent *Lengua en contexto* section may also be previewed lexically in context.

Lengua en contexto. This section focuses on content-based grammar by presenting the target structures in context from a functional, usage-based perspective. Each activity encourages the establishment of connections between forms and meanings giving learners a true understanding of the Spanish language. All activities and micro-tasks encourage production in a guided manner. Summary grammar boxes are placed strategically to serve as a quick in-class reference while they do the activities and micro-tasks. At the end of the chapter, the *Consultorio lingüístico* pages offer grammar explanations in English for easy comprehension of concepts. Examples of grammar in use are given with translations in English, so students can make needed cross-linguistic connections.

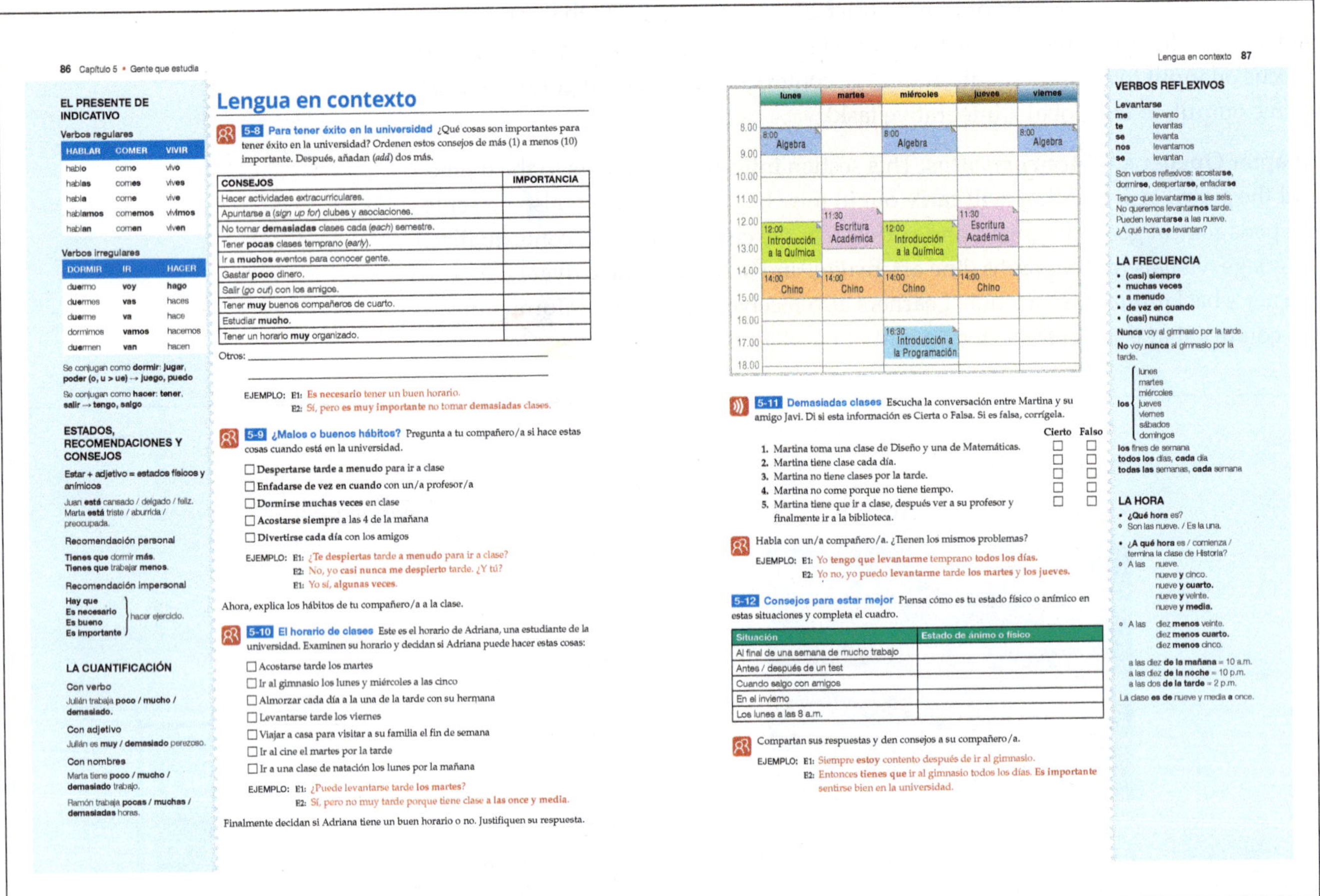

86 Capítulo 5 • Gente que estudia

EL PRESENTE DE INDICATIVO

Verbos regulares

HABLAR	COMER	VIVIR
hablo	como	vivo
hablas	comes	vives
habla	come	vive
hablamos	comemos	vivimos
hablan	comen	viven

Verbos irregulares

DORMIR	IR	HACER
duermo	voy	hago
duermes	vas	haces
duerme	va	hace
dormimos	vamos	hacemos
duermen	van	hacen

Se conjugan como **dormir**: **jugar, poder (o, u > ue) → juego, puedo**

Se conjugan como **hacer**: **tener, salir → tengo, salgo**

ESTADOS, RECOMENDACIONES Y CONSEJOS

Estar + adjetivo = estados físicos y anímicos

Juan **está** cansado / delgado / feliz. Marta **está** triste / aburrida / preocupada.

Recomendación personal

Tienes que dormir **más**.
Tienes que trabajar **menos**.

Recomendación impersonal

Hay que / **Es necesario** / **Es bueno** / **Es importante** } hacer ejercicio.

LA CUANTIFICACIÓN

Con verbo

Julián trabaja **poco / mucho / demasiado.**

Con adjetivo

Julián es **muy / demasiado** perezoso.

Con nombres

Marta tiene **poco / mucho / demasiado** trabajo.

Ramón trabaja **pocas / muchas / demasiadas** horas.

Lengua en contexto

5-8 Para tener éxito en la universidad ¿Qué cosas son importantes para tener éxito en la universidad? Ordenen estos consejos de más (1) a menos (10) importante. Después, añadan (*add*) dos más.

CONSEJOS	IMPORTANCIA
Hacer actividades extracurriculares.	
Apuntarse a (*sign up for*) clubes y asociaciones.	
No tomar **demasiadas** clases cada (*each*) semestre.	
Tener **pocas** clases temprano (*early*).	
Ir a **muchos** eventos para conocer gente.	
Gastar **poco** dinero.	
Salir (*go out*) con los amigos.	
Tener **muy** buenos compañeros de cuarto.	
Estudiar **mucho**.	
Tener un horario **muy** organizado.	

Otros: ___________________

____

EJEMPLO: E1: Es necesario tener un buen horario.
E2: Sí, pero **es muy importante** no tomar **demasiadas** clases.

5-9 ¿Malos o buenos hábitos? Pregunta a tu compañero/a si hace estas cosas cuando está en la universidad.

- ☐ **Despertarse tarde a menudo** para ir a clase
- ☐ **Enfadarse de vez en cuando** con un/a profesor/a
- ☐ **Dormirse muchas veces** en clase
- ☐ **Acostarse siempre** a las 4 de la mañana
- ☐ **Divertirse cada día** con los amigos

EJEMPLO: E1: ¿**Te despiertas** tarde **a menudo** para ir a clase?
E2: No, yo **casi nunca me despierto** tarde. ¿Y tú?
E1: Yo sí, **algunas veces**.

Ahora, explica los hábitos de tu compañero/a a la clase.

5-10 El horario de clases Este es el horario de Adriana, una estudiante de la universidad. Examinen su horario y decidan si Adriana puede hacer estas cosas:

- ☐ Acostarse tarde los martes
- ☐ Ir al gimnasio los lunes y miércoles a las cinco
- ☐ Almorzar cada día a la una de la tarde con su hermana
- ☐ Levantarse tarde los viernes
- ☐ Viajar a casa para visitar a su familia el fin de semana
- ☐ Ir al cine el martes por la tarde
- ☐ Ir a una clase de natación los lunes por la mañana

EJEMPLO: E1: ¿Puede levantarse tarde **los martes**?
E2: Sí, pero no muy tarde porque tiene clase **a las once y media**.

Finalmente decidan si Adriana tiene un buen horario o no. Justifiquen su respuesta.

Lengua en contexto 87

5-11 Demasiadas clases Escucha la conversación entre Martina y su amigo Javi. Di si esta información es Cierta o Falsa. Si es falsa, corrígela.

	Cierto	Falso
1. Martina toma una clase de Diseño y una de Matemáticas.	☐	☐
2. Martina tiene clase cada día.	☐	☐
3. Martina no tiene clases por la tarde.	☐	☐
4. Martina no come porque no tiene tiempo.	☐	☐
5. Martina tiene que ir a clase, después ver a su profesor y finalmente ir a la biblioteca.	☐	☐

Habla con un/a compañero/a. ¿Tienen los mismos problemas?

EJEMPLO: E1: Yo **tengo que levantarme** temprano **todos los días**.
E2: Yo no, yo puedo **levantarme** tarde **los martes** y **los jueves**.

5-12 Consejos para estar mejor Piensa cómo es tu estado físico o anímico en estas situaciones y completa el cuadro.

Situación	Estado de ánimo o físico
Al final de una semana de mucho trabajo	
Antes / después de un test	
Cuando salgo con amigos	
En el invierno	
Los lunes a las 8 a.m.	

Compartan sus respuestas y den consejos a su compañero/a.

EJEMPLO: E1: Siempre **estoy** contento después de ir al gimnasio.
E2: Entonces **tienes que** ir al gimnasio todos los días. **Es importante** sentirse bien en la universidad.

VERBOS REFLEXIVOS

Levantarse
me levanto
te levantas
se levanta
nos levantamos
se levantan

Son verbos reflexivos: acostar**se**, dormir**se**, despertar**se**, enfadar**se**

Tengo que levantar**me** a las seis.
No queremos levantar**nos** tarde.
Pueden levantar**se** a las nueve.
¿A qué hora **se** levantan?

LA FRECUENCIA

- **(casi) siempre**
- **muchas veces**
- **a menudo**
- **de vez en cuando**
- **(casi) nunca**

Nunca voy al gimnasio por la tarde.

No voy **nunca** al gimnasio por la tarde.

los { lunes / martes / miércoles / jueves / viernes / sábados / domingos

los fines de semana
todos los días, **cada** día
todas las semanas, **cada** semana

LA HORA

- **¿Qué hora** es?
  - Son las nueve. / Es la una.
- **¿A qué hora** es / comienza / termina la clase de Historia?
  - A las nueve.
    nueve **y** cinco.
    nueve **y cuarto.**
    nueve **y** veinte.
    nueve **y media.**
  - A las diez **menos** veinte.
    diez **menos cuarto.**
    diez **menos** cinco.

a las diez **de la mañana** = 10 a.m.
a las diez **de la noche** = 10 p.m.
a las dos **de la tarde** = 2 p.m.

La clase **es de** nueve y media **a** once.

Interacciones. This section targets the development of interpersonal oral discourse and interactional strategies by engaging students in collaborative, pair- and group-work tasks that focus on meaning. There is a greater emphasis upon production, which is also less guided than in the previous vocabulary and grammar sections, thus moving the student along to freer output. This progression from a more controlled format to a more open one culminates in *Situaciones*, a role-play activity (also available for completion as a *LiveChat* activity in *MyLab*). It is important to stress that *Interacciones* is much more than an opportunity to practice language; the authors of ***Gente*** believe interactions are the way language is learned. In addition to this dedicated section, ***Gente*** provides extensive opportunities for cooperative learning in pairs and groups to further promote classroom-negotiated interaction.

Tarea global. The *tarea* is the central element in every chapter in which students use the resources learned in the previous four sections, plus any others they may have, to carry out a collaborative task. The task has various steps (*pasos*), used as scaffolding and representing different skills and levels of difficulty. The final linguistic focus of each task gives students an opportunity to reflect on the language goals of the chapter and progress in their language learning. *Ayuda* boxes provide specific grammatical and functional aids to help students as they carry out the collaborative task.

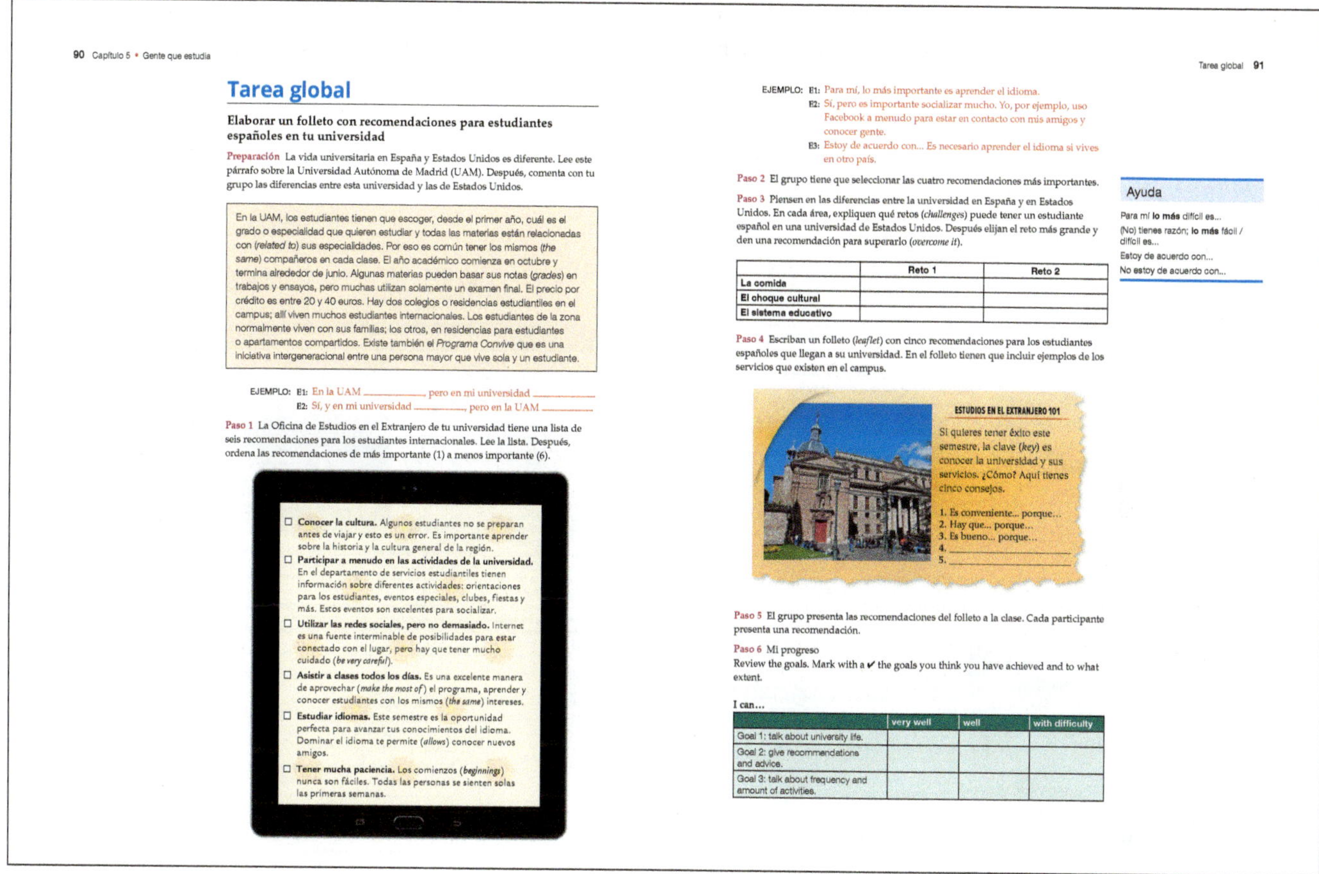

90 Capítulo 5 • Gente que estudia

Tarea global

Elaborar un folleto con recomendaciones para estudiantes españoles en tu universidad

Preparación La vida universitaria en España y Estados Unidos es diferente. Lee este párrafo sobre la Universidad Autónoma de Madrid (UAM). Después, comenta con tu grupo las diferencias entre esta universidad y las de Estados Unidos.

En la UAM, los estudiantes tienen que escoger, desde el primer año, cuál es el grado o especialidad que quieren estudiar y todas las materias están relacionadas con (*related to*) sus especialidades. Por eso es común tener los mismos (*the same*) compañeros en cada clase. El año académico comienza en octubre y termina alrededor de junio. Algunas materias pueden basar sus notas (*grades*) en trabajos y ensayos, pero muchas utilizan solamente un examen final. El precio por crédito es entre 20 y 40 euros. Hay dos colegios o residencias estudiantiles en el campus; allí viven muchos estudiantes internacionales. Los estudiantes de la zona normalmente viven con sus familias; los otros, en residencias para estudiantes o apartamentos compartidos. Existe también el *Programa Convive* que es una iniciativa intergeneracional entre una persona mayor que vive sola y un estudiante.

EJEMPLO: E1: En la UAM ________ pero en mi universidad ________
E2: Sí, y en mi universidad ________, pero en la UAM ________

Paso 1 La Oficina de Estudios en el Extranjero de tu universidad tiene una lista de seis recomendaciones para los estudiantes internacionales. Lee la lista. Después, ordena las recomendaciones de más importante (1) a menos importante (6).

☐ **Conocer la cultura.** Algunos estudiantes no se preparan antes de viajar y esto es un error. Es importante aprender sobre la historia y la cultura general de la región.
☐ **Participar a menudo en las actividades de la universidad.** En el departamento de servicios estudiantiles tienen información sobre diferentes actividades: orientaciones para los estudiantes, eventos especiales, clubes, fiestas y más. Estos eventos son excelentes para socializar.
☐ **Utilizar las redes sociales, pero no demasiado.** Internet es una fuente interminable de posibilidades para estar conectado con el lugar, pero hay que tener mucho cuidado (*be very careful*).
☐ **Asistir a clases todos los días.** Es una excelente manera de aprovechar (*make the most of*) el programa, aprender y conocer estudiantes con los mismos (*the same*) intereses.
☐ **Estudiar idiomas.** Este semestre es la oportunidad perfecta para avanzar tus conocimientos del idioma. Dominar el idioma te permite (*allows*) conocer nuevos amigos.
☐ **Tener mucha paciencia.** Los comienzos (*beginnings*) nunca son fáciles. Todas las personas se sienten solas las primeras semanas.

Tarea global 91

EJEMPLO: E1: Para mí, lo más importante es aprender el idioma.
E2: Sí, pero es importante socializar mucho. Yo, por ejemplo, uso Facebook a menudo para estar en contacto con mis amigos y conocer gente.
E3: Estoy de acuerdo con... Es necesario aprender el idioma si vives en otro país.

Paso 2 El grupo tiene que seleccionar las cuatro recomendaciones más importantes.

Paso 3 Piensen en las diferencias entre la universidad en España y en Estados Unidos. En cada área, expliquen qué retos (*challenges*) puede tener un estudiante español en una universidad de Estados Unidos. Después elijan el reto más grande y den una recomendación para superarlo (*overcome it*).

	Reto 1	Reto 2
La comida		
El choque cultural		
El sistema educativo		

Ayuda

Para mí **lo más** difícil es...
(No) tienes razón; **lo más** fácil / difícil es...
Estoy de acuerdo con...
No estoy de acuerdo con...

Paso 4 Escriban un folleto (*leaflet*) con cinco recomendaciones para los estudiantes españoles que llegan a su universidad. En el folleto tienen que incluir ejemplos de los servicios que existen en el campus.

ESTUDIOS EN EL EXTRANJERO 101

Si quieres tener éxito este semestre, la clave (*key*) es conocer la universidad y sus servicios. ¿Cómo? Aquí tienes cinco consejos.

1. Es conveniente... porque...
2. Hay que... porque...
3. Es bueno... porque...
4. ________
5. ________

Paso 5 El grupo presenta las recomendaciones del folleto a la clase. Cada participante presenta una recomendación.

Paso 6 Mi progreso
Review the goals. Mark with a ✔ the goals you think you have achieved and to what extent.

I can…

	very well	well	with difficulty
Goal 1: talk about university life.			
Goal 2: give recommendations and advice.			
Goal 3: talk about frequency and amount of activities.			

Gente que lee. This section emphasizes the development of discourse-based, strategic reading through content-based, process-oriented reading tasks. Readings are based on a variety of sources and genres that cover a wide range of topics. *Gente que lee* provides extensive strategic reading instruction designed to build a core set of reading skills. Focused pre- and post-reading activities develop a range of reading comprehension skills, such as predicting content, understanding the main idea, and identifying topic sentences. As a result, students begin to read purposefully, efficiently, and effectively.

Gente que escribe. This section emphasizes the development of discourse-based, strategic writing through content-based, process-oriented writing tasks. *Gente que escribe* includes real-life writing tasks that promote an interactive, discourse-based approach to writing and encourage students to be aware of their audience. Students learn to write as a process of creating, sharing, and revising ideas and sentences. Each writing task requires brainstorming, drafting, revising, proofreading, and editing through a guided process. A wide range of writing topics inspires students' self-expression. Each *Gente que escribe* section includes a *Más allá de la frase* box that gives learners linguistic tools to increase their written discourse abilities. The new post-writing section approaches editing as a formative and collaborative process in which students are guided through both the assessment of their peers' work and the revision of their own writing.

Comparaciones culturales. Although culture is integrated throughout the *Gente* chapters, these special sections encourage students to further explore the

Spanish-speaking cultures and societies around the world and in the United States. Updated and expanded information includes influences by descendants from the target country in the United States. Activities foster development of cultural consciousness, critical thinking, and cross-cultural awareness by encouraging students to make connections between the cultures of Spanish-speaking countries and their own. Providing contextualized cultural content throughout the chapter reinforces the connections between form and meaning, and between language and culture.

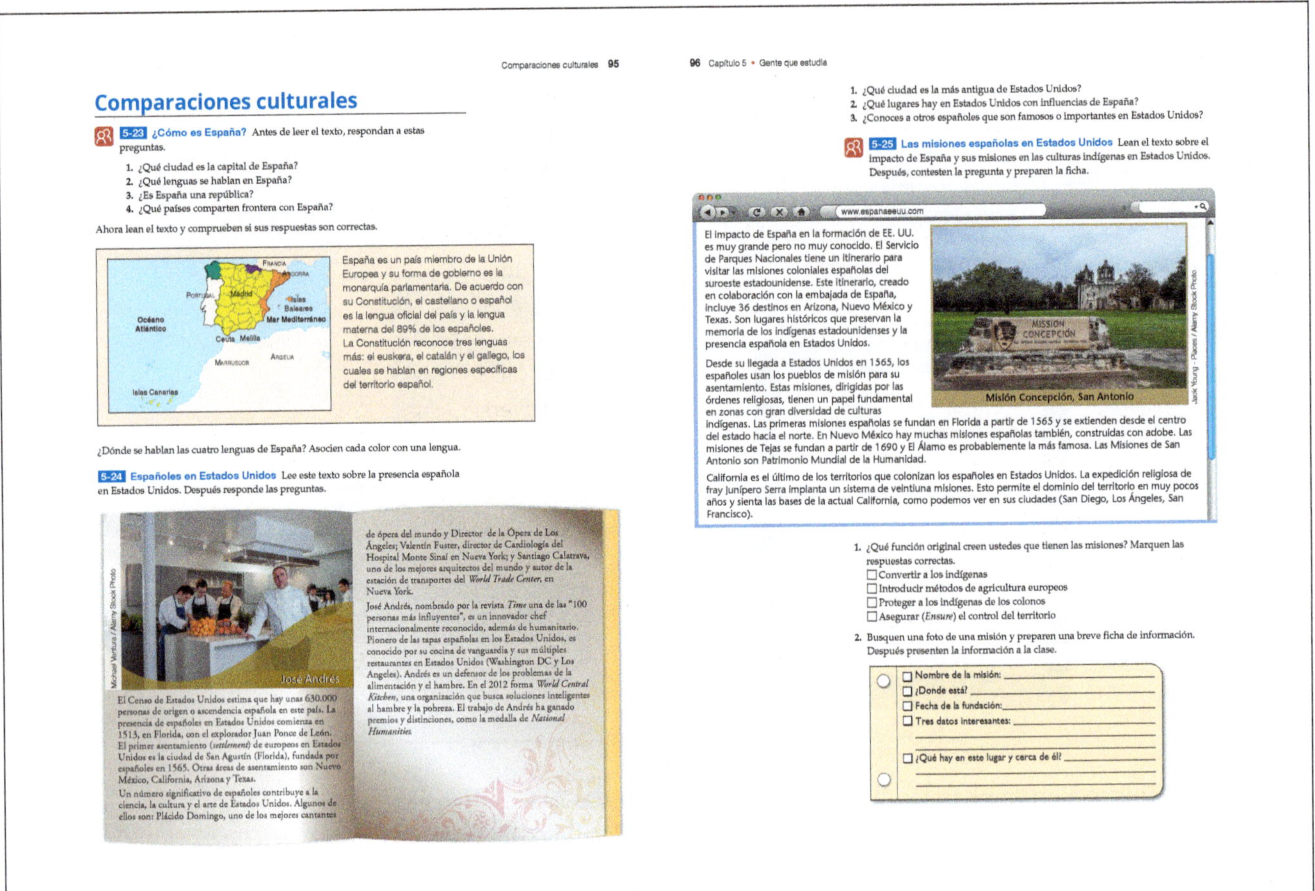

Comparaciones culturales 95

Comparaciones culturales

5-23 ¿Cómo es España? Antes de leer el texto, respondan a estas preguntas.

1. ¿Qué ciudad es la capital de España?
2. ¿Qué lenguas se hablan en España?
3. ¿Es España una república?
4. ¿Qué países comparten frontera con España?

Ahora lean el texto y comprueben si sus respuestas son correctas.

España es un país miembro de la Unión Europea y su forma de gobierno es la monarquía parlamentaria. De acuerdo con su Constitución, el castellano o español es la lengua oficial del país y la lengua materna del 89% de los españoles. La Constitución reconoce tres lenguas más: el euskera, el catalán y el gallego, los cuales se hablan en regiones específicas del territorio español.

¿Dónde se hablan las cuatro lenguas de España? Asocien cada color con una lengua.

5-24 Españoles en Estados Unidos Lee este texto sobre la presencia española en Estados Unidos. Después responde las preguntas.

Michael Ventura / Alamy Stock Photo

José Andrés

El Censo de Estados Unidos estima que hay unas 630.000 personas de origen o ascendencia española en este país. La presencia de españoles en Estados Unidos comienza en 1513, en Florida, con el explorador Juan Ponce de León. El primer asentamiento (*settlement*) de europeos en Estados Unidos es la ciudad de San Agustín (Florida), fundada por españoles en 1565. Otras áreas de asentamiento son Nuevo México, California, Arizona y Texas.

Un número significativo de españoles contribuye a la ciencia, la cultura y el arte de Estados Unidos. Algunos de ellos son: Plácido Domingo, uno de los mejores cantantes de ópera del mundo y Director de la Ópera de Los Ángeles; Valentín Fuster, director de Cardiología del Hospital Monte Sinaí en Nueva York; y Santiago Calatrava, uno de los mejores arquitectos del mundo y autor de la estación de transportes del *World Trade Center*, en Nueva York.

José Andrés, nombrado por la revista *Time* una de las "100 personas más influyentes", es un innovador chef internacionalmente reconocido, además de humanitario. Pionero de las tapas españolas en los Estados Unidos, es conocido por su cocina de vanguardia y sus múltiples restaurantes en Estados Unidos (Washington DC y Los Angeles). Andrés es un defensor de los problemas de la alimentación y el hambre. En el 2012 forma *World Central Kitchen*, una organización que busca soluciones inteligentes al hambre y la pobreza. El trabajo de Andrés ha ganado premios y distinciones, como la medalla de *National Humanities*.

96 Capítulo 5 • Gente que estudia

1. ¿Qué ciudad es la más antigua de Estados Unidos?
2. ¿Qué lugares hay en Estados Unidos con influencias de España?
3. ¿Conoces a otros españoles que son famosos o importantes en Estados Unidos?

5-25 Las misiones españolas en Estados Unidos Lean el texto sobre el impacto de España y sus misiones en las culturas indígenas en Estados Unidos. Después, contesten la pregunta y preparen la ficha.

www.espanaeeuu.com

El impacto de España en la formación de EE. UU. es muy grande pero no muy conocido. El Servicio de Parques Nacionales tiene un itinerario para visitar las misiones coloniales españolas del suroeste estadounidense. Este itinerario, creado en colaboración con la embajada de España, incluye 36 destinos en Arizona, Nuevo México y Texas. Son lugares históricos que preservan la memoria de los indígenas estadounidenses y la presencia española en Estados Unidos.

Desde su llegada a Estados Unidos en 1565, los españoles usan los pueblos de misión para su asentamiento. Estas misiones, dirigidas por las órdenes religiosas, tienen un papel fundamental en zonas con gran diversidad de culturas indígenas. Las primeras misiones españolas se fundan en Florida a partir de 1565 y se extienden desde el centro del estado hacia el norte. En Nuevo México hay muchas misiones españolas también, construidas con adobe. Las misiones de Tejas se fundan a partir de 1690 y El Álamo es probablemente la más famosa. Las Misiones de San Antonio son Patrimonio Mundial de la Humanidad.

California es el último de los territorios que colonizan los españoles en Estados Unidos. La expedición religiosa de fray Junípero Serra implanta un sistema de veintiuna misiones. Esto permite el dominio del territorio en muy pocos años y sienta las bases de la actual California, como podemos ver en sus ciudades (San Diego, Los Ángeles, San Francisco).

Misión Concepción, San Antonio

Jack Young - Places / Alamy Stock Photo

1. ¿Qué función original creen ustedes que tienen las misiones? Marquen las respuestas correctas.
   - ☐ Convertir a los indígenas
   - ☐ Introducir métodos de agricultura europeos
   - ☐ Proteger a los indígenas de los colonos
   - ☐ Asegurar (*Ensure*) el control del territorio
2. Busquen una foto de una misión y preparen una breve ficha de información. Después presenten la información a la clase.

☐ Nombre de la misión: ______
☐ ¿Donde está? ______
☐ Fecha de la fundación: ______
☐ Tres datos interesantes: ______
☐ ¿Qué hay en este lugar y cerca de él? ______

Vocabulario. This end-of-chapter section contains an all-inclusive list of active vocabulary within that chapter's learning sequence. Students can listen to these words pronounced by a native speaker within *MyLab* and practice their pronunciation.

Consultorio lingüístico. This grammar reference section appears at the very end of the chapter. The *Consultorio lingüístico* gives explicit instruction on the target grammar points of the chapter. The structures are presented from a functional, discourse point of view, which provides students with a deeper understanding of the structures. This section is in English to make it easier for students to comprehend, and to help them facilitate processing and understanding of the linguistic and metalinguistic aspects of the language.

Acknowledgments

We are indebted to many members of the Spanish teaching community for their time, candor, and insightful suggestions as they reviewed the drafts of the third edition of ***Gente.*** Their critiques and recommendations helped us sharpen the pedagogical focus and improve the overall quality of the program. We gratefully acknowledge the contributions of the following reviewers:

Flavia Belpoliti, *Texas A&M University*
Julia Bussade, *University of Mississippi*
Carole Cloutier, *University of Massachusetts*
Gerardo I. Cruz-Tanahara, *Cardinal Stritch University*
Susann Davis, *Western Kentucky University*
Mark Ebel, *Chipola College*
Gustavo Fares, *Lawrence University*
Ana Fernández-Dobao, *University of Washington*
Marlene Gottlieb, *Manhattan College*
Alex Idavoy, *Brookdale Community College*
Jason Jolley, *Missouri State University*
Pedro Koo, *Missouri State University*
Sonia Lopez-Lopez, *Washington State University*
Ana López-Sánchez, *Haverford College*
Brian Mann, *North Georgia College and State University*
Frances Matos-Schultz, *University of Minnesota*
Alejandro Muñoz-Garcés, *Coastal Carolina University*
Carla Oñate, *University of Maryland, College Park*
Liliana Paredes, *Duke University*
Luisa Piemontese, *Southern Connecticut State University*
Amy Rossomondo, *University of Kansas*
Guadalupe Ruiz-Fajardo, *Columbia University*
Laura Schultz, *Austin Peay State University*
Sabrina Spannagel, *University of Washington*
Barry Velleman, *Marquette University*
Marianne Verlinden, *College of Charleston*
Joseph Weyers, *College of Charleston*

We first and foremost thank our students and colleagues at The George Washington University who supported us through all stages of the project. Their candid feedback and suggestions helped shape this book.

We are indebted to our colleagues at Pearson Education, Ohlinger Studios, and Lumina Datamatics. We are especially grateful for the guidance of Ana Piquinela, Content Developer, and Nicole Barnes, Project Manager for Development, World Languages, for all of their work, suggestions, attention to detail, commitment, and dedication to the text. We are very grateful to other colleagues and friends at Pearson: Rachel Ross, Product Manager; Pamela Chirls, Content Strategy Manager; Barbara Cappuccio, Senior Content Producer; Mellissa Yokell, Senior Product and Solutions Specialist; Rachel Strober, Product Marketing Coordinator; and Charlene Smith, Digital Studio and Course Producer. We would also like to express our most sincere thanks to Jennifer Feltri-George, Senior Project Manager, and Christopher Fegan, Digital Media Manager, both at Ohlinger Studios.

Last, but not least, we thank our husbands, John and Samuel, and our children Noelle and Nico, and Nico and Toby, for their infinite patience, encouragement, and unconditional love. We dedicate this work to them.

María José de la Fuente
Carola Goldenberg
The George Washington University

Capítulo 1

Gente que estudia español

El mundo está lleno de (*full of*) gente que habla español.

TAREA GLOBAL

Elegir (*choose*) un país hispanohablante para el viaje de fin de curso (*end-of-year trip*)

At the end of this lesson, I will be able to…

PRESENTATIONAL AND INTERPERSONAL COMMUNICATION

Speaking
- spell names and countries.
- introduce myself, ask and answer questions about basic personal information.
- identify people and places in pictures and maps.
- use basic expressions to communicate more effectively.

Writing
- write a text with basic personal information.
- use basic connectors to link ideas.

INTERPRETIVE COMMUNICATION

Listening
- recognize Spanish letters and basic words.
- understand simple greetings and some numbers.
- understand basic questions about myself.

Reading
- understand some basic words related to cultural interests.
- identify the topic and some facts from a basic informational text.
- use strategies to predict content in a text.

INTERCULTURAL COMPETENCE

- identify the countries where Spanish is spoken.
- reflect on the incidence of the Spanish language and cultures in the United States.
- interpret data about the situation of Hispanics in the United States.
- understand some basic facts about Puerto Rico.

Acercamientos

1-1 El primer (*first*) día de clase En una clase de español, la profesora pasa lista (*takes attendance*). Escucha (*listen*) y lee (*read*) los nombres de los estudiantes. Marca los estudiantes que están (*are*) en la clase.

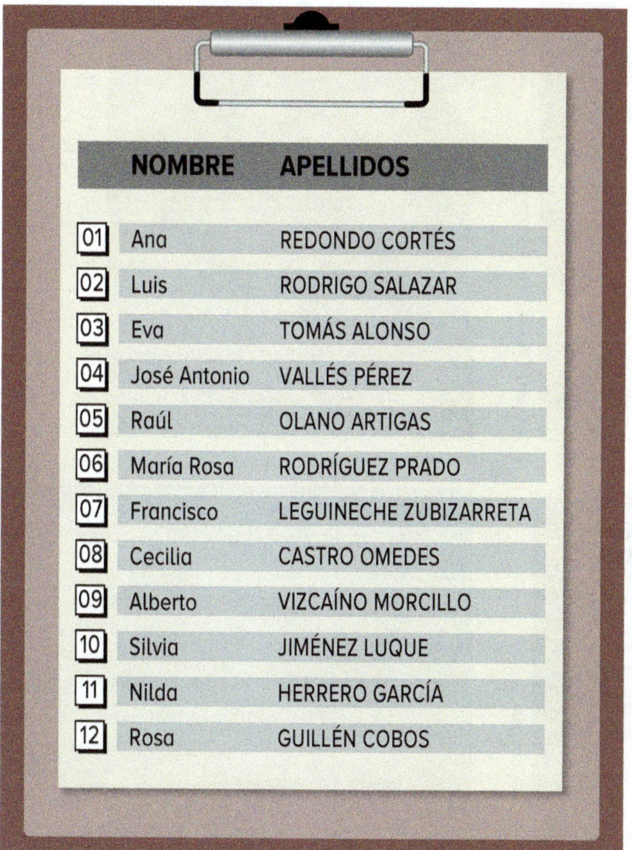

	NOMBRE	APELLIDOS
01	Ana	REDONDO CORTÉS
02	Luis	RODRIGO SALAZAR
03	Eva	TOMÁS ALONSO
04	José Antonio	VALLÉS PÉREZ
05	Raúl	OLANO ARTIGAS
06	María Rosa	RODRÍGUEZ PRADO
07	Francisco	LEGUINECHE ZUBIZARRETA
08	Cecilia	CASTRO OMEDES
09	Alberto	VIZCAÍNO MORCILLO
10	Silvia	JIMÉNEZ LUQUE
11	Nilda	HERRERO GARCÍA
12	Rosa	GUILLÉN COBOS

Ahora tu profesor/a pasa lista. Escucha el nombre y el apellido (*last name*) de los estudiantes. Después de escuchar (*after hearing*) tu nombre, preséntate (*introduce yourself*) a la clase.

EJEMPLO: E1: Hola, me llamo John Smith.
E2: Yo soy Emily Wolfeschlegelsteinhausdorff.

1-2 ¿Dónde (*Where*) se habla español? Mira el mapa de la primera página del capítulo. Di (*say*) nombres de países donde se habla español.

EJEMPLO: En Argentina, en Ecuador, en México.

1-3 El español está en todas partes (*is everywhere*) Elaboren una lista de palabras que son iguales (*the same*) en inglés y en español.

gashgeron/Shutterstock

pilipphoto/Shutterstock

Vocabulario en contexto

1-4 El mundo hispanohablante Lee la lista de temas (*topics*). Relaciona los temas con las fotografías. Atención: puedes usar más de un tema en cada foto.

A

Manuel ROMARIS / Getty Images

B

Florian Kopp /. imageBROKER / Alamy Stock Photo

C

Julius Reque / Getty Images

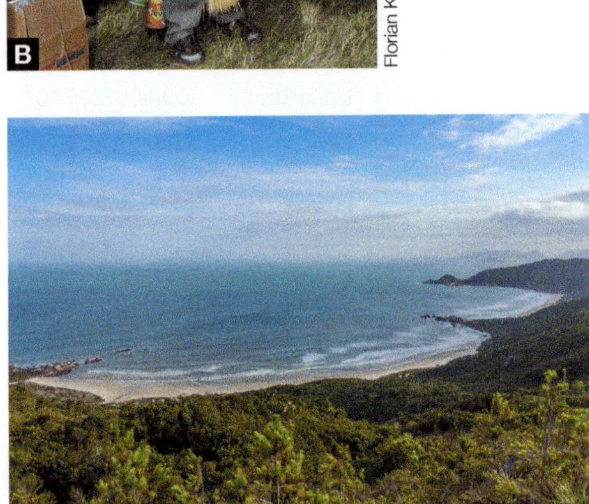

D

Oliver Wintzen / Alamy Stock Photo

1. ______ las playas
2. ______ la comida
3. ______ la gente
4. ______ las fiestas populares
5. ______ la naturaleza
6. ______ el arte
7. ______ la cultura
8. ______ la ciudad
9. ______ la música
10. ______ los monumentos
11. ______ las tradiciones
12. ______ la historia

EJEMPLO: La foto A, la gente y la ciudad.

1-5 Tus intereses Completa la tabla según (*according to*) tu interés en los temas de la actividad anterior. Escribe dos temas en cada (*each*) sección.

INTERESANTE	ABURRIDO (*boring*)	DIVERTIDO
______________ ______________	______________ ______________	______________ ______________

 Ahora habla con tu compañero/a.

EJEMPLO: E1: ¿Interesante?
E2: Para mí, la comida y los deportes.

1-6 El español en el mundo La televisión transmite el "Festival (*Contest*) de la Canción Hispana". Participan países hispanohablantes. Ahora (*now*) vota Argentina. ¿Cuántos puntos da Argentina (*does Argentina give*) a cada (*each*) país? Escribe la información en el tablero (*scoreboard*).

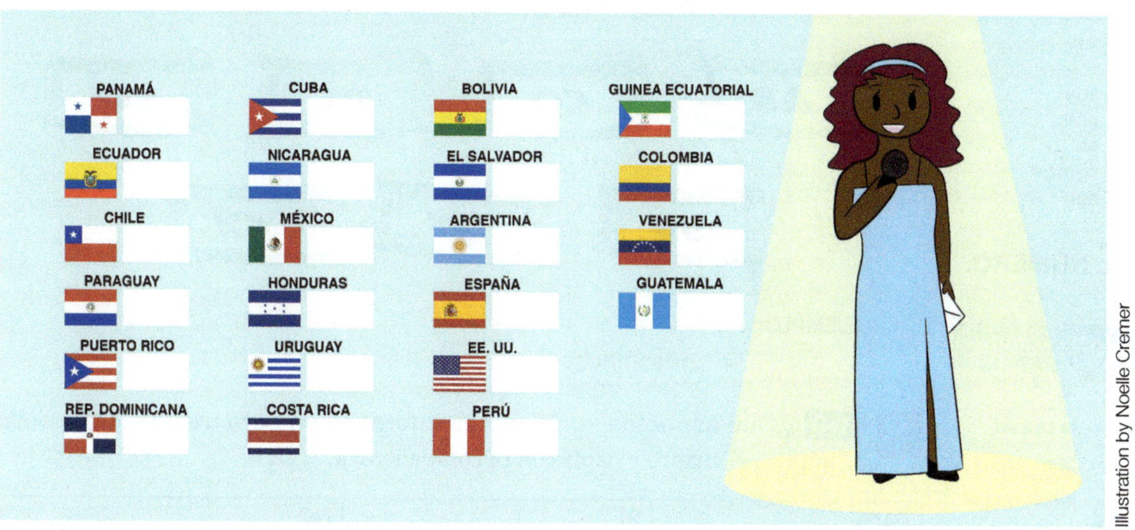

Illustration by Noelle Cremer

Cierra (*Close*) el libro y di (*say*) en español el nombre de cinco países hispanohablantes.

1-7 Uno, dos, tres, cuatro, cinco... Lee (*read*) un número de teléfono. Tu compañero/a (*classmate*) tiene que identificar de quién es.

EJEMPLO: **E1:** Seis, seis, cinco, dos, tres, cero, seis, uno, siete
E2: Mamá

SVStudio/Shuttestock; Catalin Petolea/Shutterstock; veronchick84/Shutterstock; RedlineVector/Shutterstock; michaeljung/Shutterstock; Daniel Ernst/123Rf; Aigars Reinholds/123Rf

Ahora intercambia (*exchange*) tu número de teléfono con tu compañero/a.

EL NOMBRE

Llamarse

(yo)	**me**	llam**o**
(tú)	**te**	llam**as**
(él, ella, usted)	**se**	llam**a**

SER: EL PRESENTE

(yo)	**soy**
(tú)	**eres**
(él, ella, usted)	**es**
(nosotros, nosotras)	**somos**
(ellos, ellas, ustedes)	**son**

EL GÉNERO Y EL NÚMERO: ARTÍCULOS

	MASCULINO	FEMENINO
singular	**el**	**la**
	el país	**la** ciudad
plural	**los**	**las**
	los país**es**	**las** ciudad**es**

EL GÉNERO Y EL NÚMERO: DEMOSTRATIVOS

	MASCULINO	FEMENINO
singular	**este**	**esta**
	Este es Juan.	**Esta** es María.
plural	**estos**	**estas**
	Estos son mis amigos.	**Estas** son mis amigas.

esto

Esto es Chile.

EL ALFABETO

A a	**B** be	**C** ce
D de	**E** e	**F** efe
G ge	**H** hache	**I** i
J jota	**K** ka	**L** ele
M eme	**N** ene	**Ñ** eñe
O o	**P** pe	**Q** cu
R erre	**S** ese	**T** te
U u	**V** uve	**W** doble uve
X equis	**Y** ye	**Z** zeta

Lengua en contexto

1-8 ¿Qué país es? Un/a estudiante deletrea (*spells*) el código de aeropuerto (*airport code*) de un país. La clase tiene que adivinar (*guess*) el nombre del país.

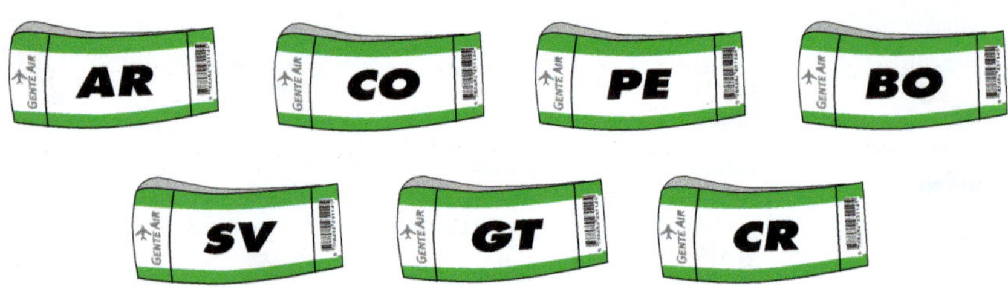

EJEMPLO: **E1:** A, R
E2: ¡Argentina!

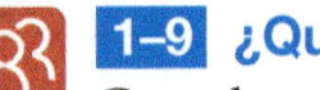

1-9 ¿Qué aspectos son / no son interesantes para ustedes (*for you*)? Completa el cuadro y habla con tu compañero/a.

PAÍS	SÍ	NO
España	**la** música **el** deporte	**las** ciudades **los** monumentos
México		
Costa Rica		
Argentina		
Cuba		

EJEMPLO: **E1:** España... **la** música y **los** monumentos.
E2: Y **el** vino y **la** comida.
E1: **La** comida sí, **el** vino no.

Compartan (*share*) la información con la clase.

1-10 Las fotos Una chica muestra (*shows*) las fotos de un viaje a su amigo. Identifica las fotos. Presta atención a los pronombres **este, esta, estos** y **estas.**

1-11 Geografía Localicen (*locate*) los países en el mapa.

EJEMPLO: E1: **Esto es** Perú.

E2: ¿Perú? No, **esto es** Colombia.

Illustration by Noelle Cremer

1-12 Famosos Estos son actores y cantantes (*singers*) hispanohablantes famosos en Estados Unidos. ¿Quiénes son?

WENN Rights Ltd / Alamy Stock Photo

Joe Martinez / PictureLux / The Hollywood Archive / Alamy Stock Photo

Birdie Thompson / AdMedia / ZUMA Press, Inc. / Alamy Stock Photo

EJEMPLO: E1: ¿Quién es **este**?

E2: **Este** es Enrique Iglesias, ¿no?

¿Conoces (*Do you know*) a otros hispanohablantes famosos?

Interacciones

Estrategias para la comunicación oral

Useful expressions for the class

There are some expressions that you need to learn to communicate more effectively with your instructor and your classmates. You should learn these expressions as "chunks" of language rather than trying to break them down.

- *¿Cómo se dice* "nature" *en español?* — How do you say "nature" in Spanish?
- *¿Qué significa "etiqueta"?* — What does *etiqueta* mean?
- *¿Cómo se escribe "hola"?* — How do you spell *hola*?
- *Tengo una pregunta.* — I have a question.
- *¿Puedes repetir, por favor?* — Can you repeat that, please?
- *Más despacio, por favor.* — Slower, please.
- *No entiendo.* — I don't understand.
- *Gracias.* — Thanks. / Thank you.

1-13 Preguntas (*Questions*) en clase Escribe en el cuadro (*chart*) nueve palabras.

	TRES PALABRAS
No sé (*I don't know*) qué significa	
No sé cómo se dice en español	
No sé cómo se escribe en español	

Ahora pregunta a tu profesor/a.

EJEMPLO: **E1:** ¿Cómo se dice "@" en español?
P: Se dice "arroba".

1-14 Para conocer a la clase Entrevista (*Interview*) a un/a compañero/a de clase que no conoces (*that you don't know yet*) y escribe el nombre, el apellido, el número de teléfono y el correo electrónico.

EJEMPLO: **E1:** ¿Cómo te llamas?
E2: Tim.
E1: ¿Y cuál es tu apellido?
E2: Brown.

Ahora presenta (*introduce*) a tu compañero/a a la clase.

Ayuda

- ¿Cuál es tu número de teléfono?
  - (Es el) 916 344 5624, y el celular, 606 546 3329.
- ¿Tienes correo electrónico?
  - Sí, mi dirección es luigi3@melo.net.

1-15 Lugares fascinantes del mundo hispanohablante Asocien las fotos con los nombres.

Ignacio Salaverria/Shutterstock

jgz/Fotolia

stockcam / Getty Images

gary718/Shutterstock

- Machu Picchu, Perú
- Isla de Pascua, Chile
- Chichén Itzá, México
- Islas Galápagos, Ecuador

EJEMPLO: E1: ¿Qué es **esto**?
E2: **Esto es** Machu Picchu, en Perú.

1-16 Las fotos de mi viaje (*trip*) Muestra (*Show*) las fotos de un viaje a tu compañero/a. Identifica los lugares (*places*) y la gente.

EJEMPLO: E1: **Esto** es Chile y **esta** soy yo.
E2: ¿Y **este**?
E1: **Este** es mi amigo Horacio.

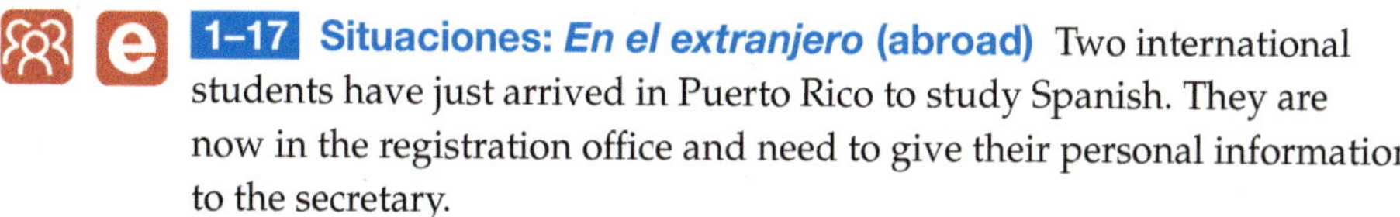

1-17 Situaciones: *En el extranjero* (abroad) Two international students have just arrived in Puerto Rico to study Spanish. They are now in the registration office and need to give their personal information to the secretary.

ESTUDIANTE A
You are the secretary in the registration office. You need to obtain this information from two students who have just arrived.

- Nombre
- Apellido
- Ciudad y país
- Teléfono
- Correo electrónico

ESTUDIANTE B
You are Terry Aki, a student from Cheesequake, New Jersey. Answer the questions posed by the secretary.

ESTUDIANTE C
You are Crystal Chanda-Leir, a student from Penetanguishene, Canada. Answer the secretary's questions.

Tarea global

Elegir un país hispanohablante para el viaje de fin de curso (*end-of-year trip*)

Preparación La clase se divide en grupos. Cada grupo elige (*chooses*) un representante.

ARGENTINA	BOLIVIA	COLOMBIA
COSTA RICA	CUBA	CHILE
ECUADOR	ESPAÑA	GUATEMALA
GUINEA ECUATORIAL	HONDURAS	MÉXICO
NICARAGUA	PANAMÁ	PARAGUAY
PERÚ	PUERTO RICO	REPÚBLICA DOMINICANA
EL SALVADOR	URUGUAY	VENEZUELA

Identifiquen en el mapa los países hispanohablantes.

Ayuda

11 once
12 doce
13 trece
14 catorce
15 quince
16 dieciséis
17 diecisiete
18 dieciocho
19 diecinueve
20 veinte

Paso 1 Completa el cuadro individualmente. Elige tres países. ¿Qué conoces? ¿Qué quieres conocer?

PUNTOS	PAÍS	CONOZCO... (*I KNOW...*)	QUIERO CONOCER... (*I WANT TO KNOW...*)
3 puntos: _____			
2 puntos: _____			
1 punto: _____			

Paso 2 En grupo, sumen (*add*) los puntos. Escriban los dos países con más puntos.
País 1: ______________________ País 2: ______________________

Paso 3 Completen la tabla (*chart*). Usen el vocabulario de la lección.

El país más interesante es…	
La capital es…	
Nosotros conocemos un poco de (*a little bit of*)…	Nosotros queremos conocer (*We want to know*)…
1. 2. 3.	1. 2. 3.

El país número dos es…	
La capital es…	
Nosotros conocemos un poco de (*a little bit of*)…	Nosotros queremos conocer (*We want to know*)…
1. 2. 3.	1. 2. 3.

Paso 4 En grupo, busquen (*search*) fotos de los dos países en su computadora.

Paso 5 El representante del grupo muestra las fotos y presenta la información a la clase.

Paso 6 La clase y el/la profesor/a comparan los países y suman los resultados para elegir el país para el viaje de fin de curso.

Paso 7 Mi progreso
Review the goals. Mark with a ✓ the goals you think you have achieved and to what extent.

I can…

	very well	well	with difficulty
Goal 1: identify Spanish-speaking countries.			
Goal 2: talk about my interests.			
Goal 3: say some numbers in Spanish.			
Goal 4: give basic information about a country.			

Gente que lee

Estrategias para leer

Predicting content

You can read more Spanish than you think! By observing the overall format of a text—including the layout, titles, and subtitles, as well as any accompanying photographs, graphics, maps, tables, or charts—you can generally derive information about the topic, the type of text, the purpose, or the audience. Finally, your knowledge of the world allows you to form hypotheses and make predictions about what you are going to read. The title of a text can help you anticipate the topic. Subtitles are used to organize information in the text. They tell you the type of information you will find and the order in which it will be presented.

Antes de leer

1-18 El idioma español en el mundo ¿Cierto (C), falso (F) o no sé?

C	F	NO SÉ	
____	____	____	**1.** El español es el idioma oficial en quince países.
____	____	____	**2.** En el mundo, diez millones de personas estudian español.
____	____	____	**3.** El español es la lengua oficial de un país africano.
____	____	____	**4.** En el año 2030, el 5% del mundo hablará (*will speak*) español.

1-19 Activando estrategias

1. Mira el título y los subtítulos del texto. ¿Qué información contienen?

☐ Información sobre la lengua española
☐ Información demográfica
☐ Información científica
☐ Información geográfica
☐ Información económica

2. Mira el gráfico. ¿Qué información contiene?

a. El número de hispanohablantes en América Latina
b. El futuro del idioma español en el mundo
c. El porcentaje de personas que hablan español en EE. UU.

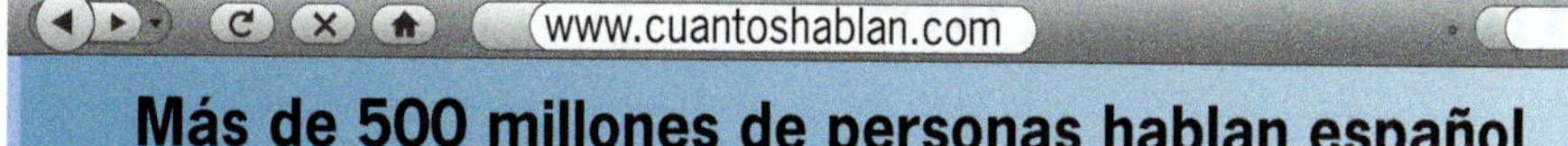

Más de 500 millones de personas hablan español

El idioma español en el mundo

El veintitrés de abril se celebra el Día Mundial del Idioma Español, uno de los idiomas más importantes del mundo. El español es la segunda lengua del mundo en número de hablantes (470 millones) detrás del chino mandarín. También es la segunda lengua en número global de hablantes: los hablantes nativos y con competencia plena (*full*) y los hablantes con competencia limitada y aprendices (*learners*) forman un grupo de 567 millones de personas.

¿Dónde se habla español?

El español es la lengua oficial de veintiún países: España, diecinueve países de América y Guinea Ecuatorial (junto con el francés). También se habla español en Estados Unidos, Filipinas, Andorra, Belice, el Sahara Occidental y Marruecos. Cerca de (*close to*) veinte millones de personas estudian español en todo el mundo; casi ocho millones están en Estados Unidos y más de seis millones están en Brasil, donde 30 millones de personas tienen el español como segunda lengua.

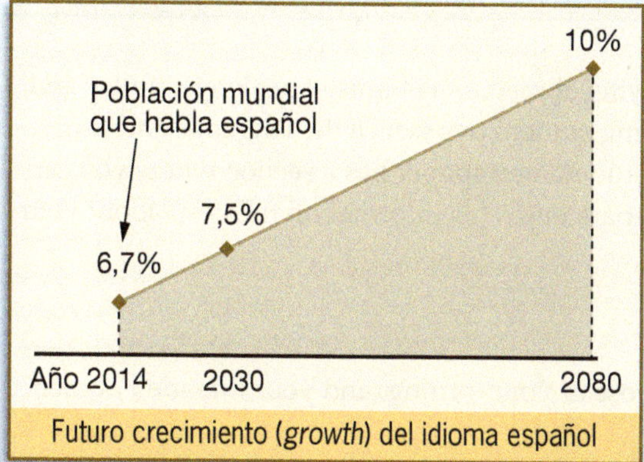

Futuro crecimiento (*growth*) del idioma español

El futuro del español

En el futuro, se estima un crecimiento (*growth*) del idioma español (junto con el hindi): el 7,5% del mundo hablará (*will speak*) español en el 2030 y Estados Unidos será (*will be*) el país con el mayor número de hispanohablantes en el mundo.

Después de leer

1-20 ¿Comprendes?

1. El español es la lengua oficial de ________ países del mundo.
   a. veintisiete
   b. veintiún
   c. diecinueve
2. El futuro del idioma español es ________.
   a. optimista
   b. pesimista
   c. desconocido (*unknown*)
3. Estados Unidos es el país con el mayor número de ________.
   a. hispanohablantes
   b. estudiantes de español
4. En Brasil, seis millones de personas ________.
   a. hablan español
   b. estudian español

1-21 Expansión

1. ¿En tu estado o país se habla español? Explica.
2. ¿Por qué estudias español? Comparte tus intereses con tu compañero/a.

Gente que escribe

Estrategias para escribir

Writing as a process

The process of writing a text in Spanish will be more manageable if you follow these steps (*pasos*). We will examine them more closely in the following lessons.

MÁS ALLÁ DE LA FRASE (BEYOND THE SENTENCE)

Basic sentence connectors

A random collection of sentences rarely constitutes a text. In order to go beyond the sentence level, you need mechanisms to give cohesion to your text.

- *y* (and) — *Enrique Iglesias es de España **y** Juanes es de Colombia.*
- *pero* (but) — *La población hispana crece mucho, **pero** la anglosajona no.*
- *porque* (because) — *Quiero visitar España **porque** me interesa la cultura.*

1-22 Writing Task You are studying abroad in a Spanish-speaking country and would like to meet a Spanish-speaking student to practice the language and learn more about the culture. The online student newspaper has a section where you can post an ad, and you are going to prepare one. This information tells you about your **purpose** and **audience.**

Antes de escribir

Paso 1 Consider the topic, the purpose of your writing, and your intended audience. Then, brainstorm to generate ideas.

Paso 2 Write an outline to decide the order in which you will present your information. Decide what you are going to include in each area: (1) *Información personal*; (2) *Intereses*; (3) *Razones para conocer otros estudiantes.*

A escribir

Paso 3 Write a first draft using the information from your outline. Don't forget to start by introducing yourself.

DESPUÉS DE ESCRIBIR

Paso 4 Edit the **content.** Make sure it is relevant to the topic and detailed.

Paso 5 Review the **organization.** Make sure your text is well organized. Use connectors.

Paso 6 Check the **grammar.** Are you using grammatical structures from the current lesson? Look for common grammatical errors such as subject-verb agreement, noun-adjective agreement, verb conjugations, and pronouns.

Paso 7 Check the **vocabulary.** Make sure the words you are using express your intended meaning. Use vocabulary from this lesson.

Paso 8 Check **spelling**, **punctuation**, **capitalization**, and **accent marks**.

Exchange your ad with a classmate and use *Guía de Revisión entre Compañeros* available on *MyLab* to edit your ad.

Comparaciones culturales

1-23 El español en Estados Unidos

En EE. UU. hay 41 millones de hablantes (*speakers*) de español y más de 11 millones de personas son bilingües. Hay más (*more*) hispanohablantes en EE. UU. que (*than*) en Colombia o España. La Oficina del Censo de EE. UU. indica que los hispanos serán (*will be*) 132,8 millones en el 2050, es decir, el 30% de la población. En Estados Unidos casi (*almost*) ocho millones de personas estudian el español (7.820.000).

Asocia los países con el número de hablantes de español.

México	43,5 millones
Estados Unidos	52,6 millones
Colombia	122,2 millones
España	48,4 millones
Argentina	46,6 millones

1-24 ¿Dónde se habla español en Estados Unidos?

Miren el mapa. ¿En qué estados hay (*are there*) muchos hispanohablantes?

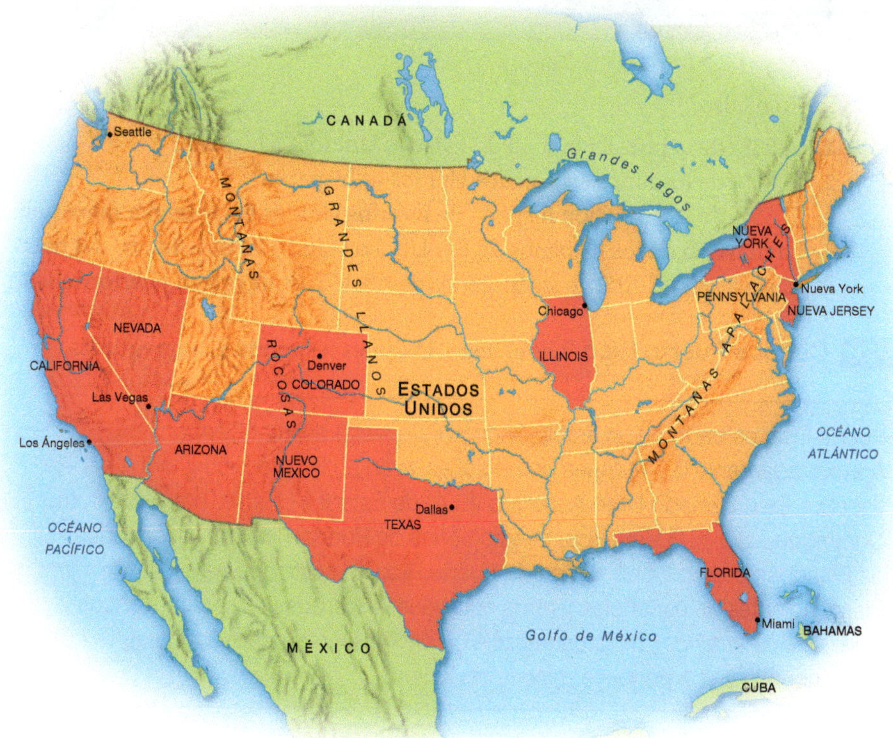

CLUB CULTURA

Explore **Estados Unidos de América: Introducción** with **Club cultura!**

Video

Organicen los estados en el orden correcto: de más (1) a menos (10) hablantes de español.

Arizona	Nevada
California	Nueva Jersey
Colorado	Nueva York
Florida	Nuevo México
Illinois	Texas

1-25 La herencia (*heritage*) hispana en Estados Unidos Lean el texto. Después respondan a las preguntas.

- ☐ Los hispanos son la minoría más grande de Estados Unidos, con más de 53 millones de personas. Esto representa el 17% del total de la población del país. Además, uno de cada cuatro (*one in four*) niños en Estados Unidos es hispano. El 38% de la población hispana es inmigrante y el 62% nació (*was born*) en Estados Unidos.
- ☐ El 65% de la población hispana en Estados Unidos es de herencia mexicana, el 9,4% es de origen puertorriqueño, el 3,8% de origen salvadoreño y el 3,6% de origen cubano.
- ☐ Los puertorriqueños en Estados Unidos son el segundo grupo hispano más grande. Hay más de cinco millones de puertorriqueños en Estados Unidos. La comunidad más grande está (*is*) en la ciudad de Nueva York. Hay muchos puertorriqueños notables en Estados Unidos, por ejemplo, la jueza del Tribunal Supremo, Sonia Sotomayor, o los cantantes Marc Anthony y Jennifer López.

¿Cierto o falso?

1. El 53% de la población total de Estados Unidos es hispano.
2. El 40% de los niños en Estados Unidos es hispano.
3. El 65% de la población hispana de Estados Unidos es de origen mexicano.
4. La mayoría de los hispanos de EE. UU. son ciudadanos (*citizens*) del país.
5. Casi (*almost*) el 10% de los hispanos de EE. UU. es de origen puertorriqueño.

CLUB CULTURA

Explore *Puerto Rico: Introducción* with *Club cultura!*

Video

1-26 Conoce Puerto Rico Lee el texto. Después responde a las preguntas.

Puerto Rico es parte de un archipiélago al este (*east*) del mar Caribe. Aproximadamente 3,7 millones de personas viven en Puerto Rico y todos hablan español. Es un Estado Libre Asociado (ELA) de Estados Unidos, conocido como *Commonwealth of Puerto Rico*. Las personas de Puerto Rico son ciudadanos de Estados Unidos. La población de Puerto Rico se compone de *criollos* (descendientes de españoles y otros europeos), *mestizos* (mezcla de blancos y *amerindios* o *taínos*), *mulatos* (mezcla de blancos y afrodescendientes), afrocaribeños y una pequeña minoría asiática.

1. Marca qué tipo de información tiene el texto.

   ☐ histórica ☐ lingüística ☐ económica ☐ política
   ☐ geográfica ☐ étnica ☐ social ☐ artística

2. Identifica las palabras *amerindio, criollo* y *mulato* en el texto. Relaciona cada definición con la palabra correspondiente.
   a. Miembro de una cultura prehispánica de Puerto Rico.
   b. Persona nacida (*born*) en América Latina, descendiente de inmigrantes de Europa.
   c. Persona con mezcla de la raza negra y blanca.

Vocabulario

Los números	(Numbers)
uno	*one*
dos	*two*
tres	*three*
cuatro	*four*
cinco	*five*
seis	*six*
siete	*seven*
ocho	*eight*
nueve	*nine*
diez	*ten*
once	*eleven*
doce	*twelve*
trece	*thirteen*
catorce	*fourteen*
quince	*fifteen*
dieciséis	*sixteen*
diecisiete	*seventeen*
dieciocho	*eighteen*
diecinueve	*nineteen*
veinte	*twenty*

La cultura	(Culture)
el arte	*art*
el baile	*dance*
la comida	*food*
la cultura	*culture*
el deporte	*sport*
la fiesta	*festivity / party*
la fotografía	*picture*
la gente	*people*
la herencia	*heritage*
la historia	*history*
el idioma	*language*
la lengua	*language*
la naturaleza	*nature*
el tema	*topic*
la tradición	*tradition*
el viaje	*trip*

La geografía	(Geography)
la ciudad	*city*
el estado	*state*
el habitante	*inhabitant / resident*
el mundo	*world*
el país	*country*
la playa	*beach*
la población	*population*

Adjetivos	(Adjectives)
aburrido/a	*boring*
bonito/a	*pretty*
divertido/a	*fun*
grande	*big*
interesante	*interesting*
pequeño/a	*small*

Para la clase	(For the classroom)
el apellido	*last name*
el/la compañero/a de clase	*classmate*
la cosa	*thing*
el grupo	*group*
la instrucción	*instruction*
el nombre	*first name*
la pareja	*pair*
la pregunta	*question*
la respuesta	*answer*
la tarea	*task / homework*
el teléfono	*phone*
el trabajo	*work*

Verbos	(Verbs)
aprender	*to learn*
conocer (zc)	*to know / to be familiar with*
escribir	*to write*
escuchar	*to listen*
estudiar	*to study*
hablar	*to speak*
leer	*to read*
mirar	*to look*
participar	*to participate*
querer (ie)	*to want*
saber (irreg.)	*to know (a fact)*
ser (irreg.)	*to be*
tener (ie)	*to have*

Consultorio lingüístico

1 The Alphabet and Pronunciation

A a	**F** efe	**K** ka	**O** o	**T** te	**Y** ye
B be	**G** ge	**L** ele	**P** pe	**U** u	**Z** zeta
C ce	**H** hache	**M** eme	**Q** cu	**V** uve	
D de	**I** i	**N** ene	**R** erre	**W** doble uve	
E e	**J** jota	**Ñ** eñe	**S** ese	**X** equis	

Unlike English, words in Spanish are usually written in a manner that is very consistent with their pronunciation. Once you learn the system, you do not need a dictionary to know how a word is pronounced.

Letters are feminine in Spanish: ***la ele, la zeta, la hache...***

- **Pronunciación**
  - The /x/ sound (as in *gente*) can be spelled:
    ja, je, ji, jo, ju = *caja, viaje, hijito, joven, Julio*
    ge, gi = *género, página*
  - The /g/ sound (as in *González*) can be spelled:
    ga, go, gu = *García, Gómez, Paraguay, Gutiérrez*
    güe, güi = *cigüeña, lingüista*
    gue, gui = *guerra, Guinea*
  - The /s/ sound (as in *siete* but also as in *ciudad* or *zapato*) can be spelled:
    sa, se, si, so, su = *El Salvador, Sevilla, siesta, sorpresa, Suramérica*
    ce, ci = *doce, noticia*
    za, zo, zu = *Suiza, comienzo, azul*
  - In Spain, the /s/ sound is pronounced /θ/ in words with the letters z and c as in *zapato* or *ciudad*: ***za, zo, zu, ce, ci.***
  - The /k/ sound (as in *Colombia*) can be spelled:
    ca, co, cu = *catorce, Colombia, Cuba*
    que, qui = *querer, quince*
    ka, ke, ki, ko, ku = *karate, Kenia, Tokio, kiosko, kung fu*
  - The /b/ sound (as in *Bolivia* or *Venezuela*) can be spelled:
    ba, be, bi, bo, bu = *Barcelona, beber, bicicleta, bonito, aburrido*
    va, ve, vi, vo, vu = *vacaciones, Venezuela, viajar, volver, vuelo*
  - The letter *w* is pronounced as in English (whisky, web).
  - The letter *h* is always silent in Spanish *(hablar, hacer).*

2 Present Tense of the Verbs *Ser* and *Llamarse*

	SER	LLAMARSE
(yo)	**soy**	**me llamo**
(tú)	**eres**	**te llamas**
(él, ella, usted)	**es**	**se llama**
(nosotros, nosotras)	**somos**	**nos llamamos**
(ellos, ellas, ustedes)	**son**	**se llaman**

- **La identificación personal**

● **¿Cómo te llamas?** —*What is your name?*
○ **Me llamo** Gerardo y soy colombiano, de Medellín. —***My name is*** *Gerardo, and I am Colombian, from Medellín.*

● **¿Cómo te llamas?** —*What is your name?*
○ **Soy** Gerardo. —***I am*** *Gerardo.*

3 Subject Pronouns

1st person	**yo** (I)	**nosotros, nosotras** (we)
2nd person	**tú, usted** (you)	***ustedes** (you)
3rd person	**él** (he), **ella** (she)	**ellos, ellas** (they)

*In Spain, the ***vosotros*** form is used for the informal plural.

- **Use of subject pronouns**

Personal subject pronouns are generally omitted in Spanish, unlike in English, since the form of the Spanish verb indicates the subject of the sentence.

● **Me llamo** Gerardo y soy colombiano, de Medellín. —***My name is*** *Gerardo, and I am Colombian, from Medellín.*
● **Soy** Gerardo. —***I am*** *Gerardo.*

They are used, however, when the speaker:

(a) wants others to respond (the pronoun appears only before the first verb in the series):

● **Yo** soy italiano, me llamo Mateo y estudio español. —***I*** *am Italian, my name is Mateo, and (I) study Spanish.*
○ **Yo,** rusa, me llamo Tatiana y estudio español. —***I*** *(am) Russian, my name is Tatiana, and (I) study Spanish.*

(b) refers to more than one person:

● **Ella** es española y **yo,** cubano. —***She*** *is Spanish, and* ***I*** *(am) Cuban.*
○ **Yo** me llamo Graciela y **él,** Alberto. —***I*** *am Graciela, and* ***he*** *(is) Alberto.*

(c) responds to questions about a name. Observe the position of the pronoun:

● ¿La señora Gutiérrez? —*Mrs. Gutiérrez?*
○ Soy **yo.** —*It's* ***me.***

● ¿Es **usted** Gracia Enríquez? —*Are* ***you*** *Gracia Enríquez?*
○ No, **yo** soy Ester Enríquez. Gracia es **ella.** —*No,* ***I*** *am Ester Enríquez.* ***She*** *is Gracia.*

In Spanish, verb endings reveal important information, such as who is speaking or the subject of the sentence, often without the need for a subject pronoun.

Note that in Spanish, three different subject pronouns correspond to the English *you*: the informal singular ***tú***, the formal singular ***usted***, and the plural ***ustedes***.

In English, we use the pronoun *it* to refer to animals, things, or inanimate objects; however, in Spanish, there is no single subject pronoun that corresponds to this word.

- Mira el mapa de Perú. Es muy útil.
  —*Look at the map of Peru.* ***(It)*** *is very useful.*

4 Gender and Number: Articles and Nouns

A Grammatical gender

The word ***nombre*** means both *name* (Elena, Andrés, etc.) and *noun*, a grammatical part of speech, such as the words ***casa, niño, lengua.*** Nouns are also called ***sustantivos*** in Spanish. All nouns in Spanish have gender, either masculine or feminine. The article indicates the gender:

MASCULINE	FEMININE
el arte	**la** mesa
el país	**la** cultura
el libro	**la** población

Nouns that designate people (including professions) generally have two forms: one masculine and another feminine. If the masculine form ends in **-o** or **-e**, the feminine is made by changing it to **-a**; if the masculine ends in a consonant, the feminine is made by adding an **-a**:

el niño → **la** niña
el presidente → **la** presidenta
el doctor → **la** doctora

Nouns that refer to things have only one gender. Generally (but not always), the gender of the noun can be determined from the ending. Nouns that end in **-a** are usually feminine and those that end in **-o** are generally masculine:

el libr**o** la cas**a**

However, there are many exceptions to the rule:

la mano (*hand*) **la** foto **el** idioma **el** programa **el** mapa

Most nouns that end in **-ma** are masculine:

el te**ma** (*topic*) **el** siste**ma** **el** proble**ma** **el** dile**ma** **el** dra**ma**

There are, however, some important exceptions, such as: ***la cama*** (*bed*).

Nouns that end in **-ción**, **-sión**, **-dad**, **-tad**, and **-eza** are feminine:

la conversa**ción**	**la** diver**sión** (*fun*)	**la** felici**dad** (*happiness*)	**la** trist**eza** (*sadness*)
la situa**ción**	**la** televi**sión**	**la** ciu**dad**	**la** pobr**eza** (*poverty*)

Nouns that end in **-ista** refer to professions. They can be masculine or feminine depending on the gender of the person. The ending **-ista** does not change:

el pian**ista** / **la** pian**ista** **el** deport**ista** / **la** deport**ista** **el** art**ista** / **la** art**ista**

When a feminine noun begins with a stressed **a**, the singular masculine article **el** is used: ***el agua*** (*the water*), ***el arma*** (*the weapon*), ***el alma*** (*the soul*).

In many cases, the gender cannot be told from the form of the word. A dictionary will tell you the gender of each noun:

el país el sol (*sun*) el café (*coffee*) la clase la gente

B Grammatical number

All nouns have a singular and a plural form. When the word ends in a vowel, the plural is formed by adding a final **-s**. When the word ends in a consonant, the plural is formed by adding **-es**:

NOUNS THAT END IN A VOWEL: **-s**		NOUNS THAT END IN A CONSONANT: **-es**	
libro (*book*)	libro**s**	país (*country*)	país**es**
casa (*house*)	casa**s**	ciudad (*city*)	ciudad**es**
día (*day*)	día**s**	canción (*song*)	canci**ones**

The word *gente* in Spanish refers to a group of people but it is singular:

En España, **la gente es** amable.
In Spain, people are nice.

¡ATENCIÓN!

Be aware of certain changes in spelling and written accent when forming the plural.

-**z** → **-ces**
vo**z** → vo**ces**

-ci**ón** → -ci**ones**
acci**ón** → acci**ones**

The gender and number of nouns have an impact on the gender and number of other words, including adjectives, articles, and verbs.

L**os** libr**os** **son** muy interesant**es**.
The books are very interesting.

L**a** ciu**dad** **es** muy interesant**e**.
The city is very interesting.

5 Demonstrative Pronouns: *Esto; Este/a/os/as*

They are used to identify people, places, and things.

- With the name of a person:

  Este es Julio.
  This *is Julio.*

  Estos son Julio e Iván.
  These *are Julio and Iván.*

  Esta es Ana.
  This *is Ana.*

  Estos son Ana e Iván.
  These *are Ana and Iván.*

  Estas son Ana y Laura.
  These *are Ana and Laura.*

- To identify a country or a city, we use a neutral form:

  Esto es Panamá.
  This *is Panama.*

- To say what something is, we use a neutral form:

  Esto es una foto de mi casa.
  This *is a picture of my house.*

Note that the question *What is this?* in Spanish is ***¿Qué es esto?***, regardless of gender, because the question sets out to define something still undefined. ***Esto*** is used to refer to non-specific objects or things, or to point out an idea or a concept. ***Esto*** can never be used to refer to people.

Capítulo 2

Gente con gente

Sergio Mendoza Hochmann / Getty Imags

El Ángel de la Independencia, Ciudad de México

TAREA GLOBAL

Conocer a un grupo de importantes mexicoamericanos de Estados Unidos y organizarlos para una cena (*dinner*)

CLUB CULTURA

Explore México with *Club cultura!*

At the end of this lesson, I will be able to…

PRESENTATIONAL AND INTERPERSONAL COMMUNICATION

Speaking
- give basic information about myself and others (name, age, origin, profession, interests, personality).
- talk about my family.
- ask and answer basic questions about people.

Writing
- write a basic e-mail with my personal information.
- use basic connectors to organize information.

INTERPRETIVE COMMUNICATION

Listening
- identify some basic information in conversations related to nationalities, professions, and personal characteristics.
- understand questions about myself and my family members.

Reading
- understand basic words related to cultural interests.
- identify the topic and some facts from a basic informational text.
- recognize cognates in a text.

INTERCULTURAL COMPETENCE

- compare and contrast university life in Mexico and in the United States.
- compare and contrast a Mexican tradition and a U.S. tradition.
- reflect on the importance of Mexican Americans and their culture in the United States.

Acercamientos

2-1 ¿Quiénes son? ¿Conoces a las personas de las fotos? Describe las fotos y completa las fichas *(cards)* usando los datos.

Paul Treadway / Alamy Stock Photo

Salma Hayek

ASSOCIATED PRESS

Mario Molina

Desiree Navarro/Everett Collection/ Alamy Live News

Jorge Ramos

Xavier Collin / Image Press Agency / Alamy Stock Photo

Demi Lovato

SALMA
Es actriz.
Es mexicana.
Tiene 52 años.

MARIO
____
____
____

JORGE
____
____
____

DEMI
____
____
____

es profesor/a de química		tiene 26 (veintiséis) años
es cantante	es mexicano/a	tiene 60 (sesenta) años
es periodista	es mexicoamericano/a	tiene 74 (setenta y cuatro) años
es actor / actriz		tiene 52 (cincuenta y dos) años

Comparen sus datos. Luego, pregunten a su profesor/a si (*if*) son correctos.

EJEMPLO: E1: Yo **creo que** Salma es actriz.
E2: Yo también **creo que** es actriz.
E3: Yo **creo que no** es actriz... **Creo que** es cantante.

2-2 ¿Qué sabes de México? Escribe tres cosas que sabes de México. Luego compara los datos (*facts*) con tu compañero/a.

1. ________ 2. ________ 3. ________

EJEMPLO: E1: En México la gente habla español.
E2: Sí, y es un país muy bonito.

Lee los datos sobre México. ¿Te sorprenden?	SÍ	NO
• El nombre oficial del país es Estados Unidos Mexicanos.	☐	☐
• El 60% de la población mexicana es mestiza (ascendencia europea e indígena) y el 30% es amerindia (ascendencia indígena).	☐	☐
• México es el primer (*first*) destino turístico en América Latina y el número 10 del mundo.	☐	☐
• México tiene más de 100 millones de habitantes.	☐	☐
• México es uno de los dieciocho países con más diversidad ecológica del mundo.	☐	☐
• México es el país con más taxis del mundo.	☐	☐
• La Ciudad de México es la más poblada (*populated*) del mundo después de (*after*) Tokio (Japón).	☐	☐

¿Qué es interesante para ti? Habla con tu compañero/a.

Vocabulario en contexto

2-3 La gente del Paseo de la Reforma, en la Ciudad de México Observa la ilustración y lee los textos. Mucha gente vive en el Paseo de la Reforma. Busca a las personas y escribe sus nombres.

un niño: ____________________
un hombre soltero: ____________________
una persona que hace deporte: ____________________
una chica que estudia: ____________________
una mujer soltera: ____________________
una persona que toca un instrumento: ____________________
una persona que trabaja en una aerolínea: ____________________
una persona simpática: ____________________
una persona que no habla mucho: ____________________

CASA 1

ISABEL MARTÍNEZ SORIA
Es escritora.
Es mexicana.
Hace gimnasia.
Es muy sociable y muy activa.

JUAN GABRIEL RUIZ PEÑA
Trabaja en un banco.
Es mexicano.
Corre y toma fotografías.
Es muy buena persona pero un poco serio.

MANUEL RUIZ MARTÍNEZ
Juega al fútbol.
Es muy travieso (*mischievous*).

EVA RUIZ MARTÍNEZ
Toca la guitarra.
Es muy inteligente.

CASA 2

BEATRIZ SALAS GALLARDO
Es periodista.
Es mexicana.
Juega al tenis y estudia inglés.
Es muy trabajadora.

JORGE ROSENBERG
Es fotógrafo.
Es argentino.
Colecciona estampillas.
Es muy cariñoso.

DAVID ROSENBERG SALAS
Es estudiante.
Come mucho.

CASA 3
RAQUEL MORA VILLAR
Estudia economía.
Es soltera.
Juega al squash.
Es un poco antipática.

SARA MORA VILLAR
Estudia derecho.
Es soltera.
Toca el piano.
Es muy alegre.

CASA 4
JORGE LUIS BAEZA PUENTE
Es ingeniero.
Es divorciado.
Toca la batería.

UWE SCHERLING
Es profesor de alemán.
Es soltero.
Toca el saxofón.
Es muy simpático.

CASA 5
LORENZO BIGAS TOMÁS
Trabaja en *Mexicana de Aviación*.
Es divorciado.
Es muy tímido.

SILVIA BIGAS PÉREZ
Es mexicana.
Es estudiante doctoral.
Baila flamenco.
Es muy callada.

2-4 Las familias del Paseo de la Reforma Observen la información de las casas 1, 2, 3 y 5. Adivinen (*guess*) qué significan las palabras en negrita.

Casa 1: La familia Ruiz. Manuel y Eva son **hijos** de Juan Gabriel. Isabel es la **madre** de Manuel y Eva.
Casa 2: Jorge Rosenberg es el **padre** de David.
Casa 3: Raquel y Sara son **hermanas.**
Casa 5: Sivia es **hija** de Lorenzo.

2-5 ¿Y tu familia? Describe a algunos miembros de tu familia. Menciona la profesión y algunas características de cada miembro.

Mi papá es ____________. Es ____________ y ____________.
Mi mamá es ____________. Es ____________ y ____________.
Mi ____________ es ____________. Es ____________ y ____________.

Comparte (*share*) la información con un/a compañero/a.

EJEMPLO: E1: Mi papá es **abogado.** Es muy **inteligente.** ¿Y tu papá?
E2: Mi papá es **maestro** y mi mamá también es **maestra.** Son muy **simpáticos.**

2-6 Escucha a dos vecinas (*neighbors*) del Paseo de la Reforma ¿De quién hablan? ¿Qué dicen?

HABLAN DE...	DICEN QUE...
1. ____________	1. ____________
2. ____________	2. ____________
3. ____________	3. ____________
4. ____________	4. ____________
5. ____________	5. ____________

Lengua en contexto

2-7 Mexicano, mexicana... Relacionen los países con las nacionalidades. Después presten atención a las terminaciones (*endings*) de los adjetivos. ¿Pueden formar el plural?

México	Nicaragua
España	Venezuela
Costa Rica	Ecuador
Honduras	Estados Unidos
Panamá	Cuba

carolgaranda/Shutterstock

venezolan**o** venezolan**a**	hondureñ**o** hondureñ**a**	estadounidense estadounidense	panameñ**o** panameñ**a**
ecuatorian**o** ecuatorian**a**	mexican**o** mexican**a**	costarricense costarricense	cuban**o** cuban**a**
español españo**la**	nicaragüense nicaragüense		

Clasifiquen los adjetivos en tres grupos, según (*according to*) la regla gramatical de género y número.

2-8 Hispanos famosos Completen la lista. El grupo con más respuestas correctas gana (*wins*).

dos cantantes colombianos ____________
una actriz española ____________
dos películas mexicanas ____________
tres actores estadounidenses ____________
un escritor mexicano ____________
una pintora mexicana ____________
un escritor colombiano ____________
un cantante puertorriqueño ____________

EJEMPLO: E1: Una actriz mexicana...
E2: Penélope Cruz.
E1: ¿Es mexicana?
E3: No, es española.

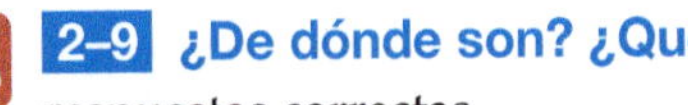

2-9 ¿De dónde son? ¿Qué hacen? Vamos a ver (*Let's see*) quién tiene más respuestas correctas.

Guillermo del Toro	Maná	Félix Hernández
Pitbull	Sonia Sotomayor	América Ferrera
Shakira	Leo Messi	Evo Morales

EJEMPLO: E1: Shakira **es** mexicana y **es** cantante.
E2: No **es** mexicana, es **de** Colombia.

ADJETIVOS

	MASCULINO	FEMENINO
-o/a	simpátic**o**	simpátic**a**
-or/ora	trabajad**or**	trabajad**ora**

-e	inteligent**e**
-ista	pesim**ista**
consonante	difíci**l**, feli**z**

	SINGULAR	PLURAL
vocal	simpátic**o**	simpátic**os**
	inteligent**e**	inteligent**es**
	trabajador**a**	trabajador**as**
consonante	difíci**l**	difíci**les**
	trabajado**r**	trabajado**res**

EL VERBO SER

(yo)	**soy**
(tú)	**eres**
(él, ella, usted)	**es**
(nosotros, nosotras)	**somos**
(ellos, ellas, ustedes)	**son**

EL VERBO TENER

(yo)	**tengo**
(tú)	**tienes**
(él, ella, usted)	**tiene**
(nosotros, nosotras)	**tenemos**
(ellos, ellas, ustedes)	**tienen**

LA NACIONALIDAD

- **¿De dónde eres?**
  - **Soy** mexicano/a.
    Soy de México.
- **¿De dónde es (él/ella)?**
  - **Es** mexicano/a.
    Es de México.

LA PROFESIÓN

- **¿Qué haces?**
  - **Trabajo** en un banco.
    Soy camarero/a.
    Estudio en la universidad.
- **¿Qué hace (él/ella)?**
  - **Trabaja** en un banco.
    Es camarero/a.
    Estudia en la universidad.

2-10 El árbol (*tree*) genealógico de Paula Paula habla de su familia. Escucha y completa su árbol genealógico.

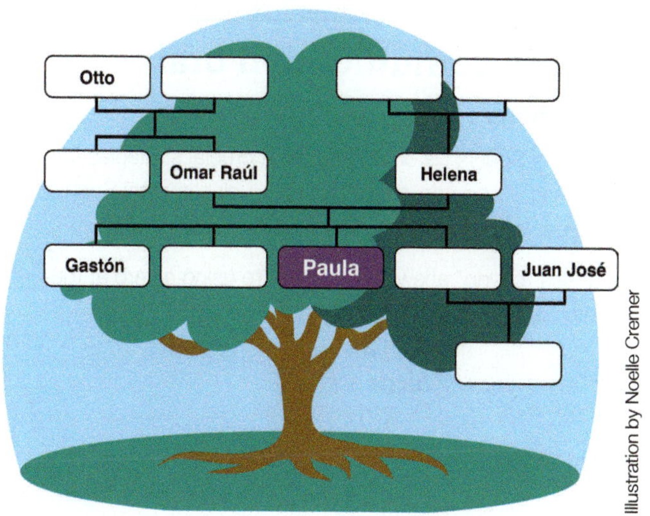

Illustration by Noelle Cremer

Compara tus respuestas con las respuestas de tu compañero/a. Después, entrevista a tu compañero/a y dibuja (*draw*) su árbol genealógico.

EJEMPLO: E1: ¿**Tienes** hermanos?
E2: Sí, **tengo** una hermana.
E1: ¿Cómo **se llama**?
E2: **Mi** hermana **se llama** Laura.

2-11 ¿Cómo es tu familia? Averigua (*find out*) algunas cosas sobre la familia de tu compañero/a. Primero, prepara una lista de preguntas. Tu compañero/a tiene que (*has to*) usar las palabras **muy**, **bastante**, **un poco**, **nada** y un adjetivo.

EJEMPLO: E1: ¿Cómo es **tu** mamá?
E2: Mi mamá es **muy** inteligente.
E1: ¿Es divertida?
E2: Sí, es **bastante** divertida.

2-12 Los verbos en español: -ar, -er, -ir ¿Qué aficiones tienes? Escribe verbos en los espacios en blanco.

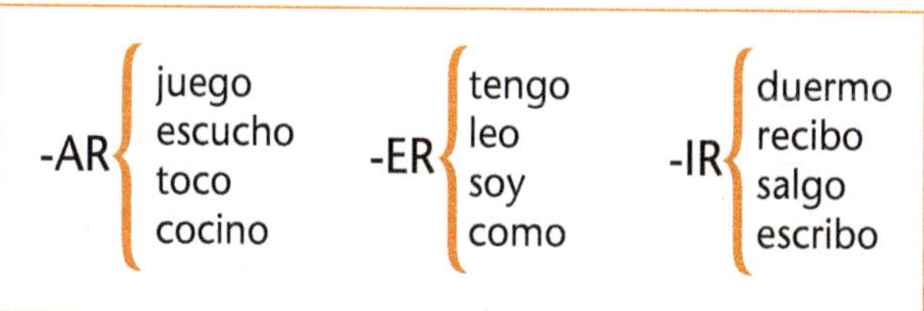

EJEMPLO: Pinto cuadros.

__________ música.	__________ al fútbol.
__________ un animal en casa.	__________ hamburguesas.
__________ la guitarra.	__________ simpático/a.
__________ ocho horas por día.	__________ con mis amigos.
__________ periódicos.	__________ platos mexicanos.
__________ correos electrónicos.	__________ (otros)
__________ en Facebook.	

Ahora pregunta a tu compañero/a.

EJEMPLO: E1: ¿**Juegas** al fútbol?
E2: Sí, y **nado**.

Informa a la clase sobre las aficiones de tu compañero/a.

EJEMPLO: E1: Eva **juega** al fútbol y **nada**.

POSESIVOS: RELACIONES FAMILIARES

mi padre **mi** madre	**mis** padres
tu hermano **tu** hermana	**tus** hermanos
su hijo **su** hija	**sus** hijos
nuestro padre **nuestra** madre	**nuestros** padres
su hermano **su** hermana	**sus** hermanos

En muchos países latinoamericanos se dice: **mi mamá**, **mi papá** y **mis papás**.

EL PRESENTE: VERBOS TERMINADOS EN -AR, -ER, -IR

	ESTUDI**AR**
(yo)	estudi**o**
(tú)	estudi**as**
(él, ella, usted)	estudi**a**
(nosotros, nosotras)	estudi**amos**
(ellos, ellas, ustedes)	estudi**an**

	LE**ER**	ESCRIB**IR**
(yo)	le**o**	escrib**o**
(tú)	le**es**	escrib**es**
(él, ella, usted)	le**e**	escrib**e**
(nosotros, nosotras)	le**emos**	escrib**imos**
(ellos, ellas, ustedes)	le**en**	escrib**en**

LA EDAD

- **¿Cuántos años tienes?**
  - **Treinta.**
    Tengo treinta años.
- **¿Cuántos años tiene (él/ella)?**
  - **Treinta.**
    Tiene treinta años.

Interacciones

Estrategias para la comunicación oral

Formulating basic questions

Formulating basic questions in Spanish is one of the most crucial strategies for successful interaction with native and non-native (e.g., your classmates) Spanish speakers. There are two types of direct questions:

1. those that prompt a "yes" or "no" answer. They require using a verb at the beginning of the sentence:

TÚ	*ÉL/ELLA*
*¿**Juegas** al fútbol?*	*¿**Juega** al fútbol?*
*¿**Eres** extrovertido/a?*	*¿**Es** extrovertido/a?*

2. those that are used to elicit information, for example:

*¿**Cómo** te llamas?*	*¿**Cómo** se llama?*
*¿**De dónde** eres?*	*¿**De dónde** es?*
*¿**Quién** eres?*	*¿**Quién** es?*
*¿**Cuántos** años tienes?*	*¿**Cuántos** años tiene?*

2-13 Ahora tú Completa una ficha (*card*) similar. Después entrega (*give*) la ficha a tu profesor/a. Un/a compañero/a lee la ficha y la clase adivina (*guess*) quién es.

EDAD:
Tengo ____ años.

ESTADO CIVIL:
☐ soltero/a
☐ casado/a
☐ viudo/a
☐ divorciado/a

PERSONALIDAD:
Soy muy ______________.
También soy ______ y ______.
No soy muy ______________.

IDIOMAS:
Hablo ______________.

AFICIONES: ______________.

2-14 Una persona especial Piensa en (*Think about*) una persona especial en tu vida: un familiar (*relative*), amigo, compañero/a de estudios, novio/a (*boyfriend/girlfriend*), etc. Completa una ficha con información sobre (*about*) la persona. Sigue (*follow*) este modelo.

NOMBRE: María
APELLIDOS: Jover Pino
ESTADO CIVIL: soltera
EDAD: 31
PROFESIÓN: trabaja en una compañía de informática
AFICIONES: fotografía, teatro
PERSONALIDAD: muy inteligente y muy activa
RELACIÓN CONTIGO: vecina

Ahora formula ocho preguntas para tu compañero/a sobre su persona especial. Toma notas.

EJEMPLO: **E1:** ¿Cómo se llama?
E2: María.
E1: ¿Es una amiga?
E2: No, es una vecina.

Explica a la clase quién es la persona especial de tu compañero/a, con una breve (*brief*) descripción.

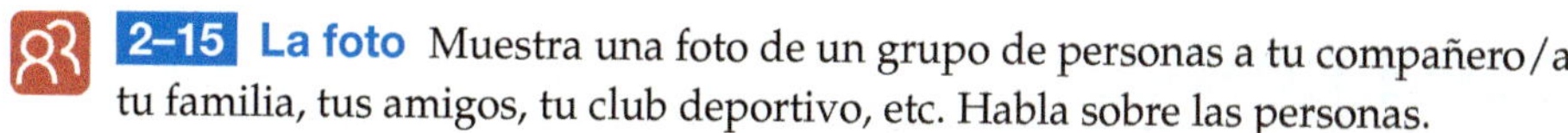

2-15 La foto Muestra una foto de un grupo de personas a tu compañero/a: tu familia, tus amigos, tu club deportivo, etc. Habla sobre las personas.

EJEMPLO: **E1:** Este es **mi** amigo Bob. Somos buen**os** amig**os**. Tiene 22 años. Es muy divertid**o**.
E2: ¿Y esta quién es?
E1: Esta es **su** novia, Sarah. Es muy simpátic**a**. **Estudia** en mi universidad.

2-16 La entrevista Quieres conocer a tus compañeros/as. Usa los verbos para formular preguntas y luego entrevista a un/a compañero/a. Toma notas (*take notes*). Después comparte (*share*) información interesante sobre tu compañero/a con la clase.

jugar	hablar	usar	tocar
bailar	leer	comer	tener
escribir	vivir	coleccionar	trabajar
estudiar	viajar	hacer	dormir

EJEMPLO: **E1:** ¿Jueg**as** al fútbol?
E2: No, no jueg**o** al fútbol.
E1: ¿**Tienes** animales en casa?
E2: Sí, **tengo** un gato.
E1: ¿Le**es** libros?
E2: Sí, le**o** novelas.
E1: Mike no jueg**a** al fútbol, le**e** novelas y **tiene** un gato.

2-17 Situaciones: *Un intercambio de conversación (conversation exchange)* Two American students have just arrived at *El Colegio de México* (in Mexico City). They go to the conversation exchange office because they want to meet some Mexican students. They are asked to provide their names and some information for the form.

ESTUDIANTE A
You work in the conversation exchange office. Your job consists of interviewing students and writing down their information.

- Nombre y apellido:
- Nacionalidad:
- Estudios:
- Intereses:
- Personalidad:
- ¿Qué tipo de persona busca (*looks for*)?:

ESTUDIANTE B
You want to meet a Mexican student to practice Spanish and learn more about the culture of the country. Give the information requested and talk about your personality, hobbies, etc. Also, describe the characteristics of the person you are looking for.

ESTUDIANTE C
You want to meet a Mexican student to practice Spanish and learn more about the culture of the country. Give the information requested and talk about your personality, hobbies, etc. Also, describe the characteristics of the person you are looking for.

Tarea global

Conocer a un grupo de importantes mexicoamericanos de Estados Unidos y organizarlos para una cena (*dinner*)

Preparación La clase se divide en grupos. Vamos a conocer a nueve importantes mexicoamericanos. Pertenecen (*They belong*) a diferentes áreas: política, cultura, artes, deportes y ciencia. ¿Conocen a las personas? Completen las descripciones con las palabras que faltan (*missing*).

NASA/Bill Ingalls / Alamy Stock Photo

1

Agence Opale / Alamy Stock Photo

2

PCN Photography / Alamy Stock Photo

3

Jeffrey Meyer / Pictorial Press Ltd / Alamy Stock Photo

4

Richard Chavez / PictureLux / The Hollywood Archive / Alamy Stock Photo

5

Desiree Navarro/Everett Collection/ Alamy Live News

6

dpa picture alliance archive / Alamy Stock Photo

7

Mario Houben/ZUMA Wire/Alamy Live News

8

Jaguar / Alamy Stock Photo

9

1. ELLEN OCHOA
__________ astronauta.
Tiene 59 __________.
__________ la flauta.
Es __________ California.
Dirige el *Johnson Space Center*.

2. SANDRA CISNEROS
Es __________ de novelas.
__________ 63 años.
__________ español e inglés.
Es __________ Chicago.

3. MARK SÁNCHEZ
Es jugador de __________ americano.
Tiene 31 años.
__________ para la comunidad latina.
__________ soltero.
Es __________ California.

4. SELENA GÓMEZ
__________ actriz y cantante.
__________ de Texas.
__________ 25 años.
Colabora con UNICEF.
No __________ español.

5. GEORGE LÓPEZ
__________ 57 años.
__________ actor.
__________ casado.
__________ al golf.

6. JORGE RAMOS
Es periodista y escritor.
__________ de México.
__________ 59 años.
__________ en Miami.

7. JULIÁN CASTRO
__________ de Texas.
__________ político.
Tiene 43 __________.
__________ inglés y español.

8. SOFÍA HUERTA
__________ de Idaho, EE. UU.
__________ 25 años.
__________ en la selección nacional de fútbol.
No __________ español muy bien.

9. ROBERT RODRÍGUEZ
Es __________ de cine.
__________ 49 años.
__________ de Texas.
__________ divorciado.
__________ compositor de música.

Paso 1 La distribución para la cena

Organicen a las personas en las tres mesas (*tables*). Es importante tener en cuenta (*keep in mind*) la información que ustedes saben (*you know*) sobre cada (*each*) persona.

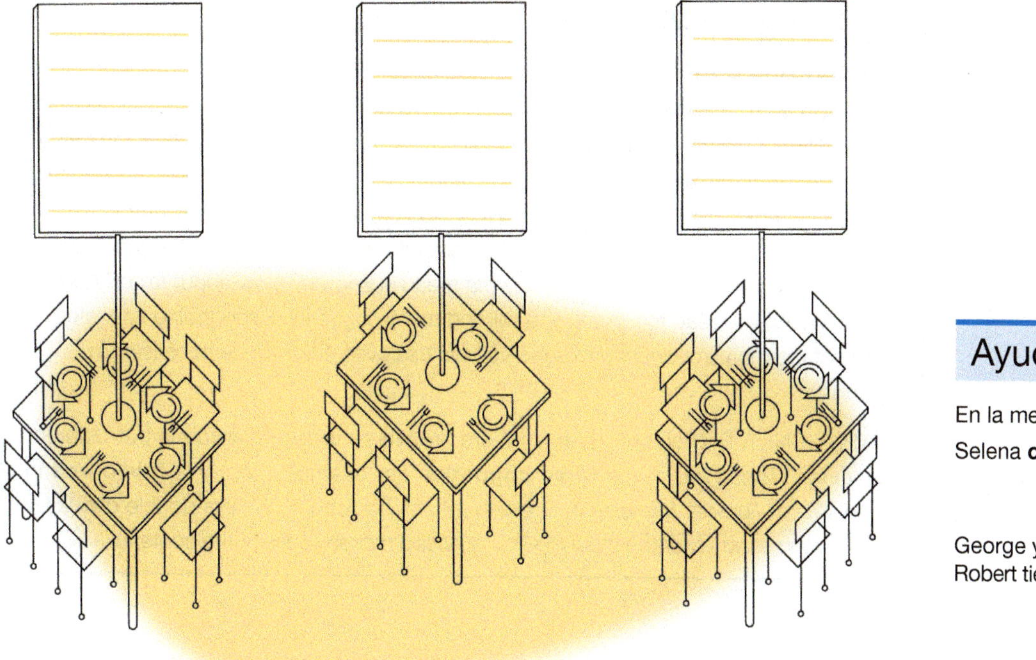

Ayuda

En la mesa 1: Jorge, Julián y...

Selena **con** Sofía **porque**...

George y Robert tienen... **la misma** (*same*) edad. / **el mismo** (*same*) trabajo. / **los mismos** (*same*) intereses.

Los dos hablan español.

Paso 2 Ustedes también asisten (*attend*) a la cena. ¿Dónde quieren sentarse (*want to sit*)? Completen la ficha con sus datos. Después seleccionen la mesa para cada estudiante.

Paso 3 Revisen, si es necesario, la distribución de las mesas.

Paso 4 Un/a representante del grupo presenta a la clase un informe y justifica las decisiones del grupo.

Paso 5 Los grupos y el/la profesor/a comparan sus resultados.

EDAD:
Tengo ____ años.

PERSONALIDAD:
Soy muy ______________.
También soy __________ y ___
______________.
No soy muy ______________.

ESTADO CIVIL:
☐ soltero/a
☐ casado/a
☐ viudo/a
☐ divorciado/a

IDIOMAS:
Hablo ______________.

INTERESES:
☐ Música
☐ Cine
☐ Astronomía
☐ Literatura
☐ Política
☐ Comedia
☐ Fútbol
☐ Fútbol americano
☐ Periodismo
☐ __________

Paso 6 Mi progreso

Review the goals. Mark with a ✔ the goals you think you have achieved and to what extent.

I can...

	very well	well	with difficulty
Goal 1: request basic information about people.			
Goal 2: give basic information about people.			
Goal 3: justify my decisions.			

Gente que lee

Estrategias para leer

Recognizing cognates

When you read something in a foreign language, you will probably not know all the words. Many Spanish words sound, look, and mean the same as words that you know in English. Words that resemble each other and have the same or similar meanings in two languages are called **cognates**. When you are reading or listening in Spanish, the more cognates you can recognize, the easier it will be for you to get the meaning. For example, what does the word *problema* mean in English? How about *texto*? And *situación*? As you read this book, you will find many cognates. Recognizing cognates is one of the most important strategies you will use every time you read or listen in Spanish.

ATTENTION! In English and Spanish there are words with similar forms but different meanings. These are called **false cognates**. For example, *library* is ***biblioteca*** in Spanish, not *librería*. ***Librería*** in Spanish means *bookstore*. Always double check by asking yourself whether the meaning you guessed makes sense in the context.

Antes de leer

2-18 El arte ¿Qué tipo de arte prefieres? Ordena los tipos de arte del 1 al 9 (1 = más interesante; 9 = menos interesante).

☐ escultura	☐ cine	☐ dibujo
☐ pintura	☐ teatro	☐ literatura
☐ fotografía	☐ música	☐ arquitectura

¿Cuántos (*How many*) puntos tiene la pintura para ti? ¿Y para tu compañero/a?

2-19 ¿Qué tipo de pintura prefieres? Marca tus preferencias.

☐ pintura realista	☐ pintura surrealista
☐ pintura abstracta	☐ pintura contemporánea
☐ pintura clásica	☐ pintura pop

¿Quién es tu pintor preferido o tu pintora preferida? ¿Cómo es su pintura?

2-20 Activando estrategias

1. Mira el título y los subtítulos del texto. ¿Qué información te dan (*do they give you*) sobre el texto?
2. Ahora mira la foto. ¿Cómo es Francisco Toledo?

FRANCISCO TOLEDO, PINTOR MEXICANO

LA PERSONA

Francisco Toledo (Oaxaca, 1940) es un pintor mexicano contemporáneo con prestigio internacional. Es sencillo, modesto e introvertido. Toledo es un ser humano generoso y preocupado por el bienestar (*well-being*) de los indígenas oaxaqueños y por la preservación del patrimonio artístico de su país. **Actualmente** vive en Oaxaca. Su delgada figura y su rostro moreno son familiares para los oaxaqueños y para los extranjeros que visitan el Museo de Arte Contemporáneo. Está casado y tiene tres hijos. Es muy famoso pero la fama no ha cambiado (*has not changed*) la forma de pensar y vivir de Toledo. Todavía (*still*) conserva su vida austera.

SUN/Newscom

Francisco Toledo

LA OBRA

Francisco es pintor, dibujante y ceramista. Su exitoso estilo es único e innovador. Su arte, rico en colores y texturas, presenta elementos de la tradición popular indígena desde una perspectiva contemporánea. En su obra vemos la presencia de la cultura de Oaxaca y los mitos mayas, la huella (*trace*) de un pasado que hoy forma parte de la identidad latinoamericana.

LA FAMA

Es el artista mexicano vivo más famoso del mundo. Hay (*There are*) obras de Toledo en el Museo de Arte Contemporáneo de Monterrey, el Palacio de Bellas Artes de la Ciudad de México y los Museos de Arte Moderno de México, París, Nueva York y Filadelfia, entre otros.

Después de leer

2-21 ¿Comprendes?

1. ¿Cómo es Francisco Toledo físicamente? ¿Cómo es su personalidad?
2. ¿A qué se dedica?
3. ¿Tiene familia?
4. Describe el estilo de su obra.
5. En tu país, ¿adónde puedes ir (*where can you go*) para ver la pintura de Toledo?

2-22 Activando estrategias

1. Busca palabras en el texto (nombres, verbos, adjetivos) relacionadas con el arte.
2. Identifica seis cognados en el texto.
3. Busca en el diccionario la palabra en negrita (*bold*) en el texto. ¿Es un cognado?

2-23 Expansión Piensen en (*Think of*) un/a artista interesante. Preparen una descripción del/de la artista para la clase (la persona, la obra, la fama).

Gente que escribe

Estrategias para escribir

Reviewing the language use (grammar) of your written work

It is useful to keep track of the grammatical structures you have studied so far. When you review the grammar in your composition, ask yourself these questions:

- Does my composition represent a variety of grammatical structures? Am I using them correctly?
- Have I tried to use the structures that have just been introduced?
- Am I using a noun where I need a noun, an adjective where I need an adjective, etc.?
- Does every sentence have a conjugated verb?
- Have I checked my composition for agreement (in gender and number, between articles and nouns, nouns and adjectives, and subjects and verbs)?

MÁS ALLÁ DE LA FRASE

Basic connectors to organize information

Using connectors in your writing helps organize your composition and allows your reader to easily follow the information. Good organization can compensate for errors in grammar or vocabulary, and enhances your writing. Simple organizing connectors are:

- ***primero*** (first)
- ***segundo*** (second)
- ***tercero*** (third)

In order to indicate to the reader that you are introducing your last idea, you can use these connectors:

- ***finalmente*** (finally)
- ***por último*** (last)

2-24 Un e-mail Vas a viajar (*You are going to travel*) a México para estudiar durante un semestre. Allí (*There*), vas a vivir (*you are going to live*) con una familia. Escribe un correo electrónico a tu familia mexicana. Preséntate (*introduce yourself*) y describe a tu familia.

Antes de escribir

Escribe tu nombre y haz una lista de tus familiares (*family members*). Para cada persona, completa la siguiente información:

1. nombre
2. edad
3. profesión
4. personalidad
5. aficiones
6. otra información importante

A escribir

- Preséntate y describe cómo eres.
- Presenta a tu familia y la información de cada persona (en *Antes de escribir*).
- Usa conectores para organizar tu texto (en *Más allá de la frase*).

DESPUÉS DE ESCRIBIR

- Revisa los Pasos 1 a 8 en la página 14 del Capítulo 1. Presta atención a la gramática (Paso 6) y revisa los conectores.
- Intercambia tu correo con un/a compañero/a y usa la *Guía de Revisión entre Compañeros* disponible en *MyLab* para editar el correo.

Comparaciones culturales

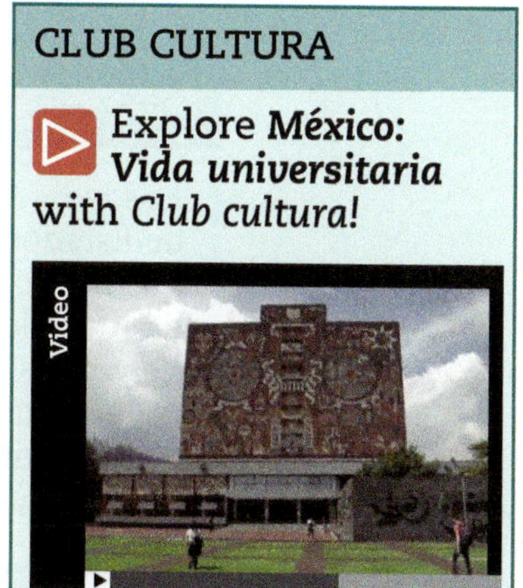

2-25 La vida universitaria en México Mira el video sobre la Universidad Nacional Autónoma de México (UNAM). Es la universidad más grande de América Latina y una de las 100 mejores (*best*) universidades del mundo.

Después de ver el video, compara:

1. ¿Cuántos estudiantes hay en tu universidad?
2. ¿Cuántas disciplinas ofrece tu universidad? ¿Qué estudias?
3. Por su belleza e importancia cultural, la UNAM es un Patrimonio Cultural de la Humanidad (*World Heritage Site*). ¿Conoces algún Patrimonio de la Humanidad en tu país?

2-26 El Día de Muertos en México Lean este texto sobre una celebración mexicana que también es Patrimonio de la Humanidad.

www.mexfestival/diademuertos.com

El Día de Muertos

Día de Muertos (México)

Yaacov Dagan / Alamy Stock Photo

El Día de Muertos (1 o 2 de noviembre) es una fiesta tradicional mexicana de raíces (*roots*) prehispánicas que celebra la vida de los ancestros. La creencia (*belief*) popular es que las almas (*souls*) de los seres queridos (*loved ones*) regresan (*come back*) de ultratumba (*afterlife*) durante el Día de Muertos. Por ello, son recibidos con una ofrenda (*offering*) donde se coloca su comida y bebida favorita, fruta y calaveras (*skulls*) de cerámica y/o de azúcar (*sugar*), fotografías de los difuntos (*deceased*) y flores de cempasúchil amarillas (*yellow*) porque el color de la muerte (*death*) en el México prehispánico era (*was*) el amarillo.

Esta celebración es Patrimonio Cultural Inmaterial de la Humanidad (*Intangible Cultural Heritage of Humanity*) desde 2008. La UNESCO dice que esta celebración es una representación extraordinaria del patrimonio (*heritage*) de México y del mundo. También es una de las más antiguas (*old*) expresiones culturales de los indígenas mexicanos. Esta celebración contribuye a fortalecer (*reinforce*) el estatus político y social de las comunidades indígenas de México.

¿Son características del Día de Muertos o de Halloween?

	Día de Muertos	Halloween
Las almas de los muertos regresan de ultratumba	☐	☐
Los muertos son recibidos con una ofrenda	☐	☐
La gente decora las casas para ahuyentar (*shoo*) a los espíritus	☐	☐
Los espíritus que regresan son familiares y amigos	☐	☐
Los espíritus regresan para hacer daño (*harm*)	☐	☐

Ahora miren el video para aprender más acerca del Día de Muertos y otras celebraciones mexicanas.

CLUB CULTURA

Explore México: Celebraciones with Club cultura!

Video

2-27 La herencia (*heritage*) mexicana en Estados Unidos Lee el texto y después responde a las preguntas.

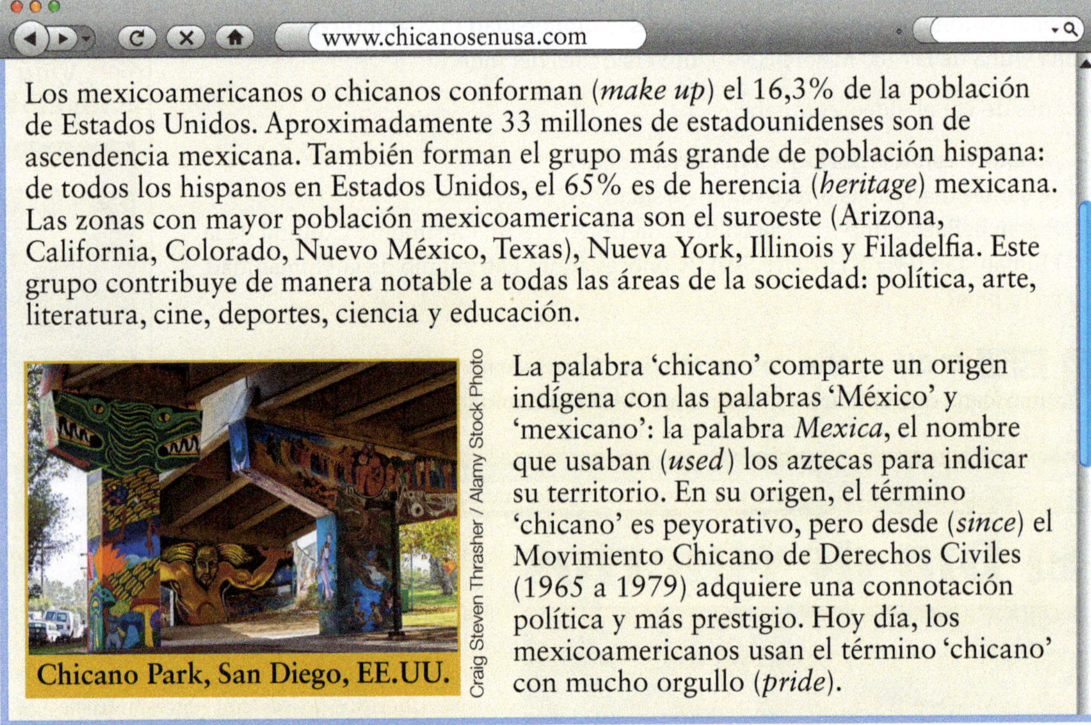

www.chicanosenusa.com

Los mexicoamericanos o chicanos conforman (*make up*) el 16,3% de la población de Estados Unidos. Aproximadamente 33 millones de estadounidenses son de ascendencia mexicana. También forman el grupo más grande de población hispana: de todos los hispanos en Estados Unidos, el 65% es de herencia (*heritage*) mexicana. Las zonas con mayor población mexicoamericana son el suroeste (Arizona, California, Colorado, Nuevo México, Texas), Nueva York, Illinois y Filadelfia. Este grupo contribuye de manera notable a todas las áreas de la sociedad: política, arte, literatura, cine, deportes, ciencia y educación.

Chicano Park, San Diego, EE.UU.

Craig Steven Thrasher / Alamy Stock Photo

La palabra 'chicano' comparte un origen indígena con las palabras 'México' y 'mexicano': la palabra *Mexica*, el nombre que usaban (*used*) los aztecas para indicar su territorio. En su origen, el término 'chicano' es peyorativo, pero desde (*since*) el Movimiento Chicano de Derechos Civiles (1965 a 1979) adquiere una connotación política y más prestigio. Hoy día, los mexicoamericanos usan el término 'chicano' con mucho orgullo (*pride*).

1. ¿Qué porcentaje de la población de Estados Unidos es de ascendencia mexicana?
2. ¿Qué porcentaje de la población hispana de Estados Unidos es de ascendencia mexicana?
3. ¿Es el término 'chicano' positivo o negativo? Explica.

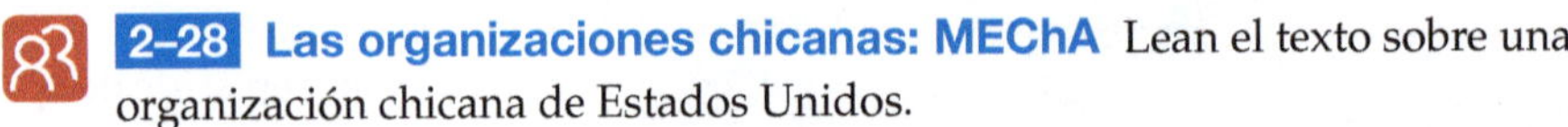

2-28 Las organizaciones chicanas: MEChA Lean el texto sobre una organización chicana de Estados Unidos.

MEChA (Movimiento Estudiantil Chican@ de Aztlán) es una organización dedicada a la promoción de la historia, educación y activismo político chicano en diferentes universidades de Estados Unidos. Tiene 400 clubes en diversos campus universitarios.

Ahora busquen información sobre esta organización.

1. ¿Existe en su universidad o en una universidad de su estado?
2. ¿Qué tipo de objetivos tiene MEChA?

- ☐ Mantenimiento de la identidad cultural chicana
- ☐ Acceso de los chicanos a la educación superior
- ☐ Organización de los chicanos en sindicatos laborales (*unions*)
- ☐ Celebración de la diversidad
- ☐ Promoción de los términos 'hispano' y 'latino'

Vocabulario

Nacionalidades y origen	(Nationality and origin)
el/la argentino/a	*Argentinian*
el/la colombiano/a	*Colombian*
el/la cubano/a	*Cuban*
el/la español/a	*Spaniard / Spanish*
el/la estadounidense	*U.S. citizen / from the U.S.*
el/la hispano/a	*Hispanic*
el/la latino/a	*Latino/a*
el/la latinoamericano/a	*Latin American*
el/la mexicano/a	*Mexican*
el/la puertorriqueño/a	*Puerto Rican*

Números (20–100)	(Numbers 20–100)
veinte	*twenty*
veintiuno	*twenty-one*
veintidós	*twenty-two*
veintitrés	*twenty-three*
veinticuatro	*twenty-four*
veinticinco	*twenty-five*
veintiséis	*twenty-six*
veintisiete	*twenty-seven*
veintiocho	*twenty-eight*
veintinueve	*twenty-nine*
treinta	*thirty*
treinta y uno	*thirty-one*
treinta y dos	*thirty-two*
cuarenta	*forty*
cincuenta	*fifty*
sesenta	*sixty*
setenta	*seventy*
ochenta	*eighty*
noventa	*ninety*
cien	*one hundred*

Profesiones	(Professions)
el/la abogado/a	*lawyer*
el actor	*actor*
la actriz	*actress*
el/la artista	*artist*
el/la cantante	*singer*
el/la científico/a	*scientist*
el/la deportista	*athlete*
el/la director/a	*director*
el/la escritor/a	*writer*
el/la estudiante	*student*
el/la fotógrafo/a	*photographer*
el/la jugador/a	*player*
el/la maestro/a	*teacher*
el/la médico/a	*doctor*
el/la músico/a	*musician*
el/la periodista	*journalist*
el/la pintor/a	*painter*
el/la político/a	*politician*
el/la profesor/a	*professor*

Familia y relaciones	(Family and relationships)
el/la abuelo/a	*grandfather/grandmother*
los abuelos	*grandparents*
el/la amigo/a	*friend*
el/la esposo/a	*husband/wife*
el/la hermano/a	*brother/sister*
el/la hijo/a	*son/daughter*
la madre	*mother*
la mujer	*woman*
el/la niño/a	*boy/girl*
el/la novio/a	*boyfriend/girlfriend*
el padre	*father*
los padres	*parents*

Adjetivos	
agradable	*pleasant, nice*
alegre	*happy*
amable	*kind*
antipático/a	*unpleasant, unfriendly*
bueno/a	*good*
casado/a	*married*
divorciado/a	*divorced*
egoísta	*selfish*
extrovertido/a	*outgoing*
guapo/a	*good-looking, handsome / pretty*
inteligente	*intelligent*
perezoso/a	*lazy*
serio/a	*serious*
simpático/a	*nice*
soltero/a	*single*
tímido/a	*shy*
trabajador/a	*hardworking*

Verbos: las aficiones	(interests)
bailar	*to dance*
cenar	*to have dinner*
coleccionar	*to collect*
comer	*to eat*
correr	*to run*
dormir (ue)	*to sleep*
escuchar música	*to listen to music*
estudiar idiomas	*to study languages*
hacer (irreg.)	*to do, to make*
ir al cine (irreg.)	*to go to the movies*
jugar al fútbol (ue)	*to play soccer*
leer libros	*to read books*
pintar	*to paint*
practicar	*to practice*
salir	*to go out*
tocar (instrumentos)	*to play (instruments)*
trabajar	*to work*
ver películas	*to watch movies*
viajar	*to travel*

Consultorio lingüístico

1 Adjectives

Adjectives are used to talk about the qualities of the objects, things, or people we name. They must always agree with the noun they refer to in both gender and number. Most adjectives in Spanish have **a masculine form** and **a feminine form**:

-o	**-a**	**-os**	**-as**
activ**o**	activ**a**	activ**os**	activ**as**
seri**o**	seri**a**	seri**os**	seri**as**
-or	**-ora**	**-ores**	**-oras**
trabajad**or**	trabajad**ora**	trabajad**ores**	trabajad**oras**

Other adjectives have a **single form for both masculine and feminine**. Most adjectives that end in ***-e*** or a consonant have one form for both feminine and masculine. Adjectives form the plural following the same rules as nouns:

SINGULAR	PLURAL
-e	**-es**
alegr**e**	alegr**es**
inteligent**e**	inteligent**es**
-ista	**-istas**
optim**ista**	optim**istas**
depor**tista**	depor**tistas**
CONSONANTE (**-l, -z...**)	CONSONANTE **+ es** (**-les, -ces...**)
fácil	fáci**les**
feliz	feli**ces**
azul	azu**les**

Note the need to add an **e** before the **s** when forming the plural form of an adjective ending in a consonant:

común → comun**es**

Adjectives are usually placed **after** the noun:

una mujer **inteligente**   un niño **grande**   una niña muy **buena**

But there are some important common exceptions. Two of the most common are ***buen*** (from *bueno*) and ***gran*** (from *grande*):

un **buen** amigo	*a good friend*
una **buena** persona	*a good person*
un **gran** amigo	*a great friend*

2 *Ser* + Adjective

We use the verb ***ser*** followed by an adjective to express characteristics that define the identity or nature of a subject, such as place of origin, profession or occupation, personality, size, or physical characteristics:

● ¿Juan **es** colombiano?	*—Is Juan Colombian?*
○ Sí, **es** de Bogotá.	*—Yes, he* ***is*** *from Bogota.*
● Carla **es** simpática, ¿verdad?	*—Carla* ***is*** *nice, right?*
○ Sí, y **es** muy inteligente.	*—Yes, and she* ***is*** *very intelligent.*

 The Present Tense: -ar, -er, and -ir Verbs

When we talk about a verb, we use the infinitive, which is the non-conjugated form of the verb. This is the form that can be found in a dictionary. In Spanish, there are three infinitive endings:

-AR	**-ER**	**-IR**
estudi**ar**	le**er**	escrib**ir**
habl**ar**	corr**er**	viv**ir**
est**ar**	ten**er**	dec**ir**

In Spanish, the endings of the verb tenses are very important because they tell us about the tense and the person we are referring to. To conjugate a regular verb, we change the ending of the infinitive into a tense and person ending. Each of these verb groups is conjugated slightly differently, but **-er** and **-ir** verbs share many common endings:

	ESTUDI**AR**	LE**ER**	ESCRIB**IR**
(yo)	estudi**o**	le**o**	escrib**o**
(tú)	estudi**as**	le**es**	escrib**es**
(él, ella, usted)	estudi**a**	le**e**	escrib**e**
(nosotros, nosotras)	estudi**amos**	le**emos**	escrib**imos**
(ellos, ellas, ustedes)	estudi**an**	le**en**	escrib**en**

Some verbs are irregular, meaning either that they don't follow the endings of their conjugation or that the stem of the infinitive form changes when the verb is conjugated. For example:

	SER	TENER	JUGAR
(yo)	**soy**	**teng**o	**jueg**o
(tú)	**eres**	**tien**es	**jueg**as
(él, ella, usted)	**es**	**tien**e	**jueg**a
(nosotros, nosotras)	**somos**	tenemos	jugamos
(ellos, ellas, ustedes)	**son**	**tien**en	**jueg**an

 Possesive Adjectives

They are used to express possesion:

- ● ¿Quién es? — *—Who is he?*
- ○ Es **mi** hermano mayor. — *—He is* **my** *big brother.*

- ● ¿Quiénes son? — *—Who are they?*
- ○ Son los padres de Ana. — *—They are Ana's parents.*
  Son **sus** padres. — *—They are* **her** *parents.*

mi padre / **mi** madre
(*my father*) / (*my mother*)
→ **mis** padres
(*my parents*)

tu hermano / **tu** hermana
(*your brother*) / (*your sister*)
→ **tus** hermanos
(*your siblings*)

su hijo / **su** hija
(*his/her/your son*) / (*his/her/your daughter*)
→ **sus** hijos
(*his/her/your children*)

Notice that in English there are no plural forms for cases when what is possessed is plural. Spanish, however, requires plural possessive forms: ***mis, tus, sus...***

Mis hermanos = *My brothers*
Sus primos = *His/Her cousins*

They do not agree with the person who possesses, they agree with what is possessed:

yo	**mi** amigo (*my friend*) **mi** casa (*my house*)	**mis** amigos (*my friends*) **mis** casas (*my houses*)
tú	**tu** amigo (*your friend*) **tu** casa (*your house*)	**tus** amigos (*your friends*) **tus** casas (*your houses*)
él, ella, usted	**su** amigo (*his/her/your friend*) **su** casa (*his/her/your house*)	**sus** amigos (*his/her/your friends*) **sus** casas (*his/her/your houses*)
ellos, ellas, ustedes	**su** amigo (*their/your friend*) **su** casa (*their/your house*)	**sus** amigos (*their/your friends*) **sus** casas (*their/your houses*)

5 Talking About Age, Marital Status, Professions, and Nationality and Place of Origin

Attention!: In English, the verb *to be* is used to express someone's age, while in Spanish, the verb ***tener*** is used:
Creo que **tiene** cuarenta años.
(= *I think he* ***is*** *forty years old.*)

- **Talking about someone's age**
  - **¿Cuántos años tienes/tiene?** —*How old are you? (informal / formal)*
  - Veintiún años. —*Twenty-one.*
    Tengo veintiún años. *I'm twenty-one years old.*

- **Talking about marital status**
  Soy, Estoy soltero/a; casado/a; viudo/a; divorciado/a; separado/a.

- **Talking about professions**
  - **¿Qué haces?** —*What do you do?*
  - **Trabajo en** una empresa de informática. —*I work in a computer company.*
    Estudio en la universidad. *I go to college.*
    Soy arquitecto/a. *I'm an architect.*

Some professions have two forms to indicate gender, and others have just one:

	MASCULINE		FEMININE
un	profesor	una	profesora
	vendedor		vendedora
	médico		médica
	abogado		abogada
	presidente		presidenta

	INVARIABLE FORM
un/una	periodista, artista, pianista
un/una	cantante, ayudante

In Spanish there is NO article preceding the name of a profession:

Es profesora.
She's a professor.

We use the article only when the profession is further qualified:

Es una profesora muy buena.
She is a very good professor.

Es una profesora de mi escuela.
She is a professor from my school.

Un, una, unos, unas correspond to the indefinite articles *a* or *some* in English:

Este es Pedro, **un** amigo. = *This is Pedro, **a** friend.*

Estos son Juan y Ana, **unos** amigos. = *These are Juan and Ana, **some** friends.*

Talking about nationality and place of origin

COUNTRY, CITY, OR TOWN

● **¿De dónde eres?**	—*Where are you from? (informal)*
¿De dónde es usted?	*Where are you from? (formal)*
○ Soy chileno.	—*I'm Chilean.*
Soy **de** Chile.	*I'm **from** Chile.*
De Santiago de Chile.	***From** Santiago de Chile.*
De Chile.	***From** Chile.*

MASCULINE ENDING IN **-o**	FEMININE ENDING IN **-a**
peruan**o**, bolivian**o**, cuban**o**, hondureñ**o**...	peruan**a**, bolivian**a**, cuban**a**, hondureñ**a**...

MASCULINE ENDING IN A CONSONANT	FEMININE ADDS ***-a***
alemá**n**, francé**s**, portugué**s**, inglé**s**...	aleman**a**, frances**a**, portugues**a**, ingles**a**...

INVARIABLE FORMS

ENDING IN **-í**: iran**í**, israel**í**...
ENDING IN **-ense**: nicaragü**ense**, costarric**ense**, canadi**ense**...
ENDING IN **-a**: belg**a**, croat**a**...

Capítulo 3
Gente de vacaciones

Mattia Bicchi / Alamy Stock Photo

Ciudad de Caracas, Venezuela

At the end of this lesson, I will be able to…

PRESENTATIONAL AND INTERPERSONAL COMMUNICATION

Speaking
- talk about things I like or I do not like, my interests, and preferences related to travel.
- talk about the existence and location of places.
- express opinions, agreement, and disagreement.

Writing
- write a basic e-mail describing my city, its location, and amenities.
- use basic connectors to express cause and consequence.

INTERPRETIVE COMMUNICATION

Listening
- identify some basic information in conversations related to travel, nationalities, personal interests, and preferences.
- understand some basic questions related to my personal interests and preferences.

Reading
- understand the general meaning of an informational text.
- use contextual cues and other strategies to guess the meaning of unfamiliar words.

INTERCULTURAL COMPETENCE

- identify and talk about some of Venezuela's natural wonders.
- understand the impact of the Venezuelan community in Florida and compare it with other migration groups.

TAREA GLOBAL

Planificar unas vacaciones en Venezuela

CLUB CULTURA

Explore **Venezuela** with *Club cultura!*

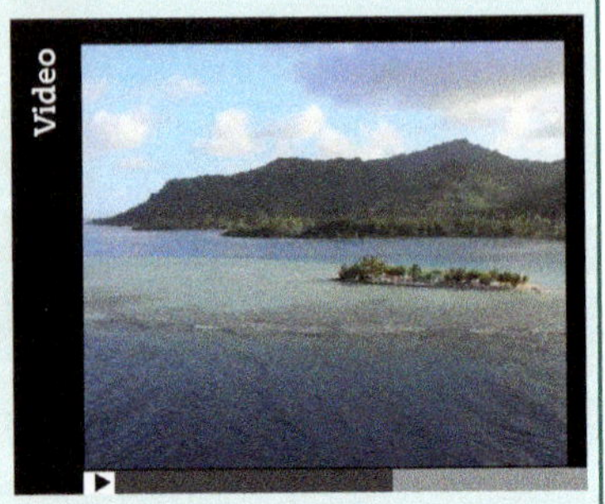

Acercamientos

3-1 Un viaje a Venezuela Mira las fotos de la actividad **3-2**: los dos lugares están (*are*) en Venezuela. Encuentra los lugares en el mapa.

Ahora lee la información para saber más. Después completa las frases.

Caracas es la capital de la República Bolivariana de Venezuela. Tiene tres millones de habitantes. En Caracas hay muchos parques, museos y centros comerciales. Caracas está muy cerca (*close*) de la costa.

El Parque Nacional Canaima es Patrimonio de la Humanidad desde 1994. Es el sexto parque nacional más grande del mundo. Es un parque muy aislado (*isolated*) donde viven diversas especies de animales. Allí está el Salto Ángel, la catarata (*waterfall*) más alta del mundo.

- Me interesa visitar Caracas porque ______________
- Quiero visitar el Parque Nacional Canaima porque ______________

3-2 ¿Adónde vas? La agencia de viajes *Vive Venezuela* ofrece dos viajes. Lee la información y decide qué prefieres: ir a Caracas o ir al Parque Nacional Canaima.

Completa el texto con los lugares o actividades que te interesan.

En primer lugar, me interesa ______________ y en segundo lugar, ______________. Quiero visitar especialmente ______________ y ______________ porque me interesa ______________.

Vocabulario en contexto

3-3 Un test sobre tus vacaciones ¿Qué haces normalmente en vacaciones? Completa la encuesta (*survey*) con tus preferencias.

¿Con quién te gusta viajar?	¿Cuándo te gusta ir de vacaciones?	Tus intereses	¿En tren, en avión...?
☐ Prefiero viajar solo	☐ En primavera	☐ Me interesan las grandes ciudades	☐ No me gustan los aviones, prefiero el tren
☐ Me gusta viajar con mi pareja	☐ En verano	☐ Me interesan las culturas diferentes	☐ Me gusta ver el paisaje; prefiero la bicicleta
☐ Prefiero viajar con mi familia	☐ En otoño	☐ Me gusta la aventura	☐ Me gusta viajar en coche
☐ Me gusta viajar con mis amigos	☐ En invierno	☐ Me gusta la playa	☐ Me gusta viajar en avión; es lo más rápido

Illustration by Noelle Cremer

Ahora habla con tu compañero/a y comparen sus preferencias.

EJEMPLO: E1: Me gusta (*I like*) viajar con mi familia en verano y me gusta la playa. ¿Y tú?
E2: Yo prefiero viajar con mis amigos y me gusta el tren.

3-4 Las vacaciones de David, Eduardo y Manuel Mira las fotos de David, Eduardo y Manuel. Relaciona a las personas con las frases.

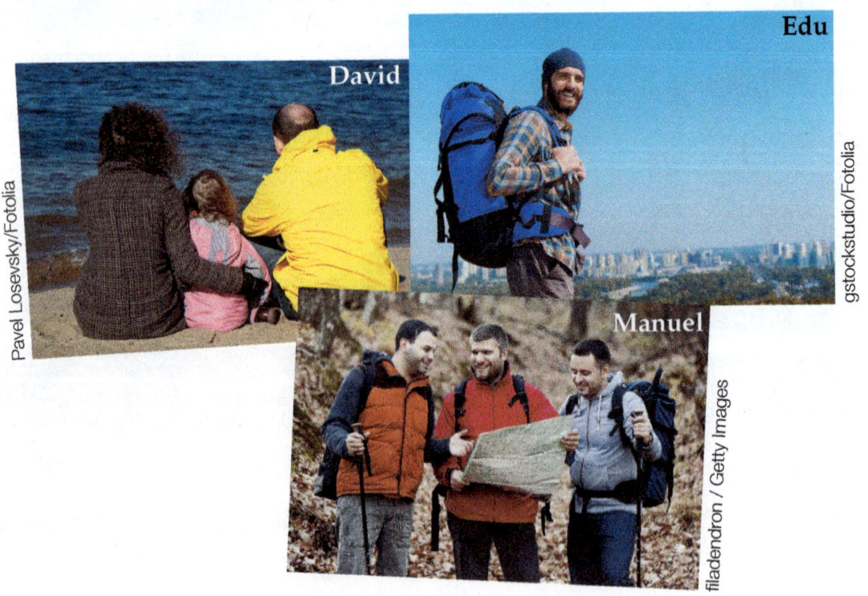

Pavel Losevsky/Fotolia

gstockstudio/Fotolia

filadendron / Getty Images

Viajes a países lejanos: ______________

Vacaciones tranquilas con la familia: ______________

Contacto con la naturaleza: ______________

Ahora escucha a David, Eduardo y Manuel. Hablan sobre sus vacaciones. ¿Qué dicen? Completa el cuadro.

	ESTACIÓN DEL AÑO	PAÍS/PAÍSES	ACTIVIDADES	TRANSPORTE
DAVID				
EDUARDO (EDU)				
MANUEL				

3-5 Vacaciones con tus compañeros/as Quieres pasar unas vacaciones de verano en la ciudad o pueblo (*town*) de un/a compañero/a. Primero, entrevista a tres compañeros/as sobre su ciudad o pueblo. Completa el cuadro con la información. Usa palabras de la lista y otras.

	Ciudad / Pueblo	Atracciones y servicios
1.		
2.		
3.		

ADJETIVOS	NOMBRES	
antiguo/a	el bosque	el hotel
lindo/a	el mar	el parque
increíble	la montaña	el gimnasio
maravilloso/a	la playa	la piscina
ruidoso/a	el campo	el aeropuerto
tranquilo/a	los edificios	el restaurante
divertido/a	la estación de tren	el bar
aburrido/a		

EJEMPLO: E1: ¿**Cómo es** tu ciudad?
E2: Es pequeña, tranquila y bonita.
E1: ¿**Qué hay** en tu ciudad?
E2: No hay aeropuerto pero hay estación de tren. También hay hoteles.

Decide qué ciudad o pueblo te interesa y por qué. Después habla con tu compañero/a.

PREFERENCIAS:	¿POR QUÉ?
A mí me interesa...	Me gusta...
- la montaña.	- la cultura.
- viajar a ________.	- caminar.
- otro/a: ________.	- otro/a: ________.
Quiero...	Me gustan...
- descansar.	- las ciudades tranquilas.
- conocer ________.	- los hoteles pequeños.
- otros: ________.	- otros: ________.

EJEMPLO: E1: Me gustan las vacaciones tranquilas. Quiero visitar ________ porque me interesa la historia.
E2: A mí me gusta viajar a ciudades grandes. Quiero viajar en avión y visitar ________.

QUÉ HAY Y DÓNDE ESTÁ

En el pueblo **hay** un supermercado.
El supermercado **está** en la Calle Mayor.
La iglesia y la plaza **están** en el centro.

HAY

Singular
Hay una farmacia.
No hay escuela.

Plural
Hay dos farmacias.
Hay muchas farmacias.

	ESTAR
(yo)	**estoy**
(tú)	**estás**
(él, ella, usted)	**está**
(nosotros, nosotras)	**estamos**
(ellos, ellas, ustedes)	**están**

TAMBIÉN, TAMPOCO

En el pueblo hay un hotel y dos bares.
También hay un casino.

En el pueblo **no** hay cine.
Tampoco hay teatro.

YO / A MÍ: DOS CLASES DE VERBOS

	QUERER
(yo)	quier**o**
(tú)	quier**es**
(él, ella, usted)	quier**e**
(nosotros, nosotras)	quer**emos**
(ellos, ellas, ustedes)	quier**en**

	GUSTAR
(a mí)	**me** gusta
(a ti)	**te** gusta
(a él, ella, usted)	**le** gusta
(a nosotros, nosotras)	**nos** gusta
(a ellos, ellas, ustedes)	**les** gusta

Me gusta { viajar en tren. / el pueblo.

Me gustan los pueblos pequeños.

Lengua en contexto

3-6 ¿Qué es y dónde está? Elige (*Choose*) un nombre del mapa y pregunta a tu compañero/a qué es y dónde está.

es un río / un lago / una montaña

está cerca de / lejos de

está al norte / al sur / al este / al oeste

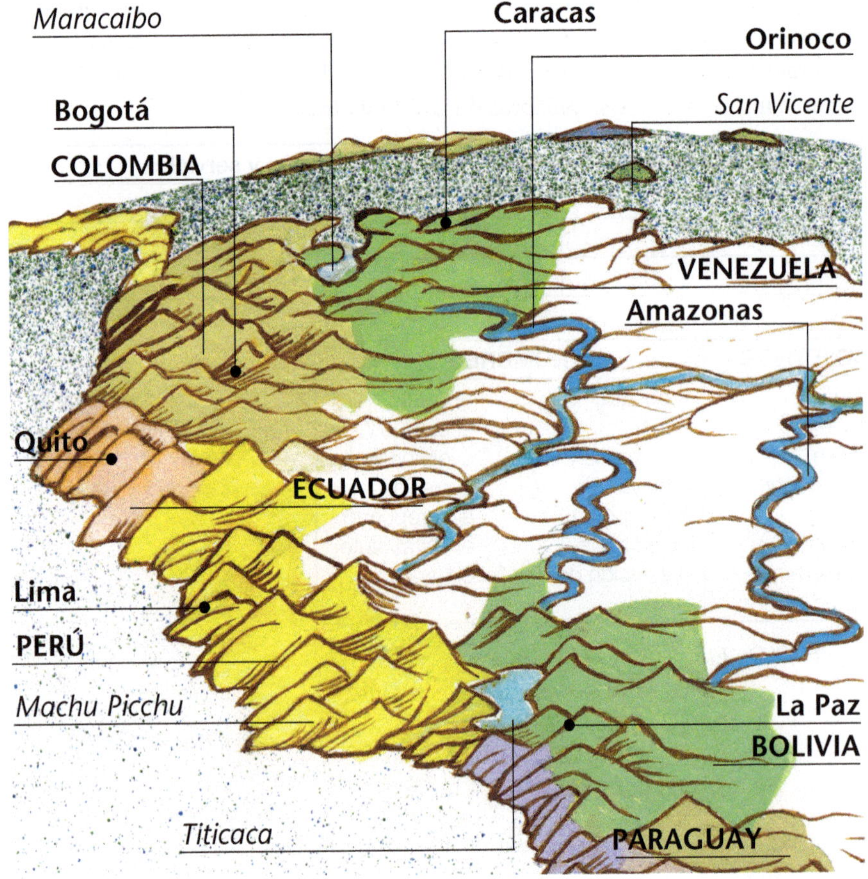

EJEMPLO: E1: ¿Qué **es** Maracaibo?
E2: **Es** una ciudad.
E1: ¿Y dónde **está**?
E2: **Está** en Venezuela, cerca de Colombia.

3-7 La capital de Venezuela Miren el mapa y lean el texto. Identifiquen en el mapa los lugares mencionados en el texto.

EJEMPLO: E1: Esto **es** la catedral, ¿verdad?
E2: Sí, y esto **es** el Museo de Ciencias.

www.bonitacaracas.com

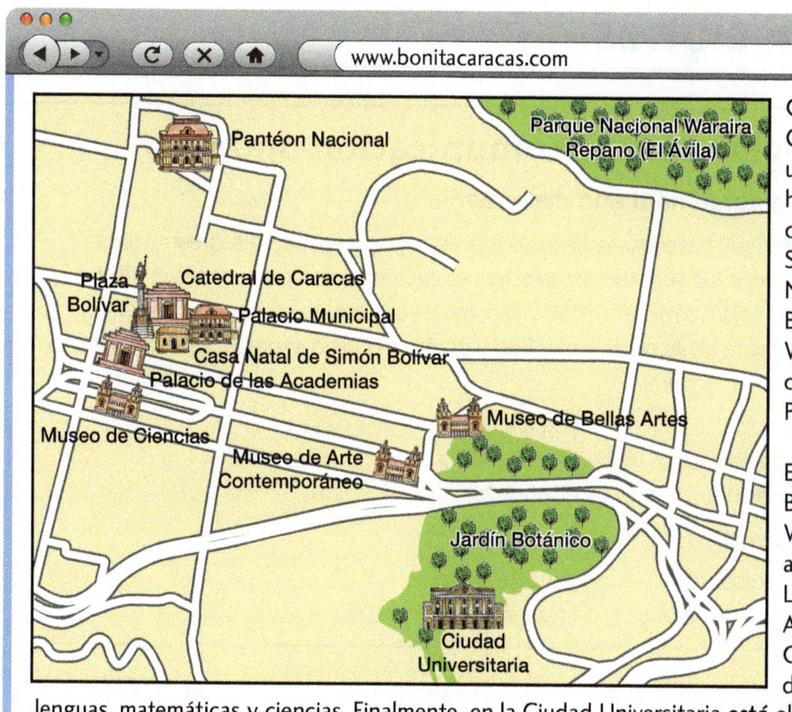

Caracas está a 15 km del mar Caribe. Entre Caracas y el mar **está** el Parque Nacional El Ávila, uno de los principales atractivos de la ciudad. La historia de Caracas se observa en sus edificios, calles y plazas. Dos ejemplos son la Casa Natal de Simón Bolívar y el Panteón Nacional. En el Panteón Nacional **están** los restos (*the remains*) de Simón Bolívar y de otros héroes de la historia de Venezuela. La Plaza Bolívar **está** en el centro de la ciudad, junto con la Catedral de Caracas y el Palacio Municipal.

En Caracas **hay** muchos museos. El Museo de Bellas Artes es el más antiguo (*the oldest*) de Venezuela. Allá **hay** una importante colección de arte egipcio. El Museo de Ciencias **está** en la Plaza Los Museos, el circuito cultural de la ciudad. Allá podemos encontrar el Museo de Arte Contemporáneo y el Palacio de las Academias, donde **están** las academias de historia, medicina, lenguas, matemáticas y ciencias. Finalmente, en la Ciudad Universitaria **está** el Jardín Botánico, donde **hay** un instituto de investigación y una amplia colección de arte. La Ciudad Universitaria y el Jardín Botánico son Patrimonios de la Humanidad.

3-8 En Caracas Con tu compañero/a, escribe un texto sobre Caracas.

En Caracas **hay** ____________, ____________ y ____________.

También **hay un** ____________ y **un** ____________.

En el museo de Bellas Artes hay **una** ____________.

____________ **está** en ____________.

____________ **está** cerca de ____________ pero está lejos de ____________.

3-9 De vacaciones Dos amigos hablan de sus preferencias para las vacaciones. Escucha y completa las frases.

A Marta le gusta(n) ____________ y prefiere ____________.

No le gusta(n) ____________.

Francisco prefiere ____________ y ____________.

A Francisco tampoco le interesa(n) ____________.

3-10 ¿Qué te gusta? Habla con tu compañero. Comparen sus gustos respecto a cada (*each*) tema. Usen las expresiones *me interesa(n), me encanta(n), me gusta(n), no me gusta(n).*

la música rap	las discotecas	trabajar
el cine de terror	las playas desiertas	la televisión
los restaurantes étnicos	aprender idiomas	viajar en avión
visitar sitios exóticos	ir de campamento	otros: ____________

EJEMPLO: E1: A mí **me interesa** la música, especialmente la música hip-hop y el rap.
E2: **A mí no.** A mí **me gusta** la música pop.
E1: A mí **me gustan** las discotecas.
E2: **A mí también. Me encantan** las discotecas porque **me gusta** bailar.

ACUERDO Y DESACUERDO

- (**Yo**) soy profesor de español.
  - **Yo también.**
  Yo no.
- (**Yo**) no tengo dinero para ir en avión.
  - **Yo tampoco.**
  Yo sí.

CON VERBOS COMO *GUSTAR*:

- (**A mí**) me gusta mucho el cine.
  - **A mí también.**
  A mí no.
- (**A mí**) **no** me gustan las ciudades en verano.
  - **A mí tampoco.**
  A mí sí.

Interacciones

Estrategias para la comunicación oral

Expressing agreement and disagreement

In this chapter, you have learned how to express agreement and disagreement with respect to actions (*yo sí*, *yo no*, *yo también*, *yo tampoco*) and preferences (*a mí sí*, *a mí no*, *a mí también*, *a mí tampoco*). Oftentimes, you need to express agreement or disagreement with ideas or opinions. Some commonly used expressions in Spanish for expressing agreement are:

- *Tiene(s) razón.* — You are right.
- *(Estoy) de acuerdo.* — I agree.
- *Por supuesto.* — Of course.

Common expressions to show disagreement are:

- *Estás equivocado.* — You are wrong.
- *No estoy de acuerdo.* — I disagree.

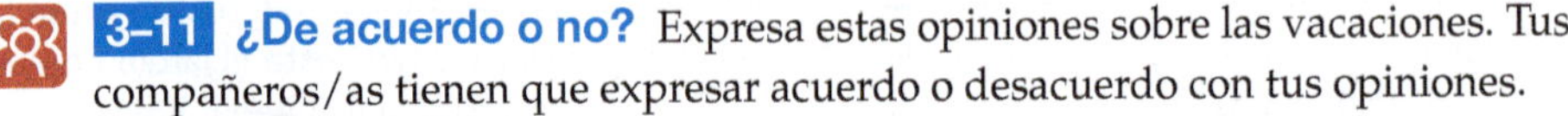

3-11 ¿De acuerdo o no? Expresa estas opiniones sobre las vacaciones. Tus compañeros/as tienen que expresar acuerdo o desacuerdo con tus opiniones.

- Las mejores (*best*) vacaciones son en diciembre.
- Es mejor viajar solo.
- La montaña es un lugar muy aburrido y allí hay muchos insectos.
- Los hoteles son muy incómodos (*uncomfortable*).
- Viajar en avión es peligroso (*dangerous*).

EJEMPLO: E1: Viajar en tren es muy caro.
E2: **Tienes razón** y además es muy aburrido.
E3: Yo **no estoy de acuerdo**. Creo que es divertido.

3-12 Tus preferencias para viajar Entrevista a tu compañero/a sobre sus preferencias para viajar. Expresa acuerdo o desacuerdo con sus preferencias y opiniones. En particular, quieres saber...

- ¿cómo le gusta viajar? (medio de transporte) ¿Por qué?
- ¿cuándo le gusta viajar? (estación del año y mes) ¿Por qué?
- ¿adónde le gusta viajar? (lugar) ¿Por qué?
- ¿con quién le gusta viajar? ¿Por qué?

EJEMPLO: E1: ¿Cómo **te gusta** viajar?
E2: En carro porque tengo más independencia.
E1: **A mí no. A mí me gusta** viajar en tren.

3-13 ¿De acuerdo? Completen la tabla individualmente con sus datos. Después entrevisten a su compañero/a. Identifiquen dos cosas en las que (*about which*) están de acuerdo y dos cosas en las que no están de acuerdo. Finalmente, presenten sus conclusiones a la clase.

salir con mis amigos/as	ver películas en Netflix	aprender español
limpiar mi cuarto	usar Instagram	ver partidos de baloncesto
madrugar	jugar con mi Xbox	
dormir		

ENCANTAR		NO GUSTAR		PREFERIR	
A mí	A mi compañero/a	A mí	A mi compañero/a	Yo	Mi compañero/a

EJEMPLO: A Mark le gusta ver partidos de baloncesto y **a mí también**. No le gusta madrugar y **a mí tampoco**.

  **3-14 Situaciones: *En el hotel*** A student from the United States is in Venezuela on vacation. The student has arrived in Caracas and needs to spend three nights in a hotel. S/he walks into the lobby of Hotel Las Américas and asks the receptionist about the hotel.

Avenida Bolívar, cerca del Hotel Las Américas

Rob Crandall / SCPhotos / Alamy Stock Photo

El Hotel Las Américas está en Sabana Grande. Sabana Grande tiene tiendas, bancos, restaurantes y discotecas. La estación de metro está muy cerca del hotel y da acceso al centro de Caracas, sus museos y atracciones culturales. El aeropuerto está a 40 minutos en carro. La reservación de la habitación incluye desayuno y periódicos locales e internacionales. El hotel tiene servicios como (*such as*):

Televisión por cable y satélite
Servicio de lavandería
Acceso a Internet
Servicio de habitación las veinticuatro horas
Minibar
Gimnasio y sauna
Peluquería
Estacionamiento
Un restaurante y dos bares
Piscina cubierta

ESTUDIANTE A

You work in Hotel Las Américas as a receptionist. The tourist who has just arrived has some questions about the hotel. Answer her/his questions. Read the information about the hotel carefully.

ESTUDIANTE B

You need a hotel that is near the airport and in a quiet neighborhood but, at the same time, is close to restaurants and shops. You also want:

- laundry service
- Internet access
- outdoor pool and a gym
- free breakfast, if possible

Tarea global

Planificar unas vacaciones en Venezuela

Preparación Marca tus preferencias.

Viaje:
- ☐ en carro particular
- ☐ en tren
- ☐ en avión
- ☐ en autobús

Alojamiento:
- ☐ hotel
- ☐ campamento
- ☐ apartamento
- ☐ albergue

Lugar:
- ☐ playa
- ☐ montaña
- ☐ campo
- ☐ ciudad

Intereses:
- ☐ naturaleza
- ☐ deportes acuáticos
- ☐ compras (*shopping*)
- ☐ museos y cultura

Explica tus preferencias a la clase.

EJEMPLO: A mí me interesan los museos y la cultura. Por eso quiero visitar una ciudad. Quiero ir en carro y alojarme en un hotel.

Identifiquen compañeros/as con preferencias similares y formen grupos.

Paso 1 Están en Venezuela y quieren planificar un fin de semana de vacaciones. Para sus vacaciones, elijan entre dos opciones: la Laguna de Canaima o la Isla de Margarita. Lean los anuncios.

CAMPAMENTO UCAIMA EN LA LAGUNA DE CANAIMA

Uno de los lugares más fabulosos del país es la Laguna de Canaima. En esta laguna hay saltos (*waterfalls*) increíbles, islas y montañas. En un viaje en canoa puedes llegar a la Isla Anatoly. Allí puedes ver el Salto del Sapo y el Salto del Sapito. Una experiencia inolvidable es pasar debajo del (*under*) Salto del Sapo, buscando (*looking for*) el Salto del Sapito.

FB-Fischer / imageBROKER / Alamy Stock Photo

El campamento Ucaima está a dos kilómetros de la famosa Laguna de Canaima, a orillas del río Carrao. Tiene cinco hermosas cabañas con cómodas habitaciones: 10 dobles y 2 triples. Tiene un comedor panorámico, donde sirven comida típica. En el salón Mirador los visitantes pueden disfrutar del hermoso paisaje y de la meditación. Recomendaciones para el viajero: zapatos y ropa deportivos, sombrero o gorra, traje de baño, protector solar, impermeable, repelente y linterna.

PLAN: 4 días / 3 noches

Incluye: Boleto aéreo Puerto Ordaz-Canaima-Puerto Ordaz. Tres noches de alojamiento en el campamento con comidas, seguro, traslado aeropuerto-campamento-aeropuerto y excursión al Salto del Sapo.

Ayuda

- Yo prefiero ir en junio porque tengo vacaciones en verano.
- Yo no. Yo prefiero ir en diciembre.
- A mí me gusta más ir a un campamento.
- Yo prefiero un albergue. ¿Vamos a un albergue?
- Yo prefiero practicar deportes de montaña y hacer excursiones.

	PREFERIR	***IR***
(yo)	pref**ie**ro	voy
(tú)	pref**ie**res	vas
(él, ella, usted)	pref**ie**re	va
(nosotros, nosotras)	preferimos	vamos
(ellos, ellas, ustedes)	pref**ie**ren	van

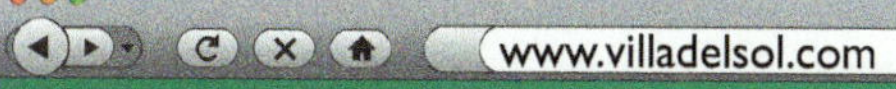

ALBERGUE VILLA DEL SOL EN LA ISLA DE MARGARITA

Las playas de la Isla de Margarita están entre (*among*) las primeras en el mundo para la práctica del windsurf, con competiciones internacionales. Además, hay dos parques nacionales y tres reservas naturales, casinos, más de 3.000 tiendas, una multitud de restaurantes y una increíble vida nocturna.

Robert Wroblewski/Shutterstock

El albergue Villa del Sol le ofrece todo lo que (*everything that*) usted necesita para disfrutar sus vacaciones: una hermosa playa, una piscina, 350 días de sol al año y muchas actividades para divertirse. En la villa hay ocho habitaciones con acceso a la piscina, una parrilla de gas (*gas grill*) y una parrilla de leña (*charcoal grill*).

PLAN: 4 días / 3 noches

Incluye: Boleto aéreo Caracas-Isla de Margarita-Caracas. Tres noches de alojamiento en la posada con comidas, seguro, traslado aeropuerto-albergue-aeropuerto y excursión para practicar snorkeling y buceo.

Paso 2 En grupo, hablen de sus preferencias y justifiquen sus opiniones.

EJEMPLO: E1: ¿Tú qué **prefieres**?
E2: Yo **prefiero** el viaje a la Isla de Margarita porque **me interesan** mucho los deportes acuáticos.
E3: **A mí no.** Yo **prefiero** ir a Canaima porque **hay** montañas.
E4: **Yo estoy de acuerdo.** También **prefiero** Canaima.

Paso 3 Escriban un plan con la opción elegida (*chosen*) y justifiquen su elección.

Nuestro plan es ir a ______
y viajar en el mes de ______.
Queremos ir a ______ porque ______.
Queremos alojarnos en ______.
pasar un día en ______ y un día en ______.
Preferimos visitar / estar en ______
porque nos gusta / interesa ______.

Paso 4 El/La representante del grupo presenta el plan a la clase.

Paso 5 ¿Qué opción es más popular? Los grupos y el/la profesor/a comentan los resultados.

Paso 6 Mi progreso

Review the goals. Mark with a ✔ the goals you think you have achieved and to what extent.

I can...

	very well	well	with difficulty
Goal 1: ask and answer questions about travel: what I like and do not like, interests, and preferences.			
Goal 2: talk about the existence and location of places.			
Goal 3: express agreement and disagreement.			

Gente que lee

Estrategias para leer

Guessing the meaning of words using the context

While learning Spanish, you will come across unfamiliar words. Using the dictionary is not always the best option. Working out the meaning of an unfamiliar word by looking for contextual clues can often be a good strategy. Try to:

1. identify definitions, synonyms, or explanations. These are generally very close to the unfamiliar word and sometimes are very explicit;
2. search for contrasting phrases or antonyms. These could also be found close to the unfamiliar word;
3. study the overall meaning of the sentence and try to replace the word with other terms or expressions you already know;
4. test the meaning you have guessed based on the context (ask yourself if it makes sense).

For example, in the sentence *"En Venezuela hay magníficas playas con grandes olas para los amantes del surf"*, you probably do not know the meaning of the word *olas.* However, if you look at the surrounding words and search for cognates or other words you know, you will find *playas*, *grandes*, *surf*. Then you can probably guess that *olas* means *waves*.

Antes de leer

3–15 Turismo Define cada (*each*) tipo de turismo. ¿Cuál te interesa más? ¿Por qué?

1. turismo cultural
2. ecoturismo
3. turismo de aventura
4. turismo gastronómico

3–16 Activando estrategias

1. Mira el título del texto, el formato y la foto. ¿Qué información te dan (*they give you*) sobre el texto?
2. Mira el texto rápidamente. ¿Hay muchos cognados? Identifica algunos en los dos primeros párrafos.

Después de leer

3–17 ¿Comprendes?

1. ¿Por qué es famoso el Parque Nacional Mochima?
2. ¿Dónde está el pico Humboldt?
3. ¿En qué región está el Parque Nacional Canaima?
4. ¿Qué es la Gran Sabana y dónde está?
5. Según (*According to*) el texto, ¿por qué Venezuela es un país ideal para hacer ecoturismo?

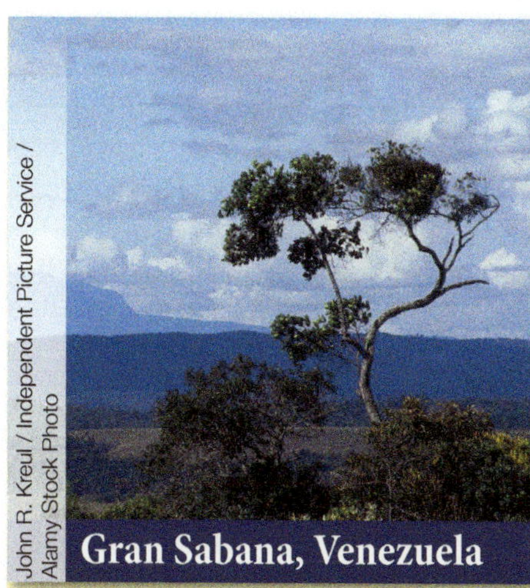
Gran Sabana, Venezuela

John R. Kreul / Independent Picture Service / Alamy Stock Photo

ECOTURISMO EN VENEZUELA

El ecoturismo es una forma de turismo responsable que cuida el **entorno** natural. Es un fenómeno en expansión que se practica (*it is practiced*) en diferentes **sitios**. Venezuela es una de las regiones con más biodiversidad en el mundo, por eso es ideal para practicar el ecoturismo.

¡Conoce la naturaleza en Venezuela!

La Playa Colorada y el Parque Nacional Mochima están al este del país y son famosos por sus islas y variada flora y fauna.

El Río Orinoco es uno de los más caudalosos (*wide*). Está al sur de Venezuela, junto a los parques nacionales Gran Sabana y Canaima con el Salto Ángel.

El Parque Nacional Sierra Nevada está en el estado de Mérida y ofrece muchas sorpresas para los turistas. Allí se encuentran los picos Bolívar y Humboldt a los que se accede (*you can access*), hasta casi 5.000 m de altura, por el sistema teleférico más alto y **largo** del mundo.

La Región de Guayana es una extensa zona de selvas con saltos de agua, abundante flora y fauna y hábitats de grupos étnicos como los pemones y guaraos. Aproximadamente tres millones de hectáreas de esta región constituyen el Parque Nacional Canaima.

La Gran Sabana es una belleza (*beauty*) natural en el corazón de la Guayana. Esta zona es un paraíso para los ecoturistas **ya que** allí hay ríos con variadas clases de **peces** y muchas especies de fauna terrestre, como monos (*monkeys*), tucanes, colibríes (*hummingbirds*), tigres, loros (*parrots*), serpientes (*snakes*) y tortugas (*turtles*).

3-18 Activando estrategias

1. ¿Qué significan las palabras **entorno**, **sitios** y **peces**? Usa el contexto para responder.
2. Busca la palabra **largo** en el diccionario. ¿Es un cognado?
3. ¿Qué significa la expresión **ya que**? Usa el contexto para responder.

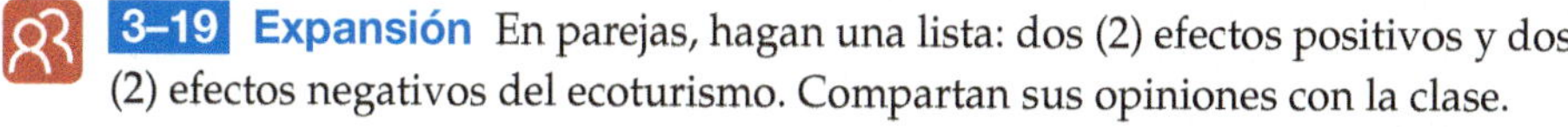

3-19 Expansión En parejas, hagan una lista: dos (2) efectos positivos y dos (2) efectos negativos del ecoturismo. Compartan sus opiniones con la clase.

Gente que escribe

Estrategias para escribir

Reviewing the vocabulary of your written work

When you review your writing for vocabulary, ask yourself the following questions:

- Does my composition show how much vocabulary I know?
- Have I tried to incorporate new vocabulary and expressions?
- Have I simplified complex ideas from English into Spanish rather than trying to "translate" them?

Then, read your composition again and circle any words that are repeated. Can you avoid repetition by using another word or by paraphrasing? If you are unsure about a word that you have written, or cannot find a word that is really important for your composition, use the dictionary.

MÁS ALLÁ DE LA FRASE

Connectors to express cause and consequence

The most common connector to express cause is ***porque***. However, you should vary the connectors when you write. Some other connectors are ***ya que*** (since) and ***debido a que*** (due to). They have the same general meaning as ***porque*** but are more formal, so they are used more frequently in writing. Read the following examples:

El área es un paraíso para los ecoturistas ***porque*** *allí hay ríos con variadas clases de peces.*

Allí hay ríos con variadas clases de peces; ***por eso*** *el área es un paraíso para los ecoturistas.*

Another common connector that expresses effect or consequence is ***así que*** (so). Read these sentences. Can you join them together in two different ways?

CAUSA: *Venezuela tiene docenas de playas bellísimas.*

CONSECUENCIA: *Mucha gente de todo el mundo visita Venezuela.*

3-20 Un correo electrónico para tu amigo/a Escribe un correo para invitar a tu amigo/a de Venezuela a visitarte (*to visit you*) en tu ciudad durante las vacaciones de diciembre.

Antes de escribir

Primero, responde a las preguntas:

1. ¿Dónde está situada mi ciudad?
2. ¿Qué hay en mi ciudad?
3. ¿Qué medios de transporte llegan a mi ciudad?
4. ¿Qué deportes y actividades puedo practicar en invierno?
5. ¿Qué me gusta hacer durante las vacaciones?
6. ¿Por qué es importante o famosa mi ciudad?

A escribir

- Usa el formato de un e-mail. Comienza con ***PARA, DE, ASUNTO*** y un saludo.
- Incorpora tus respuestas.
- Usa conectores como ***y, pero, porque, ya que, debido a que, así que...***
- Termina tu correo con una despedida: ***Un abrazo de...***

DESPUÉS DE ESCRIBIR

- Revisa los Pasos 1 a 8 en la página 14 del Capítulo 1. Presta atención al vocabulario (Paso 7) y revisa los conectores.
- Intercambia tu e-mail con un/a compañero/a y usa la *Guía de Revisión entre Compañeros* disponible en *MyLab* para editar el correo electrónico.

Comparaciones culturales

3-21 El paraíso venezolano Mira el video. Después lee el texto y responde a las preguntas.

Un tepuy es una montaña con paredes verticales y cimas (*summits*) muy planas (*flat*). Estas montañas son las formaciones expuestas más antiguas en el planeta. Los tepuyes están normalmente aislados y por eso tienen el ambiente ideal donde se desarrollan ecosistemas únicos. La mayor parte de los tepuyes (alrededor de 115) está en la zona de la Gran Sabana venezolana. Otro número importante está en el Parque Nacional Canaima. El nombre *tepuy* es originario del idioma indígena pemón y significa "montaña" o "casa de los dioses". En las cimas de los tepuyes nacen ríos y gigantescas cascadas (*waterfalls*), como el Salto Ángel, la cascada más alta del mundo.

Los tepuyes de Venezuela son el escenario de *Up*, la película animada de Disney-Pixar. La película cuenta (*tells*) la relación entre un viejo gruñón (*grumpy*) y un niño explorador, compañeros de viaje con destino a Venezuela. El Salto Ángel es el destino final de los personajes. El director Pete Docter y su equipo fueron (*went*) a la Gran Sabana para investigar el lugar. El viaje por avión, barco, jeep y finalmente helicópteros tomó (*took*) más de tres días. Primero fueron (*they went*) al Monte Roraima. Desde Roraima viajaron (*traveled*) en helicóptero a Kukenan. Finalmente llegaron (*arrived*) al Auyantepuy, base del Salto Ángel.

Jimmy Villalta / VWPics / Alamy Stock Photo

Tepuy Autana

1. Explica la diferencia entre (*between*) un tepuy y otras montañas.
2. ¿Por qué son importantes los tepuyes?
3. ¿Dónde hay una alta concentración de tepuyes?
4. ¿Conoces otros ejemplos de películas o libros con historias ambientadas (*set*) en lugares interesantes de tu país o del mundo hispanohablante?
5. En el video aparecen algunos parques nacionales de Venezuela. ¿Qué parques naturales conoces de Estados Unidos?

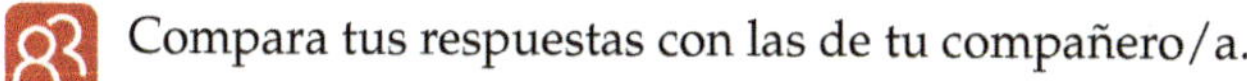

Compara tus respuestas con las de tu compañero/a.

3-22 **Venezuela y Estados Unidos** Lee el texto y después responde a las preguntas.

En Estados Unidos hay unas 400.000 personas venezolanas y la mayoría se concentra en el sur de la Florida. Las ciudades de Doral y Weston en Florida son los únicos lugares (*only places*) en Estados Unidos donde la comunidad latina más grande es la venezolana.

En Weston viven más de 6.000 venezolanos; muchos son adinerados (*wealthy*) y por eso llaman a Weston el "Beverly Hills de Miami". En Doral, o "Doralzuela", los venezolanos son la mayoría de la población (20,6%) por encima de (*above*) cualquier otro (*any other*) grupo nacional. Es una ciudad nueva en un lugar muy estratégico, cerca del aeropuerto de Miami. Hoy Doral es también el centro de la diáspora venezolana en Estados Unidos: muchas personas que huyen de (*flee*) la crisis venezolana viven allí. Muchos se reúnen (*gather*) en el restaurante "El Arepazo" para ver los partidos de fútbol y comer arepas rellenas (*stuffed*) y otros platos típicos de Venezuela.

Los latinos en Estados Unidos con ascendencia venezolana no son un grupo muy numeroso (menos del 1% de todos los latinos). Entre (*among*) los estadounidenses de origen o herencia venezolana están los actores Fred Armisen y Wilmer Valderrama, la diseñadora de moda (*fashion*) Carolina Herrera, la cantante Mariah Carey y el jugador de baloncesto Trevor Ariza.

Venezolanos en Doral durante las elecciones del 2013

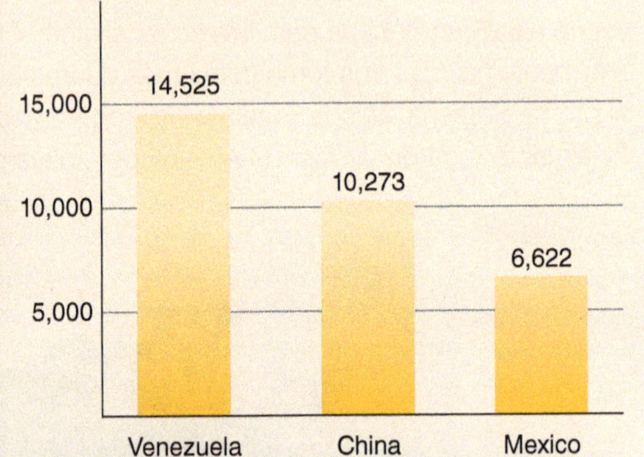

Solicitudes (*applications*) de asilo político en Estados Unidos, otoño del 2017

1. ¿Cierto o falso?

	Cierto	Falso
En Estados Unidos hay muchos latinos de ascendencia venezolana.	☐	☐
Muchos venezolanos exiliados viven en Florida.	☐	☐
En Doral viven más venezolanos que (*than*) estadounidenses.	☐	☐
Weston es una ciudad muy barata (*cheap*).	☐	☐

2. Escribe una frase para describir el gráfico del texto.
3. El texto habla de la 'diáspora venezolana'. Explica qué es una diáspora. Después di otros ejemplos.

Vocabulario

Los medios de transporte	*(Transportation)*
el autobús / bus / omnibus	*bus*
el avión	*plane*
el barco	*boat*
la bicicleta	*bicycle*
el coche / carro / auto	*car*
el metro	*subway*
el tren	*train*

Turismo y vacaciones	*(Tourism and vacations)*
el aeropuerto	*airport*
el bosque	*forest*
la calle	*street*
el campo	*countryside*
la carretera	*road; highway*
el centro	*city center; downtown*
el edificio	*building*
la estación de tren	*train station*
la excursión	*field trip*
el/la guía	*guide*
la isla	*island*
el jardín	*garden*
el lago	*lake*
el lugar	*place*
el mar	*sea*
la montaña	*mountain*
el parque	*park*
el pueblo	*town*
el río	*river*
el sitio	*place, site*

Alojamientos y servicios	*(Lodgings and services)*
el alojamiento	*lodging*
el apartamento	*apartment*
el banco	*bank*
el boleto	*ticket*
el campamento	*camp; campsite*
el dinero	*money*
el gimnasio	*gym*
el hotel	*hotel*
la peluquería	*hair salon*
la piscina	*swimming pool*
la pista / cancha de tenis	*tennis court*
el restaurante	*restaurant*

Las estaciones	*(Seasons)*
la primavera	*spring*
el verano	*summer*
el otoño	*fall*
el invierno	*winter*

Los meses del año	*(Months of the year)*
enero	*January*
febrero	*February*
marzo	*March*
abril	*April*
mayo	*May*
junio	*June*
julio	*July*
agosto	*August*
septiembre	*September*
octubre	*October*
noviembre	*November*
diciembre	*December*

Adjetivos	
antiguo/a	*old*
exótico/a	*exotic*
fabuloso/a	*fabulous*
increíble	*incredible*
lindo/a	*pretty*
maravilloso/a	*marvellous*
peligroso/a	*dangerous*
ruidoso/a	*noisy*
solo/a	*alone*
tranquilo/a	*calm*

Verbos	
alojarse (en)	*to lodge*
caminar	*to walk*
descansar	*to rest*
elegir (i)	*to choose*
encantar	*to love*
encontrar (ue)	*to find out*
ir	*to go*
llamar	*to call*
pasear	*to walk*
preferir	*to prefer*
reservar	*to reserve*
visitar	*to visit*

Consultorio lingüístico

 Hay, Estar

We use **hay** (*there is, there are*) to express the fact that something (a thing, place or service) exists. We use ***estar*** to indicate where things are located.

Hay

If we wish to know whether or not something exists, we use ***hay*** and the noun **without the article**. If it seems logical to expect that there is only one thing in existence, we use a singular noun:

● ¿**Hay** piscina en el campamento?	*—**Is there a** pool at the camp?*
○ No, no **hay** piscina.	*—No, **there is** no pool.*

We use a plural noun when we expect there to be more than one:

● ¿**Hay** lavander**ías** en el barrio?	*—**Are there** laundromats in the neighborhood?*
○ No, en el barrio no **hay**.	*—No, **there** aren't any in the neighborhood.*
● ¿Hay buen**os** hospital**es** en Caracas?	*—**Are there** good hospitals in Caracas?*
○ Sí, varios.	*—Yes, many.*

Hay is the only Spanish equivalent of the English *there is* and *there are*. It never changes.

If we are trying to locate something that we know or we think exists, we use the indefinite article (***un/una***):

¿**Hay una** farmacia cerca de aquí? (= necesito una)

¡ATENCIÓN!

En el pueblo **hay**	un bar. una farmacia.	SINGULAR
	dos / tres / ... bares. muchas / varias / ...farmacias.	PLURAL

Estar

We use ***estar*** to indicate where things are located. ***Está*** is singular and ***están*** is plural:

SINGULAR	El restaurante **está** en la avenida Libertador. La farmacia **está** en la plaza Bolívar.
PLURAL	Los museos **están** al lado del parque Los Caobos. Las farmacias **están** en la plaza Bolívar y en la avenida Libertador.

The English verb ***to be*** corresponds to either ***ser*** or ***estar*** in Spanish. You've already studied the use of ***ser*** to talk about nationality and professions; and to define, identify, or describe an object or a person. ***Estar*** is used to talk about **location.**

2 También, Tampoco

When we list information about something or someone, we use ***también*** and ***tampoco*** to add information.

We use ***también*** to add information in affirmative sentences:

En el pueblo hay un hotel y dos bares. **También** hay un casino.
*There are two bars and one hotel in town. There is **also** a casino.*

El hotel tiene piscina. **También** tiene una cancha de tenis.
*The hotel has a pool. It **also** has a tennis court.*

When the sentence is negative, we use ***tampoco***:

En el pueblo **no** hay cine. **Tampoco** hay hospital.
*There is no movie theather in town. There is no hospital **either**.*

El hotel **no** tiene piscina. **Tampoco** tiene cancha de tenis.
*The hotel does not have a pool. It does not have has a tennis court **either**.*

¡ATENCIÓN!

In Spanish, the negation must always come before the verb. To do this, we use ***no*** and then the conjugated verb:

En el pueblo **no hay** restaurantes, pero hay dos bares y una cafetería.

There are no *restaurants in town, but there are two bars and a cafeteria.*

Note that these two stem-changing verbs have a stem vowel change in all forms except in ***nosotros***. Other similar stem-changing verbs are: ***entender***, ***pensar***, and ***empezar***.

3 *Querer* and *Preferir*: E > IE

Stem-changing verbs are those in which a stem vowel changes. These are two common stem-changing verbs:

	QUERER	PREFERIR
(yo)	qui**e**ro	pref**ie**ro
(tú)	qui**e**res	pref**ie**res
(él, ella, usted)	qui**e**re	pref**ie**re
(nosotros, nosotras)	queremos	preferimos
(ellos, ellas, ustedes)	qui**e**ren	pref**ie**ren

Quiero *I want*	**un apartamento** barato. *a cheap apartment.*	NOUNS
Prefiero *I prefer*	**las vacaciones** en septiembre. *my vacations in September.*	
Quiero *I want*	**visitar** la Casa Natal de Bolívar. *to visit Bolívar's birthplace.*	INFINITIVES
Prefiero *I prefer*	**ir a / alojarme en** un hotel. *to go / to stay in a hotel.*	

Unlike in English, in Spanish the verb ***gustar*** (*to like*) is used always in the third person, singular or plural. **¿Te gusta** el teatro? (= ***Do you like*** *the theater*?)

4 Verbs to Express Likes and Interests

Verbs used to express likes and dislikes, interests, emotions, sensations, feelings, or reactions work in a different way from other verbs you have studied. There is an element (the **subject**) that produces an emotion (expressed by the **verb**) in someone (the **object**):

	Subject	
Me gusta	la playa / el mar	SINGULAR NOUNS
Me interesa Me encanta	pasear / conocer gente	INFINITIVES
Me gust**an** Me interes**an** Me encant**an**	los deportes / las ciudades	PLURAL NOUNS

A mí		**me**	
A ti		**te**	
A él, ella, usted		**le**	**gusta/n (mucho)**
A nosotros, nosotras		**nos**	
A ellos, ellas, ustedes		**les**	

A mí		**me**	
A ti		**te**	
A él, ella, usted	**no**	**le**	**gusta/n (nada)**
A nosotros, nosotras		**nos**	
A ellos, ellas, ustedes		**les**	

The presence of ***a mí***, ***a ti***, ***a él***, etc., depends on the need to clarify or emphasize who likes or dislikes something. However, the use of the pronouns ***me***, ***te***, ***le***... is not optional.

A mí *me gusta la fotografía.* (= I like photography.)

5 Agreement and Disagreement

With verbs like **gustar**, ***interesar***, etc., the expression of agreement and disagreement also follows the grammar pattern required by these verbs; that is, the subject of the sentence is the thing or person that causes the specific emotion:

- (**A mí**) me gusta mucho el cine. —***I like*** *movies very much.*
- **A mí también.** —***Me too.***
- **A mí no.** —***Not me.***

- (**A mí**) no me gustan los viajes en verano. —*I don't like trips in the summer.*
- **A mí tampoco.** —***Me neither.***

With all other verbs, the grammar pattern is the usual.

- (Yo) soy profesor de español. —*I am a Spanish teacher.*
- **Yo también.** —***Me too.***
- **Yo no.** —***Not me.***

- (Yo) **no** tengo dinero para viajar en avión. —*I don't have money to travel by plane.*
- **Yo tampoco.** —***Me neither.***
- **Yo sí.** —***I do.***

Capítulo 4

Gente de compras

ROUSSEL BERNARD / Alamy Stock Photo

Barrio de La Boca, Buenos Aires

At the end of this lesson, I will be able to...

PRESENTATIONAL AND INTERPERSONAL COMMUNICATION

Speaking

- talk about shopping and prices, needs, and obligations.
- describe how people are dressed.
- identify people and things that are closer or further away.
- ask questions.

Writing

- write a basic note telling someone what s/he has to do and giving instructions on shopping.
- edit written work and add cohesive devices to improve organization.

INTERPRETIVE COMMUNICATION

Listening

- identify basic information in conversations related to clothing, shopping, and prices of items.
- understand basic questions related to interests and preferences in relation to clothes, shopping, etc.

Reading

- understand the general meaning of an informational text.
- identify topic sentences in paragraphs in order to understand a text.

INTERCULTURAL COMPETENCE

- compare and contrast a cultural tradition in Argentina.
- reflect on the importance of immigration in the shaping of the country.
- understand the characteristics of the Argentinian community in the United States.

TAREA GLOBAL

Planificar una fiesta de fin de semestre para la clase

CLUB CULTURA

Explore Argentina with *Club cultura!*

Acercamientos

4-1 El Mercado de Abasto

Los porteños (*people from Buenos Aires*) lo llaman simplemente El Abasto. Es el centro comercial más grande de la ciudad. Gracias a sus negocios (*businesses*) de vanguardia (*cutting edge*), salas de cine y zona de recreación, es muy popular entre los jóvenes. El moderno edificio tiene cuatro plantas (*levels*) y más de 230 tiendas (*shops*). En El Abasto también hay un museo dedicado totalmente a los niños, una pequeña vuelta al mundo (*ferris wheel*) y un gran patio de comidas.

Guy Christian / Hemis / Alamy Stock Photo

Mercado de Abasto, Barrio Almagro, Buenos Aires

¿Qué tipos de lugares visitas cuando vas de compras a un centro comercial?

Me gustan mucho las tiendas de ____________________.

No me gustan los/las ____________________.

Prefiero los/las ____________________.

 Ahora comenta tus preferencias con tu compañero/a.

4-2 Mercado Libre

En Latinoamérica existe un portal de comercio electrónico creado en 1992 por el argentino Marcos Galperín. *Mercado Libre* es hoy la compañía más preciada (*valued*) de Argentina. En la actualidad, *Mercado Libre* es una empresa aliada de *eBay*, y opera en español y en portugués en 18 países de América Latina y en Portugal.

1. ¿Conocen algún portal de comercio electrónico importante en su país? ¿Como se llama?
2. Comparen el portal de *Mercado Libre* y un portal de comercio electrónico de su país. ¿Cuál prefieren? ¿Por qué?

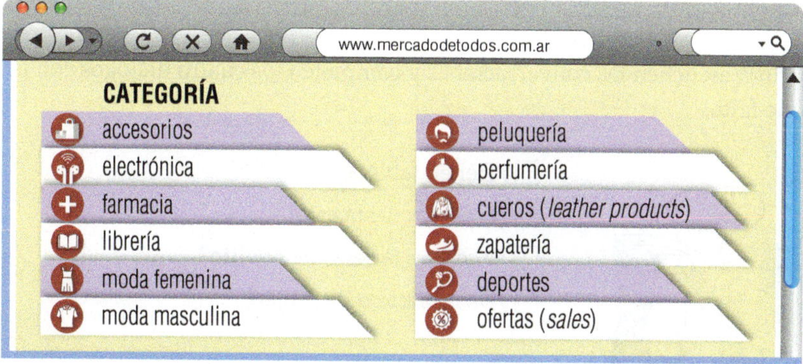

Miren las categorías del portal.

1. ¿Qué creen que venden (*sell*) en cada categoría?

   EJEMPLO: **E1:** En moda femenina venden ropa de mujer.
   E2: Sí, y en ofertas venden productos baratos.

2. ¿Dónde pueden encontrar estas cosas?

zapatillas de tenis	novela	iWatch	champú
cosméticos	aspirinas	camisa (*shirt*)	cartera (*wallet*) de cuero
teléfono celular	vestido (*dress*)	cinturón (*belt*) de cuero	sandalias

   EJEMPLO: **E1:** Puedo encontrar una camisa en la sección de moda masculina.
   E2: Y yo puedo encontrar unas aspirinas en…

Vocabulario en contexto

4-3 La lista de Daniel Daniel va a El Abasto porque tiene que hacer compras. Además, tiene que comprar un regalo para Lidia, su novia, porque es su cumpleaños. Mira la lista de Daniel: ¿a qué tiendas tiene que ir? Señálalo con una cruz (X).

- ☐ a una librería
- ☐ a una perfumería
- ☐ a un supermercado
- ☐ a una peluquería
- ☐ a una tienda de ropa
- ☐ a una tienda de electrónica
- ☐ a una tienda de deportes
- ☐ a una panadería
- ☐ a una farmacia
- ☐ a una zapatería
- ☐ a una heladería
- ☐ a una pizzería
- ☐ a una tienda de regalos

dos botellas de vino
chaqueta
unas zapatillas
pelotas de tenis
desodorante
baterías
una tableta
revista El Economista
comida para el gato
regalo para Lidia (¿un pañuelo? ¿una tarjeta regalo de iTunes?)
una pizza
torta de cumpleaños

4-4 Las compras de Daniel Estas son las conversaciones de Daniel en diferentes tiendas. Mira las imágenes 1, 2 y 3. Con tu compañero/a, decidan en qué tiendas está Daniel y qué quiere comprar de su lista.

Viñeta 1: ______________________

Viñeta 2: ______________________

Viñeta 3: ______________________

Ahora escuchen las conversaciones y completen los cuatro diálogos con la frase que falta.

- ☐ ¿Tienen tabletas?
- ☐ ¿Cuánto cuesta este?
- ☐ ¿Aceptan tarjetas de crédito?
- ☐ ¿De hombre o de mujer?

4-5 Un regalo para Elena y uno para Carlos Fíjate en la personalidad de Elena y de Carlos, sus gustos y sus preferencias. Prepara una lista de cuatro posibles regalos para cada uno. ¿Dónde puedes comprar los regalos?

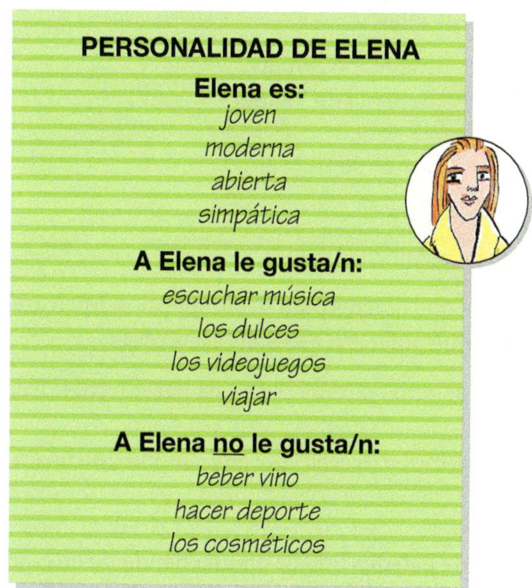

EJEMPLO: Para Carlos, puedo comprar una pelota de fútbol en una **tienda de deportes**.

4-6 ¿Qué llevan? Mira el dibujo y lee la información. ¿A quién se refieren estas frases?

1. Lleva ropa muy juvenil (*youthful*). Hoy lleva una camiseta blanca y una falda de cuadros azul y blanca. Siempre lleva botas.
2. Le gusta la ropa clásica y elegante, pero cómoda. Hoy lleva una chaqueta y una falda marrones y unos zapatos de tacón (*heels*), marrones también.
3. Le gusta la ropa informal. Lleva siempre jeans y camiseta blanca.
4. Siempre va muy elegante. Lleva pantalones grises, chaqueta azul, camisa blanca y corbata de lazo (*bow tie*).
5. Es muy clásico. Siempre va con pantalones, chaleco (*vest*) y chaqueta.
6. Lleva un vestido largo azul y unos zapatos rojos.

4-7 Descripciones Describe qué ropa lleva una persona de la clase. Después lee tu descripción a la clase. Tus compañeros/as tienen que adivinar quién es.

UN / UNO, UNA, UNOS, UNAS

Con un nombre

- Quiero **un** libro. / **una** cámara. / **unos** esquíes. / **unas** botas.

Sin un nombre

- Yo también quiero **uno.** / **una.** / **unos.** / **unas.**

TENER

(yo)	**tengo**
(tú)	**tienes**
(él, ella, usted)	**tiene**
(nosotros, nosotras)	**tenemos**
(ellos, ellas, ustedes)	**tienen**

- ¿Tienes coche?
- Sí, tengo un BMW.

NECESIDAD U OBLIGACIÓN

TENER	QUE	INFINITIVO
Tengo	**que**	ir de compras.
Tienes	**que**	llevar corbata.

ADJETIVOS DEMOSTRATIVOS

	MASCULINO	FEMENINO
MUY CERCA	**este** suéter **estos** pantalones	**esta** pulsera **estas** botas
CERCA	**ese** pañuelo **esos** zapatos	**esa** camisa **esas** faldas
LEJOS	**aquel** cinturón **aquellos** jeans	**aquella** chaqueta **aquellas** corbatas

- ¿Cuánto vale **esta** camisa?
- ¿**Esta** camisa? Cincuenta dólares.
- ¿Y **esos** suéters?
- **Esos** suéters son caros; cuestan doscientos pesos cada uno. Pero **aquellos** son más baratos.

Lengua en contexto

4-8 ¿Qué tienes y qué quieres? Pregunta a tu compañero/a si (*if*) tiene o no estas cosas y si necesita algunas de ellas.

computadora	bicicleta	teléfono celular
Xbox	coche	cuenta de Twitter

EJEMPLO: E1: ¿Tienes coche?
E2: No, no tengo.
E1: ¿Necesitas **uno**?
E2: No, porque me gusta caminar.

Ahora escribe una lista con cuatro regalos que quieres para tu cumpleaños. Intercambia la lista con tu compañero/a. Explica por qué quieres o necesitas estas cosas.

EJEMPLO: E1: Quiero **una** cámara de fotos porque me gusta hacer fotografías de mucha calidad.
E2: Yo quiero **un** patín eléctrico (*scooter*) porque camino mucho en la universidad.

4-9 ¿Cuánto cuesta? Uno/a de ustedes trabaja en una tienda de artesanía (*handicraft*) y otro/a quiere saber los precios de diversos objetos. Pregunten y respondan sobre los precios de todos los objetos. Atención: unos objetos están más cerca y otros más lejos.

EJEMPLO: E1: ¿Cuánto cuesta **aquella bolsa** de cuero?
E2: ¿**Aquella**? Cuesta 2.690 pesos.

más cerca → **más lejos**

cinturón de cuero: 958 pesos

poncho de alpaca: 699 pesos

mate y bombilla: 67 pesos cada uno

suéter de lana de oveja: 1.230 pesos

collar de plata: 1.695 pesos

bombo: 1.598 pesos

cartera de cuero: 506 pesos

canasta de mimbre: 552 pesos

bolsa de cuero: 2.690 pesos

4–10 Regalos Ustedes están en La Casa del Artesano, una famosa tienda de artesanías en Buenos Aires. Tienen que pensar en cuatro compañeros/as de clase y elegir regalos para ellos/as. Miren las artesanías de **4–9**, consideren los precios y decidan quién compra qué.

EJEMPLO: E1: ¿**Le** compramos el poncho a Michael?
E2: No, es muy caro. Mejor **le** compramos el mate y la bombilla.
E1: OK. ¿Quién **los** compra? ¿Tú o yo?
E2: Yo **los** compro.

4–11 ¿Qué ropa tienen que llevar (*wear*)? ¿Qué ropa crees que tienen que llevar? Habla con tus compañeros/as para decidir la ropa adecuada para María y para Lucas en estas situaciones.

Illustration by Noelle Cremer

EJEMPLO: E1: Yo creo que María **tiene que** llevar los jeans para ir al restaurante.
E2: No, no puede llevar**los**. Es un restaurante elegante. Mejor el vestido rojo.
E3: Sí, puede llevar**lo** con los zapatos rojos.

NÚMEROS

100 **cien**	600 seiscientos/as
200 doscientos/as	700 **setecientos/as**
300 trescientos/as	800 ochocientos/as
400 cuatrocientos/as	900 **novecientos/as**
500 **quinientos/as**	1.000 **mil**

101 **ciento** uno
151 **ciento** cincuenta y uno
3.100 tres mil **cien**
3.150 tres mil **ciento** cincuenta
100.000 **cien** mil
110.200 **ciento** diez mil doscientos

From 200 to 999

	MASCULINO	FEMENINO
300	trescient**os** carr**os**	trescient**as** person**as**
320	trescient**os** veinte pes**os**	trescient**as** veinte camis**as**

COLORES

	Fem. singular	Masc. plural	Fem. plural
blanc**o**	-a	-os	-as
amarill**o**	-a	-os	-as
roj**o**	-a	-os	-as
negr**o**	-a	-os	-as
anaranjad**o**	-a	-os	-as
rosad**o**	-a	-os	-as
azul		-es	
marrón		-es	
gris		-es	
verde		-s	

PRONOMBRES OD Y OI

Pronombres objeto directo

lo la los las

- Yo compro el poncho.
- No, yo **lo** compro.

- ¿Quién compra las galletas?
- Yo **las** compro.

Pronombres objeto indirecto

le les

- ¿Qué **le** compras a María?
- A María **le** compro un libro.

- ¿Qué **les** compras a tus padres?
- A mis padres **les** compro una computadora.

Interacciones

Estrategias para la comunicación oral

Formulating direct questions (I)

Direct questions are introduced by interrogative words. For example:

- *¿dónde?* + verb — *¿Dónde está el barrio La Boca?*
- *¿cuánto?* + verb — *¿Cuánto cuesta este sombrero?*
- *¿cuál/es?* + verb — *¿Cuál es más barata: esta o esta?*
- *¿quién/es?* + verb — *¿Quién quiere ir a Argentina?*
- *¿qué?* + noun — *¿Qué viaje te interesa más?*
- *¿cuánto/a/os/as?* + noun — *¿Cuánto dinero tienes?*

With a preposition:

- *¿de dónde?* — *¿**De** dónde eres? → Soy **de** Buenos Aires.*
- *¿a quién? ¿con quién? ¿de quién?...* — *¿**Con** quién quieres viajar? → **Con** Javier.*

4-12 ¿Dónde, cómo, cuándo, con quién? Ustedes van a hacer un viaje juntos a una ciudad argentina. Pueden llevar a una persona más de la clase. Miren el mapa. Pueden ir:

- A Buenos Aires en noviembre
- A Río Gallegos en julio
- A San Salvador de Jujuy en enero

Preparen seis preguntas para su compañero/a. Después hablen y decidan su acompañante (*companion*), el lugar, la ropa, el transporte, el dinero, etc. para su viaje. Escriban toda la información excepto el lugar elegido (*chosen place*).

EJEMPLO: E1: **¿Cuándo** quieres ir tú de vacaciones?
E2: Yo, en enero.
E1: **¿Adónde** prefieres ir?
E2: A Jujuy.

Ahora compartan la información con la clase. La clase tiene que adivinar adónde van ustedes.

4-13 Tres viajes de compras Están en Argentina y quieren ir de compras un fin de semana (*weekend*) a una de estas tres regiones. Lean la información y usen el mapa. Después, decidan adónde ir y por qué. Todo el grupo tiene que estar de acuerdo (*agree*).

1. **Buenos Aires**

ARTESANÍAS (*crafts*). Puedes encontrar una representación de todo el país y particularmente de la región de La Pampa (cuchillos, mates y bombillas de plata y alpaca), pinturas locales y aretes hechos a mano (*handmade*).

ANTIGÜEDADES (*antiques*). Tienen mejores precios que en Estados Unidos o Europa.

CENTROS COMERCIALES. Hay modernos centros comerciales como Alto Palermo, Galerías Pacífico y el Buenos Aires Design.

2. **Patagonia**

PLATA (*silver*) O ALPACA. Cuchillos gauchos, mates, bombillas y marcos para fotos.

ARTÍCULOS DE CUERO. Lazos y ornamentos para caballos, bolsos, llaveros, carteras, cinturones y prendas de vestir. También mates rústicos de calabaza forrados (*covered*) en cuero o con plata.

3. **Noroeste**

TEJIDOS (*fabrics*). Telas de Mendoza con diseños araucanos, ponchos de lana de oveja o llama, y tejidos de lana de alpaca.

PIEDRAS (*stones*) SEMIPRECIOSAS. En Catamarca, la rodocrosita o rosa del inca, piedra nacional argentina. También vinos de la región, objetos de ónix verde de La Toma (San Luis) y cestas con fibras vegetales (*wicker baskets*). Instrumentos musicales indígenas en Tucumán, Jujuy y Santiago del Estero.

EJEMPLO: **E1:** Yo quiero ir a la Patagonia, porque me interesa la artesanía gaucha. Quiero comprar un mate.
E2: Yo prefiero Buenos Aires. En Buenos Aires también puedes comprar un mate.

4-14 Más regalos Deciden comprar regalos para sus compañeros/as del grupo. Digan qué regalo eligen para cada compañero/a y dónde lo compran.

EJEMPLO: **E1:** Yo **le** compro una cartera de cuero a Allison. **La** compro en Buenos Aires.
E2: Yo **le** compro un mate a Lizzie. **Lo** compro en Santa Rosa, en La Pampa.

4-15 Situaciones: *En la tienda de artesanías* Two friends are in a gift store in Santa Rosa. They need to buy gifts for two family members. The store specializes in *gaucho* art and accessories.

ESTUDIANTE A
You are the owner of the store. You will need to answer the customers' questions. You may also want to give them some suggestions. Look at the items you sell, review their prices, and think of their characteristics and the best way to promote them.

ESTUDIANTE B
You are in the gift shop looking for some inexpensive gifts. Bear in mind:
- you have only 400 pesos
- you need a present for your mom and one for your dad
- your mom likes leather and your dad prefers handmade gifts

ESTUDIANTE C
You are in the gift shop looking for some gifts. Bear in mind:
- you have 2.000 pesos
- you want to buy presents for one of your parents and for two friends
- you want something very typical of the region for your dad and something inexpensive for your friends

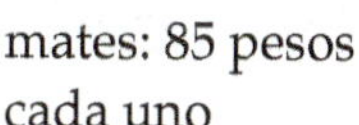
mates: 85 pesos cada uno

cartera de cuero: 370 pesos

sombrero gaucho: 230 pesos

mochila: 669 pesos

aretes de plata: 313 pesos

gorro de lana: 90 pesos

llavero de plata: 1.060 pesos

Tarea global

Planificar una fiesta de fin de semestre para la clase

Preparación Es diciembre y tienen que planificar una fiesta antes de las vacaciones de invierno. Formen grupos de cuatro personas.

Paso 1 Lean esta información de *Wikihow* sobre cómo preparar una fiesta.

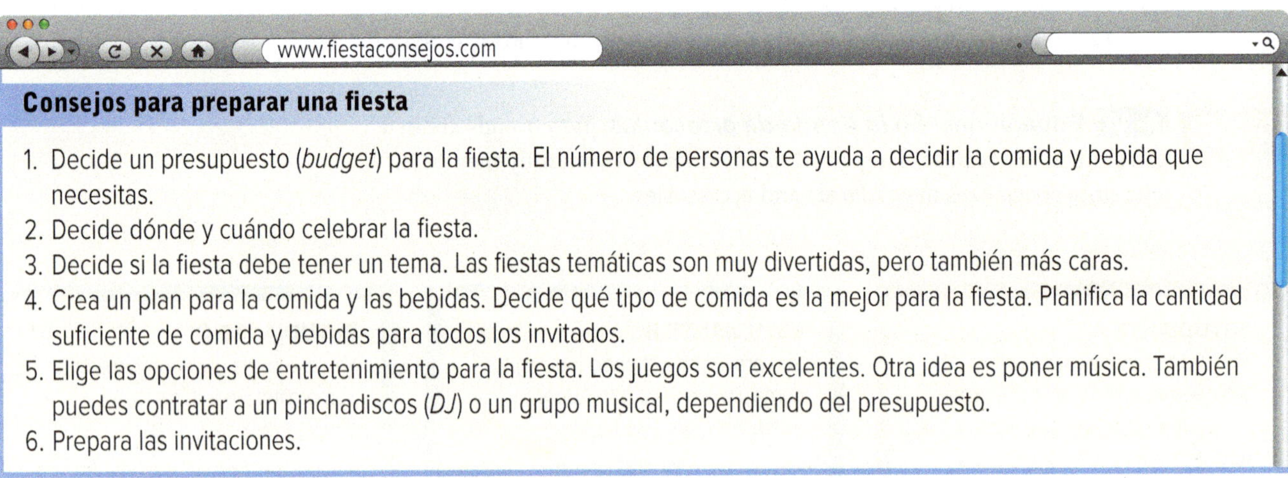

www.fiestaconsejos.com

Consejos para preparar una fiesta

1. Decide un presupuesto (*budget*) para la fiesta. El número de personas te ayuda a decidir la comida y bebida que necesitas.
2. Decide dónde y cuándo celebrar la fiesta.
3. Decide si la fiesta debe tener un tema. Las fiestas temáticas son muy divertidas, pero también más caras.
4. Crea un plan para la comida y las bebidas. Decide qué tipo de comida es la mejor para la fiesta. Planifica la cantidad suficiente de comida y bebidas para todos los invitados.
5. Elige las opciones de entretenimiento para la fiesta. Los juegos son excelentes. Otra idea es poner música. También puedes contratar a un pinchadiscos (*DJ*) o un grupo musical, dependiendo del presupuesto.
6. Prepara las invitaciones.

Paso 2 Decidan los tres primeros puntos del plan: presupuesto, lugar y fecha (*date*) y tema.

Paso 3 Completen el cuadro con la planificación. Respondan a las preguntas para decidir qué tienen, qué necesitan, cuánto quieren gastar (*spend*) y quién hace cada cosa.

	¿Qué tenemos?	¿Qué necesitamos?	¿Cuánto cuesta(n)?	¿Quién lo/la/los/las compra/lleva (*bring*)?
gaseosas				
cervezas				
agua mineral				
dulces				
música				
pizzas				
papas fritas				
platos de plástico				
vasos				
servilletas				
....				
....				
....				
....				
....				

EJEMPLO: **E1:** Tenemos que comprar vasos. ¿**Cuántos** vasos necesitamos? ¿Quién **los** compra?
E2: Yo tengo muchos en casa; puedo llevar**los**.
E1: Muy bien, Ashley **los** lleva. ¿Y las bebidas?
E3: Yo puedo comprar**las**.
E1: De acuerdo, tú **las** compras.

Paso 4 Decidan el entretenimiento para la fiesta.

EJEMPLO: **E1:** Podemos jugar *Monopoly*.
E2: Yo tengo un *Monopoly*. Puedo llevar**lo**.
E1: OK, Matt **lo** lleva.

Paso 5 Preparen las invitaciones. Diseñen (*design*) la invitación para la fiesta.

Paso 6 Escriban el plan. Después presenten el plan a la clase. Cada miembro del grupo presenta una parte del plan.

La fiesta cuesta ____________. Es el día ___ ______________ en ____________.
El tema de la fiesta es ______________ ________. La comida cuesta ____________.
Tenemos que comprar ____________ y ____ ____________. Las bebidas cuestan ________ ______________________.
Tenemos que comprar ________ y __________ ____________. Además, podemos llevar___ ______________ y ______________.
______________ lo/la/los/las lleva ________ (nombre) y ____________ lo/la/los/las lleva ____________ (nombre).

Alhovik/Shutterstock

Paso 7 Mi progreso
Review the goals. Mark with a ✔ the goals you think you have achieved and to what extent.

I can...

	very well	well	with difficulty
Goal 1: talk about things we have or need to do to plan an event.			
Goal 2: talk about shopping and the price of things.			
Goal 3: talk about things we can do.			

Ayuda

¿Quién **puede** comprar...gaseosas?
Yo **puedo** llevar (*bring*) pizzas.
comprar cervezas.

	PODER
(yo)	p**ue**do
(tú)	p**ue**des
(él, ella, usted)	p**ue**de
(nosotros, nosotras)	podemos
(ellos, ellas, ustedes)	p**ue**den

Gente que lee

Estrategias para leer

Identifying and using topic sentences

The topic sentence of a paragraph states its main idea. The sentences that follow support the main idea with additional information, explanations, examples, comparisons, and so on. The topic sentence is usually the first sentence in a paragraph. An effective reading strategy for tackling a text in Spanish is to identify the topic sentences in each of the paragraphs, which allows you to better understand the text, its topic, and its subtopics.

Antes de leer

4-16 Libros Habla con tu compañero/a sobre estos temas.

1. ¿Te gusta leer libros? ¿Qué tipo de libros lees?
2. ¿Lees libros en papel o en una tableta? ¿Por qué?
3. ¿Compras libros en línea o en las librerías? ¿Por qué?

4-17 Activando estrategias Mira la lectura. Lee el título y la frase temática (*topic sentence*) de cada párrafo. Luego responde a estas preguntas:

1. ¿Cuál es el tema de la lectura?
2. ¿Cuáles son dos subtemas de la lectura?

Después de leer

4-18 ¿Comprendes?

1. ¿Cierto o falso?
   - En el barrio de San Nicolás está la mitad de las librerías de Buenos Aires.
   - En Argentina se venden pocos libros en línea.
   - La librería Ateneo Gran Splendid es hoy también una sala de cine.
2. ¿Cuántos años tiene la librería Ávila de Buenos Aires?
3. ¿Por qué va la gente de Buenos Aires a las librerías?
4. Mira la tabla que está en el texto. ¿Cuál es la proporción de librerías por persona en Buenos Aires?

4-19 Activando estrategias

1. ¿Qué significa la palabra **librero** en el párrafo 2? ¿Cómo lo sabes?
2. Identifica cuatro cognados que te ayudan a comprender mejor el texto.
3. Identifica a qué o quién se refieren (*they refer to*) los pronombres en negrita **los** (párr. 2), **les** (párr. 2) y **la** (párr. 3).

4-20 Expansión ¿Cuál es la ciudad de Estados Unidos con más librerías? Mira la tabla del texto. ¿Cómo se compara con Buenos Aires?

Buenos Aires lee

Buenos Aires ocupa el primer lugar en el mundo en cantidad de librerías por habitante. Según un estudio del Foro Mundial de Ciudades Culturales tiene 467, aunque su distribución territorial es muy desigual: en algunos barrios se concentran grandes cantidades y en otros no hay ninguna. San Nicolás, en el centro de la ciudad, es el barrio porteño con más librerías: tiene 121, o 242 habitantes por librería.

	Ciudad	Librerías por 100.000 habitantes
1º	Buenos Aires	25
2º	Hong Kong	22
3º	Madrid	16
9º	Nueva York	9

El número de libros publicados en Argentina crece de manera sostenida y estas librerías existen hoy porque la gente **los** compra. Entran allá buscando algo que digitalmente no pueden encontrar: a muchas personas **les** interesa conectar con el **librero**, con el libro, con el papel, con otros clientes. De hecho (*in fact*), aproximadamente el 80% de la venta de libros en la Argentina se hace a través de (*through*) librerías.

Buenos Aires tiene importantes librerías que enriquecen su herencia cultural. En el centro histórico porteño puede visitarse **la** más antigua de la ciudad: la bicentenaria librería Ávila. Otra joya entre las librerías del mundo es la librería El Ateneo Gran Splendid, construida en 1903 como teatro y utilizada hasta el año 2000 como sala de cine, que funciona ahora como tienda de libros. Es la librería más grande de América del Sur y una de las más bellas.

Yadid Levy / Alamy Stock Photo

Librería El Ateneo Gran Splendid, Barrio Norte, Buenos Aires

Gente que escribe

Estrategias para escribir

Editing your written work for content and organization (I)

In any writing, it is important to have relevant and well-developed content. It also helps the reader if the content is organized and follows a logical sequence. When writing in a foreign language, it is even more crucial to pay close attention to the content of your writing and the way you organize your ideas. Good content and organization help compensate for any inaccuracies of grammar or vocabulary. Always revise your writing before finalizing your work.

MÁS ALLÁ DE LA FRASE

Cohesion

The use of object pronouns (such as ***lo, la, le***...) and demonstratives (***este, esta, eso***...) in a text helps eliminate excessive repetition and gives cohesion to the writing. These words carry information about previous elements (people, things, places) in the text. Because they vary in gender and number (masculine or feminine, singular or plural), these words can replace previous information without making the text ambiguous. Always revise your draft and look for repeated information that can be replaced.

4-21 Una nota con instrucciones Tienes que comprar regalos de fin de año para cuatro personas de tu familia pero estás enfermo/a. Por eso, decides enviar (*send*) a tu mejor amigo/a al centro comercial. Escribe una nota con instrucciones para tu amigo/a.

Antes de escribir

Primero, responde a estas preguntas:

1. ¿A qué personas tienes que comprarles regalos? ¿Por qué?
2. ¿Cuáles son los intereses de cada persona? Entonces, ¿qué regalo es ideal para cada uno?
3. ¿En qué tiendas tiene que comprar los regalos tu amigo/a y cuánto dinero puede gastar para cada persona?

A escribir

- Saluda a tu amigo/a y explica por qué no puedes ir de compras.
- Escribe cuatro párrafos (uno referido a cada persona) e incorpora las respuestas de la sección anterior (*Antes de escribir*).
- Usa conectores para organizar tus ideas y referentes para evitar (*avoid*) repeticiones.

DESPUÉS DE ESCRIBIR

- Revisa los Pasos 1 a 8 (página 14 del Capítulo 1). Presta atención al contenido y la organización (Pasos 4 y 5) y revisa los conectores.
- Intercambia tu nota con un/a compañero/a y usa la *Guía de Revisión entre Compañeros* disponible en *MyLab* para editar la nota.

Comparaciones culturales

4-22 Navidad y regalos en Argentina Lean este texto y después comparen estas tradiciones con las de Estados Unidos.

Para la Navidad en Argentina, la gente decora sus casas con luces y árboles de Navidad y predominan los colores rojos, blancos y verdes, típicos de estas fechas. En la noche del 24 de diciembre, muchos argentinos hacen reuniones con familiares y amigos, cenan y a medianoche (*midnight*) los niños argentinos van al árbol (*tree*) para abrir los regalos de Papá Noel. También a las doce tiran fuegos artificiales (*fireworks*). En Argentina es verano durante la Navidad y por eso se hacen comidas frescas: pollo, ensaladas y helados.

En Argentina, los niños además reciben regalos de los Reyes Magos a la medianoche del 5 de enero o en la mañana del 6 de enero. Esta costumbre, adoptada de España, existe en otros países como México, Puerto Rico, Paraguay y Uruguay. Según (*According to*) la tradición, los Reyes Magos llegan de Oriente en sus camellos y traen regalos para los niños. Los niños ponen sus zapatos en la puerta, así los Reyes saben cuántos niños hay en la casa. También ponen agua para los camellos.

Michele Paccione/Shutterstock

Estos son algunos aspectos que pueden comparar con su país:

- ¿Quién trae los regalos de Navidad?
- ¿De dónde viene(n)?
- ¿Cuándo viene(n)?
- ¿Cuándo abren los niños sus regalos?
- ¿Quiénes reciben regalos de los Reyes Magos?
- ¿Qué come la gente en Navidad?
- ¿Qué decoraciones usa la gente?
- Otro aspecto: ___________________

4-23 Argentina, país de inmigrantes Lee este texto sobre la migración en Argentina. Después responde a las preguntas.

Los movimientos migratorios a Argentina desde comienzos (*beginning*) del siglo XIX son un elemento constante, típico en la historia del país. Esta nación es una mezcla de diversas culturas: amerindios, europeos y personas de otros países de América Latina. Hacia 1860, Argentina es un país poco poblado comparado con sus vecinos (*neighbors*) y necesita atraer (*attract*) inmigrantes de Europa. La mayor parte de los extranjeros (*foreigners*) llega del sur de Italia (casi el 50%), la tercera parte (*one third*) de España y el resto de Francia, Alemania, Rusia y Polonia. En 1898, los italianos son la mitad de la población del país. Argentina se transforma en el segundo país receptor de inmigrantes europeos después de Estados Unidos.

A mediados del siglo XX termina la inmigración de Europa. Entonces llegan inmigrantes de países vecinos como Bolivia, Perú, Chile y Paraguay. De acuerdo con (*According to*) el Censo del 2010, la población extranjera de Argentina viene principalmente de estos cuatro países.

Entre 1960 y el 2000, los problemas económicos y/o políticos causan una considerable emigración de argentinos a otros países de América Latina y también a Estados Unidos, Canadá y Europa. Este grupo incluye profesionales, técnicos y científicos. Hoy día, la emigración de argentinos es mucho más baja.

Fabian von Poser / imageBROKER / Alamy Stock Photo

Monumento a los inmigrantes en el barrio de La Boca, Buenos Aires

1. ¿Entre 1860 y 1900 llegan más españoles o italianos a Argentina?
2. ¿Por qué emigran muchos argentinos entre 1960 y el 2000?
3. Mira la tabla de datos. ¿Cuál es la causa de los números más bajos?

Años	Inmigrantes italianos	Inmigrantes españoles
1881–1885	182.000	23.000
1906–1910	506.000	505.000
1911–1915	300.000	485.000
1916–1920	46.000	105.000
1921–1925	318.000	213.000
1941–1945	700	4.500
1956	13.000	9.000

CLUB CULTURA

Explore ***Argentina: la inmigración y otras influencias culturales*** with ***Club cultura!***

4. ¿Son causas o consecuencias de la inmigración en Argentina?
   - Necesidad (*Need*) de trabajadores en Argentina
   - Cambios en la lengua y las costumbres de Argentina
   - Desempleo en Europa
   - Crecimiento (*Growth*) de la población de Argentina
5. Estados Unidos también es un país de inmigrantes. Piensen en dos similitudes y dos diferencias entre Estados Unidos y Argentina respecto a la inmigración.

4-24 Argentinos en Estados Unidos Lean este texto y después respondan a la pregunta.

www.argentinosenusa.com

En Estados Unidos hay aproximadamente 250.000 argentinos o personas de herencia argentina. El 60% son argentinos de nacimiento (*birth*) y el 49% son ciudadanos estadounidenses. Los argentinos son los latinos con el ingreso (*income*) familiar promedio (*average*) más alto. Se concentran en el Sur de Estados Unidos, especialmente en Florida; y en el Oeste, en su mayoría en California. Su nivel de educación es alto: cuatro de diez argentinos mayores de 25 años tienen al menos (*at least*) una licenciatura (*bachelor's degree*). Según Mark López, director de investigaciones hispanas del Pew Research Center, los argentinos tienen éxito (*success*) porque Argentina tiene un buen nivel de educación, pero también las oportunidades son mejores en Estados Unidos que en Argentina.

El periodista Andrés Oppenheimer es uno de los argentinos más influyentes en Estados Unidos. Estudió (*Studied*) Derecho (*Law*) en Buenos Aires. Con 25 años, se mudó (*moved*) a Estados Unidos con una beca (*scholarship*) del World Press Institute. Tiene una maestría (*master's degree*) en periodismo de la Universidad de Columbia, en Nueva York. Es editor para América Latina de The Miami Herald, analista político de CNN en español y autor de varios libros. Su columna semanal "El informe Oppenheimer" aparece en muchos periódicos de Estados Unidos y América Latina. Tiene un Premio Pulitzer.

Andrés Oppenheimer

506 collection / Alamy Stock Photo

¿Creen que el perfil (*profile*) de Andrés Oppenheimer es similar al perfil del argentino promedio (*average*) en EE. UU.? ¿Por qué? Encuentren tres datos en el texto.

Vocabulario

Las tiendas y las compras	(Stores and shopping)
el/la cajero/a	*cashier*
el centro comercial	*shopping mall*
la farmacia	*pharmacy*
la heladería	*ice cream shop*
la joyería	*jewelry store*
la librería	*bookstore*
el mercado	*market*
la panadería	*bakery, pastry shop*
la perfumería	*perfume store*
la pizzería	*pizza shop*
el precio	*price*
las rebajas	*sales*
el supermercado	*supermarket*
la talla	*size*
la tarjeta de crédito	*credit card*
la tienda de deportes	*sports store*
la tienda de regalos	*gift store*
la tienda de ropa	*clothing store*
el/la vendedor/a	*sales associate*
la zapatería	*shoe store*

La ropa y los accesorios	(Clothes and accessories)
el abrigo	*coat*
los aretes	*earrings*
la blusa	*blouse*
el bolso	*purse*
las botas	*boots*
la camisa	*shirt*
la camiseta	*T-shirt*
el chaleco	*vest*
la chaqueta	*jacket*
el cinturón	*belt*
el collar	*necklace*
la corbata	*tie*
la falda	*skirt*
la gorra	*baseball cap*
el gorro	*hat*
los guantes	*gloves*
las joyas	*jewelry*
las medias	*socks*
los pantalones	*pants*
el pañuelo	*scarf*
la pulsera	*bracelet*
el reloj	*watch*
la ropa interior	*underwear*
la sandalia	*sandal*

La ropa y los accesorios	(Clothes and accessories)
el suéter	*sweater*
el traje de baño	*bathing suit*
el vestido	*dress*
la zapatilla	*sneaker*
el zapato	*shoe*

Los colores	(Colors)
amarillo/a	*yellow*
azul	*blue*
blanco/a	*white*
gris	*gray*
marrón	*brown*
naranja, anaranjado/a	*orange*
negro/a	*black*
rojo/a	*red*
rosa	*pink*
verde	*green*
violeta, morado/a	*purple*

Adjetivos	
barato/a	*cheap*
caro/a	*expensive*
clásico/a	*classic*
deportivo/a	*sporty*
elegante	*elegant*
informal	*casual*
malo/a	*bad*
moderno/a	*modern*
nuevo/a	*new*
precioso/a	*beautiful*

Verbos	
ahorrar	*to save (money)*
comprar	*to buy*
gastar	*to spend*
ir (irreg.)	*to go*
llevar	*to wear*
necesitar	*to need*
olvidar	*to forget*
pagar	*to pay*
poder (ue)	*to be able to; can*
vender	*to sell*

Otras palabras y expresiones	(Other words and expressions)
hacer un regalo	*to give a gift*
ir de compras	*to go shopping*

Consultorio lingüístico

1 Obligations (*Tener que* + Infinitive) and Needs (*Necesitar*)

You can use *tener que* + **infinitive** to express necessity or obligation:

	TENER
(yo)	**tengo**
(tú)	**tienes**
(él, ella, usted)	**tiene**
(nosotros, nosotras)	**tenemos**
(ellos, ellas, ustedes)	**tienen**

Tengo / **Tienes** / **Tiene** / **Tenemos** / **Tienen**	**que**	estudiar para el examen. / comprar un regalo. / traer el vino a la cena.

Tener que + **infinitive** and ***tener*** + **noun** are different. ***Tener*** **+ noun** expresses possession:

- ● ¿Tienes coche?
- ○ Sí, tengo un BMW.

You can express a need using ***necesitar*** **+ infinitive / noun**:

Necesito compr**ar** una computadora.
I need to buy a computer.

Necesito una **computadora**.
I need a computer.

In English, we often use the verb *need* to express obligation:

You need to study for that exam.

However, in Spanish, we use ***tener que*** to express an obligation:

Tienes que estudiar para ese examen.

2 Use of *Un / Uno, Una, Unos, Unas*

We use ***un, una, unos, unas*** to refer to something that is not particularly easy to identify among other objects or persons of that kind. ***Un, una, unos, unas*** can go before the noun and must agree with the gender (feminine or masculine) of the noun they refer to:

Tengo **un** hermano y **una** hermana.
I have a brother and a sister.

Unos, unas have the meaning of *some* in English. ***Unos, unas*** also must agree in terms of gender with the nouns they refer to:

Tengo **unos** libros bastante interesantes.
I have some quite interesting books.

Uno, una, unos, unas can take the place of a noun:

- ● ¿Tienes **billetes** de cinco dólares? —*Do you have five-dollar bills?*
- ○ Sí, aquí tengo **uno**. Toma. —*Yes, here is **one**. Take it.*
- ● ¿Tienes **unas sandalias** rojas? —*Do you have red sandals?*
- ○ Tengo **unas**, pero son muy viejas. —*I do, but they are very old.*

English draws a distinction between the indefinite articles *a/an* and the word *one*. *One* is only used for counting. In Spanish, there is no such distinction: we use ***un***, ***una*** if the noun follows, and ***uno***, ***una*** if the noun is not in the sentence:

Hay un niño en la puerta.
(= There's a child at the door.)

- • *¿Hay niños en la clase?* (= Are there any children in the class?)
- ○ *Solo uno.* (= Just one.)

3 Numbers from 100 to 1,000

100 cien	400 cuatrocientos/as	700 **sete**cientos/as	1.000 **mil**
200 doscientos/as	500 **quin**ientos/as	800 ochocientos/as	1.000.000 **un millón**
300 trescientos/as	600 seiscientos/as	900 **nove**cientos/as	

We only use *cien* when we are talking about the number 100 exactly. When the number 100 is followed by any number lower than 100, we say *ciento*:

100 **cien**	101 **ciento** uno 151 **ciento** cincuenta y uno
3.100 tres mil **cien**	3.150 tres mil **ciento** cincuenta
100.000 **cien** mil	110.200 **ciento** diez mil doscientos
100.000.000 **cien** millones	102.000.000 **ciento** dos millones

The hundreds, from 200 to 999, agree in gender with the noun to which they refer:

	MASCULINO	FEMENINO
300	trescient**os** carr**os**	trescient**as** person**as**
420	cuatrocient**os** veinte pes**os**	cuatrocient**as** veinte págin**as**

¡ATENCIÓN!

1.000 is never expressed with ***un***, just ***mil***:

*Me costó **mil** pesos.* (= It cost me a thousand pesos.)

Unlike in English, in Spanish, one cannot say *twenty-one hundred* when referring to the amount 2.100. We say ***dos mil cien***.

Years in Spanish must also be expressed as a four-digit number and are not broken into two as they are in English, as *19-85* (nineteen eighty-five). We say ***mil novecientos ochenta y cinco.***

Unlike in English, in Spanish, the hundreds and the tens are not joined together by ***y***:

450 → cuatrocientos cincuenta

694 → seiscientos noventa y cuatro

4 Demonstrative Adjectives

They are used to indicate things or people and identify them in terms of three different ideas of proximity. They always agree with the noun they refer to in both gender and number:

	MASCULINE		FEMININE	
Indicates that the person or thing is in the same space as the person speaking	**este** libro	**estos** libros	**esta** mesa	**estas** mesas
Indicates that the person or thing is in a space near to the person speaking	**ese** libro	**esos** libros	**esa** mesa	**esas** mesas
Indicates that the person or thing is in a space that is relatively far from the person speaking	**aquel** libro	**aquellos** libros	**aquella** mesa	**aquellas** mesas

We can use them as pronouns (omitting the nouns) in order to avoid repetition:

● ¿Cuánto cuesta **este** suéter?	*—How much is* ***this*** *sweater?*
○ Cuesta 72 pesos.	*—It is 72 pesos.*
● ¿Y **ese**?	*—And* ***that one****?*
○ **Ese** cuesta solo 50 pesos.	*—**That one** is only 50 pesos.*
● ¿Cuánto valen **esos** pantalones?	*—How much are* ***those*** *pants?*
○ (**Esos**) valen 110 pesos.	*—**Those** are 110 pesos.*
● ¿Y **aquellos**?	*—And* ***those ones over there****?*
○ **Aquellos** valen 200 pesos.	*—**Those** are 200 pesos.*

Esto, eso and ***aquello*** are used as pronouns, not as adjectives. We use them in this form regardless of gender because they refer to objects or things still undefined, or to an idea or concept. They never refer to people:

● ¿Qué es **esto**?	*—What is* ***this****?*
○ **Esto** es una tostadora.	*—**This** is a toaster.*
● ¿Qué es **eso**?	*—What is* ***that****?*
○ **Eso** es una tableta.	*—**That** is a tablet.*
● ¿Qué es **aquello**?	*—What is* ***that over there****?*
○ **Aquello** es una tienda.	*—**That** is a shop.*

5 Third-Person Direct and Indirect Object Pronouns

We use pronouns to refer to things or people that we have already identified:

● ¿Quieres estos libros?	*—Do you want these books?*
○ No, no **los** quiero.	*—No, I don't want* ***them.***

- **Direct object**

The third-person direct object pronouns (DO) are ***lo***, ***la***, ***los***, and ***las***. They can refer to people or things:

	MASCULINE	FEMININE
SINGULAR	**lo**	**la**
PLURAL	**los**	**las**

● ¿Dónde compras esta fruta? Es muy buena.	*—Where do you buy this fruit? It's very good.*
○ **La** compro en el mercado central.	*—I buy* ***it*** *in the central market.*
● ¿Dónde venden esos libros? Son muy interesantes.	*—Where do they sell those books? They're very interesting.*
○ **Los** venden en la librería que está en el centro.	*—They sell* ***them*** *at the bookstore downtown.*

¡ATENCIÓN!

Direct objects that are human require the preposition ***a***:
¿Conoces **a** Juan?

• ¿Conoces **a sus padres**?	—*Do you know **his/her** parents?*
○ No, no **los** conozco.	—*No, I don't know **them**.*
• ¿Conoces **esos libros**?	—*Do you know **those** books?*
○ No, no **los** conozco.	—*No, I don't know **them**.*

■ **Indirect object**

The third-person indirect object pronouns (IO) are *le* and *les*. They usually refer to people:

	SINGULAR	PLURAL
MASCULINE AND FEMININE	**le**	**les**

● ¿Qué **le** regalas a tu papá para su cumpleaños?	—*What do you usually get your father for his birthday?*
○ **Le** regalo libros o ropa.	—*I usually get **him** books or clothes.*

As we saw in Chapter 3, their use is mandatory with verbs like ***gustar*** or ***interesar***:

A Carlos **le gusta** ir de compras.
Carlos likes going shopping.

A mis amigas **les interesa** mucho la historia de Buenos Aires.
My friends are very interested in the history of Buenos Aires.

Notice that in Spanish the indirect object pronoun must always be included, even when the indirect object itself is present in the sentence:

<u>A mis padres</u> **les** compramos una tableta.
We buy a tablet for my parents.

■ **Position of direct and indirect pronouns**

Object pronouns usually come before the verb:

A mis padres **les** compramos una tableta.
We buy a tablet for my parents.

Este libro no **lo** tengo.
I don't have this book.

If the verb is in the infinitive, however, the pronouns follow it, forming a single word:

Los hermanos de Pilar están aquí para **darle** el regalo.
*Pilar's brothers are here to **give her** the gift.*

Quiero comprar un regalo a Pilar. Voy a **comprarlo** mañana.
*I want to buy a gift for Pilar. I am going to **buy it** tomorrow.*

In structures such as ***ir a***, ***querer***, ***poder***, and ***tener que*** + **infinitive**, the pronouns can go in either position, before the conjugated verb or attached to the infinitive:

Los hijos de María quieren dar**le** el regalo.
Los hijos de María **le** quieren dar el regalo.
*María's sons want to give **her** the gift.*

● ¿Qué **les** vas a regalar **a tus padres**?	—*What are you going to get your parents?*
○ Voy a regalar**les** unos libros. / **Les** voy a regalar unos libros.	—*I'm going to get **them** some books.*
● ¿Quién puede comprar las pizzas?	—*Who can buy the pizzas?*
○ Yo puedo comprar**las**. / Yo **las** puedo comprar.	—*I can buy **them**.*

Capítulo 5

Gente que estudia

Peter Horree / Alamy Stock Photo

Universidad de Salamanca (España)

At the end of this lesson, I will be able to…

PRESENTATIONAL AND INTERPERSONAL COMMUNICATION

Speaking

- talk about my university life.
- ask and answer questions about academic interests and schedules.
- talk about physical or emotional states and give recommendations and advice.
- talk about frequency and quantifying activities.

Writing

- write a basic email explaining my routine in college and giving recommendations for international students.
- edit my writing by focusing on content and organization.
- use connectors to give examples and clarify meaning.

INTERPRETIVE COMMUNICATION

Listening

- identify basic information in conversations related to academic interests, lodging, and schedules.
- understand basic questions related to my college routine, schedule, and lodging.

Reading

- understand the general meaning of an informational text.
- use a bilingual dictionary and other reading strategies to guess the meaning of unfamiliar words.

INTERCULTURAL COMPETENCE

- talk about Spain as a multilingual country.
- understand Spain's past contributions to the United States.
- reflect on the work of a famous Spaniard living in the United States and his impact on the community.

TAREA GLOBAL

Elaborar un folleto con recomendaciones para estudiantes españoles en tu universidad

CLUB CULTURA

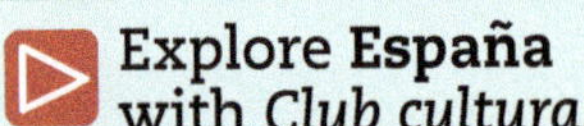

Explore España with *Club cultura!*

Acercamientos

5-1 Las materias (*subjects*) de estudio Mira esta lista de materias de estudio. ¿Cuáles son tus favoritas? Elige dos. ¿Cuáles no te gustan? Elige dos.

Matemáticas	Química	Lengua	Literatura
Geografía	Física	Educación Física	Música
Historia	Arte	Informática (*Computer Sciences*)	Tecnología

Ahora, habla con dos compañeros para comparar sus preferencias.

EJEMPLO: **E1:** A mí me gustan mucho las matemáticas.
E2: A mí no. Yo prefiero la historia: es mi materia favorita.
E3: A mí me encantan las ciencias: química y física.

5-2 Estudiar en España Lee este texto sobre el sistema educativo en España y mira el gráfico. ¿Es igual o diferente en tu país?

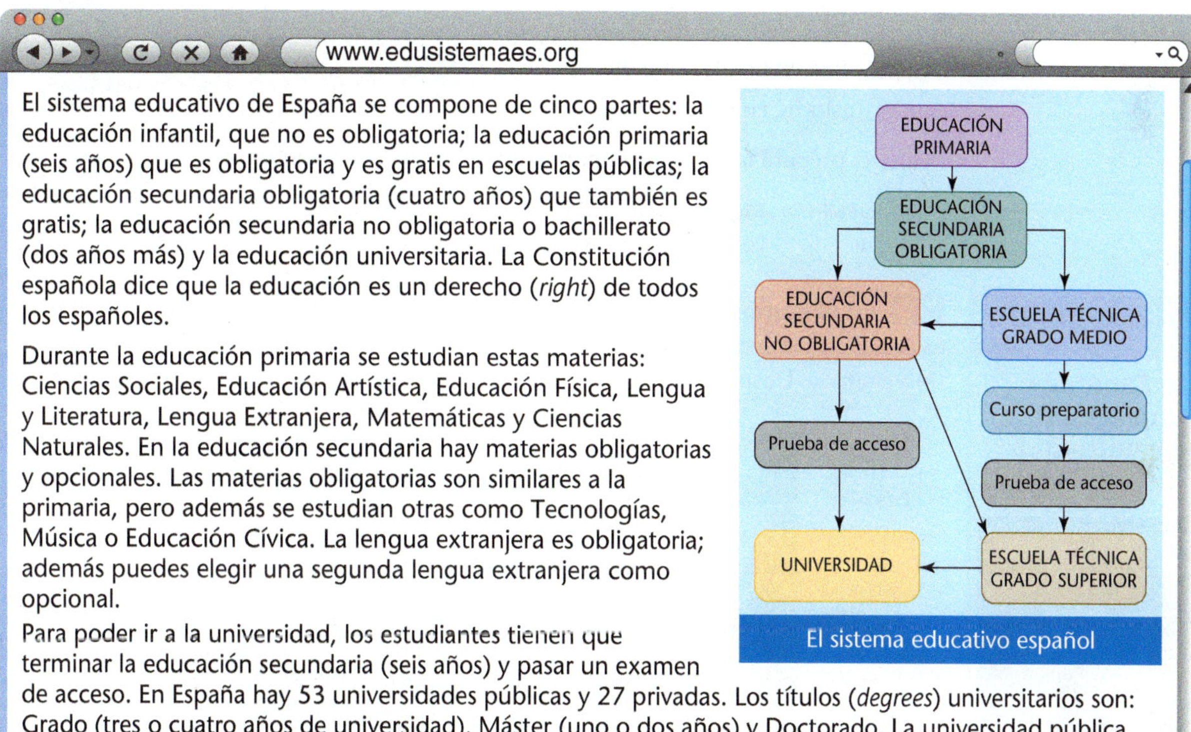

www.edusistemaes.org

El sistema educativo de España se compone de cinco partes: la educación infantil, que no es obligatoria; la educación primaria (seis años) que es obligatoria y es gratis en escuelas públicas; la educación secundaria obligatoria (cuatro años) que también es gratis; la educación secundaria no obligatoria o bachillerato (dos años más) y la educación universitaria. La Constitución española dice que la educación es un derecho (*right*) de todos los españoles.

Durante la educación primaria se estudian estas materias: Ciencias Sociales, Educación Artística, Educación Física, Lengua y Literatura, Lengua Extranjera, Matemáticas y Ciencias Naturales. En la educación secundaria hay materias obligatorias y opcionales. Las materias obligatorias son similares a la primaria, pero además se estudian otras como Tecnologías, Música o Educación Cívica. La lengua extranjera es obligatoria; además puedes elegir una segunda lengua extranjera como opcional.

Para poder ir a la universidad, los estudiantes tienen que terminar la educación secundaria (seis años) y pasar un examen de acceso. En España hay 53 universidades públicas y 27 privadas. Los títulos (*degrees*) universitarios son: Grado (tres o cuatro años de universidad), Máster (uno o dos años) y Doctorado. La universidad pública cuesta entre 800 y 2.000 euros por año y la privada un promedio de 9.500 euros por año.

El sistema educativo español

Ahora completa la tabla con tu compañero/a.

	ESPAÑA	TU PAÍS
¿Cuántos años estudias en la escuela primaria?		
¿Cuántos años estudias en la escuela secundaria?		
¿Es obligatoria la escuela primaria?		
¿Es obligatoria la escuela secundaria?		
¿Qué materias estudias en la escuela primaria?		
¿Qué materias estudias en la escuela secundaria?		
¿Cómo es el acceso a la universidad?		
¿Qué títulos puedes obtener en la universidad?		
¿Cuántas universidades hay?		
¿Cuánto cuesta la universidad?		

Vocabulario en contexto

5-3 ¿Qué estudias? Lee la lista y marca las materias que tomas este semestre. ¿Cuántas materias tomas?

☐ Química Orgánica	☐ Contabilidad	☐ Ciencias Políticas
☐ Historia del Arte	☐ Sociología	☐ Estadística
☐ Física	☐ Negocios	☐ Geografía
☐ Matemáticas	☐ Informática	☐ Diseño
☐ Biología	☐ Español	☐ Literatura Inglesa
☐ Economía	☐ Antropología	☐ Otras: _______

Habla con la clase y encuentra un/a compañero/a que:

- ☐ toma una clase más como (*like*) tú
- ☐ tiene clases todos los lunes por la mañana
- ☐ tiene clases los jueves
- ☐ vive en un apartamento
- ☐ estudia en la biblioteca

Primero, prepara las preguntas para hablar con tus compañeros/as.

EJEMPLO: E1: ¿Cuántas materias tomas este semestre?
E2: Yo solo tomo cuatro. ¿Y tú?

CLUB CULTURA

Explore *España: En la Universidad Complutense* with *Club cultura!*

Video

5-4 En el campus La Universidad Complutense de Madrid, fundada en 1293, es una de las universidades más antiguas del mundo. Mira el mapa de la ciudad universitaria. Después lee la lista y encuentra los lugares que aparecen en el mapa.

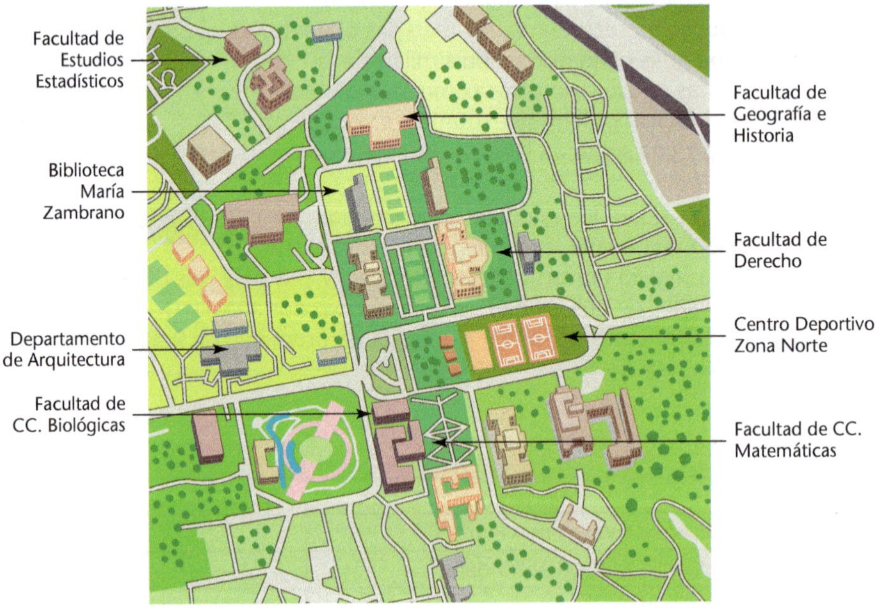

Facultad de Estudios Estadísticos
Biblioteca María Zambrano
Departamento de Arquitectura
Facultad de CC. Biológicas
Facultad de Geografía e Historia
Facultad de Derecho
Centro Deportivo Zona Norte
Facultad de CC. Matemáticas

☐ Facultad de Derecho	☐ Jardín Botánico
☐ Biblioteca	☐ Facultad de Matemáticas
☐ Facultad de Geografía e Historia	☐ Edificio de Estudiantes
☐ Departamento de Arquitectura	☐ Centro Deportivo
☐ Facultad de Ciencias Biológicas	☐ Facultad de Estudios Estadísticos

Habla con tu compañero/a. ¿Qué materias puedes estudiar en cada facultad? ¿Qué facultad te interesa más? ¿Por qué?

EJEMPLO: E1: En la Facultad de Ciencias Biológicas puedes estudiar Química Orgánica, ¿no?
E2: Sí, y Biología. A mí me interesa la Facultad de Derecho porque quiero ser abogado.

5-5 Apartamento en alquiler (*rent*) Miren estos dos apartamentos y encuentren cinco diferencias.

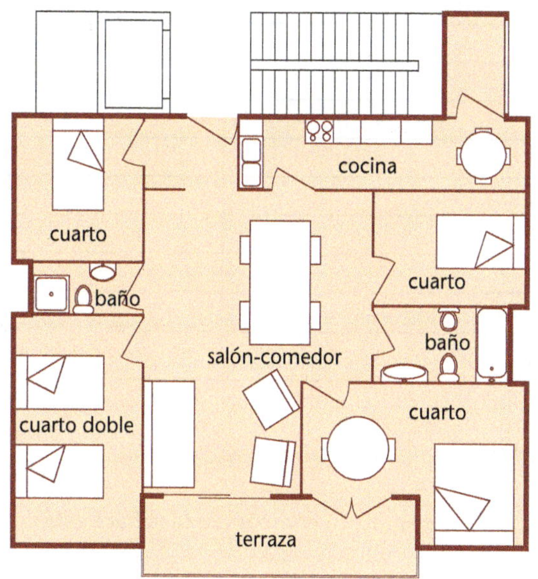

Apartamento A

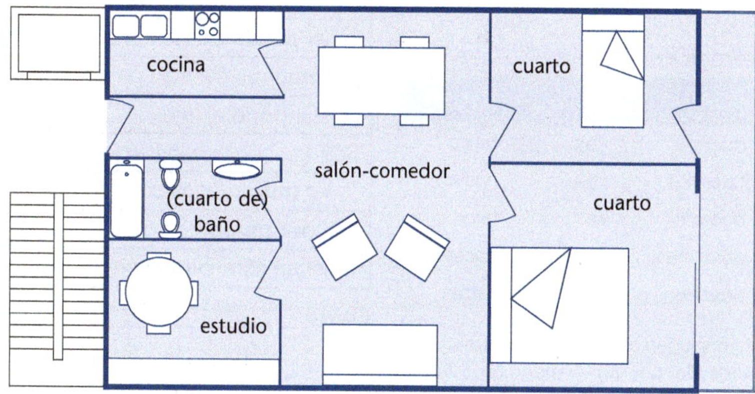

Apartamento B

Ahora escuchen esta conversación telefónica. Francisco llama por teléfono para alquilar un apartamento en Madrid.

1. ¿Por qué apartamento llama Francisco: A o B?
2. ¿Qué característica es muy importante para Francisco?
3. ¿Qué precio tiene el alquiler del apartamento?
4. ¿Qué decide Francisco? ¿Por qué?

5-6 ¿Qué necesitamos? Ustedes van a estudiar en la Universidad Complutense durante un semestre y alquilan el apartamento B. El apartamento no está amueblado (*furnished*). ¿Qué necesitan? Hagan una lista.

el armario	el estante	la televisión
la computadora	la impresora	el sofá
la cama	el escritorio	el espejo
el sillón	la mesa	la lámpara
la silla	los libros	dos cosas muy importantes: ______ y ______

EJEMPLO: E1: Necesitamos dos camas.
E2: De acuerdo. Y una mesa.

5-7 ¿Dónde lo ponemos? Usen el plano del apartamento B para decidir dónde ponen las cosas de la lista.

EJEMPLO: E1: Esta cama, en mi cuarto.
E2: De acuerdo. Y esta mesa, ¿dónde?

EL PRESENTE DE INDICATIVO

Verbos regulares

HABLAR	COMER	VIVIR
habl**o**	com**o**	viv**o**
habl**as**	com**es**	viv**es**
habl**a**	com**e**	viv**e**
habl**amos**	com**emos**	viv**imos**
habl**an**	com**en**	viv**en**

Verbos irregulares

DORMIR	IR	HACER
d**ue**rmo	**voy**	**hago**
d**ue**rmes	**vas**	haces
d**ue**rme	**va**	hace
dormimos	**vamos**	hacemos
d**ue**rmen	**van**	hacen

Se conjugan como **dormir**: **jugar, poder (o, u > ue) → juego, puedo**

Se conjugan como **hacer**: **tener, salir → tengo, salgo**

ESTADOS, RECOMENDACIONES Y CONSEJOS

Estar + adjetivo = estados físicos y anímicos

Juan **está** cansado / delgado / feliz.
Marta **está** triste / aburrida / preocupada.

Recomendación personal

Tienes que dormir **más**.
Tienes que trabajar **menos**.

Recomendación impersonal

Hay que / **Es necesario** / **Es bueno** / **Es importante** } hacer ejercicio.

LA CUANTIFICACIÓN

Con verbo

Julián trabaja **poco / mucho / demasiado.**

Con adjetivo

Julián es **muy / demasiado** perezoso.

Con nombres

Marta tiene **poco / mucho / demasiado** trabajo.

Ramón trabaja **pocas / muchas / demasiadas** horas.

Lengua en contexto

 **5-8 Para tener éxito en la universidad** ¿Qué cosas son importantes para tener éxito en la universidad? Ordenen estos consejos de más (1) a menos (10) importante. Después, añadan (*add*) dos más.

CONSEJOS	IMPORTANCIA
Hacer actividades extracurriculares.	
Apuntarse a (*sign up for*) clubes y asociaciones.	
No tomar **demasiadas** clases cada (*each*) semestre.	
Tener **pocas** clases temprano (*early*).	
Ir a **muchos** eventos para conocer gente.	
Gastar **poco** dinero.	
Salir (*go out*) con los amigos.	
Tener **muy** buenos compañeros de cuarto.	
Estudiar **mucho**.	
Tener un horario **muy** organizado.	

Otros: ______________________________

____

EJEMPLO: E1: **Es necesario** tener un buen horario.
E2: Sí, pero **es muy importante** no tomar **demasiadas** clases.

5-9 ¿Malos o buenos hábitos? Pregunta a tu compañero/a si hace estas cosas cuando está en la universidad.

- ☐ **Despertarse tarde a menudo** para ir a clase
- ☐ **Enfadarse de vez en cuando** con un/a profesor/a
- ☐ **Dormirse muchas veces** en clase
- ☐ **Acostarse siempre** a las 4 de la mañana
- ☐ **Divertirse cada día** con los amigos

EJEMPLO: E1: ¿**Te despiertas** tarde **a menudo** para ir a clase?
E2: No, yo **casi nunca me despierto** tarde. ¿Y tú?
E1: Yo sí, **algunas veces**.

Ahora, explica los hábitos de tu compañero/a a la clase.

5-10 El horario de clases Este es el horario de Adriana, una estudiante de la universidad. Examinen su horario y decidan si Adriana puede hacer estas cosas:

- ☐ Acostarse tarde los martes
- ☐ Ir al gimnasio los lunes y miércoles a las cinco
- ☐ Almorzar cada día a la una de la tarde con su hermana
- ☐ Levantarse tarde los viernes
- ☐ Viajar a casa para visitar a su familia el fin de semana
- ☐ Ir al cine el martes por la tarde
- ☐ Ir a una clase de natación los lunes por la mañana

EJEMPLO: E1: ¿Puede levantarse tarde **los martes**?
E2: Sí, pero no muy tarde porque tiene clase **a las once y media**.

Finalmente decidan si Adriana tiene un buen horario o no. Justifiquen su respuesta.

	lunes	martes	miércoles	jueves	viernes
8.00	8:00 Algebra		8:00 Algebra		8:00 Algebra
9.00					
10.00					
11.00		11:30 Escritura Académica		11:30 Escritura Académica	
12.00	12:00 Introducción a la Química		12:00 Introducción a la Química		
13.00					
14.00	14:00 Chino	14:00 Chino	14:00 Chino	14:00 Chino	
15.00					
16.00			16:30 Introducción a la Programación		
17.00					
18.00					

5-11 Demasiadas clases Escucha la conversación entre Martina y su amigo Javi. Di si esta información es Cierta o Falsa. Si es falsa, corrígela.

	Cierto	Falso
1. Martina toma una clase de Diseño y una de Matemáticas.	☐	☐
2. Martina tiene clase cada día.	☐	☐
3. Martina no tiene clases por la tarde.	☐	☐
4. Martina no come porque no tiene tiempo.	☐	☐
5. Martina tiene que ir a clase, después ver a su profesor y finalmente ir a la biblioteca.	☐	☐

Habla con un/a compañero/a. ¿Tienen los mismos problemas?

EJEMPLO: E1: Yo **tengo que levantarme** temprano **todos los días.**
E2: Yo no, yo puedo **levantarme** tarde **los martes** y **los jueves.**

5-12 Consejos para estar mejor Piensa cómo es tu estado físico o anímico en estas situaciones y completa el cuadro.

Situación	Estado de ánimo o físico
Al final de una semana de mucho trabajo	
Antes / después de un test	
Cuando salgo con amigos	
En el invierno	
Los lunes a las 8 a.m.	

Compartan sus respuestas y den consejos a su compañero/a.

EJEMPLO: E1: Siempre **estoy** contento después de ir al gimnasio.
E2: Entonces **tienes que** ir al gimnasio todos los días. **Es importante** sentirse bien en la universidad.

VERBOS REFLEXIVOS

Levantarse

me	levanto
te	levantas
se	levanta
nos	levantamos
se	levantan

Son verbos reflexivos: acostar**se**, dormir**se**, despertar**se**, enfadar**se**

Tengo que levantar**me** a las seis.
No queremos levantar**nos** tarde.
Pueden levantar**se** a las nueve.
¿A qué hora **se** levantan?

LA FRECUENCIA

- **(casi) siempre**
- **muchas veces**
- **a menudo**
- **de vez en cuando**
- **(casi) nunca**

Nunca voy al gimnasio por la tarde.

No voy **nunca** al gimnasio por la tarde.

los { lunes, martes, miércoles, jueves, viernes, sábados, domingos }

los fines de semana
todos los días, **cada** día
todas las semanas, **cada** semana

LA HORA

- **¿Qué hora** es?
  - Son las nueve. / Es la una.
- **¿A qué hora** es / comienza / termina la clase de Historia?
  - A las nueve.
    nueve **y** cinco.
    nueve **y cuarto.**
    nueve **y** veinte.
    nueve **y media.**
  - A las diez **menos** veinte.
    diez **menos cuarto.**
    diez **menos** cinco.

a las diez **de la mañana** = 10 a.m.
a las diez **de la noche** = 10 p.m.
a las dos **de la tarde** = 2 p.m.

La clase **es de** nueve y media **a** once.

Interacciones

Estrategias para la comunicación oral

Formulating direct questions (II)

Direct questions that require a preposition (*a, de, con, en, desde, hasta, hacia, para, por*) are particularly difficult for English speakers. In questions that require prepositions, the preposition always comes **before** the interrogative word (*qué, quién, cuándo, dónde, cuál, cuánto*). Look at the examples below, both include the preposition + the interrogative word.

*Juan duerme **desde** las doce.* ⟶ ***¿Desde qué** hora duerme Juan?*

*María toma Español **con** sus amigas.* ⟶ ***¿Con quién** toma Español María?*

5-13 Entrevista Investiga las costumbres de tu compañero/a de clase. Primero, escribe las preguntas necesarias para obtener la información.

1. Horas de estudio: *¿Cuántas horas estudias?*
2. Lugar **en** que estudia:
3. Persona **con** quien estudia:
4. Actividades por la tarde:
5. Horario preferido para estudiar:
6. Horas de dormir:
7. Estado físico y mental:
8. Horario para despertarse:
9. Horario para acostarse:

Ahora entrevista a tu compañero/a y anota sus respuestas. Pregúntale (*ask him/her*) con qué frecuencia hace esas cosas.

EJEMPLO: E1: ¿Cuántas horas **estudias** cada día?
E2: Seis o siete, más o menos.
E1: ¿**Siempre estudias** siete horas?
E2: No, no, **los fines de semana estudio** cinco.

¿Tienen costumbres (*habits*) similares?

5-14 Las clases de la UGR Tu compañero/a y tú van a pasar un semestre en la Universidad de Granada, conocida como la UGR. Tienen que tomar tres clases. Lee la lista de clases para los estudiantes internacionales y prepara tu horario.

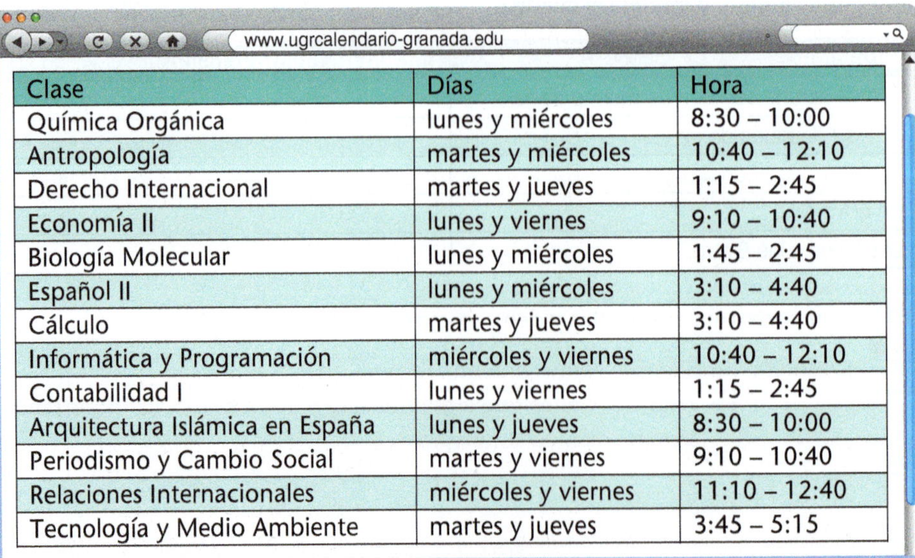

Clase	Días	Hora
Química Orgánica	lunes y miércoles	8:30 – 10:00
Antropología	martes y miércoles	10:40 – 12:10
Derecho Internacional	martes y jueves	1:15 – 2:45
Economía II	lunes y viernes	9:10 – 10:40
Biología Molecular	lunes y miércoles	1:45 – 2:45
Español II	lunes y miércoles	3:10 – 4:40
Cálculo	martes y jueves	3:10 – 4:40
Informática y Programación	miércoles y viernes	10:40 – 12:10
Contabilidad I	lunes y viernes	1:15 – 2:45
Arquitectura Islámica en España	lunes y jueves	8:30 – 10:00
Periodismo y Cambio Social	martes y viernes	9:10 – 10:40
Relaciones Internacionales	miércoles y viernes	11:10 – 12:40
Tecnología y Medio Ambiente	martes y jueves	3:45 – 5:15

Cursos	Días	Horas
1.		
2.		
3.		

Compara tu nuevo horario con tu compañero/a y responde.

1. ¿Toman las mismas (*the same*) clases?
2. ¿Quién tiene el horario más conveniente (días de la semana, horarios)? ¿Por qué?
3. ¿Quién termina sus clases más tarde?
4. ¿A qué hora comienzan y terminan sus clases?

EJEMPLO: **E1:** ¿Qué clases tomas este semestre?
E2: Tomo Contabilidad los lunes y viernes.
E1: ¿A qué hora?
E2: De una y cuarto a tres menos cuarto.

5-15 ¿Qué hay que hacer para tener éxito? Lee estos datos sobre dos españoles exitosos. Según el texto, ¿qué características son necesarias para tener éxito en una profesión? ¿Puedes pensar en otras? Habla con tu compañero/a.

Moisés Nieto es un joven diseñador español de 33 años que estudia la carrera de Diseño en Madrid primero y luego se gradúa del prestigioso Instituto Europeo de Diseño en el 2010. Con la colección de su tesis gana un premio para talentos emergentes y después muchos otros, incluido el Premio Nacional de la Moda. Tiene su propia firma desde el 2011 y colabora con marcas como Pandora Joyas y H&M. "No me gusta dar consejos, pero puedo decir que no todo se aprende en la universidad", dice. Los premios le animan a trabajar duro, crecer y aprender.

Rebeca Minguela es cofundadora del startup *Blink* que ahora es parte de la empresa *Groupon*. Su nombre aparece en la lista de los 100 líderes jóvenes del Foro Económico Mundial. "No fue fácil", comenta. Rebeca es de un pequeño pueblo en Segovia. Tiene una licenciatura en Ingeniería de Telecomunicaciones, una carrera poco popular entre las estudiantes. También tiene una maestría en Tecnologías de la Información y un *MBA*. "Hay que trabajar mucho", dice, "levantarse pronto, acostarse tarde; eso afecta tu vida social".

EJEMPLO: **E1:** Para ser un/a empresario/a exitoso/a como Rebeca, **hay que trabajar** cada día.
E2: Sí, y también **tienes que tener** mucha concentración.

5-16 Situaciones: *Recomendaciones para el curso de verano* Two American students are in Granada for a six-week summer program. After two weeks, the students are not happy and have problems with some of their classes, so they decide to talk to a counselor. Now they are at the counselor's office.

ESTUDIANTE A
Explain your problems to the counselor. Imagine that these are your problems:
- you don't like one of the classes you are taking
- you are always tired
- one class starts too early on Mondays
- your bed is next to the door and it is too noisy

ESTUDIANTE B
Explain your problems to the counselor. Imagine that these are your problems:
- one of the classes you are taking is really hard
- one of the classes ends too late on Fridays
- you are sick all the time and don't know why
- you don't have a bathroom in your room; it's at the end of the corridor

ESTUDIANTE C
You are a student counselor at the school. Two students are in your office. Listen to their concerns. Ask them questions about their problems, schedules, and habits. Then, give them advice and recommendations to help them feel better. Remember to include how often they should do the things you suggest.

Tarea global

Elaborar un folleto con recomendaciones para estudiantes españoles en tu universidad

Preparación La vida universitaria en España y Estados Unidos es diferente. Lee este párrafo sobre la Universidad Autónoma de Madrid (UAM). Después, comenta con tu grupo las diferencias entre esta universidad y las de Estados Unidos.

En la UAM, los estudiantes tienen que escoger, desde el primer año, cuál es el grado o especialidad que quieren estudiar y todas las materias están relacionadas con (*related to*) sus especialidades. Por eso es común tener los mismos (*the same*) compañeros en cada clase. El año académico comienza en octubre y termina alrededor de junio. Algunas materias pueden basar sus notas (*grades*) en trabajos y ensayos, pero muchas utilizan solamente un examen final. El precio por crédito es entre 20 y 40 euros. Hay dos colegios o residencias estudiantiles en el campus; allí viven muchos estudiantes internacionales. Los estudiantes de la zona normalmente viven con sus familias; los otros, en residencias para estudiantes o apartamentos compartidos. Existe también el *Programa Convive* que es una iniciativa intergeneracional entre una persona mayor que vive sola y un estudiante.

EJEMPLO: **E1:** En la UAM ________, pero en mi universidad ________.
E2: Sí, y en mi universidad ________, pero en la UAM ________.

Paso 1 La Oficina de Estudios en el Extranjero de tu universidad tiene una lista de seis recomendaciones para los estudiantes internacionales. Lee la lista. Después, ordena las recomendaciones de más importante (1) a menos importante (6).

- ☐ **Conocer la cultura.** Algunos estudiantes no se preparan antes de viajar y esto es un error. Es importante aprender sobre la historia y la cultura general de la región.
- ☐ **Participar a menudo en las actividades de la universidad.** En el departamento de servicios estudiantiles tienen información sobre diferentes actividades: orientaciones para los estudiantes, eventos especiales, clubes, fiestas y más. Estos eventos son excelentes para socializar.
- ☐ **Utilizar las redes sociales, pero no demasiado.** Internet es una fuente interminable de posibilidades para estar conectado con el lugar, pero hay que tener mucho cuidado (*be very careful*).
- ☐ **Asistir a clases todos los días.** Es una excelente manera de aprovechar (*make the most of*) el programa, aprender y conocer estudiantes con los mismos (*the same*) intereses.
- ☐ **Estudiar idiomas.** Este semestre es la oportunidad perfecta para avanzar tus conocimientos del idioma. Dominar el idioma te permite (*allows*) conocer nuevos amigos.
- ☐ **Tener mucha paciencia.** Los comienzos (*beginnings*) nunca son fáciles. Todas las personas se sienten solas las primeras semanas.

EJEMPLO: **E1:** Para mí, lo más importante es aprender el idioma.
E2: Sí, pero es importante socializar mucho. Yo, por ejemplo, uso Facebook a menudo para estar en contacto con mis amigos y conocer gente.
E3: Estoy de acuerdo con... Es necesario aprender el idioma si vives en otro país.

Paso 2 El grupo tiene que seleccionar las cuatro recomendaciones más importantes.

Paso 3 Piensen en las diferencias entre la universidad en España y en Estados Unidos. En cada área, expliquen qué retos (*challenges*) puede tener un estudiante español en una universidad de Estados Unidos. Después elijan el reto más grande y den una recomendación para superarlo (*overcome it*).

	Reto 1	Reto 2
La comida		
El choque cultural		
El sistema educativo		

Ayuda

Para mí **lo más** difícil es...

(No) tienes razón; **lo más** fácil / difícil es...

Estoy de acuerdo con...

No estoy de acuerdo con...

Paso 4 Escriban un folleto (*leaflet*) con cinco recomendaciones para los estudiantes españoles que llegan a su universidad. En el folleto tienen que incluir ejemplos de los servicios que existen en el campus.

ESTUDIOS EN EL EXTRANJERO 101

Si quieres tener éxito este semestre, la clave (*key*) es conocer la universidad y sus servicios. ¿Cómo? Aquí tienes cinco consejos.

1. Es conveniente... porque...
2. Hay que... porque...
3. Es bueno... porque...
4. ______________________
5. ______________________

Paso 5 El grupo presenta las recomendaciones del folleto a la clase. Cada participante presenta una recomendación.

Paso 6 Mi progreso
Review the goals. Mark with a ✔ the goals you think you have achieved and to what extent.

I can...

	very well	well	with difficulty
Goal 1: talk about university life.			
Goal 2: give recommendations and advice.			
Goal 3: talk about frequency and amount of activities.			

Gente que lee

Estrategias para leer

Using a bilingual dictionary (I)

There are many strategies for deciphering the meaning of words that you do not understand, such as using the context and identifying cognates. Sometimes, however, you will need to look up words in a bilingual dictionary. You do not need to look up every single unknown word, just those that seem to be essential for understanding the text. Before looking up a word's meaning:

1. Figure out what part of speech it is: a verb, a noun, or an adjective?
2. Remember that verbs are listed in their infinitive form and not in their conjugated form.
3. Familiarize yourself with the abbreviations in the dictionary. For example, *vt* means *verbo transitivo* (it takes a direct object), while *nf* means *nombre femenino*.

Antes de leer

5-17 Una buena universidad ¿Qué características son las más importantes para elegir una universidad? Ordena estas, de más (1) a menos (6) importantes.

☐ Ofrecer oportunidades de experiencia laboral
☐ Ser barata
☐ Ofrecer oportunidades para participar en programas internacionales
☐ Tener buenos profesores
☐ Ofrecer títulos interdisciplinarios
☐ Tener buenos dormitorios
☐ Otra: ____________________

5-18 Activando estrategias

1. Lee el título del texto. ¿Cuál crees que es el tema de la lectura?
2. Lee la primera frase de cada párrafo. Después mira la foto. ¿Qué información te dan sobre el contenido del texto?

Después de leer

5-19 ¿Comprendes?

1. ¿Cuántos títulos académicos ofrece la Universidad de Salamanca?
2. Describe dónde está situada la rana de Salamanca.
3. ¿Por qué es importante encontrar la rana sin pedir ayuda?
4. Según la leyenda, ¿por qué está la rana encima de una calavera?

La rana (*frog*) de la Universidad de Salamanca

Fundada en 1218, la Universidad de Salamanca es la más antigua de España y la tercera (*third*) más antigua de Europa. Es una universidad pública y una de las mejores de España. A finales del siglo XIV tiene 600 alumnos, todos hombres. Hoy tiene más de 30.000 estudiantes, muchos internacionales (el 47% de los estudiantes de posgrado son extranjeros). La universidad tiene dieciséis facultades que **abarcan** todos los ámbitos académicos: desde Bellas Artes, Filosofía o Educación hasta Ciencias Agrarias y Ambientales, Economía y Empresa o Medicina. Salamanca ofrece 74 títulos de grado y 102 de posgrado.

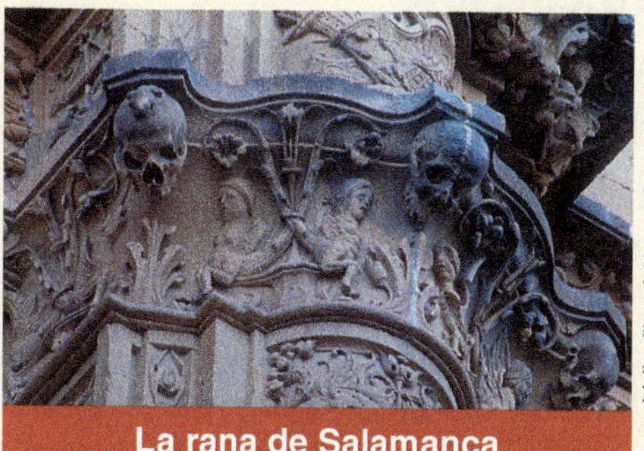
La rana de Salamanca

Lucas Vallecillos / Alamy Stock Photo

En la decoración del edificio principal de la universidad aparece una rana, un adorno **labrado** en la portada del edificio, a la derecha de la puerta, y que hoy es un icono de la ciudad. La pequeña rana está situada encima de una **calavera**. No es extraño ver delante de la fachada del edificio a un grupo de estudiantes buscándo**la**. Según la tradición, los estudiantes tienen que encontrar la rana en la fachada. Es necesario encontrar**la**, sin ayuda, para tener buena suerte en los estudios. Los estudiantes que no pueden encontrar la rana suspenden el curso.

El origen y significado de esta rana no es seguro. Algunos piensan que es la marca o firma (*signature*) del escultor. Otra teoría dice que, en su origen, esta rana era (*was*) un símbolo de la lujuria (*lust*) que conduce a la muerte (**por eso** está sobre una calavera) y era un recuerdo (*reminder*) para los estudiantes, hombres en su totalidad en el momento de la construcción del edificio, de que tienen que centrar sus esfuerzos en estudiar y no en "otras actividades".

5-20 Activando estrategias

1. Observa las palabras en negrita en el texto: **abarcan** (párr. 1), **labrado** (párr. 2), **calavera** (párr. 2). ¿Son nombres, verbos o adjetivos?
2. ¿Cómo puedes saber el significado de la palabra **calavera** sin buscarla en el diccionario?
3. Busca la palabra **labrado** en el diccionario. Usa el contexto para identificar el significado correcto.
4. Busca la palabra **abarcar** en el diccionario. Usa el contexto para identificar el significado correcto.
5. ¿Qué función tiene el conector en negrita **por eso** (párr. 3)?
6. ¿A qué o quién se refieren los dos pronombres en negrita **la** (párr. 2)?

5-21 Expansión

En España todas las universidades tienen símbolos que las identifican como institución. Algunos son muy antiguos (medievales). Pueden ser escudos (*shields*), sellos (*seals*) o lemas (*mottos*). Por ejemplo, el lema de la Universidad de Salamanca es *Omnium scientiarum princeps Salmantica docet* (Los principios de todas las ciencias se enseñan en la Universidad de Salamanca). También tiene un escudo y un logo. El símbolo no oficial es la rana.

¿Cuáles son los símbolos de tu universidad, oficiales y no oficiales? ¿Conoces su origen?

Gente que escribe

Estrategias para escribir

Editing your written work for content and organization [II]

Organization entails sequencing and connecting ideas logically. Observe this two-paragraph text:

España es un sitio especial para los jóvenes. Sus horarios son más relajados que en otros países y la gente prefiere salir de lunes a domingo. Durante todo el año hay cosas que hacer. En algunas fiestas es muy común tener fuegos artificiales (fireworks).

En todos los pueblos y ciudades españolas se celebran ***fiestas*** *en la calle. Para las fiestas se organizan eventos como conciertos, competiciones y mucho más. También hay discotecas "light", es decir, lugares donde no se vende* ***alcohol;*** *por eso los jóvenes no pueden comprar* ***alcohol,*** *pero pueden bailar y pasarla bien toda la noche. ¡En España lo más importante es divertirse!*

You may have noticed that the sentence about "*fuegos artificiales*" should have been placed in paragraph two, not in paragraph one. You may also have noticed that the word "*alcohol*" is repeated and could be replaced with a pronoun ("*no pueden comprar**lo***") to make the sentence sound more natural.

MÁS ALLÁ DE LA FRASE

Basic connectors for introducing examples and clarifying information

Giving examples to support ideas or to illustrate your point is a useful writing strategy. Likewise, repeating information using different words to clarify your message is another excellent way to ensure that the reader understands your ideas.

When you want to introduce examples or clarify information, you can use some of these connectors:

por ejemplo (for example)	*es decir* (that is to say)
como (like)	*o sea* (that is)
tal como (such as)	*en otras palabras* (in other words)

5-22 Un correo electrónico para un estudiante extranjero Un estudiante español va a estudiar en tu universidad y necesita información sobre las diferentes opciones que existen para tener un semestre productivo. Quiere algunas recomendaciones e información sobre las cosas que te gustan, las materias que tomas, tus horarios y tus costumbres (*habits*). Escribe un correo electrónico para el estudiante.

Antes de escribir

Primero, considera los siguientes puntos. Escribe tus ideas:

1. Cosas que te gustan de la universidad
2. Materias que tomas y horario de clases
3. Rutina para estudiar y lugar(es) donde estudias
4. Actividades para divertirte
5. Dos recomendaciones para tener éxito en tu universidad

A escribir

- Saluda a tu nuevo amigo, y pregúntale qué materias prefiere y qué le gusta hacer.
- Escribe sobre ti (*about yourself*) y después dale dos recomendaciones. Incorpora las ideas de los cinco puntos anteriores (*Antes de escribir*). Incluye ejemplos y explicaciones.
- Usa conectores para dar ejemplos y clarificar información (*Estrategias para escribir*).
- Usa referentes (*la, lo, las, los, etc.*) para evitar repeticiones.

DESPUÉS DE ESCRIBIR

- Revisa los Pasos 1 a 8 en la página 14 del Capítulo 1. Presta atención a la secuencia lógica y la organización. Revisa los conectores.
- Intercambia tu correo con un/a compañero/a y usa la *Guía de Revisión entre Compañeros* disponible en *MyLab* para editar el correo.

Comparaciones culturales

5-23 ¿Cómo es España? Antes de leer el texto, respondan a estas preguntas.

1. ¿Qué ciudad es la capital de España?
2. ¿Qué lenguas se hablan en España?
3. ¿Es España una república?
4. ¿Qué países comparten frontera con España?

Ahora lean el texto y comprueben si sus respuestas son correctas.

España es un país miembro de la Unión Europea y su forma de gobierno es la monarquía parlamentaria. De acuerdo con su Constitución, el castellano o español es la lengua oficial del país y la lengua materna del 89% de los españoles. La Constitución reconoce tres lenguas más: el euskera, el catalán y el gallego, los cuales se hablan en regiones específicas del territorio español.

¿Dónde se hablan las cuatro lenguas de España? Asocien cada color con una lengua.

5-24 Españoles en Estados Unidos Lee este texto sobre la presencia española en Estados Unidos. Después responde las preguntas.

Michael Ventura / Alamy Stock Photo

El Censo de Estados Unidos estima que hay unas 630.000 personas de origen o ascendencia española en este país. La presencia de españoles en Estados Unidos comienza en 1513, en Florida, con el explorador Juan Ponce de León. El primer asentamiento (*settlement*) de europeos en Estados Unidos es la ciudad de San Agustín (Florida), fundada por españoles en 1565. Otras áreas de asentamiento son Nuevo México, California, Arizona y Texas.

Un número significativo de españoles contribuye a la ciencia, la cultura y el arte de Estados Unidos. Algunos de ellos son: Plácido Domingo, uno de los mejores cantantes de ópera del mundo y Director de la Ópera de Los Ángeles; Valentín Fuster, director de Cardiología del Hospital Monte Sinaí en Nueva York; y Santiago Calatrava, uno de los mejores arquitectos del mundo y autor de la estación de transportes del *World Trade Center*, en Nueva York.

José Andrés, nombrado por la revista *Time* una de las "100 personas más influyentes", es un innovador chef internacionalmente reconocido, además de humanitario. Pionero de las tapas españolas en los Estados Unidos, es conocido por su cocina de vanguardia y sus múltiples restaurantes en Estados Unidos (Washington DC y Los Angeles). Andrés es un defensor de los problemas de la alimentación y el hambre. En el 2012 forma *World Central Kitchen*, una organización que busca soluciones inteligentes al hambre y la pobreza. El trabajo de Andrés ha ganado premios y distinciones, como la medalla de *National Humanities*.

1. ¿Qué ciudad es la más antigua de Estados Unidos?
2. ¿Qué lugares hay en Estados Unidos con influencias de España?
3. ¿Conoces a otros españoles que son famosos o importantes en Estados Unidos?

5-25 Las misiones españolas en Estados Unidos Lean el texto sobre el impacto de España y sus misiones en las culturas indígenas en Estados Unidos. Después, contesten la pregunta y preparen la ficha.

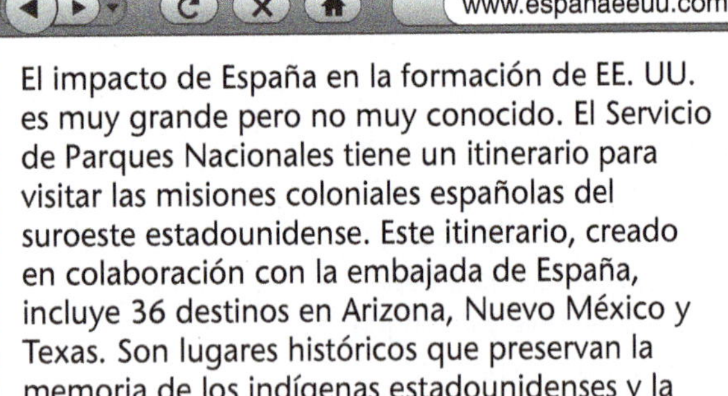

El impacto de España en la formación de EE. UU. es muy grande pero no muy conocido. El Servicio de Parques Nacionales tiene un itinerario para visitar las misiones coloniales españolas del suroeste estadounidense. Este itinerario, creado en colaboración con la embajada de España, incluye 36 destinos en Arizona, Nuevo México y Texas. Son lugares históricos que preservan la memoria de los indígenas estadounidenses y la presencia española en Estados Unidos.

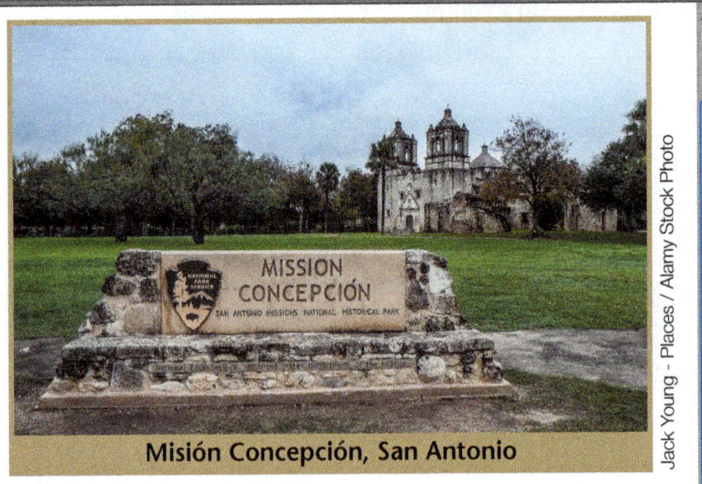

Misión Concepción, San Antonio

Jack Young - Places / Alamy Stock Photo

Desde su llegada a Estados Unidos en 1565, los españoles usan los pueblos de misión para su asentamiento. Estas misiones, dirigidas por las órdenes religiosas, tienen un papel fundamental en zonas con gran diversidad de culturas indígenas. Las primeras misiones españolas se fundan en Florida a partir de 1565 y se extienden desde el centro del estado hacia el norte. En Nuevo México hay muchas misiones españolas también, construidas con adobe. Las misiones de Tejas se fundan a partir de 1690 y El Álamo es probablemente la más famosa. Las Misiones de San Antonio son Patrimonio Mundial de la Humanidad.

California es el último de los territorios que colonizan los españoles en Estados Unidos. La expedición religiosa de fray Junípero Serra implanta un sistema de veintiuna misiones. Esto permite el dominio del territorio en muy pocos años y sienta las bases de la actual California, como podemos ver en sus ciudades (San Diego, Los Ángeles, San Francisco).

1. ¿Qué función original creen ustedes que tienen las misiones? Marquen las respuestas correctas.
   - ☐ Convertir a los indígenas
   - ☐ Introducir métodos de agricultura europeos
   - ☐ Proteger a los indígenas de los colonos
   - ☐ Asegurar (*Ensure*) el control del territorio
2. Busquen una foto de una misión y preparen una breve ficha de información. Después presenten la información a la clase.

☐ Nombre de la misión: ____________________
☐ ¿Donde está? ____________________
☐ Fecha de la fundación: ____________________
☐ Tres datos interesantes: ____________________
____
____
☐ ¿Qué hay en este lugar y cerca de él? ____________________
____
____

Vocabulario

Los estudios	(Studies)
la Administración de Empresas	*Business Administration*
la Antropología	*Anthropology*
la Arquitectura	*Architecture*
la Biología	*Biology*
las Ciencias Políticas	*Political Science*
la Contabilidad	*Accounting*
el Derecho	*Law*
el Diseño	*Design*
la Economía	*Economics*
la Educación Física	*Physical Education*
la Estadística	*Statistics*
la Filosofía	*Philosophy*
las Finanzas	*Finance*
la Física	*Physics*
la Geografía	*Geography*
la Historia	*History*
la Informática	*Computer Science*
la Literatura	*Literature*
las Matemáticas	*Mathematics*
la Medicina	*Medicine*
la Química	*Chemistry*
las Relaciones Internacionales	*International Relations*

Los días de la semana	(Days of the week)
lunes	*Monday*
martes	*Tuesday*
miércoles	*Wednesday*
jueves	*Thursday*
viernes	*Friday*
sábado	*Saturday*
domingo	*Sunday*

La vida universitaria	(College life)
la biblioteca	*library*
el campus; la ciudad universitaria	*campus*
la carrera	*college career; major*
el crédito	*credit*
el ensayo	*essay*
la especialidad	*major*
los estudios en el extranjero	*study abroad*
el examen	*exam*
la facultad	*school (college)*
el horario	*schedule*
la licenciatura	*bachelor's degree*
la maestría	*master's degree*
la materia	*subject, class*
la nota	*grade*
el requisito	*requirement*
el semestre	*semester*
la tarea	*assignment*
el trabajo	*paper*

El alojamiento	(Housing)
el armario	*closet*
la cama	*bed*
la cocina	*kitchen*
el comedor	*dining room*
el cuarto	*bedroom; room*
el (cuarto de) baño	*bathroom*
el dormitorio	*dorm*
el escritorio	*desk*
el espejo	*mirror*
el estante	*shelf*
la habitación	*bedroom; room*
la mesa	*table*
el mueble	*furniture*
el pasillo	*hallway*
el patio	*yard*
la puerta	*door*
el salón	*living room*
la silla	*chair*
el sillón	*armchair*
el sofá	*sofa*
la terraza	*balcony*
la ventana	*window*

Adjetivos	
amueblado/a	*furnished*
cansado/a	*tired*
compartido/a	*shared*
contento/a	*pleased; happy*
delgado/a	*thin*
deprimido/a	*depressed*
disponible	*available*
enfermo/a	*sick*
feliz	*happy*
gordo/a	*fat*
obligatorio/a	*compulsory*
opcional	*elective*
preocupado/a	*worried*
privado/a	*private*
soleado/a	*sunny*
triste	*sad*

Verbos	
acostarse	*to go to sleep*
alquilar	*to rent*
aprobar	*to pass (a class)*
despertarse	*to wake up*
divertirse	*to have fun*
graduarse	*to graduate*
hacer la tarea	*to do homework*
inscribirse	*to enroll*
levantarse	*to get up*
relajarse	*to relax*
reprobar	*to fail*
solicitar	*to apply to*
suspender	*to fail*
tomar un examen	*to take an exam*

Consultorio lingüístico

 1 Present Indicative of Irregular Verbs

To conjugate an irregular verb, apart from changing the endings, we need to know what sort of irregularity it has. This irregularity generally affects the stem, or first part of the verb. Unlike verbs in English, in Spanish, stem changes are common in the present tense:

> Note that changes in the stem occur in the first-, second-, and third-person singular, and in the third-person plural. The stem does not change in the ***nosotros*** form.

- The stem change **e > ie** occurs in verbs such as ***querer, pensar*** (*to think*), ***preferir, despertarse*** (*to wake up*):

	QUERER		DESPERTARSE
(yo)	quiero	(yo)	me despierto
(tú)	quieres	(tú)	te despiertas
(él, ella, usted)	quiere	(él, ella, usted)	se despierta
(nosotros, nosotras)	queremos	(nosotros, nosotras)	nos despertamos
(ellos, ellas, ustedes)	quieren	(ellos, ellas, ustedes)	se despiertan

- The stem change **e > i** occurs in verbs such as ***decir*** (*to say*), ***seguir*** (*to follow*), ***pedir*** (*to request, ask for*), ***vestirse*** (*to get dressed*):

	DECIR	SEGUIR
(yo)	digo	sigo
(tú)	dices	sigues
(él, ella, usted)	dice	sigue
(nosotros, nosotras)	decimos	seguimos
(ellos, ellas, ustedes)	dicen	siguen

- The stem changes from **o > ue** occurs in verbs like ***poder, acostarse, volver*** (*to come back*) and **u > ue** in ***jugar***:

	PODER	ACOSTARSE	JUGAR
(yo)	puedo	me acuesto	juego
(tú)	puedes	te acuestas	juegas
(él, ella, usted)	puede	se acuesta	juega
(nosotros, nosotras)	podemos	nos acostamos	jugamos
(ellos, ellas, ustedes)	pueden	se acuestan	juegan

- Some verbs, sometimes called **-go** verbs, are irregular in the **yo** form of the present tense: ***hacer, poner*** (*to put*), ***decir, venir*** (*to come*), ***salir*** (*to go out*), ***tener***:

(yo)	ha**go**	pon**go**	di**go**	ven**go**	sal**go**	ten**go**

- The verbs ***ir*** (*to go*), ***dar*** (*to give*), ***estar***, and ***saber*** (*to know*) are also irregular:

	IR	DAR	ESTAR	SABER
(yo)	**voy**	**doy**	**estoy**	**sé**
(tú)	**vas**	das	estás	sabes
(él, ella, usted)	**va**	da	está	sabe
(nosotros, nosotras)	**vamos**	damos	estamos	sabemos
(ellos, ellas, ustedes)	**van**	dan	están	saben

2 Reflexive Verbs

A reflexive verb is one in which the subject and object are the same; in other words, the effects of this verb are limited to the subject:

	DUCHARSE (*to shower*)	DIVERTIRSE (*to have fun*)
(yo)	**me** ducho	**me** divierto
(tú)	**te** duchas	**te** diviertes
(él, ella, usted)	**se** ducha	**se** divierte
(nosotros, nosotras)	**nos** duchamos	**nos** divertimos
(ellos, ellas, ustedes)	**se** duchan	**se** divierten

Reflexive pronouns are usually placed immediately before the conjugated verb; however, with constructions using the infinitive (**-ar, -er, -ir**), there are two options: the pronouns may still be placed in front of the conjugated verb, or they may be attached to the infinitive form:

me quiero divertir	quiero divertir**me**	*I want to have fun*
no **me** puedo dormir	no puedo dormir**me**	*I can't fall sleep*

(yo)	**me** tengo que acostar	tengo que acostar**me**
(tú)	**te** tienes que acostar	tienes que acostar**te**
(él, ella, usted)	**se** tiene que acostar	tiene que acostar**se**
(nosotros, nosotras)	**nos** tenemos que acostar	tenemos que acostar**nos**
(ellos, ellas, ustedes)	**se** tienen que acostar	tienen que acostar**se**

In Spanish, a reflexive verb indicates that the person is carrying out the action on him/herself. Many verbs that describe daily habits and personal care are reflexive: ***Me despierto*** *a las siete todos los días (I wake up at seven every day).*

3 States, Recommendations, and Advice

In Spanish, the physical and mental **condition** or **state** of a subject is expressed with the verb ***estar* + an adjective.** The adjective describes the state or condition of the subject, especially one susceptible to change. These adjectives do not denote an inherent characteristic of the subject.

- **Estoy** muy **cansada** hoy. —*I am very tired today.*
- ¿**Estás enferma**? —*Are you sick?*
- No, solo **estoy** un poco **deprimida.** —*No, I'm just a little depressed.*

- Francisco **está contento** hoy. —*Francisco is happy today.*
- Sí, **está** muy **alegre.** —*Yes, he is very cheerful.*

■ When someone expresses his or her state or condition, we can use the construction ***tener que* + infinitive** to make a **personal** recommendation, that is, directed to that person:

- **Estoy muy cansado.** —*I am very tired.*
- Sí, **tienes que dormir** más y **trabajar** menos. —*Yes, you need to sleep more and work less.*

■ To make general recommendations or give advice directed at no one person in particular, the construction ***hay que* + infinitive** and the expressions ***es necesario / bueno / importante* + infinitive** are used:

Para tener éxito en la universidad, **hay que estudiar** mucho.
To be successful in college, it is necessary to study a lot.

Para conocer gente y hacer amigos, **es importante ir** a clubes o reuniones de estudiantes.
To meet people and make friends, it is important to go to clubs or students' meetings.

Remember that we use the verb **ser** with an adjective to express characteristics that define the identity or nature of a subject, such as nationality, profession or occupation, personality, or physical characteristics:

- ¿**Es** colombiano?
  —Is he Colombian?
- Sí, **es** de Bogotá. **Es** muy simpático, ¿verdad?
  —Yes, he is from Bogota. He is very nice, right?
- Creo que **es** tenista. ¡**Es** muy alto!
  —I think he is a tennis player. He is very tall!

To indicate frequency in English, the days of the week require the preposition *on*: *We play tennis* ***on Saturdays***. To indicate frequency in Spanish, the definite article must always appear with the days of the week and there is no preposition: *Jugamos al tenis* ***los sábados.***

4 Expressing Frequency

Frequency expressions, such as the ones below, may be placed at one of several locations within a sentence:

siempre (*always*)	casi nunca (*almost never*)
de vez en cuando (*from time to time*)	a menudo (*often*)
a veces (*sometimes*)	nunca (*never*)
casi siempre (*almost always*)	algunas veces (*sometimes*)

A veces estudio en la biblioteca con mis amigos.
Sometimes *I study in the library with my friends.*

Estudio en la biblioteca con mis amigos **de vez en cuando.**
I study in the library ***from time to time.***

- ***Cada*** *(each)* is used only with singular nouns. It maintains the same form with both masculine and feminine nouns:

cada mes	**cada** semana	**cada** año
each month	*each week*	*each year*

- ***Todos/as*** precedes plural nouns. This construction requires the definite article ***los/las***:

todos los días / meses / lunes / martes... (*every day / month / Monday / Tuesday ...*)

- The singular form ***todo el día, toda la semana*** is also used, but the meaning is different:

todo el día (*the whole day / all day*)

- **Nunca**

nunca + *VERB*	**Nunca** hace ejercicio.	*He never exercises.*
no + *VERB* + **nunca**	**No** hace ejercicio **nunca.**	*He never exercises.*

5 Quantifying: *Muy, Mucho, Demasiado...*

These words are used to modify the quantity or the intensity of the meaning of a noun, adjective, or verb. They do not change form when modifying verbs or adjectives:

- WITH VERBS

Ana trabaja **demasiado.**	*Ana works* ***too much.***
Estos estudiantes duermen **mucho.**	*These students sleep* ***a lot.***
Trabajan muy **poco.**	*They work very* ***little.***
Emilio **no** estudia **nada.**	*Emilio* **doesn't** *study* ***at all.***

- WITH ADJECTIVES

Martín está **muy** cansado.	*Martín is* ***very*** *tired.*
Ana es **demasiado** seria.	*Ana is* ***too*** *serious.*
Juan es **poco** serio.	*Juan is* ***not very*** *serious.*
Roberto no está **nada** contento.	*Roberto is* ***not*** *happy* ***at all.***

- WITH NOUNS
When these words precede nouns, they behave like adjectives, so they agree with the noun in gender and/or number:

Ana trabaja **demasiados** días / **demasiadas** horas.
Ana works ***too many*** *days /* ***too many*** *hours.*

Los estudiantes hacen **muchos** ejercicios / **muchas** tareas.
The students do ***a lot of / many*** *exercises /* ***a lot of / many*** *assignments.*

Tienen **pocos** créditos / **pocas** clases.
They have ***few*** *credits /* ***few*** *classes.*

Tienen **poco** trabajo / **poca** tarea.
They have ***little*** *work /* ***little*** *homework.*

6 The time

To tell time, the article ***las*** (except for ***la una***) is used:

- ● ¿Qué hora es? / ¿Tienes hora? — *—What time is it? / Do you have the time?*
- ○ **Son las** cinco. / **Es la** una. — *—It's five o'clock. / It's one o'clock.*
- ○ **Son** las nueve. — *—It's nine o'clock.*
  - nueve **y** cinco. — *nine* ***o*** *five.*
  - **nueve y cuarto.** — ***nine fifteen.***
  - nueve **y** veinte. — *nine twenty.*
  - **nueve y media.** — ***nine thirty.***
- ○ **Son** las diez **menos** veinte. — *—It's twenty* ***to*** *ten.*
  - diez **menos cuarto.** — *a* ***quarter to*** *ten.*
  - diez **menos** cinco. — *five* ***to*** *ten.*

Son las diez **de la mañana (10 a.m.)** = *It is ten* ***in the morning.***
Son las dos **de la tarde (2 p.m.)** = *It is two* ***in the afternoon.***
Son las nueve **de la noche (10 p.m.)** = *It is nine* ***in the evening.***

■ To indicate the time when something takes place, the structure ***a*** **+** ***las*** **(*la*)** is used:

- ● **¿A qué hora** comienza la clase de Historia? — *—What time does the History class start?*
- ○ **A las** nueve. — ***—At*** *nine o'clock.*
  - nueve **y** cinco. — *nine* ***o*** *five.*
  - **nueve y cuarto.** — ***nine fifteen.***
  - nueve **y** veinte. — *nine twenty.*
  - **nueve y media.** — ***nine thirty.***
- ○ **A las** diez **menos** veinte. — ***—At*** *twenty* ***to*** *ten.*
  - **diez menos cuarto.** — ***a quarter to ten.***
  - diez **menos** cinco. — *five* ***to*** *ten.*

a las diez **de la mañana** = 10 a.m.
a las dos **de la tarde** = 2 p.m.
a las diez **de la noche** = 10 p.m.

■ To talk about schedules, duration of things, etc. the prepositions ***de... a*** or ***desde... hasta*** are used:

- ● ¿Qué horario tiene la biblioteca? — *—What are the library's working hours?*
- ○ **De** nueve **a** cinco. — ***—From*** *nine* ***to*** *five.*

- ● ¿Cuánto dura la clase? — *—How long is the class?*
- ○ **Desde las** ocho y media **hasta las** diez. — ***—From*** *eight-thirty* ***until*** *ten.*
- ○ **De** ocho y media **a** diez. — ***— From*** *eight-thirty* ***to*** *ten.*

Capítulo 6

Gente que trabaja

John Coletti / Jon Arnold Images Ltd / Alamy Stock Photo

Plaza Libertad, San Salvador (El Salvador)

At the end of this lesson, I will be able to…

PRESENTATIONAL AND INTERPERSONAL COMMUNICATION

Speaking
- greet and introduce people, formally and informally.
- talk about work-related qualities, competencies, and abilities.
- use appropriate language to make / answer a phone call.

Writing
- write a cover letter for an online, part-time job application, explaining work experience and academic interests.
- consider the context, purpose, and audience in writing.
- use connectors to add and sequence ideas.

INTERPRETIVE COMMUNICATION

Listening
- understand the general meaning of work-related exchanges.
- understand basic questions related to job characteristics, personal competencies, and work experience.

Reading
- understand the general meaning of an informational text.
- understand job announcements.
- use a bilingual dictionary and context to ascertain the meaning of unfamiliar words.

INTERCULTURAL COMPETENCE

- talk about a co-op in El Salvador.
- talk about an education program in El Salvador.
- understand the characteristics of the Salvadorian community in the United States and its impact in the community.

TAREA GLOBAL

Seleccionar candidatos para un puesto de trabajo

CLUB CULTURA

Explore El Salvador with *Club cultura!*

Acercamientos

6-1 ¿Qué trabajo te interesa? Estás en San Salvador durante un semestre y quieres trabajar a tiempo parcial (*part-time*). ¿Cuál de estos dos trabajos te interesa? ¿Por qué? Escribe tres razones.

1.

BARISTA SIN EXPERIENCIA

BEN'S COFFEE, San Salvador

¿Quieres ser parte de nuestro equipo? ¡Te ofrecemos esa oportunidad en Ben's Coffee!

Ben's Coffee es una empresa especializada en café de El Salvador y promocionamos los cafés de nuestra tierra. ¡Ven a ser parte del mejor Coffee Shop de El Salvador!

Perfil requerido:

- Persona joven (18–30 años)
- Buen trato con el público
- Con residencia en San Salvador
- Horario de dos a seis de la tarde

Ofrecemos:

- Salario: 10 dólares / hora
- Contrato a tiempo parcial

Enviar carta y currículum de forma electrónica a
Gregorio Arzola
garzola@resk26ve.com

2.

Asistente Educativo

Fundación Salvador del Mundo, Soyopango

Descripción del puesto

Ayudar a organizar, implementar y supervisar actividades para el Programa Integral Juvenil Don Bosco que existe en escuelas de la ciudad

Perfil profesional

Estudiante universitario con interés en la educación Se valora, pero no es necesario:
Experiencia en consejería (*counseling*) a niños y niñas, adolescentes y jóvenes
Experiencia en organización de actividades educativas

Perfil personal

- Comunicativo
- Creativo
- Dinámico
- Proactivo
- Capacidad de trabajo en equipo (*team*)

Salario: 12 dólares / hora
Interesados favor enviar Curriculum Vitae a la dirección electrónica recursoshumanos@fusalmo.org

Ahora comparte tu preferencia con dos compañeros/as.

EJEMPLO: E1: A mí me interesa ________ porque ________.
E2: A mí también porque ________.
E3: A mí no. A mí me interesa más ________ porque ________.

6-2 Condiciones de trabajo Pon los siguientes aspectos de un trabajo en orden, de más importante (1) a menos importante (8). Piensa en dos aspectos más que son importantes para ti.

- ☐ un salario apropiado
- ☐ un puesto de responsabilidad
- ☐ la oportunidad de aprender más
- ☐ la posibilidad de servir en la comunidad
- ☐ un trabajo creativo
- ☐ la oportunidad de viajar
- ☐ un horario flexible
- ☐ la posibilidad de promoción

Otros: ________________

Compara tus respuestas con las de tu compañero/a. ¿Tienen intereses similares?

EJEMPLO: E1: Quiero un horario flexible porque no me gusta levantarme temprano.
E2: Para mí lo más importante es tener la oportunidad de viajar. Me encanta conocer lugares nuevos.

Vocabulario en contexto

6-3 En el trabajo Miren estas imágenes con atención. ¿A qué se dedican estas personas? ¿Dónde trabajan?

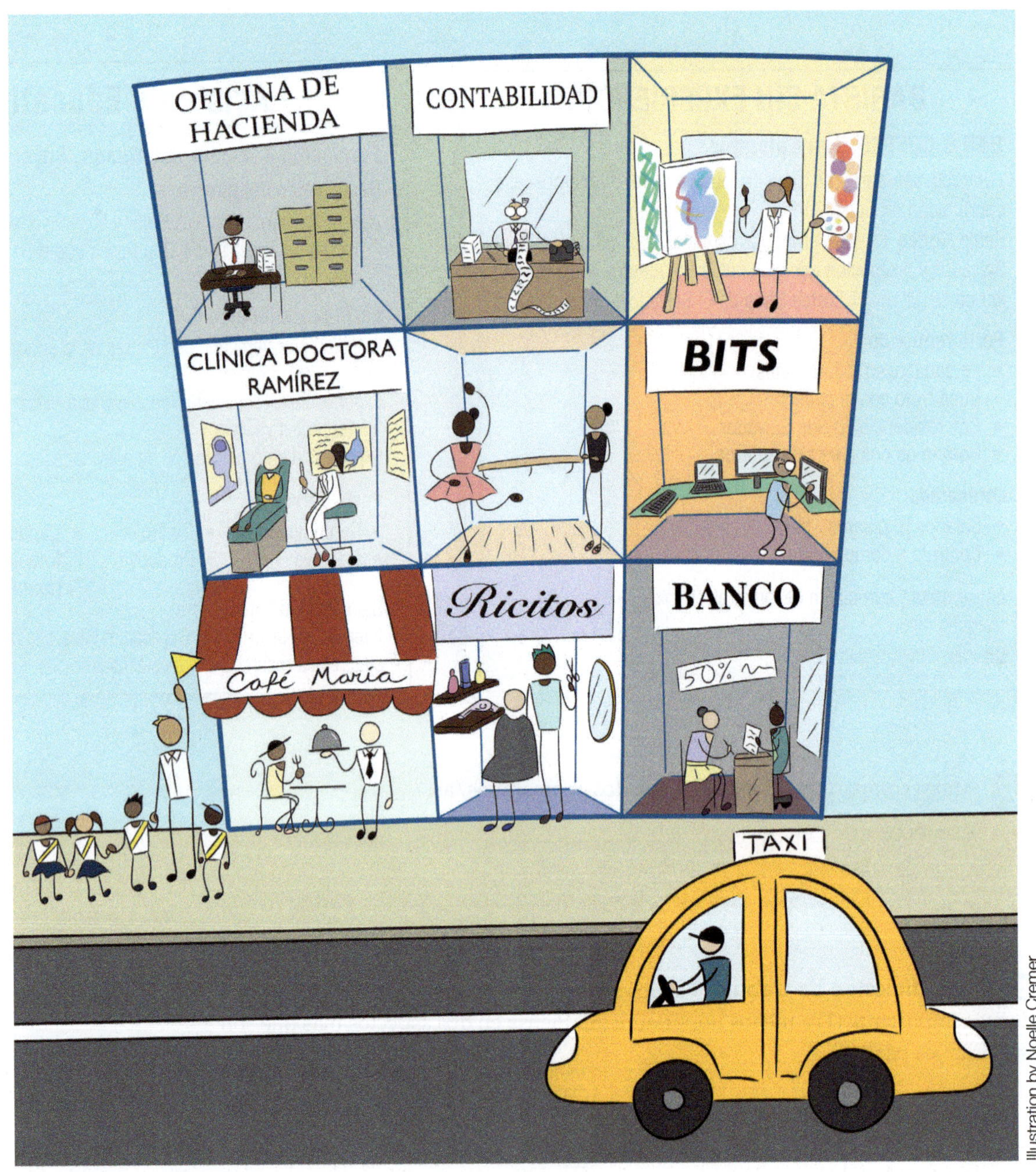

Illustration by Noelle Cremer

Es...			
camarero/a	médico/a	maestro/a	profesor/a de baile
contable	funcionario/a	peluquero/a	taxista
empleado/a	informático/a	pintor/a	

Trabaja en...		
un banco	un jardín infantil (*preschool*)	una tienda de informática
una clínica	un taxi	un restaurante
una oficina de hacienda (*treasury*)	una peluquería	una oficina
una escuela de baile	un taller (*studio*)	

EJEMPLO: **E1:** Este es el funcionario, ¿verdad?
E2: No, este es el contable. Trabaja en una oficina. ¿Y este?

6-4 El voluntariado Lee este texto sobre el trabajo voluntario en El Salvador.

El 5 de diciembre se celebra en todo el mundo el Día Internacional de las y los Voluntarios. En El Salvador existen muchas organizaciones que promueven (*promote*) el voluntariado en áreas como la educación, el aprendizaje de niños y niñas más allá de la escuela, la asistencia en servicios de salud (*health*), el apoyo a personas con capacidades diferentes, la construcción de viviendas (*housing*) para la lucha contra la pobreza, la protección del medio ambiente (*environment*) o la prevención de la violencia. Los voluntarios y voluntarias de El Salvador ayudan al desarrollo (*development*) del país.

¿Qué área de trabajo voluntario prefieres? Completa este texto:

Prefiero ____________________ porque soy ____________________ y además me gusta ____________________.

En tu opinión, ¿qué cualidades son necesarias para ser voluntario?

Ser (muy)...

amable / organizado / dinámico / flexible / creativo / responsable / puntual...

Tener...

mucha experiencia / un título universitario / compromiso / formación...

EJEMPLO: E1: Para ser voluntario **es importante** ser muy responsable.

Lean los anuncios clasificados de dos ONG (*NGOs*). ¿En qué se diferencian? ¿Qué características debe tener el/la candidato/a ideal para cada (*each*) puesto? Usa estas palabras para completar los anuncios.

organizado/a	dinámico/a	paciente	creativo/a
flexible	puntual	responsable	preparado/a

NEO. Trabajamos en 12 países de América Latina y el Caribe. En El Salvador, tenemos un proyecto de educación alternativa para adolescentes enfocado (*focused*) en el arte y los deportes.

Descripción del puesto	Apoyar (*Support*) a los maestros dentro de la clase; ayudar a los estudiantes con la tarea; organizar actividades deportivas y juegos.
Más información	Horario flexible: de lunes a viernes, 16 horas semanales. Salario: 70 dólares por semana para el transporte. Mínimo 6 meses de experiencia en trabajo comunitario. Enviar currículo electrónicamente a rh@rhneo.org.

CINDE. Somos una organización salvadoreña. Promovemos el cuidado de los niños de 0 a 6 años en zonas con altos índices (*high rates*) de violencia y desempleo (*unemployment*).

Descripción	Abrir el centro por la mañana, ayudar a los maestros del jardín infantil en el cuidado de los bebés; implementar juegos con los niños de 2 a 4 años; servir la comida.
Más información	Horario: 7:00 – 12:00 o 13:00 – 18:00. No se necesita experiencia. Interesados, enviar currículo y carta de presentación a hacesfalta@org.sv.

6-5 La entrevista de Héctor Ahora escucha la entrevista telefónica de Héctor y responde a las preguntas.

1. ¿Qué ONG llama a Héctor?
2. ¿Qué cualidades importantes para este trabajo tiene Héctor? Di (*Say*) cuatro.
3. ¿Qué decide el gerente de la ONG?

REGISTRO: TÚ / USTED

	TÚ	USTED
Presente	tien**es**	tien**e**
Reflexivo	**te** levantas	**se** levanta
Verbos como *gustar*	**te** gusta	**le** gusta

IMPERATIVO

Verbos regulares

	TOM**AR**	BEB**ER**	SUB**IR**
(tú)	tom**a**	beb**e**	sub**e**
(usted)	tom**e**	beb**a**	sub**a**

Con pronombres:

(tú)	siénta**te**
(usted)	siénte**se**

Verbos irregulares

	IR	DECIR	TENER
(tú)	ve	di	ten
(usted)	vaya	diga	tenga

	VENIR	PONER	HACER
(tú)	ven	pon	haz
(usted)	venga	ponga	haga

Lengua en contexto

6-6 La entrevista de trabajo Estas son características importantes para el trabajo de asistente educativo en la actividad **6–1**. Formula las preguntas para una entrevista de trabajo. Es un contexto formal: usa la forma **usted**.

1. residencia en San Salvador ¿Dónde **vive**? / ¿**Vive usted** en San Salvador?
2. estudiante universitario ____________________
3. experiencia en trabajo con jóvenes ____________________
4. interés en la educación ____________________
5. divertirse con niños ____________________
6. trabajo en equipo ____________________
7. creativo ____________________

Ahora entrevista a tu compañero/a usando las mismas preguntas. Es un contexto informal: usa la forma **tú**.

EJEMPLO: **E1:** ¿Dónde **vives**? ¿**Vives** en San Salvador?
E2: Sí, vivo acá en la ciudad.

6-7 Instrucciones y recomendaciones Observa los verbos en negrita en estos dos diálogos. ¿Qué formas verbales son?

● **Perdone,** ¿dónde está la galería de arte?
○ Sí, **mira, camina** por esta calle dos minutos más. **Ve** hasta el final de la calle.

● Buenas tardes. Por favor, **deme** su licencia de conducir.
○ Sí, claro.
● **Vaya** más despacio y **tenga** cuidado (*be careful*).

La elección entre **tú** o **usted** depende de factores sociales y dialectales. Mira las situaciones de las viñetas. ¿Qué tratamiento usa…

… la mujer para hablar al hombre mayor?
… el hombre mayor para hablar a la mujer?
… el policía para hablar al conductor?

6-8 ¿Qué puedo hacer? Pregunta a tu compañero/a qué puedes hacer en estas situaciones. Tu compañero/a tiene que darte recomendaciones. Después intercambien los papeles.

1. Tienes una entrevista de trabajo muy importante a las 7:30 de la mañana.
2. La entrevista es a las 7:30, pero tienes clase de español a las 8 de la mañana.
3. La entrevista es muy lejos y no tienes coche.
4. Hay mucho tráfico entre las 7 y las 8 de la mañana.
5. El profesor de español quiere la tarea antes de la clase de las 8.
6. Te interesa mucho el trabajo, pero el salario es muy bajo.

EJEMPLO: **E1:** Tengo una entrevista de trabajo a las siete y media de la mañana. ¿Qué me recomiendas?
E2: Bueno, **levántate** muy temprano, **vístete** bien y **bebe** un café.

6-9 Saludos y presentaciones Identifica las expresiones que usan estas personas para saludarse (*greet each other*), presentarse (*introduce themselves*) o presentar a otros (*introduce others*).

- ● ¿Qué tal, Julia? Te presento al señor Rodríguez, mi jefe.
- ○ Mucho gusto. ¿Cómo está?
- ■ Muy bien, gracias. Encantado de conocerla.

- ● Hola, abuelo. Este es mi amigo Carlos, de la universidad.
- ○ ¿Cómo está usted? Soy Carlos.
- ■ Hola, Carlos. ¿Qué tal? ¿Cómo estás?
- ○ Muy bien. ¿Y usted?

	Diálogo 1	Diálogo 2
SALUDAR		
PRESENTARSE		
PRESENTAR A OTROS		

¿Qué forma de tratamiento usan los personajes de cada diálogo? ¿**Tú** o **usted**? Busca en los diálogos verbos y pronombres que indican **tú** o **usted**.

En grupos de tres, imaginen que están en estas situaciones. ¿Qué dicen?

1. Encuentras a tu amigo/a en un restaurante y le presentas a tu novio/a.
2. Vas a clase de español con tu mejor amigo/a y le presentas al/a la profesor/a.
3. Estás en el trabajo con tu jefe/a y llega tu mamá.

6-10 ¿Qué está pasando (*happening*)? Mira la ilustración del ejercicio **6-3**. Elige una imagen y describe a tu compañero/a qué está pasando. Tu compañero/a debe adivinar a quién estás describiendo.

EJEMPLO: E1: Esta persona **está paseando** con unos niños.
E2: Aquí está. Es la maestra.

6-11 ¿Qué está haciendo? Escucha estas breves conversaciones telefónicas. ¿Qué está haciendo...

1. ...Marisa?
2. ...Elisabeth?
3. ...Gustavo?
4. ...el Sr. Rueda?

PRESENTACIONES Y SALUDOS

- **Esta es** Gloria, una amiga.
  Te / le presento a Gloria.
  Les presento a Alex.
- ○ **Mucho gusto.**
  Encantado/a.
  Hola, ¿qué tal?
  ¿Cómo estás / está?
  Es un placer.

ESTAR + GERUNDIO

(yo)	**estoy**	
(tú)	**estás**	
(él, ella, usted)	**está**	**trabajando**
(nosotros, nosotras)	**estamos**	
(ellos, ellas, ustedes)	**están**	

		Gerundio
habl**ar**	→	habl**ando**
com**er**	→	com**iendo**
sal**ir**	→	sal**iendo**

Interacciones

Estrategias para la comunicación oral

Phone conversations

In Spanish, as in English, there is a formulaic approach to a phone conversation. However, there is much variation among Spanish-speaking countries. These are some of the common formulas used:

- To answer the phone
  ¿Aló? / ¿Bueno? / ¿Sí? / ¿Dígame?
- To ask for someone
  ¿***Está / Se encuentra*** *el señor Gómez?* — Is Mr. Gómez there?
  ¿***Puedo hablar con*** *el señor Gómez?* — May I / Can I speak with Mr. Gómez?
- To reply
  Lo siento. No está / se encuentra. — Sorry. He is not here.
  Sí, un momento. — Yes, just a minute.
- To ask / identify who is speaking
  ¿De parte de quién? — Who is calling?
  ¿Quién llama / habla?
- To identify yourself and express the purpose of the call
  De parte de */* ***Soy*** *Marta Samblas.* — This is Marta Samblas.
  Llamo sobre *(about)…* ***/porque...*** — I am calling about… / because…

6-12 Una entrevista de trabajo para Ben's Coffee San Salvador Hagan una entrevista telefónica con tres papeles (*roles*): el/la candidato/a, un/a empleado/a de Ben's Coffee y el/la gerente de Ben's Coffee. Atención: usen **usted** para esta conversación. Después intercambien sus papeles.

EJEMPLO: E1: Ben's Coffee, ¿dígame?
E2: Buenas tardes. ¿Puedo hablar con el señor Gómez?
E1: Sí, un momento por favor. ¿Quién le llama?

6-13 La solicitud de empleo En parejas, pongan en orden estos pasos para conseguir (*get*) un puesto de trabajo.

__ tener la entrevista
__ esperar la respuesta
__ preparar un CV
__ enviar una carta de recomendación
__ leer los anuncios clasificados
__ completar la solicitud de empleo

EJEMPLO: E1: Primero, hay que completar la solicitud de empleo.
E2: No, antes tienes que leer los anuncios clasificados.

Da cinco recomendaciones a tu compañero/a para tener éxito cuando solicita un trabajo.

EJEMPLO: E1: La entrevista es muy importante. **Prepara** bien tus respuestas.
E2: Sí, y **ve** bien vestido también.

6–14 Trabajo y estudios En la universidad hay tres trabajos a tiempo parcial que te interesan. Lee estos anuncios en línea y elabora tres preguntas relevantes para cada puesto de trabajo.

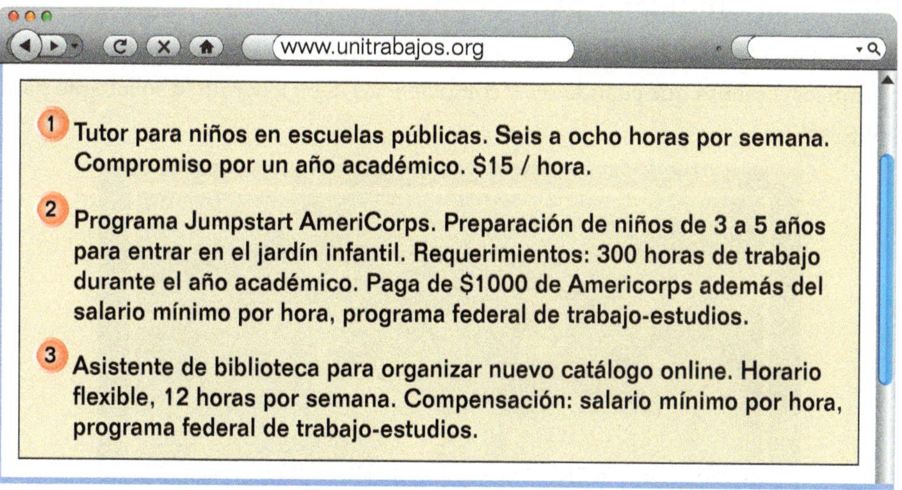

Están en la oficina de trabajo-estudios de la universidad y tienen una entrevista para cada puesto. Decidan si van a usar el registro formal (**usted**) o informal (**tú**) y por qué. Después practiquen las entrevistas. Finalmente, intercambien los papeles (*roles*).

EJEMPLO: **E1:** Buenos días, Michael. ¿Cómo estás?
E2: Muy bien gracias. ¿Y usted?
E1: Bien. ¿Estás interesado en el Programa Jumpstart?
E2: Sí, me interesa mucho el puesto porque…

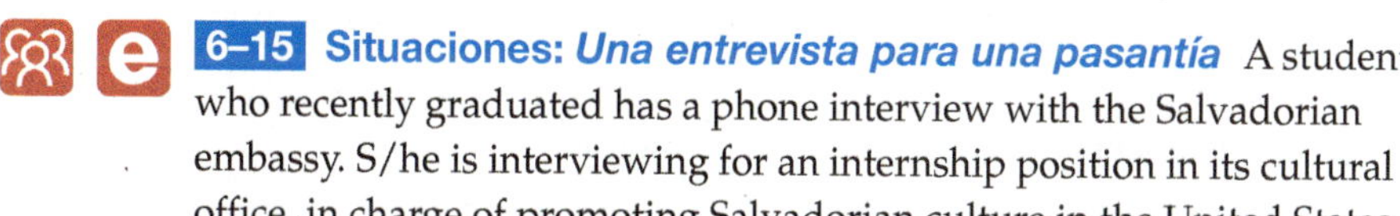

6–15 Situaciones: *Una entrevista para una pasantía* A student who recently graduated has a phone interview with the Salvadorian embassy. S/he is interviewing for an internship position in its cultural office, in charge of promoting Salvadorian culture in the United States.

ESTUDIANTE A

You have just graduated with a double major in ______ and Spanish. You have a phone interview with the director of the cultural office of the Salvadorian embassy in the United States (Washington, D.C.).

Before the interview, prepare some information:

- what you are doing at the moment
- what you know about the Salvadorian culture in the United States
- why you want this internship

During the phone conversation, you need to convince the interviewers that you are an excellent candidate despite having no experience.

Remember to use a formal register (**usted**) and review the formulas for a phone conversation.

ESTUDIANTE B

You are the director of the cultural office of the Salvadorian embassy in the United States (Washington, D.C.). You need an intern for the office. You think this candidate may not be the best one for the job but want to make sure you are right.

Before the interview, review the formulas for a phone conversation. Then prepare three questions for this candidate, related to

- his/her command of Spanish
- his/her knowledge of the Salvadorian culture in the United States
- his/her reasons for wanting this internship

Then conduct a phone interview. Remember to introduce your colleague and use a formal register (**usted**).

ESTUDIANTE C

You are the assistant director of the cultural office of the Salvadorian embassy in the United States (Washington, D.C.). You need an intern for the office. You think this candidate may be a good one for the job but want to make sure you are right.

Before the interview, review the formulas for a phone conversation. Then prepare three questions for this candidate, focused on finding out

- what this candidate is doing at the moment
- what the candidate's competencies and abilities are for this internship
- why he/she thinks he/she is the perfect candidate for this internship.

Then conduct a phone interview. Remember to use a formal register (**usted**).

Tarea global

CLUB CULTURA

Explore *El Salvador: Playas y surf* with *Club cultura!*

Seleccionar candidatos para un puesto de trabajo

Preparación Un nuevo complejo turístico ofrece varios puestos de trabajo. Lee la lista de empleos y piensa qué cualidades y competencias debe tener un/a solicitante para cada puesto.

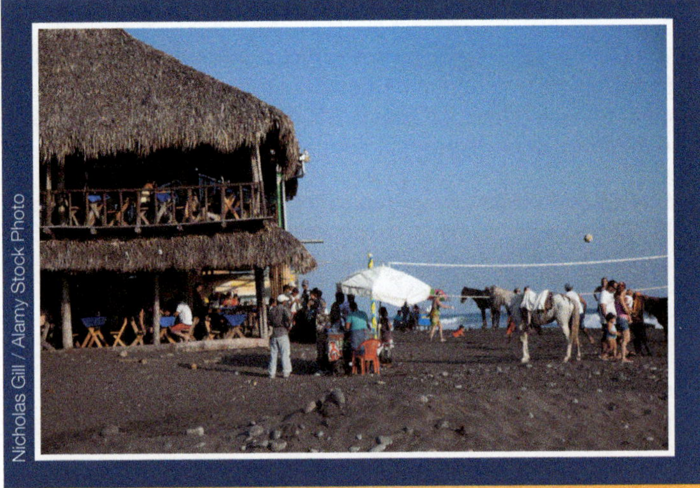

Nicholas Gill / Alamy Stock Photo

Playa El Tunco, en el Océano Pacífico

Complejo turístico en la paradisíaca Playa El Tunco busca personal para la temporada de primavera / verano.

- Un/a jardinero/a
- Un/a ayudante de cocina
- Dos responsables de mantenimiento
- Un/a responsable del centro infantil
- Un/a recepcionista
- Un/a encargado/a de la sala de fitness

Ayuda

- ¿**Sabes** cocinar / manejar / ...?
- No, no sé.
  Sí, cocino muy bien.

(yo)	**sé**
(tú)	sab**es**
(él, ella, usted)	sab**e**
(nosotros, nosotras)	sab**emos**
(ustedes, ellos, ellas)	sab**en**

Paso 1 En grupos pequeños, compartan sus opiniones.

EJEMPLO: E1: Yo creo que un recepcionista tiene que saber inglés y español.
E2: Sí, también tiene que ser muy sociable.

Paso 2 Lean estos currículos y decidan qué puesto le dan a cada solicitante y por qué.

Nombre y Apellido(s): Mariana Costa
Edad: 23 años
Teléfono: +1 202 345 6798
Estudios en curso: Psicología
Idiomas: inglés y un poco de español
Experiencia: 4 meses dependiente
Otros: informática (Office, redes sociales)

Nombre y Apellido(s): Alejandro Bueno
Edad: 21
Teléfono: 543 661 0987
Estudios en curso: especialidad Nutrición
Idiomas: español nativo, excelente inglés
Experiencia: camarero, voluntario (6 meses)
Otros: responsable, creativo, dinámico

Nombre y Apellido(s): Ramiro Aranguren
Edad: 29 años
Teléfono: 567 090 5697
Estudios en curso: no
Idiomas: español
Experiencia: pintor, jardinero, albañil
Otros: sociable y dinámico; licencia de conducir

Nombre y Apellido(s): Ana Vidal Rojo
Edad: 22
Teléfono: +1 330 454 6565
Estudios en curso: Diseño Gráfico
Idiomas: un poco de francés
Experiencia: dependiente en tienda de ropa
Otros: organizada; deportista

EJEMPLO: **E1:** Yo creo que Mariana Costa puede trabajar en el centro infantil porque está estudiando Psicología.

E2: No estoy de acuerdo porque no tiene experiencia con niños. ¿Tú qué piensas?

E3: Estoy de acuerdo con…

Paso 3 En el complejo turístico El Pacífico hay también un puesto de organizador de fiestas y eventos culturales. Individualmente, completen una solicitud para este puesto. Su profesor/a va a recoger las solicitudes.

Solicitud Puesto – Organizador de Fiestas y Eventos Culturales

Nombre y Apellido(s):

Edad:

Teléfono:

Estudios en curso:

Idiomas:

Experiencia laboral:

Perfil personal:

Intereses:

Paso 4 Con su grupo, preparen cinco preguntas para entrevistar a los/as candidatos/as. Como es un ambiente laboral, tienen que usar el registro formal (**usted**).

Paso 5 Su profesor/a les va a entregar dos solicitudes para el puesto. Lean las solicitudes y entrevisten a los/las candidatos/as. Después decidan a quién van a ofrecerle el puesto y por qué.

Paso 6 Mi progreso

Review the goals. Mark with a ✔ the goals you think you have achieved and to what extent.

I can…

	very well	well	with difficulty
Goal 1: talk about work-related qualities, competencies, and abilities.			
Goal 2: express and justify opinions.			
Goal 3: express agreement and disagreement.			

Gente que lee

Estrategias para leer

Using a bilingual dictionary (II)

In *Capítulo 5*, we saw the importance of determining the category (noun, verb, adjective, etc.) of a word you don't understand before looking it up in the dictionary. In addition, many of the most common Spanish words have several meanings, so you must decide which of the meanings best fits the context. Always consider the context of a word before looking it up.

Read the following examples:

1. *Todas las personas tienen* ***derecho*** *a una vivienda (*housing*) adecuada.*
2. *Javier no puede jugar al fútbol: tiene un problema con su pie* ***derecho***.

Determine the category of the word *derecho* in each sentence. Then look it up in the dictionary. You will find several meanings for the noun (sentence 1) and for the adjective (sentence 2). Using the words' context, you should be able to determine that, for sentence 1, *derecho* means "right" (as in *human rights*) while for sentence 2, it means "right" (as in *the right side*).

Antes de leer

6–16 Las organizaciones no gubernamentales (ONG)

1. ¿Sabes qué es una ONG? ¿Conoces alguna? ¿Qué hace una ONG?
2. Asocia estas ONG con una o más misiones.

1. Fundación Bill & Melinda Gates	a. Erradicar la pobreza
2. Médicos sin Fronteras	b. Mejorar la educación
3. Fundación Wikimedia	c. Luchar por los derechos humanos
4. Amnistía Internacional	d. Contribuir al conocimiento y la educación a distancia
	e. Llevar asistencia sanitaria a regiones con pocos recursos

Después de leer

6–17 ¿Comprendes?

1. ¿Qué relación hay entre TECHO y Techo El Salvador?
2. Explica la relación entre los desastres naturales y una organización como TECHO.
3. ¿Cierto o falso? El objetivo principal de Techo El Salvador es construir viviendas de emergencia.
4. Además de la construcción de viviendas, ¿qué hace TECHO?
5. ¿Por qué es importante, para los jóvenes voluntarios, el proceso de construcción de una casa?

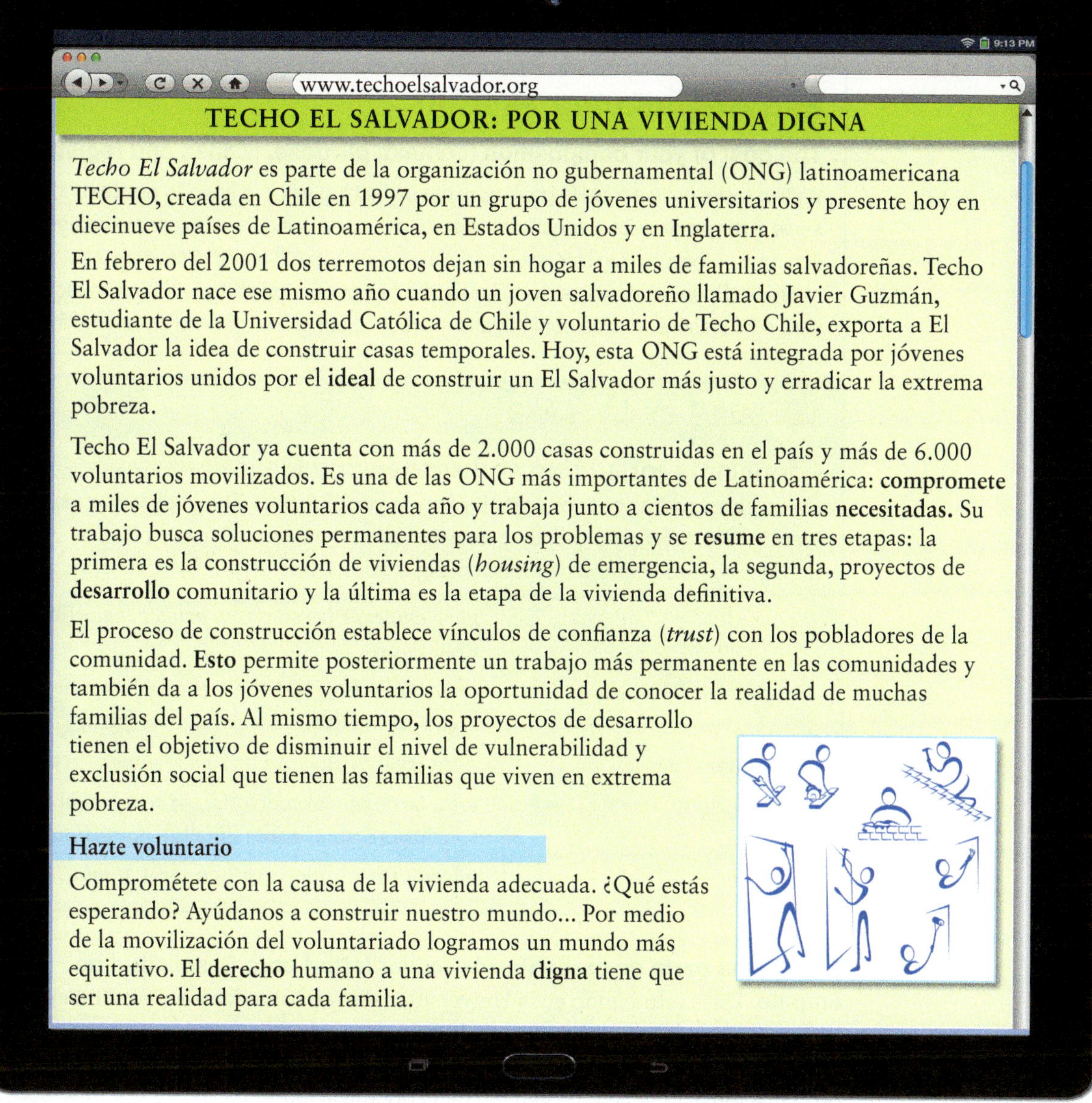

TECHO EL SALVADOR: POR UNA VIVIENDA DIGNA

Techo El Salvador es parte de la organización no gubernamental (ONG) latinoamericana TECHO, creada en Chile en 1997 por un grupo de jóvenes universitarios y presente hoy en diecinueve países de Latinoamérica, en Estados Unidos y en Inglaterra.

En febrero del 2001 dos terremotos dejan sin hogar a miles de familias salvadoreñas. Techo El Salvador nace ese mismo año cuando un joven salvadoreño llamado Javier Guzmán, estudiante de la Universidad Católica de Chile y voluntario de Techo Chile, exporta a El Salvador la idea de construir casas temporales. Hoy, esta ONG está integrada por jóvenes voluntarios unidos por el **ideal** de construir un El Salvador más justo y erradicar la extrema pobreza.

Techo El Salvador ya cuenta con más de 2.000 casas construidas en el país y más de 6.000 voluntarios movilizados. Es una de las ONG más importantes de Latinoamérica: **compromete** a miles de jóvenes voluntarios cada año y trabaja junto a cientos de familias **necesitadas.** Su trabajo busca soluciones permanentes para los problemas y se **resume** en tres etapas: la primera es la construcción de viviendas (*housing*) de emergencia, la segunda, proyectos de **desarrollo** comunitario y la última es la etapa de la vivienda definitiva.

El proceso de construcción establece vínculos de confianza (*trust*) con los pobladores de la comunidad. **Esto** permite posteriormente un trabajo más permanente en las comunidades y también da a los jóvenes voluntarios la oportunidad de conocer la realidad de muchas familias del país. Al mismo tiempo, los proyectos de desarrollo tienen el objetivo de disminuir el nivel de vulnerabilidad y exclusión social que tienen las familias que viven en extrema pobreza.

Hazte voluntario

Comprométete con la causa de la vivienda adecuada. ¿Qué estás esperando? Ayúdanos a construir nuestro mundo... Por medio de la movilización del voluntariado logramos un mundo más equitativo. El **derecho** humano a una vivienda **digna** tiene que ser una realidad para cada familia.

6–18 Activando estrategias

1. Observa estas palabras en negrita en el texto: **compromete**, **necesitadas**, **desarrollo**, **derecho** y **digna**. ¿Son nombres, verbos o adjetivos? ¿Qué palabra tienes que buscar en el diccionario? Por ejemplo: **compromete** es un verbo; tienes que buscar **comprometer**.
2. ¿Qué significan las palabras anteriores? Búscalas en el diccionario y elige el significado según (*according to*) el contexto de la lectura.
3. ¿Es la palabra en negrita **ideal** (párr. 2) un cognado? ¿Y la palabra **resume** (párr. 3)? Usa el diccionario.
4. ¿A qué se refiere la palabra **esto** (párr. 4)?
5. Mira el anuncio de TECHO. Identifica los verbos en la forma del imperativo. ¿Cuál es el infinitivo de esos verbos?

6–19 Expansión Comparte con tus compañeros una experiencia de voluntariado. En particular, explica cuándo, dónde y en qué área (educación, sanidad…). Di tus principales funciones como voluntario.

Gente que escribe

Estrategias para escribir

The goal of your composition (context, purpose, reader, and register)

Writing tasks have a real-life goal: we write something within a specific **context**, to serve a **purpose**, with a specific **reader** in mind, and using the appropriate **register** (informal or formal). Register is a particularly important and rather difficult element to master in Spanish. As you already know, the use of *tú* or *usted* has a direct impact on verb conjugations, choice of direct and indirect object pronouns, and command forms.

MÁS ALLÁ DE LA FRASE

Connectors for adding and sequencing ideas

Connectors give a sense of organization to your writing. They help your reader identify the different parts; they also indicate when a new idea or point is introduced and signal when the writing is about to end:

first idea:	***para empezar*** (to start), ***en primer lugar*** (in the first place)
subsequent ideas or points:	***en segundo lugar*** (in the second place), ***en tercer lugar*** (in the third place), ***además*** (also)
summarizing:	***para resumir*** (to sum up), ***en resumen*** (in short)
concluding:	***para terminar*** (to conclude), ***en conclusión*** (in conclusion), ***finalmente*** (finally), ***por último*** (last)
adding:	***además*** (in addition, furthermore), ***también*** (also)

6-20 Una carta de presentación (*cover letter*) para tu solicitud de empleo Estás estudiando en la Universidad de San Salvador y quieres trabajar a tiempo parcial. Piensa en un puesto de voluntario ideal para ti y escribe una carta de presentación para tu solicitud en línea (*online*). Tienes que dirigir tu carta de presentación al/a la gerente general de la organización.

Antes de escribir

Considera:

1. qué tipo de voluntariado es (decide tú) y qué destrezas son importantes para el puesto
2. qué estás estudiando y en qué quieres especializarte
3. los idiomas que hablas
4. tus características personales, habilidades y destrezas
5. por qué crees que deben ofrecerte el puesto

A escribir

- Piensa en el propósito de tu carta de presentación: finalidad (*purpose*) y destinatario (*recipient*).
- Saluda al/a la gerente general y explica por qué le escribes.
- Incorpora las respuestas del paso anterior (*Antes de escribir*).
- Usa conectores para organizar tus ideas y pronombres (*lo, la, los, las*) para evitar repeticiones.
- Cierra la presentación con una despedida (*closing line*) formal.

DESPUÉS DE ESCRIBIR

- Revisa los Pasos 1 a 8 (página 14, Capítulo 1). Revisa la secuencia lógica y el registro (usted).
- Intercambia tu carta con un/a compañero/a y usa la *Guía de Revisión entre Compañeros* disponible en *MyLab*.

Comparaciones culturales

6–21 Una cooperativa de trabajo en El Salvador ¿Sabes qué es una cooperativa de trabajadores? Lee este texto y responde a las preguntas.

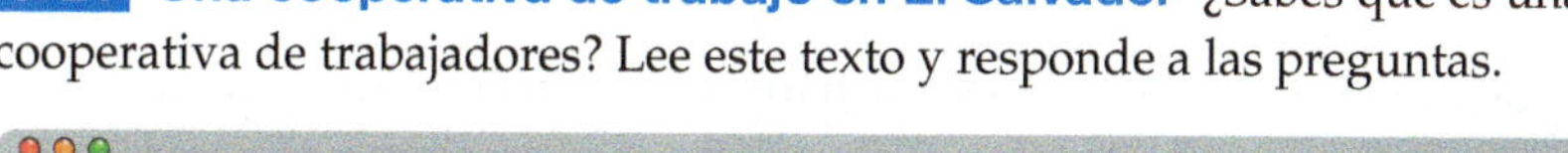

Una cooperativa de trabajo en El Salvador

Una cooperativa de trabajo es una asociación autónoma de trabajadores que se unen voluntariamente para formar una organización democrática. Su objetivo es hacer frente a las necesidades laborales del grupo por medio de una empresa.

La cooperativa de trabajadores "La semilla de Dios" está en La Palma, Chalatenango, El Salvador. Está formada por artesanos que hacen objetos de madera (*wood*) y los pintan con el estilo típico de La Palma. Los hombres trabajan la madera, y las mujeres la pintan y la refinan. La cooperativa es propietaria (*owner*) de unas tierras donde plantan los árboles, de donde obtienen gran parte de la madera. Esta forma de cooperativa da trabajo e ingresos (*income*) a parte de la población local. Sus ingresos permiten (*allow*) más oportunidades educativas para los niños, e incluso les permiten a los trabajadores tener su propio fondo de pensiones.

© Fernando Llort

Cuadro de Fernando Llort. Llort se inspira en la naturaleza, usa colores primarios y diseños sencillos, y pinta la vida rural.

Origen de la cooperativa

En 1972, Fernando Llort, un artista salvadoreño de fama internacional, llega a La Palma para vivir y trabajar. Ese año abre un taller donde los campesinos aprenden a pintar y diseñar arte. En 1977 se funda una cooperativa donde Llort trabaja hasta principios de los años ochenta. Hoy en día hay más de 100 talleres en La Palma.

1. Describe el tipo de arte que hacen los artistas de la cooperativa.
2. ¿Qué está haciendo esta cooperativa por la gente de La Palma? Da dos ejemplos.
3. Di un ejemplo de cooperativa de trabajo (o de otro tipo) en tu país. Explica qué están haciendo por la comunidad.

 **6–22 Un programa educativo en El Salvador**

Jeremy Graham / dbimages / Alamy Stock Photo

La República de El Salvador, con fantásticos espacios naturales y una rica cultura, es el país más pequeño de Centroamérica y tiene seis millones y medio de habitantes. Desafortunadamente es un país marcado por la violencia organizada, que está afectando especialmente a los jóvenes que viven en entornos de riesgo.

El programa *Supérate* (*Better Yourself*) usa la educación como mecanismo de ayuda para jóvenes de trece y catorce años de pocos recursos económicos y alto rendimiento escolar que viven en zonas con altos índices de violencia callejera (*street*). *Supérate* es un programa enfocado en la educación y la prevención de la violencia. Los jóvenes asisten de lunes a viernes por tres horas después de la escuela. El programa tiene siete centros en El Salvador. Hasta la fecha hay 2.000 jóvenes graduados y 2.000 alumnos activos en el país. El programa es auspiciado (*sponsored*) por empresas y fundaciones salvadoreñas; también la Fundación Microsoft está colaborando en este proyecto. Cuando terminan el programa, los alumnos obtienen certificaciones internacionales que garantizan un dominio avanzado del inglés y de las herramientas de Microsoft Office.

1. Busquen en el texto las tres condiciones que debe reunir (*meet*) un joven salvadoreño para participar en el programa *Supérate*.
2. ¿Cuáles son las dos capacidades que el programa *Supérate* garantiza a los jóvenes cuando terminan?
3. ¿Por qué son importantes? Relacionen los valores del programa *Supérate* con la definición correcta:

1. Superación	a. Deseo voluntario de servir y ayudar a los demás.
2. Excelencia	b. Hacer lo correcto siempre.
3. Solidaridad	c. Querer más de lo que otros (*more than others*) piensan que es posible.
4. Integridad	d. Capacidad de influir positivamente en otras personas a través del (*through*) ejemplo.
5. Liderazgo	e. Automotivación para ser una mejor persona cada día.

6-23 Salvadoreños en Estados Unidos Lee este texto y después responde a las preguntas.

Se estima que dos millones de salvadoreños residen en Estados Unidos, concentrándose principalmente en áreas de California, Texas, Nueva York, Washington, D.C., Maryland y el norte de Virginia. Esto significa que son la cuarta (*fourth*) minoría latina en el país. En el área metropolitana de Washington, D.C. vive la segunda comunidad salvadoreña más grande de Estados Unidos.

La comunidad salvadoreña en Nueva York es una de las más prominentes a nivel económico dentro de los grupos hispanos porque tiene cientos de negocios, principalmente en Long Island, y genera empleos para la comunidad. Lugares como Brentwood, en el condado de Suffolk, con restaurantes, bodegas, tiendas y ventas de pupusas (comida típica), son testimonio de que el sueño americano es posible para muchos de los más de 500.000 salvadoreños que residen en el área.

Yaacov Dagan / Alamy Stock Photo

Bailarines salvadoreños en el desfile del Día de la Hispanidad, Nueva York

Cada año, el doce de octubre, se celebra en la ciudad de Nueva York el desfile (*parade*) por el Día de la Hispanidad. En este desfile en la Quinta Avenida participan más de 10.000 personas representando a todos los países de habla hispana, mostrando el folklore y la cultura de cada país. Una de las delegaciones más grandes es la de los salvadoreños.

Pero el evento más importante de la comunidad salvadoreña en Estados Unidos es el Día del Salvadoreño, el seis de agosto, reconocido por el Congreso en el año 2006 con una resolución que dice: "Un reconocimiento al arduo trabajo de los salvadoreño-americanos, por su dedicación y contribución a la estabilidad y bienestar de EE. UU." (resolución H.Res.721 de la Cámara de Representantes).

¿Dice esto el texto? ¿Cierto o falso?

	Cierto	Falso
1. La comunidad más grande de salvadoreños está en el área de Washington, D.C.	☐	☐
2. Hay más de medio millón de salvadoreños en el área de Nueva York.	☐	☐
3. Más de 10.000 salvadoreños participan en el desfile del Día de la Hispanidad.	☐	☐
4. El Día del Salvadoreño es un evento de la ciudad de Nueva York.	☐	☐

Vocabulario

Las profesiones	(Professions)
el/la abogado/a	*lawyer*
el/la asistente	*assistant*
el/la asistente social	*social worker*
el/la bombero/a	*fireman/firewoman*
el/la contable	*accountant*
el/la empleado/a	*employee*
el/la funcionario/a	*public servant*
el/la gerente	*manager*
el/la informático/a	*computer technician*
el/la jardinero/a	*gardener*
el/la médico/a	*doctor*
el/la oficinista	*office clerk*
el/la pasante	*intern*
el/la peluquero/a	*hairdresser*
el/la policía	*policeman/policewoman*
el/la recepcionista	*receptionist*
el/la taxista	*taxi driver*

El ambiente laboral	(Work environment)
a tiempo completo	*full-time*
a tiempo parcial	*part-time*
el/la candidato/a	*candidate*
el contrato	*contract*
el currículo	*resume; CV*
el empleo	*job; employment*
el equipo	*team*
la formación	*training; education*
el negocio	*business*
la pasantía	*internship*
el puesto (de trabajo)	*position*
el/la solicitante	*applicant*
la solicitud	*application*
el sueldo; el salario	*salary; wage*
el título	*degree*
el trabajo	*position; job*
el/la voluntario/a	*volunteer*

El lugar de trabajo	Workplace
el banco	*bank*
la clínica	*clinic*
la compañía	*company; firm*
la empresa	*business; company*
la galería de arte	*art gallery*
el jardín infantil	*nursery*
la oficina	*office*
la peluquería	*hair salon*
el taller	*studio*

Las características profesionales	(Professional characteristics)
la capacidad	*ability*
el compromiso	*commitment*
el conocimiento	*knowledge*
el desarrollo	*development*
el dominio	*mastery*
la experiencia	*experience*
la paciencia	*patience*

Adjetivos	
autónomo/a	*self-sufficient; independent*
bilingüe	*bilingual*
creativo/a	*creative*
dinámico/a	*dynamic*
duro/a	*hard; tough*
estresante	*stressful*
flexible	*flexible*
laboral	*labor / work related*
monótono/a	*monotonous*
organizado/a	*organized*
paciente	*patient*
peligroso/a	*dangerous*
preparado/a	*prepared*
puntual	*punctual*
responsable	*responsible*

Verbos	
apoyar	*to support*
ayudar	*to help*
cambiar	*to change*
construir (irreg.)	*to build*
contratar	*to hire*
desarrollar	*to develop*
despedir (i)	*to fire*
devolver (ue)	*to return*
enviar	*to send*
ganar	*to earn*
irse (irreg.)	*to leave*
ofrecer (zc)	*to offer*
perder (ie)	*to lose*
presentar	*to introduce*
seguir (irreg.)	*to continue*

Consultorio lingüístico

1 Formal vs. Informal Register: *Tú* vs. *Usted*

The use of ***tú*** and ***usted*** differs between Latin America and Spain, and also among the countries and regions of Latin America.

In general, ***tú*** is used for informal contexts, while ***usted*** is used for formal ones. However, in some regions in Latin America, ***usted*** is used for both formal and informal contexts.

The choice of formal or informal register has an impact on the verb forms that we need to use. There are different forms for ***tú*** and ***usted*** in all verbal tenses:

TÚ	USTED
¿**Vienes** a cenar con nosotros esta noche?	¿**Viene** a cenar con nosotros esta noche?

Are you coming to have dinner with us tonight?

The choice of formal or informal register also has an impact on the object pronouns we need to use:

TÚ	USTED
¿**Te** gusta este trabajo?	¿**Le** gusta (a usted) este trabajo?

Do you like this job?

Juan, quiero comprar**te** un regalo. *Juan, I want to buy **you** a gift.*	Dr. Sanz, quiero comprar**le** un regalo. *Dr. Sanz, I want to buy **you** a gift.*
Tú **te** acuestas muy temprano.	Usted **se** acuesta muy temprano.

You go to bed very early.

Finally, the choice of formal or informal register has an impact on the possessives we use:

TÚ	USTED
Ricardo, **tus** hijos son muy simpáticos.	Señor Díaz, **sus** hijos son muy simpáticos.
*Ricardo, **your** kids are very nice.*	*Mr. Díaz, **your** kids are very nice.*

2 Command Forms

Command forms are used to make a direct request for someone else to do something. These are the singular forms for ***tú*** and ***usted:***

Regular forms

	MIR**AR**	BEB**ER**	SUB**IR**
(tú)	mir**a**	beb**e**	sub**e**
(usted)	mir**e**	beb**a**	sub**a**

Irregular forms

	PONER	IR	DECIR	TENER	SALIR	VENIR	HACER
(tú)	**pon**	**ve**	**di**	**ten**	**sal**	**ven**	**haz**
(usted)	**ponga**	**vaya**	**diga**	**tenga**	**salga**	**venga**	**haga**

As seen above, commands, like all verb tenses in Spanish, have different forms for ***tú*** and ***usted***:

TÚ	USTED
¡**Ven** a cenar con nosotros esta noche, por favor!	¡**Venga** a cenar con nosotros esta noche, por favor!

***Come** have dinner with us tonight, please!*

The choice of formal or informal register also has an impact on the object pronouns we need to use. Reflexive, direct, and indirect object pronouns (*me, te, lo, la, nos, los, las, le, les,* and *se*) always follow, and are attached to, affirmative commands. Together they form a single word:

(tú) **Siéntate**, por favor.
(usted) **Siéntese**, por favor.
Seat down, please.

(tú) **Míralo,** allí está.
(usted) **Mírelo,** allí está.
Look at him, he's there.

(tú) **Ponlo** encima de la mesa, por favor.
(usted) **Póngalo** encima de la mesa, por favor.
Put it on the table, please.

(tú) **Dime** qué necesitas.
(usted) **Dígame** qué necesita.
Tell me what you need.

3 Use of Command Forms

Command forms are used in many contexts.

- To give orders and ask others to do something:

  Llame a la directora. Por favor, **dígale** que tiene una entrevista a las tres.
  ***Call** the director. Please **tell her** that she has an interview at three.*

  Carlos, **ayúdame** a llevar esto.
  *Carlos, **help me** carry this.*

- To give instructions:
  - ¿Cómo puedo llamar por teléfono al extranjero? —*How can I call abroad?*
  - **Marca** primero el 00 y luego **marca** el prefijo del país. —*First **dial** 00 and then **dial** the prefix for the country.*

- To give advice:

  Haz ejercicio.
  Exercise.

  Bebe más agua.
  ***Drink** more water.*

- To offer something, or to invite someone to do something:

  Toma un poco más de café.
  ***Have** a little bit more coffee.*

  Ven a cenar con nosotros esta noche.
  ***Come** dine with us tonight.*

- To give someone permission:
  - ¿Puedo llamar por teléfono desde aquí? —*Can I call on the phone from here?*
  - Sí, claro. **Llama**. —*Yes, sure. **Call**.*

- To get someone's attention:

  Mira, te presento a Julia.
  ***Look**, this is Julia.*

- To introduce a question:

(tú) **Oye,** ¿sabes dónde está el Banco Central?
Excuse me, *do you know where the Central Bank is?*

(usted) **Disculpe** / **Oiga,** ¿dónde está la oficina de la señora Rosales?
Excuse me, *where is the office of Miss Rosales?*

4 Introductions and Greetings

- **Introductions**

● **Esta es** Gloria, una amiga.	*This is Gloria, a friend.*
○ **Mucho gusto.**	*Nice to meet you.*
● **Te presento a** Gloria, una amiga.	*Let me introduce you to Gloria, a friend.*
○ **Encantado/a.**	*A pleasure.*
● **Le presento a** la Señora Gaviria.	*This is Mrs. Gaviria.*
○ **Hola, ¿qué tal? / ¿Cómo está?**	*Hello, how are you? / How are you doing?*

- **Greetings**

● **Hola, ¿qué tal?**	*—Hello, how are you?*
○ **Muy bien, ¿y tú? / ¿y usted?**	*—Very well, and you?*
● **Muy bien, gracias.**	*—Very well, thank you.*
○ **¡Hasta mañana / luego / el domingo!**	*—I will see you tomorrow / later / on Sunday!*
● **¡Adiós!**	*—Good-bye!*

Buenos días	**Buenas tardes**	**Buenas noches**
Good morning	*Good afternoon*	*Good evening*

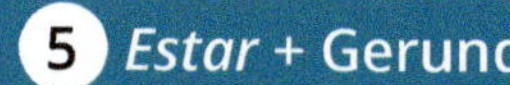

5 *Estar* + Gerund

The gerund is a form that talks about an activity being carried out. It is formed in the following way:

-*AR* VERBS		-*ER, -IR* VERBS	
habl**ar**	habl + **ANDO**	com**er**	com + **IENDO**
		viv**ir**	viv + **IENDO**

Its most common use is in the form ***estar*** + **gerund**, which is used to present actions taking place at the moment of speaking:

(yo)	**estoy comiendo**
(tú)	**estás hablando**
(él, ella, usted)	**está trabajando**
(nosotros, nosotras)	**estamos escribiendo**
(ellos, ellas, ustedes)	**están bebiendo**

- ● ¿Está Juan? — *—Is Juan there?*
- ○ Sí, pero **está durmiendo**. — *—Yes, but he **is sleeping**.*

Some of the most frequent irregular forms of the gerund are:

LEER → **leyendo**
OÍR → **oyendo**
DECIR → **diciendo**
DORMIR → **durmiendo**
PEDIR → **pidiendo**

Unlike in English, in Spanish, this construction can only be used to express an action currently in progress, never a future action. In that case, Spanish uses the present tense.

El equipo **juega** mañana a las siete. (= *The team **is playing** tomorrow at seven.*)

Salgo para San Salvador mañana por la mañana. (= ***I am leaving** for San Salvador tomorrow morning.*)

Capítulo 7
Gente que viaja

Claudio306/Shutterstock

Zona costera de Santo Domingo, capital de la República Dominicana

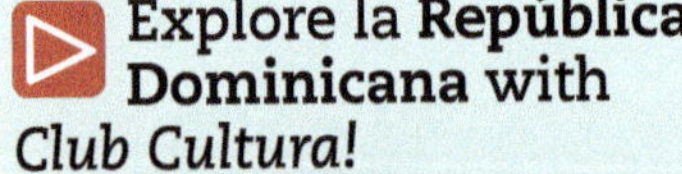

TAREA GLOBAL

Organizar un viaje de servicio a la República Dominicana

CLUB CULTURA

Explore la República Dominicana with *Club Cultura!*

At the end of this lesson, I will be able to…

PRESENTATIONAL AND INTERPERSONAL COMMUNICATION

Speaking
- talk about trips.
- use spatial references to talk about trips and itineraries.
- situate activities in time, including dates.
- talk about activities in the future.

Writing
- write an entry for a travel blog, describing a place.
- use a bilingual dictionary.
- edit my writing focusing on organization.

INTERPRETIVE COMMUNICATION

Listening
- understand the general meaning of travel-related exchanges.
- understand basic questions related to travel arrangements and preferences.

Reading
- understand the main ideas and key information of an informational text.
- use scanning strategies to find information in a text.

INTERCULTURAL COMPETENCE

- talk about the importance of Dominican baseball, both in the country and in the United States.
- understand the characteristics of the Dominican community in the United States and its many contributions.

Acercamientos

7-1 Cuando viajo... ¿Qué haces normalmente antes, durante y después de un viaje? Ordena las siguientes actividades.

comprar los boletos	reclamar el equipaje	mirar un mapa
tomar fotos	deshacer la maleta	comprar regalos
hacer la maleta	alquilar un carro	retirar dinero
poner fotos en Instagram	buscar alojamiento	obtener un pasaporte
otros ______________		

Ahora intercambia tu información con tu compañero/a.

EJEMPLO: E1: Yo primero compro los boletos y después hago las maletas.
E2: ¡Yo no! Yo primero hago las maletas.

7-2 Pasándolo bien (*Having fun*) Mira esta página web sobre los atractivos turísticos de la República Dominicana. ¿Qué son estos lugares? ¿Dónde están? ¿Qué puedes hacer en ellos?

1. Las Terrenas, Samaná
2. Los Altos de Chavón, La Romana
3. La zona colonial, Santo Domingo

www.lomejordedominicana.com

Lo Mejor de la República Dominicana

La zona colonial es el área más antigua de la ciudad. Hoy es uno de los lugares favoritos de los jóvenes por sus cafés y tiendas al aire libre, que ofrecen la combinación perfecta entre lo moderno y lo antiguo.

Café *Green Bar* en la zona colonial de Santo Domingo

Peter Schickert / imageBROKER / Alamy Stock Photo

OCÉANO ATLÁNTICO
Monte Cristi
Puerto Plata
Mao
Río San Juan
Samaná
HAITÍ
REPÚBLICA DOMINICANA
Santo Domingo
Juan Dolio
Punta Cana
La Romana
Barahona
Pedernales
Mar Caribe

Playa Cacao, en Las Terrenas

Ingolf Pompe 7 / Alamy Stock Photo

Al norte de la isla y a dos horas de la capital, en Las Terrenas, se encuentra la playa más larga del país donde se puede tomar el sol, montar a caballo y bucear. El pueblo de pescadores y los parques de diversiones son otros atractivos de la isla.

Villa Los Altos de Chavón

Hans Lippert / imageBROKER / Alamy Stock Photo

Los Altos de Chavón está situada entre montañas, río y mar, a 110 km de Santo Domingo. Sus vistas espectaculares atraen a visitantes de todo el mundo. Tiene una escuela de arte muy conocida, museos y un gran anfiteatro.

Ahora habla con tu compañero/a. ¿Adónde quieres ir y por qué? ¿Qué quieres hacer allí?

EJEMPLO: E1: Yo quiero ir a Las Terrenas porque quiero nadar y bucear en la playa.
E2: Yo prefiero ir a la zona colonial: a mí me encanta ir de compras.

Vocabulario en contexto

7-3 Un curso de español en Santo Domingo Rick Jordan es un joven estadounidense inscrito en un curso de español en Santo Domingo. Lee la información de esta escuela de español y responde a las preguntas.

1. ¿Dónde está exactamente el Centro de Español Pedro Henríquez Ureña?
2. ¿Cuánto tiempo dura (*lasts*) el curso?
3. ¿Qué viajes se pueden hacer durante el curso?
4. ¿Dónde pueden alojarse los estudiantes?

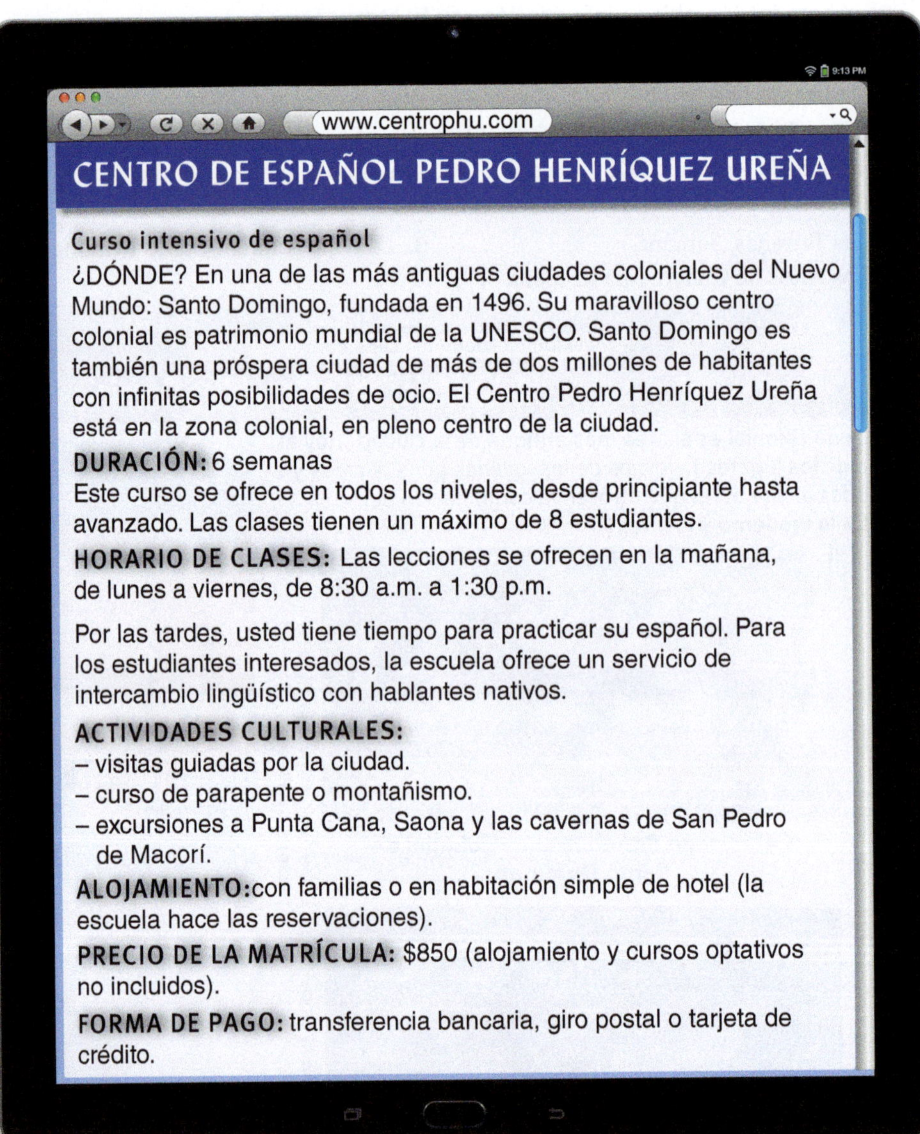

7-4 Por teléfono Escucha las conversaciones de Rick Jordan y elige la información correcta.

Diálogo 1

En esta conversación, Rick quiere…

a. inscribirse en un curso.
b. confirmar la hora de un curso.
c. reservar una habitación de hotel.

Diálogo 2

En esta conversación, Rick quiere…

a. reservar un vuelo a Santo Domingo.
b. confirmar un vuelo a Miami.
c. cancelar un vuelo a Santo Domingo.

Diálogo 3
En esta conversación, Rick quiere…
a. reservar un vuelo a una isla del Caribe.
b. cambiar su reservación de hotel.
c. reservar una habitación de hotel.

Diálogo 4
Rick deja este mensaje…
a. antes de ir de viaje.
b. durante su viaje.
c. después de regresar de su viaje.

7-5 ¿Qué necesita Rick? Escucha otra vez las conversaciones y completa estas frases.

Diálogo 1
1. La ____________ de la familia dominicana es calle Pedro Bellini, 34. Está muy ____________ de la escuela y al lado de la ____________.
2. Rick tiene un problema con el ____________. El curso comienza el 3 de mayo pero su ____________ no está libre hasta el día 3.

Diálogo 2
3. Hay un ____________ Miami–Santo Domingo a las 12:35 y otro a las 5:15 de la ____________.

Diálogo 3
4. Rick quiere ____________ en el hotel para el 1 y 2 de mayo. Quiere una ____________ con baño.

Diálogo 4
5. Rick va a ____________ el día 2 de junio.

7-6 Vamos de viaje En parejas, pongan las siguientes actividades relacionadas con los viajes en orden cronológico. Después piensen en dos actividades importantes que no están en la lista.

___ hacer la reservación del hotel
___ facturar las maletas
___ reclamar el equipaje
___ hacer la cola para abordar el avión
___ pasar la aduana
___ hacer el registro en el hotel
___ encontrar alojamiento
___ despedirse de la clase
___ hacer las maletas
___ pedir vacaciones en el trabajo
___ comprar los boletos de ida y vuelta
___ elegir un destino

Otras actividades: ____

7-7 Destino: República Dominicana Vas a ir a la República Dominicana estas vacaciones de verano. Primero marca tus preferencias a la hora de viajar. Después, mira los destinos de la actividad **7-2** y decide adónde quieres ir.

En las vacaciones, me gusta…

☐ salir por las noches
☐ tomar el sol
☐ conocer gente
☐ caminar por la playa
☐ la ciudad
☐ la historia
☐ el arte
☐ acampar
☐ la lluvia
☐ montar a caballo
☐ tomar fotos
☐ el calor

Ahora hablen con sus compañeros/as, expliquen adónde van a viajar y por qué. Después encuentren con quién pueden ir de vacaciones.

EJEMPLO: **E1:** ¿Qué clima prefieres?
E2: Verás, prefiero el calor, pero no me gusta tomar el sol porque…

REFERENCIAS ESPACIALES

PUNTO DE PARTIDA Y DESTINO
De... a...
desde... hasta...
De Santo Domingo **a** Punta Cana vamos en moto.
¿Cuántos kilómetros hay de / desde Santo Domingo **a / hasta** Punta Cana?

DIRECCIÓN
hacia...
Va **hacia** Santiago.

LÍMITE
hasta...
Voy **hasta** Santo Domingo en carro.

DISTANCIAS
estar a... de...
Punta Cana **está a** 205 km **de** Santo Domingo.

estar al norte / al sur / al este / al oeste de...
Punta Cana **está al este de** Santo Domingo.

estar cerca / lejos de...
Punta Cana **está lejos de** Santo Domingo.

RUTA (*ROUTE*)
pasar por (*through*)...
¿Pasas por La Romana para ir a Santo Domingo?

REFERENCIAS DE TIEMPO FUTURO

(Pasado) mañana
el viernes **próximo / que viene**

la semana / el mes / el año } **que viene**

por la { **mañana / tarde / noche**

de día / de noche

Lengua en contexto

7-8 Los parques nacionales de la República Dominicana Lee el texto de forma individual. Fíjate en las expresiones marcadas en negrita para hablar de la ubicación.

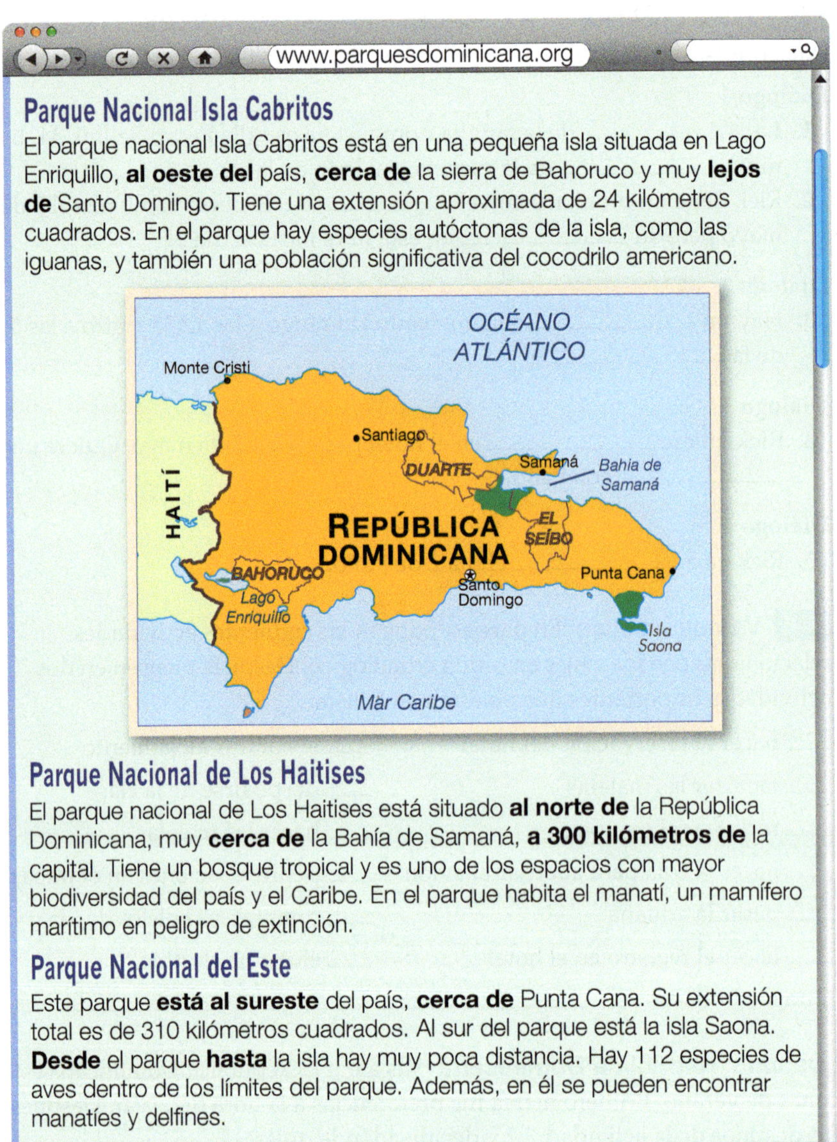

Ahora identifiquen en el mapa el lugar donde están los tres parques nacionales. Hagan preguntas a su compañero/a para identificar los parques correctamente.

EJEMPLO: E1: **¿Dónde está** el parque Isla Cabritos?
E2: Aquí, **al** oeste, **cerca de** Bahoruco.

7-9 Posada Caribe Estás trabajando como recepcionista de una pequeña posada en Punta Cana, una zona turística dominicana. La posada solo tiene nueve habitaciones. Algunos clientes quieren hacer reservaciones, cambiarlas (*change them*) o confirmarlas. Escucha y anota los cambios en el libro de reservaciones.

habitación número	viernes 11	sábado 12	domingo 13
1	GONZÁLEZ	GONZÁLEZ	-
2	MARQUINA	MARQUINA	MARQUINA
3	VENTURA	-	-
4	-	MAYORAL	MAYORAL
5	SÁNCHEZ PINA	SÁNCHEZ PINA	SÁNCHEZ PINA
6	-	-	IGLESIAS
7	LEÓN	SANTOS	COLOMER
8	-	-	-
9	BENITO	BENITO	-

7–10 ¿Qué van a hacer? Según la información de los turistas de la Posada Caribe (en **7–9**), ¿qué **va a hacer** cada uno de ellos?

1. El señor Marquina ______________________
2. El señor Pérez ______________________
3. La señora Benito ______________________
4. La familia Galán ______________________

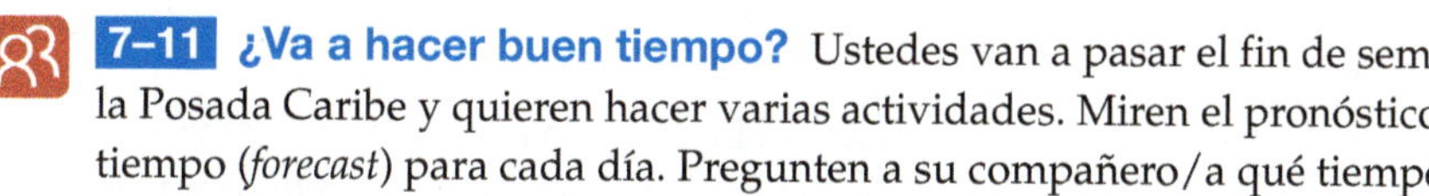

7–11 ¿Va a hacer buen tiempo? Ustedes van a pasar el fin de semana en la Posada Caribe y quieren hacer varias actividades. Miren el pronóstico del tiempo (*forecast*) para cada día. Pregunten a su compañero/a qué tiempo va a hacer cada día.

	viernes 11	sábado 12	domingo 13
Día	99° máx. Viento del NE: 20 mph	98° máx. Viento del SE: 5 mph	83° máx. Viento del N: 5 mph
Noche	79° mín.	78° mín.	45° mín.

EJEMPLO: E1: ¿Qué tiempo **va a hacer** el viernes?
E2: **Va a hacer** mucho calor, pero no va a llover. **Va a hacer** mucho sol.

¿Qué día van a elegir si quieren hacer estas cosas?

- Si quieren ir a la playa, tomar el sol y hacer snorkel.
- Si quieren ir a navegar en un barco de vela (*sailboat*) por la noche.
- Si quieren correr 10 millas por la mañana.
- Si quieren bañarse en el mar por la noche.
- Si quieren volar una cometa (*kyte*).

EJEMPLO: E1: **Si queremos** ir a la playa tenemos que ir el sábado.
E2: No, el sábado **va a llover.**

IR + A + INFINITIVO

El día 1... / El martes...

voy / **vas** / **va** / **vamos** / **van** **a** { salir / llegar / venir / ir

CONDICIONES

Si sales por la mañana temprano, vas a llegar a las 7.
Si vas en tren, es más rápido.

EL TIEMPO

En verano **llueve** mucho.
Hoy **está nublado.**

Hace { calor. / frío. / sol. / buen / mal tiempo.

Hay { sol. / niebla. / tormentas. / huracanes.

Interacciones

Estrategias para la comunicación oral

Beyond *sí* and *no*: emphasizing affirmative or negative replies

There are questions that require a *yes/no* reply. One way to show more cooperation or be more emphatic is to add information to your reply. Another possibility is to use different types of affirmative or negative replies.

Observe the following examples:

- *¿Hiciste las maletas?* (Did you pack your bags?)
  - *Sí.*
- *¿Hiciste las maletas?* (Did you pack your bags?)
  - *Sí, por supuesto.* (Yes, of course.)

Here are other ways to answer the question affirmatively:

- *Claro.* (Of course. Sure.)
- *Claro que sí.* (Of course.)
- *Desde luego.* (Of course.)
- *Sí, cómo no.* (Yes, of course.)

There are also various ways to reject the following request:

- *¿Puedes llevar mis maletas?* (Can you take my suitcases?)
  - *Ni hablar.* (No way.)
  - *Claro que no.* (Of course not.)
  - *Lo siento, pero no.* (Sorry, but no.)

7-12 En mi ausencia... Vas a viajar a la República Dominicana por seis semanas para estudiar en la escuela Pedro Henríquez Ureña. Antes de salir, necesitas pedirle muchos favores a tu compañero/a de cuarto. Escribe una lista de seis favores.

EJEMPLO: limpiar el apartamento, recoger la correspondencia...

Ahora pídele estos favores a tu amigo/a. Él/ella va a responder de forma afirmativa o negativa. Después intercambia los papeles (*roles*) con tu compañero/a.

EJEMPLO: E1: ¿Puedes limpiar mi apartamento cuando estoy de viaje?
E2: No. **¡Ni hablar!**

7-13 Te voy a ayudar si me ayudas Elige (*Choose*) dos favores que tu compañero no quiere hacerte y decide qué puedes hacer tú a cambio (*in exchange*). Explica a tu compañero/a qué vas a hacer por él/ella si te ayuda. Él/ella va a decidir si te ayuda o no. Después intercambia los papeles (*roles*) con tu compañero/a.

EJEMPLO: E1: Si entregas mi tarea de español, yo voy a limpiar el cuarto todos los sábados.
E2: **¡Claro que sí!**

7-14 Una vuelta por la República Dominicana Vamos a hacer un juego. Observen el mapa: tiene las etapas de un viaje por la República Dominicana. Cada fase del viaje está marcada con un color diferente.

DISTANCIAS ENTRE CIUDADES

Puerto Plata–Barahona: 355 km
Barahona–Santo Domingo: 200 km
Santo Domingo–Juan Dolio: 60 km
Juan Dolio–La Romana: 50 km
La Romana–Punta Cana: 105 km
Punta Cana–Samaná: 205 km
Samaná–Río San Juan: 150 km
Río San Juan–Puerto Plata: 165 km

REGLAS DEL JUEGO

- Los participantes tienen que utilizar todos los medios de transporte como mínimo una vez y visitar todas las ciudades.
- Sólo pueden usar un medio de transporte en cada etapa.
- Gana el equipo que necesita menos días para dar la vuelta al país.

Ustedes tienen que completar este viaje usando ocho medios de transporte diferentes. Deben hacer el viaje en el menor número de días posible.

EJEMPLO: E1: De Juan Dolio **a** La Romana vamos **a pie**, porque es más corto.

E2: Sí, pero toma dos días. Podemos ir **a caballo** en un día.

  **7-15 Situaciones: *Un viaje en el verano*** A student goes to the study abroad office in college to get information on Spanish summer programs in the Dominican Republic. The study abroad advisor gives the information and makes recommendations.

Estas son las ofertas de viajes.

DESTINO	VIAJE	DURACIÓN	SALIDA	TRANSPORTE	ALOJAMIENTO	CURSOS
PUNTA CANA	Mar y playa, Naturaleza, Fotografía	6 semanas	A diario	Avión y barco	Hoteles *** y ****	Todos los niveles
PLAYA DORADA	Mar y playa, Buceo, Caminatas	8 semanas	19 y 22 de mayo	Avión y carro	Pensiones estudiantiles	Elemental, intermedio
SANTO DOMINGO	Cultura, Fotografía, Naturaleza	6 semanas	9 y 24 de julio	Avión y autobús	Familias locales	Todos los niveles

Fotografía · Cultura · Mar y playa · Buceo · Naturaleza · Caminatas

ESTUDIANTE A

You are a study abroad advisor. A student is interested in studying Spanish while making the most of the summer break in the Dominican Republic. Think about some questions you may ask him/her to find out his/her preferences.

1. ____________ 2. ____________ 3. ____________

ESTUDIANTE B

You are in the study abroad office. You are interested in traveling to the Dominican Republic next summer. Choose one of these situations and talk to the study abroad advisor.

1. Mi novio/a y yo terminamos nuestros exámenes el 20 de mayo y queremos estudiar español dos meses. Queremos salir de Estados Unidos y viajar al Caribe. Nos encanta el español y la República Dominicana, especialmente su historia y su cultura. También nos gusta hacer excursiones y estar en contacto con la naturaleza. No podemos gastar mucho dinero.
2. Somos dos amigos y queremos viajar unas cinco o seis semanas. Terminamos las clases de la universidad el 30 de mayo. Además de estudiar, nos gustaría ir a la playa y alojarnos en un hotel. Somos muy independientes así que no queremos alojarnos en casas de familia. Ah, también queremos practicar actividades acuáticas como buceo, vela…

EJEMPLO: E1: Mire, yo le recomiendo un viaje a Punta Cana porque…

E2: Pero… ¿tienen hoteles de cuatro estrellas?

E1: Por supuesto que sí. Pero son más caros, claro.

Tarea global

Organizar un viaje de servicio a la República Dominicana

Preparación La Oficina de Compromiso Cívico (*Civic Engagement*) de la universidad ofrece viajes de servicio de tres semanas a la República Dominicana. Primero lean las opciones y decidan cuál les interesa más.

TRABAJA EN LA REPÚBLICA DOMINICANA

1. **El Proyecto Escuela** en Samaná está destinado a dar formación a los niños con bajos recursos a través de actividades de ocio y apoyo escolar. ¿Te animas a formar parte del cambio?

Precio: $480

¿Qué incluye?
- ✓ Autobús a Puerto Plata y Samaná
- ✓ Alojamiento y comidas

¿Qué no incluye?
- × Boletos de avión

2. Si buscas sol y playa, **Voluntariado en el Caribe** te va a interesar. Una pensión en la zona colonial de Santo Domingo busca voluntarios para atender a los clientes **y** trabajar de guías turísticos por la zona.

Precio: gratuito
Salario: no remunerado (*unpaid*)

¿Qué incluye?
- ✓ Alojamiento
- ✓ Posibilidad de conocer gente de todo el mundo

¿Qué no incluye?
- × Boletos de avión
- × Comidas

Paso 1 Todos los voluntarios comienzan su viaje de servicio con un taller de capacitación (*training*) en Santo Domingo. Cuando termina el viaje de tres semanas, regresan a Miami el día 24. Lean la información sobre los vuelos que recibieron de la Oficina de Compromiso Cívico y elijan cuándo tienen que viajar y por qué.

- El día martes 2 comienza el taller en Santo Domingo a las 9:30 de la mañana en el centro de la ciudad.
- Tienen que regresar a Miami el día miércoles 24 antes de las 6 de la tarde.

Para llegar a Santo Domingo, vamos a reservar ________________ porque ________________. Para regresar a Miami, vamos a reservar ________________ porque ________________.

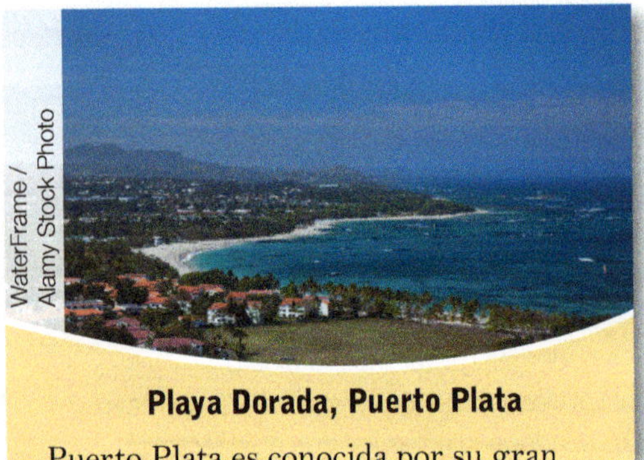

WaterFrame / Alamy Stock Photo

Playa Dorada, Puerto Plata

Puerto Plata es conocida por su gran atractivo turístico. Esta ciudad del norte cuenta con maravillosas playas, una variada oferta de deportes acuáticos y un gran patrimonio histórico y cultural.

Miércoles 3	Jueves 4	Viernes 5
79° – 88°F	76° – 84°F	70° – 81°F
Viento ES 15 mph Lluvia 10%	Viento ES 25 mph Lluvia 80%	Viento NS 17 mph Lluvia 74%

Actividades en Puerto Plata:

- ☐ **Opción 1:** excursión a la Fortaleza San Felipe a las 9:00 a.m., visita al Museo General Gregorio Luperón a las 2:00 p.m.
- ☐ **Opción 2:** Visita guiada por la ciudad a las 3:00 p.m., cena y atardecer en la playa a partir de las 6:00 p.m.
- ☐ **Opción 3:** Día en el parque de diversiones Mundo Marino Cofresi desde las 10:30 a.m. hasta las 2:30 p.m.

Paso 2 El taller de capacitación incluye un día de ocio en Puerto Plata. Lean la información sobre el lugar y las opciones para pasar el día. ¿Qué opción les interesa? ¡Presten atención al pronóstico del tiempo!

Para pasar el día en Puerto Plata, vamos a reservar ________________ y ________________ porque ___________________.

Paso 3 Ahora elijan los vuelos más convenientes.

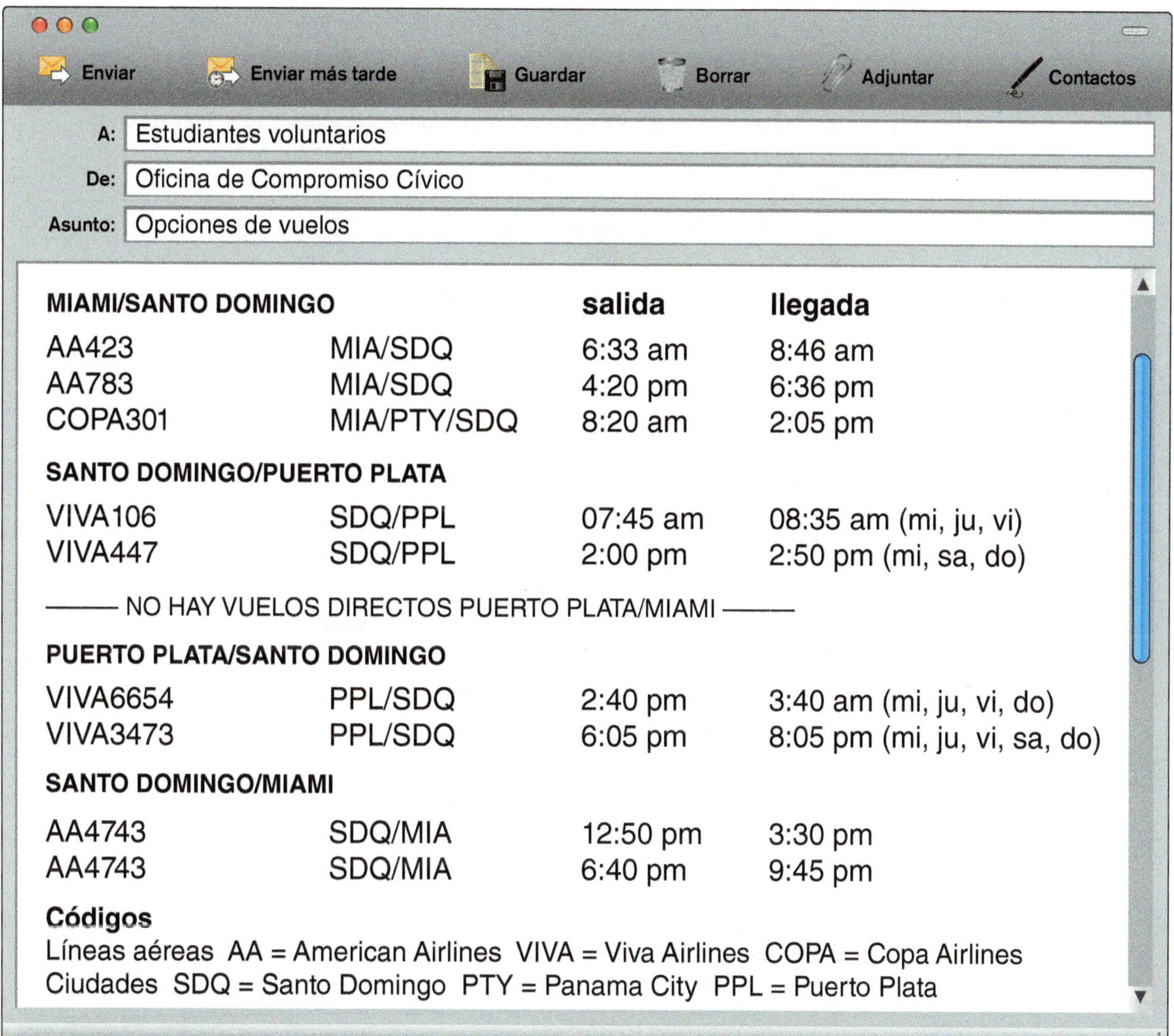

MIAMI/SANTO DOMINGO		salida	llegada
AA423	MIA/SDQ	6:33 am	8:46 am
AA783	MIA/SDQ	4:20 pm	6:36 pm
COPA301	MIA/PTY/SDQ	8:20 am	2:05 pm
SANTO DOMINGO/PUERTO PLATA			
VIVA106	SDQ/PPL	07:45 am	08:35 am (mi, ju, vi)
VIVA447	SDQ/PPL	2:00 pm	2:50 pm (mi, sa, do)
——— NO HAY VUELOS DIRECTOS PUERTO PLATA/MIAMI ———			
PUERTO PLATA/SANTO DOMINGO			
VIVA6654	PPL/SDQ	2:40 pm	3:40 am (mi, ju, vi, do)
VIVA3473	PPL/SDQ	6:05 pm	8:05 pm (mi, ju, vi, sa, do)
SANTO DOMINGO/MIAMI			
AA4743	SDQ/MIA	12:50 pm	3:30 pm
AA4743	SDQ/MIA	6:40 pm	9:45 pm

Códigos
Líneas aéreas AA = American Airlines VIVA = Viva Airlines COPA = Copa Airlines
Ciudades SDQ = Santo Domingo PTY = Panama City PPL = Puerto Plata

Paso 4 Escriban el plan de su viaje. Expliquen en qué proyecto quieren trabajar y por qué, y describan detalladamente su viaje: cuándo van a viajar y qué van a hacer en Puerto Plata.

Paso 5 Compartan su plan de viaje con la clase. Expliquen qué van a hacer y por qué.

Paso 6 Mi progreso
Review the goals. Mark with a ✔ the goals you think you have achieved and to what extent.

I can…

	very well	well	with difficulty
Goal 1: talk about the future.			
Goal 2: discuss travel-related arrangements.			
Goal 3: express and justify opinions.			

Ayuda

el (vuelo) **de las** 7:33 de la noche
el (vuelo) **de** Copa

Si tomamos el vuelo **de las** 7:33, vamos a llegar…
… **a tiempo**
… **demasiado tarde / temprano**
… **antes de / después de las doce**
… **de día / de noche**

Tenemos que reservar…
… un boleto **para** Santo Domingo, **en** el vuelo de las…
… un boleto **a**…

Gente que lee

Estrategias para leer

Skimming and scanning texts

Skimming and scanning are different styles of reading and information processing. **Skimming** is used to quickly identify the main ideas of a text. It enables you to predict what will be in the text before you read it in detail. It is usually done at a much higher speed than normal reading. Some people read the first paragraph, a summary, or other organizers as they move down the page or the screen. You might read the title, subtitles, subheadings; look at the illustrations; or read the first sentence of each paragraph.

In contrast, **scanning** consists of reading in order to find specific pieces of information. You might want to scan to find answers to particular questions: for example, to look for the price of an airline ticket, the time of arrival of a train, or the address of a hotel.

Antes de leer

7–16 Viajar al extranjero

1. ¿Te gusta viajar? ¿Por qué?
2. ¿Prefieres viajar en tu propio país o prefieres ir al extranjero? ¿Por qué?
3. Di cuál es el lugar más lejos de tu casa que conoces. Explica cómo es.
4. ¿Qué es un blog de viajes? ¿Qué ventajas / desventajas tiene leer un blog de viajes antes de viajar a un lugar?

7–17 Activando estrategias

1. Lee por encima (*Skim*) el texto de la sección *A Leer*. Fíjate en el título, las fotos y otros detalles (subtítulos, estructura). ¿Qué tipo de texto es? Di dos ideas principales que van a aparecer en el texto.
2. Escanea (*Scan*) el párrafo tres del texto y busca esta información:

	Boca Chica: ________ kilómetros
Distancia de Santo Domingo a	Juan Dolio: ________ kilómetros
	Bayahibe: ________ kilómetros

Después de leer

7–18 ¿Comprendes?

1. ¿Cierto o falso? Si es falso, di cuál es la información correcta.

	C	F
Puedes viajar de Santo Domingo a Punta Cana en seis horas.	☐	☐
Es buena idea recorrer la parte colonial de Santo Domingo en metro.	☐	☐
El Club Hemingway es un restaurante.	☐	☐

2. ¿Cuántos kilómetros hay desde Bayahibe hasta Punta Cana?
3. Desde el punto de vista histórico, ¿por qué es importante la República Dominicana? Di dos razones.
4. Explica qué es el *Chu-Chu Colonial*.
5. Si te gusta el arte y el diseño, ¿adónde debes ir?

www.viajesrepublicadominicana.org

DE SANTO DOMINGO A PUNTA CANA: UN VIAJE POR LA COSTA SUR DE LA ISLA

Catedral Primada de América en Santo Domingo (Patrimonio de la Humanidad de la UNESCO)

Christian Kober / robertharding / Alamy Stock Photo

Anfiteatro en el pueblo Altos de Chavón

Andrii_K/Shutterstock

La República Dominicana es más que playas y sol. Es un país con propuestas variadas y lo mejor es que todo queda cerca: puedes ir de una punta de la isla a la otra, por autopista, en seis horas. Para este viaje tomamos la región sur de la isla: los 195 km que van desde Santo Domingo hasta Punta Cana. Para hacer este tramo, tienes que llegar al Aeropuerto Internacional Las Américas de Santo Domingo. Ahí mismo puedes alquilar un auto y tomar la autopista Carretera 3.

Santo Domingo es una ciudad de 2,5 millones de habitantes declarada Patrimonio Mundial de la Humanidad por la UNESCO. Es el primer asentamiento europeo en el continente y en sus calles podemos ver la historia viva de América. Es una ciudad colonial donde están las primeras construcciones en el Nuevo Mundo tras la llegada de los españoles que, hoy en día, se conservan prácticamente intactas. Si te interesa la historia puedes comenzar visitando su principal monumento: la Catedral Primada de América, la primera del continente. La Ciudad Colonial es ideal para recorrer a pie o puedes dar un paseo en el **trenecito** Chu-Chu Colonial con un guía. Además de la historia, lo mejor que tiene son sus calles para recorrer un par de días, sus "mesones" que sirven comida típica y su gente, súper hospitalaria y alegre. Una forma práctica de moverse es en metro, con sus dos rutas que recorren la ciudad en sentido norte-sur y este-oeste.

Partiendo de Santo Domingo, la primera parada es la playa de Boca Chica, a 30 km. Esta playa es muy familiar y tiene una variada oferta gastronómica, muchos **puestitos** (*kiosks*) de comida y propuestas de deportes acuáticos: desde la clásica "banana" hasta **barquitos** para hacer buceo o esnórquel. De ahí sales para Juan Dolio, a 60 kilómetros, una ciudad de playa bastante residencial, con buenos hoteles para quedarte una o dos noches. Si vas a Juan Dolio, visita el Club Hemingway, un lugar divino para almorzar. Un poco más allá está el **pueblito** de artistas Altos de Chavón, con una escuela de diseño de fama internacional y donde puedes escuchar conciertos de música en su gran anfiteatro. Luego sigues al paradisíaco pueblo de pescadores Bayahibe (a 140 km) y, por último, Punta Cana, para tirarte **panza arriba**, tomar una piña colada con unos tostones (bocaditos de plátano) y descansar a la sombra de una **palmera**. Es el mayor de los destinos turísticos del país, con playas de arenas blancas, de aguas cálidas, **cocoteros** y algunos de los mejores campos de golf a nivel internacional.

¿Qué te pareció (*did you think of*) este recorrido por la República Dominicana? ¿Cuál de todas estas opciones te gustó (*liked*) más?

7-19 Activando estrategias

1. La palabra **panza** significa *belly*. ¿Qué significa la expresión **panza arriba**?
2. En el párrafo 2 aparece la palabra **trenec*ito***, y en el párrafo 3 las palabras **puest*itos***, **barqu*itos*** y **puebl*ito***. ¿Qué significa la terminación (*ending*) **-ito(s)**?
3. En el párrafo 3 aparecen dos nombres de árboles: **palmera** y **cocoteros.** Di qué significan pero no uses el diccionario.

7-20 Expansión Muchas personas prefieren conocer los lugares con un guía y otras prefieren ir solas. Explica cuál es tu preferencia y por qué.

Gente que escribe

Estrategias para escribir

Using a bilingual dictionary when writing

The writing process may involve using a bilingual dictionary to look up the Spanish equivalents of English words and expressions. To use the dictionary correctly, you need to familiarize yourself with it and learn the meaning of the abbreviations you will see. Each dictionary is different. Let's work with the following example:

You are writing about the problems that a U.S. citizen **faces** when traveling to Cuba. You really want to use this same idea (to face a problem), so you look up the word **face.**

face *I. n* (ANAT) cara, rostro; *(of clock)* esfera; *(side)* cara; *(surface)* superficie *f* ***II.*** vt mirar a: *(fig)* enfrentarse a; ~ **down** *(person, card)* boca abajo; **to lose** ~ desprestigiarse; **to save** ~ salvar las apariencias; **to make a** ~ hacer muecas; **in the** ~ **of** *(difficulties, etc.)* en vista de; ~ **to** ~ cara a cara.

What do the abbreviations **ANAT**, **n**, **vt**, **f**, and **fig** mean? Are you looking for a noun or a verb? Are you looking just for a verb or for an expression?

If you followed this process, you would come up with ***enfrentarse a***, a reflexive verb that takes a direct object (vt). Likewise, you would use ***esfera*** to write about the face of your clock, or ***cara*** when referring to people.

MÁS ALLÁ DE LA FRASE

Writing a paragraph

For the sake of clarity, each paragraph should contain only one main idea. As you read in Chapter 4, **topic sentences** present the main idea of the paragraph; that is why they tend to appear at the beginning. The other sentences are called **supporting sentences** and can help readers better understand the topic by providing more information about it. When you edit your work, make sure all the information within a paragraph is relevant. If you have a sentence that does not relate to the main idea, you should place it somewhere else, as it is irrelevant in that paragraph.

7-21 Un artículo para un blog de viajes Escribe un artículo para un blog de viajes. Tienes que describir tu estado o región y dar detalles sobre tu ciudad.

Antes de escribir

Considera:

1. Cómo es la región: dónde está situada, qué clima tiene, qué ciudades o regiones interesantes están cerca de tu ciudad, etc.
2. Haz una lista de los principales atractivos de tu ciudad: museos, parques, etc.
3. Piensa en tres cosas importantes que un turista tiene que saber: alojamiento, aeropuertos, medios de comunicación, etc.
4. Piensa en una ruta interesante para conocer diferentes lugares de la región: cómo recorrer la región, adónde ir, qué hacer, cuántos días viajar, etc.

A escribir

- Comienza con una descripción general de la región. Incorpora la información del paso 1 (*Antes de escribir*).
- Escribe sobre tu ciudad. Incorpora la información de los pasos 2 y 3 (*Antes de escribir*).
- Describe un viaje por la región para conocerla mejor. Incorpora la información del paso 4 (*Antes de escribir*).
- Usa el registro informal (tú).

DESPUÉS DE ESCRIBIR

- Revisa tu artículo: ¿tienes una sola idea por párrafo? (*Más allá de la frase*)
- Revisa los Pasos 1 a 8 (página 14, Capítulo 1). Presta atención a las palabras que buscaste en el diccionario y al uso del registro informal (*Estrategias para escribir*).
- Intercambia tu carta con un/a compañero/a y usa la *Guía de Revisión entre Compañeros* disponible en *MyLab.*

Comparaciones culturales

7-22 Viaje a la tierra del béisbol ¿Adónde tienes que viajar en América Latina si te gusta el béisbol? Mira el video y lee este texto para saber más.

www.beisbol-latino.org

El béisbol o "la pelota" es un deporte popular en varios países del Caribe: Cuba, Nicaragua, Panamá, Puerto Rico, Venezuela y la República Dominicana. El béisbol se introduce a finales del siglo XIX en Cuba y poco después los plantadores de azúcar cubanos lo llevan a la República Dominicana, que es hoy el mayor exportador mundial de jugadores de pelota. La pelota es el deporte más popular de este país. Su Liga de Béisbol Profesional consiste en seis equipos que representan diferentes ciudades del país.

Ted Small / Alamy Stock Photo

El béisbol dominicano nace en San Pedro de Macorís, al este de Santo Domingo, a una hora en carro. San Pedro es cuna de muchos beisbolistas o peloteros de fama mundial, como Sammy Sosa, el primer latinoamericano en alcanzar los 600 jonrones en las Grandes Ligas de Estados Unidos.

Entre San Pedro de Macorís y Santo Domingo está la Ciudad del Béisbol. Es un gigantesco complejo de academias de béisbol, campos de juego y jaulas (cages) de bateo, dedicado a la producción de jugadores profesionales del béisbol dominicano para exportar al mercado de Estados Unidos. Más del 10% de los jugadores de las Grandes Ligas vienen de la isla, incluyendo varias de sus principales estrellas, como Albert Pujols, Vladimir Guerrero, David Ortiz, Pedro Martínez y Manny Ramírez. Y más del 20% de los beisbolistas de las Grandes Ligas (EE. UU.) son latinoamericanos. Seis equipos de las Grandes Ligas de béisbol de Estados Unidos tienen residencia en la Ciudad del Béisbol.

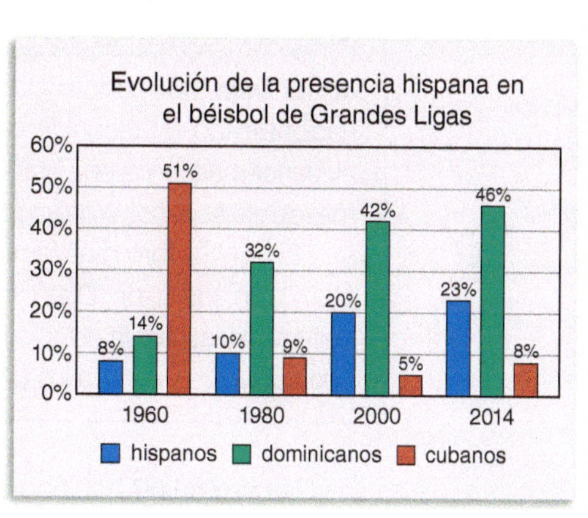

1. Explica el origen del béisbol en Latinoamérica.
2. ¿Cuál es la contribución de los países hispanos al béisbol en EE. UU.? Usa un dato del texto y otro dato del gráfico para explicarlo.
3. Di dos datos que sirven para apoyar la importancia de la contribución de la República Dominicana al béisbol en EE. UU. Usa un dato del texto y otro dato del gráfico.
4. Muchas palabras relacionadas con el béisbol provienen del inglés. Mira esta lista y di cuál es su equivalente en inglés.

ampáyer	beisbolista	jonrón
bate	cácher	jonronear
bateador	fildeador	lanzador
batear	fildear	receptor
béisbol	fildeo	pichear

 Compara tus respuestas con las de tu compañero/a.

CLUB CULTURA

Explore ***República Dominicana: El deporte nacional*** with *Club Cultura!*

7-23 Dominicanos en Estados Unidos Lean este texto y después hagan la actividad.

Basso CANNARSA / Agence Opale / Alamy Stock Photo

Junot Díaz

Los dominicanos forman uno de los grupos más numerosos de latinos en Estados Unidos, donde hay aproximadamente 1.800.000 personas de nacimiento o ascendencia dominicana. La mayor parte de esta población está en las ciudades del este del país, especialmente en la ciudad de Nueva York, donde hay aproximadamente 850.000 dominicanos. El "corazón" de la comunidad domínico-americana en Nueva York está en el Norte de Manhattan y en el Bronx.

Esta comunidad está aumentando su participación política para empoderarse gracias a *Dominicanos USA* (DUSA), una organización sin ánimo de lucro (*not for profit*). La organización también prepara a muchos jóvenes de 14 a 24 años para participar en la vida cívica y ser líderes del futuro. Un modelo para estos jóvenes es Adriano Espaillat, nacido en la República Dominicana. Espaillat es el primer dominicano elegido al Congreso de EE. UU. (en el 2016). Adriano Espaillat fue (*was*) también un emigrante indocumentado durante algunos años de su vida. Por eso es un ejemplo para los jóvenes dominicanos.

Otros dominicanos destacan en Estados Unidos en áreas diversas, como el escritor **Junot Díaz**, que ganó el premio Pulitzer en el 2008. Junot Díaz es dominicano nacionalizado estadounidense. Sus libros describen la dura realidad de los emigrantes hispanoamericanos en Estados Unidos. Escribe en inglés, pero es un inglés híbrido con mezcla de español, reflejando el bilingüismo y biculturalismo de la comunidad hispana en EE. UU. Su libro más famoso es la novela *The Brief Wondrous Life of Oscar Wao* (2007). En sus libros, Díaz expresa la alienación de las personas que viven entre dos culturas, la latina y la estadounidense, pero también su admiración por el ser humano que sobrevive y supera los problemas de ese contacto cultural.

1. ¿Cierto o falso?

	C	F
En EE. UU. hay 1.800.000 emigrantes de Rep. Dominicana.	☐	☐
Casi la mitad de la población dominicana vive en Nueva York.	☐	☐
La participación política de los dominicanos está aumentando.	☐	☐
Junot Díaz nació (*was born*) en EE. UU.	☐	☐
Junot Díaz escribe sobre la experiencia de los migrantes en EE. UU.	☐	☐

2. ¿Por qué los dominicanos y latinos en general tienen poca influencia política en EE. UU.? Estos son algunos factores. Explica qué significan en forma de causa y consecuencia.

a. Elegibilidad para votar
b. Distribución geográfica
c. Diferentes orígenes (México, Cuba, Rep. Dominicana, etc.)
d. Juventud

3. ¿Eres bilingüe / bicultural? ¿Conoces a alguien así? Di dos dificultades y dos ventajas de ser bicultural en EE. UU.

Vocabulario

Los viajes	
la aduana	*customs*
el boleto de ida	*one-way ticket*
el boleto de ida y vuelta	*round-trip ticket*
la cancelación	*cancellation*
el destino	*destination*
la dirección	*address*
el equipaje	*luggage*
el/la extranjero/a	*foreigner*
la habitación doble	*double room*
la habitación simple	*single room*
el itinerario	*itinerary*
la llegada	*arrival*
la maleta	*suitcase*
la mochila	*backpack*
la moneda	*currency*
la oficina de turismo	*tourist office*
el pasaporte	*passport*
la pensión	*lodging house*
el permiso de conducir	*driver's license*
la puerta de embarque	*boarding gate*
la recepción	*reception desk*
el retraso	*delay*
la salida	*departure*
la visa, el visado	*visa*
el/la visitante	*visitor*
el vuelo	*flight*

Actividades relacionadas con el viaje	
cancelar una reservación	*to cancel a reservation*
comprar los boletos / billetes	*to buy the tickets*
dejar la habitación / salir del hotel	*to check out*
deshacer la(s) maleta(s)	*to unpack*
facturar la(s) maleta(s)	*to check luggage*
hacer cola / fila	*to wait in line*
hacer la(s) maleta(s)	*to pack*
hacer el registro en el hotel	*to check in*
hacer una reservación	*to make a reservation*
ir a pie / andando	*to go on foot*
ir de camping / acampar	*to go camping*
llegar a tiempo	*to arrive on time*
llegar con retraso	*to be delayed*
llegar tarde	*to arrive late; to be late*
montarse en el tren, avión...	*to get on the train, plane...*
reclamar el equipaje	*to claim the luggage*
salir del avión, tren, autobús...	*to get off the plane, train, plane...*
solicitar una visa	*to apply for a visa*
tomar fotos	*to take pictures*

El tiempo	*(The weather)*
el calor	*heat*
el frío	*cold*
la lluvia	*rain*
la niebla	*fog*
la nieve	*snow*
la nube	*cloud*
el sol	*sun*
la tormenta	*storm*

Los puntos cardinales	*(Cardinal points)*
el este	*east*
el norte	*north*
el oeste	*west*
el sur	*south*

Adjetivos	
caluroso/a	*hot*
cerrado/a	*closed*
gratis	*free of charge*
lento/a	*slow*
lleno/a	*full; booked*
lluvioso/a	*rainy*
nublado	*cloudy*
ocupado/a	*busy; taken; occupied*
rápido/a	*fast*
soleado/a	*sunny*
vacío/a	*empty*

Verbos	
aterrizar	*to land*
confirmar	*to confirm*
despedirse de	*to say goodbye to*
despegar	*to take off*
empezar (ie)	*to start*
esperar	*to wait*
ir a pie	*to walk*
llegar	*to arrive*
ocuparse (de)	*to take care (of)*
recoger	*to pick up*
regresar	*to return*
reunirse (con)	*to meet*
volar (ue)	*to fly*
volver (ue)	*to return*

Consultorio lingüístico

1 Spatial References

POINT OF DEPARTURE AND DESTINATION	**de... a...**	**De** Santo Domingo **a** Punta Cana vamos en moto.
	desde... hasta...	**Desde** Santo Domingo **hasta** Punta Cana vamos en moto.
	from... to...	*We travel by motorcycle **from** Santo Domingo **to** Punta Cana.*
DIRECTION	**hacia, para...**	Va **hacia / para** Santo Domingo.
	toward...	*He/She/It is going **toward** Santo Domingo.*
LIMIT	**hasta...**	Voy **hasta** Santo Domingo en carro.
	to...	*I'm going **to** Santo Domingo by car.*
INTERMEDIATE LOCATION	**estar entre... y...**	La Romana **está entre** Santo Domingo **y** Punta Cana.
	to be between... and...	*La Romana **is between** Santo Domingo **and** Punta Cana.*
DISTANCE	**estar a... de...**	Punta Cana **está a** 450 km **de** Santo Domingo.
	to be... from...	*Punta Cana **is** 450 km **from** Santo Domingo.*
	estar cerca / lejos de...	**¿Está lejos de** Punta Cana?
	to be near / far from...	***Is it far from** Punta Cana?*
		Mi pueblo **está cerca de** Santo Domingo.
		*My town **is near** Santo Domingo.*
ROUTE	**pasar por...**	**¿Pasas por** La Romana para ir a Santo Domingo?
	to go by...	*Do you **go by** La Romana on your way to Santo Domingo?*

¿Tu casa está lejos de Punta Cana?

No, está a 10 kilómetros de la playa.

2 Time References

Indicating periods of time in the future

pasado mañana
*the day **after** tomorrow*

el próximo lunes = **el** lunes **que viene**
***next** Monday*

el próximo 16 de julio
***next** July 16*

la semana que viene / la próxima semana
***next** week*

el mes que viene / el próximo mes
***next** month*

el verano que viene / el próximo verano
***next** summer*

el año que viene / el próximo año
***next** year*

- ¿**Cuándo** van de vacaciones ustedes? —***When** are you going on vacation?*
- **El próximo mes.** —***Next month.***

La semana que viene viajamos a Santo Domingo.
***Next week** we are traveling to Santo Domingo.*

The article is used when asking or talking about dates of events:

- ¿**Qué día** es tu cumpleaños? —***When** is your birthday?*
- Mi cumpleaños es **el** doce **de** marzo. —*My birthday is **on** March twelfth.*

Nos vamos de vacaciones **el** 24 de agosto.
*We'll go on vacation **on** August 24.*

El lunes tenemos que viajar a Santo Domingo.
***On** Monday we have to travel to Santo Domingo.*

The article is not used when stating the date:

Mañana **es** lunes 4 **de** septiembre.
*Tomorrow **is** Monday, September 4.*

Mañana **es** 5 **de** septiembre.
*Tomorrow **is** September 5.*

Note that when you give a date in American English, the month goes first, followed by the day: e.g. April 10 (written 4/10). In Spanish, as in British English, the day goes first, followed by the month: e.g. ***10 de abril*** (written 4/10).

Indicating parts of the day

por/en la mañana
in the morning

al mediodía
at noon

por/en la tarde
in the afternoon

por/en la noche
in the evening, at night

de día
during the day

de noche
at night

esta mañana
this morning

esta tarde
this afternoon

esta noche
tonight

- Me gusta trabajar **por la noche.** ¿Y a ti? —*I like to work **at night**. And you?*
- Yo prefiero trabajar **por la mañana**. —*I prefer to work **in the morning**.*

3 Talking about the Future

We use a time expression indicating a future time period + the present form of the verb to express future actions. This presents a future action as certain and under control. We are talking about something we know and that will happen:

Mañana	**voy** a San Pedro. *I'm going to San Pedro.*
El mes que viene	**regreso** a la República Dominicana. *I am going back to the Dominican Republic.*
El 15 de julio	**vamos** al teatro. *we are going to the theater.*
La próxima semana	**nos reunimos** con Marco. *we are meeting Marco.*

Note that unlike in English, in Spanish, we cannot use the present progressive to express a future action; instead, we use the present indicative with a temporal marker.

Another way to express future actions is to use ***ir a* + infinitive** (with or without an explicit indication of time). This form expresses plans or intentions that refer to future actions. We use this form to predict or ask about a future that we consider to be obvious:

(yo)	**voy**	
(tú)	**vas**	
(él, ella, usted)	**va**	**a** + INFINITIVE
(nosotros, nosotras)	**vamos**	
(ellos, ellas, ustedes)	**van**	

El próximo año **vamos a hacer** un viaje por el norte de la isla.
*Next year **we're going to make** a trip in the north of the island.*

Primero **vamos a viajar** a Punta Cana y después **vamos a volar** a Santo Domingo.
*First **we are going to travel** to Punta Cana and then **we are going to fly** to Santo Domingo.*

¿**Va a venir** el señor López mañana a Santo Domingo?
***Is** Mr. López **coming** to Santo Domingo tomorrow?*

4 Expressing Conditions

The most common way to express a condition for something to happen is using ***si*** (= if) + *a verb*. The verb after ***si*** is in the present, and the verb in the other clause is in the present or in the future:

Si salimos a las seis de la mañana, **vamos a llegar** sin problemas al aeropuerto.
***If we leave** at six in the morning, we **will arrive** at the airport with no problems.*

Podemos llegar el viernes por la tarde **si viajamos** en coche.
*We **can arrive** on Friday **if we go** by car.*

5 The Weather

These are the most common expressions to talk about the weather:

Tiene un clima	muy bueno / suave / agradable. tropical / templado / húmedo / seco.
Llueve. (*It rains.*)	Está lloviendo. (*It's raining.*)
Nieva. (*It snows.*)	Está nevando. (*It's snowing.*)
	Está nublado. (*It's cloudy.*)

Hace
- calor. (*It's hot.*)
- frío. (*It's cold.*)
- sol. (*It's sunny.*)
- fresco. (*It's cool.*)
- viento. (*It's windy.*)
- buen /mal tiempo. (*The weather is good / bad.*)

Hay
- sol. (*It's sunny.*)
- niebla. (*It's foggy.*)
- tormentas. (*There are storms.*)
- huracanes. (*There are hurricanes.*)

Capítulo 8

Gente que come bien

GUIZIOU Franck / hemis.fr / Alamy Stock Photo

Vista de La Habana (Cuba) desde el fuerte El Morro

TAREA GLOBAL

Escribir una receta de cocina

CLUB CULTURA

Explore **Cuba** with *Club cultura!*

At the end of this lesson, I will be able to...

PRESENTATIONAL AND INTERPERSONAL COMMUNICATION

Speaking

- talk about food habits, dishes, and cooking.
- interact in a restaurant, including explaining problems with my food.
- ask and answer questions related to food preferences and eating habits.

Writing

- write a basic report comparing and contrasting the eating habits of Cubans and Americans.
- follow basic punctuation and capitalization conventions.
- use connectors for contrasting ideas in my writing.

INTERPRETIVE COMMUNICATION

Listening

- understand the general meaning of food-related exchanges.
- identify key information in recipes and other instructions related to food preparation.
- understand basic questions related to food preferences, quantities, and preparation process.

Reading

- understand the main ideas and key details of an informational text.
- use knowledge about word formation to ascertain the meaning of unknown words in a text.

INTERCULTURAL COMPETENCE

- talk about an iconic meeting point in Havana.
- reflect about the historic and cultural importance of tobacco in Cuba.
- understand some characteristics of the Cuban community in the United States.

Acercamientos

8–1 La comida cubana es patrimonio de la humanidad Lee este texto sobre la comida cubana. ¿Es similar a la comida de tu país?

¿Qué ingredientes usan estos platos? Usa la lista. Si necesitas ayuda, pregunta a tu profesor o a tus compañeros/as.

EJEMPLO: E1: ¿Qué es esto?
E2: Pollo.

¿Qué ingredientes te gustan más? ¿Cuáles no te gustan nada?

☐ los frijoles	☐ el maíz	☐ el pescado	☐ el aguacate	☐ la piña
☐ el tomate	☐ el plátano	☐ la cebolla	☐ la verdura	☐ el pollo
☐ el arroz	☐ la zanahoria	☐ el limón	☐ el marisco	☐ la calabaza
☐ la papa (patata)	☐ la carne	☐ el huevo	☐ la fruta	☐ la sandía

8–2 ¿Y a ustedes qué les gusta? ¿Qué tipos de cocina te gustan más? ¿Por qué? Compara tus gustos con dos compañeros/as.

EJEMPLO: E1: A mí me gusta la cocina mediterránea porque tiene muchas verduras. ¿Y a ti?
E2: A mí no; no me gustan nada las verduras. Yo prefiero la comida mexicana.
E3: A mí me gustan mucho las verduras.

Un/a representante del grupo va a explicar a la clase qué gustos comparten. ¿Cuál es la cocina más popular de la clase? ¿Y la menos popular?

Vocabulario en contexto

8-3 Tienda Blasco En el mercado (*grocery store*) Blasco, Carlos hace un pedido (*order*) a Celia, la dependienta. Escucha y marca las cantidades que compra Carlos.

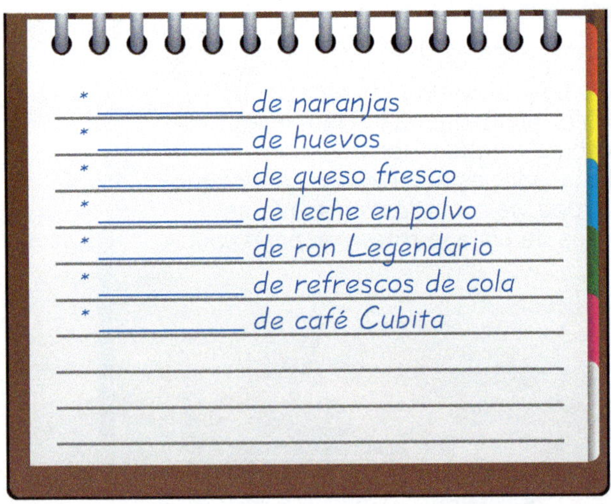

Ustedes van a compartir un apartamento por una semana. Elaboren su lista de la compra, incluyendo las cantidades. La lista debe tener diez cosas.

8-4 La pirámide de alimentos (*food*) Miren la pirámide con las recomendaciones para comer bien. Identifiquen qué alimentos hay en cada categoría. Después respondan a estas preguntas:

1. ¿Qué hay que comer todos los días?
2. ¿Qué debemos comer solo de vez en cuando?
3. ¿De qué alimentos hay que consumir dos o más tazas diarias?
4. ¿Qué debemos beber diariamente?
5. ¿Hay que comer mucha carne cada día?

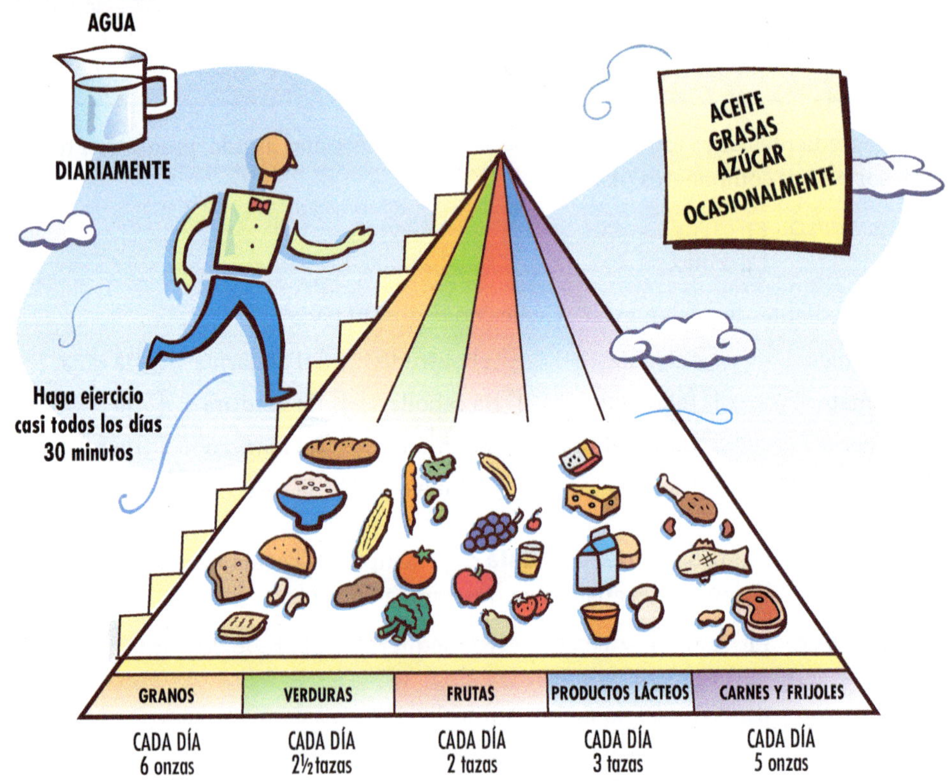

Haz una pirámide que refleje tus hábitos reales de alimentación. Puedes eliminar productos, cambiarlos de lugar o sustituirlos y añadir otros.

8-5 ¿Cómo comes? Elabora ocho preguntas para entrevistar a tu compañero/a. Tienes que averiguar (*find out*) si sigue las recomendaciones de la pirámide. Después determina si tu compañero come...

- ☐ muy bien
- ☐ bien
- ☐ no muy bien
- ☐ mal
- ☐ muy mal

EJEMPLO: **E1:** ¿Qué verduras comes?
E2: ¿Yo? Tomates y pepinos.
E1: ¿Comes dos tazas y media cada día?
E2: No, no como mucha verdura.

¿Tiene que cambiar algún hábito tu compañero/a? Informa a la clase.

EJEMPLO: Josh se alimenta bien. Bebe mucha agua y come mucha verdura, pero tiene que comer menos grasas y dulces.

8-6 En el restaurante cubano Noelle, una estudiante estadounidense, va a comer a un restaurante cubano. No conoce la cocina cubana y la mesera le describe cada plato. Lee el menú y después escucha.

1. Noelle pide primero ________________
2. Noelle pide después ________________
3. Noelle pide, de postre, ________________

Escucha otra vez e identifica algunos ingredientes de los platos que pide Noelle.

En parejas, decidan qué quieren pedir ustedes y por qué (qué les gusta y qué no les gusta).

8-7 Una dieta estricta El hotel balneario (*spa*) Gente Sana ofrece un programa de adelgazamiento. Los clientes pueden adelgazar seis kilos en seis días. ¿Pueden elaborar el menú del hotel? Compartan luego su propuesta con la clase.

	*** HOTEL BALNEARIO GENTE SANA ***		
	VIERNES	**SÁBADO**	**DOMINGO**
Desayuno			
Almuerzo Aperitivo: Plato principal: Postre:			
Cena Aperitivo: Plato principal: Postre:			

CUANTIFICADORES

ANTES DE UN NOMBRE

SINGULAR

demasiado arroz / **demasiada** leche
mucho arroz / **mucha** leche
suficiente / **bastante** arroz / leche
poco arroz / **poca** leche
un poco de arroz (= una pequeña cantidad)

PLURAL

demasiados huevos /**demasiadas** peras
muchos huevos / **muchas** peras
suficientes / **bastantes** huevos / peras
pocos huevos / **pocas** peras

DESPUÉS DE UN VERBO

Come **poco / mucho**.
Bebe **bastante.**
Trabaja **demasiado**.

ANTES DE UN ADJETIVO

La carne está **demasiado** dura.
La ensalada está **bastante** buena.
Este guiso está **un poco** soso.

CUANTIFICADORES NEGATIVOS

NOMBRES NO CONTABLES

No hay azúcar. **No** hay **nada de** azúcar.

NOMBRES CONTABLES

SINGULAR

No tengo **ningún plátano**. **No** tengo **ninguno**.

No tengo **ninguna** botella. **No** tengo **ninguna**.

PLURAL

No tengo plátanos. **No** tengo.

Lengua en contexto

8-8 ¿Qué te gusta comer y beber? Describe tus gustos respecto a estas comidas y bebidas. Después compara tus gustos con dos compañeros/as.

el café con leche	la carne a la parrilla	los dulces y pasteles
el té con hielo	el agua con gas	el chocolate negro
el pescado crudo	la comida picante	el pan

EJEMPLO: E1: A mí **no** me gusta **nada** el agua con gas.
E2: **A mí tampoco.**
E3: **A mí sí.** A mí me encanta.

8-9 Excursión a Pinar del Río Ustedes van a pasar siete días de campamento en Pinar del Río, una ciudad al oeste de Cuba donde se encuentran dos reservas mundiales de la biosfera (UNESCO). Tienen que llevar toda la comida porque van a acampar en una zona donde no hay tiendas. Miren la lista y hagan las modificaciones necesarias.

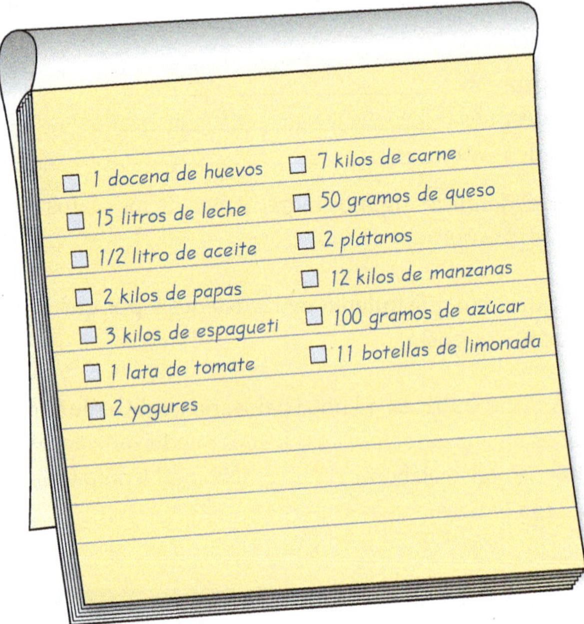

EJEMPLO: E1: Llevamos **pocos** huevos, ¿verdad?
E2: Sí, es verdad. Y tenemos **poco** azúcar, ¿no?
E1: Sí, no tenemos **bastante** azúcar.

¿Olvidan algo importante? Respondan a estas preguntas. Si su respuesta es negativa, decidan si necesitan estas cosas y qué cantidad necesitan.

1. ¿Tienen agua?
2. ¿Tienen pan?
3. ¿Tienen barras de cereal?
4. ¿Tienen cazuelas?
5. ¿Tienen sartenes?
6. ¿Tienen jamón?

8-10 **Platos típicos** Lee estas definiciones de platos y bebidas típicos cubanos. ¿Sabes cómo se llama cada uno?

buñuelos | carne de cerdo con papaya
sopón | mojito

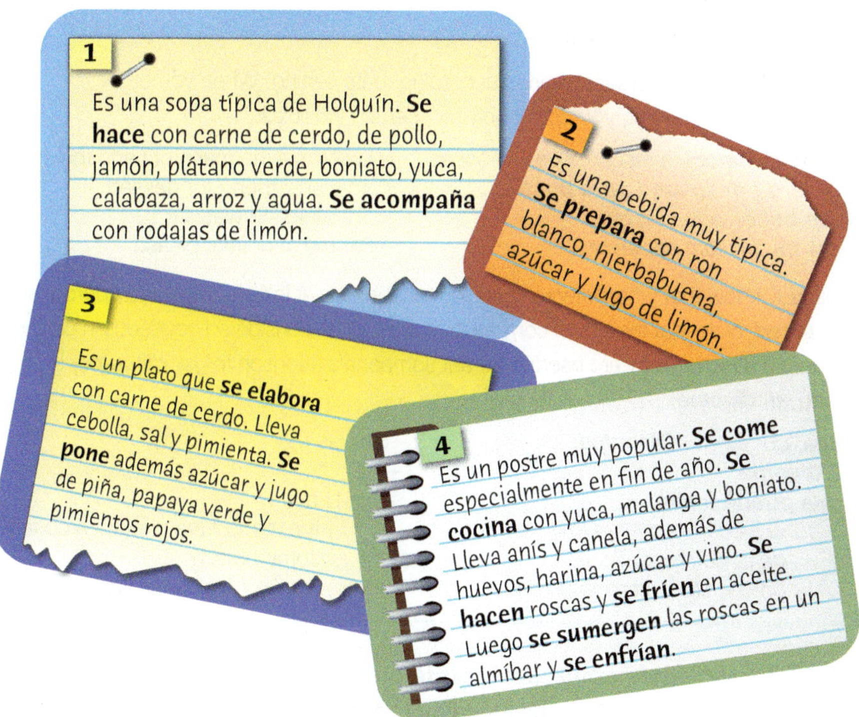

Vas a describir un plato típico de tu país o tu plato favorito. Primero, haz una lista de ingredientes y cantidades aproximadas.

Ahora explica a tu compañero/a cómo se prepara.

EJEMPLO: E1: Se necesita un tomate, un poco de cebolla, carne picada (*ground*), una rebanada de queso, pan, un poco de kétchup y mostaza.
E2: ¿Y cómo se prepara?
E1: Se cocina la carne. Después se pone la carne en el pan y se coloca la cebolla, el tomate y el queso.

SE IMPERSONAL

Para preparar este plato, primero **se cortan** las papas, después **se fríen**...

SINGULAR En Cuba **se come** una **carne** muy buena.

PLURAL En Cuba **se fabrican** excelentes **cigarros** habanos.

8-11 **Quejas (*Complaints*) en el restaurante** Estás cenando en un restaurante. Estas son las cosas que pediste (*you ordered*). Todas tienen problemas. Dile al camarero/a los problemas que tienes y qué soluciones quieres. Después cambia los papeles con tu compañero/a.

Puedes usar estas palabras:

crudo/a duro/a picante soso/a malo/a frío/a

	CONDICIÓN	SOLUCIÓN
1. las papas fritas		
2. el pan		
3. la salsa		
4. el pollo		
5. el café		

EJEMPLO: E1: Por favor, camarero. Las papas **están** frías y no tienen **nada de** sal. ¿Puede calentarlas y traer la sal?
E2: Sí, por supuesto. Ahora las caliento y le traigo la sal.

ESTADOS y CONDICIONES

La sopa **está** fría.
Las patatas **están** muy saladas.
Este postre **está** muy bueno.

Interacciones

Estrategias para la comunicación oral

Interacting in a restaurant

What you say in a conversation varies according to its setting. When you order something in a restaurant, you commonly use certain formulas.

• *Yo **voy a tomar** los macarrones y el bistec.*	—I will have the macaroni and the steak.
Primero / después / para postre...	To start / then / for dessert. . .
***Para beber,** agua sin gas.*	To drink, still water.
○ ***Para mí,** un café por favor.*	—For me, a coffee, please.

You already know that when interacting in formal contexts, it is generally more appropriate to use ***usted***. Note that the use of command forms can be considered courteous in certain cases, such as when they are used to attract someone's attention (***oiga, disculpe***) or to respond (***sí, dígame***):

• ***Oiga**, por favor. / **Disculpe.***	—Excuse me.
○ *Sí, **dígame**.*	—Yes?
• ***¿Me puede traer...***	—Can I have...
... el menú / la cuenta / un café?	... the menu / the check / a coffee?
... un poco de pan?	... some bread?
... un cuchillo / un vaso de agua	... a knife / a glass of water?

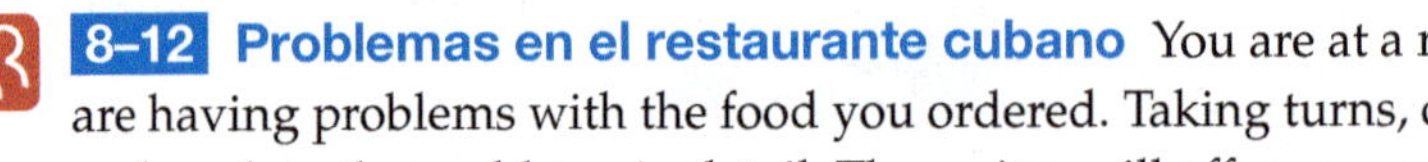

8–12 Problemas en el restaurante cubano You are at a restaurant and are having problems with the food you ordered. Taking turns, call the waiter and explain the problems in detail. The waiter will offer you a solution.

ESTUDIANTE A

Food	Problem
Salad	has a fly (*una mosca*)
Cuban sandwich; *tostones*	too salty; a bit bland
Coffee	not hot enough

ESTUDIANTE B

Food	Problem
Chicken; rice	too spicy; undercooked
Pineapple pie	has a hair (*un pelo*)
Mango juice	not very sweet

EJEMPLO: **E1:** Dígame, ¿qué necesita?
E2: ¡Esta sopa está demasiado caliente!
E1: Lo siento, espere un poco y se va a enfriar.

8–13 ¿Qué comes? ¿Consumes alguno de estos productos? Completa la siguiente tabla.

PRODUCTO	DEMASIADO	BASTANTE	POCO / UN POCO DE	NADA DE
café / té				
pescado				
fruta				
verduras				
agua				

Pregúntale a tu compañero/a qué productos consume y en qué cantidad. Luego tu compañero/a te va a preguntar a ti.

EJEMPLO: **E1:** ¿Bebes **mucho** café?
E2: No, muy **poco.** Pero bebo **mucho** té. ¿Y tú?
E1: No, yo no bebo **nada de** té. Bebo **mucho** café. **Demasiado.**

8-14 ¿A qué restaurante vamos? Están en La Habana en viaje de estudios y quieren ir a comer. Lean la información sobre tres lugares y decidan adónde van y por qué. Justifiquen su decisión con datos del texto.

www.comerenhabana.com

1 Paladar *La Cocina de Lilliam*

Uno de los restaurantes más acogedores de la capital. La cocinera y dueña del paladar es Lilliam Domínguez. La residencia está decorada con hermosas antigüedades. Los más distinguidos personajes han comido en este restaurante, entre ellos el presidente estadounidense Jimmy Carter. Aquí se puede comer la famosa "ropa vieja", un plato tradicional cubano preparado con carne de cordero.
Precio promedio: $9,00

2 Restaurante *La Mina*

Ubicado en la esquina de la Plaza de Armas, en este restaurante se puede disfrutar de una gran variedad de menús cubanos, como tamales, arroz congrí (frijoles colorados con arroz blanco) y cerdo asado. También se sirven excelentes cócteles como el mojito y el daiquiri, postres hechos en casa y el delicioso café "Cubita".
Precio promedio: $17,00

3 Restaurante *La Bodeguita del Medio*

A un lado de la Plaza de la Catedral, en el casco histórico de la ciudad, está este prestigioso restaurante. La Bodeguita es famosa por ser el punto de encuentro de importantes intelectuales y artistas desde su apertura en 1940, como el reconocido escritor estadounidense Ernest Hemingway. La presencia de estas personalidades se ve en cada detalle, fotografías y objetos traídos de todas partes. Es la cuna del famoso cóctel "mojito".
Precio promedio: $25,00

EJEMPLO: E1: Vamos al paladar. Es más barato y tiene comida tradicional.
E2: A mí también me gusta la comida tradicional, pero La Mina parece más interesante, ¿no?

8-15 Situaciones: *En el restaurante* Three students visiting Cuba want to try authentic homemade Cuban food, so they go to a *paladar*. They are looking at the menu and have some questions for the owner about various dishes and drinks. Then they order their food.

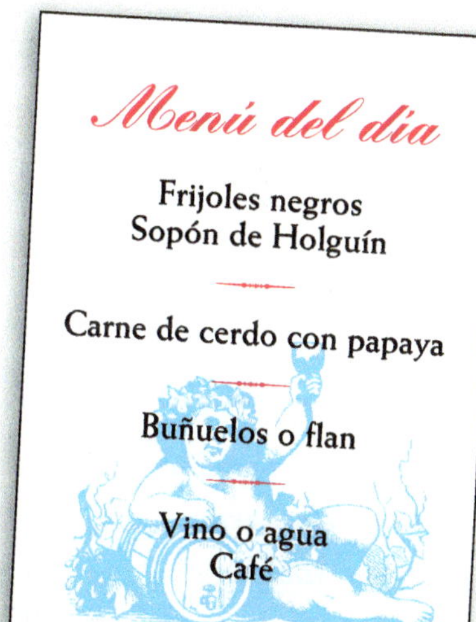

Menú del día

Frijoles negros
Sopón de Holguín

Carne de cerdo con papaya

Buñuelos o flan

Vino o agua
Café

ESTUDIANTE A

You are the owner of this *paladar:*

- greet these two visitors
- ask them questions to find out what they would like to eat
- answer their questions about the dishes
- make some recommendations based on their preferences

They will also have some complaints about the food so make sure you address those as well. Remember to use the *usted* form.

ESTUDIANTE B

You and your friend are in a Cuban *paladar:*

- tell the owner of the restaurant that you cannot have dairy
- explain your food preferences
- ask the owner what you can eat
- inquire about the ingredients in the dishes the waiter recommends

After the food comes, you find it bland and not very hot. Explain your problem to the owner of the restaurant. Remember to use verbal courtesy and the *usted* form.

ESTUDIANTE C

You and your friend are in a Cuban *paladar:*

- explain your food preferences: you love sweets and desserts
- tell the owner of the restaurant that you don't drink coffee or wine
- ask the owner what you can eat
- inquire about the ingredients in the dishes the owner recommends

After the food comes, your main dish has too much salt and the dessert is not sweet enough. Explain your problems to the owner of the restaurant. Remember to use verbal courtesy and the *usted* form.

Tarea global

Escribir una receta de cocina

Sergii Koval / Alamy Stock Photo

Ajiaco cubano

El ajiaco es una sopa propia del campo, pero se come en todos los hogares cubanos. Se compone de diversos ingredientes: vegetales como la calabaza, la yuca, el ñame (*yam*) o el boniato (*sweet potato*) y diferentes carnes, todo mezclado. También se puede agregar plátanos verdes, aguacate y maíz. Este es un plato tradicional de las poblaciones indígenas de la isla.

Preparación Primero, vamos a examinar con detalle un plato típico cubano, sus ingredientes y preparación. Se trata del *ajiaco cubano*, el plato nacional de Cuba.

Ahora vamos a repasar los ingredientes para preparar el ajiaco.

Vamos a escuchar a Ramón, un cocinero cubano, explicar cómo se prepara el ajiaco. Escuchen y ordenen los pasos de la receta.

- ☐ Se corta el tocino.
- ☐ Se pone el maíz en el caldo (*broth*).
- ☐ Se ponen las viandas (*vegetables*).
- ☐ Se fríe el tocino en aceite.
- ☐ Se corta el tasajo en cinco pedazos.
- ☐ Se mezcla la carne de cerdo con la salsa criolla.
- ☐ Se cocina el tasajo durante 30 minutos.
- ☐ Se añade la carne de cerdo al tasajo.
- ☐ Se cocina todo 10 minutos más.

Lean ahora la transcripción para comprobar que el orden es correcto.

Bueno, para hacer ajiaco uno tiene primero que remojar (*soak*) el tasajo durante 12 horas. Luego, el tasajo se pone a cocinar en agua durante 30 minutos, más o menos. Después, se le añade la carne de cerdo y se deja cocinar hasta que esté blando. A continuación se sacan las carnes, se limpia el tasajo y se corta en cinco pedazos. Después de hacer esto, se cuela (*strain*) el caldo, se vierte en la cazuela que usamos antes, se pone al fuego y se incorpora en primer lugar el maíz. Bueno, entonces se deja cocinar el maíz unos 45 minutos y luego se ponen las viandas cortadas en pedazos por orden de dureza (*hardness*), es decir, las más duras primero, las más blandas después. Se cocinan hasta que estén blandas. Después, se corta el tocino en cubos pequeños, se fríe en aceite un poquitico, y se mezcla con la salsa criolla. Todo esto se añade al ajiaco. Finalmente, se cocina todo 10 minutos más, ¡y ya está!

AJIACO CUBANO
DIFICULTAD: media
TIEMPO: 120 minutos
INGREDIENTES (para 6 personas):

tasajo (*dried beef*):	150 gr.
carne de cerdo:	145 gr.
tocino (*bacon*):	80 gr.
plátano pintón:	200 gr.
yuca:	200 gr.
maíz tierno:	200 gr.
calabaza:	200 gr.
boniato:	200 gr.
salsa criolla:	75 gr.
sal:	40 gr.
aceite vegetal:	60 ml.
agua (aprox.):	2.3 l.

Paso 1 En grupos de tres personas, decidan qué plato quieren presentar para una colección de recetas.

Paso 2 Completen esta ficha. Incluyan una lista detallada de los ingredientes y las cantidades necesarias.

INSTRUCCIONES PARA PREPARAR

1. Primero, ...
2. Luego, ...
3. Después, ...
4.
5.
6.

Paso 3 Escriban la receta.

Paso 4 Evalúen su plato según la pirámide de alimentos del ejercicio **8–4**. ¿Es un plato saludable? Expliquen.

	Tiene (mucho, poco, etc.)...	No tiene...
GRANOS		
VERDURAS		
FRUTAS		
LÁCTEOS		
CARNES y FRIJOLES		
GRASAS		
AZÚCAR		

Paso 5 Busquen dos fotos de su plato para mostrar a la clase. Expliquen a la clase el plato que proponen y cómo se prepara. Después, respondan a las preguntas de los/as compañeros/as de clase.

Paso 6 Mi progreso
Review the goals. Mark with a ✔ the goals you think you have achieved and to what extent.

I can...

	very well	well	with difficulty
Goal 1: talk about food.			
Goal 2: give instructions to prepare dishes.			
Goal 3: talk about quantities.			

AYUDA

La carne **se** pone en una sartén.
Las verduras **se** pone**n** en la cazuela.
Se pone la cebolla.
Se pone**n** las verduras.

se mezcla/n	se añade/n
se fríe/n	se asa/n
se hierve/n	se pela/n
se corta/n	se cocina/n

Gente que lee

Estrategias para leer

Word formation

As you already know, words can take on markers of gender or number (*camarero/a/os/as*). Words can also take other endings that change their category. For example, if you add *-ar* to the noun *cocina*, you get the verb *cocinar*.

Affixes are placed either before words (as prefixes) or after them (as suffixes). For example, the word *cierto* (certain) can take the prefix *in-* and form a new word: *incierto* (uncertain). The word *helado* can become *heladería* by adding the affix *-ería* to the first part of the word.

Compound words are single words that are formed by combining two or more other words. For example, the word *paraguas* (umbrella) is formed by two words: *parar* (to stop) and *aguas* (waters). Likewise, the word *abrelatas* (can opener) is formed by two words: *abre* (to open) and *latas* (cans).

Antes de leer

8–16 ¿Qué sabes de Cuba? Di si estas afirmaciones son ciertas (C) o falsas (F). Si son falsas, corrígelas.

1. La capital es Santiago de Cuba.	☐	☐
2. El presidente de Cuba es Fidel Castro.	☐	☐
3. La tasa de alfabetismo (*literacy*) en Cuba es del 99%.	☐	☐
4. En Cuba no se vende Coca Cola.	☐	☐
5. En Cuba hay una moneda (*currency*) oficial: el peso.	☐	☐

8–17 Activando estrategias Lee el título del texto y la primera frase de cada párrafo. ¿De qué crees que va a tratar el texto?

Después de leer

8–18 ¿Comprendes?

1. ¿Qué moneda de Cuba es equivalente a un dólar de Estados Unidos?
2. ¿Qué es un *paladar*?
3. Marca los datos que son ciertos (C), según el texto. Si son falsos (F), corrígelos.
   - **a.** En los restaurantes cubanos puedes pagar en CUP o CUC. ☐
   - **b.** La leche es bastante barata en Cuba. ☐
   - **c.** En el mercado es fácil encontrar verduras. ☐
   - **d.** La comida es muy cara para todos los cubanos. ☐
4. ¿Cuántos pesos cubanos es un dólar de Estados Unidos?

8–19 Activando estrategias

1. Si la palabra **libro** significa *book*, ¿qué significa **libreta** (párr. 3)?
2. La palabra **pasatiempo** (párr. 5) está formada por un verbo y un nombre. ¿Cuáles son? ¿Qué crees que significa esta palabra?
3. ¿Qué significa la palabra **mandar** (párr. 4)? Usa el contexto.
4. Busca en el diccionario la palabra **extranjero** (párr. 4). ¿Es nombre, verbo o adjetivo? ¿Qué necesitas buscar? ¿Qué significado es más apropiado en este contexto?
5. ¿A qué o quién se refieren en el texto?

   esto (párr. 1): ________ los (párr. 3): ________

   prepararla (párr. 3): ________ la (párr. 5): ________

Cuba no se parece a (*is not like*) ningún país

Torontonian / Alamy Stock Photo
Paladar en Pinar del Río, Cuba

En Cuba coexisten dos universos paralelos: uno para locales y otro para turistas, y hay dos monedas oficiales distintas: el peso cubano (CUP) y el peso convertible (CUC) que equivale a 26 pesos cubanos y a un dólar estadounidense. Hay tiendas y supermercados para los cubanos, donde se paga con moneda local, y otros para extranjeros, donde se paga con pesos convertibles. Si viajas a Cuba, debes comer como un cubano, en los lugares a donde los cubanos suelen ir. No vas a gastar demasiado dinero: como $20 dólares a la semana, pero **esto** puede ser el salario mensual (*monthly*) de muchos cubanos.

Lo primero que tienes que saber es que la comida cubana es muy similar a la de otros países del Caribe como Colombia, Venezuela, Puerto Rico o República Dominicana. Los platos más emblemáticos incluyen cerdo asado, yuca con mojo y arroz congrí. En los restaurantes para turistas los precios son más altos y se paga en CUC. Por eso es mejor ir a los lugares locales donde se puede pagar en CUP. Los platos suelen ser bastante abundantes y casi siempre incluyen arroz, ensalada y plátano frito. Los precios suelen variar entre 20 y 60 CUP. También están los *paladares*, que son restaurantes en casas particulares donde la comida es más cara que en los pequeños lugares de comida local.

Si quieres comprar tu propia comida y preparar**la** en casa, puedes ir a un mercado callejero. Los viernes, el mercado está lleno. En el mercado se encuentra una gran variedad de frutas, vegetales y granos, pero hay muy poca carne. Puedes comprar pollos enteros que cuestan 80 CUP (cerca de 3,20 dólares). Hay un área separada dentro del mercado para productos que el gobierno subsidia a través de la **libreta** *de racionamiento*, instituida para ayudar a la economía familiar. Cada cubano tiene derecho a cinco huevos, 0.25 litros de aceite, 2½ kilos de arroz, 1½ kilos de azúcar blanca, un paquete de café, un kilo de sal cada seis meses y 125 gramos de frijoles. Si un cubano **los** quiere comprar, no son nada baratos. Por ejemplo, una docena de huevos cuesta 35 CUP (1,50 dólares).

Los precios en general parecen bajos, pero para un cubano con un salario estándar que no tiene familiares en el **extranjero** los precios son demasiado altos. Los cubanos que tienen parientes viviendo en el exterior, sin embargo, pueden comprar más cosas. Por ejemplo, los familiares que viven en Estados Unidos pueden **mandar** a Cuba hasta 2.000 dólares por mes.

Cuba no se parece a ningún país. Es verdad que hay carencias (*shortages*), pero se siente el calor de la familia, de la calle, de la comunidad, del uno y del otro. Un **pasatiempo** favorito de muchos cubanos es sentarse en la calle a charlar y disfrutar del tiempo libre —aún (*still*) existente— con los amigos tomando un café. Eso sí (*Truth be told*): en Cuba se toma el café negro, sin leche. No te van a ofrecer leche en ningún lugar. Si **la** quieres, tienes que ir al supermercado de moneda convertible, donde un litro de leche cuesta 3 CUC.

8-20 Expansión El último párrafo del texto describe algunas razones por las que (*why*) Cuba no se parece a ningún país (el título del texto). Explica qué razones da el autor del texto. Luego di si en tu país es igual o diferente.

Gente que escribe

Estrategias para escribir

Punctuation and capitalization

Good punctuation can help readers understand a message clearly. Although basic punctuation rules in Spanish are mostly similar to English, there are some important differences.

1. Question marks: In Spanish, they are used both at the beginning and at the end of the sentence.
   - ***¿****Tienes pan****?*** — Do you have bread**?**
   - ***¿****Te gusta comer pescado****?*** — Do you like to eat fish?
2. Comma (*Coma*): In Spanish, the comma is used between each item in a series; however, unlike in English, the last item on the series is introduced by the connectors ***y/o*** and the comma is omitted.

   *Para cocinar este plato necesitas tomate****,*** *cebolla****,*** *sal* ***y*** *pimienta.*
   To cook this dish you need tomato**,** onion**,** salt**, and** pepper.
3. Colon (*Dos puntos*): In Spanish, the colon is used to introduce an enumeration and direct quotations. Attention: unlike in English, in Spanish, the period is placed outside the quotation marks, not inside.

   *La receta dice****:*** *"cocinar todo durante una hora".*
   The recipe says, "cook everything for one hour."
4. Capitalization: unlike in English, in Spanish, we do not capitalize nationalities, days of the week, months, or languages.

   El ajiaco es un plato cubano que se come especialmente en diciembre, enero y febrero.
   Ajiaco is a Cuban dish that you eat especially in December, January, and February.

MÁS ALLÁ DE LA FRASE

Connectors for contrasting ideas

We have already discussed the importance of linking ideas when writing. When we are making comparisons, certain connectors or transition words can help us clearly mark contrasts between two or more things. These are some useful discourse markers for contrasting ideas:

- *sin embargo* (however)
- *en cambio* (on the other hand)
- *mientras que* (while)
- *en contraste* (in contrast)

8–21 Informe Tienes que compilar información útil para los estudiantes interesados en pasar un semestre en la Universidad de La Habana. Escribe un breve informe sobre las diferencias alimentarias entre los estadounidenses y los cubanos.

Antes de escribir

1. ¿Cuáles son las características más importantes de la cocina cubana? ¿Y de la estadounidense?
2. ¿Cuáles son los principales ingredientes de cada país?
3. ¿En qué se diferencian los cubanos y los estadounidenses a la hora de comer?
4. ¿Qué plato tradicional hay que comer en Cuba? ¿Qué lleva y cómo se prepara?
5. ¿Qué debe hacer un estudiante para llevar una dieta saludable si viaja a Cuba?

A escribir

- Decide el registro que vas a usar (formal o informal).
- Incorpora las respuestas del paso anterior (*Antes de escribir*).
- Usa conectores de contraste para hablar de las diferencias entre los países.
- Usa referentes (*lo, la, los, las*) para evitar repeticiones.

DESPUÉS DE ESCRIBIR

- Revisa los Pasos 1 a 8 (página 14, Capítulo 1). Presta atención a los conectores de contraste, y al uso de la puntuación y las mayúsculas (*Estrategias para escribir*).
- Intercambia tu informe con un/a compañero/a y usa la *Guía de Revisión entre Compañeros* disponible en *MyLab*.

Comparaciones culturales

8-22 La Catedral del Helado Lee el siguiente texto. Después habla con tu compañero/a.

La heladería Coppelia en La Habana, conocida también como La Catedral del Helado, es la más grande del mundo y sin duda la más popular entre los isleños, amantes del helado en cualquier época del año. Está en un parque entre la calle 23 y la L, en la zona de la Rampa, una de las áreas urbanas más importantes de la ciudad y el punto de encuentro de miles de jóvenes habaneros, incluyendo los estudiantes universitarios, que se reúnen en Coppelia con frecuencia para pasar un buen rato, ya que la Universidad de La Habana está a dos cuadras de esta famosa heladería. Coppelia es un símbolo nacional desde su inauguración (*opening*) en 1966, y aunque el helado no es de la mejor calidad, cada día visitan la heladería 36.000 personas y se consumen unos 16.000 litros de helado.

En sus comienzos, ofrecía (*offered*) más de 26 sabores y unas 20 combinaciones, pero actualmente la oferta es mucho más limitada para los cubanos, quienes hacen cola de hasta una hora para comprar cada bola de helado por unos cinco CUP o 0.20 dólares estadounidenses. A diferencia de los locales, los turistas que visitan la isla pueden acceder a más sabores y evitar las largas colas por unos pocos dólares. Su ubicación privilegiada y sus precios asequibles (*affordable*) hacen de esta heladería uno de los sitios más populares para pasar un rato agradable con familia o amigos.

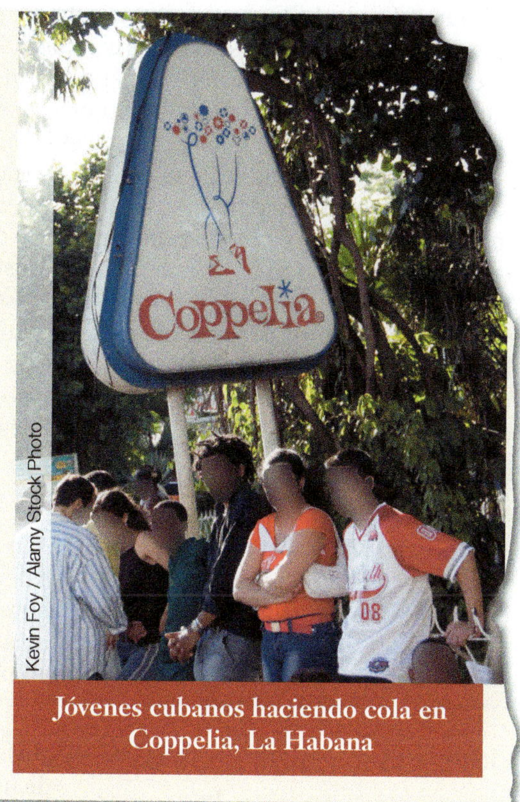

Kevin Foy / Alamy Stock Photo

Jóvenes cubanos haciendo cola en Coppelia, La Habana

1. En tu opinión, ¿por qué los turistas reciben un servicio diferente en la heladería Coppelia? Habla con tu compañero/a.
2. ¿Por qué creen ustedes que Coppelia es popular entre los jóvenes de La Habana? Justifiquen sus respuestas.
   - ☐ Por su historia
   - ☐ Por su ubicación
   - ☐ Por sus precios
3. ¿Existe en sus ciudades algún sitio de comida muy popular entre los jóvenes? ¿Cómo es y por qué es tan popular?

8-23 El tabaco, símbolo de identidad cubana Mira este video hasta el minuto 1:45 y responde a las preguntas.

1. ¿Cierto o falso? Lee estas oraciones y decide si son ciertas o falsas según el video. Si son falsas, corrígelas.

	C	F
a. El tabaco llega a Cuba con Cristóbal Colón.	☐	☐
b. Cuba es el exportador de tabaco más grande del mundo.	☐	☐
c. El tabaco es muy importante para la economía de Cuba.	☐	☐
d. Se tarda un año o más en fabricar un puro habano.	☐	☐

2. Explica de dónde vienen los nombres de las marcas más famosas de puros.

CLUB CULTURA

Explore ***Cuba: Tabaco y azúcar*** with ***Club cultura!***

Video

Ahora lee este texto y responde a las preguntas.

www.habanosdecuba.net

El tabaco es un producto clave de la identidad cubana. En todo el mundo, los puros (*cigars*) cubanos son un símbolo de lujo desde la llegada de los primeros conquistadores en el siglo XIV. La demanda del habano, el puro cubano considerado como el mejor del mundo, va en ascenso en Europa, Asia y América Latina. Para los cubanos, en cambio, el tabaco es sinónimo del trabajo, la tradición y el orgullo de su gente. El proceso de elaboración de los cigarros es principalmente artesanal y mantiene prácticas milenarias. Por eso, en pleno centro histórico de La Habana, en un edificio del siglo XVIII, se encuentra el Museo del Tabaco, la única institución destinada a conservar y mostrar colecciones vinculadas a la cultura tabacalera de la isla. En el museo se puede hacer un recorrido por los aspectos históricos y culturales del tabaco, el proceso de cultivo de la hoja y la fabricación de los cigarros. Además, se puede observar una colección de fotos de grandes personalidades mundiales consumidoras de los famosos puros.

Rolf Richardson / robertharding / Alamy Stock Photo

Casa de secado (*drying*) del tabaco, Pinar del Río, Cuba

¿Cómo se hace un habano?

Para armar la parte central del tabaco se usan tres tipos de hojas (*leaves*): las de la parte alta de la planta le dan el sabor (*flavor*), las del centro el aroma, y las de la parte baja la combustión. Todo esto se envuelve (*is wrapped*) con otra hoja que se llama capote. Finalmente, este producto se envuelve con una hoja delicada y más húmeda que no recibe sol directamente. Todas las hojas se tratan artesanalmente hasta que tienen el color marrón y el sabor característico del tabaco. Este proceso puede tardar años.

1. ¿Existe algún museo de un producto que simboliza la identidad o el pasado de tu país? ¿Cómo es? ¿Qué similitudes tiene con el Museo del Tabaco?
2. Estas son personas famosas que fumaban (*smoked*) o fuman puros habanos. En grupos, busquen información sobre una de estas personas y su relación con el tabaco cubano. Después compartan la información con la clase.
   - Groucho Marx
   - John F. Kennedy
   - Winston Churchill
   - Michael Jordan
   - Jay-Z

8-24 Cuba y Estados Unidos: una larga historia

La isla de Cuba, descubierta por Cristóbal Colón en su primer viaje, estuvo (*was*) bajo dominio español y ocupación estadounidense hasta su independencia a comienzos del siglo XIX. Los cubanos tienen una larga historia de inmigración a Estados Unidos como consecuencia de cambios políticos en la isla y más tarde, de factores económicos. Se estima que en la actualidad unos 2 millones de cubanos residen en el país, lo que convierte a los cubano-estadounidenses en el mayor grupo de cubanos que viven fuera de su país. Hay importantes comunidades en Nueva Jersey y el oeste de Nueva York, pero la mayoría vive en la Florida, especialmente en Miami. Pequeña Habana es un barrio popular de Miami que recrea el estilo de vida natal de los cubanos, con negocios típicos y su propio Paseo de la Fama donde quedan inmortalizados entrañables artistas del exilio como Celia Cruz, Willy Chirino y Gloria Estefan.

1. ¿Por qué creen ustedes que Estados Unidos es el principal destino para los cubanos en el exilio? Justifiquen sus respuestas.
2. ¿Qué impacto crees que tiene la comunidad cubano-estadounidense en Miami? Habla con tu compañero/a.

Vocabulario

Los alimentos	*(Food)*
el aceite	*oil*
el aguacate	*avocado*
el ajo	*garlic*
el arroz	*rice*
el azúcar	*sugar*
la calabaza	*pumpkin*
la carne	*meat*
la cebolla	*onion*
el cerdo	*pork*
la fresa	*strawberry*
los frijoles	*beans*
la fruta	*fruit*
las galletas	*cookies*
la harina	*flour*
el huevo	*egg*
el jamón	*ham*
los lácteos	*dairy*
la lechuga	*lettuce*
el limón	*lemon*
el maíz	*corn*
la mantequilla	*butter*
la manzana	*apple*
el marisco	*seafood*
la naranja	*orange*
el pan	*bread*
la papa; patata	*potato*
el pavo	*turkey*
el pepino	*cucumber*
la pera	*pear*
el pescado	*fish*
la pimienta	*pepper (spice)*
el pimiento	*pepper (vegetable)*
la piña	*pineapple*
el plátano	*banana*
el pollo	*chicken*
el queso	*cheese*
la sandía	*watermelon*
el tomate	*tomato*
la uva	*grape*
la verdura	*vegetable*
la zanahoria	*carrot*

Las bebidas	*(Drinks)*
el agua	*water*
el café	*coffee*
la cerveza	*beer*
el jugo	*juice*
la leche	*milk*
la limonada	*lemonade*
el refresco	*soft drink, soda pop*
el té	*tea*
el vino	*wine*

Las medidas y los envases	*(Measures and containers)*
la botella	*bottle*
la bolsa	*bag*
la caja	*box*
la cantidad	*quantity*
la docena	*dozen*
el gramo	*gram*
el kilo	*kilogram*
la lata	*can*
el litro	*liter*
el paquete	*pack, package*
el peso	*weight*
la taza	*cup*

La cocina y el restaurante	
el aperitivo	*appetizer*
la cazuela	*casserole; pot*
el cocido; el guiso	*stew*
el/la cocinero/a	*chef; cook*
la copa	*wine glass*
la cuchara	*spoon*
el cuchillo	*knife*
la cuenta	*check; bill*
la ensalada	*salad*
la parrilla	*grill*
el postre	*dessert*
la propina	*tip*
la sartén	*frying pan*
la sopa	*soup*
el tenedor	*fork*

Adjetivos	
amargo/a	*sour*
asado/a	*roasted*
blando/a	*soft*
caliente	*warm; hot*
crudo/a	*raw*
dulce	*sweet*
duro/a	*hard*
fresco/a	*fresh*
frito/a	*fried*
fuerte	*strong*
picante	*hot; spicy*
rico/a	*tasty; delicious*
salado/a	*salty*
soso/a	*tasteless*
tierno/a	*tender*

Verbos	
almorzar	*to have lunch*
añadir	*to add*
asar	*to roast*
batir	*to beat*
calentar (ie)	*to heat*
cenar	*to have dinner*
cortar	*to cut*
desayunar	*to have breakfast*
freír (i)	*to fry*
hervir (ie)	*to boil*
mezclar	*to mix*
pedir (i)	*to order (in a restaurant)*
pelar	*to peel*
servir (i)	*to serve*

Consultorio lingüístico

1 Quantifying

These words are used to modify the quantity or intensity of the meaning of a noun, adjective, or verb.

- When modifying verbs, these words don't change form: their form is always the masculine singular:

(muy) poco	*(little, very little)*
mucho	*(a lot, very much)*
demasiado	*(too much)*
bastante	*(quite a bit, quite a lot)*
suficiente	*(enough)*

Carlos no come **demasiado.**
*Carlos does not eat **too much**.*

Marisa bebe **muy poco**.
*Marisa drinks **very little**.*

Roberto cocina **bastante.**
*Roberto cooks **quite a lot.***

No es bueno cenar **mucho**.
*Eating **too much** for dinner is not good.*

- When modifying adjectives, these words don't change form: their form is always the masculine singular:

poco	*(not very)*
muy	*(very)*
demasiado	*(too)*
bastante	*(quite, enough)*
un poco	*(a bit)*

Este bistec está **muy** duro.
*This steak is **very** hard.*

El aguacate es **poco** común en mi país.
*Avocados are **not very** common in my country.*

Estas lechugas no son **bastante** frescas.
*This lettuce is **not** fresh **enough**.*

Estos tomates son **demasiado** pequeños.
*These tomatoes are **too** small.*

Este plátano está **bastante** bueno.
*This banana is **quite** good.*

Esta bebida es **un poco** amarga.
*This drink is **a bit** sour.*

- When these words modify nouns, they change form to agree in gender and number with the noun:

SINGULAR		PLURAL		
MASCULINE	FEMININE	MASCULINE	FEMININE	
poc**o**	poc**a**	poc**os**	poc**as**	*(few, little, very little)*
much**o**	much**a**	much**os**	much**as**	*(many, a lot of)*
demasiad**o**	demasiad**a**	demasiad**os**	demasiad**as**	*(too many, too much)*
suficiente		suficient**es**		*(enough)*
bastante		bastant**es**		*(enough)*

Juan come **demasiados** helados.
*Juan eats **too many** ice cream cones.*

Juan come **demasiadas** hamburguesas.
*Juan eats **too many** hamburgers.*

Tenemos **bastantes** huevos para la tortilla.
*We have **enough** eggs for the omelette.*

La salsa tiene **poco** jugo de limón.
*The salsa has **little** lemon juice.*

Hay que comer **mucha** fibra.
*You need to eat **a lot of** fiber.*

Hay que comer **muchas** verduras.
*You need to eat **a lot of** vegetables.*

With non-countable nouns, we use the expression ***un poco de*** *(a little bit of):*

Necesito **un poco de** sal.
*I need **a little bit of** salt.*

¿Tienes **un poco de** leche?
*Do you have **a little bit of** milk?*

2 Negative Quantifiers

To indicate the complete absence of something, we make the sentence negative. The negative quantifying of something depends on what we are quantifying.

1. When the noun is something that cannot be counted, we always use the singular form:

   No hay azúcar.
   *There is **no** sugar.*

   No pongo sal en la ensalada.
   *I **don't** put salt in the salad.*

   No tengo harina.
   *I **don't** have **any** flour.*

   To emphasize complete absence, sometimes we use ***nada (de)***:

   En la nevera **no** hay **nada de** leche.
   *There is **no** milk in the refrigerator.*

   No pongo **nada de** sal en la ensalada.
   *I **don't** put **any** salt in the salad.*

   Esa receta **no** lleva **nada de** aceite.
   *That recipe **doesn't** include **any** oil.*

   If the noun has been mentioned previously, we use the word ***nada***:

   - ¿Tomas café por la noche? —Do you drink coffee at night?
   - *No, no tomo **nada** (de café).* —No, I don't drink **any** (coffee).

2. When the noun is something that can be counted:

   No tengo plátanos.
   *I **don't** have **any** bananas.*

   No hay manzanas.
   *There **aren't any** apples.*

   If the noun has been mentioned previously, it may be expressed in subsequent references by the pronouns ***ninguno / ninguna*** without repeating the original noun:

   - ¿Tienes plátanos? —*Do you have bananas?*
   - No, **no** tengo **ningún** plátano. —*No, I don't have **any** bananas.*
     No, **no** tengo **ninguno**. —*No, I don't have **any**.*
     No, **no** tengo. —*No, I **don't**.*

   - ¿Hay manzanas en el refrigerador? —*Are there any apples in the refrigerator?*
   - No, **no** hay **ninguna** manzana. —*No, there **aren't any** apples.*
   - No, **no** hay **ninguna.** —*No, there **aren't any**.*
   - No, **no** hay. —*No, there **aren't**.*

To ask about the **existence** or **presence** of something in English, we use the word **any**:

*Are there **any** strawberries?*
*Is there **any** milk?*

In the same context in Spanish, we don't need a particle corresponding to **any**:

¿**Hay** fresas?
¿**Hay** leche?

To give a negative answer in Spanish, the verb takes a negative form:

No **hay** fresas.
No **hay** leche.

This is in contrast to English:

There are no strawberries.
There is no milk.

3 Likes, Dislikes, Agreement, and Disagreement

With verbs used to express likes and dislikes (such as ***me gusta*** or ***me encanta***), the element that you like or dislike is the **subject** of the sentence. The person who likes or dislikes something is the **object** of the sentence. The verb can take a noun (singular or plural) or an infinitive:

	SUBJECT	
Me gust**a** / me encant**a**	el pollo con tomate / la sandía	*SINGULAR NOUNS*
Me gust**an** / me encant**an**	las hamburguesas / los pimientos	*PLURAL NOUNS*
No me gusta	comer verduras	*INFINITIVES*

The presence of ***a mí***, ***a ti***, ***a él***, etc. depends on the need to clarify or emphasize who likes or dislikes something. However, the use of the pronouns ***me***, ***te***, ***le***... is not optional: ***(A mí)*** *me gusta la piña.* (= I like pineapple.)

Unlike in English, in Spanish, the verbs ***gustar*** (*to like*) and ***encantar*** (*to love*) are used always in the third person, singular or plural:

A mí	**me**	
A ti	**te**	
A él, ella, usted	**le**	**gusta/n**
A nosotros, nosotras	**nos**	
A ellos, ellas, ustedes	**les**	

- Like other verbs, these can take quantifiers as well:

  Me gusta **mucho** comer pescado.
  *I like eating fish **a lot**.*

  No me gusta **mucho** la carne.
  *I **don't** like meat **very much**.*

  No me gustan **nada** las empanadas.
  *I **don't** like empanadas **at all**.*

  A Jacinto le gustan **demasiado** los dulces.
  *Jacinto likes sweets **too much**.*

- We often use expressions of agreement or disagreement that follow the grammar pattern of these verbs:

● (**A mí**) me encanta el pan.	—*I **love** bread.*
○ **A mí también.**	—***Me too.***
● **A mí no.**	—***Not me.***
● (**A mí**) **no** me gustan **mucho** los frijoles.	—*I **don't** like beans **very much**.*
○ **A mí tampoco.**	—***Me neither.***
● **A mí sí.**	—***I do.***

4 States and Conditions

In Spanish, ***estar* + adjective** is used to describe the state or condition of a subject, especially one susceptible to change. These adjectives do not denote an inherent characteristic of the subject. This happens when talking about foods.

- Esta sopa **está** muy caliente. — *This soup **is** very hot.*
- ¿Y la carne? — *And the meat?*
- La carne **está** fría. — *The meat **is** cold.*

- ¿**Está** blando el bistec? — ***Is** the steak tender?*
- No, **está** muy duro. — *No, it **is** very tough.*

- Mi comida **está** muy buena. — *My food **is** very good.*
- ¿Sí? La mía **está** mala. — *Really? Mine **is** bad.*

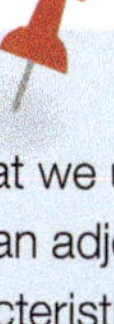

Remember that we use the verb ***ser*** with an adjective to express characteristics that define the nature of a subject. In the case of foods, ***ser*** can also be used with the adjectives ***bueno*** or ***malo:***

Las verduras **son** muy buenas.
*Vegetables **are** very good.*

Estas naranjas **son** malas.
*These oranges **are** bad.*

In contrast, we use ***estar*** after we try the food, to talk about its condition:

¡Mmm! Estas verduras **están** muy buenas.
*¡Mmm! These vegetables **are** (taste) very good.*

Esta naranja **está** mala. No la quiero.
*This orange **is** (tastes) bad. I don't want it.*

5 Impersonal *se*

We use the impersonal **se** to generalize, in the same way that we generalize by using ***la gente*** o ***todo el mundo*** (*everybody*). We do not want to identify who carries out the action, or it is not important information:

En Cuba **se cena** tarde.
*In Cuba **they have dinner** late.*

El ajiaco **se prepara** con carne.
***They cook** ajiaco with meat.*

When a verb takes a direct object, the verb and direct object agree. If the direct object is plural, the verb is also plural:

En Cuba **se cultiva** arroz.
***They grow** rice in Cuba.*

Aquí **se come** un pescado muy rico.
***You can eat** very good fish here.*

En Cuba **se fabrican** excelentes cigarros habanos.
*In Cuba **they make** excellent cigars.*

There is no one-to-one equivalent in English for ***se***. Instead, in English, the impersonality or lack of subject in a sentence is expressed by using a symbolic subject, such as **people**, or **you**, as in:

People in Cuba have dinner late.
They have dinner late in Cuba.

Capítulo 9

Gente de ciudad

Christian Vinces/Shutterstock

Centro histórico de Lima

At the end of this lesson, I will be able to…

PRESENTATIONAL AND INTERPERSONAL COMMUNICATION

Speaking

- talk about the location of places in a city.
- describe and compare cities.
- express and contrast opinions.
- check for and show comprehension during conversation.

Writing

- write a descriptive review about a familiar place.
- write basic comparisons between two cities.
- use editing skills and cohesion devices to ensure relevance and connect information.

INTERPRETIVE COMMUNICATION

Listening

- understand information related to cities.
- understand comparisons and opinions related to city life and campus life.

Reading

- understand the main ideas and key information in descriptive and informational texts.
- take Spanish word order into account when reading sentences.

INTERCULTURAL COMPETENCE

- understand the influence of an important immigrant community in the diet of Peru.
- understand the impact of a Peruvian community in the United States and their contributions.

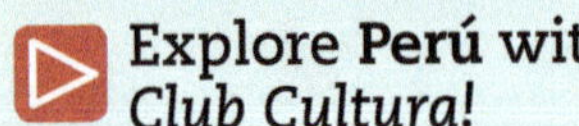

TAREA GLOBAL

Identificar los problemas de una ciudad universitaria y proponer soluciones

CLUB CULTURA

Explore Perú with *Club Cultura!*

Acercamientos

9-1 **Ciudades de Perú** Lee este texto. ¿Qué te sorprende?

Perú es el tercer país más grande y el quinto más poblado de Sudamérica, con unos 30,5 millones de personas. El 76% de la población vive en ciudades y el resto en el campo. Las ciudades más importantes se encuentran en la costa, como Trujillo y Lima. En la sierra se destacan Arequipa, Cajamarca y Cuzco, mientras que en la selva la más importante es Iquitos.

Lima, la capital, está en la lista de las mejores (*best*) ciudades para vivir en Latinoamérica. Es una ciudad cosmopolita donde confluyen lo moderno y lo antiguo. Tiene un centro histórico de más de 600 años de antigüedad y cientos de construcciones coloniales. También tiene la mayor (*biggest*) cantidad de centros comerciales, teatros, restaurantes, museos y centros culturales del país. En la capital vive la comunidad étnica china más grande y la segunda comunidad japonesa de Latinoamérica.

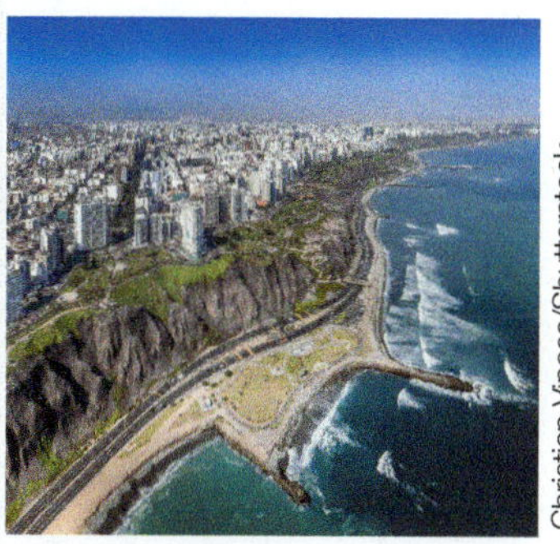
Christian Vinces/Shutterstock

Kseniya Ragozina / Alamy Stock Photo

Habla con tu compañero/a.

1. La gente en tu país, ¿prefiere el campo o la ciudad? ¿Dónde están las ciudades más importantes?
2. Compara Lima con tu ciudad de origen. ¿En qué se parecen? ¿Qué cosas son diferentes?

9-2 **¿Qué ciudad de Perú es?** ¿A qué ciudades peruanas del mapa corresponden estos datos? Traten de averiguarlo con la ayuda de las fotos, el mapa y su profesor/a.

a. Es una de las 28 ciudades más pobladas del mundo.
b. Es la segunda ciudad más importante de Perú.
c. Está situada en la sierra al sur de Perú.
d. Es la capital del antiguo imperio inca y Patrimonio de la Humanidad.
e. Está ubicada a orillas del río Amazonas y es la ciudad más importante de la Amazonía peruana.
f. Está a orillas del océano Pacífico y tiene playas por toda su costa.
g. Es una ciudad moderna y cosmopolita con mucho entretenimiento y vida cultural.
h. En el idioma quechua, su nombre significa "ombligo," o centro del mundo.
i. Tiene un puerto marítimo muy importante: El Callao.
j. Solo se puede llegar a esta ciudad por vía aérea o fluvial.
k. Está rodeada de tres volcanes: Misti, Chachani y Pichu Pichu.
l. Hay muchas iglesias y monumentos de estilo colonial.

EJEMPLO: **E1:** Me parece que la A es Cuzco.
E2: ¿Cuzco? No, yo creo que es Lima porque es más grande.

Vocabulario en contexto

9-3 Calidad de vida El ayuntamiento de la ciudad donde estudias quiere conocer tu opinión. Lee las siguientes opiniones y marca si estás de acuerdo o no con ellas. Luego suma tus respuestas y dale una calificación global a la ciudad. (Respuestas: Sí = 1 punto, No = 0 puntos)

www.ayuntamiento.com

Encuesta sobre la calidad de vida Ayuntamiento de...	¿Estás de acuerdo?	
	Sí (1 p.)	No (0 p.)
TAMAÑO		
01. Es demasiado grande	☐	☐
02. Es demasiado pequeña	☐	☐
TRANSPORTE Y COMUNICACIÓN		
03. Tiene muchos embotellamientos	☐	☐
04. El transporte público funciona bien	☐	☐
05. Tiene aceras para caminar	☐	☐
CULTURA Y OCIO		
06. Hay suficientes zonas verdes	☐	☐
07. Hay una buena oferta cultural (espectáculos, estadios, museos,etc.)	☐	☐
08. Hay una buena vida nocturna (discotecas, restaurantes, etc.)	☐	☐
ECOLOGÍA		
09. Tiene demasiada contaminación	☐	☐
10. Tiene un buen servicio de reciclado de basura	☐	☐
PROBLEMAS SOCIALES		
11. Es una ciudad segura	☐	☐
12. Hay pocas personas sin hogar (*homeless*)	☐	☐
TOTAL	_____	_____
Yo creo que.... Me parece que.... Es importante....		

Compara tus opiniones con las de tus compañeros/as de grupo. Comenta los aspectos positivos o negativos que consideras más importantes de la ciudad.

EJEMPLO: E1: Mi calificación es 8. A mí me parece que hay demasiado tráfico. Además, hay mucha contaminación y embotellamientos.

E2: Pues yo creo que es un 9 porque hay mucho entretenimiento y...

9-4 Un futuro para esta ciudad Cada grupo decide cuáles son los aspectos más importantes en una ciudad. Después decide qué aspectos necesita mejorar la ciudad donde viven.

Para nosotros, los aspectos más importantes son ____________, ____________ y también ____________.

Nos parece que esta ciudad necesita ____________, ____________ y además ____________.

9-5 Dos ciudades peruanas para vivir Lee los textos. Piensa en los aspectos más importantes de **9-4** y haz una lista de tres pros y tres contras de cada ciudad peruana. ¿En qué ciudad prefieres vivir? Compara tus opiniones con tu compañero/a y justifica tu elección.

www.limaoiquitos.com

Rene Meyer / mauritius images GmbH / Alamy Stock Photo

Lima es una metrópoli de 8 millones y medio de habitantes y la única capital de Sudamérica situada frente al océano. Es una ciudad moderna que mantiene muestras de su cultura prehispánica y del período colonial, pero también es un importante centro industrial y financiero. La Lima moderna se caracteriza por sus rascacielos, lujosos hoteles y una animadísima vida nocturna. Los más jóvenes prefieren barrios como Miraflores y Barranco por sus espectáculos callejeros, tiendas, bares y discotecas. Por supuesto, como toda gran ciudad, Lima sufre de problemas como la contaminación, el tráfico y la inseguridad.

Iquitos está a orillas (*on the banks*) del Amazonas y tiene 250.000 habitantes. A pesar de ser la ciudad más grande de la Amazonía peruana, sólo se puede acceder a ella por vía aérea o por el río. Entre sus principales atracciones se encuentran la Biblioteca Amazónica, una de las más importantes de América, y la Casa Eiffel, diseñada por Gustave Eiffel y un icono cultural de la ciudad. En los alrededores viven algunas poblaciones nativas que mantienen rasgos culturales originales. Iquitos tiene además una vida nocturna de gran vitalidad con bares y restaurantes muy populares. El medio de transporte más popular y preferido por los jóvenes es el mototaxi: hay tantos que a veces crean un caos de tránsito.

gustavo ramirez / Getty Images

EJEMPLO: **E1:** Lima es más industrial y moderna. Creo que hay más vida cultural.

E2: Pero en las ciudades como Lima hay inseguridad. Yo prefiero una ciudad pequeña.

COMPARACIÓN

Lima tiene **más** habitantes **que** Arequipa.
Arequipa tiene **menos** habitantes **que** Lima.

Lima es **más** grande **que** Arequipa.
Arequipa es **más** pequeña **que** Lima.

más bueno/a → **mejor**
más malo/a → **peor**

Superlativo

Lima es una ciudad grand**ísima**.

COMPARACIONES DE IGUALDAD

Con nombres

Lima tiene { **tanto** encanto / **tanta** contaminación / **tantos** monumentos / **tantas** iglesias } **como** Cuzco.

Con adjetivos

Cuzco es **tan** importante **como** Lima.
Cuzo es **igual de** importante **que** Lima.

PRONOMBRES RELATIVOS

Lima es una ciudad...

que tiene muchos museos.
en la que / donde la gente vive muy bien.
a la que vamos todos los veranos.

Son unas ciudades...

que tienen muchos museos.
en las que / donde se puede ver arte.
a las que vamos todos los veranos.

Lengua en contexto

9-6 ¿Campo o ciudad? Escucha las opiniones de estos dos amigos sobre el campo y la ciudad. ¿Qué prefieren y por qué?

	¿Qué prefiere?	¿Por qué?
Gonzalo		El campo tiene menos / más _______ que _______. En la ciudad hay menos / más _______ que en_______. En el campo hace menos / más _______ que en _______.
Gabriela		La ciudad es menos / más _______ que _______. El campo tiene menos / más _______ que _______. En la ciudad hay menos / más _______ que en _______.

9-7 ¿Y tú? Piensa en más ventajas y desventajas de vivir en el campo o en la ciudad y después comparte tus opiniones con tu compañero/a. ¿Están de acuerdo? Después hagan una lista de tres ventajas y tres desventajas.

EJEMPLO: E1: **A mí me parece que** en el campo necesitas el coche para todo.
E2: **No estoy de acuerdo** porque en la ciudad también lo necesitas.
E1: **Tienes razón,** pero en el campo es **más** difícil vivir sin carro **que** en la ciudad.

9-8 Nueva York y Lima Estos son algunos datos de dos grandes ciudades: Lima y Nueva York. Comparen las dos ciudades usando los datos.

	Nueva York (EE. UU.)	Lima (Perú)
Superficie	830 km^2	2.672 km^2
Habitantes	8,5 millones	8,5 millones
Densidad	10.700 habitantes/km^2	3.200 habitantes/km^2
Temperatura media en julio	29°C	19°C
Temperatura media en diciembre	3°C	24°C
Calidad del aire	mala	mala
Taxis	12.000	200.000
Turistas/año	63 millones	4,4 millones

Ahora comparen Lima con su ciudad o pueblo.

EJEMPLO: E1: Mi ciudad es **mucho más pequeña que** Lima. Es **pequeñísima.**
E2: Sí, la mía (mine) tiene **menos taxis** también.

9-9 ¿Cómo es Cuzco? Lee este texto sobre Cuzco. Fíjate en las palabras en negrita. Identifica a qué o quién se refieren.

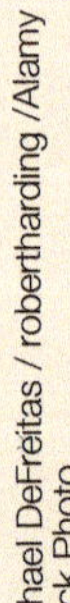
Michael DeFreitas / robertharding /Alamy Stock Photo

Cuzco es una ciudad **que** tiene miles de atractivos, y **en la que** puedes disfrutar de tantas actividades y diversiones como en una gran ciudad. Es un lugar **donde** se funden la influencia española con el pasado andino, **en el que** todavía hoy se celebra el *Inti Raymi* o Fiesta del Sol durante el solsticio de invierno el 24 de junio de cada año. Es una ciudad **que** vive principalmente de la agricultura y el turismo. También tiene varias universidades **a las que** asisten miles de estudiantes cada año. Cuzco es una ciudad **a la que** viajan casi todas las personas **que** visitan Perú y tiene un aeropuerto **al que** necesitas ir para volar a las ruinas de Machu Picchu.

Ahora completa esta descripción de tu ciudad o pueblo y después comparte la información con tu compañero/a.

Es un lugar que ______________. Es un lugar en el que _________. En mi ciudad / pueblo hay un/a ____________ al/a la que ___________. También hay un/a _________ donde ___________.

9-10 Ciudades del mundo Mira esta lista de ciudades. ¿Por qué crees que están en la lista? ¿Qué ciudades de tu país pueden estar en la lista? Comparte tus opiniones con tu compañero/a.

LAS CIUDADES...		
más sostenibles	**más seguras**	**más contaminadas**
1. Zúrich (Suiza) 2. Singapur (Singapur) 3. Estocolmo (Suecia)	1. Tokio (Japón) 2. Singapur (Singapur) 3. Osaka (Japón)	1. Delhi (India) 2. El Cairo (Egipto) 3. Bombay (India)

EJEMPLO: E1: **Creo que** Zúrich es **muy sostenible** porque cuida mucho el medio ambiente.

E2: Sí, **tienes razón. Me parece que** ___________ puede estar en la lista porque...

Ahora decidan qué es una ciudad sostenible y elaboren una definición. Completen estas frases. Después compartan su definición con la clase.

Es una ciudad **que** _________________.
en la que _______________.
donde _________________.

9-11 ¿Qué ciudad es? Piensa en una ciudad mundialmente famosa y escribe cuatro frases para describirla. El resto de la clase va a adivinar qué ciudad es.

EJEMPLO: E1: Es una ciudad **donde** hay muchos rascacielos.

E2: Es una ciudad **a la que** van muchos turistas.

9-12 ¿Dónde están? Pregunta a tu compañero dónde están estos lugares. Tu compañero/a tiene que usar el plano para explicarte dónde están. Después intercambien sus papeles.

- el cine
- el museo
- el centro comercial
- el parque
- la clínica
- el supermercado
- la tienda de ropa
- la escuela

E1: ¿Dónde **está** la piscina olímpica?

E2: **Está al sur, cerca** del estadio de fútbol.

Illustration by Noelle Cremer

EXPRESAR Y CONTRASTAR OPINIONES

A mí me parece que...
(Yo) pienso / creo que...

Yo (no) estoy de acuerdo { **con**... / **contigo**. / **con** eso. }

Sí, tienes razón.

Sí, claro, pero... / **Eso es verdad, pero...** / **Creo que sí / que no.** } + OPINIÓN

LOCALIZACIÓN

El restaurante **está** { **cerca de** / **lejos de** / **al lado de** / **a la izquierda de** / **a la derecha de** / **enfrente de** / **detrás de** / **delante de** } la farmacia.

Interacciones

Estrategias para la comunicación oral

Collaboration in a Conversation (I)

When having a conversation, speakers need to make sure they understand and are understood. This is even more the case when you are speaking a foreign language that you are just acquiring. At certain points in the conversation, you need to ascertain whether others are following what you are saying. These rhetorical questions are important for maintaining the natural flow of conversation. These are some of the most common expressions:

- *¿(Me) entiendes?* — Do you understand?
- *¿Sabes?* — You know?
- *¿Verdad?* — Right?
- *¿No?* — Right?
- *¿No te parece? / ¿No crees?* — Don't you think?

Likewise, you can show that you understand by using expressions such as:

- *(Sí), claro.* — (Yes), of course.
- *(Sí), comprendo / entiendo.* — (Yes), I understand.
- *Ya (veo).* — I see.

9-13 ¿Ciudad grande o pequeña? Un estudiante va a defender la vida en una gran ciudad y otro la vida en una ciudad pequeña. Primero, individualmente, elaboren un argumento a favor en cada área y añadan un área más.

Ahora hagan un debate. Comparen sus opiniones para cada uno de los cinco puntos y defiendan su posición.

EJEMPLO: E1: **A mí me parece** que las ciudades grandes como Chicago son **mejores. Pienso que** ofrecen **más opciones** de trabajo **que** las ciudades pequeñas, **¿no crees?**

E2: **Sí, claro,** pero…

ESTUDIANTE A: CIUDAD GRANDE

1. trabajo:
2. compras:
3. entretenimiento:
4. transporte:
5. ________________

ESTUDIANTE B: CIUDAD PEQUEÑA

1. trabajo:
2. compras:
3. entretenimiento:
4. transporte:
5. ____________

9-14 ¿Barranco o Centro Histórico? Están en Lima de visita y tienen que decidir qué área de la ciudad van a visitar hoy. Primero lean las dos opciones para conocer la ciudad. Después encuentren cuatro diferencias entre los barrios y las cosas que pueden hacer en cada uno.

Barranco

Puente de los suspiros en Barranco, Lima

Federico Tovoli / VWPics / Alamy Stock Photo

Si te gusta el arte y la vida nocturna, tienes que ir a Barranco, considerado por muchos el lugar más cosmopolita, bohemio y pintoresco de la ciudad; y uno de los 25 barrios más *hípster* del mundo. Lo mejor que puedes hacer en Barranco es caminar y perderte por sus coloridas calles y avenidas, donde los artistas muestran sus obras, y encontrar museos y galerías. Por ejemplo, en el Museo Mario Testino o MATE puedes ver muchísimas obras de este fotógrafo peruano que es el preferido de las estrellas de Hollywood. También hay muchos sitios donde puedes ir a cenar, y bares y discotecas frente al mar para escuchar música y bailar. Un dato importante: los restaurantes de la zona están abiertos hasta muy tarde por la noche y allí puedes degustar la variada gastronomía peruana. Finalmente, hay dos sitios que no debes perderte: la Bajada de Baños, famosa por sus espectáculos callejeros (*street shows*), y el Puente de los Suspiros. Cuenta la leyenda que si pides un deseo y logras cruzar todo el puente mientras aguantas la respiración (*hold your breath*), el deseo se hará realidad.

El Centro Histórico

Si visitas la capital peruana, tienes que destinar medio día a conocer su centro histórico, declarado Patrimonio de la Humanidad (UNESCO). Debes comenzar pronto. Es mejor hacer este paseo por la mañana. En el corazón del casco histórico está la Plaza de Armas o Plaza Mayor, una de las más hermosas de Latinoamérica. A su alrededor se encuentran espectaculares edificios como el Palacio de Gobierno, que es la residencia oficial del presidente; la Catedral de Lima, donde están los restos del conquistador Francisco Pizarro; y más de 600 monumentos históricos. Si tomas la calle Jirón de la Unión vas a ver artistas, cadenas de comida y muchas tiendas. Al final de la calle está la Plaza San Martín, llamada así en honor al libertador de Perú. Después puedes ir al Convento de Santo Domingo, un grupo de edificios religiosos del siglo XVI que tiene un bello campanario (*bell tower*) con vistas a todo el centro histórico de la ciudad. Tienes que darte prisa (*hurry up*) e ir al Palacio de Gobierno a las 12:00 para ver el cambio de guardia. Para terminar el paseo, puedes caminar al Mercado Cubierto y probar la mejor comida local y el famoso pisco sour por poco dinero.

Ahora comparen los barrios y decidan adónde van.
No olviden que deben llegar a un acuerdo.

EJEMPLO: E1: A mí me parece que es mejor ir al centro histórico. **Es más interesante que** Barranco, **¿no creen?**
E2: Ya, pero hay que levantarse **más temprano**... **¿no?**

9-15 ¿Qué es? Elige tres de los lugares que aparecen en la actividad **9-14** y describe cada lugar: qué es, cómo es, dónde está, etc. Tu compañero/a va a adivinar de qué lugar se trata.

1. El Palacio de Gobierno
2. La Catedral de Lima
3. El Mercado Cubierto
4. El Museo Mario Testino
5. La Bajada de Baños
6. El Puente de los Suspiros

EJEMPLO: E1: Es el lugar **en el que** vive el presidente. Está en el centro histórico.
E2: Creo que es...

Ahora hagan lo mismo con dos lugares que hay en la ciudad donde estudian.

9-16 Situaciones: *¿Nueva York o Los Ángeles?* A Peruvian student wants to visit the United States this summer. S/he needs to decide between New York and Los Angeles and calls a friend in the United States to ask for an opinion.

ESTUDIANTE A

A friend from Lima is coming to live in the United States for the summer. S/he loves big cities but can't decide between New York and Los Angeles. Help him/her by comparing different aspects of both cities.

	Nueva York	Los Ángeles
Densidad de población	10.200 personas/km^2	3.200 personas/km^2
Bicicletas públicas	Sí	No
Museos	89	92
Precio boleto transporte público	$2,75	$1,75
Precio de 1 litro de leche	$1,02	$0,90
Nivel de calidad del aire	Moderado	Moderado
Seguridad (*safety*)	Puesto 21 del mundo	Puesto 18 del mundo

ESTUDIANTE B

You are from Peru and will be spending the summer in the United States. You love big cities but can't decide between New York and Los Angeles. Call a friend in the United States and ask for his/her opinion. You want to hear your friend's thoughts and comparisons of different aspects in order to make the best decision. Keep in mind that:

- you think that driving is bad for the environment and you prefer to use a bike
- you like to use public transportation
- you love museums
- you want to know about safety, pollution, and prices of groceries
- you enjoy green spaces and want to know what each city offers
- you want to know your friend's personal preferences

Tarea global

Identificar los problemas de una ciudad universitaria y proponer soluciones

Preparación Una ciudad universitaria o campus universitario se parece bastante a una ciudad real, con sus calles, tiendas, lugares de ocio, viviendas y dormitorios... Piensa en las características de tu ciudad universitaria y completa esta encuesta sobre la calidad de vida en el campus.

Ciudad Universitaria ______________		
	Está bien	Hay que mejorar
TRANSPORTE Y COMUNICACIÓN		
Servicio de transporte gratuito dentro del campus	☐	☐
Comunicación con el resto de la ciudad	☐	☐
Capacidad de los estacionamientos	☐	☐
COMERCIO		
Tiendas en el campus	☐	☐
Supermercados en la zona	☐	☐
Precios de las tiendas y los supermercados	☐	☐
Calidad de la(s) cafetería(s) de la universidad	☐	☐
Opciones para comer en el campus	☐	☐
CULTURA Y OCIO		
Calidad de las instalaciones deportivas (gimnasio, estadios)	☐	☐
Opciones culturales (espectáculos, monumentos, museos)	☐	☐
Zonas verdes (parques, plazas, jardines)	☐	☐
Ambiente nocturno (discotecas, bares, conciertos)	☐	☐
VIVIENDA		
Condición de los edificios universitarios	☐	☐
Tamaño y estado de los dormitorios	☐	☐
Precios de la vivienda en el campus	☐	☐
SALUD		
Acceso al centro de salud en el campus	☐	☐
Precio del servicio de salud del campus	☐	☐
SEGURIDAD		
Nivel de delincuencia en el campus	☐	☐
Policía del campus	☐	☐
OTROS		
______________________________	☐	☐
______________________________	☐	☐

Escucha ahora una encuesta de radio hecha a algunos estudiantes de otras universidades. Escribe cuáles son los problemas que ellos señalan. ¿Son similares a los problemas de tu ciudad universitaria?

1. ______________________________
2. ______________________________
3. ______________________________
4. ______________________________
5. ______________________________
6. ______________________________

Paso 1 En grupos, comparen sus opiniones sobre el campus. Después decidan cuáles son los cuatro problemas más urgentes y ordénenlos según su importancia, de mayor a menor.

Paso 2 Piensen en las soluciones posibles para cada uno de estos problemas. Ustedes tienen 1.000 millones de dólares. ¿Cómo van a gastarlos?

	Problema	Solución
1.	______________	______________
2.	______________	______________
3.	______________	______________
4.	______________	______________

Paso 3 Ahora escriban un informe con toda la información.

EJEMPLO: El problema más importante es la falta de estacionamientos. Es fundamental construir más. Por eso vamos a invertir 200 millones para construir tres nuevos estacionamientos.

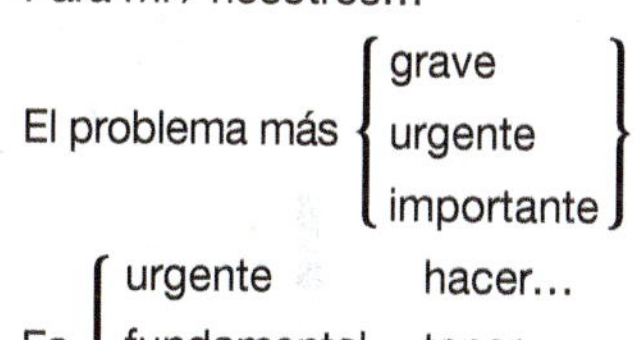

Paso 4 Informe para la clase. Cada estudiante va a presentar un problema y una decisión de su grupo.

Paso 5 La clase, con la ayuda de su profesor/a, va a comparar los planes de los diferentes grupos.

EJEMPLO: El grupo 2 piensa que el estacionamiento es más importante que la comida, pero nosotros creemos que no es tan importante.

Paso 6 Mi progreso

Review the goals. Mark with a ✔ the goals you think you have achieved and to what extent.

I can...

	very well	well	with difficulty
Goal 1: talk about campuses and their characteristics.			
Goal 2: compare and assess problems.			
Goal 3: give opinions and suggest solutions.			

Gente que lee

Estrategias para leer

Word order in Spanish (I)

In Spanish, the order of the words that make up a sentence is quite flexible. This means that:

1. the subject of a sentence can appear before or after the verb. Look at these examples:
   a. ***Juan*** *me llama todos los días.* **b.** *Todos los días me llama* ***Juan.***
2. the direct object can appear before or after the verb. Look at these examples:
   a. *Juan compra* ***los boletos para Perú.*** **b.** ***Los boletos para Perú*** *los compra Juan.*

The most important elements are moved to the front of the sentence for emphasis. Thus, in the case of 1.b, the speaker wants to emphasize the fact that it is every day that Juan calls him/her. In the case of 2.b, the emphasis is on the tickets and not on who purchases them.

Antes de leer

9–17 Grandes ciudades Contesta a las siguientes preguntas y después intercambia la información con tu compañero/a.

1. ¿Eres de una gran ciudad, de una ciudad pequeña o de un pueblo?
2. ¿Qué prefieres: una ciudad grande, una ciudad pequeña o un pueblo? ¿Por qué?
3. ¿Qué atractivos tiene tu ciudad? ¿Cuáles son los lugares más interesantes o las zonas más conocidas?

Después de leer

9–18 ¿Comprendes?

1. ¿Dónde puedo ir si quiero…
   a. visitar un museo sobre el chocolate?
   b. ir de compras?
   c. ver arte precolombino?
   d. salir por la noche a divertirme?
2. ¿Por qué es mejor visitar estos lugares por la noche?
   - Circuito Mágico del Agua
   - Barranco
   - Huaca Pucllana
3. ¿Cuál es el origen de los gatos del parque Kennedy?
4. Explica con detalle dónde está Larcomar.
5. ¿Cuál es la característica principal de la cocina peruana? Usa tus propias palabras para responder.

9–19 Activando estrategias

1. En el texto hay dos frases subrayadas. Identifica el sujeto y escríbelas otra vez con el sujeto en primer lugar.
2. Si **tierra** significa *soil* o *ground*, ¿qué significa la palabra **enterrados** (párr. 4)?
3. ¿Qué significa el conector **así que** (párr. 5)?
4. Divide la palabra **preincaicas** (párr. 8) en tres partes. ¿Es un nombre o un adjetivo? ¿Qué significa?
5. Busca en el diccionario la palabra **genial** (párr. 5). Según su contexto, ¿qué significa?
6. ¿A qué se refieren los pronombres en estas palabras: visitar**lo** (párr. 5) y ver**los** (párr. 6)?

Un día en Lima: las mejores cosas que hacer (*to do*)

Lima es una de las ciudades más grandes de América del Sur y tiene una gran historia detrás. Hay tantas cosas que hacer que puede ser difícil escoger (*choose*). Si sólo tienes un día, aquí están nuestras recomendaciones.

Circuito Mágico del Agua: en el centro de Lima está el Parque de la Reserva, un lindo lugar. Cuando llega la noche, sus famosas fuentes se prenden (*turn on*) y crean una vista espectacular. La entrada sólo cuesta 4 soles.

Larcomar: este es el mejor centro comercial de la ciudad. Está en Miraflores, uno de los distritos más bonitos de Lima, donde están los mejores hoteles, restaurantes, centros comerciales y discotecas. Como está al lado del mar tiene vistas bellísimas del océano Pacífico y es perfecto para pasar la tarde de compras. Después de comprar, puedes cenar en uno de los restaurantes y terminar tu noche con un trago (*drink*) en uno de los bares o discotecas.

Centro Histórico de Lima: vale la pena (*it's worth*) visitar el centro, con construcciones impresionantes como el Palacio de Gobierno, la Basílica de la Catedral o el Monasterio de San Francisco. Uno de los atractivos de este monasterio son las catacumbas donde se estima que hay 75.000 cadáveres **enterrados**. Dentro de las catacumbas se puede ver los montones de huesos (*bones*) y cráneos que aún se conservan. Algo que de todas maneras tienes que hacer es pasar por el Chocomuseo, a la derecha de la Plaza de Armas. Esta tienda de chocolates organiza talleres y tiene té de chocolate, especias de chocolate y una variedad de especialidades locales.

javarman/Shutterstock

Monasterio de San Francisco, Lima

Barranco: este distrito es el lugar más **genial** en Lima. Tiene una gran historia arquitectónica y una escena artística en crecimiento. A Barranco debes ir por la noche, cuando se transforma en el distrito de fiesta en Lima con grandes restaurantes y bares temáticos alternativos. Huaca Pucllana: las ruinas del templo de Huaca Pucllana nos recuerdan la historia del período precolombino en Perú. Es un centro ceremonial de adobe usado para ceremonias espirituales y sacrificios. Está en el área residencial del distrito de Miraflores **así que** es fácil llegar allá. Por solo 15 soles puedes visitar**lo** durante la noche, cuando las luces y la oscuridad le dan más misterio a las ruinas.

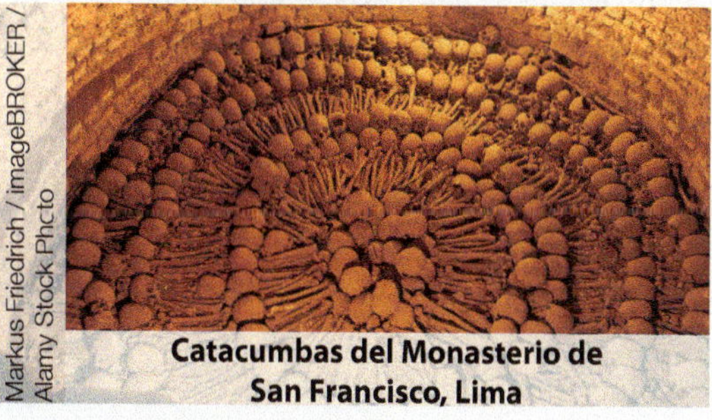

Markus Friedrich / imageBROKER / Alamy Stock Photo

Catacumbas del Monasterio de San Francisco, Lima

El Parque Kennedy: está en el centro de Miraflores y es el hogar de alrededor de sesenta gatos. Usualmente puedes ver**los** tomando una siesta bajo los bancos, en la vereda o en la hierba (*grass*). Nadie sabe cómo llegaron (*arrived*) allí. En el Parque Kennedy prueba los picarones, que son dulces fritos deliciosos. Una visita al Parque de los Gatos no toma mucho tiempo y los gatos harán (*will make*) tu día.

Parque de la Muralla: está detrás de la iglesia San Francisco y tiene una antigua muralla construida para proteger a Lima de los piratas en el siglo XVII.

Lima tiene además una gran variedad de restaurantes donde se puede probar la cocina peruana, reconocida en todo el mundo. En el 2006, Lima fue (*was*) declarada capital gastronómica de América Latina. En la cocina peruana se encuentra el aporte de las culturas **preincaicas**, de la cocina española, de los esclavos africanos, de los chefs franceses de la época de la revolución y de chinos-cantoneses, japoneses e italianos (llegados entre los siglos XIX y XX).

9–20 Expansión

1. ¿Cuáles son las tres ciudades más grandes de América Latina? ¿Y las tres ciudades más grandes de Estados Unidos? ¿Creen que tienen más habitantes que Lima o menos?
2. Busquen información sobre estas ciudades y digan dos cosas que se puede hacer en ellas en un día.

Gente que escribe

Estrategias para escribir

Adding details to a paragraph

Every sentence in a paragraph should contribute details that develop the idea stated in the topic sentence. When you are about to write an essay or report, first make a list in Spanish of related ideas that develop the topic. Then, organize them in a logical sequence. Write the paragraph and try to make it flow smoothly by using discourse markers. After that, read what you wrote and eliminate anything you don't consider important. Finally, rewrite your paragraph.

MÁS ALLÁ DE LA FRASE

Connecting information using relative pronouns

Relative pronouns are used to connect two sentences, one dependent on the other. These sentences have two pieces of information: the main idea and the secondary one. Thus, instead of writing two separate sentences such as:

Lima es una ciudad muy bonita. Tiene muchos monumentos.

You may want to integrate both ideas in one sentence:

*Lima es una ciudad muy bonita **que** tiene muchos monumentos.*

Don't forget to use prepositions when needed:

*Lima es una ciudad muy bonita. Se puede ver muchos edificios históricos **en** Lima.* →
*Lima es una ciudad muy bonita **en la que** se puede ver muchos monumentos históricos.*

9-21 Reseña (*Review*) de tu ciudad Tienes que escribir una reseña de tu ciudad de origen para el periódico de la universidad. Debes describir la ciudad, compararla con la ciudad en la que estudias, explicar sus problemas más importantes y ofrecer soluciones.

Antes de escribir

1. ¿Dónde está tu ciudad? ¿Cómo es? ¿Cuáles son sus principales atractivos?
2. ¿Cómo se compara con la ciudad donde estudias?
3. ¿Cuáles son los tres problemas principales que tiene tu ciudad (tráfico, contaminación, servicios, etc.)?
4. ¿Cuáles son las posibles soluciones para esos problemas?

A escribir

- Considera quiénes van a leer esta reseña y decide qué registro vas a usar (formal o informal).
- Incorpora las respuestas del paso anterior (*Antes de escribir*) en tres párrafos con sus respectivas frases temáticas.
- Presta atención al desarrollo de cada párrafo.
- Usa referentes (lo, la, los, las, etc.) para evitar repeticiones y conectores para organizar la información.

DESPUÉS DE ESCRIBIR

- Revisa los Pasos 1 a 8 (página 14, Capítulo 1). ¿Puedes unir algunas oraciones usando pronombres relativos?
- Intercambia tu reseña con un/a compañero/a y usa la *Guía de Revisión entre Compañeros* para revisarla.

Comparaciones culturales

9-22 La gastronomía peruana y su influencia china Antes de leer el texto, mira el video hasta el minuto 1:18 y responde a las preguntas.

1. La cocina peruana es el resultado de la fusión o mezcla de varias cocinas. ¿Cuáles?
2. ¿Cuántos platos típicos hay en Perú?

CLUB CULTURA

Explore *Perú: La cocina peruana: el chifa* with *Club cultura!*

Se calcula que hay en el Perú dos millones y medio de personas chinas o descendientes de chinos, el 2% de la población peruana. Los primeros inmigrantes de China llegan a Perú entre 1849 y 1873. La mayoría se concentra en las principales ciudades, especialmente Lima. El aporte de esta comunidad al país es muy importante, tanto en la composición étnica como en diversas áreas de la cultura peruana.

Desde finales del siglo XIX, en la zona que actualmente conforma el *Barrio Chino*, se abren salones de té, pastelerías y restaurantes de comida china cantonesa que hoy forma parte de la gastronomía de Perú. Esta zona se hace famosa por sus "chifas", que cocinan comidas típicas de las provincias de Guandong (Cantón), Sichuán y Pekín, lugares de los que son la mayoría de los inmigrantes.

La palabra **chifa** se refiere a la cocina traída por los inmigrantes chinos y fusionada con la cocina peruana desde mediados del siglo XIX, y también se refiere a los restaurantes que sirven esta comida. El origen de la palabra es la combinación de los términos cantoneses "chi" y "fan" que significan "comer" y "arroz". El chifa se sirve junto al tradicional té de jazmín o Inka Kola (bebida gaseosa de Perú).

De este modo, se puede hablar de una cocina chino-peruana, que es muy diferente de la comida china que podemos encontrar en otras partes del mundo, porque su fusión con la cocina peruana le da un sabor único a sus platos. La salsa agridulce, el arroz chaufa, las sopas, el kión (gengibre), el sillao (salsa de soja), la col china y otros muchos ingredientes se incorporan desde el siglo XIX a la comida diaria de los peruanos.

En la actualidad, solo en la ciudad de Lima existen alrededor de cinco mil chifas. Gracias a la expansión internacional de la gastronomía peruana, esta comida se está expandiendo hacia otros países de la región como Chile, Argentina, Ecuador, Colombia y EE. UU.

James Brunker / Alamy Stock Photo

Chifa en Lima, Perú

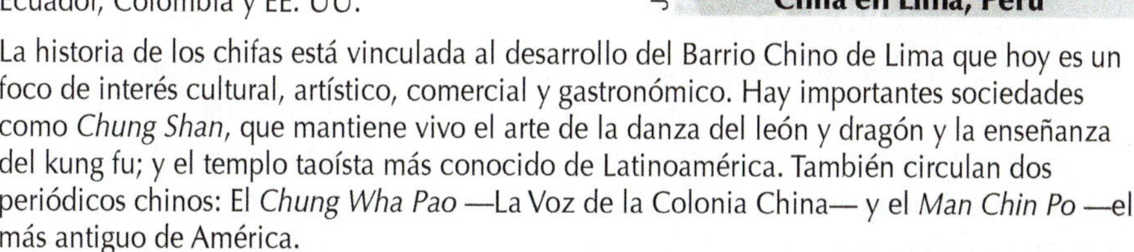

La historia de los chifas está vinculada al desarrollo del Barrio Chino de Lima que hoy es un foco de interés cultural, artístico, comercial y gastronómico. Hay importantes sociedades como *Chung Shan*, que mantiene vivo el arte de la danza del león y dragón y la enseñanza del kung fu; y el templo taoísta más conocido de Latinoamérica. También circulan dos periódicos chinos: El *Chung Wha Pao* —La Voz de la Colonia China— y el *Man Chin Po* —el más antiguo de América.

1. Asocien cada plato de la gastronomía peruana con su descripción.

Plato chino-peruano	Descripción
Sopa Wantan	Plato con carne de cerdo, tamarindo y algunas verduras que van desde cebollas hasta col (*cabbage*) china y piña.
Tallarín saltado	Arroz salteado con cebollas verdes chinas, huevo, distintas carnes y salsa de soya o sillao.
Chancho con tamarindo	Plato hecho con tallarines (*noodles*) chinos (más delgados y pre-cocidos), distintas carnes, salsa de soya, cebollas chinas, col china y frijol chino.
Arroz chaufa	Sopa de pollo con fideos, wantanes y col china.
Kam Lu Wantan	Plato agridulce hecho de distintas carnes, col, wantanes y piña, todos salteados con salsa de tamarindo y ajonjolí.

2. Miren la segunda parte del video. ¿Qué datos incluye el video que no están en el texto?
3. ¿Cómo mantiene la comunidad chino-peruana sus vínculos con la cultura de origen?
4. ¿Cuáles son las comunidades migrantes más importantes de su país? Digan (a) algunas de sus contribuciones y (b) dos maneras en las que mantienen los vínculos con la cultura de origen.

9-23 Peruanos en Estados Unidos

La comunidad latina de origen peruano asciende a poco más de 600.000 personas. Aunque a mediados del siglo XIX algunos inmigrantes van a California durante la fiebre del oro (*gold rush*), la mayor parte llega a Estados Unidos a partir de 1990 en busca de condiciones sociales y económicas más favorables. Los peruanos en Estados Unidos viven en muchos lugares, particularmente en Florida, California, el norte de Nueva Jersey, Nueva York y el área metropolitana de Washington, D.C.

La ciudad de Paterson, en Nueva Jersey, tiene casi 10.000 habitantes de origen peruano. En el barrio de *Little Lima*, por ejemplo, se puede encontrar productos típicos del país. Por eso, todos los fines de semana, compatriotas de Nueva York, Connecticut y Pensilvania se pasean por sus calles en busca principalmente de la famosa gastronomía andina. Los peruanos son una parte importante de la identidad de Paterson y le dan a la ciudad un gran impulso económico. El ayuntamiento creó (*created*) en el 2016 la Plaza Perú, un área dedicada a celebrar la contribución de esta emprendedora comunidad. Además, cada mes de julio, alrededor de 8.000 personas llegan a *Little Lima* para el Desfile Peruano, un evento muy importante con el que se celebra la independencia del país andino, su cultura y sus tradiciones.

Kelvin Chico/Shutterstock

Desfile del Día de la Independencia Peruana en Paterson, NJ

Los peruano-estadounidenses son muy respetuosos de sus orígenes. Por ejemplo, el astronauta Carlos Noriega es un importante miembro de la comunidad científica estadounidense y el primer peruano en viajar al espacio. Con NASA, Noriega realizó (*took*) tres viajes y permaneció (*stayed*) unas 460 horas en el espacio. El astronauta siempre cuenta con orgullo (*pride*) que, en su primer viaje, llevó (*took*) al espacio algunos símbolos de su patria tales como la bandera peruana y la chicha morada, una bebida típica de Perú.

1. Según el texto, ¿es cierto o falso?

	C	F
La mayor parte de los peruanos en EE. UU. llega durante la fiebre del oro.	☐	☐
Little Lima es un barrio de la ciudad de Nueva York.	☐	☐
La ciudad de Paterson (Nueva Jersey) es popular por su comida peruana.	☐	☐

2. ¿Cómo crees que la comunidad peruana impulsa la economía de Paterson? Encuentra dos ejemplos en el texto y explica la relación.
3. ¿Hay una comunidad de inmigrantes importante en tu ciudad? ¿Cuál es su contribución?

Vocabulario

La ciudad y los servicios	
la acera	*sidewalk*
el alcalde, la alcaldesa	*mayor*
los alrededores	*outskirts*
el aparcamiento	*parking lot*
el árbol	*tree*
el barrio	*neighborhood*
la cafetería	*coffee shop*
el casco antiguo	*historic district*
la comunidad	*community*
el entretenimiento	*entertainment*
el espectáculo	*show*
la esquina	*corner*
el estacionamiento	*parking lot*
el estadio	*stadium*
la gasolinera	*gas station*
el hogar	*home*
la iglesia	*church*
el inmigrante	*immigrant*
el peatón	*pedestrian*
la plaza	*square*
la población	*population*
el puerto	*harbor*
los rascacielos	*skyscrapers*
la residencia estudiantil	*dorm*
el semáforo	*traffic light*
la señal de tráfico / tránsito	*traffic sign*
la vereda	*sidewalk*
la vida nocturna	*nightlife*
la vivienda	*housing*
la zona peatonal	*pedestrian zone*
la zona verde	*green zone*

Problemas de la ciudad	
la basura	*garbage; trash*
la calidad de vida	*quality of life*
el caos	*chaos*
la delincuencia	*crime*
el embotellamiento	*traffic jam*
el humo	*smoke*
la inseguridad	*insecurity*
el olor	*smell*
el ruido	*noise*
la violencia	*violence*

El medio ambiente	*(Environment)*
el aire puro	*clean air*
la contaminación	*pollution*
el medio ambiente	*environment*
la naturaleza	*nature*
la polución	*pollution*

Adjetivos	
acogedor/a	*welcoming; friendly; warm*
ambiental	*environmental*
bien / mal situado/a	*well/badly located*
colorido/a	*colorful*
contaminado/a	*polluted*
desarrollado/a	*developed*
gratuito/a	*free*
grave	*serious*
industrial	*industrial*
limpio/a	*clean*
peligroso/a	*dangerous*
poblado/a	*populated*
seguro/a	*safe*
situado/a	*located*
sostenible	*sustainable*
sucio/a	*dirty*
superpoblado/a	*overpopulated*

Verbos	
aburrirse	*to get bored*
caminar	*to walk*
celebrar	*to celebrate*
contaminar	*to pollute*
crecer (zc)	*to grow*
criticar	*to criticize; to critique*
destinar	*to assign*
encontrar	*to find*
encontrarse	*to be located*
funcionar	*to function; to work*
instalarse	*to settle down*
manejar	*to drive*
ocurrir	*to happen*
ofrecer	*to offer*
recibir	*to receive*
reciclar	*to recycle*
rodear	*to surround*

Consultorio lingüístico

1 Comparisons

To compare two things that are different, we use the following:

- To compare things (nouns), we use ***más*** / ***menos*** + NOUN + ***que:***

  Lima tiene **más** habitantes **que** Arequipa.
  *Lima has **more** inhabitants **than** Arequipa.*

  Arequipa tiene **menos** habitantes **que** Lima.
  *Arequipa has **fewer** inhabitants **than** Lima.*

- To compare actions (verbs), we use VERB + ***más*** / ***menos*** + ***que***:

  En la ciudad los niños juegan **menos que** en el campo.
  *In the city children play **less than** in the country.*

- To compare characteristics (adjectives), we use ***más*** / ***menos*** + ADJECTIVE + ***que***:

  Lima es **más** grande **que** Arequipa.
  *Lima is **bigger than** Arequipa.*

  Arequipa es **más** pequeña **que** Lima.
  *Arequipa is **smaller than** Lima.*

  These adjectives have special forms:

  más bueno/a = **mejor** *(better)* El campo es **mejor que** la ciudad.
  *The country is **better than** the city.*

  más malo/a = **peor** *(worse)* La ciudad es **peor que** el campo.
  *The city is **worse than** the country.*

- The absolute superlative

  We use this form to express superiority of something or someone but without relating it to others of the same type:

  ADJECTIVE / ADVERB ***+ -ísimo / a / os / as***

  Lima es una ciudad **grandísima**.
  Lima is a huge (very, very big) city.

  Este restaurante es **carísimo**.
  This restaurant is extremely expensive.

  Esta ciudad me gusta **muchísimo**.
  I like this city a whole lot.

  En el campo gasto **poquísimo** dinero.
  I spend very little money in the country.

2 Comparisons of Equality

To say that two things are the same, we use the following:

- With nouns:

  tanto / ***tanta*** / ***tantos*** / ***tantas*** + NOUN + ***como***:

  The adjective ***tanto*** agrees in gender and number with the noun:

  Arequipa { **(no)** tiene **tanto** turismo **como** / **(no)** tiene **tanta** contaminación **como** / **(no)** tiene **tantos** restaurantes **como** / **(no)** tiene **tantas** zonas verdes **como** } Iquitos.

  *Arequipa { doesn't have / has **as much** tourism **as** / doesn't have / has **as much** pollution **as** / doesn't have / has **as many** restaurants **as** / doesn't have / has **as many** green areas **as** } Iquitos.*

In Spanish, we can also use ***el mismo / la misma / los mismos / las mismas*** (*the same*):

Lima y Nueva York tienen **los mismos** problemas.
Lima and New York have ***the same*** *problems.*

Lima y Nueva York tienen **el mismo** número de restaurantes.
Lima and New York have ***the same*** *number of restaurants.*

Lima y Nueva York no tienen **la misma** cantidad de taxis.
Lima and New York don't have ***the same*** *amount of taxis.*

- With verbs:

VERB + ***tanto*** + ***como***:

María (**no**) duerme **tanto como** Laura.
María doesn't sleep / sleeps ***as much as*** *Laura.*

- With adjectives:

tan + ADJECTIVE + ***como***:

Lima es **tan** bonita **como** Arequipa.
Lima is ***as*** *beautiful* ***as*** *Arequipa.*

Tu país es **tan** bonito **como** mi país.
Your country is ***as*** *beautiful* ***as*** *my country.*

igual de + ADJECTIVE + ***que***:

Lima es **igual de** bonita **que** Arequipa.
Lima is ***as*** *beautiful* ***as*** *Arequipa.*

3 Describing Things, People, and Places (Using Relative Pronouns)

When we describe things, people, or places, we can use adjectives, or we can use a sentence (clause). This clause is joined to the main sentence using the relative pronoun ***que***:

	QUE + VERB
Lima es una ciudad **cultural**. *Lima is a cultural city.*	Lima es una ciudad **que** tiene mucha cultura. *Lima is a city* ***that*** *has a lot of culture.*
Vamos a un restaurante **cercano.** *We go to a nearby restaurant.*	Vamos a un restaurante **que** está cerca. *We go to a restaurant* ***that*** *is close.*

Relative pronouns require a preposition when they relate to any other part of the sentence that originally had a preposition. The article ***el / la / los / las*** is added after the preposition and agrees (masculine or feminine, singular or plural) with the noun that the sentence is describing:

PREPOSITION + ***el / la / los / las*** + *QUE:*

Lima es una ciudad **a la que** viajo frecuentemente. (= Yo viajo **a** Lima.)
Lima is a city ***to which*** *I travel frequently.*

Lima es una ciudad **en la que** la gente vive muy bien. (= La gente vive muy bien **en** Lima.)
Lima is a city ***in which*** *people live very well.*

Este es un parque **en el que** los niños juegan. (= Los niños juegan **en** este parque.)
This is a park ***in which*** *children play.*

Es un hombre que hace yoga

In the case of ***en*** + ***el / la / los / las*** + ***que***, as in English, we can also say:

> Lima es una ciudad **donde** la gente vive muy bien.
> *Lima is a city **where** people live very well.*
>
> Este es un parque **donde** los niños juegan.
> *This is a park **where** children play.*

4 Expressing and Contrasting Opinions

To give your opinion, you can use:

	OPINION
Yo pienso / creo que	la ciudad necesita otra escuela.
I think / I believe that	*the city needs another school.*

	PENSAR	CREER
(yo)	**pie**nso	creo
(tú)	**pie**nsas	crees
(él, ella, usted)	**pie**nsa	cree
(nosotros, nosotras)	pensamos	creemos
(ellos, ellas, ustedes)	**pie**nsan	creen

> In Spanish, we say ***conmigo*** (*with me*) and ***contigo*** (*with you*). For the rest of the persons, we use the subject pronoun: ***con él*** (*with him*), ***con ella*** (*with her*), ***con nosotros/as*** (*with us*), ***con ellos/as*** (*with them*), ***con ustedes*** (*with you [plural]*).

You can also use the verb ***parecer*** (like ***gustar***):

A mí me parece que	la ciudad necesita otra escuela.
I think / In my opinion	*the city needs another school.*
A ti	**te** parece
A él, ella, usted	**le** parece
A nosotros, nosotras	**nos** parece
A ellos, ellas, ustedes	**les** parece

When others give their opinion, you can react by agreeing, disagreeing, and/or adding more arguments to theirs:

Yo (no) estoy de acuerdo	**con** Juan.	***I (don't) agree***	***with** Juan.*
	contigo.		***with you.***
	con eso.		***with that.***

Sí, tienes razón. **Sí, claro.** **Es cierto.** **Eso es verdad, pero…** **Yo creo que sí / que no.**	+ OPINION	***Yes, you are right.*** ***Yes, of course.*** ***It's true.*** ***That's true, but…*** ***I think so. / I don't think so.***	+ OPINION

Other ways to give your opinion include more general statements, such as:

Es { **importante** / **necesario** / **urgente** / **fundamental** } construir una escuela nueva.

It is { ***important*** / ***necessary*** / ***urgent*** / ***fundamental*** } *to build a new school.*

5 Location of People and Places

We use the verb ***estar*** to indicate where people or things are located. ***Está*** is singular and ***están*** is plural.

SINGULAR El restaurante **está** en el centro de la ciudad.
The restaurant ***is*** *downtown.*

PLURAL Los museos **están** en el centro de la ciudad.
The museums ***are*** *downtown.*

These expressions are used to give details about the location of people or things:

El banco está {
lejos de (*far from*)
cerca de (*near*)
a la izquierda de (*to the left of*)
a la derecha de (*to the right of*)
al lado de (*next to*)
al norte / sur / este / oeste de (*north / south / east / west of*)
detrás de (*behind*)
delante de (*in front of*)
enfrente de (*facing; opposite*)
dentro de (*inside*)
} el centro comercial.

We use ***aquí / acá*** (*here*) and ***allí / allá*** (*there*) to mark the distance from the point where we are located:

La farmacia está cerca / lejos de **aquí / acá**.
The pharmacy is near / far from ***here.***

El supermercado está cerca / lejos de **allí / allá**.
The supermarket is near / far from ***there.***

Remember that ***hay*** (*there is, there are*) is used to express the fact that something exists. But we use ***estar*** to indicate where things are located:

- ¿**Hay** rascacielos en esa ciudad? —***Are there*** *skyscrapers in that city?*
- Sí, muchos. **Están** en el centro. —*Yes, many. They* ***are*** *downtown.*

Hay hospitales muy buenos en la ciudad. No **están** lejos de aquí.
There are *good hospitals in the city.* ***They are*** *not far from here.*

Capítulo 10

Gente extraordinaria

Therin-Weise / Arco Images GmbH / Alamy Stock Photo

Memorial de los pueblos originarios de E. Villalobos, Plaza de Armas, Santiago de Chile

TAREA GLOBAL

Elaborar un eje cronológico sobre un personaje histórico

At the end of this lesson, I will be able to…

PRESENTATIONAL AND INTERPERSONAL COMMUNICATION

Speaking
- talk about personal experiences in the past.
- talk about historical figures and events.
- relate historical events in chronological order.
- use strategies to compensate for lack of vocabulary.

Writing
- write a basic biography that includes important events.
- use time markers to sequence events in a narration.

INTERPRETIVE COMMUNICATION

Listening
- identify information related to events in the past.
- understand the main ideas about key historical moments.
- understand people's descriptions of objects, people, and places.

Reading
- understand the main ideas and key information of biographical and historical texts.
- identify time expressions and markers, as well as use timelines, to understand historical accounts.

INTERCULTURAL COMPETENCE

- learn about important figures in the history of Chile.
- understand the main reasons for Chilean immigration to the United States and talk about the life of a famous Chilean-American writer.
- reflect on the similarities between the Texan and Chilean flags.

CLUB CULTURA

Acercamientos

 **10-1 Personas extraordinarias de la historia de Chile** Estas son cinco figuras importantes de la historia de Chile. ¿A qué periodo de la historia de Chile pertenecen?

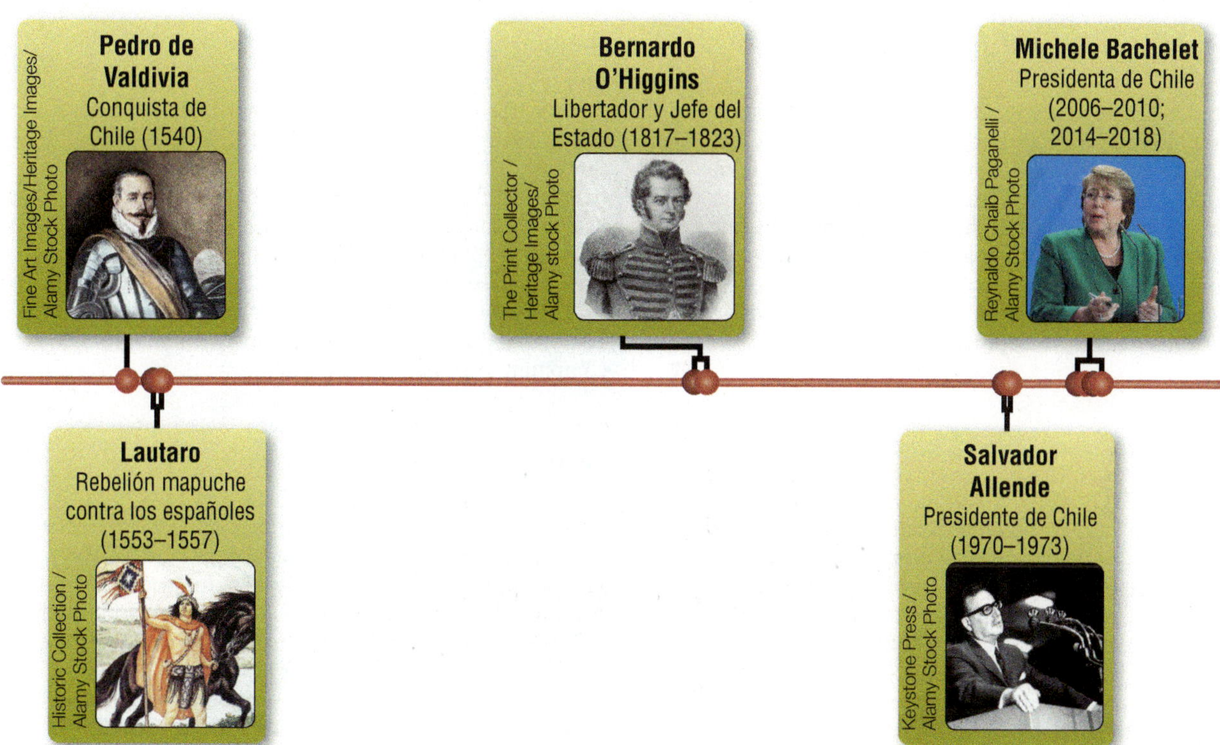

Periodo	Personaje
Conquista española (1540–1598)	
Periodo colonial (1598–1808)	
Independencia (1810–1823)	
Repúblicas (1831–1973)	
Dictadura militar (1973–1990)	
Democracia (1990–hoy)	

Ahora hagan un cuadro similar con cuatro periodos de la historia de Estados Unidos, comenzando con la colonización. Comparen sus respuestas con las de otros/as compañeros/as de clase.

 **10-2 La historia de Estados Unidos** Miren las fechas y asocien cada una con un acontecimiento importante de la historia de Estados Unidos.

1863 1. Comienzo de la Guerra Civil
1890 2. George Washington: primer presidente de Estados Unidos
1565 3. Fundación de San Agustín (Florida), por los españoles
1788 4. Ratificación de la primera Constitución de Estados Unidos
1963 5. Declaración de guerra de Estados Unidos contra México
1846 6. Abraham Lincoln: proclamación de la emancipación
1789 7. Masacre de *Wounded Knee*, último gran conflicto con los pueblos indígenas
1861 8. Discurso por los derechos civiles de Martin Luther King

EJEMPLO: **E1:** La Constitución es de 1846.
E2: ¡Nooooo! Es de 1788.

Vocabulario en contexto

10-3 Cuatro décadas Estas son las descripciones de cuatro décadas del siglo XX: los sesenta, los setenta, los ochenta y los noventa. Lean las descripciones e identifiquen a qué década se refiere cada una.

1

Los _____
En Estados Unidos **ocurre** el escándalo de Watergate y **termina** la presidencia de Richard Nixon. En Chile hay un golpe de estado contra Salvador Allende y **empieza** un periodo de dictadura militar con el General Augusto Pinochet. Michelle Bachelet, futura presidenta de Chile, sale al exilio. En esta década aparecen los primeros microprocesadores y los videojuegos. Estados Unidos lanza el primer transbordador espacial. **Muere** Elvis Presley y los Beatles **se separan**.

2

Los _____
Se **descubre** el virus del SIDA (*AIDS*). También se hacen más populares las computadoras personales. Stephen Hawking publica su libro *Breve historia del tiempo: del Big Bang a los agujeros negros*. Ocurre el accidente nuclear de Chernóbil. Se intensifica la Guerra Fría. En Alemania, el muro de Berlín cae. La guerra Irán-Irak **causa** cientos de miles de muertes. En Chile, Augusto Pinochet **pierde** las elecciones y la democracia **regresa** al país. Estados Unidos invade Panamá. David Chapman **asesina** a John Lennon.

3

Los _____
Esta década es muy turbulenta y está llena de revoluciones. La Unión Soviética **consigue** poner al primer hombre en el espacio y Estados Unidos pone al primer hombre en la Luna. Se construye el muro de Berlín. En Estados Unidos Martin Luther King Jr. **lucha** por los derechos civiles de los afroamericanos y César Chávez **comienza** el movimiento de derechos civiles de los trabajadores del campo. Un gran terremoto en el sur de Chile **causa** miles de muertos. Los Beatles **se convierten** en el grupo musical más popular del mundo.

4

Los _____
En esta década **crecen** la globalización y el capitalismo. **Aumentan** los ataques terroristas en el mundo. Hay 100.000 computadoras conectadas a Internet y se **inventa** el DVD. Los científicos **consiguen** clonar a un animal. La Unión Soviética se desintegra y **termina** la Guerra Fría. En Chile **comienza** la transición a la democracia. En Estados Unidos, Eileen Collins **se convierte en** la primera mujer que pilota un transbordador espacial. El apartheid **termina** en Sudáfrica y en Europa **se crea** la Unión Europea. La música rap y el tecno pop son muy populares.

EJEMPLO: E1: Yo creo que la descripción número dos es de los setenta.
E2: No, no puede ser, porque la invasión de Panamá es de los ochenta.

10-4 Personas extraordinarias En tu opinión, ¿qué palabras describen mejor a estas personas extraordinarias? Piensa en sus vidas y elige tres palabras de la lista para describir a cada uno. Después explica tu elección a tu compañero/a.

valiente	innovador/a	conocido/a	independiente
genial	famoso/a	defensor/a	rico/a
aventurero/a	talentoso/a	brillante	revolucionario/a

- Martin Luther King Jr.
- Los Beatles
- Stephen Hawking
- César Chávez
- Eileen Collins

EJEMPLO: E1: Yo creo que César Chávez es revolucionario porque lucha por los derechos de los campesinos.
E2: Es verdad. También es muy valiente porque…

10-5 **Una chilena extraordinaria: Michelle Bachelet** Michelle Bachelet fue la primera presidenta de Chile. Lean sus datos biográficos y asócienlos con el vocabulario de esta lista: acontecimientos y etapas de la vida. Hay más de una opción en cada caso. Escriban todas las opciones correctas.

casarse	el amor	tener	mudarse
el exilio	ganar	separarse	trabajar
la infancia	el nacimiento	la vida	nacer
estudiar	la juventud	la niñez	la profesión

Miguel Sayago / Alamy Stock Photo

Presidenta Michelle Bachelet

Etapas de la vida y acontecimientos	Datos biográficos
________	Santiago, 29 de septiembre de 1951
________	Bases aéreas de Chile (1952–1962)
________	Washington, D.C. (1962–1965)
________	Medicina: Universidad de Chile (1972–1975; 1979–1982)
________	Vida en Australia y Alemania (1975–1979)
________	Esposo Jorge Dávalos (1977–1984)
________	Tres hijos
________	Ministra de Salud y de Defensa (2000 y 2002)
________	Elecciones Presidenciales de Chile (2006 y 2014)
________	Presidencia ONU Mujeres (2010–2013)

EJEMPLO: **E1:** Santiago, 29 de septiembre de 1951 se refiere al **nacimiento**, ¿no?
E2: Sí, y el verbo **nacer.**

En tu opinión, ¿cuáles son los tres acontecimientos más importantes de la vida de Michelle Bachelet? ¿Por qué? Compara tus opiniones con las de tu compañero/a.

10-6 **Momentos especiales de nuestras vidas** Piensa en dos acontecimientos muy importantes de tu vida en cada etapa, por ejemplo: un cambio grande, el nacimiento de un/a hermano/a, una competencia, etc. Después habla con tu compañero/a. ¿Tienen experiencias similares?

nacer	mudarse	descubrir	elegir	empezar
ganar	llegar	conocer	terminar	

Infancia (0 a 12 años) ________________

____

Juventud (13 a 17 años) ________________

____

Vida universitaria (desde los 18 años) ________________

____

EJEMPLO: **E1:** En mi infancia, me mudo y conozco a Andrés, mi mejor amigo.
E2: Yo conozco a mi mejor amigo a los 17, en la universidad.

EL PRETÉRITO

Verbos regulares

TERMINAR	CONOCER	VIVIR
terminé	conocí	viví
termin**aste**	conoc**iste**	viv**iste**
termin**ó**	conoc**ió**	viv**ió**
termin**amos**	conoc**imos**	viv**imos**
termin**aron**	conoc**ieron**	viv**ieron**

Verbos irregulares

SER / IR	TENER	ESTAR
fui	tuve	estuve
fuiste	tuviste	estuviste
fue	tuvo	estuvo
fuimos	tuvimos	estuvimos
fueron	tuvieron	estuvieron

HACER	DECIR
hice	dije
hiciste	dijiste
hizo	dijo
hicimos	dijimos
hicieron	dijeron

HABER	DAR
hubo	di diste dio dimos dieron

USO DEL PRETÉRITO

Ayer
Anteayer
Anoche
El otro día
El lunes / martes
El día 6
La semana pasada
El mes pasado
El año pasado
} **fui** a Santiago de Chile.

FECHAS

¿Cuándo	nació?
¿En qué año / mes	fue?
¿Qué día	llegó?

Nació	en 1997 / en el 97.
Fue	en junio.
Llegó	el (día) 6 de junio de 1997.

Lengua en contexto

10-7 Fechas muy importantes Entrevista a tu compañero/a para saber algunos acontecimientos importantes de su vida. Primero, prepara preguntas para la entrevista usando los verbos en paréntesis.

- Fecha y lugar de nacimiento (nacer)
- Escuela secundaria (terminar)
- Lugares de residencia (vivir)
- Lugar y fecha de su primer viaje (ir)
- Primer trabajo (ser)
- El acontecimiento más importante (ser)

EJEMPLO: E1: ¿Cuándo **naciste**?
E2: **Nací el ocho de febrero de 1999.** ¿Y tú?
E1: Yo **en el 2000. El 12 de junio.**

10-8 La última vez ¿Cuándo fue la última vez que hiciste esas cosas? Completa este cuadro. Después entrevista a tu compañero/a.

	AYER/ ANOCHE	ANTEAYER	LA SEMANA PASADA	EL ___ PASADO	HACE ___ AÑOS
… dormir ocho horas?					
… votar en unas elecciones?					
… ir al cine?					
… pedir un favor?					
… ver algo extraño?					
… jugar un videojuego?					
… tener un mal sueño (*bad dream*)?					

EJEMPLO: E1: ¿Cuándo **fue** la última vez que **jugaste** un videojuego?
E2: **Fue** anteayer. **Jugué** con mis compañeras de cuarto.

10-9 ¿Cuándo fue? Escucha las respuestas de dos concursantes del programa "¿Cuándo fue?" Tu profesor/a te va a dar las respuestas correctas. ¿Cuál de los dos tiene más respuestas correctas? Completa el cuadro.

	Pregunta 1	Pregunta 2	Pregunta 3
	Correcto / Incorrecto	Correcto / Incorrecto	Correcto / Incorrecto
Concursante 1: Virgilio			
Concursante 2: María			

En parejas, cada uno de ustedes prepara dos preguntas similares sobre la historia de su país. Después hagan las preguntas a su compañero/a.

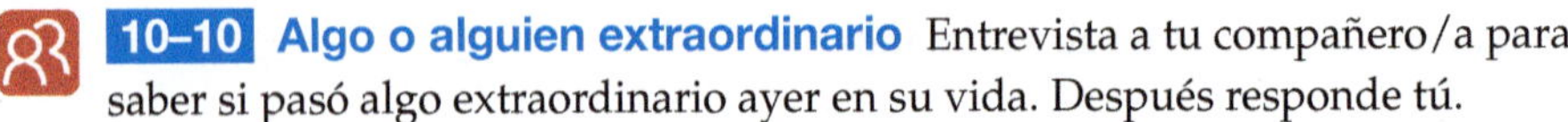

10-10 Algo o alguien extraordinario Entrevista a tu compañero/a para saber si pasó algo extraordinario ayer en su vida. Después responde tú.

1. ¿Estuviste con algún amigo?
2. ¿Comiste algo buenísimo?
3. ¿Te regalaron algo?
4. ¿Viste alguna buena película o serie?
5. ¿Compraste algo muy bueno y muy barato?
6. ¿Aprendiste algo importante?
7. ¿Conociste a alguna persona interesante?
8. ¿Te pasó algo bueno/extraño/_____?

10-11 Eventos y personas extraordinarias ¿Cuáles son los eventos más importantes en cada una de estas áreas? Cada grupo elige un área y decide las dos fechas más importantes. Usen los modelos. Después compartan sus datos con la clase.

Política internacional	**Cine**
Historia de EE. UU.	**Arte**
Ciencia y tecnología	**Literatura**
Música	**Otro/a** ______

- En / El (fecha) ____________ { ______________________. / hubo un/a ______________.
- El/La __________ fue en ____________.
- En ____________ empezó / terminó el/la ____________.

EJEMPLO: E1: **El 14 de octubre de 1945 nació** la Organización de Naciones Unidas (ONU).
E2: Sí, **fue** muy importante porque trabaja para la paz mundial.

Piensa en un personaje vivo (*alive*) importante en una de las áreas de esta actividad. Después escribe cuatro datos muy importantes de su pasado. Dile a tu compañero/a los datos para ver si adivina quién es.

10-12 En la historia de Chile Estos son algunos de los eventos y personajes más importantes de la historia de Chile. Por turnos, narren cada evento por orden cronológico: digan quién, qué y cuándo. Usen expresiones de secuencia (luego, después, etc.) como en el ejemplo.

EJEMPLO: E1: En 1540, Pedro de Valdivia **conquistó** Chile.
E2: Sí, y **después de conquistar** Chile **fundó** Santiago.

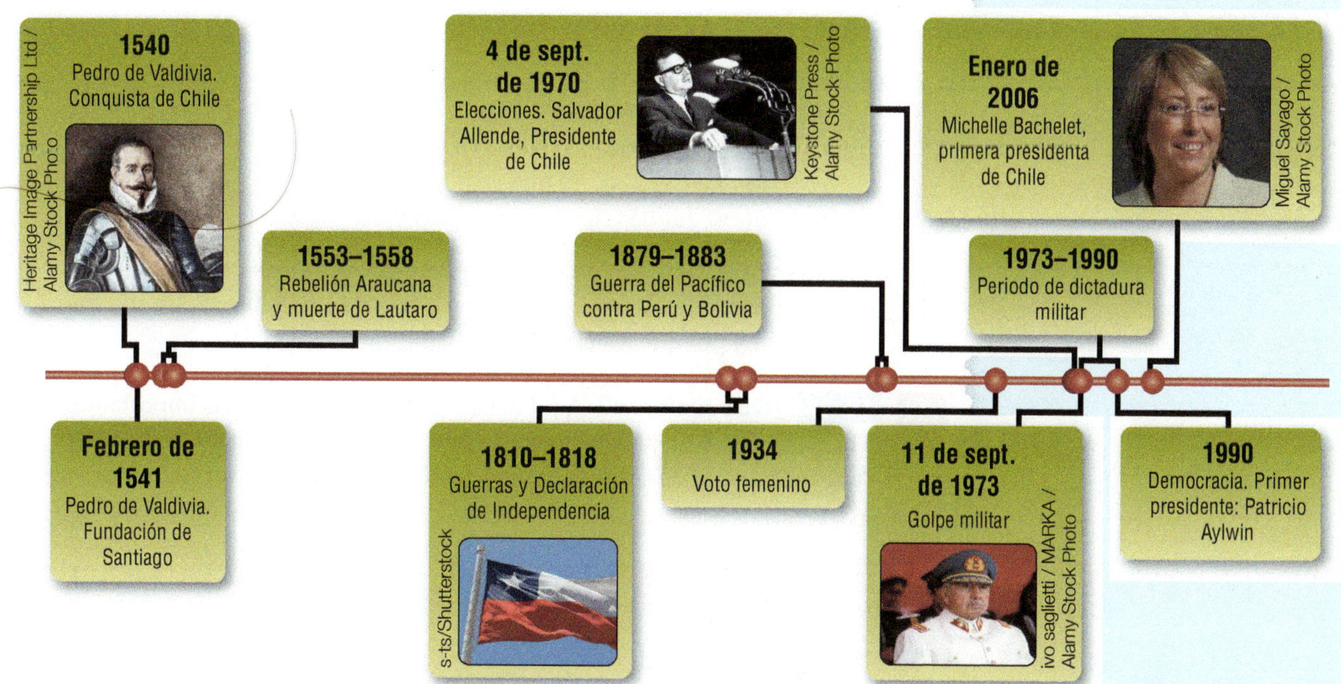

ALGO, ALGUIEN, NADA, NADIE

¿Hiciste **algo** ayer? / ¿Viste a **alguien**?

Ayer no hice nada. / Ayer **no vi a nadie**.

SECUENCIA DE ACONTECIMIENTOS

Luego / **Después** / **Entonces** / **Antes** } **viajamos** a Valparaíso.

Fui a clase pero **antes** estuve en la biblioteca.

Estuve en la biblioteca y **después** fui a casa.

Antes de + **INFINITIVE**

Antes de ir a casa, estuve en la biblioteca.

Después de + **INFINITIVE**

Después de ir a la biblioteca, fui a casa.

Interacciones

Estrategias para la comunicación oral

Using approximation and circumlocution

Having a conversation in Spanish can be challenging for a language learner due to lack of vocabulary. These are two strategies that you can use to keep the conversation flowing:

1. Approximation: You can try a Spanish word that has a related meaning. It could be a more general word or a synonym. For example, you may not know the verb ***limpiar*** (*to clean*), but you may use ***lavar*** (*to wash*) instead. They are not interchangeable, but they are close.
2. Circumlocution: You can "work around" the word or concept that you don't know. For example, if you don't know the word **cuchara** (*spoon*), you may say ***la cosa que usas para comer sopa***.

Approximation and circumlocution, which are strategies that only involve the target language, can be successfully used with any Spanish speaker.

10-13 Inventos que cambiaron el mundo Su profesor/a les va a dar información sobre cinco inventos a cada uno. Un/a estudiante describe un invento y otro/a estudiante trata de averiguar qué es. Luego pregunten quién lo inventó, cuándo y dónde.

Internet	Papel
Teléfono celular	Bombilla (*Light bulb*)
Imprenta (*Print*)	Tijeras (*Scissors*)
Tarjeta de crédito	Nevera (*Fridge*)
Botón	Brújula (*Compass*)

EJEMPLO: **E1:** Es **una cosa que sirve para** dar luz, en la casa, arriba.
E2: ¿La bombilla?
E1: Sí. ¿Sabes quién la inventó?
E2: No, no lo sé. ¿Y tú?
E1: Sí, **fue** Thomas Edison **en 1880,** en Estados Unidos.

Pongan estos inventos en orden de importancia de 1 (más importante) a 10 (menos importante). Después expliquen a la clase cuáles fueron los tres más importantes y por qué los eligieron.

10-14 ¿Qué hicieron? Aquí tienen un listado de personas importantes de la historia. Elijan un personaje sin decir el nombre. Su compañero/a puede hacer un máximo de cinco preguntas para averiguar quién es.

Marie Curie	Isaac Newton
Harriet Tubman	Charles Darwin
Bernardo O'Higgins	Pablo Picasso
Gabriel García Márquez	Amelia Earhart
Valentina Tereshkova	Bill Gates
Albert Einstein	Alexander Fleming

 **10-15 Un concurso** La clase se divide en equipos de cuatro personas.

REGLAS DEL CONCURSO

- Cada equipo prepara, por escrito, cuatro preguntas sobre hechos del pasado (fechas, personajes, acontecimientos importantes). Cada pregunta debe ser sobre una de estas áreas: Historia (H), Música (M), Ciencia y tecnología (CT) y Deportes (D). Aquí tienen un ejemplo:

(H) ¿Cuándo fue la Revolución Cubana?

a) En 1980 b) En 1959

c) En 1939 d) En 2003

- El/la profesor/a va a revisar las preguntas antes de empezar. Cada pregunta bien construida vale un punto.
- Cada respuesta correcta vale dos puntos.
- Cada grupo compite con otro grupo.
- Gana el equipo que obtiene más puntos.

10-16 El detective privado Un detective privado está siguiendo a un profesor sospechoso de un robo ocurrido entre las 7 p.m. y las 9 p.m. Miren las notas que tomó el detective. ¿Qué hizo el profesor?

7:45 Sale de su casa. Entra en su casa otra vez.
8:00 Sale otra vez a la calle. Camina durante 15 minutos.
8:15 Un coche con una mujer para (*stops*) a su lado. Valerio monta en el coche.
8:35 Valerio sale del coche en la Plaza de Armas. Continúa a pie.
8:50 Valerio entra en un edificio de oficinas.

  **10-17 Situaciones: *Un robo en el dormitorio*** There was a robbery last night. A detective is interrogating two students who seem suspicious. S/he is asking questions about their whereabouts the night before.

ESTUDIANTE A
You are a student living in the dorm where the robbery occurred. A detective wants to ask you some questions about the night before. Answer all questions with as much detail as possible, so that s/he can rule you out as a suspect. Don't forget to mention that you were with Student B between 7:00 p.m. and 9:00 p.m.

ESTUDIANTE B
You are a student living in the dorm where the robbery occurred. A detective wants to ask you some questions about the night before. Answer all questions with as much detail as possible, so that s/he can rule you out as a suspect. Don't forget to mention that you were alone in your room between 8:00 p.m. and 9:00 p.m.

ESTUDIANTE C
You are a detective investigating this robbery. Ask the two suspects what they did the day before starting with the moment they woke up. The robbery occurred sometime between 7 p.m. and 9 p.m.

Ayuda

la coartada	*alibi*
el/la detective	*detective*
la investigación	*investigation*
el robo	*robbery*
el/la ladrón/a	*thief*
el/la sospechoso/a	*suspect*

Tarea global

Elaborar un eje cronológico (*timeline*) sobre un personaje histórico

Preparación Lee este párrafo sobre un héroe nacional chileno.

En la historia de América hay varios héroes indígenas. Uno de estos héroes fue Lautaro (*Levtraru* en la lengua mapuche), un líder militar de la guerra de Arauco (1536-1772), que lideró el levantamiento de los nativos contra los conquistadores españoles desde 1553 hasta 1557. Lautaro fue prisionero de los españoles durante seis años y en ese tiempo aprendió sus tácticas militares. En 1552 escapó hacia el país indio araucano, al sur de Chile. Se unió a los araucanos, unificó su organización tribal, y con su jefe, Caupolicán, dirigió una gran sublevación militar contra los españoles. Con la muerte de Lautaro, desapareció una figura extraordinaria de la guerra de Arauco.

Revisen este eje cronológico: contiene ocho entradas (*entries*) correspondientes a ocho eventos importantes en la vida de Lautaro. Usen la información para narrar la historia en forma de frases completas.

EJEMPLO: Lautaro nació en 1530 y fue prisionero de los españoles desde 1546 hasta ...

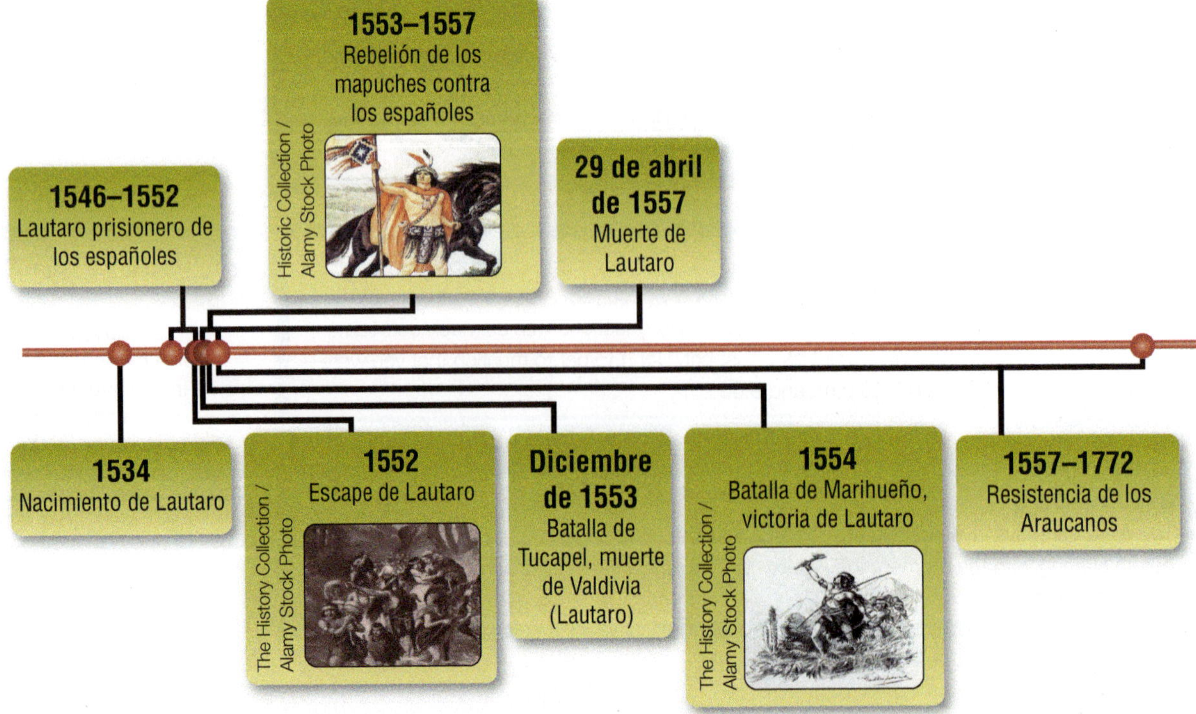

Paso 1 La clase se divide en grupos. Cada grupo va a elaborar un eje cronológico sobre un héroe indígena americano. Primero lean esta información sobre cuatro héroes indígenas.

Atahualpa	Fue gobernante del imperio incaico. Fue capturado por Francisco Pizarro y condenado a muerte.
Toro Sentado	Fue un jefe indio de la tribu de los sioux Hunkpapa. Luchó contra el Séptimo de Caballería en la batalla de Little Big Horn.
Hatuey	Fue un caudillo indígena (taíno) que luchó contra la conquista española en las islas La Española y Cuba.
Tupac Amaru II	Fue el último cacique inca. Luchó contra los españoles y es considerado uno de los precursores de la independencia de Perú.

Paso 2 Busquen información sobre el héroe que eligieron. Seleccionen varios eventos y fechas de la vida de esta persona y finalmente decidan seis para su eje cronológico.

Paso 3 Hagan un borrador (*draft*). Cada entrada debe incluir esta información:

1. ¿qué pasó?
2. ¿cuándo?
3. ¿dónde?
4. ¿por qué es importante?

Paso 4 Elaboren el eje final.

Paso 5 Cada grupo presenta su proyecto a la clase. No olviden incorporar algunos **marcadores de secuencia** en su presentación.

Paso 7 Mi progreso
Review the goals. Mark with a ✔ the goals you think you have achieved and to what extent.

I can...

	very well	well	with difficulty
Goal 1: talk about a historical figure in the past.			
Goal 2: explain historical events in chronological order.			
Goal 3: justify opinions.			

Ayuda

Dos años después / más tarde...

Después de dos días / meses / años...

Desde... hasta...

Más tarde...

Después de + infinitivo...

Poco / Mucho tiempo después...

Gente que lee

Estrategias para leer

Developing a timeline

Writers do not always present historical information in chronological order. That is why creating a timeline is an effective strategy to understand a narration and to make sure that you are not missing relevant information. To do that successfully, you should look for:

- dates and time expressions, such as *la semana pasada*, *el 6 de abril de 1744*, *en el 2014*, etc.
- expressions to sequence events such as:

Antes de...	Before (doing something)...
Después de...	After (doing something)...
_____ *días / años antes / después / más tarde...*	_____ days / years before / after / later...
Poco antes / después...	Shortly before / after...
El día / año siguiente...	The following day / year...
Entonces...	Then...
Desde ese día / mes / año...	Since that day / month / year...

Antes de leer

10-18 Islas ¿Conoces estas islas? ¿Dónde están? ¿Son países o partes de un país? ¿Puedes añadir dos más a la lista?

Groenlandia	Gran Bretaña	Hawai	Islas Canarias	Granada
Cuba	Malvinas	Japón	La Española	Puerto Rico

Después de leer

10-19 ¿Comprendes?

1. ¿Cuáles son las dos hipótesis sobre el origen de los pobladores de esta isla?
2. ¿Qué originó las guerras tribales en los siglos XVII y XVIII?
3. ¿Qué causó la disminución de población entre 1859 y 1877?
4. ¿Qué representan los moai?
5. ¿Por qué miran los moai hacia el interior de la isla?
6. Ordena cronológicamente estos acontecimientos importantes de la historia de la isla de Rapa Nui:

   ☐ Policarpo Toro llegó a la isla.
   ☐ Hubo una sobrepoblación en Rapa Nui.
   ☐ Los isleños obtuvieron derechos de ciudadanía chilena.
   ☐ Gran parte de la población murió a causa de las epidemias.
   ☐ Chile incorporó la isla a su soberanía.
   ☐ Muchos isleños se trasladaron a Perú a trabajar como esclavos.

10-20 Activando estrategias

1. ¿Qué significan las palabras **tribal** (párr. 2), **sobrepoblación** (párr. 2) e **isleños** (párr. 3)? ¿De qué palabras vienen?
2. Si **tallar** significa *to sculpt* y **desplazar** significa *to displace*, ¿qué significan las palabras **talladas** (párr. 3) y **desplazamiento** (párr. 3)?
3. ¿A qué o a quién se refieren las palabras subrayadas en el texto (párr. 4 y 5)?
4. Busca la palabra **tierra** (párr. 5) en el diccionario. ¿Cuántos significados tiene? ¿Cuál es el más adecuado en este contexto?
5. Identifica tres expresiones usadas en el párrafo 4 para marcar la secuencia de acontecimientos. Después haz una línea temporal con la información de este párrafo.

www.isladepascua.net

RAPA NUI

La isla de Pascua es una remota isla de la Polinesia en el océano Pacífico. Es una de las comunidades más alejadas del mundo, a unos 3.700 km de la costa de Chile. Su nombre tradicional es Rapa Nui, que significa "isla grande" en el idioma rapanui. En la actualidad tiene una población de unos 5.700 habitantes.

Según la tradición oral, el pueblo rapanui llegó a esta isla desde una isla mítica llamada Hiva, guiado por su primer rey, Hotu Matu'a, hacia el siglo IV. Las teorías arqueológicas sobre los orígenes de este pueblo están divididas; algunas sugieren que esta etnia proviene de la Polinesia, mientras que otras indican un origen **preincaico**. Esta sociedad **tribal** se dedicó a cultivar la tierra y criar animales. Además, desarrolló poblados y creció rápidamente, lo que causó una crisis de **sobrepoblación** y provocó guerras entre las tribus en los siglos XVII y XVIII.

Durante el período de paz, la vida espiritual de los rapanui se caracterizó por el respeto a sus antepasados. Los **isleños** construyeron los famosos moai, o "rostros vivos", para representar a sus ancestros. Estas gigantescas cabezas **talladas** en piedra volcánica representaron a sus habitantes más extraordinarios que, después de muertos, se convirtieron en (*became*) héroes y se establecieron en la isla para proteger a las tribus. Nadie sabe cómo realizaron la construcción y el **desplazamiento** de las casi mil esculturas distribuidas por toda la isla, pero se descubrió que bajo (*under*) cada moai están los restos (*remains*) de un rey o jefe tribal. Según la historia, todos los moai fueron colocados mirando hacia el interior de la isla para observar las acciones de su pueblo.

El capitán de la Armada de Chile, Policarpo Toro, llegó a la isla en 1870. Sin embargo, el primer contacto europeo fue muchos años antes, en 1722, con el holandés Jacob Roggeveen. Entre 1859 y 1863, unos veinte barcos se llevaron alrededor de 2.000 isleños a trabajar como esclavos a las haciendas de Perú, y mataron a gran número de los indígenas <u>que</u> no pudieron llevarse. Años más tarde, en 1877, las epidemias de tuberculosis y viruela redujeron la población a tan solo 110 personas.

Dieciocho años después de llegar a la isla por primera vez, Policarpo Toro <u>la</u> incorporó a Chile. El 9 de septiembre de 1888, Chile consiguió firmar un tratado con los nativos. Se redactó un documento en español y otro en rapanui. La tradición oral cuenta que el rey Atamu Tekena tomó un puñado (*fistful*) de pasto con **tierra**; luego <u>les</u> entregó el pasto a los conquistadores chilenos y se quedó con (*kept*) la tierra. La antropóloga Paloma Hucke dice que, con ese acto, Atamu Tekena le dio la soberanía a Chile, pero se reservó el derecho sobre sus tierras. El gobierno chileno reservó una zona en la costa occidental para la población indígena y utilizó el resto del terreno para el pastoreo de ovejas y vacas (*sheeps and cows*). Los isleños no tuvieron derechos de ciudadanía chilena hasta 1966.

Isla Rapa Nui, Chile

10-21 Expansión

1. Explica cómo estos personajes extraordinarios de la tradición oral rapanui cambiaron la historia de su pueblo.

   Hotu Matu'a   los moai   Atamu Tekena

2. Considera los siguientes efectos de la anexión de la isla de Pascua a Chile. En tu opinión, ¿cuáles son positivos y cuáles son negativos? Explica.

   - ☐ comercio con otras regiones
   - ☐ convivencia entre culturas
   - ☐ colonización religiosa
   - ☐ mestizaje
   - ☐ imposición del español en la isla
   - ☐ llegada de turistas

Gente que escribe

Estrategias para escribir

Writing a narrative (I): past actions and events

When you write a narration, you tell a story, recounting an event or a series of events in the past. These are some important factors to consider:

1. The actions and events may be told in any order, but the most straightforward way is to narrate them in chronological sequence.
2. Time expressions and sequencers are elements that help you (and your reader) to establish a coherent chronological order.
3. You can tell a story about yourself or someone else. Be sure to pay close attention to the verb forms (first vs. third person) so that you don't confuse the reader.

A narrative contains (a) past actions or events, and (b) situations and descriptions of the backgrounds in which those actions happened. For now, we will concentrate on actions: what happened and when. In the next chapter, we will work on situations and backgrounds.

MÁS ALLÁ DE LA FRASE

Use of time markers in narratives (I)

As you have seen in the reading section, time markers are used to give coherence and carry the story forward. In addition to the ones you studied in that section, other time expressions are:

Hace _____ días / meses / años…	_____ days / months / years ago…
El mes / año / siglo pasado...	Last month / year / century...
Luego…	Then…
Desde entonces...	Since then...
De repente...	Suddenly…
En ese momento / instante…	At that moment / instant…

10-22 **Una persona extraordinaria para ti** Una ONG llamada *Fundación Gran Hermano* ofrece una beca para estudiantes. Para solicitarla, tienes que escribir la biografía de una persona que tuvo gran influencia en tu vida o fue tu inspiración. Puede ser un miembro de tu familia, un/a amigo/a, un/a profesor/a o una persona famosa a la que admiras.

Antes de escribir

1. Averigua cuándo y dónde nació.
2. Haz una lista de cuatro acontecimientos relevantes en su vida en orden cronológico.
3. Haz una lista de tres cosas importantes que hizo en orden cronológico.
4. Piensa por qué y cómo te inspiró esta persona.
5. Explica por qué esta persona debe ser una inspiración para otros estudiantes.

A escribir

- Presenta a tu persona extraordinaria: di su nombre y explica qué relación tiene contigo.
- Incorpora las respuestas del paso anterior (*Antes de escribir*).
- Presta atención a las frases temáticas y la información que incluyes en cada párrafo.
- Usa expresiones de tiempo (*Más allá de la frase*) para marcar la secuencia de tu biografía.
- Usa conectores y referentes (*lo, la, los, las,* etc.) para evitar repeticiones.

DESPUÉS DE ESCRIBIR

- Revisa los pasos 1 a 8 en la página 14 del Capítulo 1. Presta atención a los marcadores de tiempo y a los verbos en pretérito.
- Intercambia tu biografía con un/a compañero/a y usa la *Guía de Revisión entre Compañeros*.

Comparaciones culturales

10-23 El chileno más grande Lean el texto y la tabla con los datos de la biografía de Salvador Allende, que fue presidente de Chile entre 1970 y 1973. Después respondan a las preguntas.

Salvador Allende es, en términos de su impacto y valoración histórica, "el chileno más grande". En todo el mundo hay miles de calles, plazas, hospitales y monumentos que llevan su nombre. Igualmente se cuentan por miles los libros, artículos y documentales centrados en su vida y obra. Allende tuvo una gran vocación social, primero como médico y luego como líder político, e hizo importantes reformas económicas y sociales en Chile.

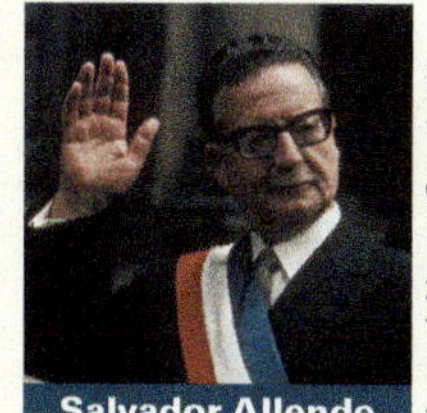

Salvador Allende

26 de junio de 1908	Nació en Valparaíso (Chile).
1926	Comenzó la carrera de medicina y fue líder y activista político estudiantil.
1933	Participó en la formación del Partido Socialista de Chile.
1939	Fue Ministro de Salud.
1937–1970	Fue diputado (*congressman*) y senador.
1952, 1958, 1964 y 1970	Fue candidato a la presidencia de Chile.
4 de septiembre de 1970	Ganó las elecciones con su partido Unidad Popular. Fue el primer presidente socialista elegido democráticamente en el mundo.
11 de septiembre de 1973	Las fuerzas armadas dieron un golpe de estado. Salvador Allende murió.
2008	Fue elegido "el chileno más grande de la historia".

1. ¿Cuáles de estos eventos creen que ocurrieron durante la presidencia de Allende en Chile? Decidan su lista y después compartan su decisión con la clase.
   - ☐ Nacionalización del sistema de salud
   - ☐ Redistribución de tierras (*land*)
   - ☐ Boicot de EE. UU. al gobierno de Allende
   - ☐ Congelación (*Freeze*) de los salarios de todos los trabajadores
   - ☐ Privatización de la minería de cobre (*copper mining*)
2. Después de leer el texto, ¿por qué crees que Allende es tan valorado en Chile?

10-24 Banderas (*Flags*) de Texas y Chile: ¿quién copió a quién? Lean el texto y tabla con información sobre el origen de las banderas de Chile y Texas. Después respondan a las preguntas.

1. ¿Están de acuerdo? Justifiquen sus decisiones con información del texto.
   - ☐ Chile se inspiró en el estado de Texas para el diseño de su bandera.
   - ☐ Texas copió la bandera chilena.
   - ☐ Chile se benefició de las similitudes entre las dos banderas.
   - ☐ Ambas (*both*) banderas representan valores similares.
2. ¿Cuál es la única diferencia en el diseño de las dos banderas?
3. Después de leer el texto, ¿qué solución propones para evitar confusiones en las redes sociales?

Las banderas de Texas y Chile son muy similares. Muchos se preguntan si Chile copió su símbolo nacional al estado texano, o Texas se inspiró en la bandera chilena.

	Chile	Texas
	peteretchells/123rf.com	T.Lesia/Shutterstock
Establecimiento	1817	1839
Historia	Se adoptó bajo el gobierno de Bernardo O'Higgins. La versión anterior tuvo tres franjas horizontales con los mismos colores.	Fue la bandera de la República de Texas, antes de unirse a Estados Unidos en 1845. El estado mantuvo su bandera después de la anexión.
Símbolos	El blanco: la nieve de los Andes El azul: el cielo chileno El rojo: la sangre derramada por la independencia La estrella: la república unitaria	El blanco: la pureza El azul: la lealtad El rojo: la valentía La estrella: la solidaridad texana en la independencia de México
Datos curiosos	Se dice que los chilenos aprovecharon (*took advantage of*) la similitud para fines militares tácticos. Las banderas chilenas en sus barcos eran confundidas (*mistaken*) con la bandera de Texas.	Una teoría indica que el diseño tuvo influencias de Chile porque la esposa del gobernador de Texas en aquella época era (*was*) chilena. Esta teoría nunca se confirmó.

10-25 Chilenos en Estados Unidos

La comunidad chilena en Estados Unidos es bastante pequeña (unas 127.000 personas). La mayoría reside en Florida, California y el área metropolitana de Nueva York. Una buena parte de esta población salió de Chile por motivos políticos durante la dictadura de Augusto Pinochet (1973–1990), para realizar estudios universitarios de postgrado o buscar trabajo. Sin embargo, los chilenos comenzaron a llegar a California mucho antes, en los años 1950, durante la fiebre del oro (*gold rush*). Algunas calles de San Francisco, por ejemplo Valparaíso y Santiago, revelan el legado chileno que se mantiene vivo en la región.

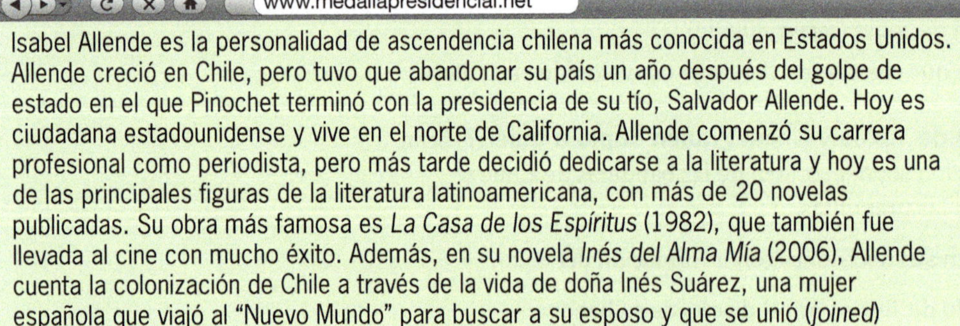

Isabel Allende es la personalidad de ascendencia chilena más conocida en Estados Unidos. Allende creció en Chile, pero tuvo que abandonar su país un año después del golpe de estado en el que Pinochet terminó con la presidencia de su tío, Salvador Allende. Hoy es ciudadana estadounidense y vive en el norte de California. Allende comenzó su carrera profesional como periodista, pero más tarde decidió dedicarse a la literatura y hoy es una de las principales figuras de la literatura latinoamericana, con más de 20 novelas publicadas. Su obra más famosa es *La Casa de los Espíritus* (1982), que también fue llevada al cine con mucho éxito. Además, en su novela *Inés del Alma Mía* (2006), Allende cuenta la colonización de Chile a través de la vida de doña Inés Suárez, una mujer española que viajó al "Nuevo Mundo" para buscar a su esposo y que se unió (*joined*) a un grupo de hombres para conquistar Chile en el siglo XVI.

En noviembre del 2018, Isabel Allende se convirtió en (*became*) la primera escritora en español en recibir la medalla del *National Book Award*, el Premio Nacional de Literatura, uno de los reconocimientos literarios más importantes en EE. UU. También el canal de televisión CNN destacó a Allende en el 2018 como uno de los nueve inmigrantes que ayudaron a "hacer grande" a Estados Unidos junto con personajes destacados como Madeleine Albright (República Checa), la primera mujer Secretaria de Estado en EE. UU., o el cofundador de Google, Sergey Brin (Rusia).

Medalla Presidencial de la Libertad para Isabel Allende, 2014

1. Da un ejemplo de otras personas o grupos que emigraron a EE. UU. por razones políticas.
2. ¿Crees que la novela *Inés del Alma Mía* trata un tema original? Explica por qué.
3. Explica la relevancia del premio *National Book Award* que ganó Isabel Allende.
4. ¿Conoces otros casos de emigrantes que han contribuido a "hacer grande" a Estados Unidos?

Vocabulario

Biografías

la amistad	*friendship*
el amor	*love*
la década	*decade*
la infancia	*childhood*
la juventud	*youth*
la muerte	*death*
el nacimiento	*birth*
la niñez	*childhood*
la vejez	*old age*
la vida	*life*

Conceptos históricos

el acontecimiento	*event*
el acuerdo	*agreement*
el asesinato	*murder*
la conquista	*conquest*
la democracia	*democracy*
los derechos civiles	*civil rights*
el discurso	*speech*
el ejército	*military*
las elecciones	*elections*
la esclavitud	*slavery*
el exilio	*exile*
el/la explorador/a	*explorer*
la guerra	*war*
la independencia	*independence*
el/la indígena	*native*
la invasión	*invasion*
el invento	*invention*
la libertad	*freedom*
el/la líder	*leader*
el movimiento	*movement*
la paz	*peace*
el/la presidente/a	*president*
el tratado	*treaty*

Verbos

asesinar	*to assassinate*
aumentar	*to increase*
casarse	*to get married*
comenzar (ie)	*to start*
conocer (zc)	*to meet (someone)*
conquistar	*to conquest*
conseguir (i)	*to achieve*
convertirse en (ie)	*to become*
crear	*to create*
dar	*to give*
descubrir	*to discover; find out*
elegir (i)	*to choose; to elect*
empezar (ie)	*to start*
enamorarse de	*to fall in love with*
fundar	*to found*
ganar	*to win*
inventor	*to invent*
liberar	*to free*
llegar	*to arrive*
lograr	*to achieve*
luchar	*to fight*
matar	*to kill*
morir (ue)	*to die*
mudarse	*to move; to relocate*
nacer (zc)	*to be born*
parar	*to stop*
pasar	*to happen*
suceder	*to happen; to follow*
terminar	*to finish; to end*
unirse a	*to join*
votar	*to vote*

Adjetivos

aventurero/a	*adventurous*
brillante	*brilliant*
conocido/a	*known*
defensor/a	*advocate; defender*
desconocido/a	*unknown*
oxtraño/a	*strange*
famoso/a	*famous*
genial	*great*
independiente	*independent*
innovador/a	*innovative*
militar	*military*
pobre	*poor*
revolucionario/a	*revolutionary*
rico/a	*rich; wealthy*
sorprendente	*surprising*
talentoso/a	*talented*
valiente	*brave*

Consultorio lingüístico

1 The Preterit Tense

- Regular verbs: the preterit of regular verbs is formed by changing the ending of the infinitive to the following endings:

	-AR TERMINAR	-ER CONOCER	-IR VIVIR
(yo)	termi**né**	cono**cí**	vi**ví**
(tú)	termin**aste**	conoc**iste**	viv**iste**
(él, ella, usted)	termi**nó**	cono**ció**	vi**vió**
(nosotros, nosotras)	termin**amos**	conoc**imos**	viv**imos**
(ellos, ellas, ustedes)	termin**aron**	conoc**ieron**	viv**ieron**

In the first and third person of the singular, the word stress is always on the final syllable (underlined above).

Attention:	**caer** (*to fall*):	(él, ella, usted)	ca-ió → **cayó**
		(ellos, ellas, ustedes)	ca-ieron → **cayeron**
	oír (*to hear*):	(él, ella, usted)	o-ió → **oyó**
		(ellos, ellas, ustedes)	oi-eron → **oyeron**
Attention:	**dormir:**	(él, ella, usted)	dorm-ió → **durmió**
		(ellos, ellas, ustedes)	dorm-ieron → **durmieron**
	pedir:	(él, ella, usted)	ped-ió → **pidió**
		(ellos, ellas, ustedes)	pedi-eron → **pidieron**

Other verbs like this are: pref**e**rir, m**o**rir, m**e**ntir.

- Irregular verbs: verbs that are irregular in the preterit are formed with an irregular stem and usually have these endings:

(yo)	**-e**
(tú)	**-iste**
(él, ella, usted)	**-o**
(nosotros, nosotras)	**-imos**
(ellos, ellas, ustedes)	**-ieron**

These are some of the most common irregular verbs and their stems in the preterit:

PODER:	**pud-**	VENIR:	**vin-**	TRAER	**traj-**
PONER:	**pus-**	ESTAR:	**estuv-**	DECIR	**dij-**
QUERER:	**quis-**	SABER:	**sup-**	HACER	**hic-**
TENER:	**tuv-**				

	HACER	DECIR	ESTAR
(yo)	**hice**	**dije**	**estuve**
(tú)	**hiciste**	**dijiste**	**estuviste**
(él, ella, usted)	**hizo**	**dijo**	**estuvo**
(nosotros, nosotras)	**hicimos**	**dijimos**	**estuvimos**
(ellos, ellas, ustedes)	**hicieron**	**dijeron***	**estuvieron**

*Almost all **-er** and **-ir** verbs take **-ieron** in the third-person plural; ***decir*** and some other verbs that end in **-cir** take **-eron** (*producir → produ**jeron***)

Notice that in these verbs, the accent shifts in the first- and third-person singular:

tuve, **tu**vo (*not* tuvé, tuvó)
es**tu**ve, es**tu**vo (*not* estuvé, estuvó)
v**i**ne, v**i**no (*not* viné, vinó)

These are three of the most frequently used irregular verbs:

	SER	IR	DAR
(yo)	**fui**	**fui**	**di**
(tú)	**fuiste**	**fuiste**	**diste**
(él, ella, usted)	**fue**	**fue**	**dio**
(nosotros, nosotras)	**fuimos**	**fuimos**	**dimos**
(ellos, ellas, ustedes)	**fueron**	**fueron**	**dieron**

2 Use of the Preterit Tense

The preterit tense presents information as an event:

Ayer **llovió.**
***It rained** yesterday.*

Ayer por la noche **estuvimos** en un restaurante muy bueno.
*Last night **we were** in a very good restaurant.*

Ayer Ana **fue** a una tienda y **compró** un par de zapatos. Luego **volvió** a casa en taxi.
*Yesterday Ana **went** to a store and **bought** a pair of shoes. Then she **went back** home by taxi.*

These types of markers often accompany the preterit:

ayer *yesterday*	**anteayer** *the day before yesterday*
anoche *last night*	**el otro día** *the other day*
el lunes / martes... *on Monday / Tuesday...*	**el (día) 6/21...** *on the 6th, the 21st... (day)*
la semana pasada *last week*	**el mes pasado** *last month*
el año pasado *last year*	**hace (dos, cinco, diez) años** *(two, five, ten) years ago*

3 Talking About Dates

Remember that in Spanish, the order in which the date is expressed is **day, month,** and **year**:

● ¿Qué día nació su hija?	—*What day was your daughter born?*
○ **El (día)** 14 de agosto de 1992.	—*She was born* ***on*** *August 14, 1992.*
● ¿Cuándo llegaste a Chile?	—*When did you arrive in Chile?*
○ **En** marzo de 1992.	—***In*** *March of 1992.*
● ¿En qué año terminó Juan sus estudios?	—*What year did Juan finish his studies?*
○ **En (el)** 2014.	—***In*** 2014.
○ **En** 1985.	—***In*** 1985.
● ¿Qué pasó **el** 12 **de** marzo **de** 1988?	—*What happened* ***on*** *March 12, 1998?*
● Juan se casó.	—*Juan got married.*
● ¿Cuándo **fue** la Guerra del Pacífico?	—*When was the Pacific War?*
● Fue **en el** siglo XIX, **entre** 1879 **y** 1883.	—*It was* ***in the*** *nineteenth century,* ***between*** *1879* ***and*** *1883.*

4 Sequencing Past Events

To indicate the order of events in the past, we use ***antes*** (*before*), ***después*** (*after*), and ***luego*** (*after*).

Fui a la facultad, pero **antes** estuve en la biblioteca.
I went to the school, but ***before that*** *I went to the library.*

Estuve en la biblioteca y **después** fui a la facultad; **luego** volví a casa.
I was at the library and ***afterwards*** *I went to the school;* ***then*** *I went back home.*

- ***antes de*** + **INFINITIVE**
  Antes de ir a la facultad, estuve en la biblioteca.
  Before going *to the school, I was in the library.*

- ***después de*** + **INFINITIVE**
  Después de estar en la biblioteca, fui a la facultad.
  After *being at the library, I went to the school.*

The connector ***entonces*** is used to refer to what happened next:

Juan fue a la biblioteca pero no pudo encontrar a su amigo. **Entonces** fue al apartamento, pero tampoco lo encontró.
Juan went to the library but couldn't find his friend. **Then** *he went to the apartment but couldn't find him there either.*

Note that in Spanish, the words for *after* and *before* are followed by an infinitive rather than by an **-ing** form:

Después de **ver** el partido, fuimos a cenar. (= *After* ***watching*** *the game, we went to get dinner.*)

5 Articles: *alguno / ninguno, algo / alguien, nada / nadie*

These articles are used to talk about people or things that we select from a group. They agree with the noun they refer to in gender and number:

algún evento	**ningún** evento
alguna historia	**ninguna** historia
algunos libros	***ningunos** libros
algunas fechas	***ningunas** fechas

- ¿Escuchaste **alguna** historia interesante? —*Did you hear* ***an*** *interesting story?*
- No, no escuché **ninguna historia**. —*No, I did not hear* ***any story****.*
  No, no escuché **ninguna**. —*No, I did not hear* ***any****.*

*****Ningunos / ningunas*** are only used with nouns that are not used in the singular (*pantalones, tijeras, gafas,* etc.). With other nouns, we always use the singular ***ninguno / ninguna***:

No escribí **ninguna carta** hoy.
I did not write ***any letter*** *today.*

No tengo **ningunas gafas** de sol para llevar a la playa.
I don't have ***any sunglasses*** *to take to the beach today.*

Algo / alguien, nada / nadie are used as nouns to talk about people (*alguien, nadie*) or things (*algo, nada*) without specifying which type of person or thing we are talking about. They never change their form and always agree with the masculine singular. Unless they start a sentence, ***nada*** and ***nadie*** are preceded by ***no***:

Nadie vino a la fiesta.	vs.	**No** vino **nadie** a la fiesta.
Nobody *came to the party.*		***Nobody*** *came to the party.*

- ¿Hiciste **algo** interesante ayer? —*Did you do* ***something*** *interesting yesterday?*
- No, **no** hice **nada**. —*No, I* ***did not*** *do* ***anything****.*

- ¿Estuviste con **alguien** en Santiago? —*Where you with* ***somebody*** *in Santiago?*
- **No** estuve con **nadie**. —*I was* ***not*** *with* ***anybody****.*

Capítulo 11

Gente e historias

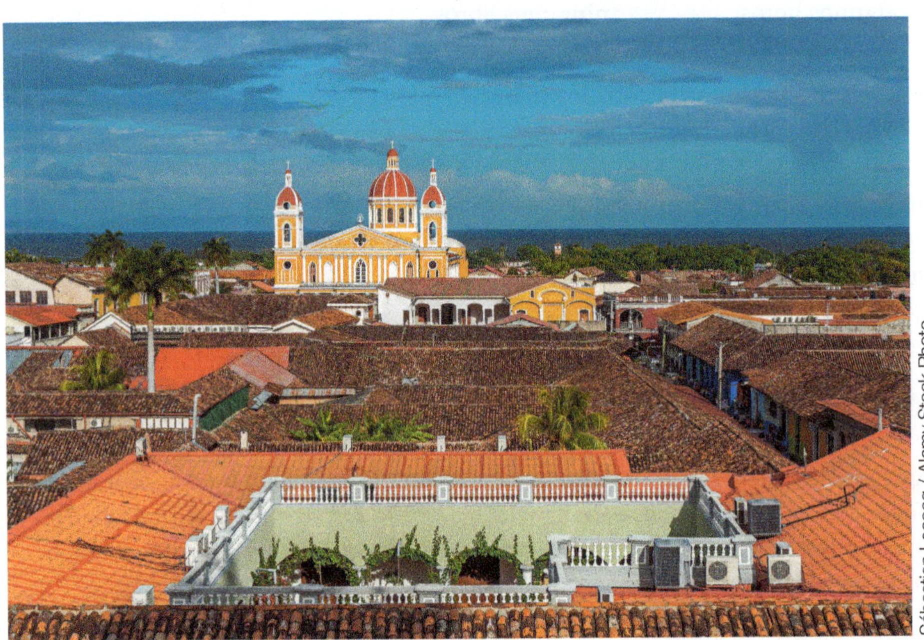

Sébastien Lecocq / Alamy Stock Photo

Ciudad de Granada, Nicaragua

TAREA GLOBAL

Escribir el final de un relato de misterio

CLUB CULTURA

Explore Nicaragua with *Club cultura!*

At the end of this lesson, I will be able to...

PRESENTATIONAL AND INTERPERSONAL COMMUNICATION

Speaking

- talk about past events and background / context in which they took place.
- contrast past and present personal behavior and tendencies.
- use expressions to react to narrations during conversation.

Writing

- write a personal narration that includes both background / context and specific actions or events.
- use time markers to add cohesion to a narration.

INTERPRETIVE COMMUNICATION

Listening

- identify key information related to past events and their background / context.
- understand people's retelling of personal experiences.
- understand the main ideas in historical accounts.

Reading

- understand the main ideas and key information of a narration.
- use summarizing strategies as a tool to better understand a text.

INTERCULTURAL COMPETENCE

- learn about an important commercial route of Nicaragua.
- learn about two cities of political and historical importance in Nicaragua.
- understand the causes of Nicaraguan immigration to the United States.

Acercamientos

11-1 Historia de Nicaragua Relacionen estos eventos o periodos de la historia de Nicaragua con uno o más de estos conceptos. Después relacionen estos conceptos con un evento de la historia de su país.

la libertad — la independencia — la revolución
la soberanía — la democracia — el colonialismo

- **1502–1823** Fue el periodo colonial
- **1824–1838** Se creó la República Federal Centroamericana
- **1838** Nicaragua se separó de la República
- **1841–1850** La Costa de Mosquitos fue protectorado británico
- **1854** Se fundó la República de Nicaragua
- **1927–1933** Augusto Sandino luchó contra la ocupación de EEUU
- **1934–1979** Fue un periodo de dictaduras militares
- **1961** Nació el Frente Sandinista de Liberación Nacional
- **1979** Ocurrió la Revolución Sandinista
- **1990** Hubo las primeras elecciones democráticas
- **2006** Daniel Ortega (FSLN) ganó la elecciones

Antiqua Print Gallery / Alamy Stock Photo

Georgios Kollidas / Alamy Stock Photo

OCTAVIO GLOBAL / Alamy Stock Photo

Album / Alamy Stock Photo

11-2 Historia de dos ciudades Lean el texto: identifiquen en el mapa todos los lugares que se mencionan. Después decidan a qué ciudad -Granada o Bluefields- quieren ir y por qué.

Durante toda la época colonial, la zona del Pacífico fue española, mientras que (*while*) la zona del Caribe fue inglesa. Los españoles fundaron las ciudades de León y Granada. Los ingleses tuvieron influencia en la Costa de Mosquitos (costa este de Nicaragua) y las ciudades más importantes fueron Bluefields y Greytown.

GRANADA está al oeste de Nicaragua, al lado del lago Cocibolca, y es una de las ciudades coloniales más bonitas de Centroamérica. Puedes visitar:

- **Isletas del Lago.** Son un conjunto de 365 isletas ubicadas en el Lago Cocibolca.
- **Fuerte San Pablo.** Fue construido en 1780 para defender Granada de los ataques de los piratas. Está en una de las isletas del lago.
- **Volcán Masaya.** Está en un Parque Nacional y es un volcán activo con cinco cráteres.

BLUEFIELDS está en la costa atlántica de Nicaragua. Puedes visitar:

- **Los barrios.** Bluefields tiene 30 barrios. Old Bank y Cotton Tree son los más antiguos.
- **Islas del Maíz.** Dos islas, a 75 kilómetros de Bluefields, donde viven descendientes de indígenas miskitos y esclavos africanos. Fue el lugar preferido por los piratas del Caribe. Estuvieron bajo la dominación de Inglaterra hasta el año 1894.

Vocabulario en contexto

11-3 Mitos y leyendas sobre volcanes Nicaragua es un país de mitos (*myths*) y leyendas, muchos de ellos relacionados con sus islas y volcanes. ¿Qué diferencias hay entre un mito y una leyenda?

MITO **LEYENDA**

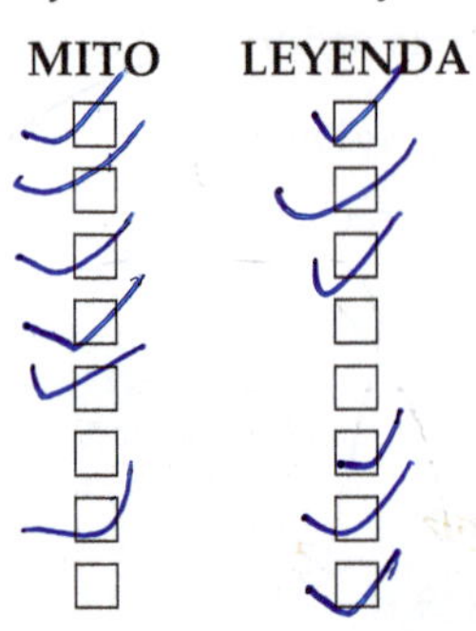

1. Es una narración.
2. Tiene personajes sobrenaturales.
3. Se transmite de forma oral.
4. Representa creencias populares.
5. Se basa en hechos y personajes reales.
6. Trata de dar explicación a un hecho.
7. Ocurre en un tiempo histórico preciso.
8. Trata de explicar el origen del mundo.

Ahora lean estos dos textos y decidan si cada narración es un mito o una leyenda.

> En Nicaragua hay 430 islas en el Lago Cocibolca y la más grande es Ometepe, la mayor isla del mundo situada en un lago de agua dulce. En el centro de la isla hay dos volcanes: el Concepción y el Maderas. Según cuenta la tradición, los dos volcanes se enamoraron y entraron en erupción, dando lugar a la isla de Ometepe. De este modo pudieron seguir juntos para siempre.

Ometepe

LEROY Francis / Hemis / Alamy Stock Photo

> Cuentan que existen seis puertas que dan acceso al infierno y una de ellas es el volcán Masaya. Durante los tiempos de la conquista, un fraile descendió al cráter con una pequeña cruz de madera como protección. Atravesó las cavernas oscuras y las nubes tóxicas de azufre (*sulfur*). Cuando llegó abajo vio uno de los accesos al reino de Satán. Como alerta, el fraile hizo colocar una cruz de madera para proteger esta "boca del infierno".

11-4 Un caso misterioso El martes 13 de abril a las cuatro de la tarde, todo parecía normal en el Hotel-Resort Mukul de Costa Esmeralda, Nicaragua. Sin embargo, unas horas después, una famosa actriz desapareció de forma misteriosa. Observen a los ocho personajes que están en la recepción del hotel y escriban quién creen que dijo cada cosa.

Valerio Pujante	"Comencé como guardaespaldas en enero".
	"Ayer llegué con dos de mis hombres para una reunión de negocios".
	"Sí, ayer gané".
	"Yo viajo mucho. El mes pasado, por ejemplo, estuve en Santiago, en Nueva York y en Madrid".
	"Ayer llevé en carro a Laura al club de tenis para entrenar".
	"Ayer llegó un grupo muy grande de turistas y hoy tenemos mucho trabajo".
	"Ayer tuve una entrevista con el famoso director de cine Pedro Almodóvar".
	"Anteayer me llamó el jefe y me dijo que tenía un 'trabajo' para mí".

EJEMPLO: **E1:** "Comencé como guardaespaldas en enero".
E2: Eso lo dijo Valerio porque lleva gafas oscuras y está vestido de negro.

11-5 Misterio en el hotel Mukul Lean este artículo de periódico. Después escriban qué relación tienen los personajes mencionados en el artículo con la actriz desaparecida.

EL PLANETA *Miércoles 14 de abril*

MISTERIOSO ASESINATO DE LA ACTRIZ CRISTINA RICO EN UN LUJOSO HOTEL DE NICARAGUA

Managua / EL PLANETA

El inspector Palomares, responsable del caso, declaró que va a interrogar a clientes y personal del hotel para buscar alguna pista que aclare el asesinato de la actriz.

A la 1h de esta madrugada pasada, el chofer y guardaespaldas de Cristina Rico, Valerio Pujante, avisó a la policía de la misteriosa desaparición de la famosísima actriz nicaragüense. Valerio Pujante, de nacionalidad chilena, la estuvo esperando en la recepción del hotel donde la actriz se alojaba. Ella le dijo que iba a cenar con un amigo y que iba a salir del hotel a las diez y media de la noche. Valerio esperó hasta las once y media y luego la llamó a su cuarto desde la recepción. Nadie respondió. En ese momento decidió avisar a la dirección del hotel. Después de comprobar (*check*) que no estaba en su habitación, el director llamó a la policía para comunicar la extraña desaparición. Esta mañana la policía encontró el cuerpo sin vida de Cristina Rico en uno de los jardines del hotel.

Cristina Rico es una de las más cotizadas actrices centroamericanas. El mes pasado firmó un contrato para protagonizar una película junto a Leocadio Dicarpio. También fue noticia en los últimos meses por su relación con Santiago Puértolas, banquero y propietario de la revista *15 Segundos*. Este conocido hombre de negocios estaba en el hotel la noche de la desaparición.

También se aloja en el hotel la tenista Laura Toledo, amiga de la actriz, acompañada por su novio y entrenador, el peruano Carlos Rosales. Laura Toledo se enteró al día siguiente del asesinato de su amiga y declaró que estaba consternada. Probablemente la tenista fue la última persona que vio a Cristina con vida, ya que estuvo con ella hasta las diez de la noche en su cuarto.

Además, la noche de la desaparición vieron en el hotel al conocido hombre de negocios Enrique Ramírez, a quien algunas fuentes (*sources*) relacionan con una mafia que opera en el área.

1. Valerio Pujante: ______________________________
2. Santiago Puértolas: ______________________________
3. Laura Toledo: ______________________________
4. Carlos Rosales: ______________________________
5. Enrique Ramírez: ______________________________

EL IMPERFECTO

Verbos regulares:

ESTAR	TENER	VIVIR
est**aba**	ten**ía**	viv**ía**
est**abas**	ten**ías**	viv**ías**
est**aba**	ten**ía**	viv**ía**
est**ábamos**	ten**íamos**	viv**íamos**
est**aban**	ten**ían**	viv**ían**

Verbos irregulares:

SER	IR	VER
era	**iba**	**veía**
eras	**ibas**	**veías**
era	**iba**	**veía**
éramos	**íbamos**	**veíamos**
eran	**iban**	**veían**

USOS DEL IMPERFECTO

- Contraste **ahora / antes**

  Ahora / Actualmente — todo el mundo tiene Internet.

  Antes — no **había** Internet.
  En esa época — yo **hacía** ejercicio todos los días.

- Actividades habituales o repetidas

  De niño/a — **jugaba** con trenes eléctricos.

  ATENCIÓN: acción repetida durante un límite de tiempo específico = Pretérito

  Hice ejercicio cada día durante tres meses.

- Circunstancias, descripciones, contexto

  Era Navidad.
  Hacía frío.
  No **había** nadie en la calle.
  Estaba muy cansado.

PRETÉRITO VS. IMPERFECTO

- Pretérito: acción completada.

  La semana pasada **estuve** en Nicaragua.

- Imperfecto: circunstancias en que una acción (pretérito) ocurre:

  No **tenía** dinero. Por eso / Así que no pudo comer en el restaurante.

  No pudo comer en el restaurante porque no **tenía** dinero.

- Imperfecto: acción en proceso cuando otra (pretérito) ocurre:

  Caminaba por la calle cuando vi a Arturo.

Lengua en contexto

11-6 La vida antes de Internet Escucha esta entrevista con tres jóvenes nicaragüenses. Escribe una de las cosas que estas personas hacían (*used to do*) antes de Internet y que ahora no hacen.

1. Antes ________ y ahora ____________.
2. Antes ________ y ahora ____________.
3. Antes ________ y ahora ____________.

¿Cómo cambió tu vida desde que comenzaste la universidad? Usa este esquema para describir ciertos aspectos de tu vida que contrastan entre antes y ahora.

	ANTES	FRECUENCIA	AHORA	FRECUENCIA
La comida				
El ejercicio				
La lectura				
Las aficiones				
La ropa				
Los amigos				

Ahora compara tus datos con los de tu compañero/a.

EJEMPLO: **E1:** Yo antes **hacía mucho** deporte, pero ahora hago menos porque no tengo tiempo.

E2: Yo antes **estudiaba** en casa **todos los días,** pero ahora voy **siempre** a la biblioteca.

11-7 La investigación del inspector de policía En este relato de misterio solamente aparecen **acciones** (en pretérito), pero no están las **circunstancias** en que ocurrieron y no hay **descripciones.** Escriban el relato incluyéndolas donde sea conveniente. Añadan conectores (*y, pero, entonces, así que…*).

1. **Estaba** cansado.
2. **Había** poco tráfico.
3. La prensa ya **estaba** allá.
4. **Era** bajito y **tenía** bigote (*moustache*).
5. Yo **estaba** en el restaurante.

Aquella noche el inspector Palomares se acostó temprano. A las 7 de la mañana sonó el teléfono. Como siempre: una llamada urgente de la comisaría y un nuevo caso. Se levantó, se vistió y tomó un café rápidamente. Salió inmediatamente a la calle y buscó su viejo carro. A las 7.30 llegó al Hotel Mukul. Estacionó el carro y fue al mostrador de recepción. El director, Cayetano Laínez, lo recibió inmediatamente. Palomares fue directo al grano:

—¿Sospecha de alguien?— preguntó Palomares.

—No —respondió el director—, en absoluto.

—¿Cuándo se enteró usted de la desaparición de Cristina Rico?

—A las doce. A las doce de la noche. El chofer vino a verme y me lo explicó.

—¿Habló usted con alguien más?

—Anoche, no. Esta mañana hablé con el recepcionista del hotel.

—Muy bien. Quiero interrogar a todo el personal.

11-8 Leyenda de Oyanka Esta es una leyenda nicaragüense. Primero lee solamente el texto en color negro. ¿Qué tiempo del pasado se usó en el texto?

Oyanka, la princesa que se convirtió en montaña

En 1590, en el Valle de Sébaco, Nicaragua, habitaba una nación de indígenas matagalpas que trabajaba el oro. Su líder era el cacique Yamboa. Mientras tanto (*meanwhile*) en Córdoba, España, vivía José López de Cantarero, que era un joven guapo y muy ambicioso. Un día José se fue al puerto de Cádiz y tomó un barco a América en busca de (*in search of*) oro y riquezas. Cuando llegó a Nicaragua se instaló en Sébaco y allá conoció a una princesa, la hija del cacique, que se llamaba Oyanka. Oyanka era bellísima y llevaba siempre muchas joyas de oro. José se enamoró de ella y ella de él. José quería saber de dónde extraía Yamboa el oro. Entonces la princesa llevó a José a las montañas, donde había una cueva escondida. Cuando José vio todo el oro se guardó (*put away*) siete pepitas (*nuggets*) grandes en su bolsillo (*pocket*). Cuando salían de la cueva, Yamboa los encontró; vendió a José y encerró (*locked*) a la princesa. Oyanka se puso muy triste y se durmió en un sueño (*sleep*) profundo esperando el regreso de José. Pero José nunca regresó. Oyanka se convirtió en montaña y hoy puede verse, al norte del valle de Sébaco, el cerro de Oyanka.

Ahora lee todo el texto, incluyendo la información adicional con verbos en el imperfecto. ¿Qué función tienen estos verbos? Clasifícalos de acuerdo con (*according to*) su significado y uso.

SIGNIFICADO / USO	VERBOS
Descripción de gente, cosas o lugares	
Circunstancias / contexto	habitaba
Actividad habitual, regular o repetida	
Acción en progreso (*ongoing*) cuando ocurre otra acción	

11-9 El detective privado (II) ¿Recuerdas a Valerio Guzmán en la actividad **10–17**? Esto es lo que Valerio hizo.

7:45 Salió de su casa. Entró en su casa otra vez.

8:00 Salió otra vez a la calle. Caminó durante 15 minutos.

8:15 Un coche con una mujer paró a su lado. Él montó en el coche.

8:35 Salió del coche en la Plaza de Armas. Continuó a pie.

8:50 Entró en un edificio de oficinas.

Ahora escucha lo que Valerio explica a sus colegas a las 9:00 de la mañana. ¿Puedes completar las frases?

1. Salió de casa pero entró otra vez porque ___________.
2. Salió a la calle otra vez a buscar un taxi pero ___________________.
3. Su amiga Elvira le llevó en carro pero tardaron 20 minutos porque ___________.
4. ___________, así que Valerio llegó mojado (*wet*) a la oficina.

11-10 Las coartadas Escucha a Laura Toledo y Carlos Rosales y responde a las preguntas. ¿Tienen buenas coartadas?

LAURA
1. ¿Qué **estuvo haciendo** con Cristina?
2. ¿Hasta qué hora?
3. ¿Qué **estaba haciendo** cuando tocaron (*knocked*) la puerta de su cuarto?

CARLOS
1. ¿Qué **estuvo haciendo** hasta las 10?
2. ¿Con quién **estuvo charlando**?
3. ¿Cuánto tiempo **estuvo charlando**?
4. ¿Qué **estuvo haciendo** después de ver a su novia?
5. ¿Qué **estaba haciendo** cuando lo vio el recepcionista?

ESTAR + GERUNDIO

(yo)	estoy	trabajando
(tú)	estás	
(él, ella, usted)	está	
(nosotros, nosotras)	estamos	
(ellos, ellas, ustedes)	están	

		Gerundio
habl**ar**	→	habl**ando**
com**er**	→	com**iendo**
sal**ir**	→	sal**iendo**

ESTABA + GERUNDIO

Acción en progreso = contexto para otra acción que sucede al mismo tiempo.

Estábamos dando un paseo cuando vimos a Carmen.

ESTUVE + GERUNDIO

Acción en progreso que ocurre durante un tiempo específico.

Estuvo estudiando toda la tarde.

Interacciones

Estrategias para la comunicación oral

Collaboration in conversation (II)

When narrating a story or event, the speaker applies certain strategies to make sure that the listener is following the narration. As a listener, you may also want to use expressions like these:

To show surprise:

• *¡No me digas!*	No way!
• *¡No lo puedo creer!*	I can't believe it!
• *¿De verdad?*	Really? / Is that right?
• *¿En serio?*	Seriously?
• *¿Sí?*	Really?

To show interest and other emotions:

• *¡Qué bien!*	Great!
• *¡Qué miedo!*	How scary!
• *¡Qué pena / lástima!*	What a shame!
• *¡Qué interesante!*	How interesting!
• *¡Qué gracioso / chistoso!*	How funny!

11-11 Imprevistos, sorpresas, anécdotas Piensa en dos anécdotas, sorpresas o cosas inesperadas que te ocurrieron en algún momento. Completa este cuadro.

¿Cuándo?	¿Dónde?	¿En qué circunstancias?	¿Qué pasó?
1.			
2.			

Comparte ahora estas historias con tu compañero/a.

EJEMPLO: E1: Un verano, cuando era pequeño, mi hermano y yo estábamos en un bote en un lago, en un pueblo pequeño donde vivían mis abuelos. Mi hermano pequeño se cayó al agua. ¡Y yo no sabía nadar!
E2: **¿De verdad? ¡Qué miedo!** ¿Y qué hiciste?
E1: Pues lo agarré por la camiseta y lo subí al bote.
E2: **¡Qué bien!**

Ahora algunos/as voluntarios/as cuentan sus propias historias a la clase. Los demás deben reaccionar con expresiones de interés, sorpresa, etc.

11-12 Entrevista ¿Qué quieres saber de la vida de tu compañero/a? Prepara una lista de cuatro preguntas sobre una de estas etapas de su vida. Luego entrevista a tu compañero/a.

1. Cuando eras niño/a:
2. Cuando estabas en la escuela secundaria:
3. Antes de llegar a la universidad:

EJEMPLO: E1: ¿Qué **hacías** cuando **eras** niño?
E2: De niño **jugaba** al fútbol en un equipo **así que practicaba** mucho deporte.

 **11-13 Coartadas** El pasado martes por la noche, alrededor de (*around*) las nueve, desapareció el libro más antiguo de la biblioteca de la universidad. Haz estas preguntas a tu compañero/a para ver si tiene una buena coartada. Después explica a la clase si crees que tu compañero/a es sospechoso/a. La clase va a dar su opinión también.

1. ¿Qué estabas haciendo a las 9 de la noche del martes?
2. ¿Qué estuviste haciendo entre las 10 y las 12 de la noche?

EJEMPLO: Jen es sospechosa porque **estaba estudiando** sola en la biblioteca a las 9. Además...

  **11-14 Situaciones: *Viaje al futuro*** A beloved figure in the history of the United States travels to the future, where he is interviewed by a journalist. The journalist wants to focus on two significant parts of his life.

ESTUDIANTE A

You are a journalist who has the opportunity to interview the famous astronaut Neil Armstrong. Prepare some questions for him related to these parts of his life and the events that took place during each phase.

Tipo de preguntas	Vida universitaria	Carrera de astronauta
Eventos específicos (¿Qué?; ¿Cuándo?; ¿Cómo?; ¿Dónde?; ¿Por qué?)		
Descripciones, circunstancias, acciones repetidas o habituales		
Acontecimiento importante ¿Qué hizo? ¿Qué pasó?		

ESTUDIANTE B

You are Neil Armstrong. You have traveled to the future and are now being interviewed by a journalist who is going to ask you questions about your college experience and your career as an astronaut. Consider these periods and the events that took place during those years. Then answer the journalist's questions in detail:

Estudios universitarios	1947–1955: Universidad de Purdue (EE. UU.) 1950–1951: Guerra de Corea, piloto en el ejército 1951: Fin del servicio militar, accidente de avión 1955: Ingeniería Aeronáutica, graduación
Carrera de astronauta	1958–1962: Proyecto Mercurio de NASA 1962: Solicitud para el Proyecto Géminis llega tarde 1962–1965: Proyecto Géminis de exploración espacial 1967: Programa Apolo 16/07/1969: Viaje a la luna (*moon*) 21/07/1969: Primeros pasos sobre la superficie lunar

Tarea global

Escribir el final de un relato de misterio

 **Preparación** ¿Qué hicieron aquella noche?

Escucha y completa el cuadro con lo que hicieron aquella noche cada uno de estos personajes. ¿Tienen buenas coartadas?

	Laura Toledo	Carlos Rosales	Santiago Puértolas	Valerio Pujante
¿Dónde?				
¿Cuándo?				
¿Con quién?				
¿Coartada entre 10:00 y 11:30 de la noche?				

 Ahora hagan grupos de cuatro personas y comprueben que todos comprendieron la información de las audiciones.

Paso 1 Los sospechosos
Pongan a estas personas en orden, de más sospechosa a menos sospechosa. Decidan quiénes son sus dos principales sospechosos.

- ☐ Valerio Pujante
- ☐ Santiago Puértolas
- ☐ Laura Toledo
- ☐ Carlos Rosales

 **Paso 2** La conversación telefónica

Ahora escuchen esta conversación telefónica. ¿Quiénes hablan? Completen estas frases.

Creo que son ____________________
Creo que están hablando de ____________________

Paso 3 Notas del inspector Palomares

Esta es la conversación que tuvo Palomares con el recepcionista del hotel. ¿Contiene información relevante para el caso?

— ¿Vio usted a Carlos Rosales a las 11:15 más o menos? - preguntó Palomares.

— Sí, lo vi en el jardín, cuando estaba regresando al hotel, justo después de ver a Juana.

— ¿A Juana? ¿Qué Juana?

— Ferret. Juana Ferret. Trabaja aquí en el hotel. Iba vestida muy elegante. Dijo que iba a una fiesta de cumpleaños.

— Ah, ¿sí? Ya veo...

Paso 4 ¿Qué pasó?

El inspector Palomares ya sabe lo que pasó. ¿Y ustedes? Revisen sus hipótesis anteriores y hagan una lista de todos los datos que tienen. Formulen una hipótesis lógica. Después escriban una historia contando lo que, en su opinión, sucedió.

Paso 5 Un/a representante de cada equipo va a presentar el relato a la clase. La clase va a votar cuál es el relato más convincente.

Paso 6 Mi progreso

Review the goals. Mark with a ✔ the goals you think you have achieved and to what extent.

I can...

	very well	well	with difficulty
Goal 1: talk about events that happened in the past and the circumstances surrounding them.			
Goal 2: talk about past events in a cause–consequence relationship.			
Goal 3: situate past events in time.			

Ayuda

Causa y consecuencia

- Pretérito + porque + imperfecto

  Salió del hotel a las 11:15 **porque tenía** una fiesta.

- Imperfecto + y por eso / así que + pretérito

  Tenía una fiesta, **así que salió** del hotel a las 11:15.

Gente que lee

Estrategias para leer

Summarizing a text

When reading stories or accounts of events that happened in the past, summarizing can help you synthesize the most important ideas. When reading a story or narrative, try to underline the main ideas and circle the key words and phrases. Then approach the task of summarizing it by asking the following five questions:

- *¿Quién? o ¿Quiénes?* Who?
- *¿Qué?* What?
- *¿Cuándo?* When?
- *¿Dónde?* Where?
- *¿Por qué? o ¿Cómo?* Why? or How?

Antes de leer

11-15 Leyendas

1. ¿Qué es una leyenda? ¿En qué se diferencia de una leyenda urbana?
2. Mira esta lista. ¿Cuáles son las leyendas en torno a estas personas o lugares? ¿Conoces otras?
   - Walt Disney
   - Pie Grande o Sasquatch
   - Area 51

Después de leer

11-16 ¿Comprendes?

1. ¿Cuáles de estas son leyendas sobre el volcán Masaya?
   - ☐ Los dioses, enojados, provocaban las erupciones del volcán.
   - ☐ Una bruja hacía sacrificios humanos en el volcán.
   - ☐ El diablo vivía dentro del volcán.
   - ☐ Dentro del volcán Masaya había mucho oro.
   - ☐ Una imagen de la virgen causó la erupción del volcán.
   - ☐ Una imagen de Cristo detuvo el avance de la lava del volcán.
2. ¿En qué año se colocó una cruz en el cráter del volcán?
3. ¿Por qué pensaron los españoles que dentro del volcán había oro?
4. El párrafo cuatro cuenta dos eventos. Resume el primero.
   - ¿Qué ocurrió?
   - ¿Quiénes participaron?
   - ¿Cuándo ocurrió?
   - ¿Dónde?
   - ¿Por qué?

11-17 Activando estrategias

1. Si **humo** significa *smoke* y **amenaza** significa *threat*, ¿qué significan estas palabras del texto: **humeante** (párr. 1) y **amenazadora** (párr. 4)? ¿Son verbos, nombres o adjetivos?
2. Busca la palabra **imagen** (párr. 4) en el diccionario. ¿Cuántos significados tiene? ¿Cuál es el apropiado en este contexto?
3. ¿A qué o a quién se refieren las palabras **la** (párr. 2) y **que** (párr. 4)?
4. Identifica el sujeto, el verbo y los complementos de la frase subrayada en el párrafo 2.

LAS LEYENDAS DEL VOLCÁN MASAYA

A comienzos del siglo XVI, la actual Nicaragua era una región tranquila donde habitaban varios pueblos indígenas. En aquella época, en los alrededores del volcán Masaya vivía el pueblo chorotega que, preocupado por la **humeante** montaña, trataba de calmar las furias de los dioses (que se manifestaban con las emanaciones de gases, las lluvias de cenizas (*ashes*) y las erupciones) con sacrificios humanos que realizaban en el barranco (*gully*) del volcán. Según sus creencias, una vieja bruja (*witch*) vivía cerca del volcán y anticipó la llegada de los conquistadores españoles.

En su cuarto viaje al Nuevo Mundo, llegó a estas tierras Cristóbal Colón y tras él llegaron los conquistadores, quienes se horrorizaron al encontrar una montaña que ardía (*was burning*) noche y día. Francisco Hernández de Córdoba, conquistador de Nicaragua, fue el primer español que **la** describió como "una boca de fuego muy grande" que jamás dejaba de arder y de noche parecía tocar el cielo con furia. Temerosos (*fearful*) de aquel fenómeno inexplicable, los españoles se convencieron de que la bruja que vivía cerca del volcán era Satanás (*the devil*) y el volcán Masaya era una de las puertas al infierno. Por eso, en 1528, el fraile Francisco de Bobadilla colocó una cruz en la boca del cráter con la intención de proteger a los pobladores.

Una década más tarde, sin embargo, los ambiciosos exploradores que llegaron a la región en busca de fortuna intentaron comprender los misterios del Masaya. Descubrieron que en el fondo del volcán corría un río de lava burbujeante (*bubbly*) de color dorado. Entonces pensaron que no era un infierno lo que vivía en el corazón de la montaña, sino una gran fuente de riqueza, y presentaron un plan al fraile Blas del Castillo, quien descendió por el Masaya motivado por la idea de encontrar oro puro en su interior. Al regresar, el fraile no pudo decir si se trataba del metal precioso, de un líquido desconocido o del infierno mismo; pero afirmó que solo un milagro podía proteger al pueblo.

Hacia el año 1700 el volcán hizo erupción, ardió durante nueve días y derramó (*spilled*) tanta lava que amenazó a la ciudad más cercana con un completo exterminio. Algunos habitantes abandonaron la ciudad inmediatamente, mientras que el resto decidió organizar una procesión para librarse de la catástrofe, llevando la **imagen** de la Virgen de la Asunción como única protección. La procesión llegó hasta el borde de la laguna de Masaya, **que** estaba ubicada entre la ciudad y el volcán, y entonces, según cuenta la historia, el viento desvió la corriente **amenazadora** hacia otro lugar. La lava amenazaba además a otro pueblo cercano, pero sus habitantes también salieron en procesión llevando la figura de Cristo para protegerse. Cuenta la tradición que, durante la procesión, la figura de Cristo cayó al suelo (*ground*). Justo en ese lugar, la lava detuvo su avance de forma milagrosa. Así fue como la historia del volcán Masaya se convirtió en uno de los relatos más conocidos del pueblo nicaragüense.

Volcán Masaya, Nicaragua

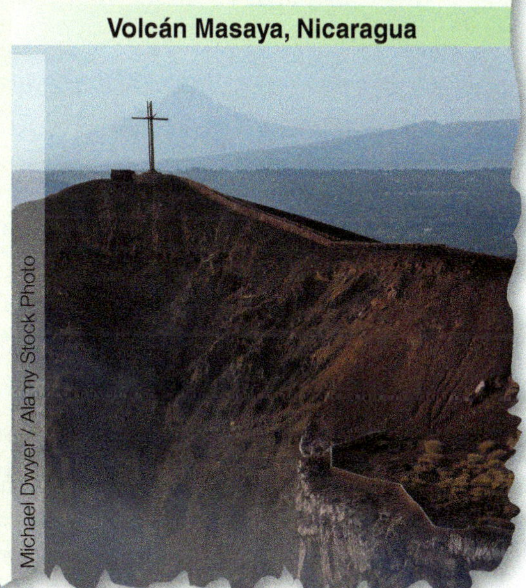

11-18 Expansión

1. ¿Qué tenían en común las creencias de los indígenas y las de los españoles sobre el volcán Masaya?
2. ¿Por qué crees que las leyendas sobreviven el paso del tiempo?

Gente que escribe

Estrategias para escribir

Writing a narrative (II): including circumstances that surround events

A basic narration is divided into three parts: (a) the introduction, which sets the scene (*situación, contexto, circunstancias*) and informs the reader about the events or actions leading up to the main plot of the story; (b) the main events or actions, or high point of the story; (c) the outcome or consequences of the main events. As you already know, in Spanish, this narrative structure is closely related to the effective use of the imperfect and preterit tenses.

MÁS ALLÁ DE LA FRASE

Use of time markers in narratives (II)

As you know, past tenses are often introduced by specific time markers. A few markers are exclusive to one tense or the other, but most can be used with both.

These markers are often used with the imperfect tense:

en esa / aquella época... → *En esa época viajaba mucho; ahora no.*
entonces... → *Entonces no había Internet.* (Back then, there was no Internet.)
antes... → *Antes iba de vacaciones con mi familia; ahora viajo con amigos.*

These are used with the preterit tense:

de repente... → *... de repente oí un ruido.*
entonces* → *Tenía un examen difícil; entonces fui a la biblioteca a estudiar.*
luego, después... → *Tomé el examen y luego me fui a casa.*

*Note that *entonces* can be used either to refer to a period of time in the past or to mark the consequence of an action.

The choice of the imperfect or the preterit tense and the selection of time markers are determined by the way the writer presents the narrative.

11-19 El semestre pasado ¿Fue bueno el semestre pasado para ti o no? Escribe una narración sobre tu último semestre y describe el evento más importante que ocurrió.

Antes de escribir

1. Decide si fue un semestre positivo o negativo y por qué.
2. ¿Qué sucedió? Escribe las ideas más importantes para explicar el evento más importante.
3. Haz una lista de ideas relacionadas con la situación, el contexto y las circunstancias en las que sucedió este evento.
4. ¿Qué cambios ocurrieron después de aquel evento? ¿Tomaste alguna decisión importante? Piensa en las consecuencias y escribe dos o tres ideas.

A escribir

- Presentación: escribe tres o cuatro frases para presentar el tema. Incorpora las ideas del punto 1 (*Antes de escribir*).
- Acontecimiento principal: explica qué sucedió y por qué fue un momento memorable de tu vida. Usa la información de los puntos 2 y 3 (*Antes de escribir*).
- Resultados o consecuencias: termina tu narración con las consecuencias del evento. Escribe dos o tres frases con la información del punto 4 (*Antes de escribir*).
- Usa expresiones de tiempo (*Más allá de la frase*) para organizar tu narración.

DESPUÉS DE ESCRIBIR

- Revisa los marcadores de tiempo que has usado. ¿Necesitas incluir algunos más?
- Revisa los verbos en pasado teniendo en cuenta qué función tienen en la narración: combina contextos y descripciones (imperfecto) con acciones (pretérito).
- Intercambia tu narración con un/a compañero/a y usa la *Guía de Revisión entre Compañeros*.

Comparaciones culturales

11-20 Nicaragua y la Ruta del Tránsito Lean este texto sobre una importante ruta comercial. Después respondan a las preguntas.

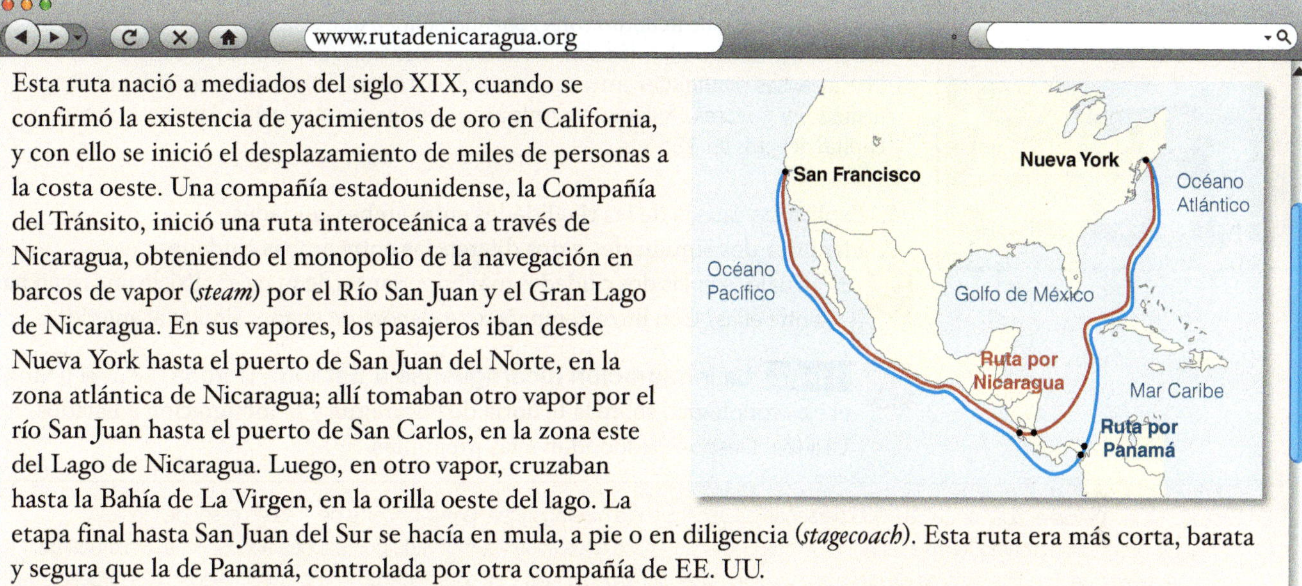

Esta ruta nació a mediados del siglo XIX, cuando se confirmó la existencia de yacimientos de oro en California, y con ello se inició el desplazamiento de miles de personas a la costa oeste. Una compañía estadounidense, la Compañía del Tránsito, inició una ruta interoceánica a través de Nicaragua, obteniendo el monopolio de la navegación en barcos de vapor (*steam*) por el Río San Juan y el Gran Lago de Nicaragua. En sus vapores, los pasajeros iban desde Nueva York hasta el puerto de San Juan del Norte, en la zona atlántica de Nicaragua; allí tomaban otro vapor por el río San Juan hasta el puerto de San Carlos, en la zona este del Lago de Nicaragua. Luego, en otro vapor, cruzaban hasta la Bahía de La Virgen, en la orilla oeste del lago. La etapa final hasta San Juan del Sur se hacía en mula, a pie o en diligencia (*stagecoach*). Esta ruta era más corta, barata y segura que la de Panamá, controlada por otra compañía de EE. UU.

El primer viaje fue en 1850, entre Nueva York y San Francisco, y durante los 14 años de actividad pasaron por el puerto de San Juan del Sur 81.448 personas que viajaron de Nueva York a San Francisco y 75.079 de San Francisco a Nueva York. Uno de los viajeros más célebres fue el periodista y escritor estadounidense Mark Twain, quien viajó desde San Francisco a Nueva York en 1866.

1. ¿Qué era la Ruta del Tránsito?
2. ¿Cómo era la ruta por Panamá en comparación con la ruta por Nicaragua?
3. Usando la información del texto tracen una línea en el mapa que describa la ruta y el medio de transporte usado.

4. ¿Qué otros usos creen que tuvo esta ruta, además del paso de personas de un lado a otro de EE. UU.?

CLUB CULTURA

Explore Nicaragua: ***Una rivalidad de cinco siglos*** **with** ***Club Cultura!***

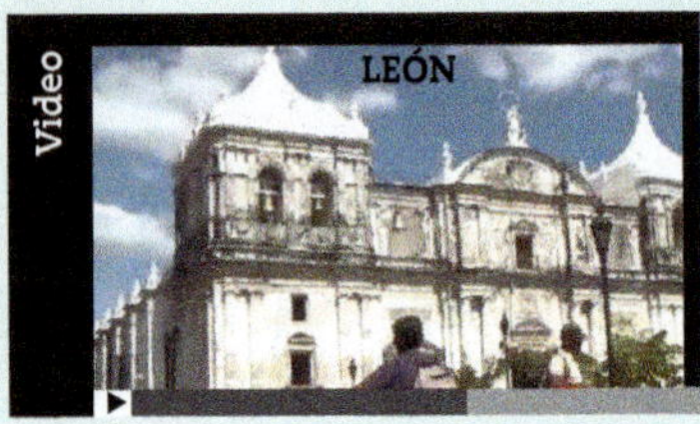

11-21 León y Granada: similares pero diferentes Mira el video de *Club Cultura* y lee el texto. Después responde a las preguntas.

En Nicaragua, las ciudades de Granada y León tienen gran importancia histórica. Ambas fueron fundadas por el conquistador Francisco Hernández de Córdoba en 1524. Después de la independencia del país, la capital cambió frecuentemente entre las dos ciudades, de acuerdo con el partido político que estaba en el poder. Granada fue siempre la ciudad de los conservadores, mientras que León fue el centro de los liberales. Las rivalidades entre ambas ciudades dieron lugar a una serie de conflictos armados y guerras civiles que terminaron cuando se estableció a Managua como capital del país en 1858.

1. Explica las causas de las rivalidades entre ambas ciudades.
2. Identifica dos similitudes y dos diferencias entre ambas ciudades.
3. ¿Cuáles son las dos ciudades más importantes de tu país? ¿Existe una rivalidad entre ellas? Con un/a compañero/a elabora un cuadro similar al anterior.

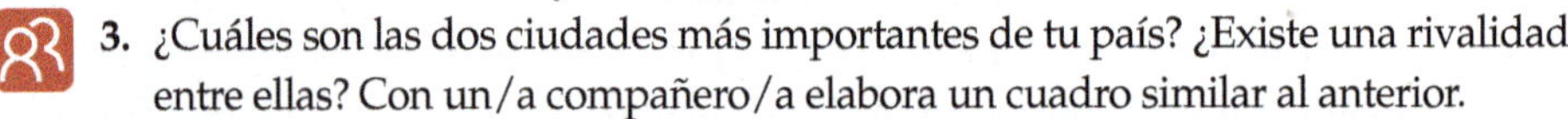

11-22 La inmigración nicaragüense a Estados Unidos Lean el texto y el eje cronológico sobre la historia de Nicaragua y la inmigración a Estados Unidos. Después respondan a las preguntas.

En Estados Unidos viven alrededor de 381.000 personas de ascendencia nicaragüense, la mayor parte de ellas en el sur de Florida y California. La inmigración nicaragüense a Estados Unidos comenzó en los años sesenta, motivada por razones económicas. Sin embargo, una década más tarde, muchas familias de clase alta también abandonaron su país y se establecieron en Estados Unidos. Más tarde, la revolución contra el gobierno sandinista provocó la llegada de más inmigrantes. En 1998, el huracán Mitch asoló el país y dejó a más de dos millones de nicaragüenses sin casa. Por ello, muchos recibieron residencia temporal o permanente en Estados Unidos. El éxodo continuó durante los 90. En 1998, un gran número de nicaragüenses llegó a Estados Unidos y recibió residencia temporal o permanente gracias a un esfuerzo de ayuda humanitaria.

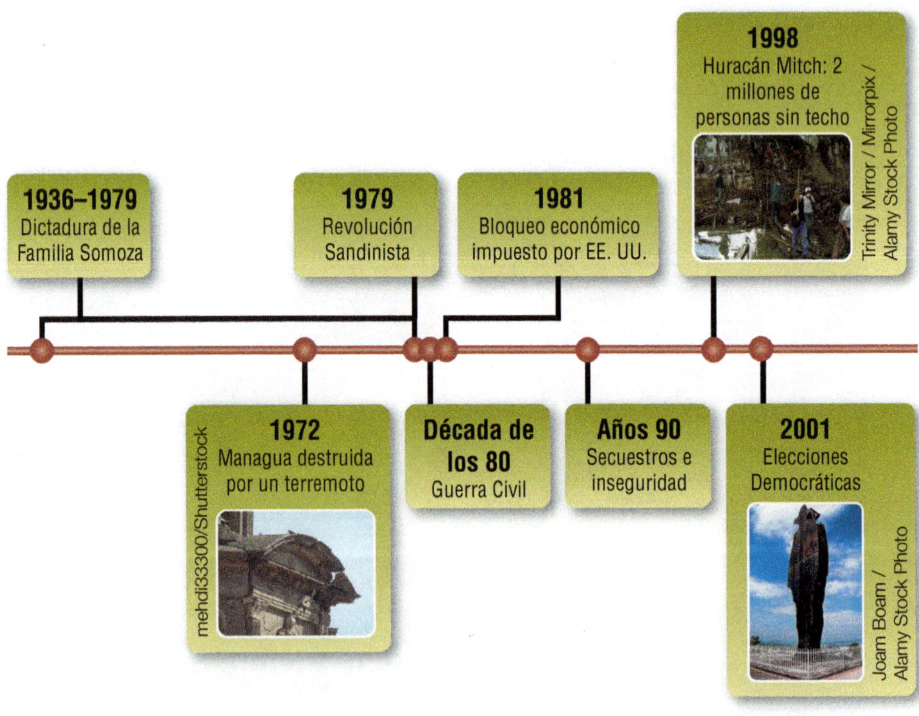

1. Identifiquen las causas de la inmigración nicaragüense a Estados Unidos según la información que leyeron:

   ☐ políticas ☐ sociales ☐ laborales
   ☐ académicas ☐ económicas ☐ humanitarias

2. Miren el eje cronológico y expliquen las diferencias entre la inmigración de los años 70, la de los 80 y la ola de inmigrantes que llegó a Estados Unidos en 1998. ¿Cuáles fueron las principales causas para cada grupo?

Vocabulario

Acontecimientos y conceptos históricos	*(Historic events and concepts)*
la cruz	*cross*
el/la dictador/a	*dictator*
la dictadura	*dictatorship*
la fuente	*source*
el hecho	*fact*
el infierno	*hell*
la leyenda	*legend*
el mito	*myth*
el regreso	*return*
el relato	*tale*
la ruta	*route*
el volcán	*volcano*

El relato policial	*(Detective story)*
la amenaza	*threat*
el arresto	*arrest*
el asesinato	*murder*
el asesino	*killer*
la coartada	*alibi*
la comisaría	*police station*
la creencia	*belief*
la desaparición	*disappearance*
el/la guardaespaldas	*bodyguard*
la investigación	*investigation*
el misterio	*mystery*
la noticia	*news*
el personaje	*character*
la pista	*clue*
la policía	*police*
la sospecha	*suspicion*
el/la sospechoso/a	*suspect*
el/la testigo	*witness*

Verbos	
amenazar	*to threaten*
arrestar	*to arrest*
asesinar	*to kill; murder*
contar	*to tell*
cruzar	*to cross*
desaparecer	*to disappear*
encontrarse en	*to be in*
enterarse de	*to find out*
investigar	*to investigate*
narrar	*to narrate*
ocurrir	*to take place*
regresar	*to return*
sospechar (de)	*to suspect*
tener lugar	*to take place*
transmitir	*to pass on, to inform*

Adjetivos	
ambicioso/a	*ambitious*
misterioso/a	*mysterious*
sospechoso/a	*suspect*

Consultorio lingüístico

1 The Imperfect Tense

To form the imperfect tense of regular verbs we change the endings of the infinitive as follows:

	-AR	**-ER**	**-IR**
	HABL**AR**	TEN**ER**	VIV**IR**
(yo)	habl**aba**	ten**ía**	viv**ía**
(tú)	habl**abas**	ten**ías**	viv**ías**
(él, ella, usted)	habl**aba**	ten**ía**	viv**ía**
(nosotros, nosotras)	habl**ábamos**	ten**íamos**	viv**íamos**
(ellos, ellas, ustedes)	habl**aban**	ten**ían**	viv**ían**

There are three irregular verbs:

	SER	IR	VER
(yo)	**era**	**iba**	**veía**
(tú)	**eras**	**ibas**	**veías**
(él, ella, usted)	**era**	**iba**	**veía**
(nosotros, nosotras)	**éramos**	**íbamos**	**veíamos**
(ellos, ellas, ustedes)	**eran**	**iban**	**veían**

2 Uses of the Imperfect Tense

The imperfect tense is used to portray various aspects of the background of a story.

- The description of qualities of people or things:

  Era muy guapo.
  He was very handsome.

  Tenía 25 años.
  He was 25 years old.

- Details about the context in which the story takes place, such as the time, date, place, weather, existence of things, etc.:

  Eran las nueve.
  It was nine o'clock.

  Hacía mucho frío y **llovía.**
  It was very cold and it was raining.

  Estábamos cerca de Managua.
  We were near Managua.

  Había mucho tráfico.
  There was a lot of traffic.

- To talk about habitual, repeated actions, or customs in the past:

  Cuando **era** niña, **íbamos** a la escuela a pie porque no **había** autobuses escolares.
  When I was a child, we used to go to school by foot because there weren't any school buses.

  En la universidad **salía** mucho de noche.
  In college I used to go out a lot at night.

- To contrast the way things are now and the way they used to be:

  Ahora hablo español y portugués. Antes solo **hablaba** inglés.
  Now I speak Spanish and Portuguese. I used to speak English only.

  Antes **tenía** muchos amigos. Ahora solo tengo dos o tres.
  I used to have a lot of friends. Now I only have two or three.

3 Contrasting the Preterit and the Imperfect Tenses

- The preterit tense presents information as completed in the past:

  Ayer **fuimos** al cine.
  Yesterday we went to the movies.

  Ayer por la noche **estuvimos** en un restaurante muy bueno.
  Last night we were at a very good restaurant.

- The imperfect tense sets the background to an action that is expressed in the preterit tense. It is used to refer to an ongoing action:

  Ayer cuando **íbamos** al cine vimos un accidente de tráfico.
  Yesterday when we were going to the movies we saw a traffic accident.

  Estábamos en el restaurante y llegó Rogelio.
  We were at the restaurant and Rogelio arrived.

Important: When we refer to the **total duration** of an action or description, we are talking about a completed activity and therefore use the preterit:

Había mucho tráfico. *There was a lot of traffic.*	vs	**Hubo** mucho tráfico entre las 2 y las 5 de la tarde. *There was a lot of traffic between 2 and 5 pm.*
Antes **íbamos** mucho a la playa. *We used to go to the beach.*	vs.	**Fuimos** a la playa durante cinco años en verano. *We went to the beach for five years in the summer.*

4 Relating Past Events: Cause and Consequence

To demonstrate the consequences of an action, we can use ***así que*** and ***por eso***. Usually, the consequence is in the preterit, and the cause or circumstances in the imperfect:

Mónica **trabajó** para pagar sus estudios porque su familia no **tenía** mucho dinero.
Monica worked to pay for her studies because her family didn't have a lot of money.

Su familia no **tenía** mucho dinero, **así que** Mónica **trabajó** para pagarse los estudios.
Her family didn't have a lot of money, so Monica worked to pay for her studies.

Se fue a casa porque le **dolía** la cabeza.
S/he went home because s/he had a headache.

Le **dolía** la cabeza; **por eso se fue** a casa.
S/he had a headache; that is why s/he went home.

5 *Estar* + Gerund (Preterit vs. Imperfect)

The form **estar + gerund** is used to present actions taking place at the moment of speaking:

(yo)	**estoy comiendo**
(tú)	**estás hablando**
(él, ella, usted)	**está trabajando**
(nosotros, nosotras)	**estamos escribiendo**
(ellos, ellas, ustedes)	**están bebiendo**

We use **estaba + gerund** when we want to refer to an action in progress in the past that serves as the frame of reference for the main information (which is in the preterit):

Estaba trabajando cuando escuché la noticia en la radio.
I was working when I heard the news on the radio.

Estábamos caminando cuando vimos a Carmen.
We were walking when we saw Carmen.

● Yo **estaba durmiendo** cuando desapareció Cristina.	—*I was sleeping when Cristina disappeared.*
○ ¿Y había alguien más en casa?	—*Was there anyone else at home?*
● Sí, mis hijos, que **estaban estudiando**.	—*Yes, my children, who were studying.*

In contrast, we use **estuve + gerund** when we want to refer to the duration of an action that occurs within a specified period of time. The action is finalized, but we emphasize its duration:

Estuve trabajando toda la tarde.
I was working all afternoon.

Ayer, entre las 5 y las 7, **estuvimos jugando** al fútbol.
Yesterday, between 5 and 7, we were playing soccer.

● ¿Qué hizo ayer entre las seis y las ocho de la tarde?	—*What did you do yesterday between six and eight in the evening?*
○ **Estuve revisando** unos documentos.	—*I was reviewing some documents.*

Capítulo 12
Gente, salud y deportes

Gianfranco Vivi/Shutterstock

Estadio Nacional y Parque La Sabana, San José, Costa Rica

At the end of this lesson, I will be able to...

PRESENTATIONAL AND INTERPERSONAL COMMUNICATION

Speaking
- talk about health and health-related habits.
- talk about sports and physical activity.
- give advice and make recommendations.

Writing
- write a lifestyle blog entry with recommendations and advice.
- review my writing to improve cohesion using referent words and connectors.

INTERPRETIVE COMMUNICATION

Listening
- understand exchanges related to sports and physical activity.
- understand exchanges related to well-being and health (symptoms, diagnoses).

Reading
- understand key information and important details of an informational text about Costa Rica's health system.
- apply my knowledge of sentence word order to improve comprehension.

INTERCULTURAL COMPETENCE

- understand Costa Rican efforts to improve the quality of life of its population and protect its natural resources.
- compare environmental and social undertakings of Costa Rica and United States.
- understand the two-way migration pattern between Costa Rica and the United States.

TAREA GLOBAL

Crear un póster para una campaña de prevención de problemas de salud

CLUB CULTURA

Explore Costa Rica with *Club cultura!*

Acercamientos

12-1 Costa Rica y la vida sana ¿Qué sabes de Costa Rica? Lee este texto y mira los datos para saber más sobre la calidad de vida del país.

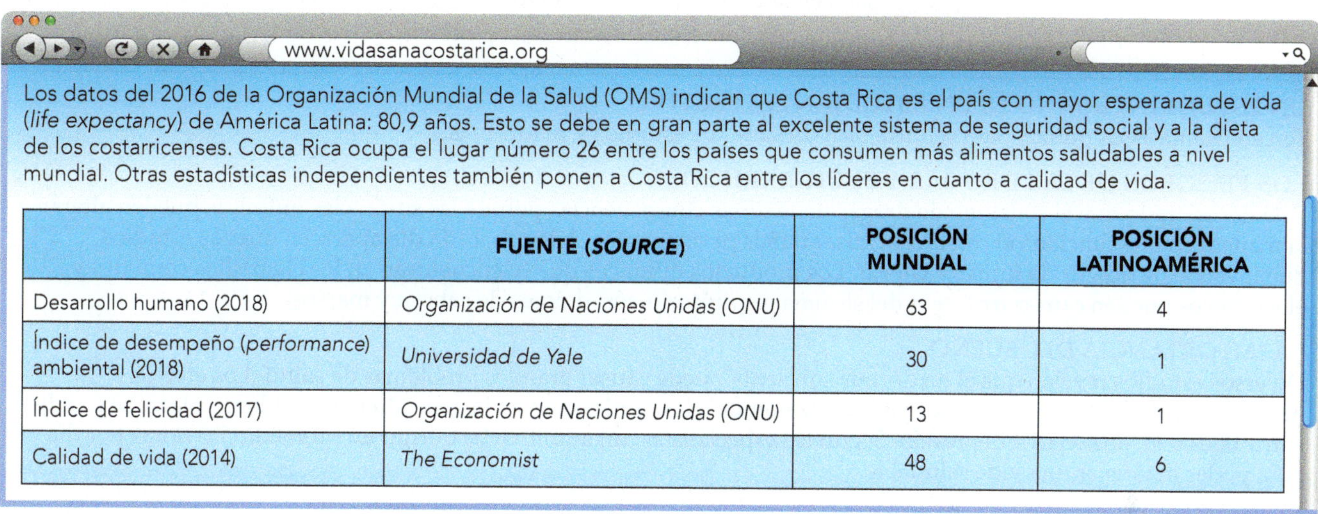

www.vidasanacostarica.org

Los datos del 2016 de la Organización Mundial de la Salud (OMS) indican que Costa Rica es el país con mayor esperanza de vida (*life expectancy*) de América Latina: 80,9 años. Esto se debe en gran parte al excelente sistema de seguridad social y a la dieta de los costarricenses. Costa Rica ocupa el lugar número 26 entre los países que consumen más alimentos saludables a nivel mundial. Otras estadísticas independientes también ponen a Costa Rica entre los líderes en cuanto a calidad de vida.

	FUENTE (*SOURCE*)	POSICIÓN MUNDIAL	POSICIÓN LATINOAMÉRICA
Desarrollo humano (2018)	*Organización de Naciones Unidas (ONU)*	63	4
Índice de desempeño (*performance*) ambiental (2018)	*Universidad de Yale*	30	1
Índice de felicidad (2017)	*Organización de Naciones Unidas (ONU)*	13	1
Calidad de vida (2014)	*The Economist*	48	6

Marca las afirmaciones correctas según estos datos (*facts*).

☐ En general la gente de Costa Rica está muy contenta con su vida.

☐ La dieta costarricense es muy saludable.

☐ La calidad de vida en Costa Rica es la más alta de Latinoamérica.

☐ En Costa Rica la gente tiene buen acceso a la educación.

☐ En Costa Rica se cuida poco el medioambiente (*environment*).

12-2 ¿Llevas una vida sana? La OMS define la salud como un estado de equilibrio y bienestar físico, mental y social. Mira esta lista de factores y marca con cuáles te identificas y por qué:

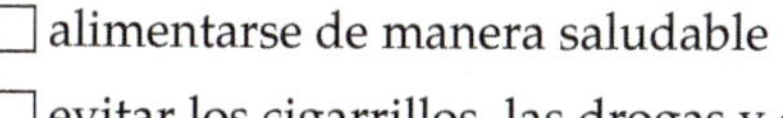

☐ alimentarse de manera saludable

☐ evitar los cigarrillos, las drogas y el exceso de alcohol

☐ descansar y entretenerse

☐ minimizar el estrés

☐ hacer ejercicio o practicar un deporte de manera cotidiana

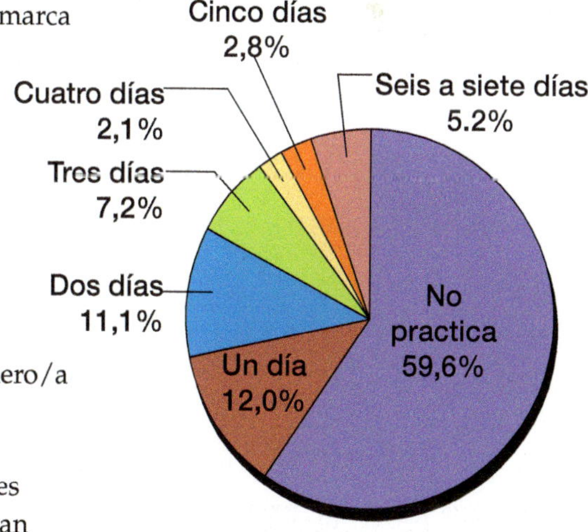

Ahora compara tus respuestas con un/a compañero/a. Tu compañero/a te va a dar dos recomendaciones para llevar una vida más sana.

12-3 Los deportes Miren los datos sobre la práctica de deportes en Costa Rica y comparen la situación con la de su país. ¿Se practican muchos deportes? ¿Cuáles son los más populares? ¿La gente hace actividad física regularmente?

EJEMPLO: En Costa Rica el deporte más popular es el fútbol, pero en Estados Unidos…

Deportes más populares a nivel nacional	
1	Fútbol (deporte más popular)
2	Atletismo (deporte más practicado)
3	Baloncesto
4	Béisbol
5	Boxeo
6	Ciclismo
7	Balonmano

Vocabulario en contexto

 **12-4 Los estudiantes sanos son estudiantes más felices** El seguro médico universitario elaboró un folleto con información para llevar una vida sana en la universidad. Lean el folleto y completen las frases con recomendaciones. Justifiquen sus opiniones.

UN ESTUDIANTE SANO ES UN ESTUDIANTE EFECTIVO
Ten en cuenta estos puntos para sentirte bien durante tus estudios y rendir más.

LOS PELIGROS DE LAS DROGAS Y EL CIGARRILLO
Está demostrado que el consumo de drogas tiene serias consecuencias porque las sustancias químicas pueden alterar la manera en que funciona el cerebro y causar daños permanentes. Además, cada día aparecen nuevos estudios que revelan los riesgos de fumar y vapear. Los productos químicos que se encuentran en los cigarrillos comunes y electrónicos pueden causar irritación del sistema respiratorio, tos, dolores de cabeza y mareos.

LA IMPORTANCIA DEL SUEÑO
Diversos estudios revelan que el no dormir suficiente puede causar grandes problemas de salud. Los efectos instantáneos de dormir mal son los cambios de humor y la disminución en la atención diaria. A largo plazo, se puede sufrir obesidad, ansiedad y depresión. Según los especialistas, un adulto debe dormir en promedio 7,5 horas por día para poder mantener una vida saludable.

LA ACTIVIDAD FÍSICA
Todas las investigaciones científicas confirman que hacer ejercicio o practicar un deporte regularmente es muy bueno para la salud. La actividad física puede ayudar a mantener un sano equilibrio entre el trabajo y el ocio, prevenir la depresión y mantenerte en forma. Es bueno recordar que hay que comenzar a hacer ejercicio lentamente para evitar lesiones.

1. No hay que fumar porque ______. Si fumas, deja de fumar y ______.
2. Hay que dormir ______ porque ______. Si duermes poco, ______.
3. Tienes que ______ porque ______. Si ______, ______.
4. Es importante ______ porque ______. Si ______, ______.

 **12-5 ¿Cuál es el diagnóstico?** Están trabajando en el centro médico de la universidad. Lean los síntomas de los pacientes y decidan a qué diagnóstico corresponde cada uno. Después, piensen en dos consejos para cada problema: algo que hay que hacer y algo que no hay que hacer.

Síntomas	Diagnósticos	Consejos
1. tos y nariz colorada	a. estrés	______
2. no dormir bien, irritabilidad	b. alergia	______
3. ojos irritados	c. gripe	______
4. dolor de cabeza y fiebre	d. resfriado	______

 Comparen sus consejos con otra pareja. ¿En qué se parecen? ¿En qué se diferencian?

12-6 Las lesiones deportivas Aquí tienes los símbolos de algunas actividades deportivas que seguramente conoces. ¿Cuáles son? ¿Cuáles practicas o has practicado?

Illustration by Noelle Cremer

 ¿Tuviste alguna lesión deportiva o te enfermaste practicando deportes? Habla con tu compañero/a y cuéntale qué te pasó. Usa alguno(s) de estos verbos:

lesionarse hacerse daño caerse doler romperse

EJEMPLO: Yo una vez me lesioné la rodilla haciendo una clase de aeróbic en el gimnasio. Me dolió mucho y no pude caminar por tres días.

12-7 Yoga en tu teléfono *Buena Onda Yoga* es una aplicación de yoga. Primero miren las imágenes y completen los nombres de las partes del cuerpo.

> **Buena Onda Yoga**
> Descripción: el yoga es la solución más segura para mantener el equilibrio físico y mental en nuestras vidas. Diez minutos diarios de yoga ayudan a relajarse, estar en forma y mantener la tranquilidad.

Después lean las descripciones de tres posturas básicas. ¿Pueden hacerlas?

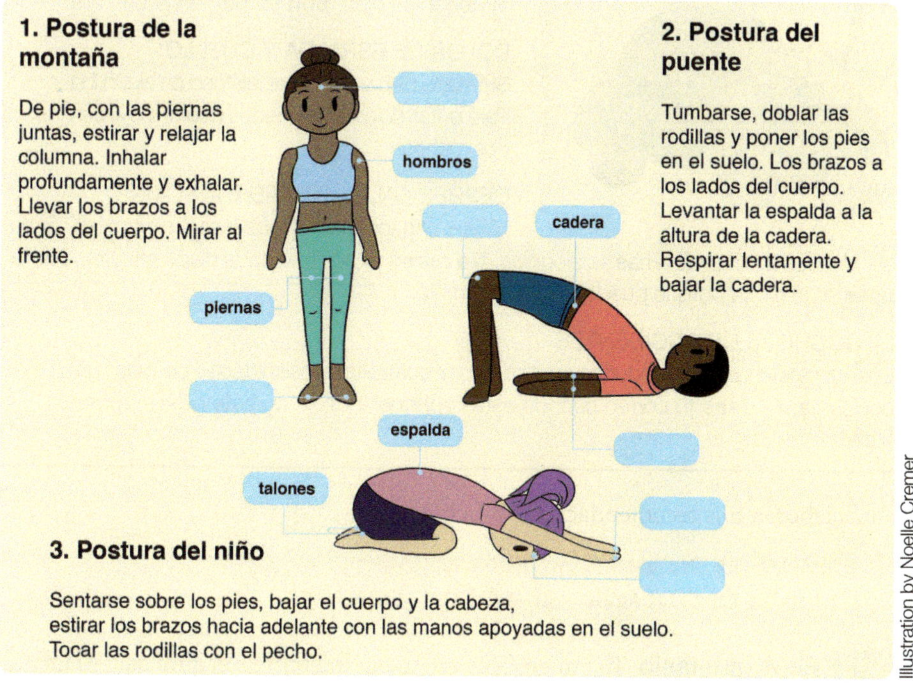

Illustration by Noelle Cremer

En grupos de tres, cada estudiante da instrucciones para una postura de la actividad. Los demás hacen la postura sin mirar el libro.

12-8 Una postura básica de yoga Busquen una foto de la postura de yoga llamada "el árbol". Escriban las instrucciones para esta postura.

12-9 ¿Hacen deporte los costarricenses? Una persona de la radio quiere saber si los costarricenses hacen deporte. Escucha las dos entrevistas y completa el cuadro. ¿Todos practican algún deporte? ¿Qué deporte(s)?

		SÍ	NO	DEPORTE
Conversación 1	señor:	☐	☐	______________
	señora:	☐	☐	______________

		SÍ	NO	DEPORTE
Conversación 2	mujer 1:	☐	☐	______________
	mujer 2:	☐	☐	______________
	mujer 3:	☐	☐	______________

Ahora entrevista a tu compañero/a. Prepara cinco preguntas para saber si está en forma. Después, encuentren dos cosas que tienen en común y dos cosas que solo hace uno/a de ustedes.

EL IMPERATIVO (MANDATOS)

Regular

TOM**AR**		
tú	tom**a**	no tom**es**

COM**ER**, VIV**IR**		
tú	com**e**	no com**as**
tú	viv**e**	no viv**as**

Irregular

HACER		
tú	**haz**	no **hag**as

IR		
tú	**ve**	no **vay**as

PRONOMBRES CON MANDATOS

Verbos reflexivos

sentarse (tú) **Siéntat<u>e</u>**, por favor.
(tú) **No <u>te</u> sientes**, por favor.

Pronombres objeto

(tú) **Pon<u>lo</u>** encima de la mesa, por favor.
(tú) **No <u>lo</u> pongas** encima de la mesa, por favor.

RECOMENDACIONES

Personales

Si tienes dolor de estómago...
...**no comas** grasas.
...**no debes** comer grasas.
...**deberías** ir al médico.

Generales

Cuando se tiene dolor de estómago...
...**no hay que** comer grasas.
...**no es bueno** comer grasas.

ADVERBIOS (-MENTE)

excesiva → excesiva**mente**
frecuente → frecuente**mente**
regular → regular**mente**
lenta → lenta**mente**
rápida → rápida**mente**

Lengua en contexto

 **12-10 La salud y el móvil** Los teléfonos y tabletas tienen muchas ventajas, pero también inconvenientes para nuestra salud. Lee el texto y decide qué cosas haces bien y cuáles no. Después compara tus hábitos con los de tu compañero/a.

Illustration by Noelle Cremer

LA LUZ DE LA PANTALLA Y LA VISTA
La luz del teléfono móvil hace daño a la vista. **No estés** más de 30 minutos mirando la pantalla. **No pongas** la pantalla muy brillante. Para proteger los ojos, **pon** un filtro en la pantalla.

DOLOR DE ESPALDA Y CUELLO
Siéntate bien y **apoya** el teléfono en algún lugar. Para evitar dolor en los dedos **usa** el móvil con las dos manos.

DEPRESIÓN, ANSIEDAD E INSOMNIO
¿Vives enganchado al (*obsessed with*) móvil? Si es así, puedes tener problemas sicológicos. **No mires** tu teléfono cada cinco minutos. **No lo uses** en la cama porque puede causar insomnio.

EL COCHE Y LOS ACCIDENTES
Usar el móvil cuando conduces multiplica por cuatro las posibilidades de tener un accidente. **No leas** tu correo cuando estás conduciendo. Al volante (*wheel*), **guarda** el móvil.

Ahora elaboren tres recomendaciones adicionales.

EJEMPLO: E1: **No uses** el móvil en clase.
E2: Sí, **apágalo** y **guárdalo** en la mochila.

12-11 En el gimnasio Tu amigo/a es un nuevo miembro del gimnasio MacFit. Lee la información y completa la lista de recomendaciones.

Gimnasio MacFit

Estos son los servicios incluidos en tu cuota:

- Uso de la sala fitness: musculación y cardiovascular, peso libre, estiramientos...
- Programa individual de entrenamiento a cargo del famoso atleta Julio Valderrama (no es gratis).
- Clases colectivas impartidas por entrenadores expertos: Zumba, Ciclo Indoor, Pilates, Step, Yoga, Meditación. Se requiere puntualidad absoluta, sin excepciones.
- Uso gratuito de la zona spa y piscina. De esta forma podrás relajarte después de tu entrenamiento. Es necesario tener sandalias de goma.
- Máquinas expendedoras con bebidas para hidratarte y reponerte (agua mineral, bebidas energéticas...) y productos de nutrición deportiva.

	Afirmativo	Negativo
Si quieres quemar calorías...		**no tomes** la clase de yoga
Si quieres relajarte...		
Si quieres comer o beber algo...		
Si te gusta nadar...		
Si quieres ir a clase de Pilates...		
Si buscas una clase divertida...		

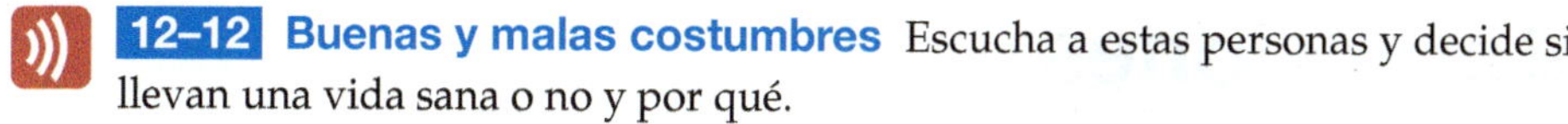

12-12 Buenas y malas costumbres Escucha a estas personas y decide si llevan una vida sana o no y por qué.

¿Qué consejo (*advice*) le pueden dar a cada persona?

EJEMPLO: E1: **Debería** dejar de fumar.
E2: Y también **tiene que hacer** más ejercicio.

12-13 En el centro médico Susana Jiménez tuvo que ir al centro médico porque se cayó. La enfermera le está haciendo unas preguntas. Escucha y completa la ficha.

Uno/a de ustedes trabaja en el centro médico de la universidad y otro/a tiene problemas. Para cada caso, elaboren cuatro preguntas y respondan. Al final den dos recomendaciones al/a la estudiante que tiene el problema.

1. Por la mañana me despierto y estoy cansado/a. No tengo energía.
2. Últimamente tengo muchos problemas para dormir.
3. Tengo mucha tos. No puedo parar de toser.
4. Me pican mucho los ojos y me duele la cabeza.

EJEMPLO: E1: Hola, ¿cómo estás? **Dime, ¿qué te pasa?**
E2: Pues, **me duele** mucho la cabeza...

12-14 Deportes y salud ¿Qué deportes recomiendas a estas personas y por qué?

DEPORTE	CARACTERÍSTICAS
fútbol	Enseña a trabajar en equipo, aumenta la capacidad de concentración y las destrezas aeróbicas. En 30 minutos quemas 430 calorías.
squash	Se trabaja todo el cuerpo de manera completa. Aumenta la resistencia del cuerpo y la flexibilidad del abdomen. En 30 minutos quemas 570 calorías.
natación	Fortalece los huesos e incrementa la resistencia, flexibilidad y fuerza. Aumenta la capacidad respiratoria. En 30 minutos quemas 350 calorías.
remo	Activa todo el cuerpo. Tiene bajo impacto para las articulaciones. En 30 minutos quemas 300 calorías.
golf	Se camina mucho (hasta 10 kilómetros). Ayuda a liberar el estrés. Mejora la flexibilidad y la circulación. Desarrolla la capacidad de concentración.

A. Tengo que perder peso, pero no me gustan los deportes de grupo. Tampoco sé nadar.
B. Estoy bastante estresado/a. Necesito algo tranquilo y que me permita pensar.
C. Quiero quemar calorías, pero tengo problemas en las rodillas.
D. No me gusta hacer deporte solo/a. Me gusta la competición.

EJEMPLO: Si te gustan los deportes de equipo **deberías** jugar al fútbol porque...

LA SALUD

¿Qué le/te pasa?
Estoy cansado / enfermo / mareado.
No me siento / encuentro bien.
Me siento / encuentro cansado / débil.

Tengo { **un** resfriado. / gripe. }

Tengo dolor de { muelas. / cabeza. / estómago. }

Me / Te / Le duele { la cabeza. / el estómago. / una muela. / aquí. }

Me / Te / Le duelen { los ojos. / las piernas. }

Nombre y apellidos:
Edad: ____________
Operaciones: ____________
Enfermedades: ____________
Alergias: ____________
Motivo de la visita: ____________
Medicación actual: ____________
Diagnóstico preliminar: ____________

Interacciones

Estrategias para la comunicación oral

Collaboration in conversation (III)

As we saw in chapter 11, when you participate in a conversation you can use expressions to show that you are listening to your interlocutor by reacting to what they say:

- To express satisfaction / sadness about events:
  - *¡Qué bien!* Great!
  - *¡Qué suerte!* How lucky!
  - *¡Qué pena / lástima!* How sad!
  - *¡Qué mala suerte!* How unlucky!
  - *¡Qué horror!* How horrible!
- To assess some event or activity:
  - *¡Qué divertido!* How fun!
  - *¡Qué aburrido!* How boring!
  - *¡Qué raro / extraño!* How weird / odd / strange!
- To react to good or bad news:
  - *¡Me alegro (mucho)!* I am (so) glad!
  - *¡Lo siento (mucho)!* I am (so) sorry!

12-15 ¿Qué dirías? ¿Qué dirías en estas situaciones? Descríbele a tu compañero/a las tres situaciones y añade otra. Él/Ella debe reaccionar a tus noticias y darte una recomendación o sugerencia.

ESTUDIANTE A

1. Tu equipo de baloncesto ganó el campeonato.
2. Tienes tres exámenes el lunes, así que no puedes salir este fin de semana.
3. Perdiste las entradas para el concierto; no puedes ir.
4. ______________________

ESTUDIANTE B

1. No puedes participar en la competencia de atletismo; tienes una lesión.
2. Este verano vas a viajar por Latinoamérica con amigos.
3. Fuiste a una fiesta pero no había música.
4. ______________________

EJEMPLO: **E1:** Ayer invité a mis amigos a ver el *Super Bowl*, pero la televisión no funcionaba. ¡No pudimos verlo!

E2: **¡Qué mala suerte! ¡Lo siento (mucho)!** Deberías comprar otra tele.

12-16 Hacer deporte para estar sano Completen individualmente el cuadro con información sobre los deportes que practican. Luego intercambien la información. Háganse preguntas para saber más de estos deportes.

DEPORTE	PROPÓSITO	TRES RECOMENDACIONES
1.	Para hacer / jugar a... Si quieres hacer / jugar...	
2.		
3.		

EJEMPLO: **E1:** Yo hago surf. Para hacer surf **hay que** tener mucho equilibrio, **tienes que** concentrarte mucho y **debes** nadar muy bien. **Puede** ser peligroso.

E2: Si quiero aprender, ¿qué me recomiendas?

E1: **Mira**, te recomiendo tres cosas: **compra** una buena tabla, **ve** a una buena playa y **practica** mucho.

12-17 A la aventura Ustedes están de vacaciones en Costa Rica. Uno/a de ustedes es experto/a en windsurfing y el/la otro/a en rafting. Den tres recomendaciones (basadas en la información de los textos) a su compañero/a.

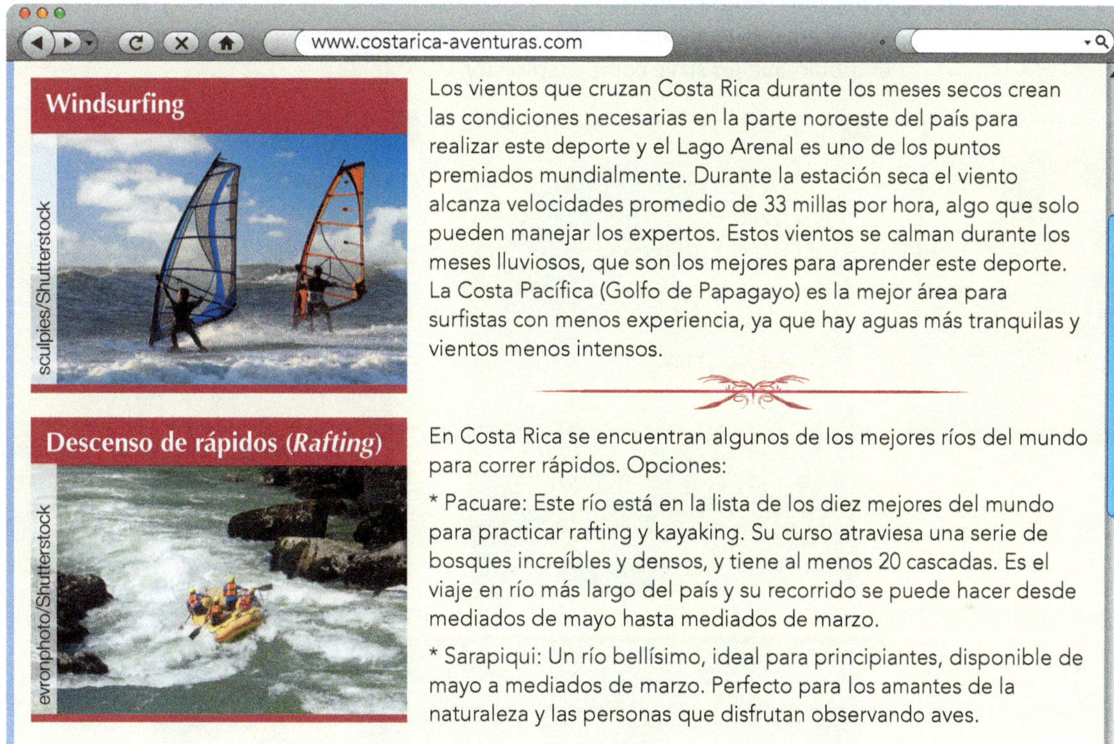

EJEMPLO: **E1:** ¿Qué me recomiendas para aprender a hacer windsurf?

E2: Si quieres aprender a hacer windsurf, **hazlo** durante los meses de lluvia, porque hay menos viento.

  **12-18 Situaciones: *En la clínica estudiantil*** Two students are at the student health clinic. They are in the doctor's office.

ESTUDIANTE A:
When you were coming out of the dorm, you tripped and fell down the stairs. You are in a lot of pain. Explain your symptoms to the doctor. Answer the doctor's questions as accurately as possible.
- say what happened
- explain what hurts, where it hurts
- explain how you are feeling

ESTUDIANTE B:
After having lunch in the cafeteria, you got sick. Several hours passed and you didn't get better, so you decided to go to the doctor. Explain your symptoms to the doctor. Answer the doctor's questions as accurately as possible.
- say what happened
- explain what hurts, where it hurts
- explain how you are feeling

ESTUDIANTE C:
You are a doctor at the student health clinic. Two students with different health problems came to see you.
- listen to them
- ask them questions (what's wrong, what hurts, etc.)
- make diagnoses
- give them some recommendations

Tarea global

Crear un póster para una campaña de prevención de problemas de salud

Preparación ¿Cuál de los siguientes temas te parece más interesante? Ordénalos de más (1) a menos (4) interesantes.

- ☐ la adicción al tabaco y los cigarrillos electrónicos
- ☐ la drogadicción
- ☐ los trastornos alimenticios (anorexia, bulimia, obesidad, etc.)
- ☐ la salud mental

Relacionen estas campañas publicitarias con los temas anteriores. ¿Cuál es el mensaje que transmite cada una y cómo lo transmite? Después, elijan el tema de su campaña y el dibujo que les sirve como inspiración.

1.

2.
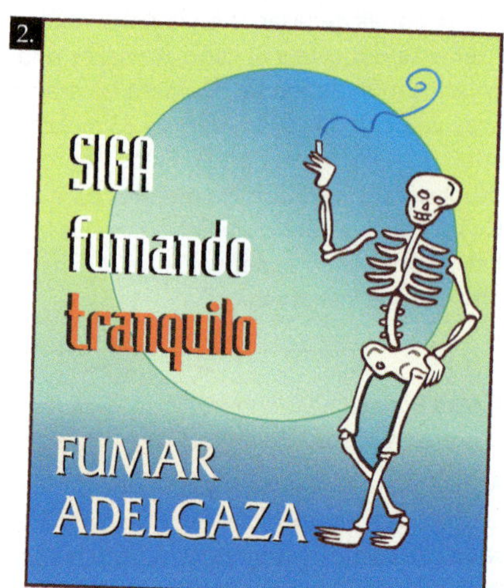

3.

4.

Paso 1 Completen este diagrama con palabras y expresiones relacionadas con el tema que eligieron. Después piensen en otras imágenes o gráficos que podrían servir para su campaña.

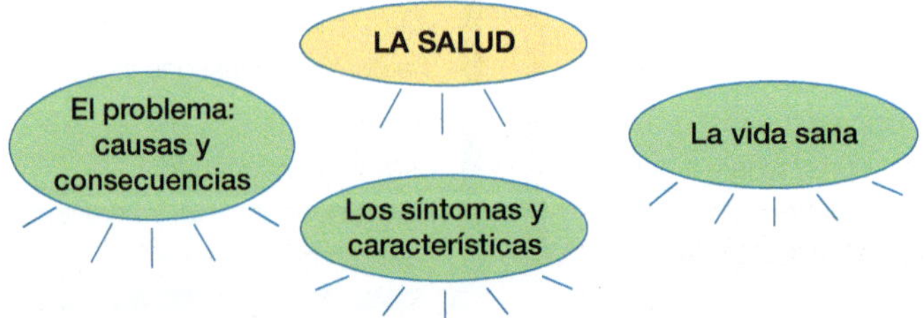

Paso 2 Para obtener más información, lean la noticia relacionada con el tema que han elegido. ¿Qué datos quieren incluir en su campaña?

1. Aumento de la anorexia
Según la ONU, Argentina es el segundo consumidor mundial de "anorexígenos". Una de cada 10 adolescentes argentinas sufre algún trastorno alimenticio y unas 400.000 argentinas consumen diariamente drogas para quitar el hambre. Esto es un síntoma de la excesiva obsesión por la figura en muchos países de América Latina. México, Colombia, Perú y Chile también están sufriendo una explosión de casos. En EE. UU. se estima que unos 30 millones de personas sufren de trastornos alimenticios.

2. Fumar altera el cerebro "como las drogas"
Según un estudio publicado en el *Journal of Neuroscience*, fumar causa el mismo daño al cerebro que el uso de drogas como la cocaína. Los cigarrillos electrónicos también exponen a los usuarios y las personas que están a su alrededor a productos químicos relacionados con el cáncer, los problemas pulmonares y las enfermedades respiratorias.

3. Consumo de drogas en aumento
El aumento global en el consumo de drogas sintéticas supone una carga para toda la sociedad, ya que estas drogas están afectando a los sistemas de salud, que deben costear el tratamiento y la rehabilitación de los pacientes. Los efectos de estas drogas no son inmediatos, pero su consumo afecta a ciertas partes del cerebro que controlan los movimientos y la memoria. Estos daños son, en muchos casos, permanentes.

4. Uno de cada tres adolescentes sufre en silencio
Según la Organización Mundial de la Salud (OMS), los trastornos de conducta como la depresión y la ansiedad constituyen la principal causa de muertes entre los jóvenes. El 75% de los trastornos mentales se desarrollan antes de los 18 años. Los expertos destacan que problemas como el acoso (*bullying*) en las escuelas son factores importantes en el desarrollo de estos trastornos. El contacto diario con la naturaleza puede prevenir algunos problemas de salud mental.

Paso 3 Lean este párrafo y estudien la infografía sobre la actividad física. ¿Cómo piensan que se puede mejorar o prevenir el problema que les preocupa? Piensen en dos recomendaciones relacionadas con la actividad física.

Según los científicos, el ejercicio físico libera endorfinas en el cerebro y aumenta la sensación de bienestar y de felicidad en los individuos que lo practican regularmente.

Evitar

2–3 días por semana

3–5 días por semana

Todos los días

Paso 4 Preparen un póster para una campaña de prevención de problemas de salud. Incluyan:

1. la descripción del problema, sus causas y consecuencias
2. cuatro recomendaciones y consejos para combatirlo o evitarlo: dos cosas que hay que hacer o evitar, y dos cosas que no hay que hacer
3. un eslogan
4. una imagen para ilustrar sus recomendaciones

Paso 5 Presenten su póster y expongan ante la clase su campaña. La clase va a elegir la mejor campaña.

Paso 6 Mi progreso
Review the goals. Mark with a ✔ the goals you think you have achieved and to what extent.

I can…

	very well	well	with difficulty
Goal 1: talk about health-related issues and physical activity.			
Goal 2: express opinions and explain cause–consequence relationships.			
Goal 3: give recommendations and advice.			

Ayuda

Los mandatos

Practica deportes diariamente: te vas a sentir mejor.

Adverbios en *-mente*

moderadamente
excesivamente
especialmente
frecuentemente

Gente que lee

Estrategias para leer

Word order in Spanish (II)

In English and in Spanish, a typical sentence consists of a noun followed by a verb followed by an object. While in English variations from that pattern are used for literary effect, in Spanish they are common in conversation and the kind of writing found in newspapers and magazines. In general terms, in Spanish, the most important elements are moved to the front of the sentence for emphasis.

- Object pronouns before verb:

  Yo no como comida rápida. → *Yo no* ***la*** *como.* — I don't eat it.

- Verb + noun:

  Volvió *el* ***entrenador.*** — The coach came back.

- Adverbs:

  Siempre *hago ejercicio.* — I always exercise.
  Hago ejercicio ***siempre.***
  Hago ***siempre*** *ejercicio.*

- Noun + adjective:

  Es un ***deporte divertido.*** — It is a fun sport.

- Subject of the sentence:

  Santiago *prepara la comida.* — Santiago prepares the food.
  La comida la prepara ***Santiago.***

Antes de leer

12–19 El sistema de salud ideal Pon en orden, de más a menos importante, las características de un buen sistema de salud.

- ☐ Acceso gratuito para los ciudadanos con menos recursos
- ☐ Médicos que te prestan mucha atención y que son muy amables
- ☐ Bajos precios de los servicios médicos
- ☐ Rapidez en la atención médica (cirugías, urgencias…)
- ☐ Acceso para todo el mundo (visitantes, inmigrantes…)
- ☐ Médicos muy bien preparados

¿Conoces el sistema de salud de tu país? ¿Qué características tiene? Señala dos aspectos positivos y dos negativos.

Después de leer

12–20 ¿Comprendes?

1. ¿En qué país es la esperanza de vida más alta: Costa Rica o Canadá?
2. Di dos factores que influyen en la alta esperanza de vida de Costa Rica.
3. ¿Por qué muchos médicos de Costa Rica hablan más de un idioma?
4. ¿Qué debe hacer un extranjero residente para tener acceso al sistema de salud de Costa Rica?
5. ¿Cuánto le cuesta a un costarricense el acceso al sistema de Seguridad Social?

www.costarica-salud.com

COSTA RICA DESTACA (*STANDS OUT*) EN EL MUNDO POR SU SISTEMA DE SALUD

Niyazz/Shutterstock
Sistema de Salud Nacional, Costa Rica

Desde hace varios años, muchos de los índices de salud en América Latina los lidera Costa Rica. Una investigación basada en datos de las Naciones Unidas y la Organización Mundial de la Salud (OMS) colocó a este país en el puesto 24 de la clasificación mundial en el grado de salud de los ciudadanos. El estudio midió factores demográficos como mortalidad infantil, esperanza de vida o tasas de mortalidad. Según este informe, Costa Rica es el segundo país con mayor esperanza de vida del continente americano, detrás de Canadá y por encima de Estados Unidos y Chile. Esto es especialmente relevante si se considera que su renta (*income*) per cápita es una décima parte de la de **esos países**. Ciertamente, algunas razones de este fenómeno se pueden encontrar en la forma de vida menos frenética de los costarricenses, sus alimentos frescos, saludables y sin **conservantes**, o su clima tropical; sin embargo, la razón principal es que su gobierno continúa un **compromiso** de muchos años: el énfasis del gobierno en el bienestar social y educativo de sus ciudadanos y en ofrecer a cada uno (*each one*) de **ellos** un servicio **asequible** en uno de los mejores sistemas sanitarios del mundo.

En el año 2017, un estudio de la revista *International Living* clasificó este sistema de salud como el segundo mejor del mundo, superado solamente por Malasia. Parte de las variables tomadas en cuenta por la revista para colocar al país en esta posición son sus médicos **altamente** capacitados y la gran calidad sanitaria. Generalmente, los doctores de Costa Rica reciben su entrenamiento médico en Costa Rica. Después viajan al extranjero para formarse en especialidades diversas y **lo** hacen en excelentes universidades de Europa o Estados Unidos. Por eso, no es extraño encontrar médicos que hablan dos o más idiomas. Muchos trabajan por la mañana en el sistema público y luego en su consulta privada.

El informe describe la cobertura estatal y privada. Sobre la cobertura estatal destaca que el trabajador entrega un porcentaje de su ingreso (*income*) a la Seguridad Social. Esto **le** abre las puertas a un sistema de salud universal con acceso a las citas, medicinas, exámenes, tratamientos, cirugías y emergencias médicas. Con una red estatal de 29 hospitales y más de 250 clínicas a través del país, el sistema público de salud tiene la responsabilidad de proporcionar servicios médicos de bajo costo a toda la gente de Costa Rica y a cualquier residente extranjero o visitante. Los extranjeros residentes solo tienen que pagar una pequeña tasa (*fee*) anual basada en sus ingresos. Respecto a las opciones privadas, el estudio detalla que el precio de las citas, ultrasonidos o intervenciones quirúrgicas es mucho menor que en Estados Unidos. Por esas razones, a Costa Rica viajan muchos extranjeros buscando una mejor atención médica, ya que saben que este pequeño país centroamericano tiene atención sanitaria de alta calidad.

12-21 Activando estrategias

1. Traduce al inglés las tres frases subrayadas (párr. 1 y párr. 3). Presta atención primero al orden de las palabras en cada frase.
2. Observa estas dos palabras del primer párrafo marcadas en negrita: **conservantes** y **compromiso.** ¿Crees que son cognados o falsos cognados?
3. Usa el contexto para adivinar el significado de la palabra **asequible** (párr. 1).
4. Si **alto** significa *high*, ¿qué significa **altamente** (párr. 2)? Busca dos palabras más en el párrafo 1 que se formaron de la misma manera.
5. Di a qué se refieren estas expresiones:
   - **esos países** (párr. 1):
   - **ellos** (párr. 1):
   - **lo** (párr. 2):
   - **le** (párr. 3):

Mejores sistemas de salud del mundo

País	Puesto
Japón	10
Reino Unido	18
Colombia	22
Alemania	25
Chile	33
Costa Rica	36
Estados Unidos	37
Cuba	39
México	61

12-22 Expansión

1. ¿Qué opinas del sistema de salud de Costa Rica? Menciona dos aspectos positivos y dos negativos.
2. En América Latina, Colombia, Chile, Costa Rica y Cuba tienen los mejores sistemas de salud. Mira la tabla y el gráfico y explica la relación entre el gasto (*expenditure*) en salud y la calidad de los sistemas de salud.

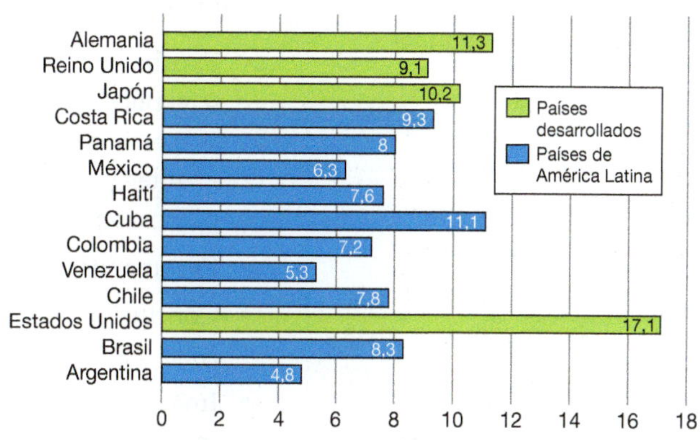

Gente que escribe

Estrategias para escribir

The good writer

Good writers use similar strategies:

1. They have an initial plan but are willing to change it as they write or come up with new ideas.
2. They focus on editing and formal correctness, but only after they are satisfied with the ideas and the organization of the draft.
3. They stop frequently and reread what they have written.
4. As they write, they take breaks and come back to their work. This last strategy produces better writing.

MÁS ALLÁ DE LA FRASE

Reviewing your text for cohesion

In order to go beyond the sentence level, you need mechanisms to give cohesion to your text. Once you are satisfied with the ideas in your text, move on to edit what you have written.

- Check to see if you have used a variety of connectors (to organize your thoughts, to add and sequence your ideas, to introduce examples, to clarify information, or to express relations of cause and effect).
- Remember that the use of reference words (pronouns such as ***él, ella, ellos, ellas, lo, la, los, las***, or demonstratives such as ***este, esto, ese, eso, aquel***, etc.) will eliminate excessive repetition. Revise your draft and look for information that can be replaced with these words so that your text does not sound redundant.

12-23 Un blog de salud Muchos aspectos de la vida cambian cuando uno llega a la universidad. Piensa en un problema relacionado con la salud mental o física de los estudiantes universitarios. Después escribe un blog para ayudar a los estudiantes internacionales que van a pasar un semestre en tu universidad. Cuéntales tu experiencia personal y ofréceles consejos para mantener un buen equilibrio mental y físico.

Antes de escribir

1. Considera el propósito (*purpose*) de tu artículo y piensa qué información van a necesitar tus lectores.
2. Decide qué problema o cambio importante quieres tratar (por ejemplo: el estrés, la vida sedentaria, el tiempo libre, los deportes en grupo, la alimentación, etc.).
3. Piensa en tu experiencia y haz una lista de tres cambios personales relacionados con la condición o el problema que vas a tratar.
4. Haz una lista de cuatro o cinco estrategias o recomendaciones para tus lectores.

A escribir

- Escribe una introducción para explicar el problema:
  - explica cuál es el problema y por qué es importante solucionarlo;
  - menciona tu experiencia personal (qué cambios introdujiste, cómo te sentías antes y qué hiciste para sentirte mejor);
  - incorpora la información de los puntos 2 y 3 (*Antes de escribir*).
- Recomendaciones: incorpora la información del punto 4 (*Antes de escribir*).
- Conclusión: explica cómo o por qué estas estrategias pueden ayudar al lector a estar más sano y sentirse mejor.
- Imágenes: los blogs contienen fotos, cuadros, etc. que ilustran el tema. Elige una imagen apropiada para tu blog.

DESPUÉS DE ESCRIBIR

- Haz una pausa y descansa. Después lee tu trabajo y considera qué cambios necesita (*Estrategias para escribir*).
- Trata de evitar las repeticiones usando algunos pronombres (*Más allá de la frase*).
- Revisa los verbos en pasado para contar tu historia personal y los mandatos para dar recomendaciones.
- Intercambia tu blog con un/a compañero/a y usa la *Guía de Revisión entre Compañeros*.

Comparaciones culturales

12-24 El fútbol en Costa Rica: más que un deporte Lean esta información sobre el fútbol y un futbolista costarricense famoso. Después respondan a las preguntas.

El fútbol es una parte importante en la cultura de Costa Rica. No es sólo un deporte, sino también una parte del orgullo y la identidad tica. Los costarricenses no sólo ven el fútbol; casi todo el mundo lo juega y se puede ver a personas de todas las edades jugando "mejengas" o juegos no oficiales. Además de su liga profesional de fútbol, que tiene 12 equipos, Costa Rica tiene una selección nacional de fútbol ("La Sele") amada por todo el país y que se clasificó para varias copas del mundo (1990, 2002, 2006, 2014 y 2018). El Estadio Nacional, situado en el Parque La Sabana en el centro de San José, es el primer estadio deportivo de talla (*class*) mundial construido en América Central.

Keylor Navas

ITAR-TASS News Agency/ Alamy Live News

Keylor Navas es considerado el futbolista más exitoso en la historia de Costa Rica y uno de los mejores porteros del mundo. Comenzó su carrera profesional en el Deportivo Saprissa, y a los 23 años se marchó a España para jugar en La Liga española. En el 2014, el Real Madrid lo fichó (*signed him*) por su brillante actuación en el Mundial de Fútbol de Brasil del 2014. En la temporada 2015-2016 fue el segundo mejor portero de fútbol de la Liga de Campeones de la UEFA. Según sus entrenadores, es muy trabajador, dedicado y modesto.

1. ¿Cierto o falso? ¿Qué saben sobre un portero de fútbol y su trabajo?

	C	F
a. Puede tocar siempre el balón con las manos.	☐	☐
b. Puede jugar en cualquier área del campo durante un partido.	☐	☐
c. En un tiro de penal, el portero tiene que parar un balón que viaja a 80 km/h.	☐	☐
d. Es el único jugador que puede llevar pantalones largos.	☐	☐
e. Siempre tiene que llevar el número 1.	☐	☐

2. Hagan una lista de las cinco características más importantes de un jugador de fútbol que juega como portero y justifiquen sus decisiones.
3. ¿Conocen a otros porteros de fútbol exitosos? Digan quiénes son, de dónde son y para qué equipo juegan.

12-25 Costa Rica: Pura vida

Mira el video del *Club Cultura*. Después, lee los siguientes datos y responde a las preguntas con un/a compañero/a.

Si saludas a un costarricense, seguramente te responderá simplemente "pura vida". Este eslogan le sienta muy bien a Costa Rica ya que lidera la lista de los países más felices del mundo. Los costarricenses se caracterizan por su alegría de vivir y pasión por conservar sus entornos naturales. Esta es una radiografía del país y su gente:

CLUB CULTURA

Explore *Costa Rica: un país con conciencia ecológica* with *Club cultura!*

Biodiversidad	Es el país con mayor biodiversidad del planeta por kilómetro cuadrado de territorio.
Áreas protegidas	Aproximadamente el 25% del territorio se encuentra protegido. Hay 28 parques naturales, 8 reservas biológicas, 71 refugios de vida silvestre (*wildlife*) y 31 zonas de protección ambiental.
Turismo sostenible	Se dice que el concepto de turismo responsable se originó en Costa Rica. Gran parte de los establecimientos turísticos del país tienen la certificación para la sostenibilidad turística que busca el equilibrio entre el uso de los recursos naturales y culturales, la calidad de vida de las comunidades locales y el desarrollo económico.
Lucha ecológica	El país trabaja sin descanso por la conservación de los recursos naturales. En la actualidad, más del 90% de la electricidad consumida proviene de fuentes de energía limpias.
Calidad de vida	Desde 1948 Costa Rica no tiene ejército. El presupuesto militar ha sido redestinado a asegurar la educación pública y el sistema de seguridad social de todos los habitantes del país. Además, los costarricenses tienen una esperanza de vida muy alta: 80,9 años.

1. ¿Existe en tu país una preocupación por la biodiversidad? ¿Crees que es suficiente? ¿Hay parques nacionales y espacios naturales protegidos? Da algunos ejemplos.
2. Hagan una lista de cuatro diferencias importantes entre Costa Rica y Estados Unidos, basándose en la información anterior.
3. Hagan una lista de cuatro recomendaciones para el gobierno de su país con el objetivo de mejorar la calidad de vida de los habitantes y proteger el medio ambiente.

12-26 Costarricenses en EE. UU. y estadounidenses en Costa Rica Lean esta información sobre la migración entre Costa Rica y EE. UU. y respondan a las preguntas.

Allstar Picture Library / Alamy Stock Photo

Franklin Chang-Díaz

A diferencia de la mayor parte de países centroamericanos, en Costa Rica nunca hubo olas migratorias a los Estados Unidos. Esto se debe a que los costarricenses no tuvieron necesidad de salir de su país por motivos políticos o económicos. De hecho, se estima que desde 1931 menos de 60.000 costarricenses emigraron al país. Por eso, la comunidad costarricense en Estados Unidos es muy pequeña y se concentra en las áreas metropolitanas de Nueva York, Los Ángeles y el sur de Florida. Franklin Chang-Díaz, un astronauta y físico costarricense, es probablemente el tico de más notoriedad en EE. UU. Completó su doctorado en ingeniería nuclear en MIT, fue el primer latinoamericano en la NASA y realizó siete misiones en el transbordador espacial. Es el único latino en el salón de la fama de los astronautas de NASA.

Al mismo tiempo, Costa Rica siempre fue un país atractivo para muchos estadounidenses, y por eso existe una importante comunidad migrante estadounidense en Costa Rica. En la primera mitad del siglo XIX, el comercio, el desarrollo agrícola y la construcción de infraestructura motivaron la entrada de muchos estadounidenses. En el siglo XX, la construcción del canal de Panamá generó otro gran movimiento migratorio desde EE. UU. a la región. Después de la Segunda Guerra Mundial ya había en Costa Rica muchos costarricenses de ascendencia estadounidense, y muchos otros llegaron para establecer negocios. Además, desde la segunda mitad del siglo XX Costa Rica se convirtió en destino de jubilación (*retirement*) para miles de estadounidenses atraídos por su clima, su estabilidad y su modo de vida. A finales del siglo XX, Costa Rica superó a Panamá como principal receptor de inmigrantes estadounidenses. En total, unos 50.000 estadounidenses son residentes del país y el 19% son jubilados (*retired*). De los que trabajan, la mayoría lo hacen en enseñanza, actividades administrativas y comercio.

1. En su opinión, ¿cuál es la diferencia entre la palabra migrante y la palabra expatriado? ¿Qué connotaciones tiene cada una de estas palabras?
2. Imaginen que ustedes quieren mudarse a Costa Rica. ¿Cuáles creen que son las ventajas de vivir allá? ¿Y las desventajas?

Vocabulario

Medicina: síntomas y enfermedades	*(Medicine: symptoms and illnesses)*
el accidente	*accident*
la alergia	*allergy*
la consulta	*(doctor's) office*
el diagnóstico	*diagnosis*
el dolor	*pain*
la fiebre	*fever*
la gripe	*flu*
el jarabe	*syrup*
la lesión	*injury*
el/la médico/a	*doctor*
la operación	*surgery*
la pastilla	*pill*
el peso	*weight*
la picadura	*sting*
la receta	*prescription*
el resfriado	*cold*
la salud	*health*
el seguro médico	*health insurance*
el servicio de emergencias	*emergency room*
la tos	*cough*
el tratamiento	*treatment*

Las partes del cuerpo	*(Body parts)*
la boca	*mouth*
el brazo	*arm*
la cabeza	*head*
la cadera	*hip*
la cara	*face*
el cerebro	*brain*
la cintura	*waist*
la columna	*spine*
el corazón	*heart*
el cuello	*neck*
la espalda	*back*
la frente	*forehead*
el hombro	*shoulder*
la mano	*hand*
la nariz	*nose*
el ojo	*eye*
el pelo	*hair*
el pie	*foot*
la pierna	*leg*
la rodilla	*knee*
el talón	*heel*

La salud y la alimentación	*(Health and nutrition)*
la actividad	*activity*
el cigarrillo	*cigarette*
el consejo	*advice*
el consumo	*consumption*
el equilibrio	*balance*
la grasa	*fat*
la tisana	*infusion, herbal tea*
la tranquilidad	*serenity*

Los deportes	
el atletismo	*track and field*
el baloncesto	*basketball*
el balonmano	*handball*
el béisbol	*baseball*
el ciclismo	*cycling*
el esquí	*skiing*
la gimnasia artística	*gymnastics*
la natación	*swimming*
el remo	*crew*
el vóleibol	*volleyball*

Las actividades físicas	*(Physical activities)*
estar en forma	*to be fit, be in shape*
hacer dieta	*to diet*
hacer ejercicio	*to exercise*
hacer yoga	*to do yoga*
montar bicicleta	*to ride a bike*
tener sueño	*to be sleepy*

Adjetivos	
alérgico/a	*allergic*
efectivo/a	*effective*
inconsciente	*unconscious*
mareado/a	*dizzy*
necesario/a	*necessary*
recomendable	*advisable*
estar resfriado/a	*have a cold*
sano/a	*healthy*

Verbos	
adelgazar	*to lose weight*
caerse	*to fall down*
cansarse	*to get tired*
cuidarse	*to take care of oneself*
dejar de	*to stop doing something*
descansar	*to rest*
doler	*to hurt*
dormirse	*to fall asleep*
enfermarse	*to get sick*
engordar	*to gain weight*
evitar	*to avoid*
fumar	*to smoke*
hacerse daño	*to hurt oneself*
lesionarse	*to get hurt, to get injured*
levantarse	*to get up*
medir (i)	*to measure*
pesar	*to weigh*
relajarse	*to relax*
resfriarse	*to get a cold*
romperse (algo)	*to break (something in your body)*
sentarse	*to sit down*
toser	*to cough*
vapear	*to vape*
vomitar	*to vomit*

Consultorio lingüístico

1 Command Forms

Remember that command forms are used to make a direct request for someone else to do something. Commands have affirmative and negative forms. Like all verb tenses in Spanish, there are different forms for ***tú*** and ***usted***. In this chapter, we concentrate on the ***tú*** forms.

REGULAR FORMS

	MIR**AR**	BEB**ER**	SUB**IR**
(tú)	mir**a** / no mir**es**	beb**e** / no beb**as**	sub**e** / no sub**as**

IRREGULAR FORMS

HACER	(tú)	**haz**	no **hagas**
PONER	(tú)	**pon**	no **pongas**
SER	(tú)	**sé**	no **seas**
IR	(tú)	**ve**	no **vayas**
VENIR	(tú)	**ven**	no **vengas**
TENER	(tú)	**ten**	no **tengas**
SALIR	(tú)	**sal**	no **salgas**
DECIR	(tú)	**di**	no **digas**

Command forms are used in many contexts, such as:

- Making recommendations and giving advice:

  No fumes tanto; tienes tos.
  Don't smoke so much; you have a cough.

  Haz ejercicio más a menudo.
  ***Exercise** more often.*

  No seas perezoso.
  ***Don't be** lazy.*

  No te preocupes de eso.
  ***Don't worry** about it.*

  Bebe más agua.
  ***Drink** more water.*

  Ve al médico si te sientes mal.
  ***Go** to the doctor if you feel bad.*

- Giving orders and asking others (not) to do something:

  Llama al entrenador, por favor.
  ***Call** the coach, please.*

  Carlos, **no pongas** esos libros ahí.
  *Carlos, **don't put** those books there.*

- Giving instructions:

  Toma una pastilla cada tres horas.
  ***Take** one pill every three hours.*

2 Pronoun Placement with Command Forms

- **Affirmative commands**

In the case of reflexive verbs, the reflexive pronoun always follows, and is attached to, affirmative commands. Together they form a single word. Remember that the choice of ***tú*** or ***usted*** also has an impact on the pronouns we need to use:

SENTARSE (tú) **Siéntate,** por favor.
Seat down, please.

CUIDARSE (tú) **Cuídate;** tienes que comer mejor.
Take care of yourself; you need to eat better.

This is also the case of direct and indirect object pronouns (***lo, la, me, te, nos, los, las, le, les***):

(tú) **Ponlo** encima de la mesa, por favor.
Put it on the table, please.

(tú) **Dale** la pelota a tu amigo.
Give the ball to your friend.

(tú) **Dime** qué necesitas.
Tell me what you need.

- **Negative commands**

In contrast to what happens with the affirmative commands, in negative commands, the reflexive pronouns and the direct or indirect object pronouns **precede** the verb.

SENTARSE (tú) **No te sientes,** por favor.
Don't sit down, please.

ACOSTARSE (tú) **No te acuestes** muy tarde.
Don't go to bed too late.

(tú) **No lo pongas** encima de la mesa, por favor.
Don't put it on the table, please.

(tú) **No me digas** que todavía no has visto al doctor.
Don't tell me you still have not seen the doctor.

3 Recommendations and Advice

There are many ways to give recommendations and advice, from more to less personal:

- **Personal**

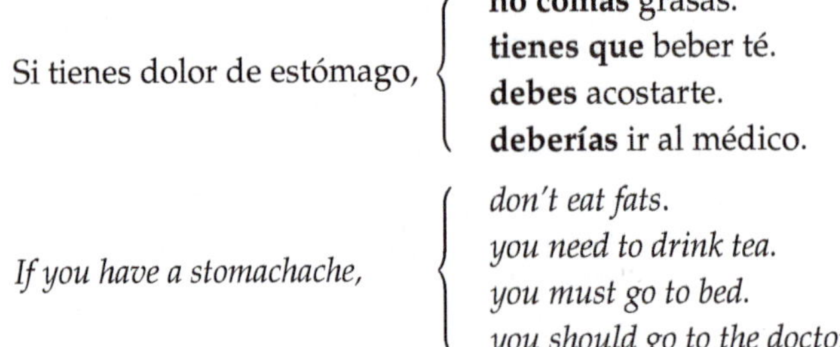

Si tienes dolor de estómago, { **no comas** grasas. / **tienes que** beber té. / **debes** acostarte. / **deberías** ir al médico.

If you have a stomachache, { *don't eat fats.* / *you need to drink tea.* / *you must go to bed.* / *you should go to the doctor.*

- **General**

To make general recommendations or give advice directed at no one person in particular, the construction ***hay que* + infinitive** and the expressions **es *necesario* / *bueno* / *importante* + infinitive** are used:

Si te duele la cabeza { **no hay que** / **no es bueno** / **no es aconsejable** } **mirar** la televisión.

If you have a headache { *you shouldn't* / *it is not good to* / *it is not advisable to* } *watch TV.*

- The second person of a verb can have a general meaning in Spanish:

Si **comes** demasiado, **engordas**. (= *anybody, everybody*)
If ***you eat*** *too much,* ***you put on weight.***

Cuando **tienes** dolor de estómago, es bueno tomar té. (= *anybody, everybody*)
When ***you have*** *a stomachache, it is good to drink tea.*

Sales, te acuestas tarde y luego **te sientes** muy mal. (= *anybody, everybody*)
You go out, you go *to bed late, and then* ***you feel*** *really bad.*

4 Talking About Health

These are common ways to ask about / explain how someone is feeling or describe physical conditions:

- **Qué te pasa?** *What's wrong?* **¿Cómo estás?** *How are you?*

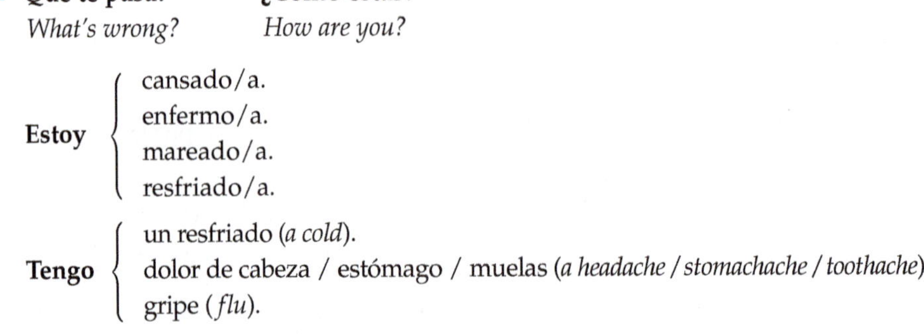

Estoy { cansado/a. / enfermo/a. / mareado/a. / resfriado/a.

Tengo { un resfriado (*a cold*). / dolor de cabeza / estómago / muelas (*a headache / stomachache / toothache*). / gripe (*flu*).

- **¿Qué te / le duele?**
  What hurts?

Me duele	la cabeza (*my head hurts*). el estómago (*my stomach hurts*). acá (*it hurts here*).
Me duelen	las piernas (*my legs hurt*). los pies (*my feet hurt*).

- ¿Cómo **te sientes** / **te encuentras**?
  How are you feeling?

Me siento / me encuentro	cansado (*I feel tired*). débil (*I feel weak*). bien / mal (*I feel good / bad*).

The verbs ***sentirse*** and ***encontrarse*** are reflexive verbs. The subject is the person who experiences the sensation or condition:

	ENCONTRARSE	**SENTIRSE**
(yo)	me enc**ue**ntro	me s**ie**nto
(tú)	te enc**ue**ntras	te s**ie**ntes
(él, ella, usted)	se enc**ue**ntra	se s**ie**nte
(nosotros, nosotras)	nos encontramos	nos sentimos
(ellos, ellas, ustedes)	se enc**ue**ntran	se s**ie**nten

The verb ***doler*** is similar to ***gustar***. The subject is the part of the body that hurts, not the person who expresses the pain.

5 Adverbs Ending in *-mente*

These adverbs are commonly used in Spanish to express the way in which something is done. They are formed from the feminine form of an adjective:

FEMININE ADJECTIVE + ***-mente***		
moderada	→	moderada**mente**
excesiva	→	excesiva**mente**
frecuente	→	frecuente**mente**
lenta	→	lenta**mente**
rápida	→	rápida**mente**

¡ATENCIÓN!

The meaning of the adverb created by adding -***mente*** is not always the same as that of the adjective from which it was formed:

Seguramente iremos de vacaciones a París.
*We will **most likely** go on vacation to Paris.*

Capítulo 13
Gente y lenguas

Aleksandra Kossowska / Alamy Stock Photo

Misión jesuítica guaraní de la Santísima Trinidad del Paraná, Patrimonio Mundial de la UNESCO

TAREA GLOBAL

Preparar una presentación sobre razones y estrategias para aprender español

CLUB CULTURA

Explore Paraguay with *Club cultura!*

At the end of this lesson, I will be able to…

PRESENTATIONAL AND INTERPERSONAL COMMUNICATION

Speaking
- talk about language learning experiences.
- express feelings, difficulties, and value judgments.
- talk about past events.
- talk about the future.

Writing
- write an email to a language school requesting and providing information.
- review my use of punctuation and capitalization in Spanish.
- use strategies such as key word repetition to improve cohesion and reduce redundancy in my writing.

INTERPRETIVE COMMUNICATION

Listening
- understand exchanges related to cultural differences in verbal communication.
- understand information related to the foreign language learning process.

Reading
- understand key information and important details of an informational text about the languages of Paraguay.
- use a bilingual dictionary more effectively.

INTERCULTURAL COMPETENCE

- compare and contrast the linguistic situation of Latin America.
- talk about ways in which Paraguay's culture, and the United States–Paraguay relation, are promoted in the United States.
- understand the role of a traditional beverage in Paraguay's cultural identity.

Acercamientos

13–1 La importancia de aprender lenguas extranjeras Lee las opiniones de estas personas sobre el tema. Después completa el cuadro.

Yo soy paraguayo, de un pueblecito cerca de Asunción, la capital. En mi casa, con mi familia, siempre hemos hablado guaraní, pero obviamente todos sabemos castellano y lo hablamos, por ejemplo, en el rabajo. A mí me gusta decir que soy bilingüe y bicultural. Además, hablo y escribo inglés y ahora estoy estudiando francés.

Hugo Ramos

Yo soy argentina, de origen alemán. De niña solo sabía español porque crecí en Argentina. Pero después fui a estudiar a Alemania y allá aprendí el alemán. También tengo conocimientos de hebreo porque soy judía y en mi familia todos hemos aprendido hebreo. En el terreno profesional tengo que leer mucho en inglés porque soy bióloga. La lengua internacional de la ciencia es sin duda el inglés.

Elisabeth Silverstein

Yo soy española, del País Vasco. En casa de mis padres siempre hemos hablado euskera, o sea, vasco; nunca español. Mi marido es madrileño y ahora, en casa, hablo en español con él. A los niños, mi marido les habla en español y yo en euskera. Además, me parece muy importante aprender inglés y por eso van a una escuela de idiomas cuatro veces por semana.

Edurne Etxebarría

	¿QUÉ LENGUAS SABEN?	¿POR QUÉ SON BILINGÜES, TRILINGÜES O MULTILINGÜES?
Hugo:		
Elisabeth:		
Edurne:		

¿Qué características compartes con estas personas? Completa las frases y compara tus respuestas con las de tu compañero/a.

Yo también estudié ______________________ pero no _____________.

A mí también me gusta(n)______________________________.

A mí también me parece que ______________________________.

EJEMPLO: Yo también soy bilingüe, como Hugo y Edurne, pero…

13–2 Miles de lenguas En el mundo se hablan alrededor de 7.100 lenguas, repartidas en más de 220 países. ¿Sabes dónde se hablan? Mira las tablas y el gráfico.

Continente	Porcentaje
África	30%
América	15%
Asia	32,5%
Europa	4%
Pacífico	18,5%
Total	100%

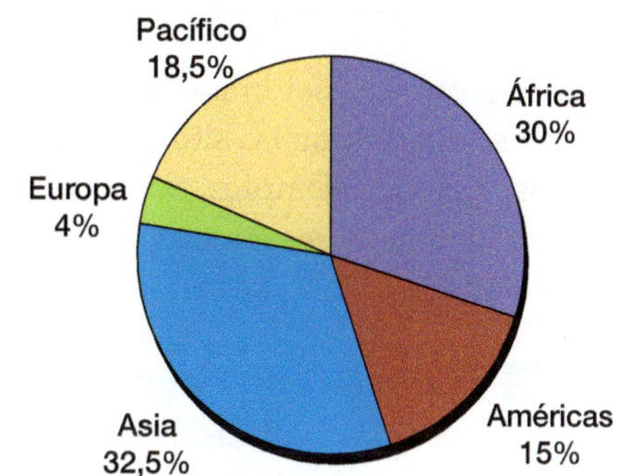

Países con mayor número de lenguas en el mundo	
Papúa-Nueva Guinea	839
Indonesia	707
Nigeria	526
India	454
México	287
Camerún	281
Australia	245
Brasil	229
Estados Unidos	219

1. ¿Qué datos (*facts*) de estos cuadros te parecen más interesantes? Explica por qué.
2. Más de la mitad de las lenguas del mundo está en peligro de desaparición. ¿Por qué crees que desaparece una lengua? ¿Cómo se pueden preservar las lenguas?

Países con mayor número de lenguas indígenas en Latinoamérica			
México	287	Guatemala	51
Brasil	229	Venezuela	40
Perú	93	Bolivia	37
Colombia	79		

Vocabulario en contexto

AlexLMX/Shutterstock

13-3 Las diez lenguas más habladas Estas son las diez lenguas con mayor número de hablantes del mundo. Clasifíquenlas según el número total de usuarios, de mayor a menor. Después su profesor/a va a dar las respuestas correctas. Gana el grupo con más aciertos.

hindi	portugués	ruso	árabe	chino mandarín
español	inglés	japonés	coreano	bengalí

¿Saben cuáles son las lenguas más usadas en Internet? Enumeren las cinco lenguas principales. Después consulten con su profesor/a.

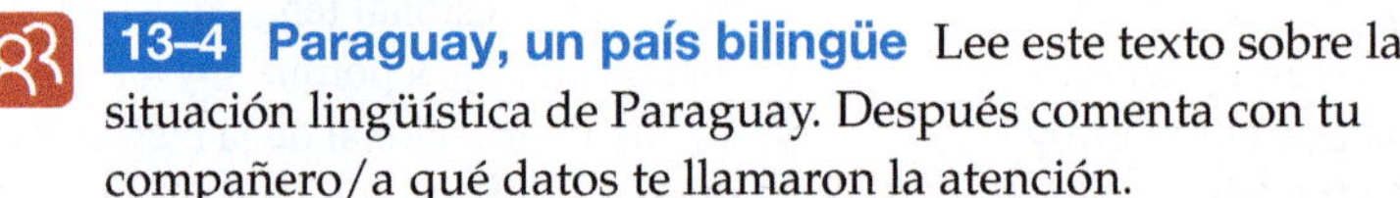

13-4 Paraguay, un país bilingüe Lee este texto sobre la situación lingüística de Paraguay. Después comenta con tu compañero/a qué datos te llamaron la atención.

Paraguay reconoció el guaraní (idioma autóctono) como lengua nacional en 1967. Desde 1992 es idioma oficial junto con el español y el aprendizaje en las escuelas se hace en ambas lenguas.

Artículo 140 de la Constitución de Paraguay

DE LOS IDIOMAS:

El Paraguay es un país pluricultural y bilingüe. Son idiomas oficiales el castellano y el guaraní [...] Las lenguas indígenas, así como las de otras minorías, forman parte del patrimonio cultural de la Nación.

Población de Paraguay

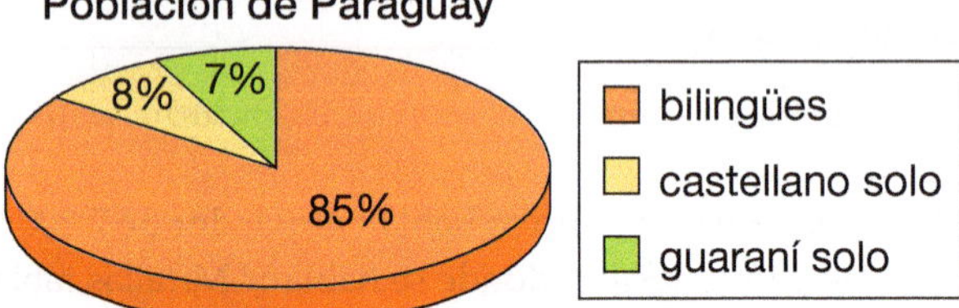

1. ¿Conocen otros países bilingües en América Latina? ¿Y en el resto del mundo?
2. ¿Cómo se diferencian las situaciones lingüísticas de Paraguay y de Estados Unidos? Den dos ejemplos.
3. ¿Qué opinan de la enseñanza bilingüe en las escuelas? Justifiquen sus comentarios.

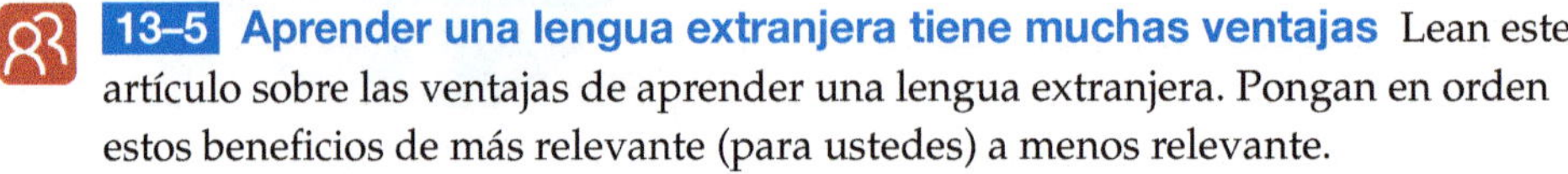

13-5 Aprender una lengua extranjera tiene muchas ventajas Lean este artículo sobre las ventajas de aprender una lengua extranjera. Pongan en orden estos beneficios de más relevante (para ustedes) a menos relevante.

LOS BENEFICIOS DE APRENDER UNA SEGUNDA LENGUA

¿Has pensado en perfeccionar una segunda lengua, pero no estás muy seguro? Te presentamos algunas cifras de encuestas e investigaciones realizadas y te invitamos a descubrir los beneficios de estudiar una lengua extranjera. La mayor parte de la sociedad en la que vivimos ya es bilingüe. Súmate a esta tendencia.

1. **95%** de los entrevistados cree que aprender un segundo idioma aumenta tu capacidad mental. Los expertos explican que adquirir una lengua extranjera le enseña a tu cerebro a concentrarse y prestar más atención.
2. **98%** de los encuestados coincide en que el conocimiento del idioma nativo hace más fácil viajar por un país extranjero. Entre los beneficios se encuentran la posibilidad de hacer nuevos amigos, descubrir otras culturas y ahorrar dinero.
3. **Una de cada** tres empresas busca trabajadores bilingües. Además, el conocimiento de idiomas te abre las puertas a un territorio laboral más extenso, dándote la oportunidad de trabajar en el extranjero.
4. Los empleados que saben lenguas extranjeras pueden esperar un salario hasta un **20%** más alto en la mayoría de los trabajos.
5. En los últimos 20 años, el número de estadounidenses que estudian en el extranjero ha aumentado **tres veces.**
6. **270** agencias de citas están de acuerdo en que los hablantes de una lengua extranjera son más atractivos.

Eiko Tsuchiya/Shutterstock

13-6 ¿Sabes estudiar lenguas? ¿Eres buen estudiante de español? Marca las cosas que haces.

El buen estudiante de lenguas …

- ☐ está dispuesto a hablar y a participar en clase,
- ☐ presta atención al contexto para entender el significado de lo que lee,
- ☐ presta atención a los gestos para entender el significado de lo que escucha,
- ☐ se autoevalúa periódicamente y trata de corregir sus errores,
- ☐ no tiene miedo de hacer preguntas cuando no entiende y
- ☐ no tiene miedo de cometer errores cuando practica.

Compara tus respuestas con tu compañero/a. ¿Qué otras estrategias de aprendizaje usas tú? Da dos ejemplos.

13-7 Anécdotas Debido a las diferencias culturales, en la comunicación intercultural a veces ocurren problemas. Escucha las anécdotas, marca la información correcta y completa las frases.

	el vocabulario
La 1ª persona tuvo problemas con...	la distancia física
La 2ª persona tuvo problemas con...	la gramática
La 3ª persona tuvo problemas con...	las fórmulas de cortesía
	las reglas de conversación

En particular, la 1ª persona ______________________________

En particular, la 2ª persona ______________________________

En particular, la 3ª persona ______________________________

¿Has tenido alguna vez experiencias similares? Compártelas con la clase.

VERBOS COMO *GUSTAR*

Me pone nervioso/a...
Me encanta...
Me cuesta...
Me da miedo...

Me parece aburrido / divertido...
Me parecen aburridas / divertidas...

INFINITIVO	NOMBRE
hacer ejercicios.	el profesor.
pronunciar la erre.	el libro de español.
aprender lenguas.	el vocabulario.
leer.	el examen.
cometer errores.	el ejercicio.
memorizar palabras.	**los** videos. **las** reglas.

PRONOMBRES OD y OI

- **Objeto directo**

	MASCULINO	FEMENINO
SINGULAR	**lo**	**la**
PLURAL	**los**	**las**

- ¿Usas **tarjetas** para aprender vocabulario?
  - Sí, **las** uso siempre.

- **Objeto indirecto**

	SINGULAR	PLURAL
MASCULINO Y FEMENINO	**le**	**les**

- ¿Hablas muy rápido **a los estudiantes**?
  - No, **les** hablo despacio.

Lengua en contexto

13-8 ¿Qué te parece? Clasifica esta lista de actividades de clase según tu opinión. Coméntala con tu compañero/a.

(3) Me parece divertido y útil para aprender
(2) Me gusta, pero me cuesta mucho
(1) Me parece bastante útil pero muy aburrido
(0) No me parece útil

- ☐ Hablar de temas de actualidad en español
- ☐ Escuchar conversaciones grabadas (*recorded*)
- ☐ Conjugar verbos
- ☐ Escribir composiciones
- ☐ Hacer juegos en español
- ☐ Leer textos interesantes de la prensa (*press*)
- ☐ Aprender listas de palabras
- ☐ Ver videos (películas, noticias, etc.)
- ☐ Tratar de descubrir reglas de gramática
- ☐ Hacer juegos de situación
- ☐ Escuchar música en español
- ☐ Leer textos en voz alta en clase

EJEMPLO: E1: A mí los videos **no me parecen** útiles.
E2: A mí **me gustan** mucho, **me parecen** muy útiles, pero **me cuesta** mucho comprenderlos.
E1: A mí **me encantan** los juegos.

13-9 Estrategias para aprender lenguas Pregunta a tu compañero/a cuáles de estas estrategias usa para aprender español fuera de clase. Debe explicar por qué es bueno / no es bueno usarlas.

1. Hacer tarjetas de vocabulario
2. Hacer los ejercicios en *MyLab*
3. Escribir las conjugaciones de los verbos en un cuaderno
4. Escuchar pódcasts en español sobre temas que le interesan
5. Comparar su lengua nativa con el español
6. Ver películas o series en español, con subtítulos en español
7. Hablar con hispanohablantes

EJEMPLO: E1: ¿Usas tarjetas de vocabulario para aprender español?
E2: No, no **las** uso porque no me parece útil usar**las**. ¿Y tú?
E1: Yo sí **las** uso, especialmente antes de un test.

13-10 Problemas y consejos Estas personas estudian idiomas y tienen algunos problemas. Escucha sus comentarios y completa la información.

	A ÉL / A ELLA
1. Tomás	le encanta...
2. Fernando	le gusta mucho... le parece muy difícil...
3. Yolanda	le cuesta mucho... le da miedo...
4. José	le cuesta mucho... le parece muy difícil...
5. Gemma	le da vergüenza... le pone nerviosa...

 ¿Y a ti te pasa lo mismo? Dile a tu compañero/a qué problemas tienes con el español.

EJEMPLO: E1: A mí **me cuesta** mucho hablar con nativos. **Me pone** muy nervioso.
E2: A mí no. A mí **me gusta.** Pero **me parece** muy aburrido estudiar la gramática.

 **13-11 En tu vida** Pregúntale a tu compañero/a si ha hecho o no estas cosas.

1. Visitar muchos países extranjeros
2. Ver alguna de las siete maravillas de la humanidad
3. Hacer un viaje a algún país hispanohablante
4. Decir algo en español a un hablante nativo fuera de clase
5. Estudiar alguna lengua en la escuela secundaria
6. Aprender alguna lengua en casa con la familia

EJEMPLO: E1: ¿**Has estado** en algún país fuera de Estados Unidos?
E2: Sí, **he estado** en México, Canadá y Japón. ¿Y tú?
E1: Yo no **he estado** en ninguno todavía.

 **13-12 ¿Qué sabes hacer?** Seguro que en tu vida has aprendido muchas otras cosas. ¿Qué sabes hacer? Dile a tu compañero/a si sabes hacer estas cosas y cuándo y cómo aprendiste.

bailar
nadar
esquiar
tocar un instrumento
manejar
coser
cocinar
otros: ___________

EJEMPLO: E1: ¿Tú sabes esquiar?
E2: Sí, aprendí a esquiar cuando era niño. Soy bastante bueno.
E1: ¿Cómo aprendiste?
E2: Pues **practicando** mucho...

 **13-13 El futuro de las lenguas** Estas son algunas proyecciones sobre el futuro de las lenguas en general y del español en particular. Describan cada uno de los datos con referencia al futuro y expresen el significado (*significance*) de estos cambios.

	Hoy	Año 2100
Número de lenguas	7.100	600
Características de las lenguas	Más complejas	Más simples
Lenguas más habladas	Chino, español e inglés	Chino, español e inglés
Hablantes de español en el mundo	572 millones (7,8%)	740 millones (6,6%)
Hablantes de español en EE. UU.	20%	33%
País con más hablantes de español	México	EE. UU.

EJEMPLO: E1: En el futuro **habrá** menos lenguas: 90% menos.
E2: Esto significa que **desaparecerán** muchas lenguas indígenas.

USOS DEL GERUNDIO

Responde a la pregunta "¿cómo?"

Aprendo español **hablando** con mis compañeros.

ESTAR + gerundio= **acción en progreso**

Los niños **están aprendiendo** español.

EL FUTURO

(yo)		**-é**
(tú)	viaj**ar**	**-ás**
(él, ella, usted)	com**er** +	**-á**
(nosotros, nosotras)	dorm**ir**	**-emos**
(ellos, ellas, ustedes)		**-án**

Formas irregulares

TENER	ten**dr-**		
SALIR	sal**dr-**		-é
QUERER	que**rr-**		-ás
PONER	pon**dr-**	+	-á
DECIR	**dir-**		-emos
HACER	**har-**		-án
PODER	po**dr-**		

PRESENTE PERFECTO

	-AR	-ER/-IR
he		
has		
ha	**hablado**	**tenido**
hemos		
han		

Participios

hablar → **hablado**
tener → **tenido**
vivir → **vivido**

Participios irregulares

ver → **visto**
hacer → **hecho**
escribir → **escrito**
decir → **dicho**

Uso del presente perfecto

- Más común en España que en Latinoamérica.
- Se usa en España y varias partes de Latinoamérica para expresar si una acción ha ocurrido o no:

- ¿**Has estado** alguna vez en Paraguay?
  - No, nunca **he visitado** Paraguay.

Interacciones

Estrategias para la comunicación oral

Expressing agreement and disagreement during conversation

There are different degrees of expressing agreement, used for different purposes.

- Agreement
  - *(Estoy) de acuerdo.* — Okay.
  - *Es cierto.* — That's true.
  - *Bueno.* — Okay.
- Strong agreement
  - *Por supuesto (que sí / que no).* — Of course (not).
  - *Claro (que sí / que no).* — Of course (not).
  - *Cómo no.* — Of course.
  - *Desde luego (que sí / que no).* — Of course (not).
- Personal agreement
  - *Tiene(s) razón.* — You are right.
  - *Estoy de acuerdo contigo / con usted.* — I agree with you.

You can express varying types of disagreement with these expressions:

- Disagreement
  - *No estoy de acuerdo.* — I disagree.
  - *No es cierto / verdad.* — That's not true.
  - *No creo.* — I don't think so.
- Strong disagreement
  - *De ninguna manera / de ningún modo.* — No way.
  - *Ni hablar.* — No way.
  - *En absoluto.* — Absolutely not.
- Personal disagreement
  - *No tienes razón.* — You're wrong.
  - *Estás (totalmente) equivocado/a.* — You are (totally) wrong.
  - *No estoy de acuerdo contigo.* — I disagree with you.

13-14 Una campaña publicitaria: "Aprende idiomas" Dos escuelas de idiomas de Asunción tratan de promover el estudio de las lenguas de Paraguay. ¿Qué opinan de la información que ofrecen? Para cada anuncio, identifiquen sus dos mejores puntos.

IDIPAR (IDIOMAS DE PARAGUAY) ESPAÑOL Y GUARANÍ PARA EXTRANJEROS

Porque el multilingüismo es diálogo, cooperación, convivencia internacional

Porque cuando aprendes lenguas comprendes mejor el mundo que te rodea

Porque el uso del guaraní aumentará en el futuro

Porque un país monolingüe pierde parte de su riqueza cultural

ESPAÑOL Y GUARANÍ: LOS IDIOMAS DE PARAGUAY

Descubre la aventura de ser bilingüe: aprende guaraní y español en inmersión

Descubre nuestras culturas aprendiendo nuestras lenguas

Vive con una familia que habla guaraní y español

Conoce a nuestra gente, habla nuestras lenguas, siéntete (feel) como en casa

EJEMPLO: E1: A mí **me parece** muy importante poder vivir con una familia bilingüe.

E2: **Estoy de acuerdo. Me encanta** la idea de la inmersión.

Ahora decidan qué anuncio les gusta más y por qué.

13-15 Condiciones óptimas de aprendizaje Lean estas afirmaciones y decidan con cuáles están de acuerdo y con cuáles no. Luego presenten su lista a la clase y justifíquenla.

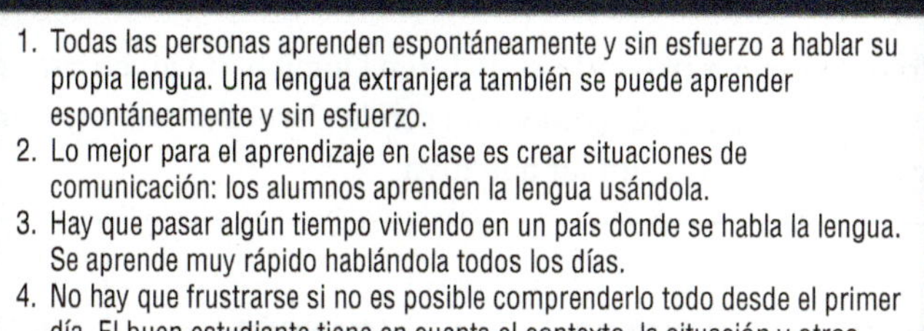

1. Todas las personas aprenden espontáneamente y sin esfuerzo a hablar su propia lengua. Una lengua extranjera también se puede aprender espontáneamente y sin esfuerzo.
2. Lo mejor para el aprendizaje en clase es crear situaciones de comunicación: los alumnos aprenden la lengua usándola.
3. Hay que pasar algún tiempo viviendo en un país donde se habla la lengua. Se aprende muy rápido hablándola todos los días.
4. No hay que frustrarse si no es posible comprenderlo todo desde el primer día. El buen estudiante tiene en cuenta el contexto, la situación y otros elementos para interpretar el significado de lo que oye o lee.
5. El aprendizaje de una lengua extranjera es, exclusivamente, un proceso intelectual. Por esa razón, la gramática es lo más importante y el profesor tiene que explicarla.
6. Es muy importante memorizar listas de palabras: saber mucho vocabulario es fundamental.

EJEMPLO: **E1:** Pues yo **no estoy de acuerdo** con la primera, porque aprender la lengua materna y una extranjera son cosas muy diferentes.
E2: **¡Por supuesto que sí!** Son muy diferentes.

13-16 ¿Será así o no? Lean estas afirmaciones. Digan a su compañero/a si será así o no, en su opinión. Su compañero/a responderá si está de acuerdo o no.

1. En el futuro la mayor parte de la población mundial será bilingüe o trilingüe.
2. Con la llegada de la traducción simultánea, no será necesario aprender lenguas en el futuro.
3. En el futuro habrá una sola lengua para todo el mundo.
4. El chino y el hindi serán las dos lenguas más importantes en el futuro.
5. El francés será una de las lenguas más habladas en el futuro.
6. Todo el mundo tendrá que estudiar dos lenguas extranjeras en EE. UU.

EJEMPLO: **E1:** Creo que la mayoría de la gente **será** trilingüe, porque hoy la mayor parte es bilingüe.
E2: **Tienes razón.**

13-17 ¿Y tú? Entrevista a tu compañero/a sobre (a) cómo aprendió español / otra lengua, y (b) qué cosas ha hecho para aprenderlo/a.

EJEMPLO: **E1:** ¿Cómo aprendiste español?
E2: Yo, **hablando** y **haciendo** ejercicios de gramática. ¿Y tú?
E1: Yo **tomando** clases. **He tomado** ya varias clases.

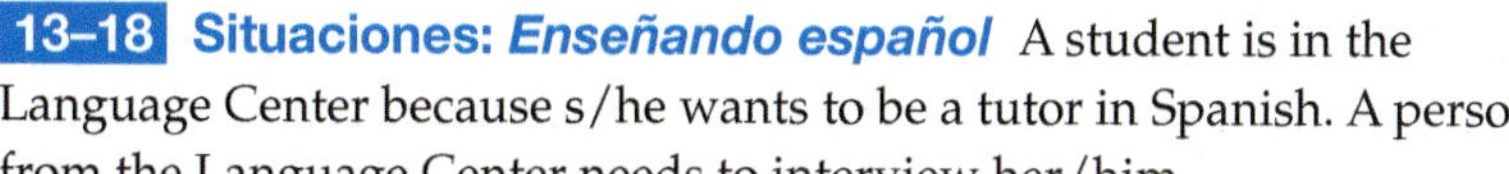

13-18 Situaciones: *Enseñando español* A student is in the Language Center because s/he wants to be a tutor in Spanish. A person from the Language Center needs to interview her/him.

ESTUDIANTE A

You are the Language Center director. You are interviewing a student who is interested in working as a Spanish tutor.

- Ask her/him how long s/he has been studying Spanish, and if s/he has ever been in a Spanish-speaking country.
- Ask her/him if s/he has ever worked as a tutor, how s/he prepared to be a tutor, and any other questions in order to determine whether s/he can be a good tutor.
- Ask her/his opinion about foreign language learning.

ESTUDIANTE B

You would like to work a few hours a week as a Spanish tutor at the Language Center. Answer the director's questions.

- Ask about the requirements for this position.
- Express your opinions about foreign language learning and teaching.
- Explain how you can help other students.

Tarea global

Preparar una presentación sobre razones y estrategias para aprender español

Preparación Prepara un cuadro como el de Jorge Dionich, un joven universitario paraguayo. Complétalo y después coméntalo con la clase. Busca a tres compañeros/as con una biografía lingüística similar a la tuya.

¿CON QUÉ LENGUAS TENGO ALGÚN CONTACTO?	**GUARANÍ**	**ESPAÑOL**	**INGLÉS**	**FRANCÉS**	**JAPONÉS**
TIPO DE CONTACTO	Es mi lengua materna.	Es mi lengua materna.	Lo uso en mi trabajo y escucho mucha música.	Voy a Francia todos los veranos.	Tengo unos amigos japoneses.
¿QUÉ SÉ HACER?	Hablar muy bien. Leer muy bien. Escribir bien. Soy nativo.	Hablar, leer, escribir, todo muy bien. Soy nativo.	Leer y comprender bastante bien. Hablar bastante bien y escribir, más o menos.	Puedo defenderme: saludar, pedir comidas, preguntar información.	Saludar, decir "hola", unas pocas cosas más.
¿CÓMO TUVE CONTACTO CON ESTA LENGUA?	En casa, de niño, con mis padres. En la escuela.	En casa con mis padres y en la escuela.	Lo aprendí en la escuela y la universidad. También viajando y oyendo música.	Aprendí un poco yendo a Francia de vacaciones con mi familia.	Escuchando a mis amigos hablarlo.

Paso 1 Lean este texto y después completen el cuestionario sobre las razones para aprender una lengua.

En su libro *The Tongue-Tied American: Confronting the Foreign Language Crisis*, el congresista Paul Simon de Illinois habla de razones económicas, políticas y sociales para estudiar las lenguas extranjeras. En cuanto a las razones económicas, los datos indican que cada año 200.000 estadounidenses pierden su trabajo porque no saben otra lengua; además, un tercio de las corporaciones de Estados Unidos están basadas en el extranjero, o son propiedad de otros países, y cuatro de cada cinco trabajos en Estados Unidos se crea como resultado del comercio con el extranjero. Desde el punto de vista social, el estudio de otras lenguas ayuda a desarrollar una conciencia de pluralismo cultural y una apreciación por otras perspectivas culturales. Finalmente, los datos del Servicio de Admisiones Universitarias (*College Board*) muestran una correlación positiva entre las puntuaciones de los exámenes SAT y el estudio de una o más lenguas extranjeras. Se sabe además que el conocimiento de lenguas extranjeras mejora destrezas cognitivas como la flexibilidad mental, la creatividad, el pensamiento divergente y la memoria.

Paso 2 Usando los datos del texto y el cuestionario que completaron, hagan una lista de cuatro razones y cuatro propósitos importantes para aprender español. La lista debe reflejar un consenso entre todos los miembros del grupo.

1. ¿POR QUÉ ESTUDIO ESPAÑOL?
Marca una o varias respuestas.
- ❑ Porque tengo amigos/as hispanohablantes.
- ❑ Porque me interesan la lengua y la cultura de los países hispanohablantes.
- ❑ Porque viajo frecuentemente a un país hispanohablante. ¿A cuál? ________
- ❑ Porque lo necesito en mi trabajo o en mis estudios.
- ❑ Porque tengo que estudiar una lengua extranjera en mis estudios.
- ❑ Otros motivos: ________________________

2. ¿PARA QUÉ VOY A USAR EL ESPAÑOL?
Marca una o varias respuestas.
- ❑ Para hablar con amigos/as o familiares.
- ❑ Para comunicarme con la gente durante mis viajes de vacaciones.
- ❑ Para comunicarme con la gente durante mis estudios en el extranjero.
- ❑ Para leer o escribir documentos y textos profesionales.
- ❑ Para ver películas y programas de TV.
- ❑ Otros objetivos: ________________________

3. MI NIVEL ACTUAL DE ESPAÑOL: AUTOEVALUACIÓN.
Marca tus puntos más fuertes (+), tus puntos más débiles (–) y tus capacidades medias (=).
- ❑ Hablar
- ❑ Comprender
- ❑ Escribir
- ❑ Leer
- ❑ Gramática
- ❑ Vocabulario
- ❑ Pronunciación

Paso 3 Escuchen esta entrevista con un experto en aprendizaje de lenguas y completen estas frases con la información de la entrevista.

1. Aprender una lengua depende de ____________ y ____________.
2. ¿Cómo se aprende una lengua? __________, __________ y __________.
3. ¿Qué es más efectivo?

   ☐ repetir ☐ fijarse en palabras clave
4. ____________ se aprende a leer y ____________ se aprende a hablar.

¿Con qué opiniones del entrevistado están de acuerdo? ¿Con cuáles no?

Paso 4 Preparen una breve presentación sobre las razones más importantes para aprender español y una lista de las cuatro maneras más efectivas de aprenderlo. Piensen en su experiencia personal y cómo aprendieron el idioma.

Estudiamos español porque...
Para aprender de forma efectiva...
1.
2.
3.
4.

Paso 5 Los grupos hacen su presentación ante la clase.

Paso 6 Mi progreso
Review the goals. Mark with a ✔ the goals you think you have achieved and to what extent.

I can...

	very well	well	with difficulty
Goal 1: talk about language learning experiences and strategies.			
Goal 2: express reasons and purposes for doing something.			
Goal 3: give recommendations.			

Gente que lee

Estrategias para leer

Review of vocabulary strategies (I): using a bilingual dictionary

When you decide to look up a word, first consider:

1. What part of speech (verb, noun, adjective, adverb, preposition) the word that you are looking for is.
2. If it is a verb, what is the infinitive form? If it is a noun or an adjective, what is the masculine singular form? That is how it will be listed in the dictionary.
3. Familiarize yourself with the abbreviations used in your preferred dictionary (*vt*, *vi*, *nm*, *nf*, *adj*, etc.).
4. Remember: many words have various translations and meanings. Make sure that you choose the correct definition by identifying the context in which the Spanish word is used.

Antes de leer

13–19 Bilingüismo

1. ¿Hay comunidades bilingües en tu país? ¿Dónde? ¿Crees que estas comunidades usan las dos lenguas en contextos similares o diferentes? Da ejemplos.
2. Revisa la actividad **13–4**. ¿Qué aprendiste sobre la situación lingüística de Paraguay?

Después de leer

13–20 ¿Comprendes?

1. Explica la importancia de la Constitución de 1992 para la lengua guaraní.
2. ¿Qué porcentaje de población rural usa el guaraní exclusivamente para comunicarse?
3. ¿Por qué hay menos hablantes monolingües de guaraní ahora que en el pasado?
4. Explica qué es la 'yapora'.
5. Explica por qué el español tiene mayor prestigio que el guaraní en el país.

13–21 Activando estrategias

1. Busca en el diccionario las palabras **actual** (párr. 1) y **Actualmente** (párr. 3). ¿Son cognados o falsos cognados?
2. Busca en el diccionario las palabras **pérdida** (párr. 3), **vecinos** y **reivindicación** (párr. 5). ¿Qué categoría gramatical tienen en este texto? ¿Qué debes buscar en el diccionario? ¿Cuál es el significado adecuado para cada palabra?
3. ¿A qué o quién se refieren los pronombres en negrita en el texto?
   - le (párr. 2): ____________
   - lo (párr. 3): ____________
   - lo (párr. 4): ____________
   - les (párr. 5): ____________
4. ¿Qué significan los siguientes conectores?
   - Por eso (párr. 3): ______________________________
   - no obstante (párr. 3): ______________________________
   - Sin embargo (párr. 4): ______________________________

www.miparaguay.com.pa

PARAGUAY, UN PAÍS BILINGÜE

La población paraguaya **actual** es producto de la mezcla de dos tipos étnicos y culturales diferentes: uno americano y otro europeo, mezcla que ha dado como resultado el Paraguay actual, un país pluricultural y bilingüe, con dos idiomas oficiales.

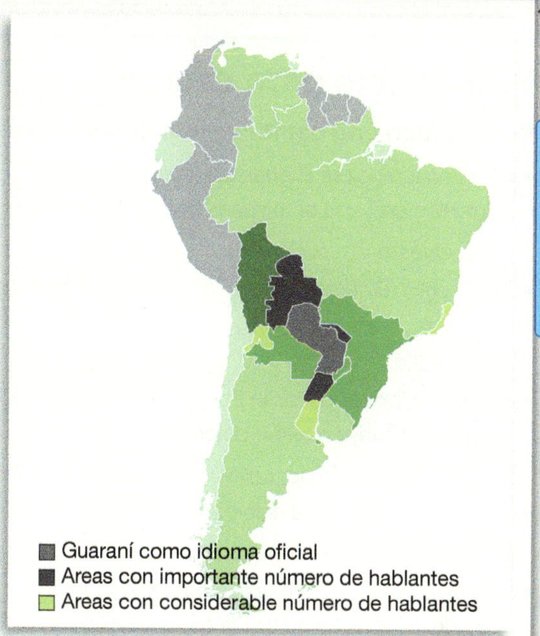

El guaraní fue una lengua discriminada y sus hablantes sufrieron acoso y agresiones durante siglos. La última etapa de persecución fue la dictadura de Alfredo Stroessner, que duró 35 años y terminó en 1989. Sin embargo, gracias a la transmisión de madres a hijos y a la perseverancia de los hablantes, logró sobrevivir y no desapareció, como muchas otras lenguas indígenas de la región. El estatus del guaraní cambió cuando fue incluido como idioma oficial en la Constitución Nacional de 1992. De hecho, esta Constitución introduce la educación bilingüe y **le** concede a todo ciudadano paraguayo el derecho a ser educado en las dos lenguas.

En Paraguay, un 90% de la población no indígena habla guaraní: esto **distingue** a este país del resto de los países latinoamericanos, donde las lenguas originarias sólo son habladas en las comunidades indígenas. **Actualmente** su uso exclusivo es más marcado en el campo, donde reside la mayoría de la población, mientras que el español se usa más en las áreas urbanas. En las zonas rurales, tres de cada cuatro personas **lo** usan para comunicarse en sus hogares. **Por eso**, se podría decir que en Paraguay existe una cultura rural y otra urbana. Sin embargo, la reciente movilidad social entre campo y ciudad ha producido una situación en la que las dos lenguas están en contacto permanente y ha causado una **pérdida** en el número de hablantes monolingües de guaraní, calculado actualmente en un 8% de la población total. Para algunos, **no obstante**, la única cultura verdaderamente nacional y paraguaya es la que se expresa en guaraní.

El idioma español ha sido usado desde la creación de la nación paraguaya y la gran mayoría de la población **lo** habla. **Sin embargo**, el castellano de Paraguay está marcado por la abundancia de préstamos y transferencias del guaraní. Este fenómeno es conocido como 'yapora', que en la lengua autóctona significa 'mezcla', y es el registro más usado en las zonas urbanas que acogen a una importante parte de la población rural desplazada a las ciudades por razones económicas.

Es cierto que el castellano continúa siendo la lengua de mayor prestigio a nivel nacional porque su conocimiento es importante y necesario para las relaciones con los países **vecinos**, el acceso a la educación avanzada, la justicia, el gobierno y la prosperidad económica del país. Sin embargo, la defensa y **reivindicación** del guaraní va en aumento y hoy día se ha convertido en una lengua usada por los políticos, a quienes no **les** da miedo hablarlo en actos oficiales y en sus campañas electorales. Para mucha gente es un orgullo tener como idioma oficial el idioma de los indígenas guaraníes y lo celebran cada 25 de agosto, Día Nacional del Guaraní.

13-22 Expansión

1. El texto dice que el castellano de Paraguay tiene influencia del guaraní. En tu opinión, ¿los aportes del guaraní tienen un efecto positivo o negativo para la lengua española? Justifica tu opinión.
2. ¿Por qué crees que los políticos usan el guaraní en sus campañas?
3. ¿Crees que la situación del bilingüismo en Paraguay cambiará en el futuro? ¿Cómo y por qué?

Gente que escribe

Estrategias para escribir

Punctuation and capitalization (II): differences between Spanish and English

- Exclamation points (*Signos de exclamación*): as you have seen in Chapter 8, question marks in Spanish appear at both the beginning and end of the sentence. The same happens with exclamation points (¡...!):

  ¡Qué bonito es Paraguay! — How beautiful Paraguay is!

- Numbers (*Números*): in Spanish, whole numbers are separated by a period (.) and decimals by a comma (,):

  3.567.340 — 3,567,340
  34,2% — 34.2%

- Comma (*Coma*): just as in English, in Spanish, a comma (,) is used after each item in a series. However, in Spanish, the comma is always omitted before the conjunction:

  Pedro habla ruso, castellano y alemán. — Pedro speaks Russian, Spanish, and German.

- Colon (*Dos puntos*): a colon is used after the greeting of both personal and business correspondence in Spanish:

  Querido Pedro: — Dear Pedro,

- Quotation marks (*Comillas*): in Spanish, quotation marks indicate to direct speech. When the quotation includes a question, the question marks go inside the quotation marks.

  Carlos dijo: "¿Vamos a viajar a Paraguay?" — Carlos said, "Are we going to travel to Paraguay?"

MÁS ALLÁ DE LA FRASE

Cohesive writing (I): key words and reference words

The repetition of key words and use of reference words are important elements that add cohesion to your text.

1. Repetition of key words: we can tie sentences or paragraphs together by repeating certain key words from one sentence, or paragraph, to the next. This also helps emphasize the main idea.
2. Reference words: as we studied in previous chapters, pronouns and demonstratives, such as *lo, la, este, ese, eso,* etc., point back to ideas mentioned previously and help tie one sentence to another or one paragraph to another.

13-23 Correo para la escuela de idiomas Estás interesado en trabajar en Latinoamérica después de graduarte. Por eso quieres ir a Asunción para mejorar tu español y quizá aprender guaraní. Lee el anuncio de la escuela y escribe un correo electrónico para pedir más información.

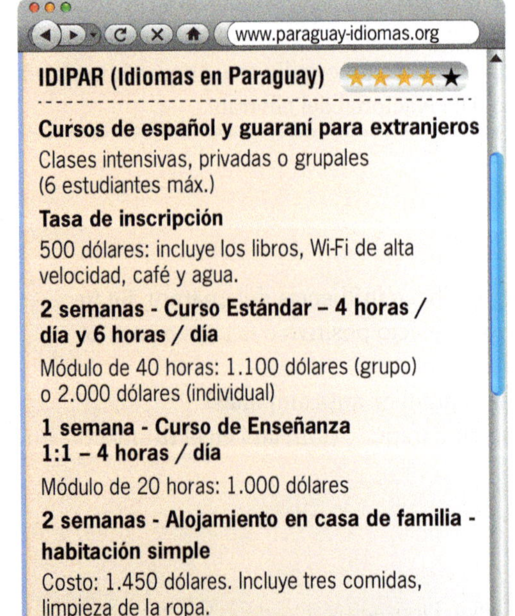

Antes de escribir

1. Haz una lista de cuatro cosas que necesitas saber.
2. Describe tu experiencia como aprendiz de lenguas.
3. Haz una lista de tres razones para estudiar otras lenguas.

A escribir

- Comienza con el título del correo y un saludo para tu lector/a.
- Incorpora, de forma organizada, la información anterior (*Antes de escribir*).

DESPUÉS DE ESCRIBIR

- Revisa la puntuación (*Estrategias para escribir*).
- Presta atención a la cohesión: uso de palabras clave y referentes (*Más allá de la frase*).
- Revisa el uso de los tiempos pasados para hablar de tu experiencia estudiando otras lenguas.
- Intercambia tu correo electrónico con un/a compañero/a y usa la *Guía de Revisión entre Compañeros*.

Comparaciones culturales

 **13-24 Lenguas indígenas en Latinoamérica** Lean este texto y respondan después a las preguntas.

La situación lingüística de Paraguay no es la norma en Latinoamérica, sino la excepción. El mapa lingüístico de América Latina es muy diverso y depende del curso que siguió la historia de cada país. Cuba, Puerto Rico y la República Dominicana casi no tienen idiomas autóctonos en su territorio. En Uruguay la mayoría habla español y alrededor de un 3% de la población habla otras lenguas europeas, como el italiano.

En Latinoamérica hay más de 800 lenguas indígenas. Hay países, como Guatemala y México, que tienen numerosas comunidades indígenas y donde existen muchos idiomas autóctonos. Otros países tienen minorías que hablan un idioma autóctono, pero casi toda la población habla español. Este es el caso de Costa Rica, Honduras, Nicaragua, el Salvador, Venezuela, Colombia y Panamá. En el cono sur (Argentina y Chile) también existen comunidades que usan idiomas indígenas, pero su uso es limitado. En Argentina, donde el 95% de los argentinos habla español, se usan además el italiano, varios idiomas autóctonos, el inglés e incluso el galés. En Chile, aparte del español hablado por casi todos los chilenos, se puede oír el alemán, el italiano y lenguas indígenas como el quechua o el mapuche.

Países latinoamericanos con mayor número de lenguas indígenas:

México	287
Brasil	229
Perú	93
Colombia	79
Guatemala	51
Venezuela	40
Bolivia	37

Finalmente, hay cuatro países donde las lenguas autóctonas son habladas por más del 40% de la población: Bolivia, Perú, Ecuador y Paraguay. Los cuatro reconocen las lenguas indígenas como oficiales. La Constitución de Bolivia, por ejemplo, reconoce treinta y siete idiomas oficiales. Ecuador reconoce como patrimonio cultural los idiomas autóctonos, como el *quechua*, y trece lenguas, además del español, son oficiales. Paraguay fue el primer país que reconoció un idioma autóctono como lengua nacional (en 1967), además de impartir educación bilingüe. Perú también reconoce el *quechua*, el *aimara* y otras lenguas autóctonas como lenguas oficiales junto con el castellano.

1. Consideren la situación de Paraguay, Perú, Ecuador y Bolivia. ¿Qué factores crees que han causado su situación lingüística? Den un ejemplo para cada grupo:
   - ☐ políticos
   - ☐ históricos
   - ☐ demográficos
2. En la mayoría de los países de Latinoamérica la lengua oficial es la lengua colonial, no las lenguas autóctonas. Piensen en un efecto de esta imposición lingüística.
3. ¿Cuál es la situación en su país? ¿Y en su estado, ciudad o pueblo? ¿Cuántos idiomas hay? ¿Quiénes los hablan?
4. Algunas personas dicen que países como Estados Unidos y Gran Bretaña son espacios monolingües. ¿Están de acuerdo con esa afirmación?

13-25 Paraguay y Estados Unidos Lee este texto sobre la presencia de la cultura paraguaya en algunas partes de Estados Unidos. Después responde a las preguntas.

www.paraguay-usa.org

Tang Yan Song/Shutterstock

Paraguay es un país de 6,9 millones de habitantes. Se estima que hay unas 20.000 personas de origen paraguayo en Estados Unidos y la mayoría vive en Nueva York, Miami y Los Ángeles. Hay muchas organizaciones a nivel local que promueven la cultura de Paraguay. Por ejemplo, *Paraguay Hecho a Mano USA, Inc.* es una organización sin fines de lucro (*nonprofit*), fundada en 1997 en Wisconsin, que promueve la cultura paraguaya educando y exponiendo manualidades (*crafts*) de las comunidades indígenas del país. Su misión es mejorar su calidad de vida desarrollando el comercio de sus artesanías nativas, preservando su cultura y ofreciendo programas de capacitación.

Además, el estado de Kansas y Paraguay son "estados hermanos" y mantienen un programa de colaboración: el Comité Paraguay–Kansas. Esta es una organización privada sin fines de lucro, creada en 1968, que establece vínculos entre personas y organizaciones de Paraguay y el estado de Kansas a través del desarrollo de proyectos y programas que generan impacto social en ambas comunidades. La organización promueve intercambios en agricultura, artes, comercio, salud y educación. Por ejemplo, el programa Medicina Familiar permite que estudiantes de medicina de Kansas realicen pasantías como parte de su residencia en centros de salud y hospitales del Paraguay.

Otro ejemplo es el programa de Intercambio de Profesores y Estudiantes de Secundaria, con el que maestros de inglés y alumnos de secundaria de Paraguay tienen la oportunidad de viajar a colegios de Kansas para intercambiar experiencias. También, maestros de Kansas hacen pasantías en colegios de enseñanza bilingüe en Paraguay y estudiantes de Kansas estudian en colegios bilingües de Paraguay. Otro programa, Vínculo Universitario, permite que los estudiantes paraguayos estudien en universidades de Kansas pagando la matrícula de residente.

1. ¿Qué beneficios tiene un tipo de organización como el Comité Paraguay–Kansas?
2. ¿Conoces alguna organización dedicada a promover la cultura autóctona en tu país o región? Explica su trabajo.
3. ¿Con qué país latinoamericano te gustaría hermanar (*partner*) a tu estado? ¿Por qué?

CLUB CULTURA

 **Explore *Paraguay: Tereré: la tradición más paraguaya* with *Club Cultura!***

 **13-26 Identidad paraguaya** Mira el video del *Club Cultura* y lee este texto sobre una bebida típica de Paraguay. Después, responde las preguntas con tu compañero/a.

Cada 24 de febrero Paraguay celebra con orgullo el Día Nacional del Tereré, su tradicional bebida de yerba mate con agua fría.

La historia

La yerba mate es una planta que crece en las cuencas de los ríos Paraná y Uruguay. Con ella se hace el tereré, la bebida predilecta de los indígenas guaraníes antes de la llegada de los conquistadores. En el siglo XVII, los jesuitas también lo adoptaron y sembraron la yerba mate a gran escala, al descubrir sus beneficios y ver que quienes bebían tereré tenían más energía.

La tradición

Generalmente, se bebe en familia o entre amigos. Para los paraguayos, el tereré es una tradición que acompaña cada encuentro, charla entre amigos, noche de estudios, reunión laboral o familiar. Nada define la identidad paraguaya mejor que el tereré. Por eso, el Congreso Nacional sancionó una ley en el 2011 que lo declara Patrimonio Cultural y Bebida Nacional del Paraguay.

La preparación

Para preparar un buen tereré se necesita agua helada (*iced*), una bombilla (*straw*) y una guampa (*horn*) o recipiente donde se coloca la yerba mate. Las hierbas medicinales o "yuyos", como las llaman en Paraguay, son una parte importante de la preparación. Se agregan al agua y se combinan de acuerdo con los problemas o enfermedades a tratar.

1. La yerba mate es energizante, estimulante del sistema nervioso y antioxidante. ¿Cuáles son otras plantas que tienen propiedades similares? ¿Qué bebidas se hacen con ellas?
2. ¿Hay productos relacionados con las culturas indígenas que se mantienen en la actualidad en tu país?
3. ¿Por qué crees que la tradición del tereré ha sobrevivido hasta la actualidad?

Vocabulario

Enseñanza y aprendizaje de lenguas	*(Teaching and learning of languages)*
el/la aprendiz	*learner*
el aprendizaje	*learning*
la autoevaluación	*self-assessment*
la composición	*composition*
la enseñanza	*teaching*
el error	*mistake*
el/la escritor/a	*writer*
el esfuerzo	*effort*
el esquema	*outline*
la estrategia	*strategy*
la explicación	*explanation*
el gesto	*gesture*
el/la hablante	*speaker*
el idioma	*language*
el/la lector/a	*reader*
la lectura	*reading*
la lengua extranjera	*foreign language*
la lengua materna	*mother tongue*
la mayoría	*majority*
el mensaje	*message*
la minoría	*minority*
el nivel	*level*
el recurso	*resource*
la regla	*rule*
la traducción	*translation*

Las lenguas	
el alemán	*German*
el árabe	*Arabic*
el castellano	*Spanish*
el chino	*Chinese*
el coreano	*Korean*
el euskera	*Basque*
el francés	*French*
el griego	*Greek*
el hebreo	*Hebrew*
el holandés	*Dutch*
el japonés	*Japanese*
el portugués	*Portuguese*
el ruso	*Russian*

Adjetivos	
apropiado/a	*adequate*
autóctono/a	*indigenous, native*
bilingüe	*bilingual*
clave	*key*
complejo/a	*complex*
escrito/a	*written*
monolingüe	*monolingual*
silencioso/a	*silent*

Verbos	
acordarse (ue) de	*to remember*
adquirir (ie)	*to acquire*
animar	*to encourage*
aprovecharse de	*to take advantage of*
concentrarse	*to focus*
corregirse	*to correct oneself*
costar	*to find hard to*
darse cuenta de	*to realize*
desanimarse	*to get discouraged*
frustrarse	*to get frustrated*
imitar	*to imitate*
involucrar	*to involve*
mejorar	*to improve*
molestar	*to bother*
olvidarse de	*to forget*
perfeccionar	*to perfect*
preocupar	*to worry*

Adverbios de modo	*(Modal adverbs)*
atentamente	*attentively*
efectivamente	*really, exactly*
esencialmente	*essentially*
indudablemente	*certainly*
oralmente	*orally*

Otras palabras y expresiones	
cometer errores	*to make mistakes*
hacer esquemas	*to prepare outlines*
hacer preguntas	*to ask questions*
hacerse un lío	*to get all mixed up*
prestar atención	*to pay attention*
tener curiosidad	*to be curious*
tomar conciencia de	*to become aware*

Consultorio lingüístico

1 Verbs Like *Gustar*

- These are verbs used to express likes and dislikes, interests, emotions, sensations, feelings, and difficulties and to evaluate activities. The subject of a sentence that contains a verb like ***gustar*** is not the person experiencing the feeling or evaluating something: it is the thing, issue, person, or activity about which one expresses such a feeling or evaluation:

A mí	**me**	**gusta / gustan...**
A ti	**te**	
A él, a ella, a usted	**le**	
A nosotros, a nosotras	**nos**	
A ellos, a ellas, a ustedes	**les**	

- These verbs can take an infinitive or a noun:

	INFINITIVE	**NOUN**
Me pone nervioso/a... *It makes me nervous...*	hacer ejercicios de gramática. *doing grammar exercises.*	el profesor. *the professor.*
Me encanta / interesa... *I love / I am interested in...*	aprender vocabulario. *learning vocabulary.*	el libro de español. *the Spanish book.*
Me fastidia / molesta... *I hate / It bothers me...*	pronunciar la erre. *to pronounce the rr sound.*	el libro de ejercicios. *the activities book.*
Me preocupa... *It worries me...*	salir mal en el test. *doing badly in the test.*	el test. *the test.*
Me da miedo / vergüenza... *It scares me / embarrases me...*	cometer errores. *to make mistakes.*	mi ensayo. *my essay.*
Me parece fácil / difícil... *I find it easy / difficult...*	leer en español. *to read in Spanish.*	la pronunciación. *the pronunciation.*
Me parece aburrido / divertido... *I think it is boring / fun...*	memorizar vocabulario. *memorizing vocabulary.*	este ejercicio. *this exercise.*
Me cuesta... *I find it hard...*	comprender a los nativos. *to understand native speakers.*	la tarea. *homework.*

- Remember that these verbs are always used in the third person, singular or plural:

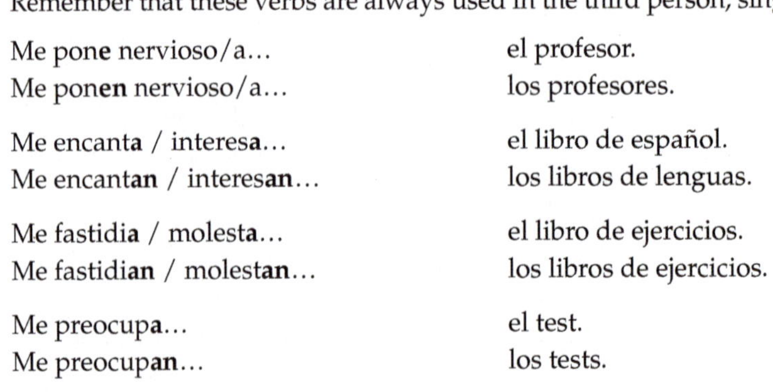

Me pone nervioso/a... Me pone**n** nervioso/a...	el profesor. los profesores.
Me encanta / interesa... Me encanta**n** / interesa**n**...	el libro de español. los libros de lenguas.
Me fastidia / molesta... Me fastidia**n** / molesta**n**...	el libro de ejercicios. los libros de ejercicios.
Me preocupa... Me preocupa**n**...	el test. los tests.
Me parece fácil / difícil... Me parece**n** fáciles / difíciles...	la pronunciación. los ejercicios de pronunciación.

Me parec**e** aburrido / divertido...	este ejercicio.
Me parec**en** aburrid**os** / divertid**os**...	estos ejercicios.
Me d**a** miedo...	el examen.
Me d**an** miedo...	los exámenes.

- The infinitive and the noun can be placed at the beginning of the sentence or after the verb:

Estudiar gramática me parece aburrido. Me parece aburrido **estudiar** gramática. *I find studying grammar boring.*	**INFINITIVE**
Estos ejercicios me encantan. Me encantan **estos ejercicios.** *I love these exercises.*	**PLURAL NOUN**
El profesor me pone nervioso. Me pone nervioso **el profesor.** *The professor makes me nervous.*	**SINGULAR NOUN**

 2 The Present Perfect

Like the preterit and imperfect tenses, the present perfect provides us with a way to talk about the past in Spanish. It is formed with the present of ***haber*** plus the past participle of the verb. In the present perfect, the past participle is part of the verb construction, so it never changes form.

	PRESENT OF **HABER**	PAST PARTICIPLE
(yo)	**he**	
(tú)	**has**	est**ado**
(él, ella, usted)	**ha**	com**ido**
(nosotros, nosotras)	**hemos**	viv**ido**
(ellos, ellas, ustedes)	**han**	

- **The Past Participle**

The past participle is formed by adding the ending ***-ado*** or ***-ido*** to the stem of the verb:

-AR	**-ado**	**-ER/-IR**	**-ido**
HABL**AR**	habl**ado**	TEN**ER**	ten**ido**
TRABAJ**AR**	trabaj**ado**	S**ER**	s**ido**
ESTUDI**AR**	estudi**ado**	VIV**IR**	viv**ido**
EST**AR**	est**ado**	**IR**	**ido**

Some of the most frequently used irregular past participles are:

VER → **visto**	HACER → **hecho**	PONER → **puesto**
ESCRIBIR → **escrito**	DECIR → **dicho**	VOLVER → **vuelto**
ABRIR → **abierto**	ROMPER → **roto**	CUBRIR → **cubierto**

- **Use of the Present Perfect in Spain vs. Latin America**

The use of this tense is more widespread in peninsular Spanish (Spain) than in Latin American Spanish. In Spain, as well as in many other Spanish-speaking zones (areas of Latin America), speakers use the present perfect to express whether an action has ever taken place. The exact time of the event is not important:

- ● ¿**Has visitado** Paraguay? —***Have you visited*** *Paraguay?*
- ○ Sí, **he estado** dos veces. —*Yes,* ***I have been*** *twice.*

- ● ¿Qué lenguas **has estudiado**? —*What languages* ***have you studied?***
- ○ **He estudiado** español, alemán y ruso. —***I have studied*** *Spanish, German, and Russian.*

However, in Spain, speakers also use the present perfect tense to talk about past events that have been completed within a time period that they consider close to the present, or that are closely related to the present moment:

Esta mañana / tarde (*This morning / afternoon*)
Este mes / semester / año (*This month / semester / year*)
Hoy (*today*)
} **he estado** en Asunción. (*I have been in Asuncion.*)

This would be in contrast with the following examples:

La semana pasada (*Last week*) **estuve** en Asunción.
El mes / año / semestre pasado (*last month / year / semester*) **estuve** en Asunción.

In most other Spanish-speaking zones, however, the preterit tense is used to talk about past situations and events that ocurred in time periods that they consider concluded:

Esta mañana / tarde
Este mes / semestre / año
Hoy
La semana pasada
El mes / año / semestre pasado
} **estuve** en Asunción.

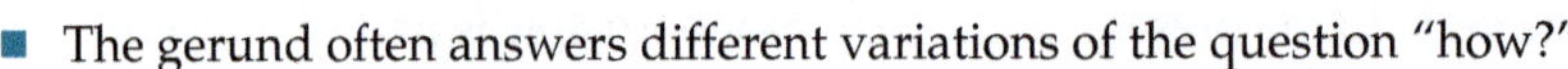

3 Uses of the Gerund

- The gerund often answers different variations of the question "how?"

  Viajo a Lima **pasando** por Asunción. (MANNER OR MEANS)
  *I travel to Lima **by way of** Asunción.*

  Aprenderás mejor **hablando** mucho. (A CONDITION)
  *You will learn better **if you speak** a lot.*

- The construction ***llevar*** **+ gerund** expresses duration:

  Anne **lleva** dos años **estudiando** español.
  *Anne has been studying Spanish **for two years**.*

- The construction ***estar*** **+ gerund** expresses an action in progress:

  Los niños **están cantando**.
  *The boys **are singing**.*

4 The Future Tense: Form and Uses

- We already know that ***ir a*** **+ infinitive** is a common way to express future actions in Spanish, especially when we express our **plans** or **intentions** for the future. This presents a future action as certain or obvious: we are talking about something that we know and that will happen:

  Ahora **vamos a revisar** la gramática de la lección 12.
  *Now **we are going to review** the grammar of lesson 12.*

  El próximo año **voy a trabajar** menos.
  *Next year **I am going to work** less.*

- Future actions can also be expressed with the future indicative (with or without explicit indication of a future time). The future indicative is a very consistent tense, and most verbs have a regular form of the future tense, which is formed by adding endings to the infinitive form:

	INFINITIVE + ENDINGS		IRREGULAR FORMS		
(yo)		**-é**	TENER	tendr-	
(tú)	estudi**ar-**	**-ás**	SALIR	saldr-	
(él, ella, usted)	aprend**er-**	**-á**	VENIR	vendr-	**-é**
(nosotros, nosotras)	dorm**ir-**	**-emos**	PONER	pondr-	**-ás**
(ellos, ellas, ustedes)		**-án**	HABER	habr-	**-á**
			DECIR	dir-	**-emos**
			HACER	har-	**-án**
			PODER	podr-	
			SABER	sabr-	

- The future tense is used more often to refer to events that are further away from the present, or that are not certain or obvious but are expected to happen:

  En el 2050, EE. UU. **será** el primer país del mundo en número de hispanohablantes.
  In 2050, the United States ***will be*** *the first country in the world in number of Spanish speakers.*

  En el futuro **habrá** más escuelas bilingües en este país.
  In the future, ***there will be*** *more bilingual schools in this country.*

- It is also used to express the result of a condition, to reassure someone about something, or to express a promise:

  Si practicas más, **hablarás** español en pocos meses.
  If you practice more, ***you will speak*** *Spanish in a few months.*

  En un par de semestres **podrás** tener conversaciones con hablantes nativos.
  In a couple of semesters, ***you will be able to*** *have conversations with native speakers.*

5 Third-Person Direct and Indirect Object Pronouns

- We use pronouns to refer to something that has been already mentioned:

  - ¿Hablas **francés**? —*Do you speak* ***French****?*
  - No, no **lo** hablo, pero **lo** comprendo un poco. —*No, I don't speak* ***it****, but I understand* ***it*** *a bit.*

- **Direct object**
  The third-person direct object pronouns *(DO)* are *lo, la, los,* and *las*. They can refer to people or things:

	MASCULINE	FEMININE
SINGULAR	**lo**	**la**
PLURAL	**los**	**las**

  - ¿Usas **tarjetas** para aprender vocabulario? —*Do you use* ***cards*** *to learn vocabulary?*
  - Sí, **las** uso siempre. —*Yes, I always use* ***them****.*

- **Indirect object**
  The third-person indirect object pronouns *(IO)* are *le* and *les*. They usually refer to people:

	SINGULAR	PLURAL
MASCULINE AND FEMININE	**le**	**les**

  - ¿Hablas muy rápido **a los estudiantes**? —*Do you speak to* ***the students*** *fast?*
  - No, **les** hablo despacio. —*No, I speak to* ***them*** *slowly.*

  These are the pronouns that always accompany verbs like ***gustar***:

  A mis amigas **les interesa** mucho la historia de Paraguay.
  My friends are very interested in the history of Paraguay.

¡ATENCIÓN!

Remember that object pronouns usually come before the verb except when the verb is in the infinitive or there is a gerund. In these cases, the pronoun follows it, forming a single word:

- ¿Usas tarjetas para aprender vocabulario?
- Sí, es bueno **usarlas**. / Sí, siempre estoy **usándolas**.

- ¿Hablas muy rápido a los estudiantes?
- No, prefiero **hablarles** despacio.

Capítulo 14

Gente con personalidad

Photo by Victor Ovies Arenas / Getty Images

Templo pirámide y escalinata de los jeroglíficos, Copán (Honduras)

TAREA GLOBAL

Elaborar preguntas para hacer una entrevista a un/a artista hispanohablante

CLUB CULTURA

Explore Honduras with *Club cultura!*

At the end of this lesson, I will be able to...

PRESENTATIONAL AND INTERPERSONAL COMMUNICATION

Speaking
- describe and compare people's personalities.
- talk about wishes and things I would like to do.
- ask a wide variety of questions.
- use verbal courtesy in different situations.

Writing
- write a celebrity profile providing biographical details and examples to illustrate my point of view.
- use a bilingual dictionary effectively to choose the right words in my writing.
- edit my work, paying attention to cohesive devices and their function.

INTERPRETIVE COMMUNICATION

Listening
- understand basic information and details about people's personalities.
- understand questions related to personality traits, habits, wishes, requests, proposals, etc.

Reading
- understand the main ideas and key information of an interview.
- use strategies such as word formation patterns to understand the meaning of words in a text.

INTERCULTURAL COMPETENCE

- understand the multi-ethnic and multi-cultural nature of Honduras's population.
- identify key aspects of the Garifuna ethnic group including its history and traditions.
- understand the reasons behind past and present Honduran migration to the United States.

Acercamientos

14-1 Una hondureña destacada Lee la información sobre una personalidad hondureña destacada.

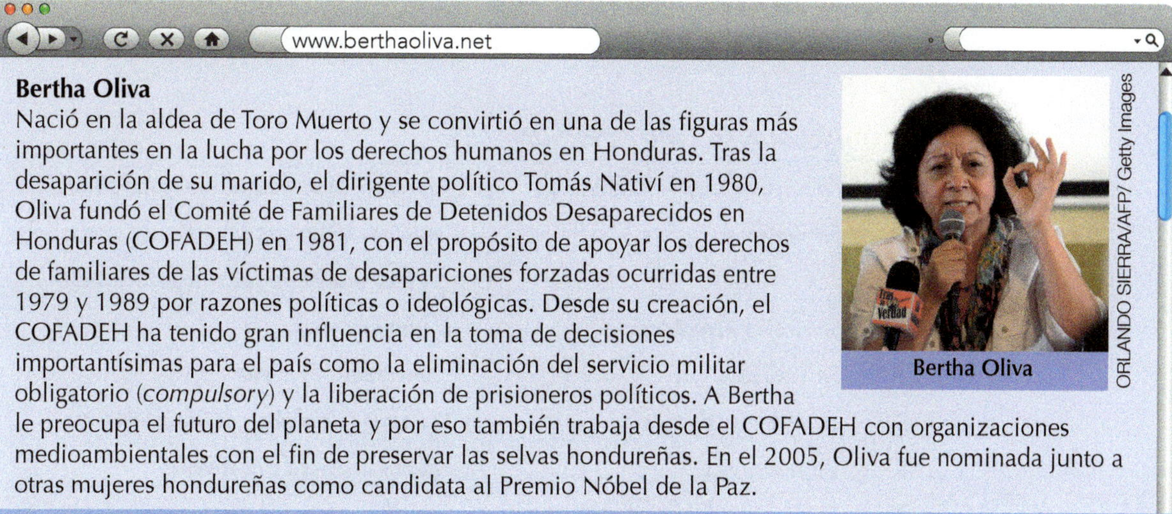
www.berthaoliva.net

Bertha Oliva

Nació en la aldea de Toro Muerto y se convirtió en una de las figuras más importantes en la lucha por los derechos humanos en Honduras. Tras la desaparición de su marido, el dirigente político Tomás Nativí en 1980, Oliva fundó el Comité de Familiares de Detenidos Desaparecidos en Honduras (COFADEH) en 1981, con el propósito de apoyar los derechos de familiares de las víctimas de desapariciones forzadas ocurridas entre 1979 y 1989 por razones políticas o ideológicas. Desde su creación, el COFADEH ha tenido gran influencia en la toma de decisiones importantísimas para el país como la eliminación del servicio militar obligatorio (*compulsory*) y la liberación de prisioneros políticos. A Bertha le preocupa el futuro del planeta y por eso también trabaja desde el COFADEH con organizaciones medioambientales con el fin de preservar las selvas hondureñas. En el 2005, Oliva fue nominada junto a otras mujeres hondureñas como candidata al Premio Nóbel de la Paz.

Bertha Oliva

ORLANDO SIERRA/AFP/ Getty Images

Ahora completa la tabla. Usa los palabras de la lista.

	PARECE UNA PERSONA...
Quiero conocer a Bertha Oliva porque...	
(No) me gustaría trabajar con Bertha porque...	
(No) me gustaría cenar con ella ya que...	
(No) me gustaría ser como Bertha porque...	
(No) me gustaría tener el trabajo de Bertha Oliva ya que...	

solidario/a	tranquilo/a
amable	con sentido del humor
extrovertido/a	optimista
simpático/a	idealista
sincero/a	responsable
aburrido/a	organizado/a
inteligente	honrado/a
trabajador/a	

EJEMPLO: Me gustaría cenar con Bertha Oliva porque parece una persona muy generosa y amable.

 **14-2 Una entrevista** Hagan una entrevista a su compañero/a para saber más de su personalidad. Atención: formulen preguntas completas. Después la clase va a entrevistar a su profesor/a.

TEMAS	TU COMPAÑERO/A	TU PROFESOR/A
Lugar preferido para vivir		
Libro favorito		
Película favorita		
Comida preferida		
Ciudad preferida		
Estación del año preferida		
Problema que le preocupa		
Artista favorito/a		
Género musical favorito		

EJEMPLO: **E1:** ¿Cuál es tu comida preferida?
E2: El pollo con arroz. ¿Y tu comida favorita?
E1: Las papas fritas.

¿Tienes gustos similares a tu compañero/a? ¿En qué se parecen tu profesor/a y tu compañero/a?

Vocabulario en contexto

14-3 Preguntas personales Lee las respuestas de Bertha Oliva a las "Preguntas muy personales". ¿Cómo crees que es? ¿Qué adjetivos de la lista se le pueden aplicar? Piensa en otros.

PREGUNTAS MUY PERSONALES:

1.	*La clave de la felicidad es...*	*apreciar la belleza de las cosas simples.*
2.	*Su mayor virtud es...*	*muchos dicen que soy valiente... pero no sé, yo creo que es instinto de preservación.*
3.	*Su mayor defecto es...*	*la impaciencia.*
4.	*Su vicio es...*	*conversar sin parar.*
5.	*¿Qué le ofende más?*	*El abuso de poder y la indiferencia.*
6.	*Le preocupa...*	*la inseguridad y la violencia.*
7.	*Le gustaría trabajar con...*	*muchas personas que luchan por la justicia.*
8.	*A una isla desierta se llevaría...*	*a toda mi familia.*
9.	*¿Qué cualidad aprecia más en una persona?*	*La honestidad y la ternura.*
10.	*Le cae bien...*	*la gente independiente.*
11.	*Le caen mal...*	*las personas mentirosas.*
12.	*¿Qué le gustaría ver antes de morir?*	*Un país con más justicia.*
13.	*Le pone nerviosa...*	*la indiferencia.*
14.	*Le da miedo...*	*perder a mis hijos.*
15.	*Su vida cambió cuando...*	*mi marido desapareció.*

optimista	divertido/a	sociable	idealista
pesimista	valiente	sencillo/a	sincero/a
modesto/a	miedoso/a	sensible	hablador/a
impaciente	honesto/a	testarudo/a	paciente
extrovertido/a	despistado/a	generoso/a	educado/a
nervioso/a	seguro/a	progresista	amistoso/a

Ahora comparte tus opiniones con un/a compañero/a.

EJEMPLO: E1: Yo creo que es una mujer **sociable.**
E2: Sí y también es muy **habladora** porque dice que su vicio es conversar sin parar.

14-4 Y tú, ¿cómo eres? Hazle una entrevista similar a la de **14-3** a tu compañero/a. Toma nota y después explica a la clase cómo es él/ella.

PREGUNTAS MUY PERSONALES:

1. *La clave de la felicidad es...* ______________________
2. *Tu mayor virtud es...* ______________________
3. *Tu mayor defecto es...* ______________________
4. *Tu vicio es...* ______________________
5. *Te preocupa...* ______________________
6. *¿Qué cualidad aprecias más en una persona?* ______________________
7. *Te pone nervioso/a...* ______________________

Illustration by Noelle Cremer

14-5 Gente con cualidades Estas personas están hablando de otras. Escribe la información sobre cada persona.

	ES... (ADJETIVOS)	CUALIDADES	DEFECTOS
1			
2			
3			
4			
5			

14-6 Cualidades ¿Qué cualidades admiran en estas situaciones? En parejas, escriban dos para cada caso. Compartan sus opiniones y justifiquen sus respuestas.

	LO MÁS IMPORTANTE ES...	LO PEOR ES...
1. En una relación de pareja		
2. En una relación de amistad		
3. En la relación profesor–alumno		
4. Para compartir cuarto		
5. En una relación profesional		

EJEMPLO: **E1:** En una relación de pareja lo más importante es la **honestidad.**
E2: Sí, y lo peor es la **deshonestidad.**

14-7 Modelos para imitar (¡o no!) Hagan una lista de tres personajes públicos a quienes admiran y tres que les caen mal. Digan las cualidades que admiran de ellos y las que detestan.

Admiramos a ____________ por su ____________, ____________ y ____________.
____________ por su ____________, ____________ y ____________.
____________ por su ____________, ____________ y ____________.

Los tres son personas muy ____________ y ____________.

Nos cae mal ____________ por su ____________, ____________ y ____________.
____________ por su ____________, ____________ y ____________.
____________ por su ____________, ____________ y ____________.

Los tres son personas muy / poco ____________ y nada ____________.

CUANTIFICADORES

demasiado
mucho
bastante
(muy) poco
no... nada
poquísimo
muchísimo

Me gusta **muchísimo** conocer gente nueva.

Me dan **demasiado** miedo las películas de terror.

Me pone **bastante** nervioso hablar con el profesor.

SER + ADJETIVO

Personalidad:

Juan **es** muy **nervioso.**

Matilde **es trabajadora** y **honesta.**

COMPARACIONES: ADJETIVOS

Superioridad o inferioridad:

Rosa es **más** divertida **que** Carlos.

Carlos es **menos** divertido **que** Rosa.

Cuantificadores:

Rosa es { **muchísimo** / **mucho** / **bastante** / **un poco** } más divertida que Carlos.

El superlativo:

Rosa es **la persona más divertida del** mundo.

Rosa es **la persona más divertida.**

Rosa es **divertidísima.**

Igualdad:

Rosa es **tan** divertida **como** su hermana.

Rosa es **igual de** divertida **que** su hermana.

Lengua en contexto

14-8 ¿Quién? Estos son algunos miembros de una red social para conocer gente y hacer amigos. ¿Con quién harías estas cosas? ¿Con quién no? ¿Por qué?

1. ¿A quién
2. ¿Con quién

te **gustaría** conocer?
te llevarías bien / mal?
irías de compras?
(no) podrías compartir apartamento?
saldrías por la noche?
harías un viaje?

EJEMPLO: E1: Yo no **podría** vivir con Susana porque le gustan los gatos y a mí me dan alergia.
E2: Pues yo no **podría** vivir con Felipe porque no le gusta limpiar.

Ahora completa un perfil similar. Tu profesor/a recogerá los perfiles y los repartirá. Lee la descripción y explica si te llevarías bien o mal con esa persona y por qué.

14-9 El/La compañero/a de apartamento ideal Estás buscando un/a compañero/a de apartamento. Escribe cinco características que necesita tener (sociable, limpio, estudioso, etc.). Entrevista a dos personas de la clase para ver si tienen estas características y completa la tabla.

EJEMPLO: E1: ¿Tú **eres** estudioso?
E2: Bueno, **soy un poco** estudioso, pero **no mucho,** la verdad.

Características	Estudiante A	Estudiante B
1.		
2.		
3.		
4.		
5.		

Compara a los/las dos estudiantes. Elige uno/a y explica por qué lo/la elegiste.

EJEMPLO: John **es tan simpático como** Val, pero me parece mejor vivir con Val porque **es mucho más estudiosa que** John.

14-10 Para conocerse mejor Pregunta a tu compañero/a qué o quién le encanta, da miedo, etc. y cuánto. Completa la ficha con sus datos. Dile si tú eres igual o diferente.

	¿Qué? / ¿Quién?	¿Cuánto?
1. le molesta(n)		
2. le cae(n) bien / mal		
3. le da(n) miedo		
4. le pone(n) contento/a		
5. le pone(n) nervioso/a		
6. le pone(n) triste		

EJEMPLO: E1: ¿A ti qué cosas **te molestan**?
E2: A mí me molesta **mucho** la gente ruidosa.
E1: ¿Sí? A mí **no** me molesta **nada** el ruido.

Expliquen a la clase en qué cosas se parecen ustedes y en qué cosas no.

EJEMPLO: E1: A los dos **nos pone contentos** el fin del semestre.

14-11 ¿Qué más quieres saber? Tienes que vivir con la persona más incompatible contigo (de **14-9**). ¿Qué otras cosas quieres saber? Haz una lista.

Me gustaría saber
si ________________.
cómo ________________.
qué ________________.
dónde ________________.
cuándo ________________.
con quién ________________.

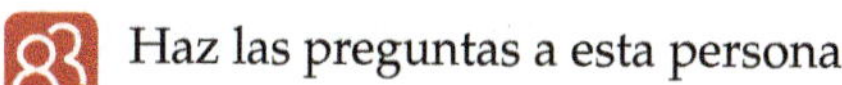

Haz las preguntas a esta persona.

14-12 ¿Qué harías? Para conocer más a tu compañero/a, te interesa saber qué haría en ciertas situaciones hipotéticas. Hazle preguntas sobre las siguientes situaciones y sobre una inventada por ti.

1. Te encuentras en el ascensor con tu actor/actriz favorito/a.
2. Estás en una playa y ves a una persona gritando (*screaming*) en el agua.
3. Te ofrecen un papel (*role*) en una película.
4. Estás en un banco y llegan unos ladrones para robarlo.
5. Estás en un restaurante y tu novio/a te dice que se ha enamorado de otro/a.
6. ________________.

EJEMPLO: E1: Te encuentras un teléfono en un restaurante. ¿Qué **harías**?
E2: Por supuesto le **daría** el teléfono al gerente del restaurante.

EL CONDICIONAL

	LLEVARSE
(yo)	me llevaría
(tú)	te llevarías
(él, ella, usted)	se llevaría
(nosotros, nosotras)	nos llevaríamos
(ellos, ellas, ustedes)	se llevarían

Formas irregulares

PODER	**podr-**	+	**-ía**
SABER	**sabr-**		**-ías**
TENER	**tendr-**		**-ía**
QUERER	**querr-**		**-íamos**
HACER	**har-**		**-ían**
DECIR	**dir-**		

PREGUNTAS

Directas

¿**Cuál** es tu deporte preferido?
¿**Qué** deporte prefieres: el fútbol o el golf?
¿**A qué hora** te acuestas?
¿**Dónde pasas** las vacaciones?
¿**Con quién** vives?
¿**De dónde** eres?
¿**En qué** hotel te alojas?
¿**De qué** están hablando?
¿**Desde cuándo** vives en Honduras?

Indirectas

Me gustaría saber / Quiero preguntar / Me interesa saber { **cuál... / qué... / dónde... / cómo... / cuándo... / quién... / con quién...** }

Interacciones

Estrategias para la comunicación oral

Verbal courtesy

In Spanish, as in English, the conditional tense is used to express courtesy in different situations (making suggestions and requests; asking for advice). Basically, it softens whatever is suggested, requested, and so on. These are the most frequent verbs used in the conditional: *deber, decir, desear, gustar, importar, poder, querer, tener que*.

- Advice:
  - ***Deberías** estudiar más*. (You should study more.)
  - *Yo me **llevaría** un paraguas.* (I would take an umbrella.)
- Wishes:
  - *Me **gustaría** ir al cine esta noche.* (I would like to go to the movies tonight.)
- Requests:
  - *¿Te **importaría** bajar el volumen?* (Would you mind turning the volumen down?)
  - *¿**Podrías** prestarme 20 dólares?* (Could you lend me $20?)
- Proposals:
  - *¿**Querrías** venir conmigo al teatro?* (Would you want to come to the theatre with me?)
  - *¿Te **gustaría** ir a cenar conmigo?* (Would you like to go have dinner with me?)

The more formal the context, the more advisable it is to use verbal courtesy; however, English and Spanish differ in how much and how often it's used. For example, about 60% of all requests in formal contexts in Spanish include the imperative, compared to only about 20% in English.

14-13 ¿Qué dirías? ¿Qué le dirías a tu compañero/a en cada una de estas situaciones? Tu compañero/a debe responderte.

1. Quieres invitarle a cenar contigo.
2. Necesitas su carro porque el tuyo está en el taller.
3. Pasa demasiadas horas enfrente de la tele.
4. Quieres ir un fin de semana a la montaña con tu compañero/a para festejar tu cumpleaños.
5. Tiene un examen mañana, pero va a salir de fiesta esta noche.
6. Te llama por teléfono a las 6 de la mañana.

14-14 ¿Cómo se resolverían estos problemas? Piensa en soluciones hipotéticas para estos problemas. Agrega un problema más que te preocupe y da su solución. Luego comparte tus opiniones con tu compañero/a, quien va a tener una opinión diferente. Usa los verbos en paréntesis.

1. Las diferencias entre ricos y pobres (**disminuir**) con...
2. La contaminación en las grandes ciudades (**terminarse**) con...
3. La destrucción de la capa de ozono (**frenar**) con...
4. Las diferencias de oportunidades entre hombres y mujeres (**desaparecer**) con...
5. La crisis de refugiados en el mundo (**solucionarse**) con...
6. ______________________________

EJEMPLO: E1: En mi opinión, las diferencias entre ricos y pobres **disminuirían** con más **solidaridad** de la gente rica.

E2: No sé, creo que lo importante es tener las mismas oportunidades desde el principio.

 **14-15 Opiniones muy personales** Compara las siguientes alternativas de acuerdo con tus intereses y preferencias. Después comparte tus opiniones con tus compañeros/as para conocerlos/as mejor.

1. Vacaciones: la playa / la montaña / la ciudad
2. Problemas: el medio ambiente / los derechos humanos
3. Actividades de ocio: leer libros / ir al cine / ver series en Netflix
4. Cualidades en un/a compañero/a de clase: honestidad / sentido del humor / inteligencia
5. Defectos en un/a compañero/a de clase: impaciencia / vanidad

EJEMPLO: E1: Yo creo que la playa es **tan divertida como** la montaña.
E2: Pues yo creo que la montaña es **aburridísima.**
E3: Para mí, **las vacaciones más interesantes** son en las ciudades porque puedes conocer muchas cosas nuevas.

 **14-16 Encuentra amigo/a en 3 minutos** La universidad ofrece un servicio de citas rápidas para encontrar amigos/as. Tienes tres minutos para intercambiar información personal con cada estudiante y decidir si son o no compatibles. Antes de comenzar, prepara ocho preguntas. Después entrevista a cuatro compañeros/as y decide con quién eres más compatible y con quién menos.

POSIBLES TEMAS PARA HABLAR:
Personalidad: virtudes, defectos, vicios, miedos, etc.
Estudios: materias que más le gustan, concentración, materias que no le gustan, etc.
Intereses: música, cine, aficiones, viajes, actividades de ocio, etc.
Problemas que le preocupan y cómo los solucionaría: política, sociedad, medioambiente (*environment*), oportunidades laborales, etc.

EJEMPLO: E1: **Me gustaría** saber **cuál** es tu mayor virtud.
E2: Creo que soy **muy paciente** y **bastante generoso,** ¿y tú?
E1: Yo también soy **muy paciente.**

¿A quién te gustaría tener de amigo/a y con quién no te llevarías bien? ¿Qué más les preguntarías para conocerlos/as mejor?

  **14-17 Situaciones: *¿Somos compatibles?*** Both of you are looking for a roommate for the academic year. Interview each other in order to find out whether you are compatible. First, prepare a questionnaire with six questions about aspects that you consider important: personality, habits, expectations, and what the other person would do in hypothetical situations.

ESTUDIANTE A
You are about to interview a potential roommate to find out if living together would be a good idea. You are very organized and very traditional; you also study quite a lot. Before the interview, prepare six questions to get to know your potential roommate better. You are interested in:
- Personality traits
- Study habits
- Social life and sleeping patterns
- Ranking of subjects s/he is taking in order of preference and reasons why
- What s/he would do to make sure you get along while living together
- What characteristics s/he would like to find in a roommate

ESTUDIANTE B
You are about to interview a potential roommate to find out if living together would be a good idea. You are a bit disorganized and very liberal. Also, you don't like to study. Before the interview, prepare six questions to get to know your potential roommate better. You are interested in:
- Personality traits
- Study habits
- Social life and sleeping patterns
- Ranking of subjects s/he is taking in order of preference and reasons why
- What s/he would do to make sure you get along while living together
- What characteristics s/he would like to find in a roommate

Tarea global

Elaborar preguntas para hacer una entrevista a un/a artista hispanohablante

Preparación Vamos a aprender sobre un artista hondureño: Julio Visquerra. Para ello, lee esta biografía y después escucha una entrevista con el pintor.

Nació en Olanchito, Honduras, en 1943. Estudió pintura en la Escuela Nacional De Bellas Artes, luego se trasladó a Nueva York y terminó sus estudios en España. Después de vivir en Europa durante 20 años, regresó a Honduras. Sus obras han sido expuestas en países como Austria, España, Estados Unidos y Francia. Visquerra ha pintado en varios estilos: cubismo, expresionismo y finalmente realismo fantástico. Un elemento básico de la pintura visquerreana es la presencia de frutas en muchos de sus cuadros. Las frutas representan el proceso de la vida y la muerte, la esperanza y el movimiento. Por eso las vemos siempre cayendo, casi nunca en estado inerte. Otros temas centrales son la figura femenina y el trópico mesoamericano. Sus obras se exhiben permanentemente en diversos salones internacionales, como el Museo de las Américas (Washington D.C., EE. UU.), el Museo de Monchehaus (Alemania) o la Universidad de Harvard (EE. UU.).

Julio Visquerra

Escucha la primera parte de la entrevista y responde a las preguntas.

1. ¿Sobre qué temas hace preguntas el periodista? Márcalos a continuación.

- [ ] el amor
- [ ] las pinturas
- [ ] las experiencias pasadas
- [ ] la infancia
- [ ] las opiniones
- [ ] los proyectos
- [ ] los gustos
- [ ] la personalidad
- [ ] las costumbres

2. ¿Dónde tiene lugar la entrevista?
3. ¿Cómo era Julio de niño? Describe su personalidad.
4. Según Julio, ¿cuál es el secreto del éxito (*success*)?
5. ¿Cómo fueron los años que vivió Julio en Europa?

En esta segunda parte de la entrevista se borraron las preguntas. Trata de escribirlas tú.

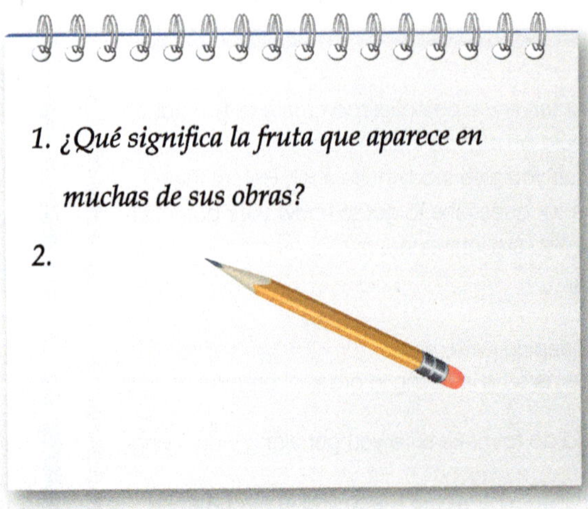

Ahora compara tus preguntas con las de un/a compañero/a.

Paso 1 La clase se divide en grupos de tres o cuatro personas. Cada grupo tiene asignado un área artística específica. Dentro de su área, decidan quién es el/la artista a quien les gustaría entrevistar.

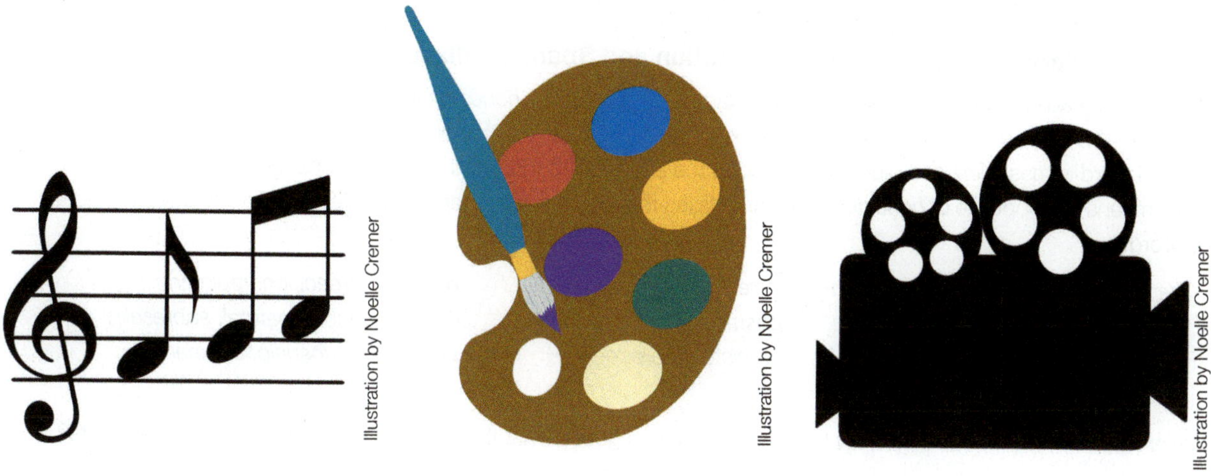
Illustration by Noelle Cremer
Illustration by Noelle Cremer
Illustration by Noelle Cremer

PINTURA **TEATRO** **MÚSICA** **LITERATURA** **CINE**

Paso 2 ¿Qué les gustaría saber sobre esta persona? ¿Sobre qué temas o áreas les gustaría hacer preguntas? Decidan al menos tres. Luego piensen en posibles preguntas relacionadas con esos temas.

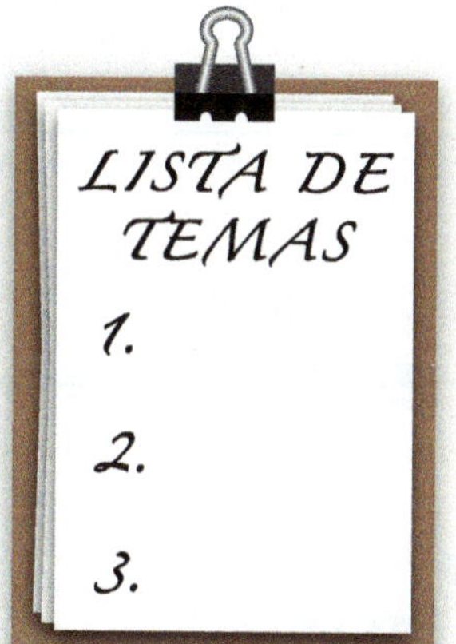

Paso 3 Cada uno de ustedes debe formular cinco preguntas. Por ejemplo, pueden preguntar...

¿**Cómo** es usted?
¿**Cuál** es su tipo de arte preferido?
¿**Con quién** le **gustaría...**?
¿Es usted...?
¿**Cómo** se compara usted con...?

Elijan las mejores preguntas y elaboren el cuestionario con diez preguntas que van a usar para la entrevista.

Ayuda

A mí me gustaría saber ...
si...
dónde...
con quién...
por qué...
qué...
cuándo...

Paso 4 Intercambien su lista de preguntas con otro grupo para recibir *feedback*.

Paso 5 Presenten sus preguntas a la clase.

Paso 6 Mi progreso
Review the goals. Mark with a ✔ the goals you think you have achieved and to what extent.

I can...

	very well	well	with difficulty
Goal 1: ask a wide variety of questions.			
Goal 2: talk about things I or someone else would like to do.			
Goal 3: express agreement and disagreement.			

Gente que lee

Estrategias para leer

Review of vocabulary strategies (II): word formation and Spanish affixes

Words are formed by adding *affixes* to their roots. For example, the adjective *honestos* is formed by the root *honest* and the affix *-os*. The root contains its meaning; the affix, information about its gender and/or number (in this case, it tells us that the word is masculine and plural). If we added the affix *des-* to this word, we would change its meaning: *deshonestos* means the opposite of *honestos*. Here are affixes that change the meaning or category of a word when placed *before* the word:

ante-	*(anteponer)*	**in-/im-**	*(incierto, imposible)*	**re-**	*(reacción, repintar)*
anti-	*(antibalas, antirrobo)*	**pos-**	*(posmoderno, posponer)*	**sobre-**	*(sobrenatural, sobresalir)*
contra-	*(contradecir)*	**pre-**	*(prehistoria, predecir)*	**sub-**	*(subsuelo, submarino)*
des-	*(descubrir)*				

New words are also formed by compounding two words. Can you guess what these words mean by looking at their parts?

telaraña = tela + araña
boquiabierto = boca + abierto
medianoche = media + noche
abrelatas = abrir + latas
portafolio = portar + folio
salvavidas = salvar + vidas
hispanohablante = hispano + hablante
altibajo = alto + bajo

Antes de leer

14–18 Hispanos en la televisión ¿Puedes nombrar algunos personajes hispanos en la televisión de Estados Unidos? ¿Qué papeles interpretan?

Después de leer

14–19 ¿Comprendes?

1. Explica qué piensa América Ferrera de la manera en que se presenta a la familia hispana en sus proyectos.
2. ¿Qué problema aborda la serie *Gentefied*?
3. Explica la experiencia de América Ferrera como hispana en televisión.
4. Según la actriz, ¿qué tipo de películas deberían hacerse en Hollywood?
5. ¿Qué consejo da América Ferrera a los jóvenes latinos que son inseguros?
6. ¿Qué opina América Ferrera sobre la idea de interpretar a Betty otra vez?

14–20 Activando estrategias

1. Según el contexto, ¿qué crees que significa **se alejó** (párr. 1)? Decide qué palabra tienes que buscar en el diccionario. Después búscala para comprobar si tu predicción era correcta.
2. ¿Qué función tienen los conectores **Sin embargo** y **como**?
3. Mira las tres palabras terminadas en **-mente**. ¿Cuáles son cognados y cuáles no?
4. Explica cómo se han formado y qué significan estas palabras: **orgullosa, exitosas** e **inseguridades**.
5. ¿A qué o quién se refieren los pronombres subrayados **superar<u>los</u>** y **superlar<u>las</u>** en el texto?

www.famososhoy.com

AMÉRICA FERRERA: UNA ACTRIZ DE ORIGEN HONDUREÑO

Ha pasado más de una década desde que la actriz de ascendencia hondureña América Ferrera alcanzó la fama con la serie televisiva *Ugly Betty*, donde interpretó a Betty, una joven latina en Estados Unidos. La serie terminó, pero Ferrera nunca **se alejó** del tema de la identidad latina. En el 2014 interpretó a la esposa de César Chávez, un gran defensor de los derechos civiles de los latinos y, tres años más tarde, regresó como productora ejecutiva y protagonista en la serie digital *Gentefied* que explora, desde la comedia, los conflictos de identidad de un grupo de latinos en Los Angeles. En esta entrevista, Ferrera habla sobre los papeles (*roles*) que protagonizó y su experiencia como latinoamericana en Hollywood.

theatrepix / Alamy Stock Photo

P: En su opinión, ¿la manera en que se retrata a la comunidad hispana en sus películas o series contribuye a una imagen estereotípica de los latinos?

R: Yo estoy muy **orgullosa** de la manera en que mostramos a nuestra comunidad en estos proyectos porque intentamos romper los estándares típicos de muchas maneras. Por ejemplo, la familia de Betty era muy pequeña en contraste con la típica familia latina que se veía en la televisión en el pasado, donde había muchos hijos, primos, abuelos... **evidentemente** no hay una familia típica hispana en Estados Unidos, hay muchas. **Sin embargo,** ciertos temas siempre han sido relevantes dentro de nuestra comunidad, **como** la emigración, el trabajo informal, los seguros médicos o el "conflicto de identidad".

P: ¿A qué se refiere con eso?

R: Yo crecí como latina en Estados Unidos y sé que eso te genera algunos conflictos cuando eres joven porque quieres abrazar la cultura estadounidense, pero desde las raíces de tu tradición familiar e hispana. Este tema se ve **claramente** en la serie *Gentefied*.

P: Usted se ha convertido en una de las figuras latinas más **exitosas** en Hollywood. ¿Ha tenido algún problema en su carrera debido a su apariencia o a su origen?

R: No, nunca. Las cosas han cambiado. Me siento **sumamente** afortunada de vivir en una época donde es posible tener una carrera como latina, ya que sé que hace diez o quince años la situación era muy diferente. Todavía hay barreras y estereotipos, pero ciertamente se han dado grandes pasos para superar<u>los</u>.

P: ¿Qué le gustaría cambiar de Hollywood?

R: Es una pregunta muy amplia... Creo que lo más importante es la honestidad y la solidaridad; debemos dejar un mensaje de respeto y generosidad a las futuras generaciones. Deberíamos concentrarnos en encontrar historias que inspiren nuestras vidas.

P: Usted ha sido elegida mujer latina del año. ¿Qué consejo les daría a los jóvenes latinos que tienen timidez o inseguridades?

R: Yo les diría que todas las personas tienen sus **inseguridades,** pero hay que aprender a superar<u>las</u>.

P: Betty fue uno de los personajes más queridos de la televisión. ¿Cree que va a volver?

R: Todo es posible. Los fans quieren que vuelva... y a mí me encantaría regresar a Betty, la adoro y sería divertido saber qué ha pasado en su vida.

14-21 Expansión

1. ¿Crees que la televisión de Estados Unidos presenta estereotipos de la población hispana? ¿Te parece que los latinos están bien representados en la televisión?
2. ¿Cómo se compara la presencia latina en Hollywood con otros grupos minoritarios?
3. En tu opinión, ¿ha habido algún cambio en el cine y la televisión con relación a los latinos? ¿Ha sido positivo o negativo?

Gente que escribe

Estrategias para escribir

Using a bilingual dictionary

When you write in Spanish, you will sometimes need to use a bilingual dictionary. Before looking up words, get to know your dictionary. Dictionary entries, especially those for the most commonly used words, are not simple. They contain symbols and abbreviations that you need to recognize and interpret. They are not standard: every dictionary is different. Let's see an example: You are writing about a person that you dislike; one of the characteristics that bothers you about this person is the fact that he is "fake", so you look up this word.

fake n (painting etc) *falsificación* f; (person) *impostor(a)* m/f;
adj *falso/a*
vt *fingir*; (painting, etc.) *falsificar*

What do these abbreviations mean (n, f, m/f, adj, vt)? Are you looking for a noun, a verb, or an adjective? If you followed the process, you came up with **falso.** Thus, you would write something like this: *No me gusta porque es una persona muy falsa.*

MÁS ALLÁ DE LA FRASE

Cohesive writing (II): using connectors

Cohesive devices include *discourse markers*, also called *transition words* or *connectors*. They can serve multiple functions in a text:

- organize information in a sequence — *primero, después, en conclusión...*
- sequence events in time — *más tarde, antes...*
- introduce examples — *por ejemplo...*
- clarify information — *o sea* (that is)..., *es decir* (that is)...
- summarize ideas — *en resumen, para resumir...*
- point out similarities and contrasts — *igualmente* (similarly)..., *en cambio* (in contrast)...
- express cause and effect — *ya que* (since)..., *por eso* (therefore)...

Always review how you used these cohesive devices when you edit your writing. We will review these connectors in detail in the next lessons.

DESPUÉS DE ESCRIBIR

- Usa el diccionario para buscar los significados de palabras necesarias que no sabes expresar en español (*Estrategias para escribir*).
- Revisa el uso de conectores para organizar tus ideas, añadir información, dar ejemplos, etc. (*Más allá de la frase*).
- Intercambia tu perfil con un/a compañero/a y usa la *Guía de Revisión entre Compañeros*.

14-22 Un modelo para las generaciones jóvenes Tienes que escribir el perfil de un/a famoso/a para el periódico de la universidad. Piensa en una persona famosa a la que admiras.

Antes de escribir

1. ¿Qué aspectos de su personalidad te gustan y admiras?.
2. Elige un ejemplo específico (evento, actitud, etc.) para ilustrar los aspectos que admiras.
3. Investiga sobre su vida: nacimiento, juventud, carrera profesional, etc.
4. Haz una lista de tres cosas que te gustaría preguntarle.
5. Encuentra una cita (*quote*) de tu personaje que, en tu opinión, representa su personalidad o su trabajo.

A escribir

- Comienza con la frase: ***Muchos argumentan que los famosos son modelos para las generaciones más jóvenes...*** Explica por qué el personaje es un buen modelo y ofrece un ejemplo para ilustrar tus opiniones.
- Describe los aspectos más importantes de su vida.
- Detalla qué otros aspectos te gustaría saber de este personaje famoso y por qué.
- Finaliza con una cita de tu personaje.
- Escribe un título original para atraer a tus lectores.

Comparaciones culturales

 **14-23 Grupos étnicos en Honduras** Lean este texto sobre la composición étnica de Honduras. Después respondan a las preguntas.

Honduras es un país centroamericano con una población de nueve millones de habitantes. La distribución étnica de los hondureños refleja su naturaleza multicultural (ver cuadro).

Con la llegada de los europeos en el siglo XVI se mezclaron personas de origen inglés y holandés (en la Mosquitia y las Islas de la Bahía) y de origen español (en el resto del país) con los indígenas de la zona. El proceso esclavista llevado a cabo por los españoles e ingleses añadió también la etnia africana a esta mezcla. Trescientos años después llegó el grupo garífuna, mezcla de esclavos africanos e indígenas precolombinos caribes y arahuacos. Esta mezcla dio como resultado un país multiétnico y multicultural.

Los *lencas* son el grupo indígena —amerindio— más grande, con más de 100.000 personas. Otro grupo culturalmente importante es el formado por los afrohondureños *garífunas*.

Grupo	%
mestizos	87
indígenas	7,7
afrohondureño	3,3
blancos	1
otros	1

1. Comparen esta composición étnica con la de su país y expliquen la diferencia más importante.
2. El proceso de mezcla de grupos diversos en América Latina se llama **mestizaje.** Este proceso no ocurrió en el norte de continente (hoy Estados Unidos). Reflexionen sobre esta diferencia y piensen en dos razones.

14-24 Los garífunas Mira el video. Después lee el texto sobre el pueblo afrohondureño garífuna. Finalmente responde a las preguntas usando información del video y del texto.

El grupo étnico garífuna tiene una población de más de 300.000 personas. Su lengua, junto con su danza y su música, fue proclamada Patrimonio Cultural Inmaterial de la Humanidad por la Unesco en el 2001. Los historiadores creen que, en 1635, dos barcos que llevaban esclavos a Antillas desde Nigeria naufragaron cerca de la isla de San Vicente. Los esclavos que sobrevivieron escaparon del barco y nadaron hasta la isla, donde fueron bienvenidos por los pueblos amerindios *caribe y arahuaco*. De esta mezcla surgió la etnia garífuna. Un tratado de paz británico de 1660 le concedió la posesión de la isla caribeña de San Vicente a los garífunas, pero pocos años después el tratado se rompió y los ingleses reclamaron la isla. Después de un siglo, los ingleses recuperaron el control de la isla. En 1796, los garífunas fueron deportados y abandonados en la isla hondureña de Roatán. Desde allá, se expandieron por el resto del país.

El 12 de abril de cada año se celebra en Honduras el día en que los garífunas fueron abandonados en Roatán: se recrea la llegada histórica y hay fiestas, talleres y conferencias. Aunque uno de los aspectos de mayor orgullo para los garífunas es que nunca fueron esclavizados, lo cierto es que sufren de marginación social y discriminación racial. Uno de los problemas serios es el desalojo de sus tierras para megaproyectos de desarrollo. Esto les ha obligado a adoptar una actitud de resistencia pacífica para defender su cultura y su tierra.

1. ¿En qué áreas de Centroamérica podemos encontrar población garífuna? Márcalas en el mapa.
2. ¿Qué características tiene la cultura garífuna? ¿Qué adjetivos usarías para describirla?
3. Di tres características de la *punta*, la música típica garífuna.
4. ¿Tiene importancia que una lengua, u otros aspectos culturales de un pueblo, sean Patrimonio Cultural Inmaterial de la Humanidad? Justifica tu respuesta.

14-25 Hondureños en Estados Unidos Lean este texto sobre la migración de hondureños a Estados Unidos y después respondan a las preguntas.

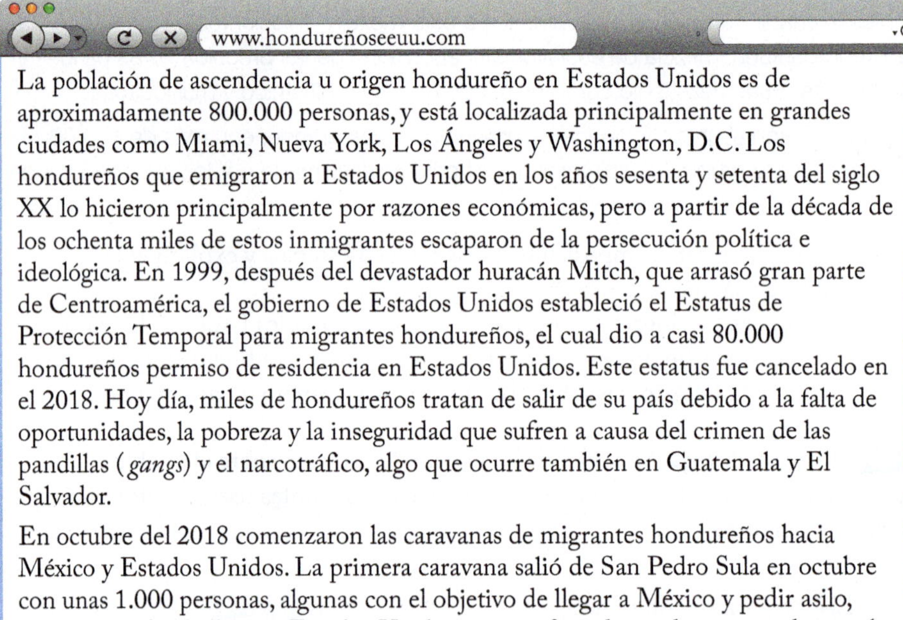

La población de ascendencia u origen hondureño en Estados Unidos es de aproximadamente 800.000 personas, y está localizada principalmente en grandes ciudades como Miami, Nueva York, Los Ángeles y Washington, D.C. Los hondureños que emigraron a Estados Unidos en los años sesenta y setenta del siglo XX lo hicieron principalmente por razones económicas, pero a partir de la década de los ochenta miles de estos inmigrantes escaparon de la persecución política e ideológica. En 1999, después del devastador huracán Mitch, que arrasó gran parte de Centroamérica, el gobierno de Estados Unidos estableció el Estatus de Protección Temporal para migrantes hondureños, el cual dio a casi 80.000 hondureños permiso de residencia en Estados Unidos. Este estatus fue cancelado en el 2018. Hoy día, miles de hondureños tratan de salir de su país debido a la falta de oportunidades, la pobreza y la inseguridad que sufren a causa del crimen de las pandillas (*gangs*) y el narcotráfico, algo que ocurre también en Guatemala y El Salvador.

En octubre del 2018 comenzaron las caravanas de migrantes hondureños hacia México y Estados Unidos. La primera caravana salió de San Pedro Sula en octubre con unas 1.000 personas, algunas con el objetivo de llegar a México y pedir asilo, otras con el fin de llegar a Estados Unidos como refugiados, todos empujados por la pobreza y la violencia que se vive en Honduras. Otra caravana de casi mil personas partió de la ciudad de Esquipulas pocos días después y una tercera salió de San Pedro Sula en enero del 2019. Muy pocos de estos migrantes obtuvieron estatus de refugiado.

1. Estas son las causas de la migración forzada. ¿Cuáles pueden aplicarse a los migrantes hondureños en el pasado y en el presente?
   - ☐ Pobreza
   - ☐ Guerra
   - ☐ Violencia étnica
   - ☐ Persecución religiosa
   - ☐ Desastres naturales
   - ☐ Conflicto político

2. Según la ONU, un refugiado es una persona que está fuera de su país por alguna de las razones anteriores, y es incapaz o tiene miedo de regresar a su país de origen. ¿Deben los países acoger a los migrantes como refugiados? Piensen en argumentos para defender estas tres posiciones:
   - Sí, porque…
   - Sí, pero…
   - No, porque…

Vocabulario

El carácter y la personalidad	*(Personality traits)*
la alegría	*happiness*
la avaricia	*greed*
la bondad	*goodness*
el defecto	*fault; defect*
la dulzura	*sweetness*
el egoísmo	*egoism*
la envidia	*envy*
la estupidez	*stupidity*
la felicidad	*happiness*
la fidelidad	*fidelity; loyalty*
la generosidad	*generosity*
la hipocresía	*hypocrisy*
la honestidad	*honesty*
la humildad	*humbleness*
la impaciencia	*impatience*
la inseguridad	*insecurity*
la inteligencia	*intelligence*
la maldad	*meanness*
el respeto	*respect*
el sentido del humor	*sense of humor*
la seriedad	*seriousness*
la simpatía	*warmth; charm*
la sinceridad	*sincerity*
la solidaridad	*solidarity*
el talento	*talent*
la tenacidad	*tenacity*
la ternura	*tenderness*
la timidez	*shyness*
la vanidad	*vanity*
el vicio	*vice*
la virtud	*virtue*

Adjetivos	
amistoso/a	*friendly*
autoritario/a	*authoritarian*
desordenado/a	*disorganized; untidy*
despistado/a	*absent-minded*
divertido/a	*funny*
educado/a	*well mannered, educated*
egoísta	*selfish*
envidioso/a	*envious; jealous*
estúpido/a	*stupid*
generoso/a	*generous*
hablador/a	*talkative*
hipócrita	*hypocritical*
honesto/a	*honest*
idealista	*idealist*
impaciente	*impatient*
inseguro/a	*insecure*
introvertido/a	*introverted*
maleducado/a	*ill-mannered*
miedoso/a	*fearful*
modesto/a	*modest*
nervioso/a	*nervous*
optimista	*optimist*
paciente	*patient*
pesimista	*pessimist*
progresista	*liberal*
seguro/a	*confident*
sencillo/a	*unassuming*
sensible	*sensitive*
serio/a	*reliable; serious*
sincero/a	*sincere; genuine*
sociable	*sociable; friendly*
solidario/a	*solidary; supportive*
superficial	*frivolous*
tacaño/a	*stingy*
testarudo/a	*stubborn*
tierno/a	*tender; soft*
valiente	*brave*
vanidoso/a	*vain*

Verbos	
caer bien / mal	*to like / to dislike*
detestar	*to hate*
emocionar	*to excite; to touch*
enojar	*to anger*
llevarse bien / mal con	*to get along well / not to get along with*
odiar	*to hate*
preocupar	*to worry*
soportar	*to stand; to bear; to put up with*
tener algo en común	*to have something in common*

Consultorio lingüístico

1 Quantifying with Verbs Like *Gustar*

- When we use a verb like ***gustar*** to express likes and dislikes, interests, emotions or feelings, we often use quantifiers. These words don't change form, which is always the masculine singular:

demasiado	*too much*
muchísimo	*so much; a whole lot*
mucho	*a lot; very much*
bastante	*quite a bit; quite a lot*
(muy) poco	*(very) little*
poquísimo	*very little*
no... nada	*don't... at all*

Me gusta **mucho** conocer gente nueva.
*I like meeting new people **a lot**.*

Me gustan **muchísimo** las personas alegres.
*I like happy people **so much**.*

No me preocupa **nada** el futuro.
*The future **does not** worry me **at all**.*

In Spanish, the verb ***encantar*** does not take any quantifiers:

Me encantan los animales.

*I **love** animals.*

While in English we can say *I love animals **a lot***, in Spanish something like *Me encantan ~~mucho~~ los animales* is redundant.

In the case of expressions with the verb ***poner***, the quantifiers are those commonly used with adjectives:

demasiado	*too*	**un poco**	*a bit*
muy	*very*	**nada**	*at all*
bastante	*quite; enough*		

Las películas sobre la guerra me ponen **un poco** triste.
*Movies about war make me **a bit** sad.*

A common verb in Spanish that is used to refer to people is ***caer***, which means to (not) like someone, or to get a good (or bad) first impression:

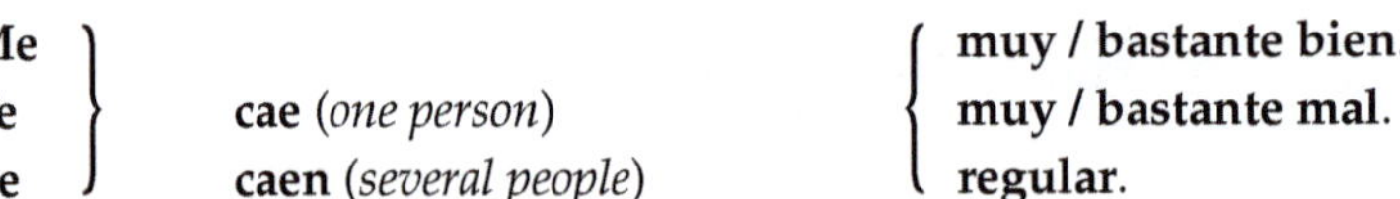

Me / **Te** / **Le**	**cae** (*one person*) / **caen** (*several people*)	**muy / bastante bien.** / **muy / bastante mal.** / **regular.**

Me caen muy bien mis nuevos compañeros de cuarto.
*I **like** my new roomates **a lot**.*

El nuevo amigo de Julieta **me cae bastante mal**.
*I **don't quite like** Julieta's new friend.*

- In the case of expressions with ***dar***, the quantifiers modify nouns, so ***mucho*** and ***demasiado*** change form to agree in gender and number with the noun following the verb ***dar***:

demasiado/a	*too much*	**un poco de**	*a bit of*
mucho/a	*a lot*	**nada de**	*no... at all*
bastante	*quite*		

Me da **mucho miedo** perder a mi familia.
*Losing my family **scares me a lot**.*

Me da **mucha pena** ver animales abandonados.
It makes me very sad to see abandoned animals.

Me da **un poco de miedo** salir solo de noche.
*Going out alone at night **scares me a bit**.*

2 *Ser* + Adjective

The verb *ser* is used with adjectives that express characteristics that define the identity or nature of a subject, such as nationality, profession or occupation, physical characteristics, or personality. There are many adjectives to describe someone's personality (***sociable, egoísta, generoso, simpático, antipático,*** etc.), all of which are preceded by the verb *ser.* They can also be used with these quantifiers:

demasiado	*too*
muy	*very*
bastante	*quite; enough*
un poco	*a bit*
nada	*(not) at all*

Ramiro **es muy** generoso y **bastante** sociable, pero **un poco** complicado.
*Ramiro is **very** generous and **quite** sociable, but **a bit** complicated.*

Some adjectives in Spanish have double meaning: they can refer to someone's personality but also to a physical or emotional state. When they refer to personality, they are preceeded by the ver *ser;* when they refer to a physical or emotional state, they will be introduced by *estar.* These are some commonly used ones:

ser nervioso/a (*to be a nervous person*)	estar nervioso/a (*to be anxious*)
ser tranquilo/a (*to be a calm person*)	estar tranquilo (*to be at peace; peaceful*)
ser alegre (*to have a happy personality*)	estar alegre (*to be happy*)
ser triste (*to be a sad person*)	estar triste (*to be sad*)

3 Comparisons with Adjectives

- **Superiority or inferiority**

We can compare people, places, or things according to their characteristics. To compare characteristics (adjectives), we use ***más / menos*** **+ ADJECTIVE +** ***que*** to express superiority or inferiority:

Julia es **más** simpática **que** Jacinto.
*Julia is **nicer than** Jacinto.*

Jacinto es **menos** generoso **que** Julia.
*Jacinto is **less** generous **than** Julia.*

To be more precise with the comparison, we can use these quantifiers:

muchísimo (*so much*)
mucho (*much*)
bastante (*quite*)
un poco (a bit)

Julia es **mucho más** simpática **que** Jacinto.
*Julia is **much nicer than** Jacinto.*

Jacinto es **un poco menos** generoso **que** Julia.
*Jacinto is **a bit less** generous **than** Julia.*

Remember that these adjectives have special forms:

más bueno/a = **mejor** (*better*)
más malo/a = **peor** (*worse*)

- **The superlative**
  It stresses the superiority of someone against all others:

  ***el / la / los / las* + NOUN + *más / menos* + ADJECTIVE (+ *de*)**

  Julio Vizquerra es **el pintor más importante de** Honduras.
  *Julio Vizquerra is **the most important painter** in Honduras.*

  When it is clear from the context, we do not need to repeat all the information:

  ● ¿Quién es el pintor más importante de Honduras? —*Who is the most important painter in Honduras?*
  ○ Julio Vizquerra es **el más importante**. —*Julio Vizquerra is **the most important**.*

- **The absolute superlative**
  We use this form to express superiority of something or someone but without relating it to others of the same type:

  ADJECTIVE + *-ísimo / a / os / as*

  Las ruinas de Copán en Honduras son **famosísimas** en todo el mundo.
  The Copan ruins in Honduras are very famous all around the world.

  Honduras es un país **interesantísimo**.
  Honduras is a most interesting country.

- **Equality**
  When we want to compare characteristics of people, places, or things, we can express equality by using:

tan* + ADJECTIVE + *como	***igual de* + ADJECTIVE + *que***
Felipe es **tan** educado **como** su hermano. *Felipe is **as** well behaved **as** his brother.*	Felipe es **igual de** educado **que** su hermano. *Felipe is **as** well behaved **as** his brother.*
Luisa es **tan** tranquila **como** su mamá. *Luisa is **as** calm **as** her mom.*	Luisa es **igual de** tranquila **que** su mamá. *Luisa is **as** calm **as** her mom.*

4 The Conditional Tense: Form and Uses

As with the future tense, the conditional is also formed by adding the endings to the infinitive form. Those verbs that are irregular in the future are also irregular in the conditional:

REGULAR FORMS			IRREGULAR FORMS		
CHARLAR	charlar-		PODER	podr-	
CENAR	cenar-	**-ía**	SABER	sabr-	**-ía**
LLEVAR	llevar-	**-ías**	HACER	har-	**-ías**
CONOCER	conocer-	**-ía**	HABER	habr-	**-ía**
ENTENDER	entender-	**-íamos**	PONER	pondr-	**-íamos**
PERDER	perder-	**-ían**	DECIR	dir-	**-ían**
IR	ir-		TENER	tendr-	
VIVIR	vivir-		SALIR	saldr-	
			VENIR	vendr-	

We use the conditional to…

- talk about hypothetical actions and situations:

  Creo que **podría ser amigo** de tu hermana; parece muy simpática.
  *I think I **could be friends** with your sister; she seems very nice.*

- talk about what we would like to do, usually with the verbs *gustar* and *encantar:*

  Me gustaría conocer a una persona divertida.
  *I **would like** to meet a fun person.*

  Me encantaría salir contigo.
  *I **would love** to go out with you.*

- express recommendations and advice:

Yo **iría** a ver esa película: parece que es muy buena.
*I **would go** see that movie: it is supposed to be very good.*

Deberías salir más y conocer gente.
*You **should** go out more and meet people.*

- express wishes that are difficult or impossible to achieve:

Cenaría contigo, pero tengo otro compromiso.
*I **would have** dinner with you, but I have another commitment.*

5 Direct and Indirect Questions

- **Direct questions**

Direct questions are introduced by interrogative words such as ***dónde, cómo, cuándo, cuánto/s, qué, quién/es,*** and ***por qué***:

¿**Dónde** pasas la Navidad?
***Where** do you spend Christmas?*

¿**Cómo** vas a trabajar, en carro o en autobús?
***How** do you go to work, by car or by bus?*

¿**Por qué** vienes tan tarde?
***Why** do you come so late?*

En esta fotografía, ¿**quiénes** son tus padres?
*In this picture, **who** are your parents?*

¿**Qué** haces mañana? / ¿**Qué** prefieres, un té o un café? (+ VERB)
***What** are you doing tomorrow? / **What** do you prefer, tea or coffee?*

¿**Qué** carro es mejor? / ¿**Qué** tipo de música te gusta? (+ NOUN)
***Which** car is better? / **What** kind of music do you like?*

When we wish to single out from among a group, we use ***cuál / cuáles***:

- ¿Me das **un libro** para leer esta noche? —*Can you give me **a book** to read tonight?*
- Sí, claro, estos dos están muy bien... ¿**Cuál** prefieres? —*Yes, sure, these two are very good... **Which one** do you prefer?*

In questions with a preposition, the preposition is placed before the question word:

¿**De dónde** eres?
***Where** are you **from**?*

¿**A cuál** te refieres?
***Which** one are you referring **to**?*

¿**Con quién** hablas cada día?
***Who** do you speak **with** everyday?*

¿**Desde cuándo** vives en Honduras?
***Since when** have you been living in Honduras?*

¿**Con cuántos** músicos viajas?
***How many** musicians are you traveling **with**?*

¿**Contra** quién juega Honduras?
***Who** is Honduras playing **against**?*

¿**En qué** hotel te alojas?
***What** hotel are you staying **in**?*

¿**De qué** están hablando?
***What** are they talking **about**?*

¿**A qué** te refieres?
***What** are you referring **to**?*

¿**A qué** concierto vamos?
***What** concert are we going **to**?*

- **Indirect questions**

Me gustaría saber…
Quiero preguntarle…

YES / NO ANSWERS:
si vive solo. (***whether** he lives alone*)
si le gusta bailar. (***whether** s/he likes dancing*)

Me gustaría saber…
Quiero preguntarte…

OPEN-ENDED ANSWERS:
dónde vives. (***where** you live*)
cómo se llama tu esposa. (***what** your wife's name is*)
de dónde eres. (***where** you are **from***)

Capítulo 15

Gente que se divierte

Javier Larrea / age fotostock / Alamy Stock Photo

Palacio de la Cultura Rafael Uribe, Medellín (Colombia)

At the end of this lesson, I will be able to…

PRESENTATIONAL AND INTERPERSONAL COMMUNICATION

Speaking
- talk about entertainment and cultural products.
- express wishes, recommendations, and emotions.
- talk about the time and place of events.
- extend, accept, or reject proposals for activities.

Writing
- write a leisure guide for students traveling to Colombia.
- edit the content, organization, and cohesion of my writing.
- use connectors to add, sequence, and summarize ideas.

INTERPRETIVE COMMUNICATION

Listening
- understand basic information and details about entertainment and cultural options.
- understand questions and proposals related to entertainment and things to do in my spare time.

Reading
- understand the main ideas and key information of an essay about the Colombian movie industry.
- use contextual cues and other strategies to predict content before reading a text.

INTERCULTURAL COMPETENCE

- understand the cultural influences in both traditional and modern Colombian music.
- talk about two important Colombians in the United States's entertainment industry.
- reflect on the importance of Colombian Americans and their culture in the United States.

TAREA GLOBAL

Planificar un fin de semana en una feria cultural y de entretenimiento en Bogotá

CLUB CULTURA

Explore Colombia with *Club cultura!*

Acercamientos

15–1 Divertirse en Colombia Lee el texto. ¿Los jóvenes colombianos se divierten de la misma manera que los estadounidenses?

www.colombiadivertida.com

Colombia es un país con una diversa oferta cultural y de ocio y a los jóvenes les gusta pasarla bien con amigos. Entre sus opciones preferidas, los conciertos de música y las fiestas populares lideran la lista. En cada región del país hay festivales que celebran su música, baile y modo de vida. Aquí encontrarás algunos de los más conocidos:

- Barranquilla: esta ciudad costera es famosa por su celebración de **carnaval** cada primavera. Es el segundo carnaval más importante del mundo, tras el de Río de Janeiro, en Brasil.
- Cali: la ciudad es conocida por sus numerosos festivales y su ambiente nocturno. El **Festival Mundial de Salsa** es un evento de importante reputación a nivel global. También tiene varios museos dedicados al patrimonio prehispánico de Colombia.
- Medellín: con un clima primaveral óptimo, la ciudad ofrece festivales todo el año: el de jazz y el de la poesía están entre los más populares. Su **Feria de las Flores** es la mayor muestra de flores al aire libre del mundo.
- Bogotá: la capital es conocida como la "Atenas de América Latina" por sus numerosos museos, librerías y universidades. **Expoartesanías** es uno de los eventos más grandes del año en el que artistas y artesanos de todo el país presentan y venden sus productos.

Carnaval de Barranquilla

Yaacov Dagan / Alamy Stock Photo

Festival Mundial de Salsa

ERNESTO GUZMÁN JR / EFE News Agency / Alamy Live News

Feria de las Flores

Jon G. Fuller/VWPics / Alamy Stock Photo

¿Qué ciudad te gustaría visitar? ¿Por qué? Compara tus preferencias con tu compañero/a.

15–2 Los sábados por la noche ¿Qué haces normalmente los sábados por la noche? Coméntalo con tus compañeros/as.

	NORMALMENTE	A VECES	(CASI) NUNCA
Voy a algún concierto.			
Voy al cine.			
Tomo algo con amigos.			
Salgo a cenar.			
Me quedo en casa viendo Netflix.			
Voy a casa de amigos.			
Voy a bailar.			
Otras cosas:			

EJEMPLO: E1: Los sábados por la noche normalmente me quedo en casa: veo alguna serie, leo...

E2: Yo no, yo salgo con amigos a tomar algo o voy al cine.

Vocabulario en contexto

15-3 ¿Qué hacen los colombianos en su tiempo libre? Comenten los datos que les llaman la atención y saquen cinco conclusiones relevantes sobre los colombianos y sus preferencias de ocio.

Frecuencia de hábito (en % de población total)					
	12–25 años	**26–40 años**	**41–64 años**	**65+ años**	**TOTAL**
Libros	66,8%	47,4%	40,6%	37,9%	50,3%
Redes sociales	91%	80,6%	45,5%	9,7%	66,3%
Blogs y foros electrónicos	69,3%	56,5%	30,8%	8,5%	47,9%
Videos y videojuegos	86,8%	80,4%	54,5%	22,2%	67,9%
Bibliotecas	41,1%	15,6%	8,7%	3,9%	19,7%
Conciertos y recitales de música	40,8%	35,5%	25,3%	14%	31,6%
Fiestas, ferias y exposiciones culturales	42,7%	38,8%	37,6%	26,8%	38,4%
Teatro y danza	23,3%	18,9%	15,3%	10,7%	18,2%
Televisión, noticias	29,6%	28,1%	31,7%	10,6%	28%
Cine	55,1%	47,9%	28,5%	12,7%	40,2%

EJEMPLO: E1: Creo que la música en vivo es muy popular entre los jóvenes, pero la gente más mayor no va mucho a conciertos.

E1: Es verdad, especialmente los mayores de 65 años.

15-4 Lo mejor de Netflix Lean el texto sobre las preferencias de los colombianos que usan Netflix. Después usen las palabras de la lista para describir las series y películas populares en Colombia.

género	documental
película animada	comedia
serie	serie
personaje	terror
final	temporada
policíaco/a	ciencia ficción
cortometraje	telenovela
dramático/a	telerrealidad
argumento	acción
musical	ciencia ficción

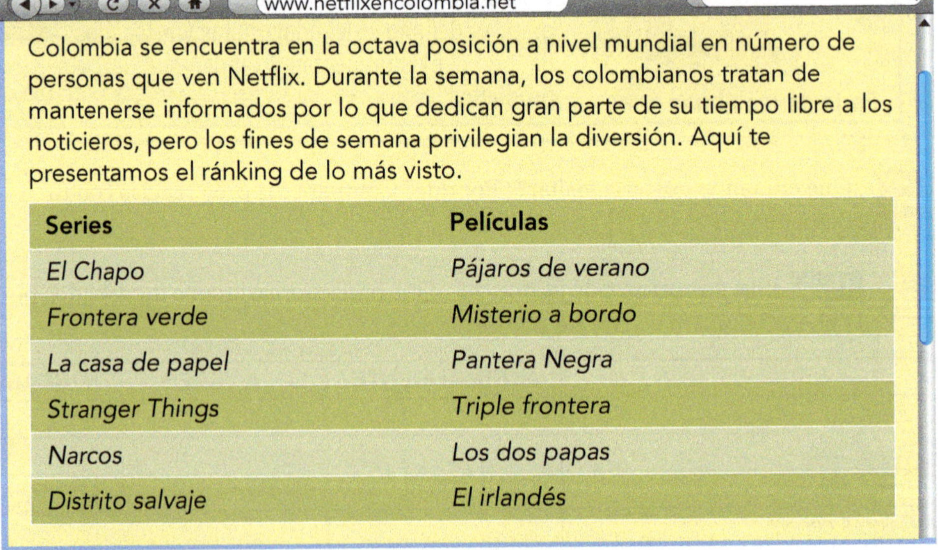

Colombia se encuentra en la octava posición a nivel mundial en número de personas que ven Netflix. Durante la semana, los colombianos tratan de mantenerse informados por lo que dedican gran parte de su tiempo libre a los noticieros, pero los fines de semana privilegian la diversión. Aquí te presentamos el ránking de lo más visto.

Series	Películas
El Chapo	*Pájaros de verano*
Frontera verde	*Misterio a bordo*
La casa de papel	*Pantera Negra*
Stranger Things	*Triple frontera*
Narcos	*Los dos papas*
Distrito salvaje	*El irlandés*

EJEMPLO: E1: Yo creo que *El Chapo* es un **documental** sobre un narcotraficante.

E1: ¡No! Es una serie **policíaca**, pero el **protagonista** es un narcotraficante.

¿Ustedes prefieren las películas o las series de televisión? Comparen sus preferencias. Luego describan su serie favorita. Tengan en cuenta el género, el argumento, los actores, el guión, etc.

Se titula ______________
Es una serie de (género)
____
Trata de (*It's about*)
____
Los personajes principales son ______________

15-5 Planes para el viernes Es viernes y Valentín no sabe qué hacer. Sus compañeros y compañeras de trabajo están haciendo planes para esta noche. Escucha las cuatro conversaciones y completa la tabla.

		¿QUÉ VA(N) A HACER?	¿POR QUÉ?
Conversación 1	Clara	No lo sabe.	Ha llamado a Tina pero ella **tiene planes.**
	Tina	______	______
Conversación 2	Claudia y Laura	______	______
Conversación 3	Federico y Alejandro	______	______
Conversación 4	Ramón y Beatriz	______	______

15-6 Guía del ocio Lee esta guía del ocio. ¿Con qué actividades de ocio relacionas cada lugar?

Plaza de Mercado PALOQUEMAO

Toda Colombia en un solo lugar. Productos locales, artesanías, tragos (*drinks*) y un excelente ambiente.

Lunes a sábados de 4:30 a.m. a 9:30 p.m.
Domingos y feriados de 5:00 a.m. a 4:30 p.m.

El telar de las palabras – Librería de mujeres

Primera librería bogotana dedicada a saldar la deuda histórica con las mujeres en el ámbito literario y artístico.

Abierto de 11:00 a.m. a 7:00 p.m.
Acogedor café y sala de lectura. Talleres de escritoras, círculo de lectoras y exposiciones de pintura todas las semanas.

Cinemanía

17 años promoviendo la industria cinematográfica. Cuatro salas y café bohemio.

Para consultar la programación, visita www.amocine.com.co

Películas seguidas de foro de reflexión en la cafetería con expertos.

Andrés Carne de Res

Cena, rumba y tragos colombianos
Espectáculos en vivo
Ambiente único

Hay que hacer reserva los fines de semana
Abierto desde las 9:00 p.m.

Millonarios F.C. – Independiente Santa Fe

EFE News Agency / Alamy Stock Photo

Transmisión desde el Estadio El Campín HOY a las 19:00 en Fútbol Manía TV

EJEMPLO: E1: Creo que en Paloquemao puedes ir de compras y dar un paseo.
E2: Sí, también puedes comer **y tomar unas copas** allí.

Ahora escucha estas conversaciones otra vez. Identifica a qué lugares van a ir estos personajes y descríbelos.

1. Claudia y Laura **2.** Federico y Alejandro **3.** Ramón y Beatriz

15-7 La cita de Valentín Lean la información sobre Valentín. ¿Con quién creen que puede salir esta noche? Justifiquen sus respuestas.

	SÍ	NO	¿POR QUÉ?
con Clara			
con Tina			
con Claudia y con Laura			
con Federico y con Alejandro			
con Ramón y con Beatriz			

VALENTÍN ES MUY AFICIONADO AL FÚTBOL Y NO LE GUSTA DEMASIADO IR AL CINE.

ACABA DE ROMPER CON ELENA, SU NOVIA, Y ESTÁ UN POCO TRISTE.

ESTÁ UN POCO GORDO, TIENE EL COLESTEROL ALTO Y ESTÁ A DIETA.

NO LE GUSTA LEER; PREFIERE VER LA TELEVISIÓN.

LE GUSTA CLARA.

¿Y tú con quién saldrías (o no) esta noche? ¿Por qué? Compáralo con tus compañeros/as de clase.

Yo (no) saldría con ______ porque ______.

PRESENTE DE SUBJUNTIVO

Verbos regulares

-AR	-ER	-IR
habl**e**	com**a**	viv**a**
habl**es**	com**as**	viv**as**
habl**e**	com**a**	viv**a**
habl**emos**	com**amos**	viv**amos**
habl**en**	com**an**	viv**an**

Verbos irregulares

SER	IR	PODER
sea	**vaya**	**pueda**
seas	**vayas**	**puedas**
sea	**vaya**	**pueda**
seamos	**vayamos**	**podamos**
sean	**vayan**	**puedan**

haber → hay-
poner → pong-
hacer → hag-
venir → veng-
tener → teng-
decir → dig-
salir → salg-
saber → sep-

USO DEL SUBJUNTIVO

Deseos

Espero que...
Quiero que...
Prefiero que... } + SUBJUNTIVO

... esa película **sea** buena.

Recomendaciones

Te aconsejo que...
Propongo que...
Es necesario que... } + SUBJUNTIVO

...**vengas** temprano a casa.

VERBOS REFLEXIVOS: EMOCIONES

Me enojo si la gente llega tarde a una cita.

Luis **se enoja cuando** la gente llega tarde.

me pongo
te pones
se pone } triste, contento/a... de buen / mal humor...
nos ponemos
se ponen } tristes nerviosos/as...

Lengua en contexto

15-8 Ponerse de acuerdo (*Agreeing*) Ustedes tienen que ponerse de acuerdo para hacer varias cosas. Miren las opciones y digan qué quieren o prefieren hacer y por qué. Decidan qué van a hacer.

1. salir el viernes por la noche / salir el sábado por la noche
2. ir al cine / ir a la bolera (*bowling alley*)
3. tomar un Uber / tomar un taxi
4. cenar en un restaurante / cenar en casa
5. ver *El mago de Oz* / ver *Los vengadores*
6. jugar Monopoly / jugar con la Xbox

EJEMPLO: **E1:** ¿A dónde quieren que **vayamos**?
E2: Prefiero que **vayamos** a la bolera; me encanta jugar a los bolos.
E3: Yo quiero que **vayamos** al cine: hay una película que quiero ver.

Ahora expliquen a la clase qué quieren hacer y por qué.

EJEMPLO: Queremos **salir** el sábado y preferimos **ir** a la bolera porque...

15-9 Cine y emociones ¿Cómo te sientes cuando ves este tipo de películas? Completa la tabla y compara tus respuestas con un/a compañero/a.

Una película...	divertirse	aburrirse	ponerse triste	ponerse contento	sentirse bien	sentirse mal	enojarse
... de suspense							
... donde el protagonista muere							
... con un final feliz							
... romántica							
... muy, muy mala							
... donde el villano muere							

EJEMPLO: **E1:** ¿Tú cómo **te sientes** cuando ves una película de terror?
E2: ¿Yo? Yo **me siento** muy mal. ¡**Me pongo** muy nervioso!

Ahora recomienda a tu compañero/a una buena película.

EJEMPLO: **Te recomiendo que veas** *El mago de Oz*. Es una película musical y la actriz principal es Judy Garland. Trata de una niña que vive en Kansas y va a un lugar fantástico donde conoce a personajes como un león, un espantapájaros (*scarecrow*) y un hombre de hojalata (*tin man*). Me encanta porque...

15-10 Tres días en Bogotá Van a pasar tres días en Bogotá y quieren visitar todos los lugares que recomienda este blog. Hagan propuestas a su compañero/a para programar las actividades en esta tabla.

ACTIVIDADES		
sábado	por la mañana	
	por la tarde	
	por la noche	
domingo	por la mañana	
	por la tarde	
lunes	por la mañana	
	por la tarde	

QUÉ HACER EN BOGOTÁ

Museo del oro

Contiene la colección más grande de oro prehispánico en el mundo. Hay más de 55.000 piezas de oro y otros materiales de todas las culturas prehispánicas en Colombia.
Horario: martes a sábado de 9:00 a.m. a 6:00 p.m.; domingos y festivos de 10:00 a.m. a 4:00 p.m. Entrada libre los domingos. Precio de la entrada: $3.000 pesos de martes a sábado

Stefano Paterna / Alamy Stock Photo

Museo Quinta de Bolívar

Es la casa donde vivió Simón Bolívar. Se puede ver el gran salón, el comedor, el salón de juegos y la alcoba del Libertador.
Horarios: martes a viernes: 9:00 a.m. a 5:00 p.m. Sábados y domingos: 10:00 a.m. a 4:00 p.m. Cerrado los lunes. Precio: Adultos: $3.000. Estudiantes: $2.000. Entrada gratuita todos los domingos.

Armando Records

Un lugar imperdible para rumbear en Bogotá. Disfruta de un buen trago en la terraza al aire libre y baila toda la noche al ritmo de la vanguardia musical de la capital. Horario: martes a sábado de 8:00 p.m. a 3:00 a.m.

Gaira Café Rumba House

Este bar, propiedad del famoso cantante colombiano Carlos Vives, es uno de los mejores lugares para bailar en Bogotá. Allí también encontrarás instrumentos y objetos de destacados músicos colombianos. Horario: lunes de 9:00 a.m. a 11:00 p.m., martes de 9:00 a.m. a 12:00 p.m., miércoles de 9:00 a.m. a 1:00 p.m., jueves a sábado de 9:00 a.m. a 3:00 a.m. y domingo de 8:00 a.m. a 6:00 p.m.

Ciclovía

Los domingos de 7:00 a.m. a 2:00 p.m. más de 120 kilómetros de vías de la ciudad se convierten en un espacio donde ciudadanos corren, caminan, patinan o recorren la capital en bicicleta. Este programa tiene más de 40 años y es considerado el primero de su clase en el mundo.

Jardín botánico

Disfruta de un oasis de 50 acres de palmeras y exuberantes jardines tropicales en medio de la ciudad. El Jardín Botánico cuenta con un reloj de sol, galería de orquídeas, una cascada y un lago, entre otros. Horario: lunes a viernes de 8:00 a.m. a 5:00 p.m.; sábados, domingos y festivos de 9:00 a.m. a 5:00 p.m.

Museo Botero

Fernando Botero es el artista colombiano más famoso del mundo, conocido por sus voluminosas figuras. En este museo se pueden apreciar más de 100 pinturas en acuarelas, óleos, pasteles y esculturas; así como obras de Picasso, Renoir, Dalí y Matisse. Horario: lunes a sábados de 9:00 a.m. a 7:00 p.m.; domingos y festivos de 10:00 a.m. a 5:00 p.m.; cerrado los lunes. Entrada libre.

EJEMPLO: E1: El sábado por la mañana propongo que **vayamos** a…
E2: ¿A qué hora abren?
E1: Los sábados abren **de nueve de la mañana a cinco de la tarde.**
E2: No, es mejor que **vayamos** el domingo porque es gratis.

 **15-11 ¿Dónde es?** Hablen con su compañero/a para proponerle ir a ciertos eventos. Digan dónde y a qué hora son.

ESTUDIANTE A

1. Un concierto de Juanes el sábado por la tarde.
2. Un partido de baloncesto con tu equipo favorito.
3. ____________________

ESTUDIANTE B

1. Una fiesta en casa de un/a amigo/a.
2. Un nuevo restaurante vegetariano.
3. ____________________

EJEMPLO: E1: ¿Quieres ir a ver el partido de fútbol esta tarde?
E2: ¿Dónde **es**?
E1: **Es** en el estadio de la universidad.
E2: OK, y ¿a qué hora **es**?

HORA Y LUGAR DE EVENTOS

- ¿**A qué hora** es el concierto?
  - A las nueve.
    nueve **y** cinco.
    nueve **y cuarto**.
    nueve **y** veinte.
    nueve **y media**.
  - A las diez **menos** veinte.
    diez **menos cuarto.**
    diez **menos** cinco.

  a las diez **de la mañana** = 10 a.m.
  a las diez **de la noche** = 10 p.m.
  a las dos **de la tarde** = 2 p.m.
- ¿**Dónde es** el concierto?
  - **Es** en el Auditorio.

Interacciones

Estrategias para la comunicación oral

Proposing activities

There are several ways in which you can propose an activity to others. These are the most common:

- ¿**Por qué no** vamos al cine esta noche? —Why don't we go to the movies tonight?
- ¿**Y si** vamos juntos a cenar? —What if we go out for dinner together?
- ¿**Qué te parece si** vamos al teatro? —How about going to the theatre?

To accept a proposal, you can say:

- *De acuerdo.* —OK.
- *Buena idea.* —Good idea.
- *Perfecto. / Fantástico.* —Perfect. / Great.
- *Muy bien.* —Sounds good.

The most common way to excuse yourself in Spanish to start your sentence with the formula "es que" and then justifying your answer:

- ***Es que*** *tengo una cita.* —I've got a date.
- *Lo siento,* ***es que*** *no tengo ganas de ir.* —I'm sorry, I don't feel like going.
- *No puedo,* ***es que*** *tengo que estudiar.* —I can't. I need to study.

15-12 Propuestas Este fin de semana quieres divertirte con tus amigos/as. Piensa en un lugar o actividad de ocio para cada área y propón qué hacer. Tu compañero/a va a aceptar o no tus propuestas y te va a explicar por qué.

1. un lugar para hacer deporte: ___________
2. un restaurante: __________
3. un club o discoteca: _________
4. un museo o monumento: __________
5. un parque: __________
6. un espectáculo deportivo o concierto: _______

EJEMPLO: E1: **Quiero que hagamos** algo divertido. ¿**Y si vamos** a ver *Star Wars*? Es de **ciencia ficción.**

E2: Lo siento, **es que** no me gusta mucho el cine. **Prefiero que vayamos** a cenar.

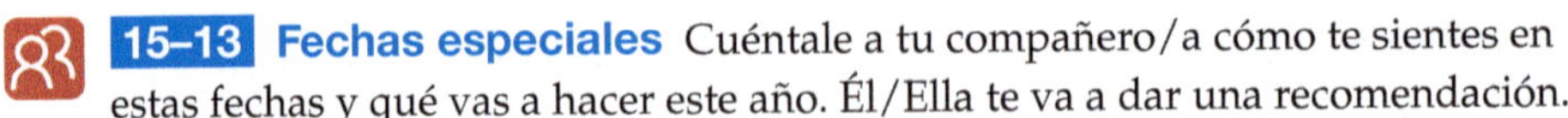

15-13 Fechas especiales Cuéntale a tu compañero/a cómo te sientes en estas fechas y qué vas a hacer este año. Él/Ella te va a dar una recomendación.

- Tu cumpleaños
- El Día de Acción de Gracias
- El Día de los Enamorados
- El Año Nuevo
- Halloween
- El Día del Padre / de la Madre

divertirse	aburrirse
ponerse triste / contento/a / nervioso/a	ponerse de buen / mal humor
sentirse bien / mal / feliz	enojarse / preocuparse

EJEMPLO: E1: Yo **me divierto** muchísimo para mi cumpleaños. Este año voy a salir con amigos; vamos a ir a cenar y luego a tomar copas.

E2: Ah, ¡qué bien! Pero **te recomiendo que no bebas** demasiado.

 **15-14 ¿Qué hacemos el fin de semana?** Miren la guía de tiempo libre para este fin de semana y decidan qué eventos les interesan. Después hagan planes para el sábado y domingo. Comenten cuándo y dónde es cada evento, y propongan cuándo y dónde encontrarse, qué hacer, etc.

9:13 PM

GUÍA DE TIEMPO LIBRE

MÚSICA

Festival de Reggae
– Sábado 23 11:00 p.m. Teatro Broadway, 2223 Adams Pl NW

Galactic Jazz
– Domingo 24 8:00 p.m. Casa de la Música

Maluma en concierto
– Sábado 23 7:30 p.m. Teatro Grand Splendid

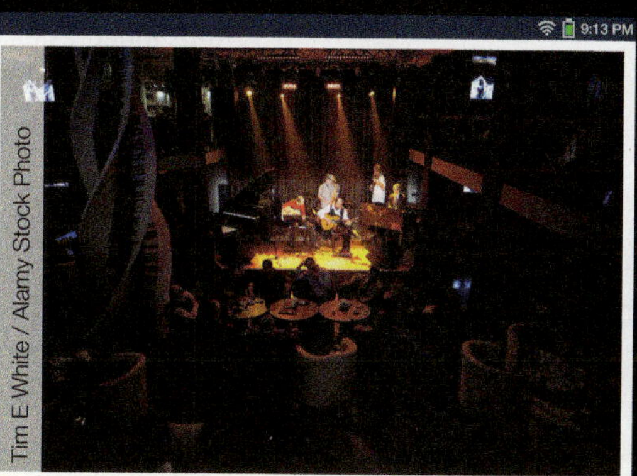
Tim E White / Alamy Stock Photo

CULTURA

Festival de Decoración y Diseño
– Domingo 24 7:00 p.m. 401 F St NW

Tour de la ciudad
– Domingos 5:30 p.m. y 7:00 p.m. 28 St NW y N St NW

Exposición Fernando Botero
– Viernes a domingos 3:00 p.m. a 8:00 p.m. Museo de Arte Contemporáneo

DEPORTES

Wizards vs Miami Heat
– Sábado 23 7:00 p.m. Capital One Arena

Nationals vs Astros
– Domingo 24 6:35 p.m. Estadio Nacional

Maratón de Medianoche
– Domingo 24 12:00 a.m. Parque Central

EJEMPLO: E1: **Propongo que vayamos** al partido de Miami Heat. **Es el sábado** en Capital One Arena.
E2: **Buena idea.** Podemos encontrarnos **a las 6:30** en el estadio.
E3: **Muy bien.** ¿Y qué **quieren que hagamos** el domingo?

  **15-15 Situaciones: *Opciones de entretenimiento*** Two students have just arrived to the place where you study for summer school. They visit the Office of Student Life in order to obtain information about things to do on weekends and in their free time.

ESTUDIANTE A
You are quiet and don't really enjoy going out at night. You want suggestions on how to make the most of your time in summer school.

You are very interested in:

- art: painting and photography
- cultural activities, films and concerts
- music: all types, especially classical
- quiet places to walk and meditate

ESTUDIANTE B
You are outgoing and very sociable. You are not interested in museums and hate quiet places. You want recommendations on how to make the most of your time in summer school.

You are interested in:

- night life: bars, discos, dancing
- concerts: pop and Latin music
- exotic places
- social gatherings

ESTUDIANTE C
You work at the Office of Student Life. Two students visit your office to get information about things to do on weekends and in their free time. Answer their questions and give them suggestions and recommendations based on their interests.

Tarea global

Planificar un fin de semana en una feria cultural y de entretenimiento en Bogotá

Preparación Antes de planear las actividades, lean esta información sobre el Salón del Ocio y la Fantasía (SOFA) de Bogotá.

Relacionen estas fotos con la lista de temas y actividades que se pueden encontrar en una feria cultural de este tipo. Hablen con sus compañeros/as para ver cuáles les gustan más y menos.

Jeffrey Blackler / Alamy Stock Photo

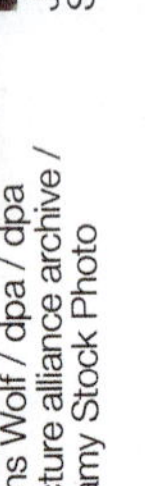

Jens Wolf / dpa / dpa picture alliance archive / Alamy Stock Photo

Endless Travel / Alamy Stock Photo

JHPhoto / Alamy Stock Photo

> El Salón del Ocio y la Fantasía (SOFA) de Bogotá es una feria cultural de pasatiempos y entretenimiento que congrega a comunidades involucradas con los videojuegos, la ciencia ficción, la tecnología, los juegos de rol, el deporte, el cómic, la literatura fantástica, el manga, el anime y el cosplay. SOFA nació en el 2009 con el propósito de entender las nuevas culturas y ofrecer un espacio de encuentro a diversas comunidades, su manera de entender el tiempo libre y sus aficiones. Hoy día es el festival más importante en su género en Latinoamérica y tiene más de 200.000 visitantes cada año.
>
> El SOFA dura cinco días y reúne lo mejor de las culturas alternativas, nuevas tendencias, creatividad, entretenimiento y emprendimiento. En el SOFA, niños, jóvenes y adultos se encuentran y viven las mejores experiencias de entretenimiento alternativo del país.

- Superhéroes
- *Harry Potter*
- Videojuegos
- Ciencia ficción
- Terror
- Anime
- Legos
- Robótica
- Cosplay

Paso 1 Mira la guía de actividades del SOFA y escribe en tu agenda las actividades que te gustaría hacer en cada uno de los días.

Paso 2 Formen grupos y compartan sus preferencias. Decidan un plan común para el fin de semana. Anoten con quién van a ir a cada actividad o evento.

EJEMPLO: **E1:** A mí me gusta mucho el K-pop y por eso quiero ir al concurso. ¿A quién le gusta el K-pop? ¿Quieres que vayamos juntos el sábado?
E2: A mí.
E2: De acuerdo. ¿A qué hora es?
E1: A las once.
E2: Ah, no puedo. Es que voy a ir al taller de origami.

	SÁBADO	DOMINGO
11:00 a.m.	Actividad: Voy a ir con:	Actividad: Voy a ir con:
3:00 p.m.	Actividad: Voy a ir con:	Actividad: Voy a ir con:
8:00 p.m.	Actividad: Voy a ir con:	Actividad: Voy a ir con:

Paso 3 El grupo prepara un informe con las seis actividades más populares entre los miembros del grupo. Después presentará su lista a la clase.

Ayuda

¿DÓNDE Y CUÁNDO?

El taller de origami **es** el sábado **a** las once.

El concierto **es** en el auditorio.

CONCERTAR UNA CITA

¿A qué hora nos vemos?

¿Dónde nos vemos?

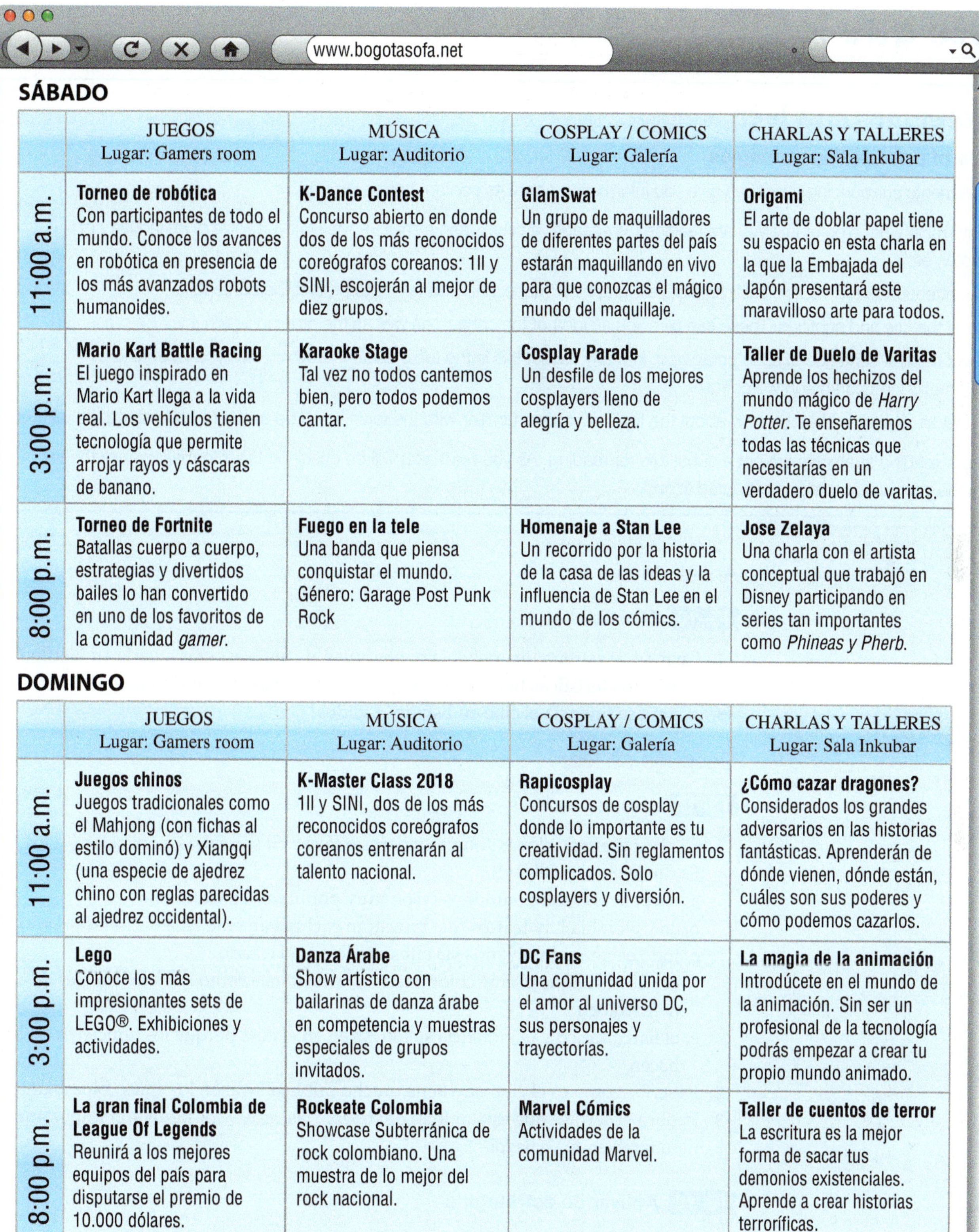

www.bogotasofa.net

SÁBADO

	JUEGOS Lugar: Gamers room	MÚSICA Lugar: Auditorio	COSPLAY / COMICS Lugar: Galería	CHARLAS Y TALLERES Lugar: Sala Inkubar
11:00 a.m.	**Torneo de robótica** Con participantes de todo el mundo. Conoce los avances en robótica en presencia de los más avanzados robots humanoides.	**K-Dance Contest** Concurso abierto en donde dos de los más reconocidos coreógrafos coreanos: 1ll y SINI, escojerán al mejor de diez grupos.	**GlamSwat** Un grupo de maquilladores de diferentes partes del país estarán maquillando en vivo para que conozcas el mágico mundo del maquillaje.	**Origami** El arte de doblar papel tiene su espacio en esta charla en la que la Embajada del Japón presentará este maravilloso arte para todos.
3:00 p.m.	**Mario Kart Battle Racing** El juego inspirado en Mario Kart llega a la vida real. Los vehículos tienen tecnología que permite arrojar rayos y cáscaras de banano.	**Karaoke Stage** Tal vez no todos cantemos bien, pero todos podemos cantar.	**Cosplay Parade** Un desfile de los mejores cosplayers lleno de alegría y belleza.	**Taller de Duelo de Varitas** Aprende los hechizos del mundo mágico de *Harry Potter*. Te enseñaremos todas las técnicas que necesitarías en un verdadero duelo de varitas.
8:00 p.m.	**Torneo de Fortnite** Batallas cuerpo a cuerpo, estrategias y divertidos bailes lo han convertido en uno de los favoritos de la comunidad *gamer*.	**Fuego en la tele** Una banda que piensa conquistar el mundo. Género: Garage Post Punk Rock	**Homenaje a Stan Lee** Un recorrido por la historia de la casa de las ideas y la influencia de Stan Lee en el mundo de los cómics.	**Jose Zelaya** Una charla con el artista conceptual que trabajó en Disney participando en series tan importantes como *Phineas y Pherb*.

DOMINGO

	JUEGOS Lugar: Gamers room	MÚSICA Lugar: Auditorio	COSPLAY / COMICS Lugar: Galería	CHARLAS Y TALLERES Lugar: Sala Inkubar
11:00 a.m.	**Juegos chinos** Juegos tradicionales como el Mahjong (con fichas al estilo dominó) y Xiangqi (una especie de ajedrez chino con reglas parecidas al ajedrez occidental).	**K-Master Class 2018** 1ll y SINI, dos de los más reconocidos coreógrafos coreanos entrenarán al talento nacional.	**Rapicosplay** Concursos de cosplay donde lo importante es tu creatividad. Sin reglamentos complicados. Solo cosplayers y diversión.	**¿Cómo cazar dragones?** Considerados los grandes adversarios en las historias fantásticas. Aprenderán de dónde vienen, dónde están, cuáles son sus poderes y cómo podemos cazarlos.
3:00 p.m.	**Lego** Conoce los más impresionantes sets de LEGO®. Exhibiciones y actividades.	**Danza Árabe** Show artístico con bailarinas de danza árabe en competencia y muestras especiales de grupos invitados.	**DC Fans** Una comunidad unida por el amor al universo DC, sus personajes y trayectorías.	**La magia de la animación** Introdúcete en el mundo de la animación. Sin ser un profesional de la tecnología podrás empezar a crear tu propio mundo animado.
8:00 p.m.	**La gran final Colombia de League Of Legends** Reunirá a los mejores equipos del país para disputarse el premio de 10.000 dólares.	**Rockeate Colombia** Showcase Subterránica de rock colombiano. Una muestra de lo mejor del rock nacional.	**Marvel Cómics** Actividades de la comunidad Marvel.	**Taller de cuentos de terror** La escritura es la mejor forma de sacar tus demonios existenciales. Aprende a crear historias terroríficas.

Paso 4 Mi progreso

I can…

	very well	well	with difficulty
Goal 1: talk about entertainment and cultural products.			
Goal 2: talk about the time and place of events.			

Gente que lee

Estrategias para leer

Review of pre-reading strategies

Many elements surrounding a text can give you information about its content before you read it.

1. Determine what type of text you are reading (newspaper article, letter, e-mail, movie review, profile of an industry or sector, etc.).
2. Pay attention to the visuals, such as pictures, graphics, maps, and charts. Try to predict the content.
3. Read the title and subtitles. These can give you an idea of the content as well as the order in which it will be presented.
4. Read the first sentence of each paragraph. In many cases, this is the topic sentence, which tells you what kind of information the paragraph will contain.
5. Consider what you already know about the topic. If you are familiar with the topic, it will be easier to understand the text.

These pre-reading strategies are not a substitute for reading. As you read, you will be checking the information from the text against the information that you expected to find.

Antes de leer

15–16 El cine

1. Cuando se estrena una película buena, ¿vas al cine o esperas a verla en Netflix?
2. ¿Qué características tiene el cine taquillero (*box-office hits*) en Estados Unidos?
3. ¿Cómo se financia el cine en Estados Unidos?

Después de leer

15–17 ¿Comprendes?

1. Di si estas afirmaciones son verdaderas o falsas. Si son falsas, corrígelas. Según la autora del texto…
   a. las películas estadounidenses son muy populares en Colombia.
   b. en Colombia hay teatros que muestran exclusivamente cine nacional.
   c. todo el cine colombiano está subsidiado por el estado.
   d. es necesario que el cine colombiano aborde temas como la violencia o el narcotráfico.
   e. el narcotráfico y la violencia se muestran en el cine porque los noticieros no lo hacen.
2. Describe cómo es el cine que tiene mucho público local en los cines colombianos.
3. Explica esta frase que está al final del texto: "las risas y los besos son importantes, pero también los balazos".

15–18 Activando estrategias

1. Según el contexto, ¿qué significan las palabras **cintas** y **personajes**?
2. ¿Qué tipo de palabras son **apoyo** (párr. 4), **promedio** (párr. 4) y **moral** (párr. 5) en este contexto? ¿Son nombres, adjetivos, verbos…? ¿Qué significan? Búscalas en el diccionario para ver si tus predicciones eran correctas.
3. Explica cómo se han formado las palabras **empobrecido** (párr. 4) y **subvalora** (párr. 6). ¿Qué significan?
4. ¿A qué o quién se refieren **ellas** (párr. 3), **esto** (párr. 4) y **Otras** (párr. 5)?

El cine colombiano y su público

En los últimos años, la industria cinematográfica colombiana ha visto un aumento no sólo de la producción sino también de la participación en festivales y eventos cinematográficos de todo el mundo.

Por ejemplo, la nominación al Óscar para *El abrazo de la serpiente* de Ciro Guerra en el 2016 puso a Colombia en lo más alto del cine. Este director volvió a la pantalla grande junto a Cristina Gallego con *Pájaros de verano*, que inauguró la 50 Quincena de Realizadores en el Festival de Cannes y aseguró su distribución en Estados Unidos, además de haber sido nominada al Óscar en el 2018. Las nominaciones trajeron un aumento considerable de público colombiano a las salas de cine, pero también demostraron que los colombianos ven el valor de su cine sólo cuando hay una validación externa, y esto es triste.

El cine colombiano representa menos del 6% de la taquilla nacional. En Colombia, los cines están inundados de películas de Estados Unidos y las producciones nacionales no pueden competir con **ellas**. Se habla de asignar teatros para la muestra exclusiva de **cintas** nacionales, pero es "el pescado que se muerde la cola": las salas de cine no quieren tener sólo cine nacional porque el cine nacional no atrae al público colombiano. Por eso, es necesario que se consideren otras medidas para fomentar (*promote*) la industria.

Un aspecto de debate es que en Colombia todas las películas que se estrenan tienen **apoyo** del estado, sin excepción. Esto puede ser bueno o malo: algunos dicen que si este dinero es para hacer cine de calidad y ayudar a los colombianos a comprender mejor el mundo en el que viven, entonces vale la pena y el apoyo estatal tiene sentido. Pero si una película subvencionada tiene un guión mediocre, actores **promedio** y una historia estereotipada, es mejor que la plata del estado se destine a construir un parque en un barrio. Otro problema es que ya no hay crítica seria. El público se guía por las recomendaciones de la red, y **esto** ha **empobrecido** el pensamiento y las discusiones en torno al cine.

Parte del público colombiano dice que siempre se tratan los mismos temas: drogas, violencia, secuestros. Históricamente, la realidad del país ha marcado los temas del cine nacional, sus **personajes** y sus historias. Muchos directores colombianos han considerado el tratamiento de esos temas casi una obligación **moral**: decirle al público lo que pasa a través de una película es mucho más impactante que verlo en un noticiero en dos minutos. Pero ese no es todo el cine que se hace en Colombia. No todo es narcotráfico y violencia. Entre el 2000 y el 2010 se produjeron 70 películas y sólo 29 trataron temas como las drogas, el conflicto armado o la delincuencia. **Otras** fueron comedias costumbristas, con estereotipos regionales y un sentido del humor cuestionable y pedestre. Este es un cine provinciano, que conecta con la audiencia y supera siempre el millón de espectadores en el país, pero sin ninguna repercusión internacional.

Olekcii Mach / Alamy Stock Photo

¿Qué clase de cine queremos que haya? ¿Un cine de festivales internacionales que los colombianos no ven, o un cine popular que **subvalora** la inteligencia del público? Es verdad que nuestro cine necesita más historias de amor, pero es necesario que se continúen abordando temas difíciles: las risas y los besos son importantes, pero también los balazos.

15–19 Expansión

1. ¿Cuáles son los temas más comunes del cine estadounidense? ¿Qué crees que nos dicen sobre la sociedad?
2. Muchos consideran que los artistas tienen un compromiso con la sociedad en la que viven. ¿Crees que el cine debe mantenerse como una expresión artística o como un reflejo de la sociedad? Justifica tu opinión.

Gente que escribe

Estrategias para escribir

Editing your writing for content, organization, and cohesion

Good writers plan, review, edit, and revise. The planning stage entails considering readers and purpose, developing an outline, and creating topic sentences. Good writers also review what they have written: they stop and reread, go back and make changes (edit), and plan what to write next. During this part of the process, they focus on the content more than on the language. It is advisable to edit your writing for content and organization before moving on to revise the grammar, vocabulary, and so on.

- Content: Is it relevant, interesting, appropriate, well-developed? Think about your readers and the purpose of your writing again. Are you achieving this purpose?
- Organization: Are your paragraphs well organized? Is your writing easy to follow?
- Cohesion in paragraphs: Do they have clear topic sentences? Are the other sentences in the paragraph related to the topic sentence? Did you repeat key words or structures, or use reference words (pronouns, demonstratives, etc.)? Did you connect your sentences?

MÁS ALLÁ DE LA FRASE

Expository writing (I): Connectors for adding and sequencing ideas, summarizing, and concluding

- Adding: ***también*** (also), ***además*** (also, moreover), ***asimismo*** (likewise), ***igualmente*** (likewise), ***es más*** (furthermore)
- Sequencing: ***para empezar*** (first of all, to start), ***en primer lugar*** (first of all, in the first place), ***en segundo lugar*** (second, in the second place), ***en tercer lugar*** (in the third place), ***a la vez*** (at the same time), ***después*** (next), ***a continuación*** (then, next), ***al mismo tiempo*** (at the same time), ***por último*** (finally, last)
- Summarizing: ***para terminar*** (finally), ***en resumen*** (in sum), ***para concluir*** (to conclude), ***en conclusión*** (in conclusion)

15-20 Una guía de ocio Trabajas para una organización de viajes de estudio-trabajo para estudiantes universitarios y estás preparando una guía de ocio para los estudiantes que van a viajar a Colombia. Mira la información de la actividad **15-01** y decide si quieres escribir sobre **Expoartesanías** en Bogotá o el **Carnaval de Barranquilla.** Después investiga y escribe.

Antes de escribir

1. Haz una lista de cosas que quieres saber sobre el evento (lugar, clima, fechas importantes, horarios, eventos especiales, etc.).
2. Investiga sobre la ciudad donde se realiza el evento.
3. Encuentra dos datos (*facts*) curiosos o interesantes para tus lectores.
4. Haz una lista de tres sugerencias para tus lectores.

A escribir

- Comienza con una breve introducción de la ciudad: punto 2 (*Antes de escribir*).
- Describe el evento y sus aspectos más interesantes.
- Finaliza con tus sugerencias para que los estudiantes se diviertan.
- Escribe un título original para atraer a tus lectores.

DESPUÉS DE ESCRIBIR

- Revisa tu guía de ocio prestando atención al contenido y la organización (*Estrategias para escribir*).
- Revisa el uso de conectores para añadir, organizar y resumir tus ideas (*Más allá de la frase*).
- Intercambia tu guía de ocio con un/a compañero/a y usa la *Guía de Revisión entre Compañeros*.

Comparaciones culturales

15-21 Los ritmos de Colombia Mira el video de *Club Cultura* y responde a las preguntas.

1. El vallenato es un tipo de música popular que reúne influencias de tres culturas. ¿Cuáles son?
2. ¿Cuáles son las tres infuencias culturales de la cumbia?
3. ¿Qué caracteriza a la música moderna colombiana?
4. Describe la música del grupo Mal Alma. ¿Qué características has observado que representan la fusión de lo tradicional y lo moderno?

Ahora lee este texto sobre la música colombiana moderna.

CLUB CULTURA

Explore Colombia: *Un poco de música colombiana* with Club *Cultura!*

La música de Colombia es tan diversa que va desde el vallenato hasta el punk. La música moderna mezcla ritmos tradicionales con sonidos universales y por eso los artistas colombianos son famosos en todo el mundo. La revista *Rolling Stone* dijo en el 2016 que no hay ningún otro país con la capacidad de exportación que tiene Colombia. Los datos de giras (*tours*), conciertos y premios muestran que los músicos colombianos viven una época dorada.

A comienzos de los años noventa el cantante Carlos Vives y el grupo Los Aterciopelados mezclaron ritmos tradicionales, ignorados por generaciones, con géneros e instrumentos globales. Al mismo tiempo, Shakira y Juanes ocupaban los primeros lugares en las listas de música latina y del mundo. Para el 2017, de las doce canciones en español en el top 100 de Spotify cinco eran colombianas o incluían artistas colombianos; y en tres de los diez videos más vistos en YouTube había artistas colombianos. J Balvin y Maluma, dos artistas de Colombia, ya son parte de los 100 videos musicales más populares de la historia de YouTube. En esta lista, la canción "Chantaje" (2016) de Shakira y Maluma ocupa el puesto 18, con 2.322 millones de reproducciones; y "Mi gente" (2017) de J Balvin con Willy William el puesto 20. Otros muchos grupos y cantantes son hoy famosos en el mundo mezclando ritmos locales con sonidos universales (pop, rock, jazz o reggae).

Shakira

Bilal Jawich / Xinhua / Alamy Live News

Medellín es la capital mundial del reguetón. Artistas como J Balvin y Maluma cambiaron el sonido del reguetón original de Puerto Rico, lograron llevar este estilo musical a audiencias internacionales e hicieron duetos con Beyoncé o Pharrell Williams. El mejor ejemplo es "Despacito", producida por colombianos y con la cumbia como base rítmica.

En los últimos años, los artistas colombianos han obtenido prestigio a través de colaboraciones. Estas son las más exitosas:

J Balvin

Jared Milgrim / The Photo Access / Alamy Stock Photo

J Balvin y Beyoncé: "Mi gente"	Top 3 en el Billboard Hot 100 mundial. Número uno en iTunes en más de 50 países.
Shakira y Maluma: "Chantaje"	En la semana de su lanzamiento llegó al número uno en ventas en 16 países. Tres nominaciones a los Grammy Latinos.
Shakira y Carlos Vives: "La bicicleta"	Número 76 en los 100 videos musicales más vistos de la historia en YouTube

Hagan estas actividades con sus compañeros/as.

1. Elijan uno de los videos mencionados en el texto: mírenlo y preparen una pequeña crítica teniendo en cuenta lo que aprendieron en esta sección.
2. Elaboren una lista de tres razones por las que, en su opinión, esta música es popular en todo el mundo.

15-22 Colombianos en Estados Unidos Lee este texto para aprender sobre la población colombiano-estadounidense y dos de los principales artistas colombianos que triunfan en Estados Unidos.

Muchos colombianos destacan en el mundo del entretenimiento en Estados Unidos. En el cine y la television John Leguizamo y Sofía Vergara son muy reconocidos. Lean estas biografías.

En Estados Unidos hay aproximadamente 1,1 millones de personas de ascendencia colombiana. El 90% de esta comunidad vive en Nueva York y el norte de Nueva Jersey. Este grupo tiene un alto nivel educativo, superando a la media de la población de EE. UU., y ha hecho muchas contribuciones culturales, económicas, políticas y sociales.

Después de la Primera Guerra Mundial, muchos colombianos emigraron a Estados Unidos para estudiar en universidades del país y la mayor parte se estableció en Nueva York. Durante los años cincuenta, sesenta y setenta del siglo XX llegaron muchos otros huyendo de la violencia y el aumento de la pobreza en Colombia. El aumento de las guerrillas y el narcotrafico en los años noventa trajo otra oleada de emigración, principalmente a California.

9:13 PM

Imagespace / Alamy Live News

Sofía Vergara nació en Barranquilla (Colombia), en 1972. Comenzó como modelo y presentadora de televisión en su país, pero más tarde se mudó a Miami para trabajar en el canal Univisión. Sofía recuerda que para triunfar en EE. UU. tuvo que tomar el sol y teñirse (*dye*) el pelo oscuro para poder obtener papeles en el cine. El éxito de la serie de televisión *Modern Family* le ha traído cinco nominaciones a los premios Emmy y cinco a los Golden Globe. Es la actriz mejor pagada en la televisión de Estados Unidos y está en el número 32 de las 100 mujeres más poderosas del mundo (*Forbes*). En el 2014 obtuvo la ciudadanía estadounidense y en el 2015 una estrella en el Paseo de la Fama de Hollywood. Esto la convierte en la segunda personalidad colombiana en tener esta estrella (Shakira la obtuvo en el 2011).

John Leguizamo nació en Bogotá, en 1964. Su familia emigró a Estados Unidos cuando tenía cuatro años y se instaló en Queens (Nueva York), donde pasó momentos difíciles y sufrió discriminación. En la universidad tomó clases de teatro y luego se dedicó a la comedia en vivo en los clubes de Nueva York. Trabajó en algunas series de televisión y luego pasó al cine, participando en numerosas películas de Hollywood. Activista social y político, en su show de Broadway *Latin History for Morons* comparte su visión de 500 años de historia de los latinos en EE. UU. y la gran aportación de este grupo al país. Con ese show quiere denunciar la ignorancia sobre la historia de los latinos en EE. UU. En el 2018 recibió una distinción especial en los Tony Awards por sus 30 años de carrera en Broadway.

Allstar Picture Library/Alamy Stock Photo

1. Hablen sobre las diferencias en la trayectoria hacia el éxito de estos dos colombianos. Comenten los retos que ambos artistas tuvieron que enfrentar. ¿Son similares o diferentes?
2. Busquen en Internet un fragmento de *Latin History for Morons* e identifiquen dos ideas que John transmite en este fragmento.
3. Busquen en Internet un fragmento de *Modern Family* en el que aparece Sofía Vergara. ¿Creen que su personaje promueve y perpetúa estereotipos? Justifiquen su opinión.

Vocabulario

El cine y la televisión	
el argumento	*plot*
el cine	*cinema; movies*
el concurso	*contest*
el cortometraje	*short film*
el documental	*documentary*
la entrada	*ticket*
el estreno	*release*
el final	*ending*
el género	*genre*
el guión	*script*
las noticias	*news*
el noticiero	*news program*
la película	*movie*
animada	*cartoon*
de acción	*action movie*
de ciencia ficción	*science fiction movie*
de terror	*horror movie; thriller*
dramática	*drama*
policíaca	*detective movie*
la programación	*programming*
el/la protagonista	*main actor/actress*
la sala de cine	*movie theater*
la serie	*TV series*
la taquilla	*box office*
la telerrealidad	*reality TV*
la temporada	*season*

Los espectáculos y la oferta cultural	*(Arts and entertainment)*
el baile	*dance*
la charla	*talk; presentation*
el concierto	*concert*
el cuadro	*painting*
la danza	*classic or traditional dance*
la exposición	*exhibition*
la feria	*fair*
la música en vivo	*live music*
la obra de arte	*work of art*
la obra de teatro	*(theater) play*
el parque de atracciones	*amusement park*
el partido	*(sports) game*
el teatro	*theater*

El ocio	*(Leisure)*
el ambiente	*atmosphere*
la bolera	*bowling alley*
la cita	*appointment; date*
las copas	*drinks*
la diversión	*fun; entertainment*
el entretenimiento	*entertainment*
el espectáculo	*show*
el juego	*game*
el mercado de artesanías	*craft market*
el placer	*pleasure*
la tendencia	*trend*
la terraza	*outdoor seating*
el trago	*drink (alcoholic)*
la vida nocturna	*night life*

Adjetivos	
animado/a	*lively*
conmovedor/a	*moving*
diurno/a	*daily*
emocionante	*exciting; thrilling*
encantador/a	*charming*
entretenido/a	*entertaining*
genial	*extraordinary*
gratis; libre; gratuito	*free*
impresionante	*impressive*
lindo/a	*nice*
nocturno/a	*nocturnal*
pesado/a	*boring; slow; tedious*

Verbos	
alegrarse	*to be happy; to be glad*
apurarse	*to hurry*
asistir	*to attend; to be present at*
celebrarse	*to take place; to occur*
disfrutar	*to enjoy*
enojarse	*to get angry*
estrenar	*to release*
excusarse	*to excuse oneself*
planear; planificar	*to plan*
ponerse	*to become*
preocuparse	*to worry*
quedarse	*to stay*
reunirse con	*to meet with*
salir (lg)	*to go out*
sorprenderse	*to be surprised; to be amazed*
tratar de	*to be about*
verse	*to meet*

Expresiones útiles	
dar una excusa	*to make an excuse*
dar un paseo	*to take a walk*
hacer planes	*to make plans*
ir de copas	*to go out for a drink*
pasarlo/a bien / mal	*to have a good / bad time*
ponerse de acuerdo	*to agree (on a plan)*
salir a cenar	*to go out for dinner*
ser aficionado/a a	*to be a regular of; to be a fan of*
tener lugar	*to take place*
tener planes	*to have plans*
tomar una copa	*to have a drink*

Consultorio lingüístico

1 The Present Subjunctive

The present subjunctive is formed by replacing the infinitive endings of regular verbs **(*-ar, -er, -ir*)** with the endings of the present subjunctive to the verb stem:

	-AR HABL**AR**	**-ER** COM**ER**	**-IR** VIV**IR**
(yo)	habl**e**	com**a**	viv**a**
(tú)	habl**es**	com**as**	viv**as**
(él, ella, usted)	habl**e**	com**a**	viv**a**
(nosotros, nosotras)	habl**emos**	com**amos**	viv**amos**
(ellos, ellas, ustedes)	habl**en**	com**an**	viv**an**

IRREGULAR VERBS

The stem of the present subjunctive of **e > ie** and **o > ue** verbs is the same as that of the first person of the present indicative:

	QUERER	PODER
(yo)	quier**a**	pued**a**
(tú)	quier**as**	pued**as**
(él, ella, usted)	quier**a**	pued**a**
(nosotros, nosotras)	quer**amos**	pod**amos**
(ellos, ellas, ustedes)	quier**an**	pued**an**

The stem of the present subjunctive of **e > i** verbs is also the same as that of the first person of the present indicative, but this stem is used for all persons of the present subjunctive:

	PEDIR	**REPETIR**
(yo)	**pid**a	**repit**a
(tú)	**pid**as	**repit**as
(él, ella, usted)	**pid**a	**repit**a
(nosotros, nosotras)	**pid**amos	**repit**amos
(ellos, ellas, ustedes)	**pid**an	**repit**an

Other verbs with an irregular stem in the first person of the present indicative use this stem for all persons of the present subjunctive:

	DECIR	TENER
(yo)	**dig**a	**teng**a
(tú)	**dig**as	**teng**as
(él, ella, usted)	**dig**a	**teng**a
(nosotros, nosotras)	**dig**amos	**teng**amos
(ellos, ellas, ustedes)	**dig**an	**teng**an

The same occurs with other irregular verbs:

		INDICATIVE	SUBJUNCTIVE
OIR	(yo)	**oigo**	**oig-**a
PONER	(yo)	**pongo**	**pong-**a
HACER	(yo)	**hago**	**hag-**a
SALIR	(yo)	**salgo**	**salg-**a
VENIR	(yo)	**vengo**	**veng-**a
CONOCER	(yo)	**conozco**	**conozc-**a

Other very irregular verbs are:

	IR	SER	SABER
(yo)	**vaya**	**sea**	**sepa**
(tú)	**vay**as	**sea**s	**sep**as
(él, ella, usted)	**vaya**	**sea**	**sepa**
(nosotros, nosotras)	**vay**amos	**sea**mos	**sep**amos
(ellos, ellas, ustedes)	**vay**an	**sea**n	**sep**an

The present subjunctive of the verb ***hay*** (there is, there are) is ***haya***.

2 Use of Subjunctive: Expressing Wishes and Recommendations

A subordinate or dependent clause depends on a main clause and it is often introduced by ***que***. We often use these clauses when we **state** information that we know about a reality (someone or something):

MAIN CLAUSE		DEPENDENT CLAUSE
Creo	que	esta película **es** muy buena.
I think	*that*	*this movie **is** very good.*
Es cierto	que	esta ciudad **tiene** dos museos de arte.
It is true	*that*	*this city **has** two art museums.*

- We also use these clauses when we talk about **wishing** or **hoping** for something. The thing that we wish for is only a **virtual** idea that may or may not happen. In these cases, we use the **subjunctive** in the dependent clause:

MAIN CLAUSE		DEPENDENT CLAUSE
Espero	que	esta película **sea** buena.
I hope	*that*	*this movie **is** good.*
Prefiero	que	**salgamos** de casa temprano.
I prefer	*that*	*we **leave** the house early.*
Quiero	que	mi ciudad **tenga** un museo de arte.
I want		*my city **to have** an art museum.*
Necesito	que	**vengas** a casa sobre las nueve.
I need		*you **to come** home around nine.*

With these verbs, we use the subjunctive preceeded by ***que***, or the infinitive, as follows:

SUBJUNCTIVE	INFINITIVE
Subjects are different	**Subject of both clauses is the same**
Quiero que **vayamos** al concierto el martes.	Quiero **ir** al concierto el martes.
***I** want **us** to go to the concert on Tuesday.*	***I** want to go to the concert on Tuesday.*
(I) (us)	*(I) (I)*
Espero que **tengamos** buenos asientos.	Espero **tener** un buen asiento.
***I** hope that **we** have good seats.*	***I** hope to have a good seat.*
(I) (we)	*(I) (I)*

- We also use the subjunctive when we give **recommendations,** as they are only **virtual** ideas that may or may not happen:

MAIN CLAUSE		DEPENDENT CLAUSE
Te aconsejo / recomiendo *I advise / recommend*	que *that*	**llegues** temprano al concierto. *you **arrive** at the concert early.*
Propongo *I propose*	que *that*	**salgamos** a las ocho. *we **go out** at eight.*
Es importante *It is important*	que *that*	te **diviertas** y no **trabajes** tanto. *you **have fun** and don't **work** so much.*
Es necesario *It is necessary*	que *that*	**vengas** a casa sobre las nueve. *you **come** home around nine.*

With expressions such as ***es necesario*** and ***es importante*** we use the subjunctive preceded by ***que,*** or the infinitive, as follows:

SUBJUNCTIVE	**INFINITIVE**
To emphasize the subject	**To generalize**
Es importante que **llegues** a tiempo.	Es importante **llegar** a tiempo.
*It is important that **you arrive** on time.*	*It is important **to arrive** on time.*

3 Time and Place of Events

- To indicate the **time** when an activity or event takes place, the structure ***a + las (la)*** is used:

● ¿**A qué hora** comienza la película?		*—What time does the movie start?*	
○ A las	nueve.	*—At*	*nine o'clock.*
	nueve **y** cinco.		*nine **o** five.*
	nueve y cuarto.		*nine **fifteen.***
	nueve **y** veinte.		*nine twenty.*
	nueve y media.		*nine **thirty.***
○ A las diez	**menos** veinte.	*—At*	*twenty **to** ten.*
	menos cuarto.		***a quarter to** ten.*
	menos cinco.		*five **to** ten.*

a las diez **de la mañana** = 10 a.m.
a las dos **de la tarde** = 2 p.m.
a las diez **de la noche** = 10 p.m.

- To indicate the **time** and **location** where an event is taking place, we use the verb ***ser:***

● ¿A qué hora **es** el partido?	*—What time **is** the game?*
○ **Es** a las nueve.	*—**It's** at nine.*
● ¿Dónde **es** el concierto?	*—Where **is** the concert?*
○ El concierto **es** en el Teatro Real.	*—The concert **is** in the Teatro Real.*

4 Reflexive Verbs to State Feelings and Emotions

A reflexive verb is one in which the subject and object are the same; in other words, the effects of this verb are limited to the subject. Many verbs that are used to express feelings and emotions are reflexive:

	ALEGRARSE (*to be glad*)	ABURRIRSE (*to get bored*)
(yo)	**me** alegro	**me** aburro
(tú)	**te** alegras	**te** aburres
(él, ella, usted)	**se** alegra	**se** aburre
(nosotros, nosotras)	**nos** alegramos	**nos** aburrimos
(ellos, ellas, ustedes)	**se** alegran	**se** aburren

Other reflexive verbs and expressions are:

divertirse	*to have fun*
preocuparse	*to worry*
preocuparse por	*to be concerned about; care about*
enojarse	*to get mad*

sentirse (*feel*)
- bien (*good*)
- mal (*bad*)
- triste (*sad*)
- alegre; feliz (*happy*)

ponerse (*get*)
- contento/a; alegre (*happy*)
- triste (*sad*)
- de buen humor (*in a good mood*)
- de mal humor (*in a bad mood*)
- nervioso/a (*nervous*)

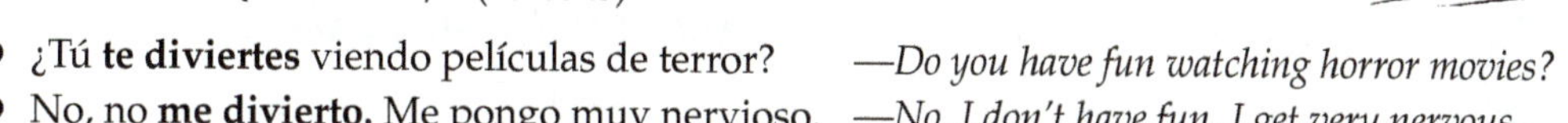

- ¿Tú **te diviertes** viendo películas de terror? —*Do you have fun watching horror movies?*
- No, no **me divierto.** Me pongo muy nervioso. —*No, I don't have fun. I get very nervous.*

- ¿Cómo **te sientes**? —*How do you feel?*
- **Me siento** bastante bien. —*I feel quite well.*

Reflexive pronouns are placed immediately before the conjugated verb, except in the cases below:

- **Commands**. Affirmative commands are placed after the verb; negative commands are placed before the verb:

¡Diviérte**te**!
Have fun!

No **te** preocupes.
Don't worry.

- **Infinitive**. The pronoun can be placed before the verb, or after the infinitive, forming one word:

Juan **se** quiere divertir. Juan quiere divertir**se**.
Juan wants to have fun.

- **Gerund**. The pronoun can be placed before the verb, or after the gerund, forming one word:

Rosa **se** está divirtiendo mucho. Rosa está divirtiéndo**se** mucho.
Rosa is having a lot of fun.

Capítulo 16

Gente innovadora

ElOjoTorpe/Getty Images

Litoral de Montevideo con la ciudad al fondo

At the end of this lesson, I will be able to…

PRESENTATIONAL AND INTERPERSONAL COMMUNICATION

Speaking
- talk about innovation, science, and technology.
- describe technological devices and applications, their properties, purpose, and other characteristics.
- use expressions to carry out a conversation effectively.

Writing
- write a proposal for a new application designed for college students.
- review the grammar and vocabulary in my writing.
- use connectors to give examples, restate ideas, generalize, and specify.

INTERPRETIVE COMMUNICATION

Listening
- understand basic information and details about inventions, innovation, science and technology.
- understand questions and explanations related to science, technology and innovation.

Reading
- understand key information and important details of a news article of expository nature.
- identify referent words to better understand a text.

INTERCULTURAL COMPETENCE

- compare the Uruguayan carnival to Mardi Gras (New Orleans, United States).
- talk about a Uruguayan scientist and the importance of science in education.
- talk about a Uruguayan film director and his work in the United States.

TAREA GLOBAL

Diseñar un campus inteligente

CLUB CULTURA

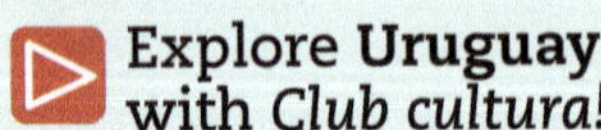

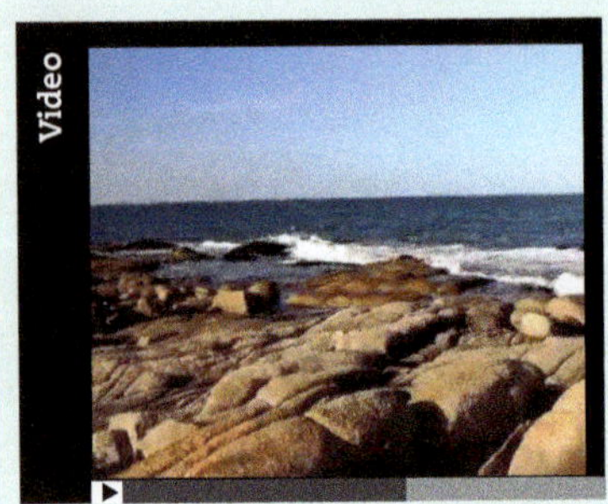

Acercamientos

16-1 Latinoamérica: una región innovadora Lee la siguiente información sobre innovaciones tecnológicas en Latinoamérica.

América Latina es una región destacada en el ámbito de la innovación. Uruguay, por ejemplo, se encuentra en el cuarto lugar según el Índice Mundial de Innovación publicado por la Organización Mundial de la Propiedad Intelectual (OMPI), pero no está solo. Entre las innovaciones más significativas de la región, podemos mencionar:

SISTEMA DE IDENTIFICACIÓN DE GANADO BOVINO

Uruguay es el único país del mundo en el que existe una plataforma digital que registra e identifica de forma individual el 100% del ganado (*cattle*) bovino del país: su historia y su ubicación geográfica. La plataforma permite responder a emergencias sanitarias como enfermedades del ganado.

ELEMENTAL

Creado por el reconocido arquitecto chileno Alejandro Aravena, es un prototipo de viviendas económicas, funcionales y estéticas. El prototipo es escalable y permite su adaptación de acuerdo con las necesidades de cada familia.

VIDEOCONFERENCIAS PARA PAÍSES EMERGENTES

Es un software muy usado en América Latina con el que se puede hacer videoconferencias en áreas donde el acceso a Internet es difícil. Permite crear un aula virtual interactiva donde los profesores pueden impartir clases a sus alumnos y hablar con ellos con un simple "clic" en un enlace y desde cualquier computadora.

Decide cuál de estas tres innovaciones es la más importante para la región y por qué. Después comenta con la clase.

16-2 ¿Para qué sirven? Aquí tienen una serie de cosas que usamos cada día. ¿Cuándo se inventaron y qué utilidad tienen?

la vacuna	el papel	la tarjeta de crédito	los fósforos
el reloj	la fotocopiadora	la rueda	el lápiz

EJEMPLO: E1: Yo creo que el lápiz se inventó en 1268.
E2: No, no, fue más tarde: en el año 1795 o 1821.
E3: No, yo creo que es anterior: en el 1565, porque se inventó en el siglo XVI.

AÑO	INVENTO	SIRVE PARA...
5500 a.C.		
105		
1500		
1565		
1795		
1821		
1938		
1950		

Ahora piensen en algo revolucionario e innovador que todavía no exista. ¿Cómo se llama? ¿Qué tiene? ¿Para qué es? Expliquen a la clase su invento. Al final, la clase va a votar por el grupo que haya presentado la innovación más original.

Se llama ______________________.

Es un/a ______________________ *que*
tiene ______________________ *y es para*
______________________.

Vocabulario en contexto

16-3 Inventos del siglo XX Estos inventos han cambiado nuestras vidas. ¿Cuál de ellos te parece …

… más necesario hoy? ¿Por qué?

… menos necesario hoy? ¿Por qué?

… más importante para el progreso? ¿Por qué?

EL CIERRE DE CREMALLERA (1912)
Desde que existe, todo cierra mejor y más deprisa: carteras, abrigos, bolsillos, pantalones, etc. En los últimos años le salieron competidores como el velcro y los botones de clip, pero, por el momento, parece que tiene asegurada la supervivencia.

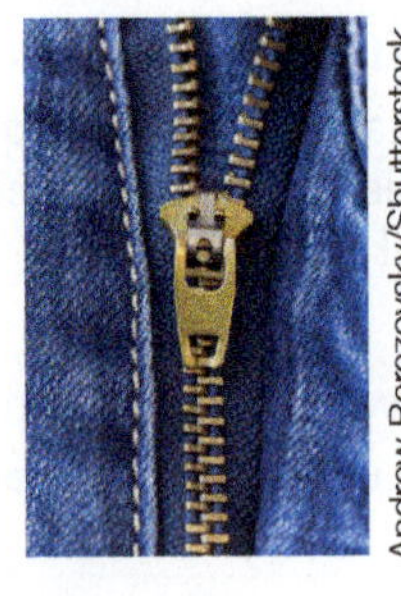
Andrew Berezovsky/Shutterstock

Kovalchuk Oleksandr/ Shutterstock

EL BOLÍGRAFO O LAPICERA (1938)
Conocido en Argentina como "la birome", por el nombre de su inventor, el señor Biro, fue patentado y popularizado por el señor Bic. Este invento convirtió la pluma en objeto elegante y de lujo. Su futuro está amenazado por las computadoras, las tabletas y otros inventos que están cambiando los hábitos de escritura de la gente.

LA LAVADORA (1901)
La primera lavadora apareció gracias a Alva John Fisher. Su uso se popularizó cuando la electricidad llegó a todos los hogares. Desde la máquina de Fisher —un tambor lleno de agua y jabones, con un motor que lo hacía girar— hasta ahora, las lavadoras han evolucionado muchísimo. Algunas lavan y secan la ropa, pueden programarse para ponerse en funcionamiento a horas específicas, reducen el consumo de electricidad, etc.

Pro3DArt. Shutterstock

LA COMPUTADORA (1946)
En 1946 se terminó la construcción del ENIAC (*Electronic Numerical Integrator and Computer* por sus siglas en inglés, o Computador e Integrador Numérico Electrónico), la primera computadora de la historia. Era capaz de realizar en un segundo 5.000 sumas y 300 multiplicaciones. A partir de ese momento, la evolución de las computadoras adquirió un ritmo cada vez más acelerado. Una máquina actual es siete millones de veces más rápida que el ENIAC.

Sebastian Kaulitzki/ Shutterstock

Umberto Shtanzman/ Shutterstock

EL TELÉFONO CELULAR (1983)
El concepto de una red de radio celular surgió en 1947 en los laboratorios Bell, pero hasta 1983 no se fabricaron los primeros teléfonos celulares. La evolución de estos aparatos de uso personal y su generalización en el mercado han sido espectaculares. Los teléfonos actuales sirven para muchas cosas más que hablar, como por ejemplo enviar mensajes de texto, almacenar fotos y música, navegar en Internet y ver la televisión.

16-4 Más inventos ¿Qué otras cosas añadirían a la lista de objetos que han cambiado nuestras vidas? Piensen en tres inventos, expliquen para qué se usan y justifiquen sus decisiones.

1. El/La ____________________ se usa para ____________________ Es revolucionario/a porque ____________________.
2. El/La ____________________ se usa para ____________________. Es revolucionario/a porque ____________________.
3. El/La ____________________ se usa para ____________________. Es revolucionario/a porque ____________________.

16-5 El mundo digital Mira estas imágenes. ¿Cómo se llama cada cosa? Compara tus respuestas con las de tu compañero/a.

a. Yulia Kireeva/123rf.com
b. Przemyslaw Koch/123rf.com
c. Mushakesa/Shutterstock
d. rungrote/Shutterstock
e. Harper 3D./Shutterstock
f. http://www ronstik/Shutterstock
g. scanrail/123rf.com
h. Wekthor/Shutterstock

el archivador	el teclado	la impresora	la aplicación
el cable	la pantalla	el sitio web	la batería

Ahora explica a tu compañero/a cómo es y qué partes tiene el aparato digital que más usas, o el que quieres tener.

EJEMPLO: E1: Mi teléfono es inteligente. Es de metal, tiene una pantalla de alta definición y muchas aplicaciones. Además, tiene una batería muy buena y se conecta con la impresora sin cables...
E2: La computadora que quiero no es portátil, es una PC; tiene una pantalla de 17 pulgadas y…

16-6 Tecnología e innovación Piensa en beneficios y problemas relacionados con estas innovaciones tecnológicas. Después ordénalos de más (1) a menos (6) importantes para el progreso de la humanidad. Finalmente, comparte y compara tus ideas con un/a compañero/a.

	Beneficio	Problema
☐ Teléfono móvil	______	______
☐ Internet	______	______
☐ Coche autónomo	______	______
☐ Clase virtual	______	______
☐ Video llamada	______	______
☐ La Nube	______	______
☐ Reconocimiento facial	______	______

Elijan la inovación más importante, describan su uso y cómo funciona. Finalmente expliquen por qué es tan revolucionaria.

16-7 Una aplicación uruguaya entre las más populares Lee este texto sobre una aplicación desarrollada en Uruguay. Después comenta con tu compañero/a si la conoces, la usas y cómo. Si no la conoces, busca información en Internet para conocerla mejor.

¿Conocen otras aplicaciones? ¿Para qué se usan? ¿Cómo han cambiado sus vidas?

Snapchat	PayPal	Spotify
Instagram	Twitter	Wikipedia
YouTube	Uber	Otro/a: ______

EJEMPLO: Youtube es una aplicación que sirve para ver videos. Youtube ha cambiado mi vida porque ahora yo miro muchos videos de gatos.

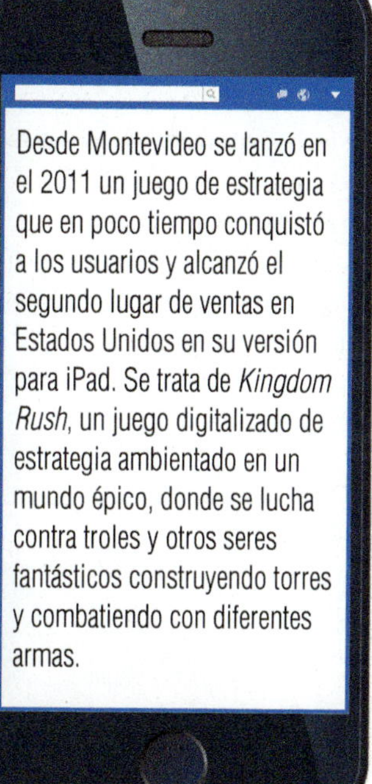

DESCRIBIR OBJETOS

Es un aparato...
...**pequeño**.
...**con** muchos botones.
...**que** tiene muchas aplicaciones.

Forma y material

Es grande / pequeño/a / redondo/a
de tela / plástico / madera

Partes y componentes

Es una maleta **con** / **sin** ruedas.

Propósito

Sirve para cocinar.
Se usa para escribir.

Funcionamiento

Se enchufa.
Se abre solo/a.
Funciona **con** energía solar.

Propiedades

Se puede conectar.
No se puede usar en el carro.

***SE*: IMPERSONALIDAD**

En Uruguay **se usan** mucho los teléfonos celulares.

Este teléfono **se carga** con batería solar.

Lengua en contexto

16–8 Bingo Cada estudiante escribe seis de las palabras en la tarjeta. Un miembro del grupo describe los objetos (de qué están hechos, qué forma tienen, para qué sirven, etc.), pero sin decir el nombre. Los/las estudiantes que tienen el objeto en su tarjeta lo marcan. Gana la persona que marca primero todas las casillas de su tarjeta.

(la) bombilla	(la) linterna	(las) gafas 3D
(el) dron con cámara	(el) enchufe	(el) escáner
(el) libro electrónico	(el) microscopio	(el) control remoto

EJEMPLO: E1: Es una cosa **que** sirve **para** poner la ropa cuando vas de viaje. **Es** rectangular y normalmente **tiene** ruedas. **Se abre** con cremallera.
E2: La maleta.

16–9 Innovaciones ecológicas Escucha estas noticias sobre tres innovaciones. Después completa el cuadro con la información.

	¿Para qué sirve?	¿Cómo funciona?	¿Qué propiedades tiene?
TransMilenio			
La bicilavadora			
La cocina solar			

Escucha otra vez y completa las frases.

1. TransMilenio es un sistema de autobuses que __________ y con el que __________. Estos autobuses sirven para __________.
2. La bicilavadora es una máquina que __________ y con la que no __________. Con la bicilavadora se puede __________.
3. La cocina solar es un aparato que __________ y con el que __________. Con la cocina se puede __________ pero no se puede __________.

16–10 ¿Existen o no? Decidan si estas cosas existen o no. Después elijan tres que son necesarias para el progreso, en su opinión.

EJEMPLO: E1: Creo que no hay un robot que **planche** y **doble** la ropa, ¿verdad?
E2: No lo sé, pero es necesario **inventarlo** si no existe porque…

Ahora escriban tres cosas más que no existen y son necesarias. Compartan sus ideas con la clase.

1. Un robot que plancha y dobla la ropa.
2. Un profesor que pone A en todos los exámenes.
3. Un libro que pasa las páginas solo.
4. Un tren que va a 500 kilómetros por hora.
5. Un coche que no necesita conductor.
6. Una maleta que funciona con control remoto.
7. Unos zapatos que vuelan.
8. Un teléfono que funciona con gasolina.

16-11 Uruguay, un país de futuro Lee estos datos sobre Uruguay y después completa el texto.

Población total	3.460.000
Población por encima del nivel de pobreza	93% (la más alta de Latinoamérica)
Tasa de alfabetización	98,6% (la más alta de Latinoamérica)
Índice de desarrollo humano (IDH)	0,80 (el tercero más alto de Latinoamérica)
Distribución de la riqueza	0,38 (el país con mayor igualdad de Latinoamérica)
Educación gratuita	100% (primaria, secundaria y universitaria)
Telecomunicaciones digitalizadas	100%
Porcentaje de usuarios de Internet	90,1% (el primero de Latinoamérica)
Energía de fuentes renovables	97%

Uruguay es un país **que** ____________________ y **en el que se puede** ____________________. Además, es un lugar **donde** ____________________ y **en el que** ____________________. Es un país **que** ____________________ y **donde** ____________________. Finalmente, es un país **donde se puede** ____________________.

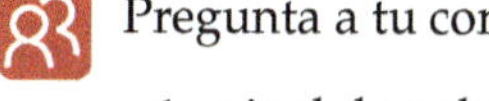

Pregunta a tu compañero/a si conoce un país con índices muy buenos en...

1. nivel de pobreza
2. nivel de alfabetización
3. igualdad social
4. educación gratuita
5. acceso a Internet
6. energías renovables

EJEMPLO: **E1:** ¿Conoces un país **en el que** la educación **sea** gratis?
E2: Sí, Finlandia es un país **que tiene** educación gratuita.

16-12 ¿Puedes comprármelo? Expliquen qué es cada una de estas innovaciones, para qué sirve y dónde pueden comprarla.

Spencer Whalen / Alamy Stock Photo

Stephen Barnes / Alamy Live News

narongpon chaibot/Shutterstock

Olivier Le Moal / Alamy Stock Photo

Antony Nettle / Alamy Stock Photo

Ahora pregunta a tu compañero/a si puede comprártelas.

EJEMPLO: **E1:** No tengo una Alexa. ¿Puedes comprár**mela**?
E2: No, lo siento, no **te la** puedo comprar, pero puedes pedír**sela** a tu mamá para tu cumpleaños.

OBJETO DIRECTO E INDIRECTO

Indirecto:

- ¿Qué tienes que comprar**le** a Juan?
- **Le** tengo que comprar una memoria USB.

Directo:

- ¿Dónde compraste esa computadora? Es muy buena.
- **La** compré en Circuit One.

Indirecto + directo:

- ¿**Te** dieron un premio?
- Sí, **me lo** dieron la semana pasada.

- ¿A Juan **le** dieron un premio?
- Sí, **se** (=le) **lo** dieron ayer.

DESCRIPCIÓN: INDICATIVO O SUBJUNTIVO

Uruguay es un país...
...**que tiene** educación gratuita.

¿Conoces algún país...
...**que tenga** educación gratuita?

Con preposición

Es una cosa...
...**con la que** puedes abrir latas.
...**en la que** pones libros.

Interacciones

Estrategias para la comunicación oral

Collaboration in conversation (IV)

- To talk about new information:

¿Sabes que...?	Do you know that...
¿Sabías que...?	Did you know that...

- To show surprise or disbelief:

¿Sí?	Really?
¿De verdad / veras?	Really?
¡No me digas!	You don't say!

- To express interest about recent news or events:

¡Qué interesante!	How interesting!

- To express a lack of knowledge about something:

¡No tenía ni idea!	I had no idea!
¡No lo sabía!	I didn't know that.

 **16-13 ¡No me digas!** Cada uno de ustedes, alternando, lee uno de estos datos sobre Uruguay a su compañero/a. Reaccionen ante la información que escuchan.

EJEMPLO: E1: **¿Sabes que** el 88% de uruguayos es descendiente de europeos?
E2: **No lo sabía. ¿De verdad?**
E1: Sí, especialmente de italianos y españoles.

El significado de la palabra Uruguay es un misterio; la traducción más aceptada es "Río de los pájaros pintados", pero se cree que el verdadero significado es "Río de los caracoles".

En diciembre del 2013, Uruguay se convirtió en el primer país del mundo en legalizar la venta y el cultivo de marihuana.

Uruguay tiene la primera eco-escuela de Latinoamérica, construida con la técnica de las casas Earthship (hecha de materiales naturales o reciclados). Además, recibe energía mediante paneles solares y energía eólica (*wind*).

Aunque el carnaval de Río de Janeiro es el más popular, el de Uruguay es el más largo del mundo ya que dura 40 días.

Uruguay fue el primer país latinoamericano, y el segundo en todo el continente americano, en reconocer y legalizar la unión civil, incluyendo parejas del mismo sexo, en todo el territorio nacional.

El primer mundial de fútbol se jugó en Uruguay y lo ganó cuando venció a Argentina 4-2. La cultura futbolística está muy arraigada: Uruguay tiene dos títulos mundiales, dos olímpicos y ha ganado 15 Copas América.

16-14 ¿Qué hay que inventar? Lean la descripción de este invento. Después inventen ustedes un objeto útil para cada uno de estos grupos de personas. Finalmente compartan sus inventos con la clase.

1. Para las personas que son perezosas
2. Para las personas que son olvidadizas
3. Para las personas que son ____________

EJEMPLO: **E1:** Para las personas que quieren ir rápido a todas partes, hemos inventado una mochila **que tiene** motores de propulsión (*jets*).
E2: Sí. Se llama mochijet y es una mochila que…

Ahora piensen en dos cosas que les gustaría tener, pero todavía no se han inventado.

EJEMPLO: Hay que inventar un aparato que **encuentre** siempre las cosas que estoy buscando.

Una maleta inteligente

Para las personas que no quieren arrastrar la maleta, la compañía china ForwardX Robotics ha creado una maleta que sigue a su dueño. Se controla con una aplicación y puede alcanzar hasta 11 kilómetros por hora. Tiene inteligencia artificial, así que puede sortear los obstáculos. Tiene Bluetooth, USB, luces LED y GPS.

Scharfsinn/Shutterstock

16-15 Adivina De forma individual piensen en tres innovaciones tecnológicas recientes. Su compañero/a puede hacer cuatro preguntas para adivinar qué es cada cosa.

EJEMPLO: **E1:** ¿Dónde puedes usar**lo**?
E2: **Lo** puedes usar en casa.
E1: ¿Puedes llevar**lo** en una mochila?

16-16 Situaciones: *En la oficina de patentes* A student has invented a/an ____________________. S/he is visiting the patent office to register her/his invention.

ESTUDIANTE A
You invented a/an ____________. You are at the patent office to register your invention.
Explain:
- what it is
- how it works
- its purpose
- its properties

Be very specific.

ESTUDIANTE B
You work at the patent office. A student is in your office registering her/his invention. Ask questions related to:
- the purpose of the invention
- its function
- its properties

React to the inventor's explanations.

Tarea global

Diseñar un campus inteligente

Preparación Lean este texto sobre el nuevo concepto de campus universitario.

> Un campus universitario es una ciudad donde cohabitan miles de personas, con todos los problemas que conlleva como el agua, la basura, la energía o la seguridad. El campus inteligente es un lugar en el que la sostenibilidad y las nuevas tecnologías se dan la mano. En este tipo de campus se utilizan las energías y el medio natural (el sol, el agua, el viento) a favor de la universidad, además de tecnologías que mejoran la calidad de vida para toda la comunidad universitaria.

Ahora miren los dibujos y relacionen los problemas que tienen estos estudiantes con las áreas de la lista.

1. 2. 3. 4.

5. 6. 7.

ÁREAS

Sostenibilidad
Educación
Tecnología
Mobilidad
Seguridad

Paso 1 Completen este cuestionario.

www.campusinteligenteono.net

¿ESTÁS EN UN CAMPUS INTELIGENTE? RESPONDE A ESTE CUESTIONARIO

SOSTENIBILIDAD

1. ¿Usa tu universidad energías alternativas (solar, eólica)? SÍ ❑ NO ❑
2. ¿Hay contenedores para reciclar basura? SÍ ❑ NO ❑
3. ¿Hay mecanismos para controlar el uso del agua? SÍ ❑ NO ❑
4. ¿Te enseña la universidad cómo ahorrar energía? SÍ ❑ NO ❑

EDUCACIÓN

5. ¿Hay aulas inteligentes? SÍ ❑ NO ❑
6. ¿Puedes solicitar y reservar libros en la biblioteca de forma electrónica? SÍ ❑ NO ❑
7. ¿Puedes reservar espacios para estudiar de forma electrónica? SÍ ❑ NO ❑
8. ¿Tienes acceso a la grabación de las clases? SÍ ❑ NO ❑

TECNOLOGÍA

9. ¿Puedes obtener documentos de forma electrónica? SÍ ❑ NO ❑
10. ¿Es el acceso a internet adecuado? SÍ ❑ NO ❑
12. ¿Tienes acceso a aplicaciones de estudio gratis? SÍ ❑ NO ❑

MOVILIDAD

13. ¿Hay un servicio automatizado de bicicletas o patinetas? SÍ ❑ NO ❑
14. ¿Tienes un servicio de transporte adecuado para acceder al campus? SÍ ❑ NO ❑

SEGURIDAD

15. ¿Hay servicio de vigilancia en tiempo real? SÍ ❑ NO ❑
16. ¿Hay un sistema que controla el acceso de personas a lugares específicos? SÍ ❑ NO ❑

Paso 2 Elijan los cinco problemas más importantes que tiene su campus, uno por cada categoría. Expliquen brevemente el problema.

Area	Problema
Sostenibilidad	
Educación	
Tecnología	
Movilidad	
Seguridad	

Paso 3 Ustedes están en un comité que tiene la función de mejorar la "inteligencia" de su campus. Pueden proponer cinco innovaciones tecnológicas. Para cada problema que identificaron en el Paso 2, piensen en una tecnología que lo resuelva.

Paso 4 Presenten su proyecto a la clase explicando y justificando las cinco innovaciones. La clase votará por el mejor proyecto.

Paso 5 Mi progreso

Review the goals. Mark with a ✔ the goals you think you have achieved and to what extent.

I can…

	very well	well	with difficulty
Goal 1: assess the characteristics and current needs of my campus.			
Goal 2: describe technology innovations that could improve the quality of life on my campus.			
Goal 3: express my opinions and suggest solutions.			

Ayuda

No hay un/una______ **que…**

Es necesario tener…

Se necesita…

Es un/a ____ que **sirve para... con el/la que se puede...**

Gente que lee

Estrategias para leer

Reviewing a journalistic text (news)

The news text attempts to answer all the basic questions about any particular event—who, what, when, where, and why. The structure of a news piece is sometimes called "inverted pyramid": it starts with key information and gives supporting information in subsequent paragraphs.

Newspapers generally use an expository writing mode and style, but they can incorporate more or less objectivity and sensationalism. A piece of news should be intelligible to the vast majority of potential readers as well as engaging and succinct. There is normally a headline, or title of the story; a subheading (a sentence or several sentences below the title); and a first sentence, which normally tries to answer most or all of the five questions. This structure enables readers to stop reading at any point and still grasp the essence of a story.

Antes de leer

16-17 Tecnología en la educación La tecnología está revolucionando la educación en el mundo, haciéndola más accesible. Relaciona estos proyectos con sus descripciones. Luego compara tus respuestas con las de tu compañero/a.

1. inABLE	a. Empresa sin fines de lucro (*nonprofit*) que crea juegos educativos interactivos para niños en África.
2. University of the People (UoPeople)	b. Creado por una pequeña ONG de Kenia, el proyecto usa tecnología para asistir a los estudiantes con discapacidades visuales.
3. Ubongo	c. Universidad en línea gratuita que ofrece títulos acreditados en países en vías de desarrollo.
4. Foundation for Learning Equality	d. Versión de la Academia Khan fuera de línea que ofrece tecnología educativa de alta calidad para áreas de bajos recursos sin acceso a internet.

En su opinión, ¿qué proyecto puede tener mayor impacto? ¿Por qué?

Después de leer

16-18 ¿Comprendes?

1. Lee el título y subtítulo de la noticia. Después responde a estas preguntas: ¿Qué?; ¿Quién?; ¿Cuándo?; ¿Dónde?; ¿Por qué?
2. ¿A qué sector de la población uruguaya estuvo originalmente dirigido el Plan Ceibal? ¿A qué sector de la población está dirigido el proyecto Biblioteca País?
3. ¿Qué ocurre si un usuario no devuelve el libro a la biblioteca digital en 21 días?
4. Di dos características de la selección de libros para esta biblioteca digital.
5. Explica cómo apoya este proyecto a la educación primaria y secundaria de Uruguay.

16-19 Activando estrategias

1. Qué significan las palabras o expresiones **brecha** (párr. 1), **descargar** (párr. 2), **piden prestados** y **vencimiento** (párr. 3)? Usa el diccionario si es necesario.
2. ¿A qué o quién se refieren los pronombres en el párrafo 3 descargar**lo** y leer**lo**?
3. ¿A qué o quién se refieren las expresiones **en la que, con la que** (párr. 3) y **que** (párr. 5)?
4. Di el significado y la función de estos conectores: **además de** y **Asimismo** (párr. 6).

SE INAUGURÓ LA BIBLIOTECA PAÍS DEL PLAN CEIBAL

Yolanda Gómez, Montevideo, 6 de diciembre del 2018

Pensada para generar equidad y acceso a la cultura, la biblioteca digital para todos cuenta con 4.600 títulos e incorpora además audiolibros, imágenes y videos.

El Plan Ceibal nació como proyecto socioeducativo en el año 2007. Creado por el gobierno de Uruguay, proporcionó una computadora portátil a cada niño en todas las escuelas urbanas y rurales del país con el fin de cerrar la **brecha** digital entre los uruguayos. Su objetivo a largo plazo es promover la justicia social mediante la igualdad de acceso a la información; es decir, democratizar el acceso a la información y el conocimiento. El último de sus proyectos hasta la fecha es la creación de la Biblioteca País.

Joerg Boethling / Alamy Stock Photo

Proyecto "Una computadora para cada niño" (2007–2009)

A partir de diciembre del 2018, los uruguayos podrán **descargar** o leer en línea cuatro mil seiscientos títulos en español, incluyendo textos académicos, publicaciones de autores nacionales e internacionales, cuentos, novelas, historietas, biografías… todos los géneros para todas las edades. El usuario encontrará además disponibles audiolibros, imágenes y videos. Cualquier uruguayo podrá disfrutar la Biblioteca País.

La biblioteca está dentro de una plataforma que es muy sencilla de usar. El funcionamiento es similar al de una biblioteca tradicional, **en la que** los libros se **piden prestados** o se pueden reservar. Los usuarios tienen 21 días para leer en su navegador el libro digital que elijan. Una vez cumplido el plazo de préstamo de 21 días, el sistema hará la devolución automáticamente, sin consecuencias para el usuario, pero es posible devolver un libro o recurso antes del **vencimiento;** así puede ser utilizado por otro usuario. Con la plataforma se puede navegar por el catálogo, leer un libro en línea o descargar**lo** para leer**lo** sin conexión a Internet. Los usuarios también pueden ver videos y escuchar audios. Además, es una aplicación **con la que** se puede configurar el *e-book*; por ejemplo, se puede cambiar el tipo y tamaño de la letra, ajustar el brillo y el interlineado, subrayar el texto y escribir notas.

Biblioteca País busca fomentar la lectura y hacer más equitativo el acceso a la cultura y al conocimiento, haciendo posible que sus contenidos sean accesibles para todos los uruguayos. El proyecto se enfoca en uno de los Objetivos de Desarrollo Sostenible de Naciones Unidas: garantizar una educación de calidad inclusiva y equitativa, y promover las oportunidades de aprendizaje permanente para todos.

Para todas las edades y para todos los gustos

Con respecto a los contenidos, se trató de lograr un equilibrio entre autores nacionales e internacionales, pero teniendo en cuenta que la literatura uruguaya esté bien representada. Decenas de autores célebres están esperando a los lectores uruguayos en esta plataforma **que** incluye además 1.045 títulos para niños y 1.490 para jóvenes.

Libros de texto para estudiantes de enseñanza pública

Con el objetivo de apoyar al sistema educativo, la Biblioteca País facilita el acceso a recursos y materiales de estudio. Los estudiantes de educación pública podrán encontrar los libros de texto para Ciclo Básico y Bachillerato, **además de** material educativo multimedia para la enseñanza Primaria y Media. Todos los estudiantes y los maestros pueden acceder a este beneficio. **Asimismo,** los estudiantes de Primaria tendrán disponibles más de 70 títulos de la Biblioteca Mínima de ProLee.

16-20 Expansión

1. ¿Cuáles son los efectos positivos y negativos de la tecnología en la educación?
2. Define las expresiones **cerrar la brecha digital** y **democratización de la cultura.** Luego piensa en otras maneras en que un país puede avanzar estos objetivos.
3. ¿Puedes pensar en alguna iniciativa tecnológica en tu país que intente hacer más justa la educación? Explica en qué consiste.

Gente que escribe

Estrategias para escribir

Reviewing the vocabulary and grammar of your written work

Reviewing vocabulary means revising both the **forms** (gender and number issues, agreement, spelling) and the **meanings** of the words and expressions. Ask yourself the following questions:

- Have I tried to incorporate newly learned vocabulary and expressions?
- Are words spelled correctly and with the right gender or number, if applicable?
- Are there repeated words? Could I use synonyms or reference words instead? Could I paraphrase instead?
- Is my writing representative of the amount of vocabulary that I know?

When reviewing grammar, here are some questions you should ask yourself:

- Does my writing represent a variety of grammatical structures?
- Does every sentence have a conjugated verb? Are the verb forms correct?
- Have I tried to use structures I have just learned?
- Did I use more than one verb tense? Are they correct in their form and their intended use?
- Have I checked for agreement between articles and nouns, nouns and adjectives, and subjects and verbs?

MÁS ALLÁ DE LA FRASE

Expository writing (II): giving examples, restating ideas, generalizing, and specifying

- Giving an example: ***como*** (like; such as)
  como por ejemplo (such as; for example)
  como ejemplo (as an example)
- Restating: ***o sea*** (I mean; that is)
  es decir (that is)
  en otras palabras (in other words)
- Generalizing: ***en general*** (in general)
  generalmente (generally)
- Specifying: ***en particular*** (in particular)
  específicamente (specifically)

16-21 Una aplicación para estudiantes Has diseñado una aplicación para teléfonos celulares y tabletas pensando en las necesidades de los estudiantes universitarios. Crees que puede ser muy útil, pero necesitas conseguir inversores (*investors*) interesados en el proyecto. Escribe una propuesta para presentar tu aplicación.

Antes de escribir

1. Identifica tres necesidades que no están cubiertas por las aplicaciones actuales.
2. Piensa en un nombre para tu aplicación que pueda atraer el interés de los estudiantes.
3. Prepara una lista de (a) características de tu aplicación, (b) sus usos y (c) dos ventajas.
4. Describe qué necesita para ser exitosa.

A escribir

- Comienza con una breve introducción de la oferta de aplicaciones en el mercado actual e identifica las necesitades que no están cubiertas.
- Presenta la aplicación en dos párrafos. Explica por qué elegiste su nombre y describe sus usos y ventajas.
- Finaliza explicando qué necesita esta aplicación para asegurar su éxito y justifica tu opinión.

DESPUÉS DE ESCRIBIR

- Revisa tu propuesta prestando atención a la gramática y el vocabulario (*Estrategias para escribir*).
- Revisa el uso de conectores (*Más allá de la frase*).
- Intercambia tu propuesta con un/a compañero/a y usa la *Guía de Revisión entre Compañeros*.

Comparaciones culturales

16-22 El carnaval uruguayo Mira el video y lee los textos. Después responde a las preguntas.

El Carnaval Uruguayo

- Es el más largo del mundo, con 40 días de duración y desfiles (*parades*) en todo el país. Las celebraciones duran desde fines de enero hasta principios de marzo.
- Es una tradición que se celebra desde comienzos del siglo XVII y que fusiona tradiciones y danzas europeas asociadas con diferentes fiestas religiosas con ritmos africanos como el candombe.
- En los desfiles participan diferentes asociaciones o *peñas*, incluyendo las *comparsas* y las *murgas*.
- Desde hace algunas décadas, el lunes y martes de carnaval son días feriados en Uruguay.
- Hoy tiene reglamentaciones de diferente tipo para las agrupaciones que quieren participar en los concursos, con el fin de garantizar al público espectáculos de calidad.

Mardi Gras

- Se celebra en Nueva Orleans (Luisiana). Su nombre proviene del francés (significa "martes gordo") y se refiere al día anterior a la fiesta católica del Miércoles de Ceniza (*ash*), que marca el inicio de la Cuaresma (*Lent*).
- La tradición comenzó con la colonización de Luisiana por los franceses. La primera celebración tuvo lugar en 1699 y hacia el año 1743 ya era una tradición bien establecida.
- Los desfiles y celebraciones de mayor colorido tienen lugar los últimos cinco días, cuando se suceden muchas actividades a través de Nueva Orleans y las comunidades vecinas.
- Los disfraces y las máscaras son usados por los miembros de las peñas o *krewes* en los días anteriores a Mardi Gras, pero es común ver al público usándolos el "Martes de Carnaval" también.
- Se denominan *Krewes* las diferentes asociaciones que organizan los desfiles y bailes de Mardi Gras.

1. Identifiquen dos similitudes y dos diferencias entre estas dos celebraciones.
2. Expliquen qué es una *comparsa* y qué es una *murga*.
3. ¿Cuál es el origen del candombe?
4. La palabra *carnaval* viene del latín *carne levale* (quitar la carne) y se refiere a la tradición católica de no comer carne durante la Cuaresma. Mardi Gras significa "martes gordo". Den ejemplos de cómo el significado de estas palabras se refleja en ambas celebraciones.

CLUB CULTURA

Explore *Uruguay: El carnaval y el candombe* with *Club cultura!*

16-23 Un astrónomo uruguayo Lean este texto sobre un científico uruguayo reconocido internacionalmente. Después respondan a las preguntas.

destinacigdem/123rf.com

Julio Ángel Fernández es un astrónomo uruguayo conocido por proponer en el 2006 la nueva definición de 'planeta' en la asamblea de la Unión Astronómica Internacional. Como consecuencia de esta propuesta, el sistema solar está compuesto por ocho planetas: Neptuno, Urano, Saturno, Júpiter, Mercurio, Venus, Marte y la Tierra. Desde entonces, Plutón es considerado un planeta "enano". Fernández tuvo que vencer una fuerte presión en favor de Plutón, porque era el único planeta descubierto por un astrónomo estadounidense. Fernández es el segundo uruguayo en ingresar en la Academia Nacional de Ciencias de Estados Unidos. Según Fernández, existen pocas ramas de la ciencia que despierten tanta pasión como la astronomía, la ciencia más antigua del mundo; por ello debería estar presente en las escuelas. Hacen falta más científicos y la astronomía puede despertar el interés de los jóvenes en las ciencias.

1. ¿Qué valor importante tiene la astronomía, según Fernández?
2. Pongan en orden estas funciones de la astrología de más a menos importante.
   - ☐ Permite conocer el origen del universo y del ser humano.
   - ☐ Aporta información relevante para la exploración espacial.
   - ☐ Su información es importante para desvelar si existe vida fuera de la Tierra.
   - ☐ La tecnología derivada de esta disciplina ha permitido el desarrollo de computadoras personales, el GPS, los teléfonos celulares, etc.
3. Algunos no consideran importante el estudio de la astronomía en la escuela. ¿Cuál creen ustedes que es su argumento principal?

16-24 Uruguayos en Estados Unidos Lee este texto sobre la población uruguayo-estadounidense en Estados Unidos.

> La población uruguaya o de ascendencia uruguaya en Estados Unidos es pequeña (unas 70.000 personas) y se ubica en Nueva Jersey, Nueva York, Miami y Washington, D.C. Gran parte de esta población emigró en los años 70 y 80 debido a la dictadura militar instaurada en su país. En Elizabeth, New Jersey, se encuentra la colonia más grande de uruguayos.

No hay muchos uruguayos que destaquen en el mundo del cine en Estados Unidos pero una excepción es Fede Álvarez, un director de cine. Lean este texto para saber más.

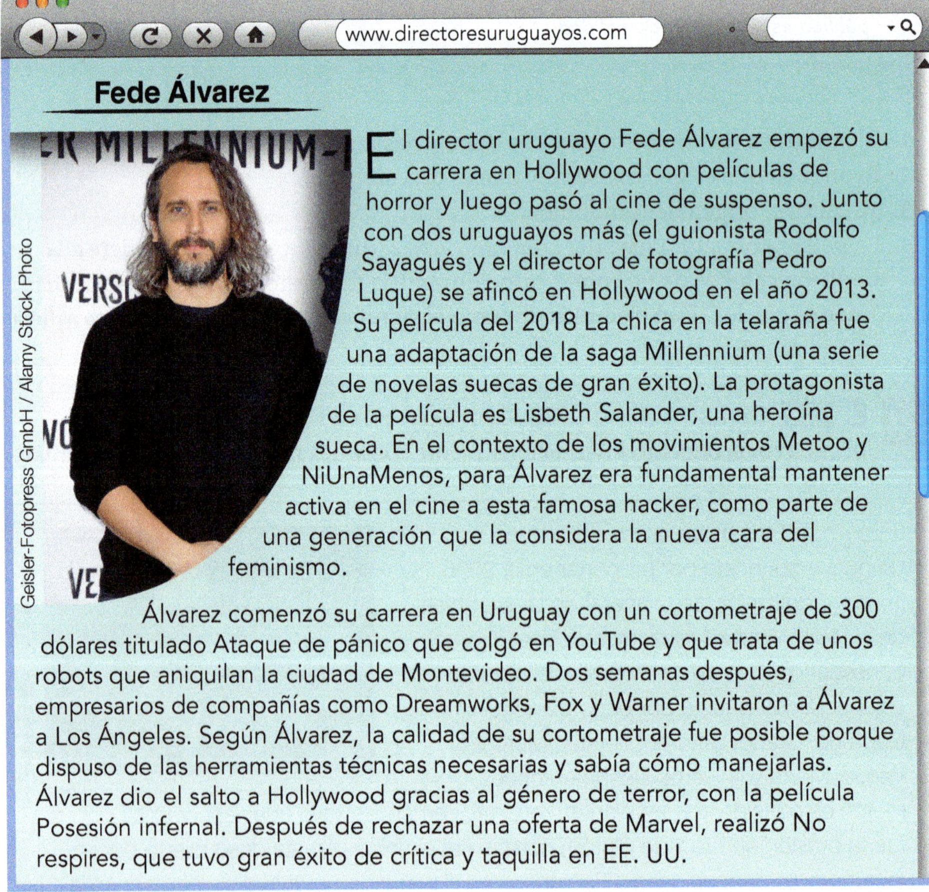

Geisler-Fotopress GmbH / Alamy Stock Photo

1. Miren el video *Ataque de pánico* en YouTube. ¿Qué creen que llamó la atención de las productoras de Hollywood?
2. ¿Piensan que la tecnología ha tenido un efecto positivo o negativo en el cine?
3. ¿Por qué creen que las películas con buenos efectos especiales tienen tanto éxito? ¿Creen que esto es lo más importante en una película?

Vocabulario

Los materiales	
el cartón	*cardboard*
el cristal	*glass*
el cuero	*leather*
la madera	*wood*
el oro	*gold*
el plástico	*plastic*
la plata	*silver*

Ciencia y tecnología	*(Science and technology)*
la alta definición	*HD*
el archivador	*folder*
el archivo	*file*
el aula virtual	*virtual classroom*
la batería; pila	*battery*
la brecha digital	*digital gap*
el/la científico/a	*scientist*
el/la computador/a	*computer*
la computadora portátil	*laptop*
el descubrimiento	*discovery*
la electricidad	*electricity*
el enchufe	*plug*
la energía	*energy*
el enlace	*link*
la fotocopiadora	*copy machine*
la impresora	*printer*
la máquina	*machine*
la memoria	*memory*
el motor	*engine*
el navegador	*browser*
el ordenador	*computer*
la pantalla	*screen*
la plataforma	*platform*
el prototipo	*prototype*
el ratón	*mouse*
la red	*the Web*
la robótica	*robotics*
el teclado	*keyboard*
el teléfono celular / móvil	*cell phone*
la vacuna	*vaccine*
el videojuego	*videogame*

Adjetivos para describir objetos y aparatos	*(Adjectives describing objects and devices)*
complicado/a	*complicated*
digitalizado/a	*digitized*
económico/a	*inexpensive*
educativo/a	*educational*
eléctrico/a	*electric*
electrónico/a	*electronic*
funcional	*functional; practical*
importado/a	*imported*
inalámbrico/a	*wireless*
interactivo/a	*interactive*
ligero/a	*light*
pedagógico/a	*educational; pedagogical*
práctico/a	*convenient; handy*
roto/a	*broken*
tecnológico/a	*technological*
silencioso/a	*quiet*

Verbos	
adaptar	*to adapt*
apagar	*to turn off*
arreglar	*to repair; to fix*
averiarse	*to break down*
averiguar	*to find out*
avisar	*to warn, to inform*
bajar	*download*
descubrir	*to discover*
desenchufar	*to unplug*
digitalizar	*to digitize*
encender	*to turn on*
enchufar	*to plug in*
estropearse	*to get damaged; to break down*
evolucionar	*to evolve*
funcionar	*to work (for a machine)*
inventar	*to invent*
llevar a cabo	*to carry out*
malograrse	*to break down*
ocurrir	*to happen*
patentar	*to patent*
prender	*to turn on*
programar	*to program*
reparar	*to repair; to fix*
romperse	*to break*
subir	*upload*
superar	*to surpass, excel*

Consultorio lingüístico

1 Describing Objects

When we describe something, we attach certain qualities or properties to a noun. There are many grammar structures that we can use after the noun:

Una maleta (*A suitcase*)	**pequeña** (*small*) **negra** (*black*)	ADJECTIVE
	sin ruedas (*without wheels*) **de** tela (*made of cloth*) **con** localizador GPS (*with GPS tracker*) **para** una niña (*for a girl*)	PREPOSITION + NOUN
	para viajar (*for traveling*)	PREPOSITION + INFINITIVE

We can also use a relative pronoun that introduces a relative clause. The relative clause has the same function as the three structures above (to describe something):

QUE + CONJUGATED VERB

Es una maleta **que tiene GPS**. = Es una maleta **con** GPS.
*It is a suitcase **that has GPS**. = It's a suitcase **with** GPS.*

Es una radio **que pesa muy poco**. = Es una radio **ligera**.
*It is a radio **that weighs very little**. = It's a **lightweight** radio.*

- Describing shape and material:

	ADJECTIVE	**de** (*made of*) + *NOUN*
Un objeto / Una figura	largo/a (*long*) corto/a (*short*) cuadrado/a (*square*) redondo/a (*round*) rectangular (*rectangular*) plano/a (*flat*)	de tela (*cloth*) de cuero (*leather*) de plástico (*plastic*) de madera (*wood*) de cristal (*crystal*) de papel (*paper*)

- Describing parts and components:

Es una maleta **sin** ruedas (= que no tiene ruedas).
*It's a suitcase **without** wheels.*

Tengo un teléfono **con** FaceTime (= que tiene FaceTime).
*I have a telephone **with** FaceTime.*

- Describing the purpose:

Es un aparato que **sirve para** medir la temperatura.
*It's a device **used for** measuring temperature.*

Es un aparato **con el que** se puede hacer café.
*It's a device **with which** one can make coffee.*

Es una cosa **en la que** se puede poner mantequilla.
*It's something **in which** one can put butter.*

Son unas televisiones **a las que** puedes conectar una consola de juegos.
*They are televisions **to which** you can connect a game console.*

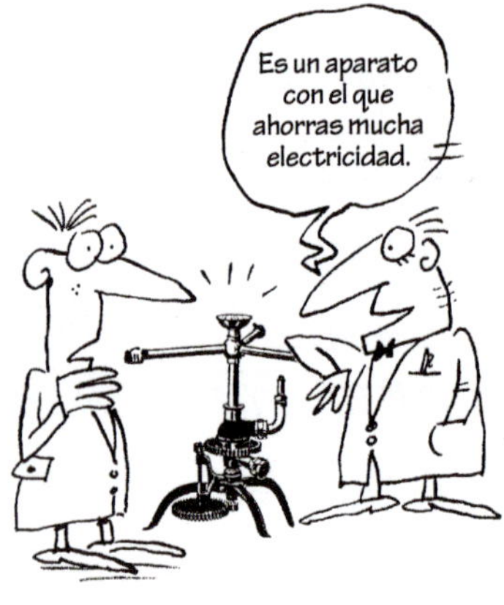

- Describing the operation:

Es un coche que **se enchufa**.
It's a car that *you plug in.*

Es un libro que **se abre** solo.
It's a book that opens automatically.

Es una radio que **lleva** pilas.
It's a radio that takes batteries.

Es una radio que **funciona con** energía solar.
It's a radio that works with solar energy.

- Describe the properties:

Es un reloj con el que **puedes** enviar mensajes de texto.
*It's a watch with which **you can** send text messages.*

Es un teléfono que **se puede** usar en el avión.
*It's a phone that **can be used** on the plane.*

2 Impersonal *se*

Impersonal sentences are those that have no explicit subject. There are several ways in the Spanish language to present information without making the subject explicit. One way is to use the pronoun *se* followed by a verb:

En Uruguay **se vive** muy bien.
*In Uruguay, **they live** very well.*

Este teléfono **se puede** usar en el agua.
***You can** use this phone in the water.*

En Uruguay **se investiga** sobre fuentes alternativas de energía.
*In Uruguay, **they** conduct research on alternative sources of energy.*

Notice that there is no one-to-one equivalent in English for ***se.*** Instead, in English, the impersonality or lack of subject in a sentence is expressed by using a symbolic subject, such as **people**, **they**, or **you**.

- With verbs that take a direct object, the verb agrees with it. If the direct object is plural, the verb is also plural:

SE + third-person singular: **Se necesita** mucho dinero para hacer investigación.
You need a lot of money to conduct research.

SE + third-person plural: **Se necesitan** muchos científicos para hacer investigación.
You need a lot of scientists to conduct research.

- ¿Cómo funciona este teléfono? —*How does this phone work?*
- Muy fácil: **se abre, se aprieta** la tecla verde y **se marca** el número. —*Very easy: you open it, press the green key, and dial the number.*

¡ATENCIÓN!

If a reflexive verb is used in Spanish, the impersonal ***se*** is avoided so that it is not repeated. Other impersonal constructions, such as ***tú,*** are used:

- ¿Y cómo es la vida en la universidad?
— *And how is life in college?*
- Bueno, durante la semana, **te levantas** temprano para ir a clase.
—*Well, during the week you wake up early to go to class.*

3 Third-person Direct and Indirect Object Pronouns

As you know, there are two types of object pronouns: direct object and indirect object. These are the third person pronouns:

DIRECT OBJECT	INDIRECT OBJECT
lo	**le**
la	**le**
los	**les**
las	**les**

- **Direct object**

The third-person direct object pronouns can refer to people or things:

- ¿Dónde compraste esa computadora? —*Where did you buy that computer?*
- **La** compré en Circuit One. —*I bought **it** at Circuit One.*
- ¿Y esos videojuegos? —*And those video games?*
- **Los** venden en Circuit One también. —*They sell **them** in Circuit One as well.*

Remember that object pronouns come before the verb except when the verb is in the infinitive, the gerund, or a command form (affirmative). In these cases, the pronoun follows it, forming a single word:

- ¿Dónde puedo comprar **esta computadora**? —*Where can I buy this computer?*
- Puedes comprar**la** en Circuit One. —*You can get **it** at Circuit One.*
- No, cómpra**la** en la tienda de Apple. —*No, buy **it** at the Apple store instead.*

- **Indirect object**

Indirect object pronouns usually refer to people:

- ¿**Me** compras este teléfono? —*Can you buy **me** this phone?*
- No, **te** compraré otro más barato. —*No, I will buy **you** a cheaper one.*

- ¿Qué haces en tu trabajo? —*What do you do at work?*
- Envío documentos **a los diseñadores**. —*I send documents **to the designers**.*
- ¿Cómo **les** envías los documentos? —*How do you send **them** the documents?*

These pronouns come before the verb except when the verb is in the infinitive, the gerund, or a command form (affirmative). In these cases, the pronoun follows it, forming a single word:

- ¿Has hablado con los diseñadores? —*Have you talked with the designers?*
- Sí, tengo que enviar**les** estos documentos. —*Yes, I need to send **them** these documents.*
- Envía**les** los documentos ahora, por favor. —*Send **them** the documents now, please.*

When we want to make the indirect object explicit, it is common to include the indirect pronoun as well. The placement of the indirect object can be changed, depending on what we want to emphasize:

- ¿Enviaste los documentos? —*Did you send the documents?*
- Sí, **le** envié los documentos **a Juan** esta mañana. —*Yes, I sent the documents **to Juan** this morning.*

- ¿Sabes? **Le** dieron un premio **a Marina**. —*Did you know? They gave an award **to Marina**.*
- No, no lo sabía. —*No, I did not know.*

- ¿Sabes? **A Marina le** dieron un premio. —*Did you know? They gave an award **to Marina**.*
- No, no lo sabía. —*No, I did not know.*

¡ATENCIÓN!

Remember that direct objects that are human require the preposition ***a***:

- ¿Conoces **a** esa ingeniera? —*Do you know that engineer?*
- No, no **la** conozco. —*No, I don't know **her.***
- ¿Conoces **a** esos doctores? —*Do you know those doctors?*
- No, no **los** conozco. —*No, I don't know **them**.*

- **Indirect + Direct object pronouns**

When we use two object pronouns (direct and indirect) in a sentence, the indirect object comes before the direct object pronoun:

● ¿**Me** compras este teléfono?	—*Can you buy* ***me*** *this phone?*
○ Sí, **te lo** compro mañana.	—*Yes, I'm buying* ***it for you*** *tomorrow.*
○ ¿De verdad vas a comprár**melo**?	—*Are you really going to buy* ***it for me****?*

If they are both third-person pronouns, the indirect object pronoun ***le*** becomes ***se.***

● ¿Cuándo **le** dieron **el premio** a Marina?	—*When did they give* ***the award*** *to Marina?*
○ **Se** (= le)**lo** dieron la semana pasada.	—*They gave* ***it to her*** *last week.*
● ¿**Le** enviaste **los documentos** a Juan?	—*Did you send* ***the documents*** *to Juan?*
○ Sí, **se los** envié esta mañana.	—*Yes, I sent* ***them to him*** *this morning.*

4 Describing People and Things (Use of Subjunctive)

When we describe people, places, or things that we have identified, that we know personally, or that we know exist, we can use adjectives, or we can use a sentence:

	QUE + VERB
Es un teléfono **inteligente**.	Es un teléfono **que tiene muchas aplicaciones**.
It's a ***smart*** *phone.*	*It's a phone* ***that has many applications.***

However, when we are talking about a person or thing that has not yet been identified, is unknown, or does not exist, the verb in the sentence that follows *que* will be in the subjunctive:

INDICATIVE →	SUBJUNCTIVE
Es una maleta **que tiene** GPS. *It is a suitcase* ***that has*** *GPS.*	Quiero comprar una maleta **que tenga** GPS. *I want to buy a suitcase* ***that has*** *GPS.*
Es una artista **que diseña** cosas muy prácticas. *She is an artist* ***who designs*** *many practical things.*	¿Conoces a algún artista **que diseñe** cosas prácticas? *Do you know an artist* ***who designs*** *practical things?*
Tengo una computadora **que tiene** mucha memoria. *I have a computer* ***that has*** *a lot of memory.*	Necesito una computadora **que tenga** mucha memoria. *I need a computer* ***that has*** *a lot of memory.*

Often, we need to use a preposition (***de, con, en, a, por, para,*** etc.) because there is a part of the sentence that originally had a preposition:

Es una tableta **con la que** veo muchas películas. = Veo muchas películas **con** esta tableta.
It's a tablet ***with which*** *I watch a lot of movies.* = *I watch a lot of movies with this tablet.*

In cases like those described above, the article (***el, la, los, las***) is required, and there is always agreement in gender and number with the noun:

PREPOSITION + ARTICLE + *QUE*

Es una computadora **con la que** puedo acceder a Internet.
It's a computer ***with which*** *I can access the Internet.*

Necesito una computadora **con la que** pueda acceder a Internet.
I need a computer ***with which*** *I can access the Internet.*

Tenemos unas salas en **las que** se puede usar videojuegos.
We have rooms ***in which*** *you can use videogames.*

Necesitamos unas salas **en las que** se pueda jugar videojuegos.
We need some rooms ***in which*** *you can play videogames.*

Capítulo 17
Gente y derechos

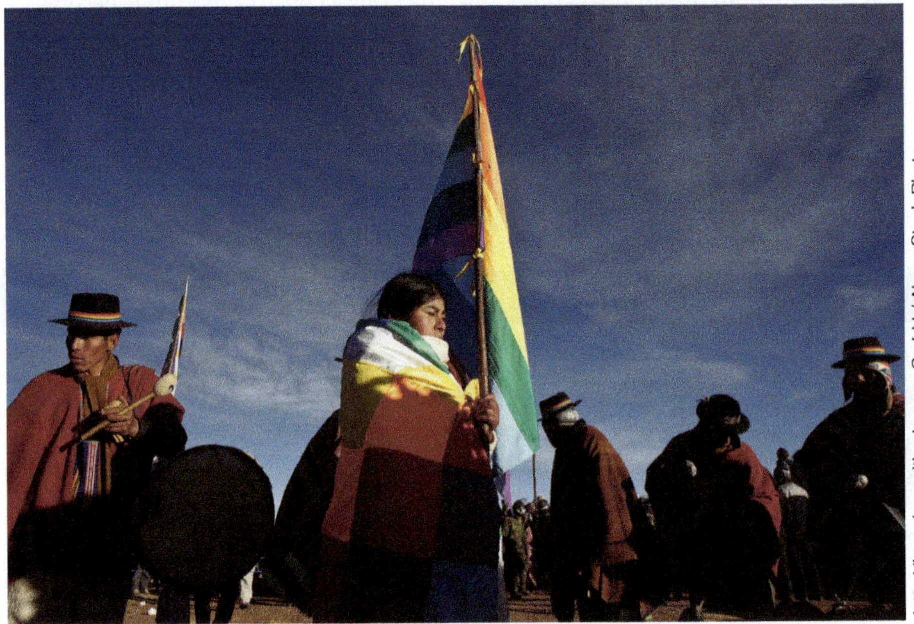
Jutta Ulmer / mauritius images GmbH / Alamy Stock Photo

Indígenas bolivianos con la bandera whipala (Bolivia)

At the end of this lesson, I will be able to…

PRESENTATIONAL AND INTERPERSONAL COMMUNICATION

Speaking
- narrate anecdotes and stories.
- initiate and summarize a narration when speaking.
- ask and answer questions related to past events and circumstances.

Writing
- write a narration detailing an important historical event related to human rights.
- incorporate time expressions and markers used in narrations.

INTERPRETIVE COMMUNICATION

Listening
- understand questions about past events and circumstances.
- understand the main ideas and most relevant details of people's narration of anecdotes and personal stories.

Reading
- understand the main ideas and most relevant details of a narration.
- identify features typical of narrations to better understand them.

INTERCULTURAL COMPETENCE

- understand and compare the situation of indigenous peoples and languages in Bolivia and in the United States.
- understand and talk about the Good Living philosophy promoted by the Bolivian Constitution.
- reflect on the Bolivian migration to the United States and the figure of Jaime Escalante and his contribution to education.

TAREA GLOBAL

Formular un conjunto de preguntas para llevar a cabo un concurso (*game show*) sobre los derechos humanos

CLUB CULTURA

Explore Bolivia with *Club Cultura!*

Video

Acercamientos

17-1 Bolivia en la historia ¿Sabías estas cosas sobre Bolivia? Lee la lista de acontecimientos importantes en la historia del país. ¿Cuáles están relacionados con el tema de los derechos? ¿Qué derechos?

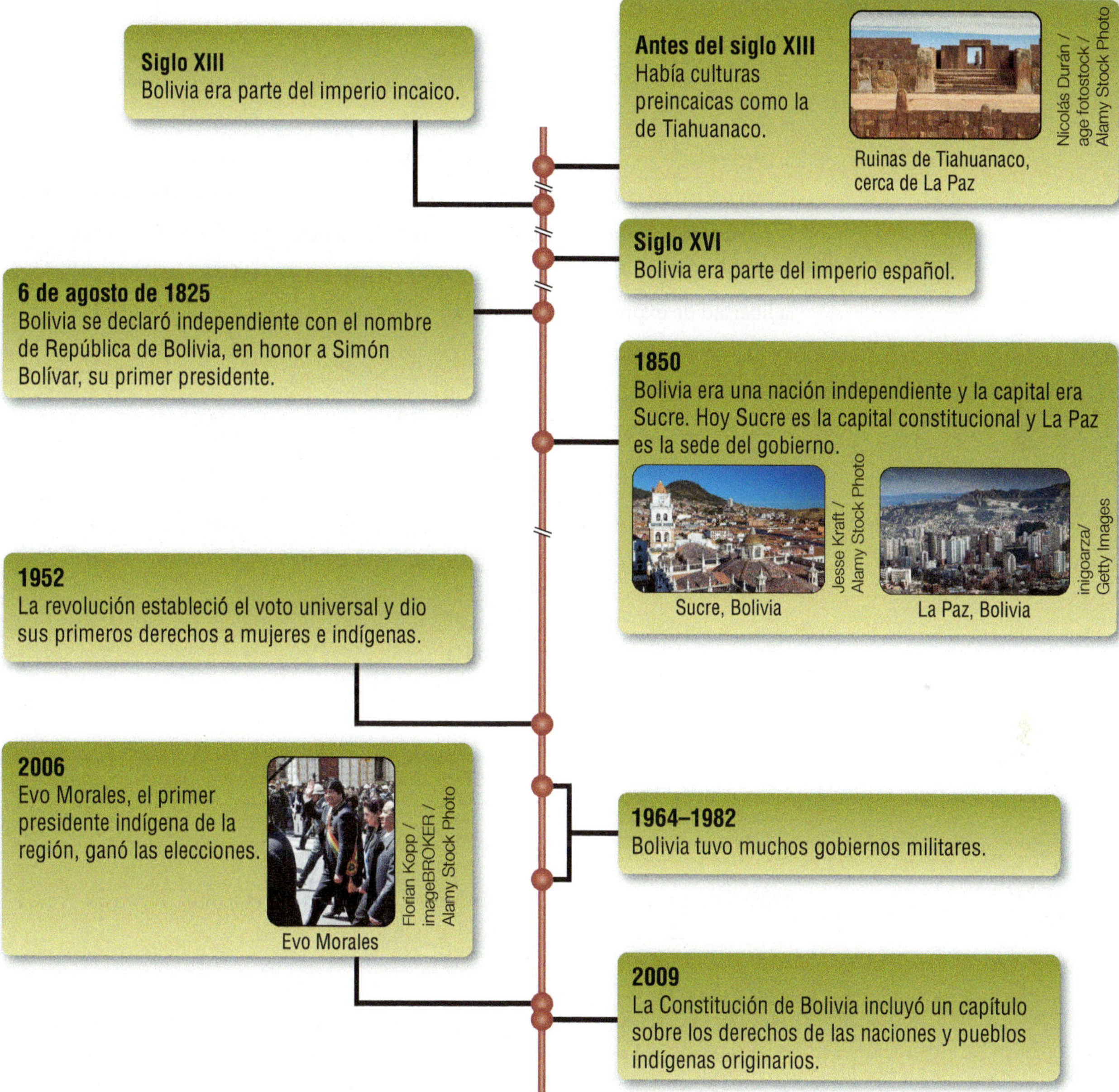

17-2 Tu país en la historia Su país tiene una larga historia de cambios políticos y lucha por los derechos de sus ciudadanos. Escriban seis frases referidas a su país y después compártanlas con la clase.

1. (culturas originarias) Antes del siglo...
2. (trece colonias) En el siglo...
3. (independencia) En...
4. (derechos) En 1791...
5. (derechos civiles) En 1964...
6. En...

EJEMPLO: En 1963, Martin Luther King dio su discurso "Yo tengo un sueño" que fue muy importante dentro del movimiento de derechos civiles.

Vocabulario en contexto

17-3 Nuestros derechos Ustedes son los líderes de un nuevo país. Decidan por consenso cuáles son los cuatro derechos más importantes en cada una de estas áreas: libertad, igualdad y solidaridad. Escríbanlos en las tres tarjetas.

Derecho a…

la vivienda	la libertad de culto	un juicio justo
la paz	el voto	el agua
la seguridad	la reunión y manifestación	la huelga
la no discriminación	la asociación	la libertad de pensamiento
la privacidad digital	la presunción de inocencia	el acceso a internet
la propiedad	la educación	un empleo y un salario
la libertad de expresión	la sanidad	

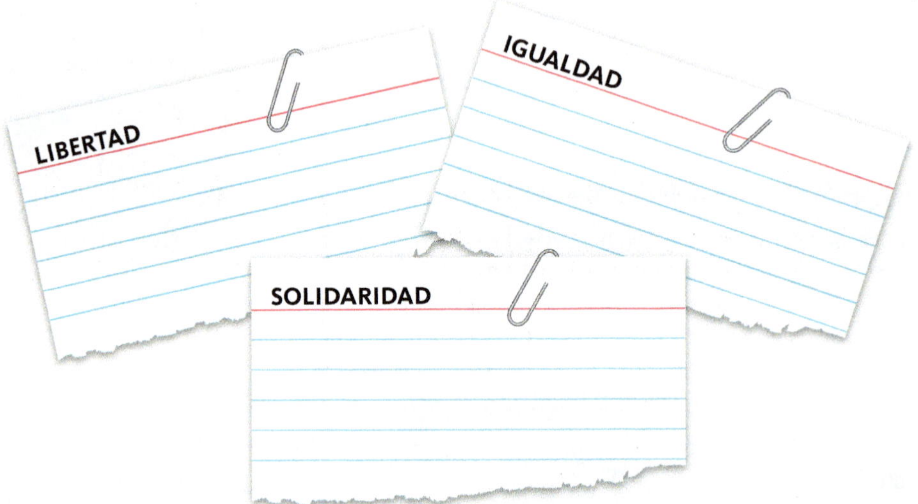

EJEMPLO: E1: Creo que el **derecho a la propiedad** es muy importante porque…
E2: No sé, a mí me parece que…

17-4 Un día como hoy El periódico *La voz de Bolivia* tiene una sección llamada *Un día como hoy* donde recuerda el aniversario de momentos importantes en la historia del mundo. Lean las noticias y pónganlas en orden cronológico.

1. Hoy recordamos la Revolución Mexicana (1910–1917). A principios del siglo XX, la mayoría de los mexicanos vivía en condiciones muy precarias, los **campesinos** eran explotados, sufrían discriminación y no tenían **hogares** dignos ni **derechos** laborales básicos. La Revolución tuvo como objetivo derrocar al general Porfirio Díaz, quien finalmente dejó la presidencia en 1911. Esto puso fin a 35 años de **dictadura**. Francisco Madero se convirtió en el nuevo presidente electo. La Constitución de 1917 fue una de las primeras constituciones del mundo en reconocer los derechos sociales y laborales de los grupos **marginados**.

2. Hoy recordamos a César Chávez, el líder social que dedicó su vida a denunciar las **injusticias** y la **discriminación** que sufrían los trabajadores del campo (*farm workers*) en California. En 1962, Chávez fundó la Asociación Nacional de Trabajadores Agrícolas y utilizó medios no violentos como **manifestaciones**, boicots y **huelgas** para llamar la atención nacional e internacional. Chávez logró **garantizar** condiciones de trabajo que los trabajadores nunca habían tenido antes, como salarios justos, beneficios médicos y mayor seguridad de empleo. Gracias a sus **protestas**, California aprobó en 1975 una ley que protege el derecho de los trabajadores del campo a **asociarse** en sindicatos.

Courtesy: CSU Archives / Everett Collection Inc / Alamy Stock Photo

3. Un día como hoy de 1924, una ecuatoriana se convirtió en la primera mujer con **derecho** al **voto** en una elección nacional. Matilde Hidalgo de Procel fue la primera mujer en graduarse de una escuela secundaria y la primera médica de Ecuador. Ese año, Procel pidió ser registrada para votar y lo consiguió por ser mayor de 21 años y saber leer y escribir. Así, Ecuador se convirtió en el primer país latinoamericano en **darle** la participación electoral a las mujeres. Sin embargo, el derecho al voto sin restricciones no llegó hasta 1967. Procel nunca dejó de luchar por la **no discriminación**, la **libertad de pensamiento** y la **igualdad** de las mujeres en la vida pública.

4. La Revolución Cubana, con Fidel Castro como líder del **movimiento,** comenzó en julio de 1953. Terminó en 1959 y puso fin a la **dictadura** de Fulgencio Batista. El régimen de Batista había suspendido muchas libertades políticas, como el derecho a la **huelga**, y había aumentado la **desigualdad** económica entre los cubanos. Fidel Castro organizó un ejército guerrillero que finalmente derrotó a Batista. El régimen resultante se ha mantenido en el poder hasta la actualidad y eliminó derechos básicos como la **libertad de expresión**, **prensa** o **asociación**, pero también extendió derechos a los cubanos como la sanidad y la educación universal y gratuita.

Michael Honegger / Alamy Stock Photo

5. A fines de 1999, en la ciudad boliviana de Cochabamba, comenzó una serie de **enfrentamientos** entre las comunidades **indígenas** y campesinas, por un lado, y la policía, por otro, conocida como "la Guerra del Agua". Las **manifestaciones**, **reuniones** y **protestas** comenzaron cuando se privatizó el acceso al agua y su precio aumentó. Esto puso en peligro la **seguridad** y el **bienestar** de las poblaciones **marginadas** al no poder **garantizar derechos** básicos como el acceso a agua potable. El **conflicto** dejó como resultado un muerto y docenas de heridos. Finalmente, el gobierno firmó un **acuerdo** para dejar sin efecto la privatización en un día como hoy en febrero del 2001.

________ El fin de la dictadura de Fulgencio Batista
________ La fundación de la Asociación Nacional de Trabajadores Agrícolas por César Chávez
________ El primer voto femenino en Latinoamérica
________ La elección presidencial de Francisco Madero en México
________ El fin de la Guerra del Agua

Para cada uno de estos eventos históricos, digan qué derechos existían (o no) antes y después.

EJEMPLO: **E1:** Antes de la Revolución Cubana los cubanos no tenían derecho a la **educación universal**, pero después sí.
E2: Sí, pero perdieron el derecho a la **libertad de expresión**.

17-5 Evolución de los derechos de las personas Lee los textos sobre momentos clave de la historia de los derechos humanos en el mundo.

En 1989, la Asamblea General de Naciones Unidas aprobó la *Convención sobre los derechos del niño* (CDN), una extensión de la *Declaración de los derechos del niño* aprobada en 1959. La CDN asegura derechos relacionados con la no discriminación, el desarrollo y la participación de los niños. Enfatiza que los niños tienen los mismos derechos que los adultos, y además otros específicos, como el derecho a una familia y a no ser separado de sus padres, o el derecho a desarrollar su potencial, para lo que deben tener acceso a igualdad de oportunidades. Por último, establece que las opiniones de los niños y adolescentes sobre decisiones que les afectan deben ser consideradas.

El 3 de septiembre de 1981 se aprobó la *Convención sobre la eliminación de todas las formas de discriminación contra la mujer*, el primer instrumento internacional que reconoce que las mujeres siguen siendo objeto de discriminaciones que violan los principios de igualdad de derechos y dignidad humana. También aborda los derechos de las mujeres en la política, la salud, la educación, la economía, el empleo y el ámbito legal. La Convención obliga a los gobiernos a adoptar medidas de discriminación positiva para garantizar la igualdad de género.

El 13 de septiembre del 2007 se aprobó *la Declaración de la Naciones Unidas sobre los derechos de los pueblos indígenas*, la cual incluye los derechos a sus tierras, bienes, territorios y recursos, a su cultura, identidad, creencias y lengua, al empleo, la salud, la educación y a determinar libremente su condición política y su desarrollo económico. Además, prohíbe la discriminación contra los indígenas y promueve su plena participación en todos los asuntos que les conciernen.

El 17 de diciembre del 2018, la Asamblea General de las Naciones Unidas adoptó la *Declaración sobre los derechos de los campesinos y otras personas que trabajan en las zonas rurales*, con el objetivo de proteger sus derechos y reconocer su trabajo en el desarrollo sostenible y la biodiversidad del planeta. La declaración permite a los países desarrollar políticas específicas para favorecer a este grupo y destaca tres derechos: el derecho a la tierra, el derecho al agua y el derecho a las semillas.

Identifiquen los derechos específicos que cada uno de estos grupos debe tener y por qué. Después compartan sus ideas con la clase.

	Derechos específicos de este grupo	Razones
niños		
mujeres		
indígenas		
campesinos		

EJEMPLO: **E1:** A mí me parece que el derecho a la igualdad en la política es muy importante para las mujeres, ¿no crees?
E2: Sí, estoy de acuerdo porque…

17-6 ONGs que trabajan por los derechos de las personas Tres voluntarios hablan de sus experiencias trabajando con ONGs en Bolivia. Escucha y completa el cuadro. Después compara tus respuestas con las de tu compañero/a.

	Nombre de la ONG	Misión de la ONG	¿Por qué es voluntario/a?
Carla			
Andrés			
Analía			

¿Has trabajado alguna vez para una ONG? ¿En cuál te interesaría trabajar en el futuro? Comparte tu experiencia o tus planes con tu compañero/a. Describe la organización, su misión y qué hacías o te gustaría hacer como voluntario/a.

Lengua en contexto

17-7 El origen del lago Titicaca Lee este relato sobre el origen del lago Titicaca, el lago navegable más grande del mundo. Después añade al relato estos tres eventos:

1. los hombres les **habían desobedecido**
2. los pumas **se habían transformado** en estatuas de piedra
3. les **habían prohibido** subir a la cima de las montañas

Hace mucho tiempo, el lago Titicaca era un valle fértil poblado de hombres que vivían felices y tranquilos. Los Apus, los dioses de las montañas, protegían a los seres humanos, pero ____________________, donde estaba el Fuego Sagrado.

Durante mucho tiempo, los hombres respetaron esta orden de los dioses, pero el diablo, que era un espíritu maligno condenado a vivir en la oscuridad, veía cada día la felicidad de los hombres y solo pensaba en dividirlos. Para ello les pidió demostrar su valentía yendo a buscar el Fuego Sagrado a la cima de las montañas. Entonces un día, al alba, los hombres comenzaron a escalar la cima de las montañas, pero a medio camino los Apus les encontraron. Los Apus se dieron cuenta de que ____________________ y decidieron exterminarlos. Miles de pumas salieron de las cuevas y devoraron a los hombres mientras el diablo observaba.

Daniele SCHNEIDER/Getty Images

Lago Titicaca, el lago navegable más grande del mundo (Bolivia)

Viendo eso, Inti, el dios del Sol, se puso a llorar. Sus lágrimas inundaron el valle en cuarenta días. Sólo un hombre y una mujer se salvaron sobre una barca de junco. Cuando el sol brilló de nuevo, el hombre y la mujer vieron que estaban en medio de un lago inmenso y ____________________. Por eso el lago se llama Titicaca, que significa 'el lago de los pumas de piedra'.

Identifiquen la función de los verbos marcados con círculos. Clasifíquenlos de acuerdo con (*according to*) su significado y uso.

SIGNIFICADO / USO	VERBOS
• Descripción de gente, cosas o lugares	
• Circunstancias / contexto	
• Actividad habitual, regular o repetida	
• Acción en progreso (*ongoing*) cuando ocurre otra acción	

USOS DEL IMPERFECTO

- Contexto y circunstancias de un evento:
  Estaba cansado y se acostó pronto.
  Hacía mucho frío y **llovía**.
- Acción en proceso cuando ocurre otra:
  Cuando **íbamos** al cine vimos un accidente de tráfico.
- Cualidades y condiciones (gente, lugares o cosas):
  Era un hombre alto, moreno; **tenía** unos 30 años.
  La casa **estaba** vacía: no **había** nadie.
- Acciones habituales o repetidas; hábitos:
  Cuando vivía en la costa **íbamos** mucho a la playa.
- Ideas u opiniones que uno tenía antes:
  Yo creía que **eras** hondureño.
  No **sabía** que la reunión **era** a las cuatro.

PLUSCUAMPERFECTO

(yo)	**había**		
(tú)	**habías**		**estado**
(él, ella, usted)	**había**	+	**ido**
(nosotros, nosotras)	**habíamos**		**dicho**
(ellos, ellas, ustedes)	**habían**		

Uso del pluscuamperfecto

Acciones, circunstancias o eventos pasados, anteriores a otros:

La noche anterior **había dormido** poco y se acostó pronto.
Cuando llegó a la casa todos **se habían ido** a dormir.

PREGUNTAS DIRECTAS

¿Sabes
- **cuándo** obtuvo Bolivia su independencia?
- **quién** es el presidente de Bolivia?
- **cuántas** lenguas reconoce la constitución boliviana?
- **dónde** está el lago Titicaca?
- **en qué año** obtuvo Bolivia su independencia?
- **por qué** Bolivia perdió su acceso al mar?
- **desde cuándo** es Bolivia una nación independiente?

17-8 ¿Qué pasó? Ahora ustedes van a contar un relato. Cada uno elige una caja y lee solo la información de esa caja. Identifiquen primero las circunstancias (C) y los eventos (E). Después cuenten a su compañero/a este relato usando los elementos de la caja. Su compañero/a les hará preguntas.

	C	E
hace unos días	☐	☐
en casa tranquilamente	☐	☐
hacer calor, ventana abierta	☐	☐
escuchar un ruido	☐	☐
ver a unos ladrones en la casa de al lado	☐	☐
estar asustado/a	☐	☐
llamar a la policía	☐	☐
los ladrones escaparse	☐	☐
dos días antes, un robo en la casa de al lado	☐	☐

	C	E
el verano pasado	☐	☐
en carro por una carretera secundaria	☐	☐
llover, hacer frío	☐	☐
pararse el carro de repente	☐	☐
ver un OVNI	☐	☐
parar frente al carro	☐	☐
bajar un ser muy extraño	☐	☐
de color verde y amable	☐	☐
el año anterior un amigo visitar otro planeta	☐	☐

EJEMPLO: Hace unos días, yo **estaba** en casa tranquilamente y…

17-9 ¿Qué había hecho? Completa individualmente una ficha como esta con las actividades que hiciste ayer en orden de más temprano a más tarde. Después explica a tu compañero/a todas las actividades que hiciste ayer **comenzando con la última**. Tu compañero/a te hará preguntas.

	¿A qué hora?	¿Qué hice?	Circunstancias
Actividad 1			
Actividad 2			
Actividad 3			
Actividad 4			
Actividad 5			

EJEMPLO: **E1:** Ayer a las seis de la tarde **fui** a ver una película. Dos horas antes **había estado** en la biblioteca: **había** muy poca gente. Una hora antes…

E2: ¿A qué biblioteca fuiste?

17-10 ¿Sabes o no? Pregunten a su compañero/a si sabe estas cosas sobre Bolivia. Si no sabe la respuesta, deben dársela. ¿Quién sabe más?

ESTUDIANTE A
- Capital
- Número de lenguas oficiales
- Ciudad más importante en el siglo XVI
- Año del sufragio universal
- Origen del nombre de Bolivia

ESTUDIANTE B
- Causa de la pérdida del acceso al mar
- Año de la independencia
- País del que obtiene la independencia
- Año de la nueva constitución
- Presidente

EJEMPLO: E1: ¿**Sabes cuál** es el porcentaje de población indígena en Bolivia?
E2: Creo que 50%, ¿no?
E1: No, es el 62%, de acuerdo con el censo.

17-11 Errores Un blog publicó esta información sobre Bolivia, pero hay seis errores. Hagan las correcciones necesarias. Luego comparen sus correcciones con las del resto de la clase.

Fuimos a Bolivia en el 2016, dentro de nuestra primera vuelta al mundo. Estuvimos en La Paz, la Isla del Sol y Tiahuanaco.

A más de 3.500 metros sobre el nivel del mar, La Paz se ubica dentro de un inmenso valle que te dejará con la boca abierta. Es la capital constitucional del país y sirve como base para explorar el resto de la nación. A 55 kilómetros de La Paz está Tiahuanaco, donde podrás ver las ruinas de una ciudad inca muy importante, con lugares emblemáticos como la Puerta del Sol o la Pirámide de Akapana. Finalmente, fuimos al lago Titicaca, uno de los lagos más impresionantes del mundo y el segundo lago navegable más alto del planeta, el cual Bolivia comparte con Ecuador. Allí visitamos la Isla del Sol, el lugar donde nació la civilización maya.

Es una de las mejores experiencias que puedes tener: navegar el Lago Titicaca y sumergirte en sus mitos, misterios, historia y cultura. Ahí viven indígenas de las comunidades quechua y aymara, que mantienen el uso de estas lenguas, dos de las 27 que son oficiales en el país.

EJEMPLO: E1: Dice que la nueva Constitución es de 1990.
E2: Sí, pero **no** es de 1990 **sino** del 2009, ¿no?

PERO / SINO

NO... PERO
Corrige informaciones erróneas.
Añade datos adicionales.

Bolivia **no** tiene acceso al mar, **pero** lo tuvo en el pasado.

NO... SINO
Corrige informaciones erróneas.
Añade datos contrapuestos.

El examen **no** fue el martes **sino** el miércoles.

Interacciones

Estrategias para la comunicación oral

Collaboration in conversation (V)

- To let someone know that something happened:

  ¿Sabes qué (me) pasó ayer / el otro día? — Do you know what happened (to me) yesterday / the other day?

- To ask what happened:

  ¿Qué (te) pasó? — What happened (to you)?

- To start an anecdote or story:

  Pues… — So…
  Pues verás… — So, you see…

- To sum up the end of an anecdote or story:

  Total que… — In short, …

17-12 ¿Qué te pasó? Piensa en dos anécdotas, sorpresas o cosas inesperadas que te ocurrieron en algún momento y completa este cuadro. Después comparte estas historias con tu compañero/a.

¿Cuándo?	¿Dónde?	¿En qué circunstancias?	¿Qué pasó?
1.			
2.			

EJEMPLO: E1: ¿Sabes qué me pasó el otro día?
E2: ¿Qué te pasó?
E1: Pues yo estaba…

Ahora algunos/as voluntarios/as cuentan sus propias historias a la clase. Los demás deben reaccionar con expresiones de interés, sorpresa, etc.

17-13 ¿Sabes? Averigua cuánto sabe tu compañero/a sobre tu país. Formula las preguntas usando los datos de tu tarjeta.

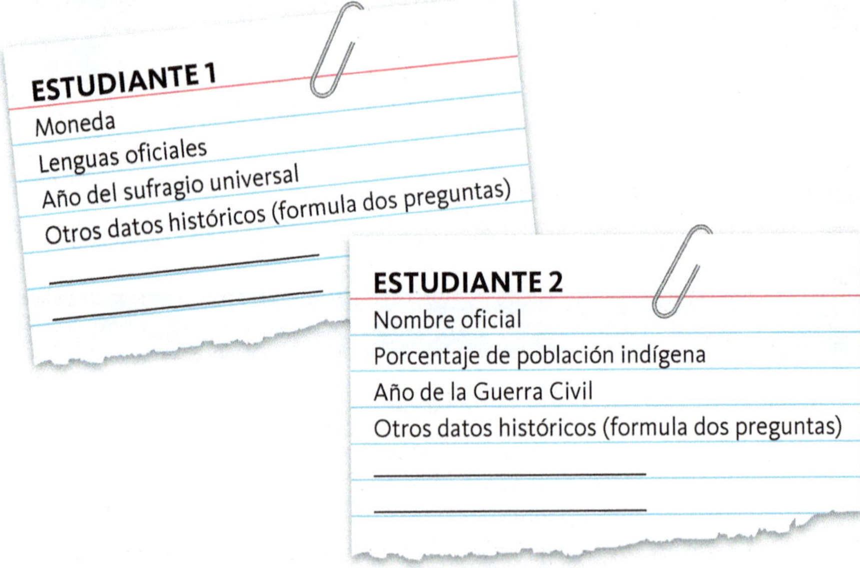

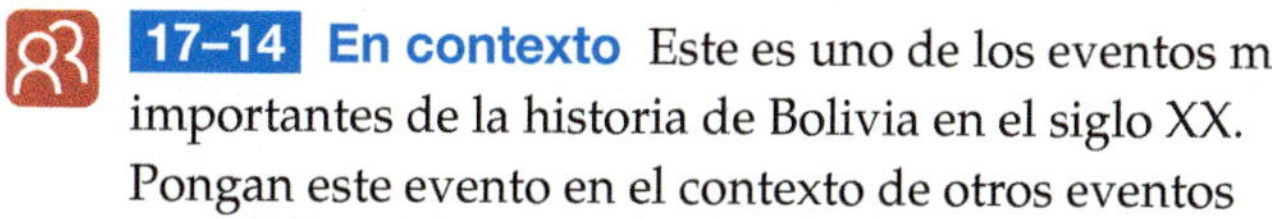

17-14 En contexto Este es uno de los eventos más importantes de la historia de Bolivia en el siglo XX. Pongan este evento en el contexto de otros eventos mundiales.

- Revolución mexicana (1910–1917)
- Aprobación del sufragio universal en Ecuador (1925)
- Creación de la Organización de las Naciones Unidas (1945)
- Comienzo de la Guerra Fría (1945)
- Proclamación de la *Declaración Universal de los Derechos Humanos* (1948)
- Revolución cubana (1959)
- Caída del Muro de Berlín (1989)
- Guerra del agua (1999)
- *Declaración de Derechos de los Pueblos Indígenas* (2007)

La Revolución Boliviana de 1952 fue un periodo de doce años en el que el Movimiento Nacionalista Revolucionario (MNR) estuvo en el poder y Bolivia se transformó política, económica y socialmente. Por primera vez en su historia la mayoría indígena campesina y las mujeres pudieron acceder a la escena política. El mismo año se estableció el voto universal. Antes de ese año sólo el 6,6% de la población votaba en las elecciones.

EJEMPLO: E1: Cuando comenzó la Revolución Boliviana, la Revolución Cubana **todavía no había ocurrido.**

E2: Pero cuando terminó, en 1964, **ya había ocurrido.**

17-15 Situaciones: *Entrevista a un líder de derechos civiles* An important figure in the history of the United States, César Chávez, travels to the future and is interviewed by a journalist. The journalist wants to focus on two significant parts of his life.

ESTUDIANTE A

You are a journalist who has the opportunity to interview César Chávez. Prepare some questions for him related to these parts of his life:

- Childhood and youth (birthplace, studies, work...)
- Civil rights activism (ways in which he got involved, associations, protests, campaigns, other)

Be ready to ask him about the events that took place during each period and the circumstances surrounding them.

ESTUDIANTE B

You are César Chávez. You have traveled to the future and are being interviewed by a journalist who is going to ask you questions about your life and the movement you led. Consider these periods and the events that took place during those years. Then answer the journalist's questions in detail:

Infancia y juventud

- 1927: Nacimiento en Yuma (Arizona). Cinco hermanos
- 1942: Fin de la escuela (7° grado)
- 1942–1947: Trabajo en el campo
- 1947–1949: Servicio en la Marina de EE. UU.

Lucha de derechos civiles

- 1962: Delano, California. Creación de la Asociación Nacional de Trabajadores Agrícolas (NFWA).
- 1965–1970: Boicot de la uva en Delano para protestar por el trato injusto de los productores de uva. Millones de americanos se unen a La Causa.
- 1966: Marcha de 340 millas desde Delano hasta el Capitolio estatal en Sacramento para llamar la atención nacional sobre el tratamiento injusto de los trabajadores agrícolas.
- 1968: Huelga de hambre para concienciar a la opinión pública sobre los trabajadores agrícolas que eran discriminados.
- 1972: Segunda huelga de hambre, para apoyar las protestas por una ley que prohibe el derecho de huelga para los trabajadores agrícolas.
- 1986: Campaña para llamar la atención sobre los efectos nocivos de los plaguicidas en los trabajadores agrícolas.
- 1988: Tercera huelga de hambre para llamar la atención sobre los casos de cáncer en las comunidades agrícolas.

Tarea global

Formular un conjunto de preguntas para llevar a cabo un concurso sobre los derechos humanos

Preparación Estas son cuatro preguntas para *¿Cuánto sabes de…?*, un popular concurso de conocimientos generales. El tema de hoy es *derechos humanos*. Responde individualmente a las preguntas. Si no sabes la respuesta, márcalo con un interrogante (?).

Illustration by Noelle Cremer

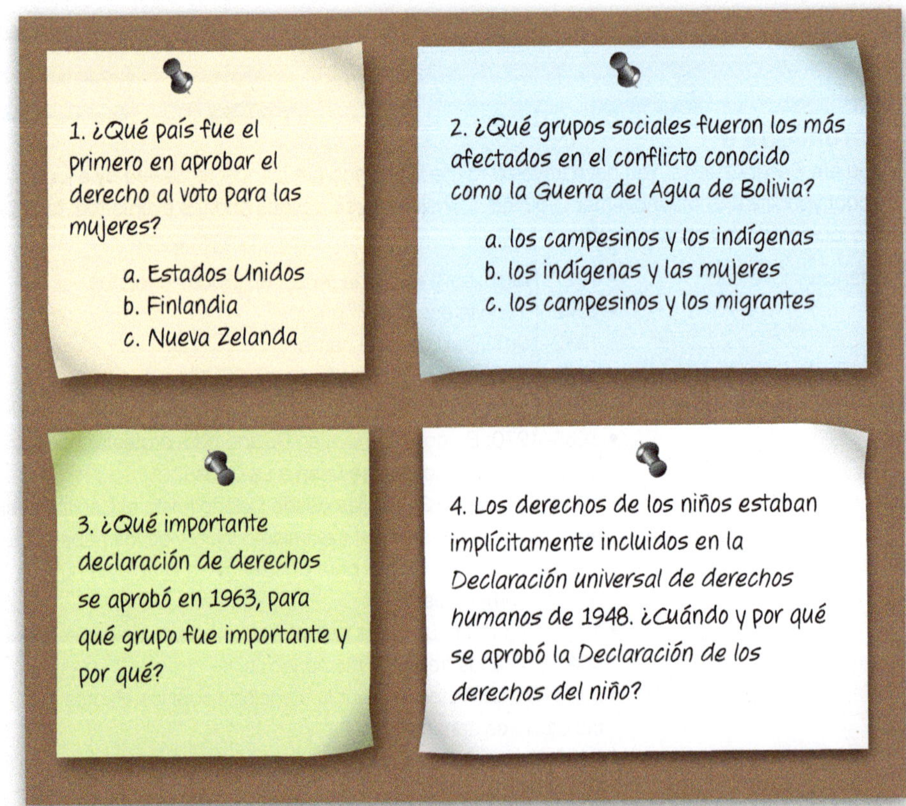

Compara tus respuestas con las de dos compañeros/as. Después decidan con qué grupos sociales puede relacionarse cada pregunta.

- Derechos de los niños
- Derechos de las mujeres
- Derechos de los campesinos
- Derechos de los indígenas
- Derechos de afrodescendientes

Paso 1 Eijan dos de las cinco áreas. Busquen en este capítulo información relacionada con las dos áreas que les interesan. La informacion debe ser de dos tipos:

- Eventos específicos (cuándo ocurrieron, dónde, etc.)
- Circunstancias en las que ocurrió un evento, o causas por las que ocurrió.

Anoten la información.

Paso 2 Elaboren cuatro preguntas para el concurso *¿Cuánto sabes de…?* sobre la historia de los derechos humanos. Deben tener:

- **dos** preguntas de **opciones múltiples**
- **dos** preguntas sobre un **evento** particular y sus **circunstancias**

Paso 3 Toda la clase va a jugar. Se reúnen dos grupos para preguntar y responder. Los grupos ganadores siguen compitiendo con otros grupos hasta perder. Gana el grupo con más puntos.

Reglas del juego:

1. Comienzan con las preguntas de opciones múltiples; después responden a las preguntas sobre eventos y circunstancias. Las respuestas deben ser detalladas.
2. Puntaje: Preguntas de opciones múltiples = 100 puntos cada una; preguntas de circunstancias = 200 puntos cada una.

Ayuda

A mí **me parece que**...

No puede ser porque...

No fue... **sino**...

No se firmó en… **sino** en...

Paso 4 Mi progreso

Review the goals. Mark with a ✔ the goals you think you have achieved and to what extent.

I can…

	very well	well	with difficulty
Goal 1: ask and aswer questions related to past events and their circumstances.			
Goal 2: express and justify opinions.			
Goal 3: express agreement, disagreement, and corrections.			

Gente que lee

Estrategias para leer

Reading a narration

Narration is a universal genre, with basic aspects shared in all languages. It usually begins with an orientation, where the setting of the story is presented (time and place) as well as the characters and their roles; then there is a story line (oftentimes with a problem and a resolution), and finally some sort of conclusion or reflection. When reading a narration, try to identify these elements. Narrations can be in the first person (the narrator is part of the story) or in the third person (the narrator is not usually part of the story). Also, make sure that you understand the sequence of events. Look for time expressions (*el año siguiente, en esa época,* etc.), and time markers (*antes, durante,* etc.).

Antes de leer

17-16 Los derechos de los migrantes

1. ¿Sabes qué porcentaje de la población mundial es migrante?
   a. 1,5% b. 3% c. 6,4%
2. Las personas emigran de sus países por muchas razones, entre ellas buscando *asilo político*. Explica qué significa este concepto.
3. ¿Qué derechos tienen los migrantes? Menciona tres.

Después de leer

17-17 ¿Comprendes?

1. ¿Desde dónde y hasta dónde viajó el protagonista / narrador de esta historia?
2. ¿Cuál fue el primer problema que tuvo el protagonista cuando comenzó su viaje?
3. ¿Qué le preguntaron los policías en el aeropuerto?
4. ¿Qué vio el protagonista cuando salió a la calle en el auto de la policía?
5. ¿A dónde lo llevaron primero? ¿Qué estuvo haciendo allí?
6. ¿A dónde lo llevaron después? ¿Qué hizo allí?

17-18 Activando estrategias

1. Identifica en el texto las tres partes de una narrativa (orientación, desarrollo y conclusión).
2. Explica qué significan y qué función tienen los marcadores de tiempo subrayados en el texto: **después** (párr. 1), **a poco de** y **en ese instante** (párr. 2), **un día antes** y **mientras** (párr. 4) y **desde ese día** (párr. 5).
3. Revisa la secuencia de eventos. ¿Hay un orden cronológico?
4. Explica qué significan las palabras en negrita y qué estrategias usaste para identificar a cada una: **ademanes**, **maletín** (párr. 1); **trasero**, **blanquecino** y **arrancadas** (párr. 2); **ropero** (párr. 3); **boquiabierto** (párr. 4) y **alista** (párr. 5).

17-19 Expansión

1. ¿Qué es "el país de las maravillas"? Busca las referencias a la literatura infantil en los párrafos 2 y 3 y explícalas. ¿Por qué crees que el autor las usa?
2. ¿Qué opinión tiene el autor del país donde reside? ¿Es positiva o negativa?
3. De acuerdo con esta narración, ¿crees que en Suecia se respetan los derechos de los inmigrantes refugiados? Encuentra dos ejemplos en el texto para ilustrar tu opinión.
4. El autor dice que el campo de refugiados estaba "a medio camino entre el infierno y el paraíso". Interpreta esta frase.

EN EL PAÍS DE LAS MARAVILLAS
DE VÍCTOR MONTOYA

El avión despegó como un pájaro gigante y se elevó al cielo, dejando atrás la tierra que me vio nacer. [...] La azafata, una muchacha hecha de marfil y sonrisa, me entregó una caja de comida y dijo algo que no entendí. Después hizo **ademanes** con las manos, como una muda que se dirige a un sordo, pero tampoco entendí. Entonces se volvió y desapareció en el compartimiento que estaba cerca de la puerta de acceso. Me quedé pensativo, avergonzado, al constatar que el idioma, aparte de ser un instrumento de comunicación, era también una barrera infranqueable. Cuando el avión aterrizó en el aeropuerto de Arlanda, tras muchas horas de viaje, salí con el **maletín** en la mano y avancé por un pasillo que me llevó hacia una cabina de control de pasaportes, donde me detuvieron dos policías que, tomándome por los brazos, me condujeron a un cuarto que parecía una oficina. [...] Me senté en la silla de enfrente, sujetando el maletín en la mano.
—¿A qué viniste a Suecia? —me preguntó en español, mientras miraba detenidamente el pasaporte.
—Vine a solicitar asilo político —contesté, mirándolo con la misma intensidad con que él miraba el pasaporte.

[...] Al final del interrogatorio, me hicieron firmar un formulario, imprimieron un sello rojo en el pasaporte y me sacaron rumbo a un garaje, donde estaba aparcado un auto de color azul, que tenía dos sirenas en el techo y una inscripción donde decía: "Polis". Me acomodé en el asiento **trasero**, y el auto, a poco de dar vueltas en un laberinto subterráneo, salió hacia un paisaje **blanquecino**, que era el más hermoso que jamás había visto en mi vida. Era invierno y el termómetro marcaba 15 grados bajo cero [...]. En el trayecto, a medida que iba contemplando los bosques y las casas que parecían **arrancadas** de los cuentos de hadas, cayó el manto de la noche a las 15 y 30 de la tarde. En ese instante pensé que el clima de Suecia, con su frío y su oscuridad, era distinto al clima de mi pueblo, donde el sol ardía en la franela azul del cielo y la tierra calentaba los pies.

El auto se detuvo delante de un hotel. En las calles había mujeres hermosas como Blancanieves y hombres enfundados en ropas que me recordaron a los esquimales de las tarjetas postales. Los policías, sin dirigirme la mirada ni la palabra, me bajaron del auto y me acompañaron hasta la oficina del hotel, donde hablaron con el administrador [...] quien, sonriéndome desde detrás del mostrador, me alcanzó las llaves de una habitación. Las paredes de la habitación estaban decoradas con una serie de cuadros y grabados, la cama lucía una sábana impecable, la repisa tenía televisor y teléfono, y el **ropero** era demasiado grande para lo poco que llevaba en el maletín. [...] Prendí el televisor a colores. [...] Estaban transmitiendo un programa culinario, donde dos hombres, vestidos con delantales impecables, preparaban una comida exótica; una visión que, por supuesto, me golpeó de inmediato; era la primera vez que veía a dos hombres en la cocina, manejando los instrumentos con habilidad y destreza.

[...] Cerca del mediodía, ya de pie, bien cambiado y peinado, esperé a los policías que, un día antes, me habían traído al hotel. Y, mientras miraba los copos de nieve que caían danzando a través de la ventana, escuché unos golpes en la puerta. Abrí y me enfrenté al hombre que me entregó las llaves de la habitación. Me saludó en un idioma desconocido, me tomó amigablemente por el brazo y me condujo hacia el restaurante, donde me enseñó una mesa llena de comidas y bebidas. Quedé **boquiabierto** y no supe qué hacer. El hombre del hotel, al verme abobado en medio de tanta comida, me miró a los ojos, se llevó una mano vacía a la altura de la boca, hizo un ademán como hacen las madres cuando dan de comer a sus hijos y me señaló la mesa con la otra mano. Después se volvió y se fue. [...] Me retiré hacia una mesa del fondo, desde donde pude observar a quienes comían en abundancia, mientras pensaba en lo injusto del mundo, donde pocos tienen todo y muchos nada. A ratos, no podía concebir cómo este país, ubicado en el techo del mundo, podía ser tan rico siendo tan pequeño. Era una verdadera sociedad de consumo, donde se arrojaban los restos de la comida en bolsas de plástico, con la misma facilidad con que se tiraban las ropas usadas, los muebles y los aparatos electrodomésticos.

Cuando volví a la habitación, encontré a los dos policías en la puerta. Uno de ellos [...] dijo: "**Alista** tus cosas". No pregunté por qué. Alisté mi maletín y salí del hotel junto a ellos. Afuera, el frío calaba hasta los huesos y el viento arrojaba puñados de nieve en la cara. El policía abrió la puerta del auto [...] cerró la puerta de un golpe y no volvió a decir palabra, hasta que llegamos a un campamento de refugiados [...] En el campamento de refugiados, que estaba a medio camino entre el infierno y el paraíso, volví a nacer de nuevo. Allí aprendí un nuevo idioma, me acostumbré a un nuevo clima y hasta me enamoré de una muchacha hermosa, cuya sonrisa amplia, tan amplia como la naturaleza sueca, me devolvió las esperanzas que tenía perdidas. Desde ese día han pasado muchos años y en el país de las maravillas han cambiado muchas cosas. Pero esta es otra historia, que les contaré otro día.

Gente que escribe

Estrategias para escribir

Writing a narration

When writing a narration in Spanish, keep these recommendations in mind: (1) maintain a consistent point of view (first person or third person); (2) include relevant details to make the event being described clear to their readers; (3) pay attention to your use of preterit, imperfect, and pluperfect tenses; (4) if possible, present your narration in chronological order and include enough discourse markers to make your story coherent and easy to follow.

MÁS ALLÁ DE LA FRASE

Connectors of time used in narrations

- ***Tiempo posterior***

luego; después	then
(inmediatamente) después (de)	(immediately) after
más tarde	later
enseguida	right away; immediately
a las / los + cantidad de tiempo	amount of time + later
al cabo de + cantidad de tiempo	after + amount of time
número + días / años / meses + después	number + days / years / months + later
desde entonces / ese momento / aquel día	since then / that moment / that day

- ***Tiempo anterior***

antes (de)	before; earlier
número + días / años / semanas / meses + antes	number + days / years / weeks / months + earlier
el / la + día / año / semana / mes + antes	the day / year / week / month + before

- ***Acciones instantáneas***

entonces	then
de repente; de pronto	suddenly
en ese / aquel momento / instante	at that moment / instant

- ***Acciones simultáneas***

mientras	while
entre tanto	meanwhile
al mismo tiempo	at the same time

17–20 Hitos (*Landmarks*) de la historia de los derechos Escribe una narración para el periódico de tu universidad sobre un momento clave de la historia de tu país relacionado con los derechos de las personas.

Antes de escribir

Considera:

1. qué evento histórico te interesa narrar en tu artículo y por qué;
2. cuáles son los tres acontecimientos más importantes que sucedieron antes;
3. cómo era la situación en el momento en que sucedió el evento;
4. qué pasó y qué consecuencias tuvo.

A escribir

- Explica qué evento vas a narrar y por qué. Incorpora la información del punto 1.
- Describe qué había sucedido antes y cómo era la situación en ese momento.
- Describe el evento en orden cronológico y sus consecuencias.

DESPUÉS DE ESCRIBIR

- Considera si necesitas añadir más detalles a tu narración y conectores temporales.
- Revisa los tiempos del pasado y decide si necesitas hacer cambios.
- Intercambia tu narración con un/a compañero/a y usa la *Guía de Revisión entre Compañeros* disponible en *MyLab*.

Comparaciones culturales

 **17-21 Bolivia: la unión del presente y el pasado** Lee este texto sobre el primer presidente indígena de Bolivia. Después responde a las preguntas.

En el año 2006, Evo Morales se convirtió en el primer indígena en ocupar la presidencia de Bolivia, un país donde el 62% de la población se declara indígena, y donde los indígenas no ganaron el derecho al voto hasta 1952.

Evo Morales en Tiahuanaco

Pablo Caridad / Alamy Stock Photo

Morales nació en 1959 en una familia indígena aymara. En 1983 emigró a las selvas tropicales del oriente del país, donde tuvo una importante participación en el movimiento cocalero. Esto le llevó a la escena política. En el 2002 se presentó como candidato a la presidencia de Bolivia al frente del partido Movimiento al Socialismo (MAS) y, para sorpresa de muchos, quedó en segundo lugar. Tres años más tarde ganó las elecciones. Los indios aymaras bolivianos aclamaron al 65° presidente de Bolivia en una ceremonia a la que asistieron decenas de miles de personas. Días antes de ser nombrado presidente, Evo Morales fue proclamado máxima autoridad indígena de Bolivia o Apu Mallku en una ceremonia donde había líderes religiosos de todos los grupos étnicos del país, en el santuario precolombino de Tiahuanaco, considerado la cuna de la cultura americana.

1. ¿Puede el nombramiento de un presidente indígena contribuir al avance de los derechos de esta población, o es algo simbólico?
2. Ahora reflexionen sobre la situación en su país. ¿Incluye la Constitución a este segmento de la población? ¿Está bien representada la población indígena en la política?
3. En febrero del 2019, Evo Morales abrió en la ONU el Año Internacional de las Lenguas Indígenas con un discurso que comenzó en aymara, y en el que dijo que "las lenguas indígenas son parte de nuestra identidad". Piensen en dos razones que justifiquen la preservación de las lenguas indígenas.

 **17-22 El *Buen Vivir* en Bolivia** Lean este texto sobre la Constitución de Bolivia y su relación con la filosofía social del *Buen Vivir.* Después respondan a las preguntas.

Suma qamaña —o buen vivir— describe una cosmovisión ancestral de los pueblos quechuas de los Andes centrada en la comunidad, la ecología y las culturas. Esta filosofía considera a las personas como un elemento de la *Pachamama* o "Madre Tierra" y busca el equilibrio con la naturaleza para satisfacer las necesidades ("tomar sólo lo necesario"). Es fundamental el sentido de lo colectivo: mientras el capitalismo promueve los derechos individuales (poseer, vender, tener), en el Buen Vivir tienen prioridad los derechos de los pueblos, las comunidades y la naturaleza.

El Buen Vivir tuvo una importante influencia en el espíritu y la redacción de la nueva Constitución de Bolivia (2009), que incluyó a los indígenas y campesinos en las estructuras de poder del Estado. En el Artículo 8, esta Constitución establece un Estado Plurinacional que "promueve el *suma qamaña*", que es un principio tan importante como la libertad o la equidad social. La Carta Magna señala que el "modelo económico boliviano es plural y orientado a mejorar la calidad de vida y el vivir bien" (Art. 306), y se basa en "la redistribución justa de la riqueza y la industrialización de los recursos naturales" (Art. 313).

1. ¿Qué es el Buen Vivir? Usa información del texto y tus propias palabras.
2. Explica qué papel específico tiene la naturaleza en el modelo del Buen Vivir.
3. Clasifiquen estos conceptos en tres grupos: (C) compatibles con la filosofía y modelo social del Buen Vivir, (N) no compatibles, (P) podrían ser compatibles.

☐ equidad	☐ derechos individuales
☐ explotación de recursos naturales	☐ capitalismo
☐ diversidad cultural	☐ consumismo
☐ ecología	☐ desigualdad

17-23 Bolivianos en Estados Unidos Lee este texto para aprender sobre la población boliviano-estadounidense en Estados Unidos.

La población de ascendencia u origen boliviano en Estados Unidos es muy pequeña: cerca de 100.000 personas, y la mayoría reside en Virginia, Maryland, Washington D.C. y Nueva York. Después de la Revolución Nacional de 1952 llegaron inmigrantes bolivianos a EE. UU., principalmente profesionales o disidentes políticos de clase media o media alta. Otro momento de migración ocurrió entre 1980 y 1988 como resultado de una crisis económica. La mayoría de estos inmigrantes eran personas de bajos ingresos entre los cuales había muchos indígenas. La comunidad boliviana trabaja mucho para difundir la identidad y el patrimonio natural y cultural de Bolivia. Son muy populares los grupos de baile bolivianos, que participan en desfiles, festivales, escuelas y teatros por todo el país.

Entre los personajes bolivianos más relevantes en Estados Unidos está Jaime Escalante, un maestro de matemáticas cuya vida se llevó al cine. Lean el texto para saber más sobre él.

www.bolivianosimportantes.com

Keith Birmingham / Pasadena Star-News / San Gabriel Valley Tribune / ZUMA Wire / Alamy Live News

En el año 2016, el Servicio Postal de Estados Unidos reveló una estampilla honrando al nativo boliviano Jaime Escalante, cuyo trabajo inspiró la película de 1988 *Stand and Deliver*, tomada del libro que narra su vida, *Jaime Escalante: The Best Teacher in America*. Este reconocimiento es un honor reservado sólo para personalidades relevantes de la historia y cultura de Estados Unidos.

Este profesor boliviano enseñó en Garfield High School, al este de Los Ángeles, desde 1974 hasta 1991. Antes había sido profesor de matemáticas y física por 12 años en Bolivia. Su forma poco convencional de abordar la enseñanza del cálculo le dio fama en todo Estados Unidos. Escalante le dijo a sus estudiantes, quienes en gran parte venían de contextos donde la violencia, las drogas y la discriminación a los latinos eran una constante, que ellos podían lograr cualquier cosa si tenían el deseo de hacerlo. En 1982, gracias a la perseverancia de Escalante, 18 de sus estudiantes aprobaron una Prueba de Cálculo Avanzado (AP), un examen tan difícil que en aquellos días sólo el 2% de los graduados de secundaria se atrevían a (*dared*) tomarlo. Para 1987, 85 de los estudiantes de Escalante habían pasado el examen de Cálculo. Escalante murió en el 2010 pero su legado continúa. Recibió varios doctorados honoríficos durante su vida y de forma póstuma.

1. En algunos lugares se celebra el Día del Profesor Inspirador, un día que celebra el trabajo de los educadores. ¿Cómo debe ser un profesor inspirador?

☐ afectuoso	☐ perseverante
☐ divertido	☐ justo
☐ paciente	☐ accessible

2. ¿Hay algún/a profesor/a que haya tenido un papel importante en tu vida?
3. Seleccionen en YouTube un fragmento de la película *Stand and Deliver*. Identifiquen qué valores se presentan en este fragmento y preséntenlo en clase.

Vocabulario

Los derechos	(Rights)
la asociación	*association; group*
la creencia	*belief*
el derecho	*right*
el desarrollo	*development*
la desigualdad	*inequality*
la discriminación	*discrimination*
la garantía	*guarantee; security*
el hogar	*home*
la huelga	*strike*
la igualdad	*equality; equal opportunity*
la injusticia	*injustice*
el juicio	*trial; judgment*
la justicia	*justice*
la libertad	*freedom*
de expresión	*of speech*
de pensamiento	*of thought*
la manifestación	*demonstration*
la marginación	*marginalization*
la protesta	*protest*
la reunión	*meeting; gathering*
la seguridad	*security*
el sindicato	*labor union*
la solidaridad	*solidarity*
la violación	*violation*
el voto	*vote*

Los grupos humanos	
los campesinos	*farmers; peasants*
los emigrantes	*emigrants*
los indígenas	*indigenous people*
los inmigrantes	*immigrants*
los migrantes	*migrants*
las mujeres	*women*
los niños	*children*
los políticos	*politicians*
los refugiados	*refugees*

Los conflictos políticos	(Political conflicts)
la dictadura	*dictatorship*
el gobierno	*government*
la ley	*law; regulation*
el movimiento	*movement*
la política	*politics*

Otras palabras	
la amenaza	*threat*
el bienestar	*well-being*
la contribución	*contribution*
la herencia	*legacy*
la oportunidad	*opportunity*
el origen	*origin*
la paz	*peace*
la persecución	*persecution*
la propiedad	*property*
el reconocimiento	*recognition*
el recurso	*resource*

Adjetivos	
desigual	*unequal*
discriminado/a	*discriminated*
étnico/a	*ethnic*
injusto/a	*unfair*
justo/a	*fair*
libre	*free*
marginado/a	*marginalized*
pacífico/a	*peaceful*

Verbos	
alcanzar	*to reach*
amenazar	*to threaten*
apoyar	*to support*
asociarse	*to associate with*
beneficiar	*to benefit*
colaborar	*to collaborate*
contar	*to count*
contribuir	*to contribute*
debilitar	*to weaken*
denunciar	*to denounce; to report*
discriminar	*to discriminate*
garantizar	*to guarantee*
intentar	*to try*
marginar	*to marginalize*
obligar	*to force*
perseguir	*to persecute*
poseer	*to possess; to own*
protestar	*to protest*
reconocer	*to acknowledge*
refugiarse	*to take refuge*
violar	*to violate*
votar	*to vote*

Consultorio lingüístico

1 Uses of the Imperfect Tense

A narration is a series of events that we generally tell by using the preterit. The preterit tense presents information as completed in the past. With each event that we relate, we move the story forward:

Ana **fue** a una zapatería y **se compró** un par de zapatos. Luego **volvió** a casa en taxi.
*Ana **went** to a shoe store and **bought** herself a pair of shoes. Then she **went back** home by taxi.*

Ayer por la noche **estuvimos** en un restaurante muy bueno. Después **fuimos** al cine.
*Last night we **were** at a very good restaurant. Then we **went** to the movies.*

We can also pause to explain the background of some event (i.e., what's going on around it). We do this by using the imperfect. Verbs in the imperfect do not move the story forward, but rather expand upon important details:

Ana **estaba** aburrida. Por eso fue de compras y se compró un par de zapatos.
*Ana **was** bored. For that reason, she went shopping and bought herself a pair of shoes.*

Ayer por la noche estuvimos en un restaurante muy bueno. **Había** muchísima gente.
*Last night we were at a very good restaurant. **There were** a lot of people.*

These are some of the most important functions of the imperfect tense:

- To describe the context and circumstances of events: time, date, weather, place, presence of people or things:

  Hacía mucho frío y **llovía**.
  *It **was** very cold and it **was raining**.*

  Eran las doce de la noche cuando llegó la policía.
  *It **was** midnight when the police arrived.*

  Cuando entré al hotel, en la recepción no **había** mucha gente.
  *When I entered the hotel, **there weren't** many people in the lobby.*

- To refer to an ongoing action at the time something else happened (which is described in the preterit tense):

  Ayer cuando **íbamos** al cine vimos un accidente de tráfico.
  *Yesterday when **we were** going to the movies we saw a traffic accident.*

  Mientras Ana se **compraba** un par de zapatos, yo di una vuelta por la tienda de música.
  *While Ana **was buying** herself a pair of shoes, I went to the music store.*

- To describe qualities or conditions of people, places, or things:

  Era un hombre alto, moreno; **tenía** unos 30 años.
  *He **was** a tall, dark man; he **was** about 30 years old.*

  La casa **estaba** vacía: no **había** nadie.
  *The house **was** empty: nobody **was** there.*

  Había mucho tráfico porque **eran** las cinco de la tarde.
  ***There was** a lot of traffic because it **was** five in the afternoon.*

- To talk about habitual, repeated actions, habits or customs in the past:

  Cuando **era** niña, **íbamos** a la escuela a pie porque no **había** autobuses escolares.
  *When I **was** a girl, we **used to go** to school on foot because **there weren't** any school buses.*

  Cuando vivía en la costa **íbamos** mucho a la playa.
  *When I lived on the coast, we **used to go** to the beach a lot.*

- To talk about ideas or opinions that one had before. Sometimes the imperfect expresses surprise or establishes the reason for an excuse:

  Yo **creía** que **eras** hondureño.
  *I **thought** you **were** Honduran.*

  Yo no **sabía** que la reunión **era** a las cuatro.
  *I **didn't know** the meeting **was** at 4 o'clock.*

  Perdona, es que **creía** que no **ibas** a venir.
  *Sorry, I **thought** you **were not coming**.*

¡ATENCIÓN!

When we refer to the **total duration** of an action or description, we are describing a completed activity and therefore use the preterit:

Había mucho tráfico. *There was a lot of traffic.*	vs	**Hubo** mucho tráfico entre las 2 y las 5 de la tarde. *There was a lot of traffic between 2 and 5 pm.*
Antes **íbamos** mucho a la playa. *We used to go to the beach a lot.*	vs.	**Fuimos** a la playa durante cinco años en verano. *We went to the beach in the summer for five years.*

2 The Pluperfect

This tense is formed with the **imperfect of *haber* + the past participle**:

		-AR TRABAJ**AR**	-ER COMER	-IR SALIR
(yo)	**había**			
(tú)	**habías**			
(él, ella, usted)	**había**	trabaj**ado**	com**ido**	sal**ido**
(nosotros, nosotras)	**habíamos**			
(ellos, ellas, ustedes)	**habían**			

The past participle is formed by adding the ending ***-ado*** or ***-ido*** to the stem of the verb:

-AR	**-ado**	**-ER/-IR**	**-ido**
HABL**AR**	habl**ado**	TEN**ER**	ten**ido**
TRABAJ**AR**	trabaj**ado**	S**ER**	s**ido**
ESTUDI**AR**	estudi**ado**	VIV**IR**	viv**ido**
EST**AR**	est**ado**	**IR**	**ido**

Some of the most frequently used irregular past participles are:

VER → **visto**	HACER → **hecho**	PONER → **puesto**
ESCRIBIR → **escrito**	DECIR → **dicho**	VOLVER → **vuelto**
ABRIR → **abierto**	ROMPER → **roto**	CUBRIR → **cubierto**

The pluperfect tense refers to past events that took place before other past events or circumstances. It is used to present an event or circumstance as a condition of another:

Se despertó cansado porque **había dormido** muy mal.
*He woke up tired because **he had slept** very poorly.*

The pluperfect is commonly used with the expressions ***ya*** (= already) and ***todavía no*** (= not yet):

Bolivia consiguió el voto femenino en 1952, pero Uruguay **ya** lo **había conseguido** antes.
*Bolivia won the women's right to vote in 1952, while in Uruguay they **had already won it**.*

Cuando ocurrió la Revolución boliviana, la Revolución cubana **todavía no había ocurrido**.
*At the time of the Bolivian revolution, the Cuban revolution **had not happened yet**.*

3 Direct Questions

Direct questions are introduced by interrogative words:

¿Sabes **cuándo** obtuvo Bolivia su independencia?
quién es el presidente de Bolivia?
quiénes fueron los tres últimos presidentes?
cuántas lenguas reconoce la Constitución boliviana?
dónde está el lago Titicaca?
qué fue la Guerra del Chaco?
qué ciudad es la capital de Bolivia?
cuál fue la ciudad más importante de Bolivia en el siglo XVI?

In questions with a preposition, the preposition is placed before the question word:

¿Sabes **en qué** año obtuvo Bolivia su independencia?
por qué Bolivia perdió su acceso al mar?
de dónde viene el nombre de Bolivia?
contra quién luchó Bolivia en la Guerra del Chaco?
de qué país se independizó Bolivia en 1825?
con qué ciudad comparte Sucre la capital?
desde cuándo es Bolivia una nación independiente?
a qué personas dieron el derecho al voto en 1952?

4 *Pero* vs. *sino*

Like "but" in English, ***pero*** introduces an element that contrasts or limits what was said earlier:

Estaba en casa, **pero** no quise abrir la puerta.
*I was home, **but** I didn't want to open the door.*

La capital de Bolivia es Sucre, **pero** La Paz también lo es.
*The capital of Bolivia is Sucre, **but** also La Paz.*

When we negate something, we can use ***pero*** or ***sino*** (both = **but**) with different purposes. The phrase ***No... pero*** negates the erroneous information and then supplies other details:

Bolivia **no** tiene acceso al mar, **pero** lo tuvo en el pasado.
*Bolivia has **no** access to the sea, **but** it had it in the past.*

Clara **no** estuvo en mi casa, **pero** me llamó por teléfono.
*Clara was **not** in my house, **but** she phoned me.*

No... sino is used to negate and correct erroneous information or suppositions. The two ideas linked are mutually exclusive:

La Guerra del Chaco **no** fue en 1950 **sino** en 1932.
*The Guerra del Chaco was **not** in 1950, **but rather** in 1932.*

El examen **no** es el martes **sino** el miércoles.
*The test is **not** on Tuesday **but** on Wednesday.*

Capítulo 18

Gente de negocios

RIEGER Bertrand / Hemis / Alamy Stock Photo

Ciudad de Panamá (Panamá)

TAREA GLOBAL

Crear un anuncio para promover un negocio en una plataforma de financiación colectiva (*crowdfunding*)

At the end of this lesson, I will be able to…

PRESENTATIONAL AND INTERPERSONAL COMMUNICATION

Speaking
- talk about the future.
- obtain and give information about businesses.
- describe and evaluate businesses and services.
- use clarification and reformulation strategies during conversation.

Writing
- write an argumentative essay about the advantages or the disadvantages of entrepreneurship.
- state a thesis and organize information around it to support my point of view.

INTERPRETIVE COMMUNICATION

Listening
- understand the main ideas and details of exchanges about businesses and services.
- understand questions related to business projects, their characteristics, and predictions for the future.

Reading
- understand a journalistic essay, including the author's point of view and main arguments.
- use reading strategies to identify the author's point of view and intentions in a subjective text.

INTERCULTURAL COMPETENCE

- understand and reflect on the importance of the Panama Canal for the United States–Panama relationship.
- learn about the characteristics of the Panamanian American population.
- understand and talk about the importance of free trade zones, in particular the Colón tax-free business zone in Panama.

CLUB CULTURA

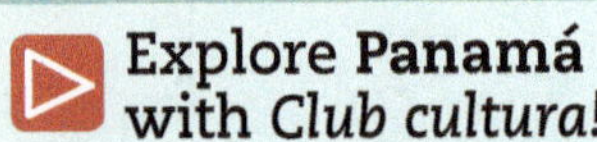

Explore Panamá with *Club cultura!*

Acercamientos

18-1 Empresas Observa estos logotipos publicitarios de seis empresas. ¿A qué área o áreas crees que se dedican?

la alimentación	la hostelería	la moda	el turismo
el ocio	los animales	los deportes	las telecomunicaciones
la salud	la seguridad	la educación	la peluquería

EJEMPLO: E1: Yo creo que MascotaWash es una empresa que se dedica a los animales, baña mascotas, les corta el pelo, etc.

Ahora lee estas descripciones y comprueba si tus predicciones eran correctas.

- **La Tienda del Espía** es una empresa que vende o alquila micro cámaras ocultas, grabadoras telefónicas, localizadores de coches y personas, programas espías, test de consumo de drogas, test de paternidad, drones.
- **MascotaWash** es una compañía de sistemas de auto lavado para mascotas que permiten bañar y secar a tu mascota en diez minutos. Utilizamos solo productos naturales de primera calidad.
- **Aventura en Panamá** es una empresa pionera en giras de aventuras. Ofrecemos *rafting*, escalada, campamento, excursiones y más.
- **Deporte Clips** es una empresa que ofrece un concepto distinto de peluquería masculina, enfocado en los amantes del deporte.
- **De5en5** es una empresa que ofrece moda de estilo juvenil para él y ella, con nueve precios únicos que van desde los $5 hasta los $45 en tramos de $5.
- **Jóvenes Ingenieros** ofrece programas educativos de enriquecimiento enfocados en las áreas de matemáticas, física, ciencias e ingeniería.

18-2 Negocios en Panamá Lean este texto sobre los negocios más rentables en Panamá y relacionen cada descripción con un área de negocios.

Descripción

- La mayoría de la población de Panamá es una población activa y trabajadora, con poco tiempo.
- En Panamá hay miles de empresas nacionales y extranjeras, y todas demandan publicidad (folletos, panfletos y pósteres).
- Es uno de los negocios más requeridos por las empresas extranjeras, que necesitan ayuda con contratos, artículos, archivos y todo tipo de información.
- En Panamá hay una constante circulación de personas, nacionales y extranjeras.
- Es uno de los motores de la economía de Panamá (y muy rentable).
- Cada día pasan cientos de barcos por el Canal de Panamá.
- En Panamá hay una industria textil muy importante.

Panamá tiene una de las economías más fuertes y estables de América, basada en el sector de servicios (bancos, comercio internacional, comunicaciones, turismo, empresas privadas). Su sistema económico es de libre mercado, con énfasis en las exportaciones, y el Canal de Panamá contribuye enormemente a su economía. Estos son siete de los negocios más rentables (*profitable*): venta inmobiliaria, paquetes turísticos, venta de ropa en internet, traducción, impresión digital, limpieza de barcos y comida rápida.

Vocabulario en contexto

18-3 La campaña publicitaria de A DOMICILIO Lee este anuncio para saber cómo funciona la empresa de servicios A DOMICILIO. Luego completa la encuesta.

¿CÓMO FUNCIONA A DOMICILIO? SERVICIO PERMANENTE

A tu servicio las 24 horas del día, los 7 días de la semana. Todas tus necesidades al alcance de tus manos. Todo lo que necesites o desees, en cualquier momento y lugar de la ciudad, te lo llevaremos. Contáctanos para hacer tu pedido a través de nuestra *app* o en www.adomicilio.com.pa Te serviremos con la mayor rapidez y amabilidad.

A DOMICILIO
www.adomicilio.com.pa

www.adomicilio-encuesta.com

Por favor, haz clic en aquellos servicios que creas que puedes necesitar. ¿Qué servicios agregarías?

DULCES Y REFRIGERIOS
- ☐ PANADERÍA: pan, pastelería, tortas…
- ☐ SÁNDWICHES: de jamón ahumado y queso, de pollo, de verduras…

RESTAURANTES
- ☐ MEXICANO: tacos, nachos, quesadillas…
- ☐ ITALIANO: pizzas, pastas, ensaladas…
- ☐ JAPONÉS: sushi, cajas bento, opciones vegetarianas…

AYUDA DOMÉSTICA
- ☐ SERVICIO DE LAVANDERÍA: ropa deportiva, de fiesta, jeans…
- ☐ LIMPIEZA: de cuartos, fiestas…
- ☐ COMPRAS DE URGENCIA: farmacia, supermercado, floristería…

BIENESTAR
- ☐ FELICITACIÓN PERSONAL Y MENSAJE URBANO: correcalles (*banners*), salutación de cumpleaños en persona, tarjetas virtuales…
- ☐ MASAJISTA: deportivo, estético, dolencias…
- ☐ PELUQUERÍA Y MAQUILLAJE: eventos especiales, maquillaje para el día…

VARIOS
- ☐ ______________________________
- ☐ ______________________________
- ☐ ______________________________

Seleccionen los tres servicios de la empresa A DOMICILIO que más les interesan. Luego expliquen su elección a la clase y comprueben si los otros grupos están de acuerdo con ustedes.

18-4 Nuevos servicios Escucha el anuncio de la radio. ¿Cuáles son los servicios que ofrece esta empresa competidora? ¿Cuál te interesa más?

1. ______________________________
2. ______________________________
3. ______________________________

Decidan qué servicio adicional, dirigido a estudiantes, podría ofrecer la empresa *Gente a Punto*. Escriban un anuncio similar a alguno de los que han escuchado. Después describan este servicio a sus compañeros/as de clase.

18-5 Emprendimiento para jóvenes Lean este texto sobre el emprendimiento (*entrepreneurship*). Elijan los dos sectores que, en su opinión, ofrecen más posibilidades. Para cada sector, ¿cuáles serían sus dos negocios preferidos?

Tendencias jóvenes

Diversas investigaciones revelan que los jóvenes, en especial los mileniales, son más **emprendedores** que generaciones anteriores. Prefieren el autoempleo, confían en su capacidad de **sacar adelante** proyectos propios y le temen poco a los **riesgos**. Estas son las áreas de emprendimiento con más futuro.

1. El **comercio** en general es uno de los sectores con mayor proyección futura, a pesar de las diversas crisis económicas. La **exportación** e **importación** de productos es parte de la economía global.
2. La **economía verde** se enfoca en el uso eficiente de los recursos y el **crecimiento** sostenible. Además, es uno de los sectores más demandados por los **consumidores**.
3. Las tecnologías de la información y la comunicación son muy **productivas**. Cada año la lista de tecnologías **emergentes** es más larga.
4. El **turismo** es una **industria** líder a nivel mundial y muy **rentable**, gracias a la aparición de fenómenos como las opciones *low cost* o las empresas como *Airbnb*.
5. La **inversión** en el sector de los **servicios** a las personas está creciendo, especialmente en áreas como tratamientos de salud, atención infantil o de personas mayores, y tiempo libre (ocio).

Aunque para **emprender** es necesario algo más que una actitud positiva, con la formación adecuada, **recursos** y buen asesoramiento, cualquier joven puede **desarrollar** su proyecto con éxito. ¿Te animas?

EJEMPLO: E1: Yo creo que la **economía verde** es un sector **importante** porque muchas personas quieren proteger el medio ambiente.

E2: Es verdad. Por ejemplo, una tienda de ropa sostenible sería un buen negocio porque…

18-6 Una empresa con futuro en Panamá Quieren abrir una empresa en Panamá. Primero van a leer unos datos económicos del país. ¿Qué sector de su economía les parece más importante?

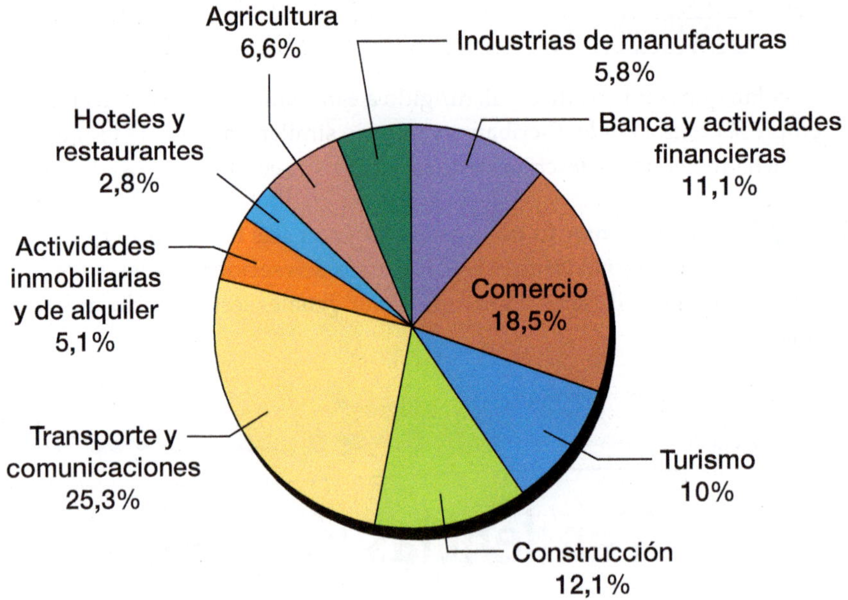

ACTIVIDADES ECONÓMICAS	% del PIB en 2018
Banca y actividades financieras	11,1%
Comercio	18,5%
Turismo	10%
Construcción	12,1%
Transporte y comunicaciones	25,3%
Actividades inmobiliarias y de alquiler	5,1%
Hoteles y restaurantes	2,8%
Agricultura	6,6%
Industrias de manufacturas	5,8%

A partir de la información de la tabla, piensen en cuatro tipos de empresa rentables que podrían crear en Panamá, cada una relacionada con una actividad económica diferente. Usen verbos de esta lista.

fundar	invertir	promover	desarrollar
financiar	comerciar	mejorar	ofrecer

EJEMPLO: E1: Yo creo que **invertir** en una empresa de viajes de aventura podría ser rentable.

E2: Y **ofrecer** viajes alternativos. Por ejemplo…

Lengua en contexto

18-7 Ventajas e inconvenientes Miren estas ideas de negocios para emprendedores jóvenes que terminan la universidad. Consideren las ventajas e inconvenientes de los cuatro tipos de negocio. Para cada uno, completen una ficha similar.

- ☐ Un negocio por Internet
- ☐ Máquinas expendedoras
- ☐ Cuidado de mascotas
- ☐ Tutor privado

Ventajas:
Es un tipo de negocio que _____.
Puedes _____ cuando _____.
Puedes _____ (todo) lo que _____.
Inconvenientes:
Es un tipo de empresa que _____.
Puedes _____ donde _____.
Puedes _____ como _____.

18-8 ¿Tendrán éxito? Elijan una de las cuatro áreas anteriores y creen una empresa específica dentro de esa área. Elaboren una ficha con las características más importantes de su negocio.

Nombre del negocio: _____.
Es un negocio que _____.
Es un negocio en el que _____.
La gente puede _____ cuando _____.
La gente puede _____ (todo) lo que _____.

EJEMPLO: E1: ¿Qué te parece una empresa **que hace** la tarea para los estudiantes?
E2: Sí, y los estudiantes pueden llamar **cuando quieran,** 24 horas al día.

¿Creen que su empresa tendrá éxito? ¿Qué condiciones necesitan para tener éxito? Escriban cinco. Después usen los datos de la tabla para hablar de sus previsiones de futuro.

Condiciones para tener éxito	Previsiones de futuro
1. precios competitivos	dar mucho dinero
2. _____	tener muchos clientes
3. _____	tener éxito
4. _____	ser un buen negocio
5. _____	_____
6. _____	_____

EJEMPLO: E1: **Si** ofrecemos precios competitivos nuestra empresa **tendrá** éxito.
E2: Sí, estoy totalmente de acuerdo.

DONDE / CUANDO / COMO / (TODO) LO QUE + SUBJUNTIVO

donde quieras (= *wherever you want*)
cuando quieras (= *whenever you want*)
como quieras (= *however you want*)
lo que quieras (= *whatever you want*)
todo lo que quieras (= *everything you want*)

CONDICIONES CON SI

Si + presente indicativo + futuro

Si inviertes en mi negocio, **ganarás** mucho dinero.

Conseguirás lo que quieras **si trabajas** duro.

EL FUTURO

(yo)			**-é**
(tú)	viajar		**-ás**
(él, ella, usted)	comer	+	**-á**
(nosotros, nosotras)	dormir		**-emos**
(ellos, ellas, ustedes)			**-án**

Formas irregulares

TENER	tendr-		
SALIR	saldr-		**-é**
QUERER	querr-		**-ás**
PONER	pondr-	+	**-á**
DECIR	dir-		**-emos**
HACER	har-		**-án**
PODER	podr-		

POSIBILIDAD Y DESEOS CON SUBJUNTIVO

- **Tal vez** / **quizá** + subjuntivo:
  Si todo va bien, **quizá podamos** expandir el negocio.
- **Ojalá** + subjuntivo:
  Ojalá esta nueva empresa **sea** exitosa.

CANTIDAD DE PERSONAS

(casi) todo el mundo
toda la gente / todas las personas
(casi) toda la gente / todas las personas
la mayoría de la gente / de las personas
mucha gente / muchas personas
algunas personas
poca gente / pocas personas
(casi) nadie

todos los / todas las
muchos / muchas
bastantes
algunos / algunas
pocos / pocas
ningún / ninguna
} + NOMBRE

Hay **pocos** negocios que sean rentables.
Ningún negocio es rentable el primer año.

18–9 Quizá sí, quizá no Evalúen estas cuatro empresas que vieron en **18–1**. Decidan el grado de aceptación que tendrán en la ciudad donde viven, dándoles una puntuación entre 1 (poco éxito) y 4 (mucho éxito). Usen las expresiones de la lista.

	4	3	2	1
• La Tienda del Espía	☐	☐	☐	☐
• MascotaWash	☐	☐	☐	☐
• Deporte Clips	☐	☐	☐	☐
• De5en5	☐	☐	☐	☐

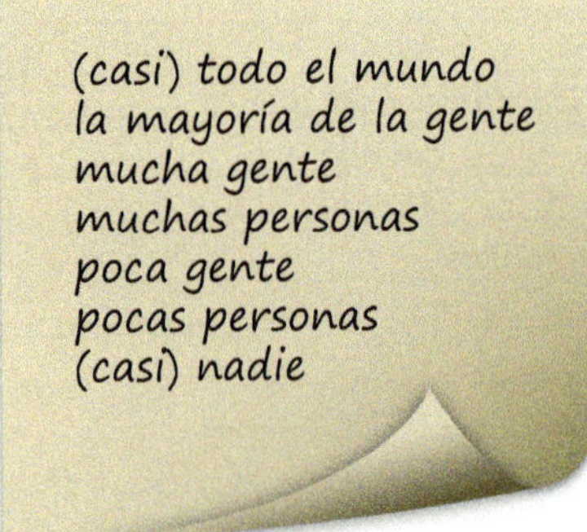

EJEMPLO: E1: **Casi todo el mundo** tiene mascotas aquí, así que **quizá** funcione.
E2: Sí, creo que hay **mucha gente** que lo necesita.

18–10 Inversiones Estos son posibles negocios para su universidad. ¿Existen? ¿Hay muchos, pocos o ninguno? ¿En cuáles invertirán dinero? ¿Por qué? Debatan todas las opciones y completen el cuadro. Pueden invertir en un máximo de dos empresas.

CORRECORRE
Patinetes eléctricos con el logo de la universidad o escuela. Sólo los estudiantes de la universidad pueden usarlos y sólo dentro del campus.

AntipasM / Alamy Stock Photo

BOLOCAMPUS
Bolera para uso exclusivo de estudiantes y profesores.

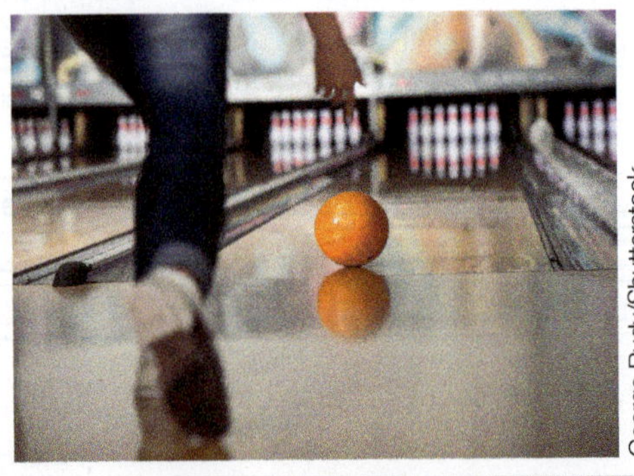
George Rudy/Shutterstock

FRESQUÍSIMO
Kioscos de venta de productos frescos (frutas y verduras).

Aleksandar Mijatovic/Shutterstock

MR. LIMPIO
Servicio de limpieza de cuartos para estudiantes.

RossHelen editorial / Alamy Stock Photo

	¿Hay?	¿Invertirán?	¿Por qué?
1.		SÍ ☐ NO ☐	
2.		SÍ ☐ NO ☐	
3.		SÍ ☐ NO ☐	
4.		SÍ ☐ NO ☐	

EJEMPLO: **E1:** En el campus no hay **ningún** ________ y por eso **quizá sea** buena idea invertir en…
E2: Además hoy día **mucha gente**…

Digan a la clase una empresa en la que van a invertir y una empresa en la que no van a invertir. Justifiquen sus decisiones.

 **18-11 ¡Mucha suerte!** Elige tu negocio preferido y explica a tu compañero/a qué cosas esperas que ocurran con tu negocio. Tu compañero te deseará suerte. Puedes usar estos modelos:

Espero…

1. … obtener financiación para mi proyecto.
2. … tener dos buenos socios que me ayuden.
3. … ganar algo de dinero el primer año.
4. … poder expandir el negocio a otros lugares.
5. … ________________________.
6. … ________________________.

EJEMPLO: **E1:** Espero encontrar gente que me apoye.
E2: Sí, **ojalá encuentres** gente que te apoye.

Interacciones

Estrategias para la comunicación oral

Resources for debating (I)

You already know what basic language resources you can use to express your opinion and to show agreement or disagreement with someone's opinion. In this lesson, and in the next two lessons, you will learn other resources that you are likely to need when debating a topic:

- **Stating lack of understanding:**
  - *(Lo siento, pero) no comprendo / entiendo.* (I'm sorry, but) I don't understand.
- **Asking for clarification or reformulation:**
  - *¿Qué quieres decir?* What do you mean?
  - *¿Puedes clarificar eso, por favor?* Can you clarify that, please?
- **Clarifying further or reformulating your point:**
  - *Quiero decir que…* I mean that…
  - *Lo que quiero decir es que...* What I mean is...

18–12 Los mejores consejos Estos son algunos de los consejos que los grandes creadores de empresas han dado a la gente joven. Cada uno de ustedes debe elegir tres y explicarle al resto del grupo qué significan.

EJEMPLO: E1: Esto **quiere decir que** si escuchas la opinión de la gente podrás crear un mejor producto.
E2: No comprendo. ¿**Puedes clarificarlo**?
E3: **Quiero decir que**…

18–13 Inversiones ¿En cuáles de estas nuevas empresas invertirán dinero? ¿Por qué? Debatan todas las opciones y completen el cuadro. Pueden invertir en un máximo de dos empresas. No olviden usar los recursos para debatir.

1. **iCon:** el protector para tu teléfono que te permite encontrar todo lo que buscas. Con una simple *app* y el protector, tu teléfono se convertirá en un dispositivo que te permitirá encontrar todo lo que necesites. Si lo has perdido, iCon lo encontrará.
2. **Donuts Capital:** Descubre una nueva generación de sabores: mantequilla de cacahuete y jalea picante, sirope de maple y tocino, pretzels y chocolate blanco. Atrévete a descubrir nuestros sabores innovadores.
3. **Piensa en la Caja:** cuando llega la hora de regresar a casa, tenemos la solución para ti. Nuestros empacadores especializados te ayudarán a empacar todo tu cuarto en menos de dos horas, ¡garantizado! Precios económicos.
4. **Juntos de Vacaciones:** aprovecha la tendencia solidaria, conoce nuevos amigos y ahorra disfrutando con esta opción de vacaciones compartidas. Te ofrecemos una experiencia inolvidable.

	SÍ	NO	PORQUE...
iCon	☐	☐	______________
Donuts Capital	☐	☐	______________
Piensa en la Caja	☐	☐	______________
Juntos de Vacaciones	☐	☐	______________

EJEMPLO: **E1:** Pienso que la caja es una buena inversión porque **la mayoría de los estudiantes** necesita este servicio.
E2: **¿Qué quieres decir?**
E1: **Quiero decir que** cuando regresas a casa en el verano necesitas un lugar **donde** dejar tus cosas.

 **18-14 Hombres y mujeres de negocios** Decidan qué tipo de empresa quieren crear y respondan el cuestionario. Después describan la nueva empresa a la clase. Decidan cuál tiene más probabilidades de éxito.

Nombre	
Características del negocio	
Características del lugar o espacio físico	
Diferencias con los competidores	

EJEMPLO: **E1:** Queremos crear un café-biblioteca **donde** los estudiantes **puedan** estudiar, comer y beber algo.
E2: Sí, también podrán alquilar libros más baratos **cuando muestren** su identificación de la universidad.

  **18-15 Situaciones: *Los inversores*** A student has an invention and wants to start a company. A businessman/woman is very interested in the new product and wants to invest a substantial amount of money. They are having a meeting.

ESTUDIANTE A

You are a rich businessman/woman and are very interested in finding out as much as possible about a new product. You are considering investing in this business but realize that you need more information.

- ask the inventor about the new product and its potential uses
- find out what type of company the inventor wants to create
- get information about the advantages of such a business
- ask any other questions you may consider relevant

ESTUDIANTE B

You have an invention and need someone to invest money to create a new company. You are having an interview with a potential investor.

- describe what you have invented and explain its name
- explain the type of business you would like to start
- list the advantages of such a business
- try to convince the potential investor that your idea is a promising business opportunity

Tarea global

Crear un anuncio para promover un negocio en una plataforma de financiación colectiva

Preparación ¿Sabes qué son las plataformas de financiación colectiva? Lee este texto para saber cómo se financian los proyectos de este tipo.

La financiación colectiva es el proceso de recaudar dinero de muchas personas, en pequeñas cantidades, para llevar a cabo un proyecto o negocio. Las plataformas de financiación colectiva como *Kickstarter* o *SeedInvest* han permitido recaudar millones de dólares para diversos tipos de proyectos.

Un producto buenísimo o una causa muy justa no garantizan el éxito de tu proyecto. Algo muy importante es tener un buen "gancho" (*hook*) que atraiga la atención de los posibles inversores. Por ejemplo, Stefan Loble recaudó más de 340.000 dólares para crear su empresa de ropa de viaje *Bluffworks*. Stefan usó un gancho fuerte y pudo capitalizarlo con su exitoso anuncio publicitario *The Blazer*. ¿Cuál fue el secreto de su gancho? Stefan destacó la utilidad y conveniencia de su producto, al tiempo que atrajo la atención de gran parte de la generación del milenio (de 25 a 34 años) con su eslogan:

"El único blazer que necesitarás. Nuestro blazer, que se puede lavar a máquina y sin arrugas, está lleno de bolsillos y está listo para enfrentar al mundo".

Hay muchos tipos de ganchos efectivos para un negocio. Pueden estar basados en la utilidad, el ahorro, la tecnología de vanguardia, o en ética o historias personales.

Paso 1 Las propuestas

Trabajan en una plataforma de financiación colectiva y son responsables de elegir un proyecto para desarrollar en el mercado. Lean las siguientes propuestas. ¿Creen que tienen futuro? ¿Cuál les parece más interesante?

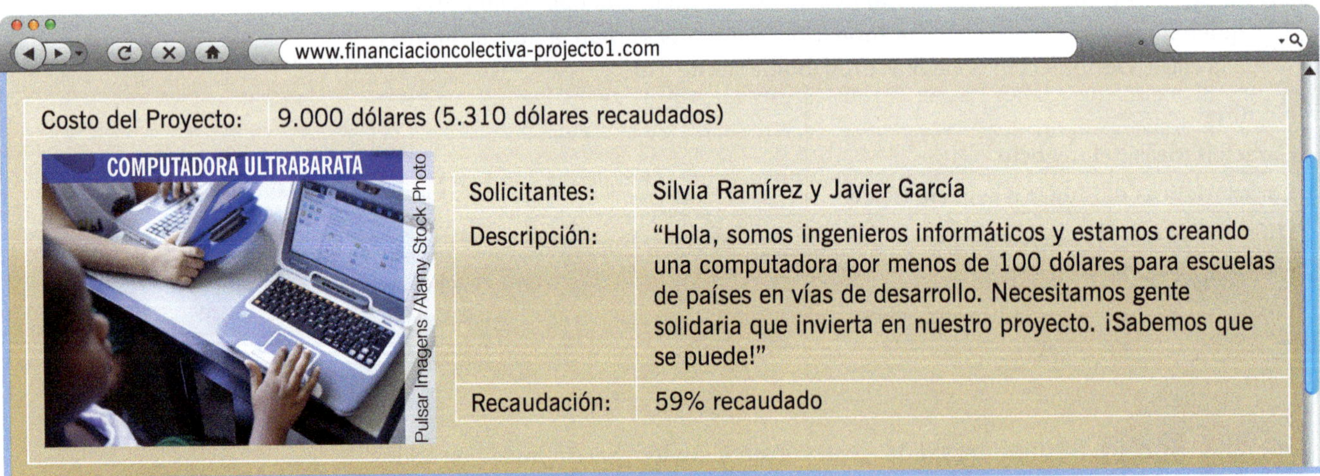

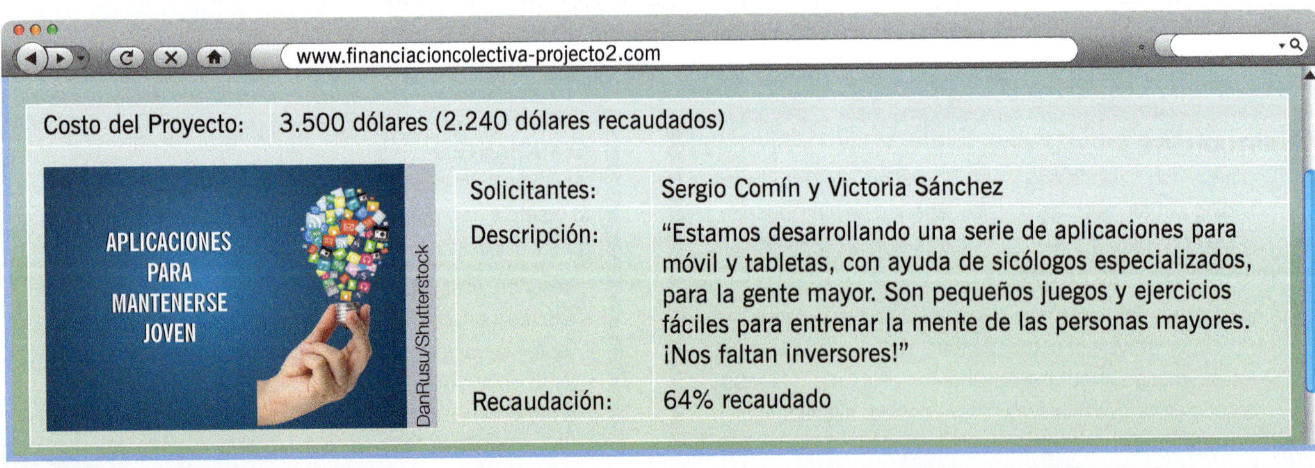

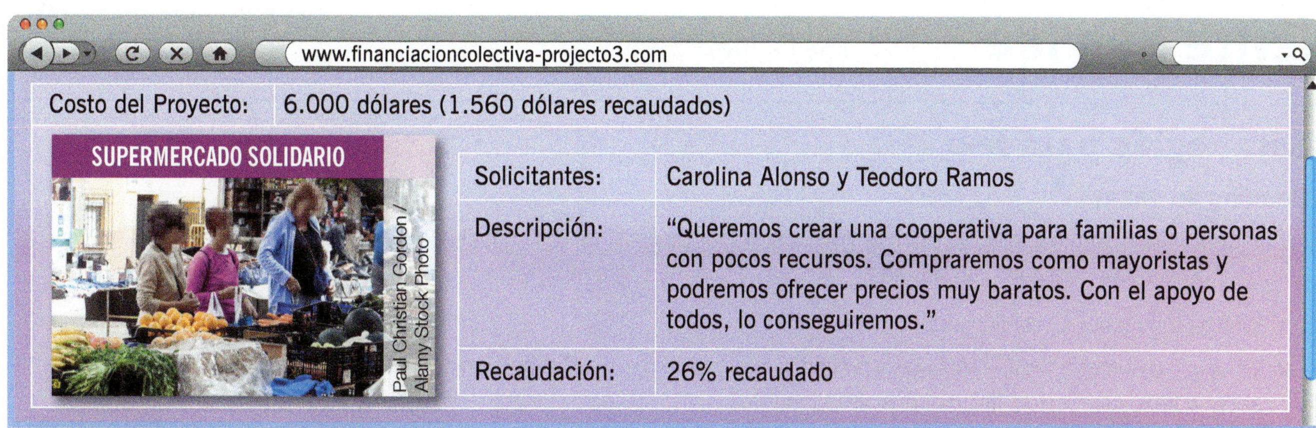

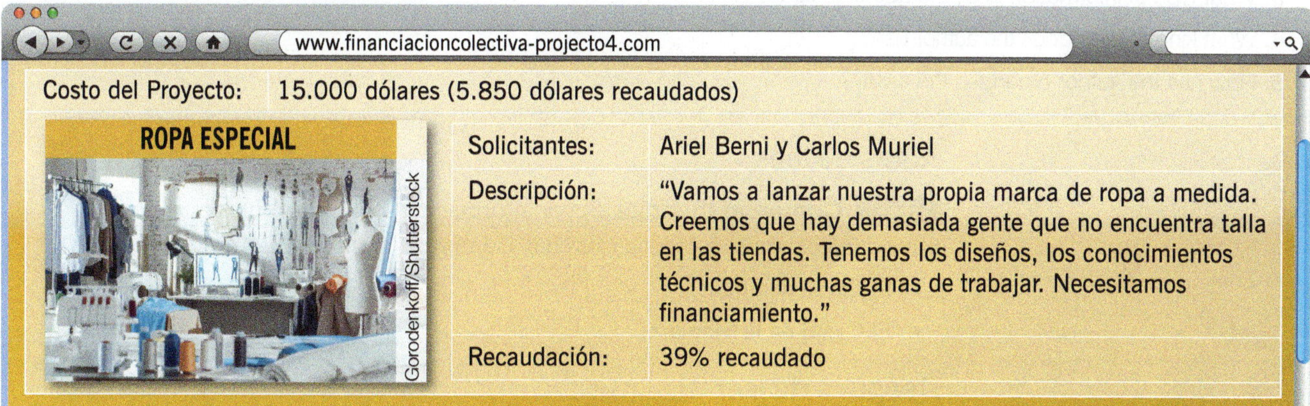

EJEMPLO: **E1:** Yo creo que el Supermercado Solidario tendrá mucho éxito porque mucha gente quiere comer sano, pero no tiene dinero.
E2: Es verdad, pero…

Paso 2 El proyecto ganador

Seleccionen los dos proyectos más interesantes y compárenlos según los cuatro criterios de la tabla. ¿Qué propuesta quieren apoyar?

	PROPUESTA 1	PROPUESTA 2
Servicio		
Innovación		
Fondos recaudados		
Dinero a recaudar		

Paso 3 Nuestro anuncio

Para promocionar el proyecto ganador, desarrollen un anuncio publicitario. Incluyan:

- El nombre de la empresa
- Un gancho efectivo
- Servicios que ofrecerá (innovaciones respecto a otros productos similares)

Paso 4 Presentaciones

Presenten sus anuncios a la clase, que decidirá, por votación, cuál es el mejor proyecto.

Paso 5 Mi progreso

Mark with a ✔ the goals you think you have achieved and to what extent.

I can…

	very well	well	with difficulty
Goal 1: talk about businesses and services.			
Goal 2: assess different business proposals and identify market needs.			
Goal 3: explain my opinions and make predictions about the future.			

Ayuda

Para expresar ventajas y desventajas

Lo bueno / malo es que…

El problema es que… / Lo que pasa es que…

Para expresar impersonalidad

Con la aplicación para estar en forma...

... **puedes** practicar...

... **uno puede** practicar...

... **se puede** practicar...

Gente que lee

Estrategias para leer

Reading an essay

An essay is written from a subjective point of view: the author presents an argument in a way that supports his or her opinion. Some of the questions you should ask yourself when reading an essay are:

1. What is the author's intention and point of view?
2. What is the author's thesis? Does s/he present it in a convincing way? Why / why not? Remember: a thesis is a claim about a topic, supported with reasons and facts.
3. What type of information does the author include?
4. What kind of tone does the author use?
5. How has the author organized the essay?

Antes de leer

18–16 Comercio mundial Busca información sobre estas rutas marítimas, importantes para el comercio mundial. Comparte la información con la clase.

- El Canal de Suez
- El Canal de la Mancha

Después de leer

18–17 ¿Comprendes?

1. ¿Qué países intentaron construir un canal a través de Panamá?
2. ¿Cuántos años tomó la ampliación del Canal de Panamá?
3. Di un beneficio importante del nuevo Canal de Panamá.
4. ¿Cuáles son los dos beneficios económicos que tendrá Panamá con la ampliación del Canal?
5. ¿Cuáles son los principales competidores del Canal de Panamá?
6. ¿Por qué Panamá tendrá que ampliar el Canal otra vez?

18–18 Activando estrategias

1. Busca en el diccionario las palabras **desistió** (párr. 1), **ampliación** y **respaldado** (párr. 2), y **fomenta** y **recaudarán** (párr. 4).
2. Explica cómo se formaron estas palabras: **intercambios** (párr. 1), **megacruceros** (párr. 2), **intermodal** y **megabuques** (párr. 5).
3. Identifica a qué o quién se refieren las expresiones **ellos** (párr. 1) y **el segundo** (párr. 5).
4. ¿Qué significan estos conectores: **ya que** (párr. 1) y **por lo tanto** (párr. 3)? ¿Expresan causa o consecuencia?

18–19 Activando estrategias (II)

1. ¿Cuál es la tesis del autor? ¿Es convincente? ¿Por qué?
2. ¿Qué tipo de argumentos incluye para apoyar su tesis? Marca los que consideres correctos y da un ejemplo.
   - ☐ económicos: ______________________
   - ☐ ambientales: ______________________
   - ☐ históricos: ______________________
   - ☐ políticos: ______________________
3. ¿Qué argumento del autor te parece más convincente? ¿Por qué?

EL CANAL DE PANAMÁ, MOTOR DE DESARROLLO ECONÓMICO

Marian Stoev / EyeEm / Alamy Stock Photo

Canal de Panamá

Durante siglos, desde que Vasco Núñez de Balboa cruzó el istmo de Panamá en 1513, ingenieros y políticos visionarios soñaron con abrir una vía de paso transoceánica entre el Atlántico y el Pacífico. El rey español Carlos V puso en marcha el primer plan, pero lo abandonó ante las enormes dificultades. A mediados del siglo XIX, EE. UU. recuperó el proyecto, pero también **desistió**. Tras otro intento de Francia, que resultó ser un fiasco, una nueva iniciativa estadounidense dio lugar a la realidad del canal de Panamá en 1914. Sin duda, el Canal de Panamá, en cuya construcción participaron 75.000 personas, es una de las obras de ingeniería más colosales de los tiempos modernos, el principal motor económico del istmo centroamericano y un pilar del comercio internacional, **ya que** permite comunicar los océanos Atlántico y Pacífico, y con **ellos**, los **intercambios** entre Asia y Europa, pasando por América.

Esta importancia explica la transcendencia del proyecto de **ampliación**, iniciado con un referéndum en el 2006, **respaldado** por el 78% de votantes, y que terminó en el 2016. Después de superar enormes desafíos técnicos, climatológicos, geológicos y financieros, el nuevo Canal de Panamá, levantado por más de 100.000 trabajadores, abrió sus puertas ante la admiración del mundo entero. El primer buque que cruzó tenía capacidad de más de 9.400 contenedores y pagó 586.000 dólares para cruzar. El nuevo Canal de Panamá permite que grandes buques con cargas de hasta 12.000 contenedores y **megacruceros** puedan utilizar esta vía para pasar de un océano a otro en pocas horas, ahorrando 12.000 kilómetros de navegación, lo que significa un ahorro de combustible contaminante. El dato que mejor resume la transcendencia actual y futura del Canal lo ofrece la profesora de la Universidad de Panamá Vielka Vásquez: el comercio mundial que circula por el istmo de Panamá es de más del 6%.

Un estudio de impacto ambiental señala que el canal está causando deforestación y ya ha eliminado 1.000 hectáreas de vegetación. Tal vez sea cierto, pero la Autoridad del Canal de Panamá está reforestando la zona para compensar el daño a los bosques. Además de esto, hay evidencia de que el nuevo canal ayudará a reducir las emisiones de carbono. **Por lo tanto,** es absurdo decir que el canal contribuye al calentamiento global.

El canal beneficia no solo a Panamá, sino a toda Latinoamérica, porque atrae industria y **fomenta** los intercambios comerciales en la región. Si todo va bien, durante los 12 primeros años de vida del nuevo canal se **recaudarán** unos 30.000 millones de balboas (en torno a 30.588 millones de dólares). Esta cifra es seis veces superior a los 5.200 millones de dólares que el gobierno panameño invirtió en todo el proyecto de ampliación. Además, el PIB del país aumentará un 1,2%.

Hoy día Panamá compite con sus dos principales rivales: el sistema **intermodal** estadounidense y el Canal de Suez. En el primero, los buques llegan a puerto y atraviesan por tierra todo el país. Esto ahorra tiempo, pero es entre 50% y 70% más caro que el uso del Canal de Panamá. **El segundo**, otro canal que une el mar Mediterráneo y el mar Rojo, también fue ampliado en el 2015. Cada día se contruyen **megabuques** de mayor y mayor capacidad. Si Panamá quiere competir, tendrá que hacer otra expansión en un futuro cercano.

18-20 Expansión Identifiquen el argumento más débil o menos convincente que usó el autor. ¿Cómo podría este argumento ser más convincente?

Gente que escribe

Estrategias para escribir

The essay: thesis and development

Writing an essay requires a topic and a thesis. To make your topic into a thesis statement, you need to make a claim about it. Your job is to show your readers that what you claim is true. Look carefully at your thesis and ask yourself: Why do I believe this statement is true? What have I seen, done, read, or heard that has caused me to make this statement?

1. Think about a series of reasons that support your thesis and write them down in complete sentences. Each reason will, in turn, be the basis for a future paragraph. You will need to support each of these reasons as well as your general thesis.
2. Develop each reason into a solid, detailed paragraph. Think about the facts, examples, and details that support, and will help the reader understand, your ideas and reasoning.
3. Develop your paragraphs by adding your explanations, clarifications, examples, and/or facts and statistics.

MÁS ALLÁ DE LA FRASE

Writing an essay: use of connectors

In any essay, it is crucial that you support your reasoning using examples (*por ejemplo, un ejemplo es…*), clarifications (*en otras palabras,es decir…*), cause and consequence relationships (*ya que, debido a…*), and sometimes counterarguments (*aunque, sin embargo, no obstante…*). These connectors are needed for you to convey your points in an effective manner, even more so when you are writing in a foreign language. Without them, your arguments may be weakened.

18-21 Emprendimiento: ¿oportunidad o engaño? El emprendimiento está de moda: se habla de los emprendedores como motor de la economía, de las ventajas de un país de emprendedores, y de la gran oportunidad del emprendimiento para los jóvenes de hoy. Pero también hay voces que advierten a los jóvenes sobre los peligros del emprendimiento. Escribe un ensayo apoyando una de estas dos ideas:

- Hoy día es más fácil que nunca ser emprendedor: es una buena alternativa a buscar y encontrar un empleo cuando la economía está mal.
- El emprendimiento no es una alternativa al empleo: solo se promueve porque los jóvenes no pueden encontrar trabajo.

Antes de escribir

1. Elige la idea que quieras desarrollar y piensa por qué es importante hablar sobre este tema. Haz una lista de ideas.
2. Decide cuál es tu posición respecto del tema.
3. Haz una lista de tres ideas para apoyar tu posición y escribe una oración completa para cada idea.
4. Piensa en ejemplos o explicaciones para ilustrar cada una de tus ideas.

A escribir

- Comienza con una breve introducción al tema del emprendimiento empresarial y presenta tu tesis. Incorpora la información de los puntos 1 y 2 (*Antes de escribir*).
- Desarrolla cada oración temática y su ejemplo o explicación en párrafos completos. Incorpora la información de los puntos 3 y 4 (*Antes de escribir*).
- Usa referentes (lo, la, los, las, etc.) para evitar repeticiones y conectores para introducir ejemplos y contraargumentos, mostrar relaciones de causa-consecuencia, etc.
- Termina con una conclusión sobre el emprendimiento, sus ventajas o peligros.

DESPUÉS DE ESCRIBIR

- Revisa los Pasos 1 a 8 (página 14, Capítulo 1). ¿Puedes mejorar la comprensión de tus ideas usando más conectores? (*Más allá de la frase*).
- Intercambia tu ensayo con un/a compañero/a y usa la *Guía de Revisión entre Compañeros* para revisarla.

Comparaciones culturales

 **18-22 El Canal, Panamá y Estados Unidos** Lean el texto sobre la relación entre Panamá y Estados Unidos, producto del proyecto del Canal de Panamá. Después respondan a las preguntas.

El interés de Estados Unidos en la construcción de un canal interoceánico comenzó a mediados del siglo XIX con la expansión al oeste. En 1876, en París, se presentaron dos propuestas. La recomendación de EE. UU. y del expedicionario Thomas Selfridge fue a favor de una ruta por Nicaragua y la construcción de un canal con esclusas (*locks*). El francés Ferdinand de Lesseps, que había completado la excavación del canal de Suez (Egipto), presentó su proyecto de un canal interoceánico por Panamá y sin esclusas. El proyecto de Lesseps fue elegido y Francia compró los derechos. En 1889, la empresa francesa quebró (*failed*).

A principios del siglo XX, el presidente Theodore Roosevelt pensaba que un canal a través de América Central controlado por los Estados Unidos sería de importancia estratégica vital, así que consiguió la aprobación del senado para comprar la empresa por 40 millones de dólares y, de este modo, el proyecto pasó a ser propiedad del gobierno de EE. UU. Panamá pertenecía todavía a Colombia, así que Roosevelt apoyó la causa de la independencia, proclamada en 1903, y los panameños devolvieron el favor a Roosevelt permitiendo a EE. UU. el control de la zona del Canal de Panamá en 1904 por la suma de 10 millones de dólares.

Roosevelt contrató a John Stevens, considerado entonces el mejor ingeniero del mundo, para hacerse cargo del proyecto. Stevens urbanizó la zona, mejoró las condiciones de los trabajadores y avanzó el proyecto. Cuando dimitió (*resigned*), el coronel Goethals tomó las riendas del proyecto. Tras la creación del lago artificial Gatún y de un sistema de esclusas de dos vías, las obras terminaron. El Canal fue inaugurado el 15 de agosto de 1914. Después de varios tratados entre ambos países, en 1977 el Tratado Torrijos-Carter estableció la entrega de la administración del canal a Panamá.

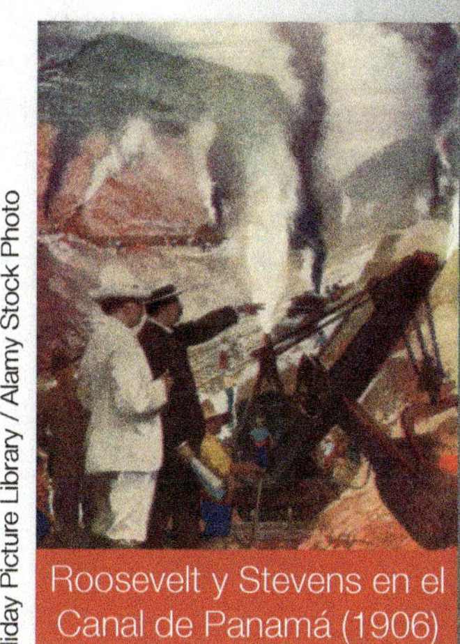
Roosevelt y Stevens en el Canal de Panamá (1906)

1. ¿Qué "favor" politico le hizo Estados Unidos a Panamá a cambio del control y acceso a la zona del Canal de Panamá?
2. El tratado de 1903 le dio a EE. UU. otros derechos además del control del canal. ¿Qué tipo de beneficios crees que obtuvo EE. UU. con el control del canal?
3. Lean estas citas. Interprétenlas y digan si están de acuerdo o no y por qué.
   - Expresidente Martín Torrijos: "El canal de Panamá es un ejemplo del poder del ser humano sobre la naturaleza."
   - Antoni Domínguez: "En mi opinión, el canal de Panamá es equivalente a la Muralla China y las Pirámides de Egipto."
   - Ovidio Díaz Espino: "El canal es parte de la identidad de Panamá. Hoy día somos nación gracias al canal."

18-23 Panameños en Estados Unidos Lee este texto sobre la presencia panameña en EE. UU. y responde a las preguntas.

Panamá tiene una población de 3,3 millones de habitantes. La presencia de panameños en Estados Unidos se remonta a 1820. Aunque los panameños constituían uno de los grupos centroamericanos más grandes hacia 1970, se estima que la población panameña actual —por nacimiento o ascendencia— asciende a unas 184.000 personas según un estudio del *Migration Policy Institute*. Esto representa solo 3% de los centroamericanos residentes en el país y menos del 1% de la población total estadounidense. La población panameño-americana está presente principalmente en Nueva York, Florida y California. Entre el 30 y el 40% son profesionales capacitados con un alto nivel de educación y su presencia es evidente en el sector de los servicios, el gobierno, la educación y las empresas privadas. La emigración de panameños a Estados Unidos en la actualidad es muy baja.

Los panameño-estadounidenses mantienen vínculos fuertes con Panamá ya que los lazos culturales entre los dos países son fuertes. Actualmente, algunos panameño-estadounidenses están involucrados en el desarrollo de empresas comerciales en Panamá. También hay un flujo constante de intercambios académicos entre Panamá y Estados Unidos gracias al papel activo de este grupo desde las organizaciones académicas. Cabe destacar de modo anecdótico que, aunque geográficamente Panamá es parte de Centroamérica, muchos panameño-americanos no se consideran de ascendencia centroamericana debido a la historia del país, que fue parte de Colombia hasta 1903, la cual es diferente del resto de los países centroamericanos.

1. ¿Por qué crees que la población panameña en EE. UU. ya no es tan importante como en la década de los 70?
2. Hagan una lista de características que hacen a Panamá diferente de otros países centroamericanos.

18-24 La zona libre de Colón Muchos países tienen áreas libres de impuestos con el fin de promover el desarrollo: son las zonas libres o zonas francas. Lean el texto y respondan a las preguntas.

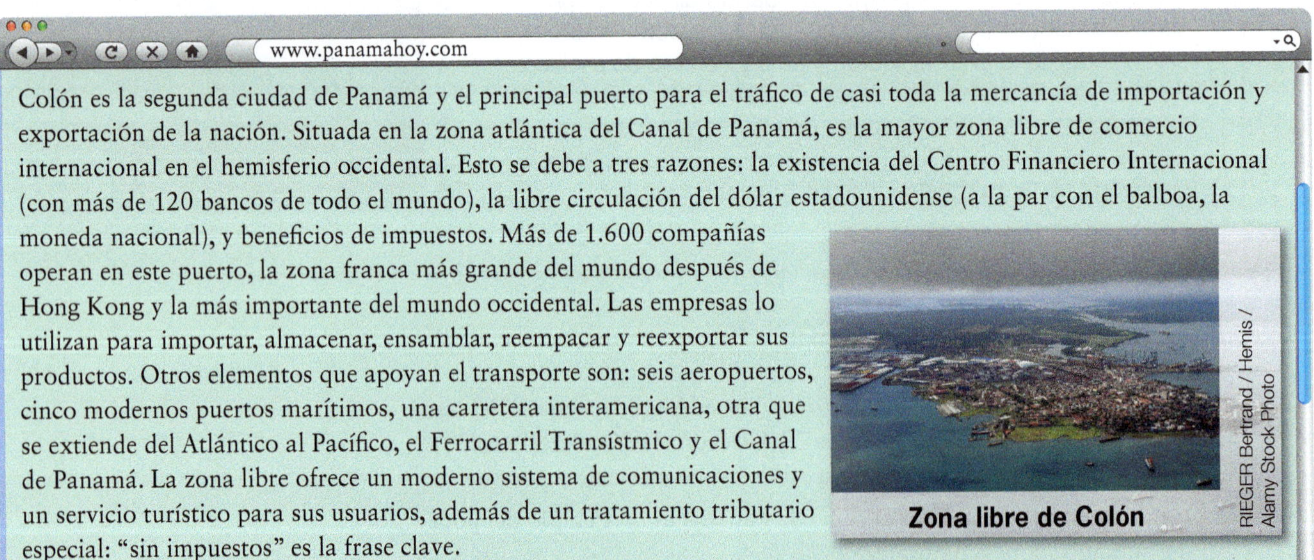

Colón es la segunda ciudad de Panamá y el principal puerto para el tráfico de casi toda la mercancía de importación y exportación de la nación. Situada en la zona atlántica del Canal de Panamá, es la mayor zona libre de comercio internacional en el hemisferio occidental. Esto se debe a tres razones: la existencia del Centro Financiero Internacional (con más de 120 bancos de todo el mundo), la libre circulación del dólar estadounidense (a la par con el balboa, la moneda nacional), y beneficios de impuestos. Más de 1.600 compañías operan en este puerto, la zona franca más grande del mundo después de Hong Kong y la más importante del mundo occidental. Las empresas lo utilizan para importar, almacenar, ensamblar, reempacar y reexportar sus productos. Otros elementos que apoyan el transporte son: seis aeropuertos, cinco modernos puertos marítimos, una carretera interamericana, otra que se extiende del Atlántico al Pacífico, el Ferrocarril Transístmico y el Canal de Panamá. La zona libre ofrece un moderno sistema de comunicaciones y un servicio turístico para sus usuarios, además de un tratamiento tributario especial: "sin impuestos" es la frase clave.

Zona libre de Colón

RIEGER Bertrand / Hemis / Alamy Stock Photo

1. Investiguen una de estas importantes vías de comunicación en Panamá: (a) la carretera interamericana, (b) la carretera del Atlántico al Pacífico, o (c) el Ferrocarril Transístmico. Digan qué propósito principal sirven y por qué son importantes para Panamá y/o para el continente.
2. ¿Conoces otras zonas libres o puertos francos en el mundo? ¿Has estado en alguna de ellas?
3. ¿Has comprado alguna vez productos en un aeropuerto internacional libre de impuestos? ¿Dónde estabas y qué compraste? ¿Hay algún lugar en tu país donde no se paguen impuestos?

Vocabulario

Las empresas y negocios	*(Companies and businesses)*
la alimentación	*food*
la compañía	*company*
el diseño	*design*
el emprendimiento	*entrepreneurship*
la empresa	*company; business*
la hostelería	*hotel industry*
el mercadeo	*marketing*
el mercado	*market*
el negocio	*business*
el pedido	*order*
la publicidad	*advertising*
el servicio	*service*
el servicio a domicilio	*home delivery*
el/la trabajador/a	*worker*

La economía y el comercio	*(Economy and commerce)*
la agricultura	*agriculture*
la banca	*banking*
el banco	*bank*
el comercio	*trade*
el/la consumidor/a	*consumer*
el consumo	*consumption*
el crecimiento	*growth*
la demanda	*demand*
el desarrollo	*development*
el descuento	*discount*
la exportación	*exports*
la financiación	*financing; funding*
la importación	*imports*
los impuestos	*taxes*
la industria	*industry*
la inversión	*investment*
el/la inversor/a; inversionista	*investor*
el libre mercado	*free market*
la mercancía	*goods; merchandise*
la moneda	*currency*
la oferta	*supply*
el préstamo	*loan*
el Producto Interior Bruto (PIB)	*gross domestic product*
el recurso	*resource*
el riesgo	*risk*
la venta	*sale*

Adjetivos	
comercial	*business related*
emergente	*emerging*
emprendedor/a	*entrepeneurial*
empresarial	*business related*
financiero/a	*financial*
inmobiliario/a	*real-estate related*
marítimo/a	*sea related; maritime*
productivo/a	*productive; fruitful*
rentable	*profitable*

Verbos	
comerciar	*to trade, to do business*
convencer	*to convince*
dedicarse a	*to work as; to concentrate on*
desarrollar	*to develop*
emprender	*to launch; to undertake*
financiar	*to fund*
fundar	*to found*
inventar	*to invent; to make up*
invertir (ie)	*to invest*
mejorar	*to improve; to make better*
ofrecer	*to offer*
promover (ue)	*to promote*
recaudar	*to collect; to raise (money)*
reclamar	*to claim*

Otras palabras y expresiones	
en crecimiento	*growing*
hacer un pedido	*to order*
llevar a cabo	*to carry out*
prestar un servicio	*to provide a service*
solicitar un servicio	*to request a service*
tomar una decisión	*to make a decision*

Consultorio lingüístico

1 *Donde / Cuando / Como / Lo que* + Subjunctive

As we learned in Chapter 16, we can use relative pronouns to further describe or add information about something. These can be specific things that have been identified or we know exist. However, we use verbs in the subjunctive to talk about something unknown, unspecified, or hypothetical:

EXIST, IDENTIFIED →	UNKNOWN, NONEXISTENT
Esta es una empresa **que tiene** mucho éxito. *This is a company **that is** very successful.*	Quiero fundar una empresa **que tenga** éxito. *I want to start a company **that is** successful.*
Es una tienda **en la que venden** ropa usada. *It is a shop **in which they sell** used clothing.*	¿Hay alguna tienda **en la que vendan** ropa usada? *Is there any shop **in which they sell** used clothing?*
Hay una tienda **que ofrece** ese producto. *There is a store **that offers** that product.*	No hay ninguna tienda **que ofrezca** ese producto. *There is no store **that offers** that product.*

Other words that introduce this type of clause are ***donde***, ***cuando***, ***como***, ***lo que***, and ***todo lo que***. When followed by the subjunctive, the words refer to places (*donde*), manners (*como*), times (*cuando*), or things (*lo que*) that are unknown, unspecified, or hypothetical:

donde	*wherever*	**como**	*however*
cuando	*whenever*	**lo que**	*whatever*
todo lo que	*everything*		

Conseguirás **lo que quieras** si trabajas duro.
*You will achieve **whatever** you **want** if you work hard.*

Conseguirás **todo lo que quieras** si trabajas duro.
*You will achieve **everything** you **want** if you work hard.*

Trata de colaborar **donde puedas**: hay muchas oportunidades.
*Try to collaborate **wherever** you **can**: there are many opportunities.*

Cuando tengas tiempo, ayúdame con este proyecto.
***Whenever** you **have** time, help me with this project.*

- ● ¿Cómo vamos a hacer la publicidad? —*How are we going to do the publicity?*
- ○ Como **quieras**. —***However** you **want**.*

2 Expressing Conditions

The most common way to express a condition for something to happen is using ***si*** (= if) **+ a verb**. When we are referring to a condition that we consider possible, the verb following ***si*** (the condition) is always in the present, never in the future. The verb in the main clause is generally in the future:

> **Si** esta empresa **ofrece** buen servicio, **tendrá** muchos clientes.
> *If this business **offers** good service, it **will have** a lot of customers.*
>
> Si los precios no **son** muy altos, **será** muy popular.
> *If the prices **are** not too high, it **will be** very popular.*

As in English, the condition can be expressed in the first or the second part of the sentence:

> Esta empresa tendrá muchos clientes **si** ofrece buen servicio.
> *This business will have a lot of customers **if** it offers good service.*

3 The Future

In Spanish, future actions are expressed with ***ir a* + infinitive**, especially when we express our plans or intentions for the future. This presents a future action as certain or obvious:

> **Voy a crear** un negocio para reciclar ropa usada.
> *I **am going to create** a business to recycle used clothing.*
>
> **Vamos a invertir** en Panamá porque tiene una economía muy fuerte.
> *We **are going to invest** in Panama because it has a strong economy.*

Future actions can also be expressed with the future tense, to refer to events that are further away from the present, or that are not certain or obvious, but are expected to happen:

> En los próximos 30 años **habrá** muchos más emprendedores en este país.
> *In the next 30 years, **there will be** many more entrepreneurs in this country.*
>
> El cuidado de ancianos **será** un área muy importante en mi país.
> *Elderly care **will be** an importat area in my country.*

This tense is often used to express the result of a condition, as we saw in section 2 above, and to make promises:

> Si inviertes en mi negocio, **ganarás** mucho dinero.
> *If you invest in my business, you **will make** a lot of money.*
>
> **Conseguirás** lo que quieras si trabajas duro.
> *You **will achieve** whatever you want if you work hard.*

Remember that the future is a very consistent tense. Most verbs have a regular form, which is formed by adding endings to the infinitive form:

	INFINITIVE + ENDINGS		IRREGULAR FORMS		
(yo)		**-é**	TENER	tendr-	
(tú)	estudi**ar-**	**-ás**	SALIR	saldr-	
(él, ella, usted)	aprend**er-**	**-á**	VENIR	vendr-	**-é**
(nosotros, nosotras)	dorm**ir-**	**-emos**	PONER	pondr-	**-ás**
(ellos, ellas, ustedes)		**-án**	HABER	habr-	**-á**
			DECIR	dir-	**-emos**
			HACER	har-	**-án**
			PODER	podr-	
			SABER	sabr-	

4 Use of the Subjunctive: Expressing Wishes and Possibility

The subjunctive mode is used in simple sentences after expressions that convey the idea of **wishing** or **hoping** for something, or the **possibility** of something happening. We use the subjunctive because we are expressing *virtual* ideas that may or may not happen (in the future):

- The word ***ojalá*** derives from an Arabic expression: "ma sha allah," which means "should God will it." ***Ojalá*** is a word that you say when you really hope that something will happen:

  Ojalá esta nueva empresa **sea** exitosa.
  Hopefully *this new business* ***will be*** *successful.*

  Ojalá todo **vaya** bien y **encontremos** inversores.
  I hope / Let's hope *all* ***goes*** *well and we* ***find*** *investors.*

- The expressions ***quizá*** and ***tal vez*** refer to the idea or possibility of something happening:

  Si todo va bien, **quizá podamos** expandir el negocio.
  If all goes well, ***maybe*** *we* ***will be able*** *to expand the business.*

  Tal vez sea mejor si nos centramos en las necesidades de la gente.
  It may be *better /* ***Maybe it is better*** *if we focus on people's needs.*

5 Quantity of People

When talking about people remember that, in Spanish, the word ***gente*** is singular. We can refer to a number of people in the following ways:

(casi) todo el mundo	*(almost) everybody*
toda la gente / todas las personas	*everybody*
(casi) toda la gente / todas las personas	*(almost) everybody*
la mayoría de la gente / de las personas	*most people*
mucha gente / muchas personas	*many people*
bastante gente / bastantes personas	*a lot of people*
poca gente / pocas personas	*few people*
(casi) nadie	*(almost) nobody*

Hoy **casi todo el mundo** compra por internet.
Today ***almost everybody*** *shops using the Internet.*

Muchas personas prefieren comprar en pequeñas tiendas.
Many people *prefer shopping at small stores.*

Casi nadie necesita este producto: no es una buena idea.
Almost nobody needs this product: it is not a good idea.

Seguro que este negocio le interesa a **bastante gente**.
*I am sure **quite a few** people are interested in this business.*

Seguro que este negocio les interesa a **bastantes personas**.
*I am sure **quite a few** people are interested in this business.*

The words below can be used to modify other nouns referring to people. These agree in gender and number with the noun:

todo el/toda la / todos los/todas las	*all*
mucho/mucha / muchos/muchas	*many*
bastante / bastantes	*quite a few*
poco/poca / pocos/pocas	*few*
ningún/ninguna / ningunos/ningunas	*no, any*

Tenemos **muchos** compradores para este producto.
*We have **many** buyers for this product.*

Todos los compradores están muy interesados.
***All the** buyers are very interested.*

No tenemos **ningún** comprador para este producto.
*We don't have **any** buyer for this product.*

Todas las empresas no son rentables.
***All** businesses are not profitable.*

Casi **ninguna** empresa de esta lista está entre las 100 mejores.
*Almost **no** business from this list is among the best 100.*

The expression **la mayoría de** (*most, the majority*) does not change:

La mayoría de nuestras empresas son exitosas.
***The majority of** our businesses are successful.*

La mayoría de los clientes son extranjeros.
***Most of** the clients are foreigners.*

Capítulo 19
Gente y desarrollo

HMEDIA / Shutterstock

Antigua, Guatemala, con el volcán Agua al fondo

At the end of this lesson, I will be able to…

PRESENTATIONAL AND INTERPERSONAL COMMUNICATION

Speaking
- make statements and express opinions.
- question and express doubt about information and others' opinions.
- express opinions about the possibility of future events.
- relate two events in the future.
- talk about the purpose of an action.
- use arguments to debate issues and justify opinions.

Writing
- write an argumentative essay about inequality in education.
- use a variety of connectors needed in argumentative writing.

INTERPRETIVE COMMUNICATION

Listening
- understand others' opinions related to the future.
- understand questions related to personal opinions, predictions, and suggestions for the future.

Reading
- understand the main ideas and key information of an argumentative text.
- identify and evaluate the author's thesis and supporting evidence in an argumentative text.

INTERCULTURAL COMPETENCE

- reflect on the issues affecting Guatemala's indigenous population.
- understand key aspects behind past and present Guatemalan migration to the United States.
- learn about the work of three Guatemalan-American figures in the United States.

TAREA GLOBAL

Debatir sobre los objetivos de desarrollo sostenible de la ONU, decidir cuál es el problema más importante e identificar seis áreas de actuación para resolverlo

CLUB CULTURA

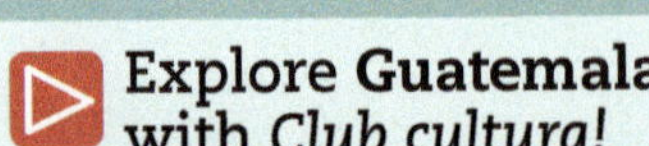

Acercamientos

19–1 Temas de debate Observa las fotos de Guatemala. Relaciona cada una de ellas con algunos de estos temas de debate.

- Los movimientos indígenas
- La erradicación de la pobreza
- La globalización
- La educación
- La marginación
- El comercio justo
- Otros: ____________________

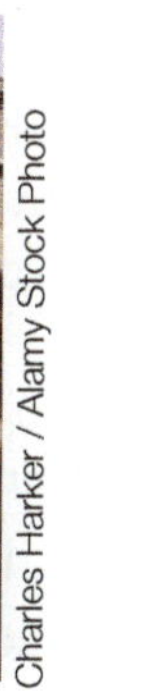
Charles Harker / Alamy Stock Photo

Villa de emergencia, Ciudad de Guatemala

Danita Delimont / Alamy Stock Photo

Niños en la escuela, Chimaltenango

Directphoto Collection / Alamy Stock Photo

Tienda de arte

Florian Kopp / imageBROKER / Alamy Stock Photo

Ciudad de Guatemala

19–2 La vida dentro de 80 años ¿Cómo será la vida a finales del siglo XXI? Lean la información sobre cuatro ámbitos (*fields*) diferentes. ¿Qué cosas creen que pasarán en el futuro?

EJEMPLO: E1: Yo creo que muy pronto podremos comunicarnos con otras civilizaciones.
E2: Yo también. Creo que podremos viajar a otros planetas.

LOS CONFLICTOS SOCIALES
- La exclusión social
- La igualdad de género
- El racismo
- La corrupción

LOS ADELANTOS CIENTÍFICOS Y TECNOLÓGICOS
- La exploración espacial
- La informática
- Las enfermedades epidémicas como la malaria
- Los efectos de la medicina en la esperanza de vida

LAS RELACIONES INTERNACIONALES
- Las guerras y conflictos locales
- Los movimientos migratorios
- El crecimiento de la población mundial
- El comercio mundial

LOS PAÍSES EN VÍAS DE DESARROLLO
- El hambre y la pobreza
- La educación de los niños
- El comercio justo
- La desigualdad entre países ricos y países pobres

Del total de dieciséis áreas, seleccionen las tres en las que creen que habrá mayores cambios y decidan qué consecuencias tendrán todos estos cambios. Compartan sus ideas con la clase.

EJEMPLO: E1: Creo que habrá grandes avances en la esperanza de vida.
E2: Yo también. Creo que la gente vivirá mucho más: como 90 o 100 años de promedio.
E3: Sí, y por eso aumentará la población mundial.

Vocabulario en contexto

 **19-3 Las organizaciones estudiantiles** En la universidad existen varias organizaciones estudiantiles. ¿A qué creen que se dedican cada una de estas? Relacionen las organizaciones con sus áreas de trabajo.

TECHO	1 KILO DE AYUDA	TODOS SANOS
BIENVENIDOS	DIFERENTE PERO IGUAL	NUESTRAS RAÍCES
ALTERNATIVA JUSTA	NO ESTÁS SOLA	

- Defender los derechos de los migrantes ____________
- Ayudar a comunidades indígenas ____________
- Extender la asistencia sanitaria a quien no la tiene ____________
- Alimentar a personas que lo necesitan ____________
- Luchar contra todas las formas de discriminación ____________
- Promover el comercio justo ____________
- Reducir el número de personas sin hogar ____________
- Ayudar a mujeres víctimas de la violencia de género ____________

EJEMPLO: E1: A mí me parece que BIENVENIDOS se dedica a defender los **derechos de los migrantes** por su nombre.
E2: Sí, yo también lo creo.

¿En qué organización les gustaría participar y por qué?

 **19-4 ¿Qué es el desarrollo?** Hay varias maneras de hablar de desarrollo. Relacionen estas descripciones con cada uno de los conceptos.

1. Es el crecimiento del capital humano de un país, que se manifiesta en un aumento de su calidad de vida para poder desarrollar al máximo su potencial productivo y creativo, tener una vida satisfecha a nivel de necesidades e intereses, y disfrutar del bienestar, oportunidades y libertad.	Desarrollo económico
2. Es el crecimiento continuo y sostenido de la capacidad de un país o región para generar riqueza e incrementar su capital financiero, lo que se traduce en la posibilidad de ofrecer a sus ciudadanos de todas las clases sociales óptimos niveles de prosperidad y bienestar.	Desarrollo social
3. Es el crecimiento y evolución de las condiciones de vida y las relaciones entre los individuos, grupos e instituciones que constituyen el tejido (*fabric*) social de un país. Incluye aspectos como la salud, la educación, la vivienda, la seguridad social, el empleo, y la disminución de los niveles de pobreza y desigualdad.	Desarrollo humano

Ahora lee estas opiniones y decide si estás o no de acuerdo con ellas. Después ponlas en orden de 1 (= totalmente de acuerdo) a 4 (= totalmente en desacuerdo) y compara tus opiniones con las de tu compañero/a.

- ☐ El aumento de la renta per cápita de un país es un buen indicador de desarrollo.
- ☐ Es imposible hablar de desarrollo sin tener en cuenta la justicia social y los grupos marginados.
- ☐ El crecimiento económico y el desarrollo humano son conceptos incompatibles.
- ☐ Si no hay crecimiento económico y mayor consumo no puede haber desarrollo humano.

EJEMPLO: E1: Yo estoy de acuerdo con que se necesita **justicia social** para el **desarrollo** de un país.
E2: Sí, creo que cuando hay **justicia social**…

19-5 Los Objetivos de Desarrollo del Milenio Lean el siguiente texto sobre los Objetivos de Desarrollo del Milenio (ODM) de Naciones Unidas y estudien la situación actual de Guatemala de acuerdo con la tabla de datos. Después hagan las actividades.

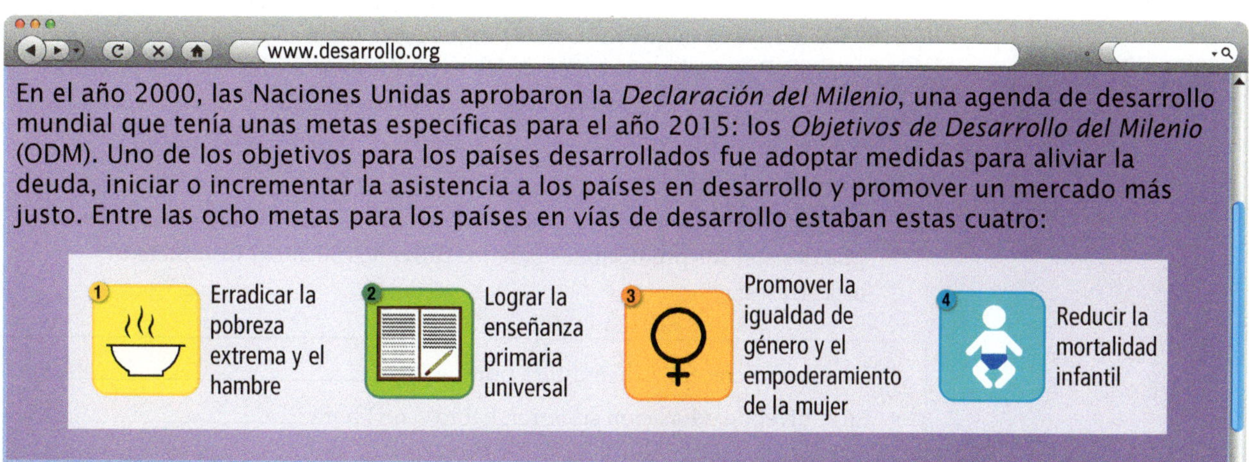

ODM 1: Erradicar la pobreza extrema y hambre Meta 1A: Reducir a la mitad, entre 1990 y 2015, la proporción de personas con ingresos inferiores a 1,25 dólares por día		
Indicadores	**1989**	**2014–2015**
Proporción de población que se encuentra por debajo de la línea de pobreza nacional (extrema)	18,1%	23,4%
Proporción de la población que se encuentra por debajo de la línea de pobreza nacional (general)	62,8%	59,3%
ODM 2: Lograr la enseñanza primaria universal Meta 2A: Lograr que en 2015 todos los niños y niñas completen el ciclo primario		
Indicadores	**1991**	**2014–2015**
Tasa neta de escolaridad primaria	71,6%	82%
Proporción de estudiantes que comienzan primer grado y terminan sexto	43,7%	71,7%
Tasa de alfabetización de personas entre 15 y 24 años	74,8%	93,3%
ODM 3: Promover la igualdad de género Meta 3A: Eliminar las desigualdades entre los sexos en la enseñanza primaria y secundaria, preferiblemente para el año 2005, y en todos los niveles de la enseñanza para el año 2015		
Indicadores	**1995**	**2014–2015**
Relación entre niños y niñas en la enseñanza primaria	0,84%	0,93%
Relación entre alumnos y alumnas en la enseñanza secundaria / ciclo básico (grados 7–9)	0,84%	0,87%
Relación entre alumnos y alumnas en la enseñanza secundaria / ciclo diversificado (grados 10–12)	0,97	1%
Relación entre mujeres y hombres en la enseñanza superior	0,71%	1%
ODM 4: Reducir la mortalidad infantil Meta 4A: Reducir en dos tercios la mortalidad de niños y niñas menores de cinco años		
Indicadores	**1987**	**2014–2015**
Tasa de mortalidad de niños menores de cinco años (por cada 1.000 nacidos vivos)	110	35

1. Determinen si Guatemala alcanzó cada objetivo o no. Si no lo alcanzó, evalúen el progreso alcanzado.

   EJEMPLO: E1: Guatemala logró alcanzar el objetivo X porque ...
   E2: Sí, aunque la situación no mejoró mucho con respecto a...

2. Elijan la meta en la que hubo más progreso y la meta en la que hubo menos progreso. Para cada una, traten de hacer hipótesis sobre las razones para ello. Finalmente, hagan dos recomendaciones para que el país progrese en dos de sus metas.

19-6 Guatemala en 50 años Revisen los datos de Guatemala en **19-5**. ¿Cuáles son sus predicciones para los próximos 50 años? Completen estas frases:

- La pobreza crecerá / disminuirá porque ______.
- En el nivel de educación superior, habrá / no habrá ______.
- La igualdad de género ______.
- La educación en general ______.
- La calidad de vida de los guatemaltecos ______.

EJEMPLO: E1: Yo creo que la participación de las mujeres crecerá porque la presencia de las niñas en la escuela está aumentando en Guatemala.
E2: Estoy de acuerdo.

Ahora examinen la tabla con los datos de la emigración de guatemaltecos desde 1990 hasta 2017. En vista de los datos, ¿qué creen ustedes que pasará en los próximos años?

Guatemala

Año	Número de emigrantes	% de población
2017	1.117.355	6,60%
2015	1.080.720	6,65%
2010	924.525	6,32%
2005	736.531	5,62%
2000	578.503	4,97%
1995	457.382	4,39%
1990	343.623	3,71%

¿Qué creen que sucederá en su país en los próximos 50 años en estas áreas? Justifiquen sus opiniones. Después compartan sus ideas con la clase.

	¿Qué pasará?
La desigualdad económica	
La desigualdad de género	
La calidad de la educación	
El acceso a la educación superior	
La mortalidad infantil	
La calidad de vida	

Lengua en contexto

19-7 Predicciones de futuro Tu compañero/a es muy optimista sobre el futuro: estas son sus predicciones para el año 2050. ¿Opinas igual? Respóndele dando tu opinión.

ESTUDIANTE A

- Todas las personas podrán vivir en su propio país.
- Las epidemias de enfermedades como el SIDA desaparecerán.
- El acceso a los servicios de salud será universal.
- La equidad será una realidad.

ESTUDIANTE B

- La pobreza extrema desaparecerá.
- Todos los niños del mundo tendrán acceso a la educación.
- Las mujeres alcanzarán la igualdad en todas las áreas.
- Las guerras no existirán.

EJEMPLO: E1: Estoy seguro de que el hambre desaparecerá del mundo.
E2: No estoy de acuerdo. Yo no creo que **el hambre desaparezca.**

19-8 ¿Continuarán o cesarán? ¿Crees que estos problemas continuarán o cesarán en el futuro? Responde de modo individual y después comparte tus opiniones con dos compañeros/as.

1. Emigración
2. Epidemias (SIDA, malaria)
3. Equidad
4. Pobreza
5. Analfabetismo
6. Desigualdad de género
7. Guerras

EJEMPLO: E1: Yo creo que la gente de algunos países **seguirá emigrando** porque este fenómeno siempre ha existido y **seguirá existiendo.**
E2: Tienes razón. Yo pienso lo mismo.

19-9 En el año 2050 Escucha los comentarios de estas personas. ¿Crees que estas cosas son posibles o no? Escríbelo.

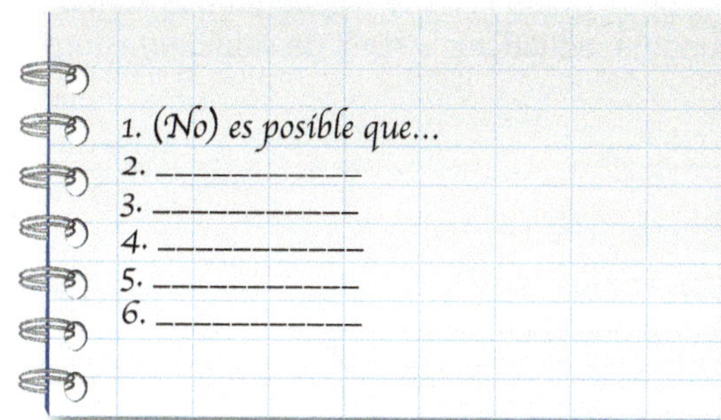

Ahora comenten sus opiniones en grupos de tres. Reaccionen expresando sus opiniones.

EJEMPLO: E1: Es posible que **haya** menos guerras, pero no es posible que **haya** paz en todo el mundo.
E2: Yo creo que sí es posible que **terminen** las guerras.

USO DEL SUBJUNTIVO

Declarar

Creo que...
Pienso que...
Estoy seguro/a de que...
Me parece que...
} + INDICATIVO

...la pobreza **es** el mayor problema.

Cuestionar, dudar

(Yo) no creo que...
Dudo que...
No estoy seguro/a de que...
} + SUBJUNTIVO

...la pobreza **sea** el mayor problema.

Expresar o rechazar posibilidad

(No) es posible que...
(No) es probable que...
(No) puede ser que...
} + SUBJUNTIVO

...la guerra **termine** pronto.

Quizá...
Tal vez...
Posiblemente...
} + SUBJUNTIVO

...el futuro **sea** mejor.

CONTINUIDAD E INTERRUPCIÓN

- **Todavía + presente:**
  Guatemala **todavía tiene** muchos retos.
- **Seguir + gerundio:**
  Guatemala **sigue teniendo** muchos retos.
- **Dejar de + infinitivo:**
  Ese país **dejó de recibir** ayuda internacional.
- **Ya no + presente o futuro:**
  Ese país **ya no recibe** ayuda internacional.
  En el futuro **ya no habrá** enfermedades incurables.

CUANDO

Pasado o presente habitual = indicativo

Cuando tengo tiempo, leo libros de ciencia ficción.

El país estaba destruido **cuando terminó** la guerra.

Futuro = subjuntivo

Cuando tengamos tiempo, iremos a Guatemala.

Pasaré por el supermercado **cuando salga** de clase.

19-10 ¿Es posible? Haz una lista de cinco cosas que quieres hacer en el futuro y cuándo crees que podrás hacerlas. Usa estas expresiones:

- Es muy probable / posible que...
- Puede ser que ... / Tal vez ...
- Estoy seguro/a de que...
- Creo que...

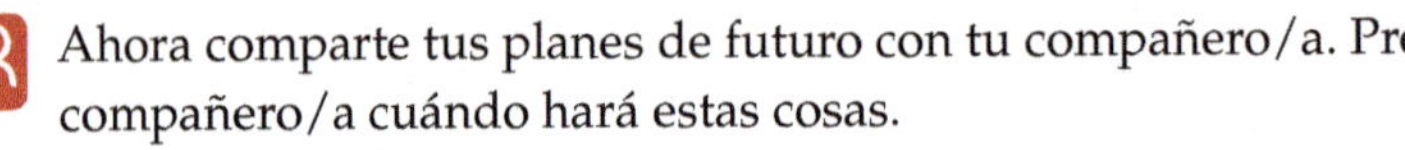

Ahora comparte tus planes de futuro con tu compañero/a. Pregunta a tu compañero/a cuándo hará estas cosas.

EJEMPLO: E1: Creo que voy a hacer un viaje a Asia: Japón, China y Corea.
E2: Ah, ¿sí? Y ¿cuándo harás el viaje?
E1: Lo haré **cuando tenga** un buen trabajo y **ahorre** bastante dinero.

19-11 Radiografía de Guatemala Lean estos datos sobre Guatemala. Después escriban cinco predicciones de futuro para el país y qué consecuencias creen que tendrán.

www.guatemalahoy.com

Población	16,9 millones de habitantes
Lenguas	Español y 21 lenguas indígenas mayas
Demografía	El 45% de la población total desciende de naciones indígenas mayas, el 40% son mestizos y el 15% criollos (descendientes de europeos).
Experanza de vida	73,41 años. Hombres = 68,2 años. Mujeres = 75,2 años.
Pobreza	El 59% de la población vive bajo la línea de la pobreza.
Pobreza extrema	El 23,4% de la población sufre de pobreza extrema.
Analfabetismo	16,6% de la población
Igualdad de género	Sólo el 13% de los escaños (*seats*) en el Congreso es ocupado por mujeres.
Escolaridad	El 82% de los niños está escolarizado.
PIB per capita	4.770 dólares
Desigualdad	0.63 (Coeficiente Gini): uno de los índices más altos del mundo
***IDH (ONU)**	Puesto 127 de 190 países = muy bajo

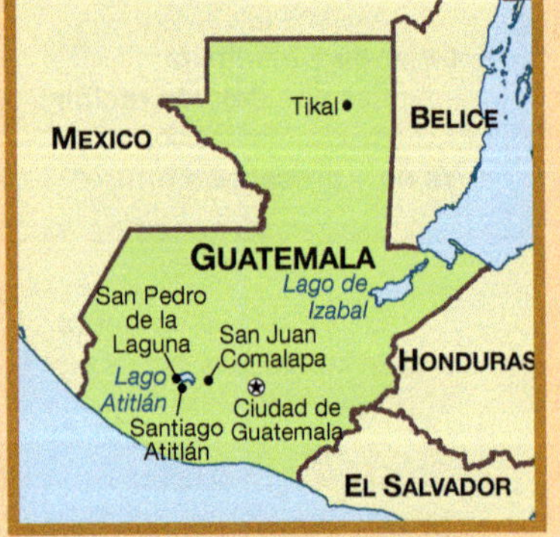

*El Índice de Desarrollo Humano (IDH) es un indicador que elabora cada año Naciones Unidas. Tiene en cuenta tres variables: vida larga y saludable, educación y nivel de vida digno (ingresos).

1. Es posible que...
2. Quizá...
3. Puede ser que...
4. Posiblemente...
5. Tal vez...

EJEMPLO: E1: Es posible que la población indígena **aumente.**
E2: Sí, y cuando esto **ocurra,** este grupo tendrá más poder político.

19-12 Objetivos de futuro Elaboren individualmente una lista de acciones que los gobernantes tienen que llevar a cabo para que mejoren estos índices en Guatemala. Después pregunten a su compañero/a qué tiene que hacer Guatemala.

ESTUDIANTE A
1. esperanza de vida
2. pobreza
3. desigualdad

ESTUDIANTE B
1. igualdad de género
2. escolaridad
3. PIB per cápita

EJEMPLO: E1: ¿Qué tiene que hacer Guatemala sobre el analfabetismo?
E2: Guatemala tiene que mejorar el sistema educativo **para que** el analfabetismo **disminuya.**

19-13 El desarrollo en Estados Unidos Lean estos datos o indicadores de desarrollo referidos a EE. UU. Decidan si son ciertos o falsos. Su profesor/a les dará las respuestas al final.

		C	F
1.	La tasa de pobreza relativa (hogares con menos de la mitad del ingreso medio) es del 8,5 %, la sexta más alta entre los países con economías de altos ingresos (OCDE).	☐	☐
2.	El nivel de desigualdad de ingreso (coeficiente de Gini 41,1) es el segundo más alto entre los países con economías de altos ingresos.	☐	☐
3.	El 7% de todo el dinero destinado a la ayuda para el desarrollo mundial viene de EE. UU.	☐	☐
4.	La ayuda para el desarrollo mundial de EE. UU. constituye el 2% de su PIB.	☐	☐
5.	La esperanza de vida es de 79,2 años. El país ocupa el puesto número 40 a nivel mundial.	☐	☐
6.	Hay 2,2 muertes infantiles por cada 1.000 nacimientos vivos. El país ocupa el puesto número 12 a nivel mundial.	☐	☐
7.	La tasa de mortalidad materna es de 26,5 por cada mil nacimientos.	☐	☐
8.	La tasa de homicidios asciende a 3,9 por 100.000, la mayor de la OCDE y varias veces superior a la europea (en Alemania es del 0,9).	☐	☐
9.	La tasa de escolarización en la primaria es de 99,6%	☐	☐
10.	La tasa de embarazos adolescentes (nacimientos por cada 1.000 mujeres entre 15 y 19 años) es de 21 (puesto 11 a nivel mundial)	☐	☐

EJEMPLO: E1: Yo **no creo que la pobreza relativa sea** tan alta.
E2: No sé, yo creo que **todavía** es muy alta y **me parece que** es más alta del 8,5%.

Ahora piensen en dos condiciones necesarias para que EE. UU. mejore su situación actual en las áreas más necesarias.

EJEMPLO: E1: **Cuando** EE. UU. **tenga** un sistema de salud para todas las personas, la mortalidad infantil bajará.
E2: Sí, se necesita un sistema universal **para que haya** menos muertes de niños.

PARA / PARA QUE

El mismo sujeto = infinitivo

Para reducir la pobreza hay que cambiar el sistema económico.

Hay que cambiar el sistema económico **para reducir** la pobreza.

Diferentes sujetos = subjuntivo

Tenemos que trabajar **para que** el país **prospere.**

Para que el país **prospere** tenemos que trabajar.

Interacciones

Estrategias para la comunicación oral

Resources for debating (II)

When debating an issue, you may have to show partial agreement or disagreement with the opinions expressed by someone else. These expressions will be helpful:

- Disagreeing in part
  - *Sí pero...* — Yes, but...
  - *No sé, pero yo creo que...* — I don't know, but I think that...
  - *Tal vez / Quiza, pero...* — Maybe, but...
  - *Puede ser que / Quizá tengas razón, pero...* — It could be / You may be right, but...
- Expressing possibility
  - *(Sí), es probable.* — (Yes), it is possible.
  - *(Sí), puede ser.* — (Yes), maybe.
  - *Quizá.* — Maybe.
- Expressing doubt or skepticism
  - *No sé...* — I don't know...
  - *No lo creo.* — I don't think so.
  - *Lo dudo (mucho).* — I (really) doubt it.
  - *¿Tú crees? / ¿Usted cree?* — Do you think so?

19-14 Todos opinamos Escucha las opiniones de tu compañero/a y responde mostrando desacuerdo parcial, duda o escepticismo. Discutan sus ideas y justifiquen sus opiniones. Traten de usar diferentes fórmulas.

1. En el futuro, todas las compras se harán por internet.
2. El comercio justo (*fair trading*) no beneficia a las comunidades más necesitadas.
3. La pobreza es un problema que no tiene solución.
4. ______________________.
5. ______________________.

1. Aumentará el número de migrantes en el futuro debido a los conflictos sociales.
2. Los políticos exageran mucho sobre los beneficios de la educación universal.
3. En el futuro habrá menos gente en el mundo.
4. ______________________.
5. ______________________.

EJEMPLO: **E1:** En el futuro todas las compras se harán por internet.
E2: **Tal vez, pero no creo que** las tiendas **desaparezcan** porque es bueno ver lo que compras.

LA SOCIEDAD EN CRISIS: SUS PRINCIPALES PROBLEMAS

1. La discriminación racial y étnica
2. Las enfermedades y el hambre
3. La brecha digital entre países desarrollados y en vías de desarrollo
4. El crecimiento de las redes sociales

19-15 ¿Qué pasará? Lean la lista de los problemas sociales más apremiantes. Después, intercambien opiniones sobre el futuro de estos problemas (¿dejarán de existir?, ¿seguirán existiendo?, ¿ya no existirán?).

EJEMPLO: **E1:** Yo creo que la discriminación **dejará de existir.**
E2: **No sé...** Yo pienso que **continuará existiendo.**
E3: **Quizá, pero** habrá menos y en menos países.

Un representante del grupo expondrá sus predicciones a la clase.

 **19-16 Mini debates** En grupos de seis, compartan su posición sobre cada uno de estos temas polémicos.

1. La representación de grupos minoritarios en la política
2. Las restricciones migratorias
3. La educación bilingüe obligatoria
4. La reducción de impuestos
5. El desempleo y el trabajo informal

EJEMPLO: E1: **En mi opinión,** las restricciones migratorias deben ser prohibidas.
E2: No, **no estoy seguro de que deban ser prohibidas** porque en algunos casos son necesarias para proteger los intereses de cada país.

Decidan qué tema quieren debatir. Después divídanse en dos grupos de tres personas cada uno (a favor y en contra). Escriban los tres argumentos principales para defender su posición y debatan el tema.

GRUPO A: ¿A favor o en contra?

Argumento 1: ______________________

Argumento 2: ______________________

Argumento 3: ______________________

GRUPO B: ¿A favor o en contra?

Argumento 1: ______________________

Argumento 2: ______________________

Argumento 3: ______________________

  **19-17 Situaciones: *Los candidatos estudiantiles*** Two students are running for student council president. Each has a list of proposals. Candidates are participating in a public debate in order to defend their proposals. Another student will moderate the debate.

ESTUDIANTE A

You are running for student council president.

- Before starting the debate, prepare a list of four proposals to improve the college life of the students.
- During the debate, present your proposals, one by one, as opinions.
- Listen to your opponent's proposals, disagree with all of them, and justify your position.

ESTUDIANTE B

You are running for student council president.

- Before starting the debate, prepare a list of four proposals to improve the college life of the students.
- During the debate, present your proposals, one by one, as opinions.
- Listen to your opponent's proposals, disagree with all of them, and justify your position.

ESTUDIANTE C

You are the moderator of the debate.

- Make sure candidates have the same amount of time and opportunity to present their proposals.
- Do not allow any of them to monolopize the debate.
- Ask them to further clarify what they say.
- Ask questions when you consider it appropriate.

Tarea global

Debatir sobre los objetivos de desarrollo sostenible de la ONU, decidir cuál es el problema más importante e identificar seis áreas de actuación para resolverlo

Preparación Lean este texto sobre la *Agenda de Desarrollo 2030* de la ONU. Seleccionen tres objetivos que, en su opinión, son los más importantes. ¿Cuáles serán las consecuencias de alcanzar estos objetivos? Compartan sus decisiones con la clase.

EJEMPLO: En nuestra opinión, garantizar una educación inclusiva y equitativa es muy importante. **Cuando se logre** esto, …

Agenda 2030: Objetivos de Desarrollo Sostenible

En el año 2015, los países miembros de las Naciones Unidas acordaron la *Agenda de Desarrollo 2030*, un plan de acción en favor de las personas y del planeta que también tiene como objetivo la paz universal. Los 17 Objetivos de Desarrollo Sostenible (ODS) son una oportunidad histórica para erradicar la pobreza y promover la prosperidad y el bienestar para todos. Dentro de este marco, cada gobierno fija sus propias metas nacionales tomando en consideración las circunstancias del país.

Estos son algunos de los ODS:

1. Poner fin a la pobreza en todas sus formas en todo el mundo
2. Poner fin al hambre, lograr la seguridad alimentaria y la mejora de la nutrición
3. Garantizar una educación inclusiva, equitativa y de calidad, y promover oportunidades de aprendizaje para todos
4. Mejorar el acceso al trabajo decente y a oportunidades laborales para todos
5. Lograr la igualdad entre los géneros y el empoderamiento de todas las mujeres y niñas
6. Promover sociedades pacíficas e inclusivas para el desarrollo sostenible y facilitar el acceso a la justicia para todos
7. Reducir la desigualdad en y entre los países

Paso 1 A Debate

En el programa de televisión *A Debate*, un grupo de personas va a debatir sobre las prioridades de la agenda de desarrollo. Los siete invitados representan a diversos sectores sociales y organizaciones públicas.

POLÍTICOS
EDUCADORES
EMPRESARIOS
JÓVENES
PACIFISTAS
MIEMBROS DE ONGs
FEMINISTAS
ECONOMISTAS

1. ¿Qué sector social creen que representa cada personaje? ¿Por qué?

2. Relacionen cada noticia con uno o más de los ODS.

Según un informe de la Organización Internacional del Trabajo (OIT), millones de personas en el mundo se ven obligadas a aceptar condiciones de trabajo deficientes. En el 2018, la mayoría de los 3.300 millones de personas empleadas en el mundo no tenía un nivel suficiente de seguridad económica.

En 40 países ricos hay hoy 76,5 millones de niños que viven bajo el umbral de la pobreza.

Según Oxfam, la brecha entre los más ricos y los más pobres no deja de crecer. Cada día son más los que viven con menos.

Un niño nacido hoy en Noruega puede esperar vivir más de 82 años y pasar 18 años en la escuela, mientras que un niño nacido en Guatemala solo puede esperar vivir hasta los 73 años y pasar 11 años en la escuela.

De acuerdo con el Indice de Paz Global, la paz mundial disminuyó en un 2,14% entre el 2007 y el 2017, y la brecha entre los países más y menos pacíficos sigue aumentando.

Un nuevo informe de la ONU destaca que el número de personas afectadas por el hambre y la malnutrición en el mundo es de 821 millones y sigue aumentando.

UNICEF calcula que 61 millones de niños en el mundo no reciben educación escolar.

Según el *Informe Global sobre la Brecha de Género 2018*, producido por el Foro Económico Mundial, la brecha global de género tardará más de 200 años en cerrarse.

Paso 2 Los personajes
Elijan un personaje del debate. ¿Cómo respondería a estas preguntas?

1. ¿Cuál es el ODS más importante?
2. Dígame un problema que tiene el mundo en relación con este tema.
3. Deme un ejemplo específico.
4. ¿Cuándo y cómo se solucionará este problema?

Paso 3 Preparando nuestro debate
Elijan el ODS que les parezca más importante.

1. Hagan una lista de tres problemas que tiene el mundo relacionados con el tema.
2. Den un ejemplo específico de estos problemas.
3. ¿Cuándo y cómo se solucionarán estos problemas? Den posibles soluciones.
4. Preparen razones y argumentos para defender su opinión.

Paso 4 El debate

Paso 5 El plan de actuación
Tras el debate, la clase debe llegar a un consenso sobre cuál es el problema más importante y decidir un programa que incluya seis puntos de actuación.

Paso 6 Mi progreso
Mark with a ✔ the goals you think you have achieved and to what extent.

I can…

	very well	well	with difficulty
Goal 1: talk about issues related to development.			
Goal 2: express possible solutions for the future.			
Goal 3: express agreement and disagreement.			

Gente que lee

Estrategias para leer

Reading an argumentative essay

In argumentative writing, the author tries to persuade readers to agree with the facts or opinions as s/he sees them. In order to read and evaluate the effectiveness of a persuasive text, you can ask yourself these questions:

- What is the writer's claim? Is it stated directly and clearly? Is it well focused? If it is not stated explicitly, can the reader recognize it?
- What reasons or background information are provided to support the claim? Are they organized in order of importance?
- Are there any fallacies in the argument?
- Are the arguments supported by reason, ethics, or emotion?
- How does the text conclude? Does it summarize the claim, or elaborate on its implications?

Antes de leer

19–18 La desigualdad

1. Explica en qué consiste cada tipo de desigualdad y da un ejemplo específico de cada caso.
   - desigualdad económica
   - desigualdad educativa
   - desigualdad de género
   - desigualdad legal
2. ¿Existe la desigualdad de género en tu país? ¿En qué áreas se manifiesta especialmente? Da dos ejemplos de cómo se manifiesta.
   - ☐ educación
   - ☐ política
   - ☐ trabajo
   - ☐ salud

Después de leer

19–19 ¿Comprendes?

1. ¿Cuáles son las tres causas de la desigualdad en Guatemala?
2. ¿Por qué los grupos más pobres sufren más la inseguridad?
3. ¿Dónde y cómo comienza la desigualdad que sufren las mujeres guatemaltecas?
4. Además de la educación, ¿en qué áreas se manifiesta la desigualdad de las mujeres guatemaltecas?
5. Describe el perfil de las personas que pueden acceder a cargos políticos en Guatemala.

19–20 Activando estrategias

1. Usa el diccionario para averiguar el significado de las palabras **ámbitos** (párr. 1), **ubica** (párr. 3), **lacra** y **embarazos** (párr. 4). ¿Qué clase de palabras son? ¿Qué significado es adecuado al contexto?
2. ¿Qué significan las palabras **desigualdad, insostenible** e **injusta** (párr. 1); y **redistribuir** (párr. 5)? Explica cómo se formaron estas palabras.
3. Identifica a qué o quién se refieren: **los que** (párr. 2), **lo que** (párr. 3) y **que** (párr. 5).
4. ¿Qué significa y qué función tiene el conector **a pesar de que** (párr. 4)?

19–21 Activando estrategias (II) Evalúa el estilo argumentativo del texto.

1. Identifica la tesis del autor. ¿Cuál es y dónde está?
2. ¿Qué tipo de información da el autor para apoyar la tesis? Da un ejemplo.
   - ☐ datos estadísticos
   - ☐ ejemplos específicos
   - ☐ datos de fuentes de autoridad
3. ¿Usa el autor del texto razonamientos éticos? ¿Apela a las emociones del lector? Da un ejemplo.

La desigualdad de género en Guatemala

En América Latina, la región más desigual del mundo, Guatemala es un caso extremo de **desigualdad**. La sociedad está dividida entre unos pocos que tienen grandes privilegios y una gran mayoría de población excluida. En el primer grupo está el 1% de los ricos, que acumula los mismos ingresos que la mitad de la población, y las grandes compañías que reciben el 65% de los ingresos generados en el país. En el segundo grupo están "los de abajo": seis de cada diez habitantes sufren de pobreza. En el extremo de la desigualdad están las mujeres rurales e indígenas, más lejos que nadie de la igualdad de oportunidades. Un modelo de desarrollo **insostenible**, una estructura económica **injusta** y una clase política que perpetúa los privilegios de una minoría son sin duda las causas de esta desigualdad, presente en todos los **ámbitos**.

La desigualdad extrema tiene un costo: la mortalidad infantil es tres veces mayor en el 20% más pobre y, debido a la insuficiencia alimentaria crónica que padecen, las niñas indígenas miden hasta 14 centímetros menos que la media de su edad. En cuanto a la educación, el acceso está reservado para "los de arriba": una persona pobre tiene 38 veces menos probabilidades de acceder a la universidad. Luego está la inseguridad, uno de los mayores problemas de un país que figura en la lista de los más violentos del mundo. Aquí también se manifiesta la desigualdad: solo están seguros en Guatemala **los que** pueden pagar seguridad privada. Es difícil salir de "abajo".

En Guatemala, la desigualdad de género es mayor que en prácticamente todos los países de América Latina, con la excepción de Haití. Un informe del Programa de las Naciones Unidas para el Desarrollo (PNUD) **ubica** al país en el percentil 72, **lo que** significa que está en una situación más deficiente que el 72% de los países del mundo. La exclusión es sistemática y comienza desde la niñez, ya que las niñas tienen menos posibilidades de adquirir una educación y abandonan la escuela antes que los niños.

La desigualdad se extiende a todos los ámbitos. **A pesar de que** ha habido progreso en las últimas décadas, en Guatemala solo el 40% de las mujeres mayores de 15 años trabaja y las mujeres trabajadoras ganan el 85% de lo que ganan los hombres. La participación política se limita a determinados grupos sociales (hombres mayores blancos y mestizos), quedando excluidos las mujeres y los pueblos indígenas. La participación de las mujeres en el congreso de Guatemala no supera el 15% y su participación en los gobiernos locales no llega al 3%. Luego está la **lacra** de la violencia contra las mujeres, que sigue siendo el delito más denunciado (más de 45.000 casos al año). Pero sigamos: los **embarazos** de adolescentes de menos de 14 años han sido más de 4.000 este año y la edad legal del matrimonio es de 14 años para las niñas. Esto 'normaliza' unos datos que son, sin lugar a duda, inaceptables. Y estas cifras son aún más alarmantes si se tiene en cuenta que, según la Constitución de la República de Guatemala, las mujeres tienen los mismos derechos que los hombres.

La desigualdad es producto de una construcción social y humana, por lo que es transformable. La sociedad guatemalteca necesita un modelo de desarrollo sostenible, una estructura económica justa y una clase política que trabaje para **redistribuir** la riqueza y tome en cuenta la voz de las mujeres para eliminar las discriminaciones **que** padecen. En ese sentido, los *Objetivos de Desarrollo Sostenible* de Naciones Unidas deben ser una guía para que Guatemala pueda avanzar en construir una sociedad más equitativa e incluyente.

19-22 Expansión Examina el gráfico: describe los datos y luego di si sirve para apoyar algún dato o argumento del autor.

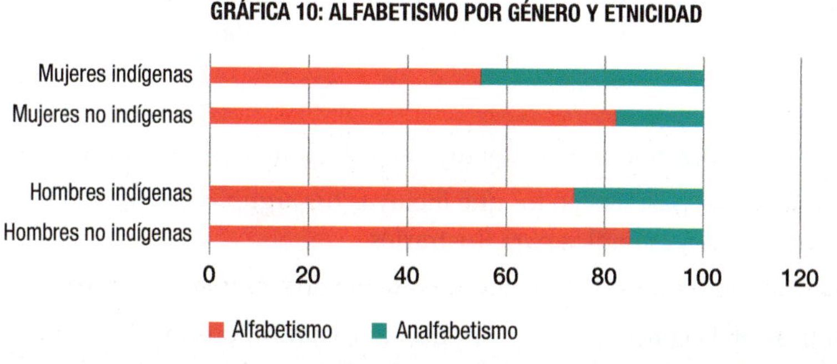

Gente que escribe

Estrategias para escribir

Writing argumentative texts (I)

The goal of an argumentative text is to convince your readers that your central claim is correct. This claim is like a thesis statement: it is not objective, but subject to debate. You can try to convince your readers by using arguments based on reason, ethics, or emotion. This is a good way to structure your argumentative essay:

- Introduction: explain why the issue is important.
- Statement of the claim: explain your claim and give background information.
- Proposition: state your central proposition (thesis) and perhaps announce important subpoints that will be presented.
- Confirmation: develop and support your own claim. You can use examples, facts, and statistics to back up your claims.
- Refutation: examine opposing arguments and prove them wrong.
- Conclusion: emphasize the importance of this issue and its implications. Do not add new ideas.

MÁS ALLÁ DE LA FRASE

Connectors for argumentative texts

- To add more arguments: ***además, también*** (also, moreover); ***incluso*** (even)

  En Guatemala, la igualdad de género en la educación ha mejorado. ***Incluso*** *en la educación superior podemos observar esto.*
- To underscore an argument: ***en cualquier caso, de cualquier forma, de todas maneras*** (in any case)

  Una reducción de 15% en la desnutrición infantil no es ideal, pero, ***en cualquier caso,*** *es una mejoría.*
- To refute opposed arguments: ***no obstante*** (nevertheless), ***sin embargo*** (however), ***aunque*** (although)

  Es un país con muchas riquezas naturales; ***no obstante,*** *gran parte de la población vive en la miseria.*
- To refer to an already-mentioned topic: ***en cuanto a*** (as for), ***con respecto a*** (with respect to)

  En cuanto a *los desafíos del desarrollo, la desigualdad social es sin duda uno de los más graves.*
- To conclude: ***en conclusión*** (in conclusion), ***para terminar*** (to end / to conclude)

  En conclusión, *Guatemala tiene mucho trabajo social por delante.*

19-23 Un artículo argumentativo Usa uno de estos dos datos para escribir un texto argumentativo sobre la desigualdad educativa.

1. Un niño estadounidense, procedente de una familia de ingresos modestos, tiene menos oportunidades de acceder a una educación universitaria de calidad que un niño que provenga de un entorno igualmente modesto de un país de Europa.
2. Los maestros de escuela estadounidenses ganan, en promedio, 60% menos que los maestros de otros países desarrollados.

Antes de escribir

1. Decide por qué este asunto es importante y cuál es tu punto de vista al respecto.
2. Haz una lista de tres argumentos posibles para defender tu punto de vista.
3. Busca ejemplos específicos que puedan ilustrar tus argumentos.
4. Piensa en quiénes estarían en contra y qué argumentarían.

A escribir

- Escribe una introducción que incluya el tema general, su importancia y tu tesis.
- Desarrolla tres párrafos en los que incluyas tus argumentos para defender tu punto de vista y ejemplos para ilustrarlos.
- Desarrolla un párrafo en el que incluyas uno o dos contraargumentos y su refutación.
- Finaliza con la conclusión: importancia del asunto y sus implicaciones.

DESPUÉS DE ESCRIBIR

- Revisa tu ensayo. Asegúrate de que todas las partes de la argumentación estén presentes. (*Estrategias para escribir*).
- Revisa el uso de los conectores argumentativos (*Más allá de la frase*).
- Intercambia tu artículo con un/a compañero/a y usa la *Guía de Revisión entre Compañeros*.

Comparaciones culturales

 **19-24 La población indígena de Guatemala** Lean este texto sobre los indígenas de Guatemala.

La población indígena de Guatemala

Guatemala es el segundo país hispanohablante con mayor presencia indígena (más del 45% de la población). Entre 1960 y 1996, el país sufrió una guerra civil que causó un gran impacto económico y acentuó las desigualdades en la sociedad. Las comunidades indígenas fueron severamente afectadas durante este conflicto armado y, de acuerdo con la Comisión para el Esclarecimiento Histórico auspiciada por la ONU, los gobiernos militares provocaron un genocidio maya con más de 250.000 víctimas, de las cuales 45.000 continúan desaparecidas. Además, casi cien mil indígenas fueron desplazados. La guerra finalizó con el *Acuerdo de Paz* firmado en 1996.

Aunque la Constitución de 1985 reconocía, en papel, la realidad multiétnica del país, el *Acuerdo sobre Identidad y Derechos de los Pueblos Indígenas* de 1995 abrió las puertas a un debate público sobre el tema indígena. Con este acuerdo se reconocieron sus derechos civiles y políticos y se oficializaron los idiomas indígenas. Este acuerdo constituyó el punto de partida de un proceso de reivindicación de sus derechos. A pesar de este reconocimiento, ha habido pocos avances: la pobreza, la educación, el acceso a la justicia, la plena participación política o la tenencia (*possession*) de tierras siguen siendo problemas que afectan de modo particular a estos grupos.

1. ¿Cuál de estos derechos de los pueblos indígenas les parece más fundamental? Ordénenlos en términos de prioridad.
   - ☐ derecho a la no discriminación étnica
   - ☐ derecho al reconocimiento de su pasado histórico
   - ☐ derecho al reconocimiento de sus identidades lingüísticas y culturales
   - ☐ derecho a sus propias leyes
   - ☐ derecho a la protección de su medio ambiente
   - ☐ derecho a sus tierras y recursos naturales
2. Sugieran dos medidas importantes que el país necesita tomar para cerrar la brecha entre indígenas y no indígenas.

19-25 Relación entre desarrollo humano y emigración. Lee este texto sobre la migración de guatemaltecos y su impacto en el desarrollo humano.

www.radiografiasocial.com

Guatemala tiene, según datos de la ONU, 1.117.355 emigrantes, lo que supone un 6,6% de la población total. Los migrantes viajan principalmente a Estados Unidos (87,33%). Las causas de la migración de guatemaltecos son varias: altos niveles de pobreza y desigualdad, numerosos fenómenos naturales como huracanes, sequías e inundaciones… pero la existencia de altos índices de violencia en general y violencia contra jóvenes, mujeres y niñas en particular, se ha convertido en un factor importante.

La falta de seguridad humana en el país se expresa en datos: una tasa de 28 homicidios intencionales por 100.000 personas en el año 2017, la cuarta tasa más alta de feminicidio en el mundo (una mujer muere asesinada cada doce horas) y más de 25.000 personas desaparecidas entre el 2003 y el 2014 (Comisión Interamericana de Derechos Humanos, 2015). La seguridad humana no está garantizada en Guatemala. Por eso, un gran número de personas busca seguridad y oportunidades en otros países.

En esta búsqueda, la población migrante indocumentada en tránsito por México sufre frecuentes violaciones de sus derechos humanos, tanto por parte del crimen organizado como de las autoridades mexicanas. Las mujeres migrantes corren un alto riesgo de sufrir abusos sexuales, verbales y físicos durante su migración. Se estima que al menos el 60% de las mujeres y niñas migrantes sufren violencia sexual durante su viaje.

El 18 de diciembre de cada año, desde el 2013, es el Día Internacional del Migrante, proclamado por las Naciones Unidas. El lema de este día es "Los migrantes son seres humanos con derechos humanos". Según la ONU, los países deben:

- despenalizar la migración irregular y buscar alternativas frente a la detención administrativa de estos migrantes.
- ofrecer acceso válido a recursos para los migrantes que son víctimas de violaciones de derechos humanos.

¿Qué argumentos puede dar, a favor y en contra, un país receptor de inmigrantes como EE. UU.? Piensen en dos argumentos a favor y dos en contra.

19–26 Guatemaltecos en EE. UU. Lean estos textos sobre la población de origen guatemalteco en Estados Unidos. Después respondan a las preguntas.

Aunque el censo de población del año 2010 indica que hay alrededor de 1.200.000 personas de origen o ascendencia guatemalteca en Estados Unidos, cifras no basadas en el censo estiman que este número supera los dos millones. Se estima que entre 1980 y el 2000 llegó al país un 44% de los migrantes y un tercio lo hizo entre el 2000 y el 2009.

La guerra civil, la inestabilidad política y las dificultades económicas causaron la migración de miles de guatemaltecos, tanto profesionales como indígenas y campesinos, durante la década de 1980. A principios de los años 90, la unificación familiar, los desastres naturales y la volatilidad política y económica impulsaron aún más la migración de guatemaltecos.

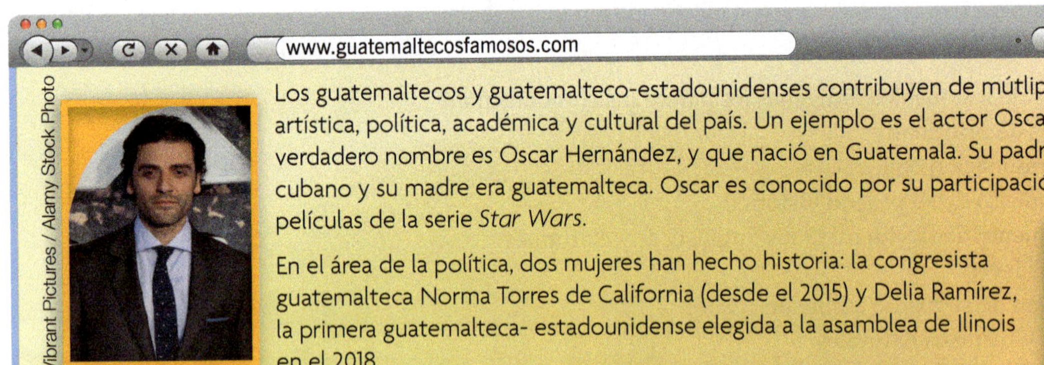

www.guatemaltecosfamosos.com

Vibrant Pictures / Alamy Stock Photo

Los guatemaltecos y guatemalteco-estadounidenses contribuyen de mútliples maneras a la vida artística, política, académica y cultural del país. Un ejemplo es el actor Oscar Isaac, cuyo verdadero nombre es Oscar Hernández, y que nació en Guatemala. Su padre era un doctor cubano y su madre era guatemalteca. Oscar es conocido por su participación en las últimas películas de la serie *Star Wars*.

En el área de la política, dos mujeres han hecho historia: la congresista guatemalteca Norma Torres de California (desde el 2015) y Delia Ramírez, la primera guatemalteca- estadounidense elegida a la asamblea de Ilinois en el 2018.

SOPA Images Limited / Alamy Stock Photo

Pero sin duda el guatemalteco-estadounidense con más impacto en Estados Unidos es el profesor de ciencias de la computación (Carnegie Mellon) Luis von Ahn. Es el fundador de las compañías Recaptcha y Duolingo (una plataforma para el aprendizaje de idiomas muy popular), y uno de los pioneros de la idea de *crowdsourcing*. En el año 2005 recibió un doctorado en ciencias de la computación de la Universidad Carnegie Mellon. Sus investigaciones en computación le han dado reconocimiento internacional y varios premios en el ámbito científico y tecnológico. Es una de las personas más influyentes en el campo de la tecnología en Estados Unidos.

1. ¿Quién es? Digan a quién de estas tres personas (Norma Torres, Luis von Ahn y Oscar Isaac) corresponden estas descripciones.
   a. Nació en Guatemala. En 1979, cuando tenía cinco meses, su familia se trasladó a la ciudad de Miami. Estudió en la escuela Julliard de Nueva York.
   b. Nació en Guatemala. En 1970, cuando tenía cinco años, su familia se trasladó a Los Ángeles (EE. UU.). Trabajó para el sistema de emergencias 911.
   c. Nació y creció en Guatemala. Llegó a Estados Unidos en 1996, cuando tenía 17 años, para estudiar en la Universidad de Duke.
2. Consideren las circunstancias en las que cada una de estas personas salió de Guatemala. ¿Fueron similares? ¿Cuál de los tres representa mejor al grupo de guatemaltecos en Estados Unidos?

Vocabulario

Los grupos sociales	
la clase social	*social class*
los/las marginados/as	*marginalized people*
el movimiento	*movement*
las personas sin hogar; sin techo	*homeless*
los pobres	*the poor*
los/las refugiados/as	*refugees*
los ricos	*the rich*

El desarrollo	*(Development)*
el alfabetismo; la alfabetización	*literacy*
el analfabetismo	*illiteracy*
la asistencia	*aid; assistance*
el aumento	*growth*
el avance	*progress*
los bienes de consumo	*consumer goods*
el bienestar	*well-being*
la brecha	*gap*
el comercio justo	*fair trade*
el consumo	*consumption*
el crecimiento	*growth*
la desigualdad	*inequality*
la deuda	*debt*
la disminución	*reduction; fall*
la equidad	*fairness*
la escolaridad	*education; schooling*
la esperanza de vida	*life expectancy*
el género	*gender*
el hambre	*hunger*
la igualdad	*equality*
la justicia social	*social justice*
la meta	*goal*
la mortalidad	*mortality*
la organización no gubernamental (ONG)	*non-governmental organization (NGO)*
la paz mundial	*world peace*
la pobreza	*poverty*
el racismo	*racism*
la renta per cápita	*income per capita*
la reducción	*reduction*
la riqueza	*wealth*

Adjetivos	
desafortunado/a	*unfortunate; less fortunate*
desarrollado/a	*developed*
digno/a	*honorable; decent*
ético/a	*ethical*
mayoritario/a	*majority group*
minoritario	*minority group*
privilegiado/a	*privileged*
satisfecho/a	*satisfied*

Verbos	
agravar	*to make worse; to aggravate*
ahorrar	*to save*
alcanzar	*to reach*
alimentar	*to feed*
aliviar	*to relieve*
ayudar	*to help*
defender	*to defend*
disfrutar	*to enjoy*
disminuir	*to reduce; to decrease*
incrementar	*to increase; to grow*
iniciar	*to start*
lograr	*to reach; to achieve; to manage*
luchar	*to fight*
opinar	*to think; to believe*
pasar	*to happen*
promover	*to promote*
reducir	*to reduce*
subir	*to go up; to increase*

Otras palabras y expresiones	
el ámbito	*field; sphere*
en vías de desarrollo	*developing*
por desgracia	*unfortunately*

Consultorio lingüístico

1 Use of Subjunctive: Stating vs Querying Information

The subjunctive mode is often used in subordinate or dependent clauses (i.e., clauses that depend on a main clause and are introduced by *que*). We may want to **state** information that we know or think about someone or something, in which case we do not need the subjunctive:

		STATEMENT or SUPPOSITION
Pienso *I think*	que *that*	la pobreza **es** el principal problema del mundo. *poverty **is** the main problem in the world.*
Creo *I think / believe*	que *that*	la migración **continuará** en esa zona. *migration **will continue** in that area.*
Estoy seguro de *I am sure*	que *that*	Guatemala **puede** reducir su nivel de pobreza. *Guatemala **can** lower its poverty rate.*
Es verdad / cierto *It is true*	que *that*	**hay** mucha desigualdad en ese país. ***there is** a lot of inequality in that country.*
Me parece *I think*	que *that*	**se necesita** más inversión en la educación. *more investment in education **is needed**.*
Supongo / Sé *I suppose / know*	que *that*	la globalización **es** inevitable. *globalization **is** unavoidable.*

However, sometimes we do not want to make a statement or express a supposition; we want to express our **questioning, doubt,** or even **denial** about the information. In these cases, we use the subjunctive:

		QUESTIONING, DOUBT, DENIAL
No pienso *I don't think*	que *that*	la pobreza **sea** el principal problema del mundo. *poverty **is** the main problem in the world.*
No creo *I don't think / believe*	que *that*	la migración **continúe** en esa zona. *migration **will continue** in that area.*
No estoy seguro de *I am not sure*	que *that*	Guatemala **pueda** reducir su nivel de pobreza. *Guatemala **can** lower its poverty rate.*
Dudo *I doubt*	que *that*	Guatemala **logre** reducir su nivel de pobreza. *Guatemala **can** lower its poverty rate.*
No es verdad / cierto *It is not true*	que *that*	**haya** mucha desigualdad en ese país. ***there is** a lot of inequality in that country.*
No me parece *I don't think*	que *that*	**se necesite** más inversión en la educación. *more investment in education **is needed**.*

2 Use of Subjunctive: Considering and Rejecting a Possibility

We use the subjunctive when we consider the **possibility** of something in the future:

Es posible *It is possible*	que la guerra **termine** pronto. *that the war **will end** soon.*
Es probable *It is likely*	que la tasa de alfabetismo **suba**. *that the literacy rate **will go up**.*
Puede ser *It may be*	que los movimientos indígenas **tengan** más poder en el futuro. *that the indigenous movements **will have** more power in the future.*

We also use the subjunctive when we **reject** a possibility:

No es posible *It is not possible*	que la guerra **termine** pronto. *that the war **will end** soon.*
No es probable *It is not likely*	que la tasa de alfabetismo **suba**. *that the literacy rate **will go up**.*

Some expressions of probability are followed by the subjunctive mode as independent clauses:

Posiblemente (*perhaps, maybe*) **Probablemente** (*probably*) **Quizá** (*maybe*) **Tal vez** (*maybe*)	**suba** la tasa de alfabetismo.

3 *Cuando* + Subjunctive: Talking About the Future

To relate two events in time, we use expressions like ***cuando*** (when), ***tan pronto como*** (as soon as), ***mientras*** (while), ***siempre que*** (whenever), o ***hasta que*** (until). We can refer to the past, or to habitual present actions:

PRESENT	**Cuando** tengo tiempo, leo libros de ciencia ficción. ***When*** *I have time, I read science-fiction books.*
	Siempre que puedo, trabajo en mi antigua escuela. ***Whenever*** *I can, I work at my old chool.*
PAST	**Cuando** terminó la guerra civil, el país estaba destruido. ***When*** *the war ended, the country was destroyed.*

When we refer to future actions, however, we use the subjunctive:

FUTURE	**Cuando tengamos** tiempo, iremos a Guatemala. ***When*** *we* ***have*** *time, we will go to Guatemala.*
	Siempre que pueda trabajaré en mi antigua escuela. ***Whenever*** *I* ***can,*** *I will work at my old chool.*
	Visitaré Guatemala **tan pronto como pueda**. *I will visit Guatemala* ***as soon as*** *I* ***can.***
	Voy a colaborar con una ONG **hasta que encuentre** trabajo. *I am going to collaborate with an NGO* ***until I find*** *a job.*

 *Para* + Subjunctive: Talking About the Purpose of an Action

We use *para* (to, in order to) in dependent clauses in order to express the objective or purpose of an action. When the subject of the main and the dependent clause is the same, ***para* + infinitive** is used:

> Los países firmaron un acuerdo **para promover** el desarrollo.
> *The countries signed an agreement **to promote** development.*

> **Para tener** paz es necesaria la diplomacia.
> ***In order to have** peace, diplomacy is necessary.*

If the subjects are different, then we use the **subjunctive** after *para que:*

> El gobierno debe concentrarse en la educación **para que** Guatemala **tenga** menos discriminación.
> *The government must focus on education **for** Guatemala **to have** less discrimination.*

 Expressing Continuity or Interruption

These verbal constructions are used to express actions that either continue or stop occurring:

seguir + GERUND	Juan **sigue viviendo** en Guatemala. *Juan **continues to live** in Guatemala.*
todavía + PRESENT	En Guatemala **todavía** hay mucha desigualdad. *In Guatemala, there is **still** a lot of inequality.*
dejar de + INFINITIVE	Los voluntarios **dejaron de trabajar** en el 2017. *Volunteers **stopped working** in 2017.*
ya no + PRESENT	El país **ya no** recibe ayuda. *The country **no longer** receives help.*

¡ATENCIÓN!

The word ***ya*** (= already) introduces finished actions:

> Guatemala **ya** ha cumplido algunos objetivos de desarrollo.
> *Guatemala has **already** met some development goals.*

The expression ***todavía no*** (= not yet) indicates that an action has not ocurred to date:

> Guatemala **todavía no** ha cumplido algunos objetivos de desarrollo.
> *Guatemala has **not yet** met some development goals.*

Capítulo 20

Gente y medio ambiente

Diane Johnson / Alamy Stock Photo

Reserva geobotánica y volcán Pululahua, Quito (Ecuador)

TAREA GLOBAL

Preparar una presentación sobre un Objetivo de Desarrollo Sostenible relacionado con el medio ambiente

CLUB CULTURA

Explore Ecuador with *Club cultura!*

At the end of this lesson, I will be able to…

PRESENTATIONAL AND INTERPERSONAL COMMUNICATION

Speaking

- express opinions and emotions about environmental information.
- interrupt and question others' opinions.
- give recommendations and advice.
- describe the effects and consequences of current actions.

Writing

- write an opinion article based on cause–effect arguments.
- use connectors to show cause–effect relationships.

INTERPRETIVE COMMUNICATION

Listening

- understand information about climate change and its environmental impact.
- understand others' opinions and feelings about environmental problems: causes and consequences.

Reading

- understand the main ideas and most relevant details of an argumentative text based on cause–effect relationships.
- identify and evaluate the author's thesis and supporting evidence in an argumentative text.

INTERCULTURAL COMPETENCE

- talk about the geographical importance of Ecuador.
- learn about and reflect on nature's rights in Ecuador and other countries.
- learn about Ecuadorian-Americans in the United States, including the figure of a human rights activist.

Acercamientos

20-1 El medio ambiente Mira las fotos y asócialas con uno o varios de estos aspectos medioambientales.

deforestación	suministro de agua	contaminación	energía renovable
extinción	especie	conservación	bosque
biodiversidad	cambio climático	flora y fauna	ecosistema

1.

Vaclav Mach / Alamy Stock Photo

2.

MichaelGrant / Alamy Stock Photo

3.

Alain Poirot / Alamy Stock Photo

4.

Chris Bull / Alamy Stock Photo

Con tu compañero/a, explica qué problemas medioambientales y/o soluciones representan estas fotos.

20-2 ¿Qué haces tú para proteger el medio ambiente? Comenta con tu compañero/a cuáles de estas cosas haces y con qué frecuencia. Después di qué otra cosa has hecho en el pasado que tuvo un impacto positivo en la protección medioambiental.

	NORMALMENTE	A VECES	(CASI) NUNCA
Reciclar plástico y papel			
Usar baterías recargables			
Comer frutas y verduras orgánicas			
Usar bombillas LED			
Usar bolsas de plástico			
Tirar basura en la calle			
Plantar árboles			
Comprar productos en los mercados locales			
Dejar las luces prendidas			

EJEMPLO: E1: Yo nunca tiro basura en la calle: tengo mucho cuidado con eso.
E2: Yo tampoco; si no hay un lugar para tirarlo, lo guardo hasta que encuentre uno.

Vocabulario en contexto

20-3 El cambio climático Lee este artículo en el periódico de hoy sobre el cambio climático.

¿Qué es el cambio climático?

El cambio climático se refiere a una alteración significativa de los patrones del clima. Sus causas pueden ser naturales —erupciones volcánicas, circulación oceánica— o humanas, por ejemplo, la emisión de CO_2 y otros gases que atrapan el calor, o la alteración del uso de grandes extensiones de suelos. En el pasado, los cambios en el clima ocurrieron lentamente durante millones de años; sin embargo, el cambio climático actual —causado por el hombre— está ocurriendo muy rápido. Uno de los fenómenos que está causando este cambio climático es el calentamiento global.

Los peligros del calentamiento global

El calentamiento global —aumento de la temperatura de la atmósfera terrestre— está ocurriendo desde finales del siglo XIX. La temperatura global promedio aumentó 0,74°C durante el siglo XX, pero el aumento en los últimos 50 años fue mucho más acelerado y se prevé que el ascenso llegue a los 4°C en el 2100 si no tomamos medidas inmediatamente. La subida de las temperaturas tiene efectos dañinos como el derretimiento de las capas de hielo, glaciares y nieves, y un aumento de los niveles del mar. Esto, a su vez, causa bruscos fenómenos meteorológicos como huracanes, lluvias torrenciales o sequías.

Existe una certeza del 100% en la comunidad científica de que la causa del calentamiento es el aumento de los gases de efecto invernadero que resultan de las actividades humanas como la quema de combustibles fósiles (carbón, gasolina, gas natural y petróleo) y la deforestación. El dióxido de carbono es el contribuidor principal al cambio climático actual y su concentración ha aumentado enormemente desde la era preindustrial hasta la actualidad.

El calentamiento global es la causa del cambio climático. Con tu compañero/a haz dos listas de palabras que aparecen en el artículo: una lista debe incluir palabras y expresiones relacionadas con el cambio climático; la otra debe tener palabras y expresiones relacionadas con el calentamiento global.

Calentamiento global	Cambio climático
gases de efecto invernadero	clima
...	...

Hablen sobre cómo el hombre es la primera causa el calentamiento global. ¿Qué actividades creen que causan más daño? Hagan una lista de cinco.

EJEMPLO: E1: Los coches son un gran problema porque emiten gases y eso contribuye al calentamiento global.
E2: Sí, aquí en Estados Unidos todo el mundo tiene coche y lo usa para todo.

¿Cómo contribuyes tú al problema del calentamiento global? Haz una lista de tres actividades que haces frecuentemente y deberías cambiar o evitar para proteger al planeta. Después comparte la lista con tu compañero/a. ¿En qué coinciden? ¿Cómo pueden mejorar sus prácticas diarias?

EJEMPLO: E1: Yo no reciclo mucho pero no uso bolsas de plástico nunca. Pero sí, debería reciclar.
E2: Yo trato de reciclar siempre, especialmente las botellas.

20-4 **¿Desaparecerán?** El cambio climático afectará al mundo de muchas maneras. Lee este texto para saber qué cosas desaparecerán por efecto del cambio climático.

¿Tienen los días contados?

ALIMENTOS
Para el año 2050 se estima que la temperatura aumentará hasta 3°C, lo que hará que el cultivo de cacao sea imposible, provocando la desaparición del chocolate. Lo mismo ocurrirá con las manzanas y con muchas clases de vinos.

ISLAS
Con el incremento del nivel de agua del mar, gran parte de Cuba y su hermosa capital, La Habana, desaparecerán de los mapas, ya que están tan solo a un par de metros sobre el nivel del mar. Las estructuras coloniales de la bella ciudad quedarán sumergidas en el fondo del Caribe. Del mismo modo, las famosas cabezas de la Isla de Pascua (Chile) quedarán en el fondo del mar.

GLACIARES
En los últimos 20 años, el retroceso glaciar en Ecuador se ha incrementado drásticamente, dando lugar a una pérdida de 54% de sus glaciares. Al ritmo actual de deshielo, hay modelos que indican que podrían desaparecer completamente a finales del 2100, lo que afectaría al suministro de agua para consumo humano. Una situación similar se observa en Perú, Bolivia y Colombia, que comparten con Ecuador los glaciares "tropicales" de América.

ANIMALES
Cada año es mayor la reducción del hielo en el Ártico, hábitat de los osos polares. Si continúan derritiéndose las capas de hielo, se extinguirán dos terceras partes de la población de osos polares para el 2050 y podría desaparecer completamente si el aumento de la temperatura global no se detiene en menos de 100 años.

Ahora completa estas frases y comparte tus respuestas con la clase.

- Muchas islas desaparecerán porque ________________.
- El chocolate desaparecerá porque ________________.
- Habrá una reducción del agua potable en Ecuador, Perú y Bolivia porque ________.
- Los osos polares desaparecerán porque ________________.

20-5 **Otros problemas del planeta** Estos son otros peligros a los que se enfrenta el planeta. Asocien cada uno con el asunto medioambiental con el que se relaciona.

a. cambio climático
b. disminución de los recursos naturales
c. contaminación marina
d. contaminación atmosférica y agujero en la capa de ozono
e. crecimiento demográfico
f. deforestación

1. Los bosques se talan para obtener madera y crear tierras de cultivo.
2. La actividad humana y, en particular, el consumo de combustibles fósiles está causando un aumento de la temperatura de la Tierra, lo que origina numerosos problemas.
3. Las naciones industrializadas utilizan una proporción mucho más grande de recursos que los países en vías de desarrollo.
4. En muchas grandes ciudades la contaminación originada por los coches y las industrias provoca graves problemas de salud a sus habitantes.
5. La cantidad de residuos que el hombre arroja al mar ha aumentado radicalmente durante el último siglo.
6. Nueva Delhi, Beijing, Teherán y otras muchas ciudades están durante más de 150 días al año por encima de las recomendaciones de la Organización Mundial de la Salud respecto a la cantidad de partículas nocivas en el aire.
7. La mayoría de los científicos creen que la temperatura media del mundo aumentará un grado hacia el año 2030 y cuatro a finales del siglo XXI.
8. El aumento de la población pone en peligro los recursos naturales de la Tierra.

 **20-6 Los objetivos de desarrollo sostenible** Lean la información sobre los Objetivos de Desarrollo Sostenible y completen la tabla: ¿cuáles son sus preocupaciones?, ¿qué recomendaciones tienen para alcanzar los objetivos? Después compartan sus conclusiones con la clase.

Con la intención de proteger el planeta, la Asamblea de las Naciones Unidas estableció en el 2015 los Objetivos de Desarrollo Sostenible, una serie de medidas a adoptar por 193 países del mundo con el objetivo de "transformar nuestro mundo" para el año 2030. Estos son seis de los objetivos relacionados con el medio ambiente.

Agua limpia y saneamiento
Garantizar la disponibilidad de agua segura y asequible, y el saneamiento para todos.

Energía asequible y no contaminante
Garantizar el acceso a una energía segura, sostenible y moderna para todos.

Producción y consumo responsables
Reducir la huella ecológica y alcanzar patrones sostenibles de consumo.

Acción por el clima
Adoptar medidas urgentes para combatir el cambio climático y sus efectos.

Vida submarina
Conservar y utilizar de forma sostenible los océanos, los mares y los recursos marinos para el desarrollo sostenible.

Vida y ecosistemas terrestres
Proteger, restablecer y promover el uso sostenible de los ecosistemas terrestres, proteger los bosques, luchar contra la desertificación, detener y revertir la degradación de las tierras y poner freno a la pérdida de la diversidad biológica.

	Nos da miedo / Nos preocupa...	Es necesario / urgente...
Agua limpia y saneamiento		
Energía no contaminante		
Producción y consumo responsables		
Acción por el clima		
Vida submarina		
Ecosistemas terrestres		

EJEMPLO: E1: Nos preocupa mucho la **contaminación** del agua entre las poblaciones rurales porque...
E2: Sí, creemos que es necesario asegurar el **suministro de agua dulce** para todos.

Lengua en contexto

20-7 Reacciona Lee estos datos referidos a Ecuador. Para cada uno, selecciona dos expresiones que muestren tu opinión.

- ☐ Me pone triste
- ☐ Me molesta
- ☐ Me preocupa
- ☐ Me parece mal
- ☐ Me parece terrible
- ☐ Es bueno
- ☐ Es increíble
- ☐ Me parece fantástico

Uno de los peores desastres medioambientales del mundo ocurrió en Ecuador. Cuando la compañía Texaco (hoy Chevron) abandonó sus operaciones en la selva de Ecuador en 1994, dejó 500.000 hectáreas de selva contaminada por residuos tóxicos. Los desechos envenenaron (*poisoned*) los ríos de los cuales las comunidades indígenas y agricultores dependen para beber, bañarse y lavar sus pertenencias y alimentos.

Más del 80% de la energía en Ecuador proviene del petróleo, mientras que la que se obtiene de recursos renovables como agua, sol o viento representa un 7% del total. Entre el 2007 y el 2017, el uso de petróleo se redujo en un 2%.

En febrero del 2018, los ecuatorianos decidieron por consulta popular reducir el área de extracción petrolera y ampliar la zona protegida en el Parque Nacional Yasuní, en la región amazónica ecuatoriana. El parque es uno de los lugares más biodiversos del planeta y debajo de sus suelos hay enormes reservas de petróleo. En esta área protegida, la industria petrolera ya ha deforestado 417 hectáreas de bosque, cuando el máximo permitido eran 300.

Ecuador es el primer país del mundo que reconoce en su Constitución derechos a la naturaleza. La Constitución, aprobada en el 2008, dedica un capítulo completo a los derechos jurídicos de la naturaleza. En su artículo 71, dice que: "La naturaleza o Pacha Mama, donde se reproduce y realiza la vida, tiene derecho a que se respete integralmente su existencia y el mantenimiento y regeneración de sus ciclos vitales, estructura, funciones y procesos evolutivos".

Desde el año 2009 se ha descubierto en Las Islas Galápagos, Patrimonio de la Humanidad, una decena de nuevas especies de peces, corales, pájaros y reptiles, entre ellas la espectacular iguana rosada, calificada como "fósil viviente" y un hecho fascinante para la ciencia. Estas especies se suman a las 3.500 especies ya identificadas en la reserva marina del archipiélago. Además, hay 58 especies de aves y más de sesenta especies animales, muchas endémicas, como las famosas tortugas, iguanas o leones marinos.

Intercambia tus opiniones con tu compañero/a.

EJEMPLO: E1: A mí **me parece terrible que las compañías petroleras contaminen** las áreas donde viven personas.

E2: Sí, **es increíble que los gobiernos les permitan** entrar en esas zonas.

SUBJUNTIVO: OPINIONES Y SENTIMIENTOS

me	**encanta...**	
te	**da**	miedo / pena / vergüenza…
le	**molesta...**	
nos	**pone**	triste / contento / nervioso…
les	**pone**	de buen / mal humor...
	parece	excelente / bien / mal…

... + Infinitivo

Me encanta cuidar del medio ambiente.
(A MÍ) (YO)

...que + Subjuntivo

Me encanta que Ecuador **cuide** del medio ambiente.
(A MÍ) (ECUADOR)

SUBJUNTIVO: RECOMENDACIONES

- IMPERSONALES: INFINITIVO
  Es importante **reducir** los gases de efecto invernadero.
- PERSONALES: SUBJUNTIVO
  Es importante que todos **reduzcan** los gases de invernadero.

SER + ADJETIVO

El clima **es** muy **inestable** en esa zona.

ESTAR + ADJETIVO

- ¿**Estás interesada** en el medio ambiente?
  - Claro. **Estoy preocupada** por la situación actual.
- ¿Cómo **está** el río?
  - **Está** bastante **contaminado.**

20-8 ¿Cómo te sientes? Cada miembro del grupo escribe en un papel cuatro frases sobre cómo se siente en determinadas ocasiones. Una de las cuatro debe ser falsa. Luego se las lee a sus compañeros/as y ellos/as tienen que decidir cuáles son ciertas y cuáles no.

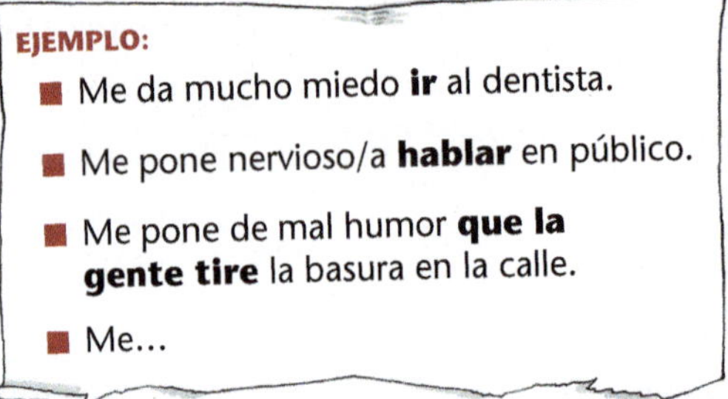

EJEMPLO:
- Me da mucho miedo **ir** al dentista.
- Me pone nervioso/a **hablar** en público.
- Me pone de mal humor **que la gente tire** la basura en la calle.
- Me...

20-9 ¿Estás de acuerdo? Escuchen las opiniones de diferentes personas sobre asuntos medioambientales y tomen nota. Después conversen sobre estas opiniones y digan si están de acuerdo o no y por qué.

	Opinión	¿Por qué?
1. Según esta persona, no es necesario que...		
2. Según esta persona, no es un problema que...		
3. Esta persona piensa que es normal que...		
4. A esta persona le molesta que...		
5. A esta persona le parece una tontería que...		

EJEMPLO: E1: Yo no estoy de acuerdo en absoluto con... De hecho, **es fundamental que**...
E2: Bueno, **es verdad que**... pero al mismo tiempo...

20-10 Cambios recomendados Tu compañero/a tiene hábitos bastante malos. Dale recomendaciones sobre lo que tiene que hacer para contribuir también a la sostenibilidad del planeta.

ESTUDIANTE A
- Usa muchos productos desechables.
- Deja siempre las luces encendidas.
- No cierra el grifo cuando se lava los dientes.
- Tiene el aire acondicionado al máximo de día y de noche.

ESTUDIANTE B
- Siempre pide bolsas en el supermercado.
- Usa mucho papel en todas las clases.
- Pone solo una o dos prendas de ropa en la lavadora.
- Usa el coche para ir a todas partes.

EJEMPLO: E1: Mira, creo que usas demasiados productos desechables, así que **es necesario que reutilices** muchas de las cosas que usas.
E2: ¿Para qué?
E1: Bueno, para reducir la acumulación de basura.

 **20-11 El estado del medio ambiente en el mundo** Lean estos datos y completen el cuadro con la información requerida.

1. Investigadores de la Universidad de York, en el Reino Unido, analizaron muestras de ríos en 72 países y encontraron contaminación por antibióticos en 65% de ellos.
2. En todo el mundo, hay muchas zonas marinas sobreexplotadas que amenazan la supervivencia de muchas especies de peces.
3. Hay numerosas comunidades indígenas de la Amazonía amenazadas por el cambio climático.
4. Un problema sin resolver en Ecuador es la reducción de la tasa de deforestación.
5. En muchos países que comparten la selva amazónica hay que solucionar conflictos con poblaciones indígenas.
6. Ecuador tiene cinco millones de hectáreas de zonas protegidas, incluyendo doce parques nacionales y cinco reservas biológicas.
7. Haití, Guayana, Bolivia, Honduras y Guatemala son los primeros de la lista de países no preparados para enfrentar el cambio climático en América Latina.
8. Una encuesta realizada con motivo de la celebración del Día Internacional de la Tierra revela que los japoneses y los españoles son las personas más preocupadas por el calentamiento global.

	¿Cuál es la situación?	**¿Por qué?**
1. Muchos de los ríos de 72 países	**Están** contaminados.	Porque hay antibióticos.
2. Muchas especies de peces		
3. Muchas comunidades indígenas de la Amazonía		
4. La reducción de la tasa de deforestación		
5. Conflictos con poblaciones indígenas		
6. Cinco millones de hectáreas de Ecuador		
7. Haití, Guayana, Bolivia, Honduras y Guatemala		
8. La gente de España y Japón		

Cada uno de ustedes elige dos de los datos de la lista y explica sus opiniones sobre estos. Intercambien después sus opiniones.

EJEMPLO: **E1:** **Es horrible que** los ríos **estén** contaminados porque mucha gente los necesita para lavarse o lavar ropa.

E2: Sin duda. **Es importante que haya** leyes para penalizar a las compañías que contaminan los ríos.

Interacciones

Estrategias para la comunicación oral

Resources for debating (III)

When debating an issue, you will need strategies to express your point of view and ensure that your interlocutor follows your arguments.

- Interrupting and taking the floor

Perdón / Disculpa, pero...	Sorry / Excuse me, but...
¿Puedo decir algo?	Can I say something?
Perdona/e que interrumpa, pero...	Sorry to interrupt you, but...

- Requesting confirmation of an opinion, or maintaining someone's attention

...¿verdad? ¿No?	...right?
...¿no crees / cree?	...don't you think?
...¿no te / le parece?	...don't you think?

20-12 Conciencia medioambiental Elige dos noticias que te interesen.

Cuando se recicla una botella de vidrio se ahorra energía suficiente para mantener una bombilla encendida durante cuatro horas.

EE. UU. representa el 5% de la población mundial, pero usa el 20% de la energía global, come el 15% de la carne producida en el mundo y genera un 40% de la basura.

Si reciclamos todos los periódicos que se venden a diario, salvaremos 250 millones de árboles al año.

Las naciones industrializadas utilizan una proporción mucho más grande de recursos que los países en vías de desarrollo.

Si cada usuario de Twitter apaga su computadora una hora por día, se ahorra la misma cantidad de energía que si 9.128 coches dejan de circular cada año.

Más de un millón de árboles se utilizan cada año para proporcionar los periódicos del domingo a los ciudadanos norteamericanos.

Usando las noticias que eligieron, describan cuál es el problema y propongan una solución. Su compañero/a **no** estará de acuerdo.

EJEMPLO: E1: La noticia 5 dice... Yo creo que hay que imponer sanciones muy fuertes a los países que más huella ecológica tienen, **¿no?**

E2: **Disculpa, pero** si los gobiernos imponen sanciones...

20-13 Día Internacional de la Madre Tierra Lean este anuncio. Después piensen en los problemas mencionados y expliquen por qué son importantes para las generaciones actuales y futuras. Propongan soluciones para los tres más importantes.

Muchos países celebran cada 22 de abril el Día Internacional de la Madre Tierra. Su objetivo es recordar la importancia de proteger a nuestro planeta y alcanzar un equilibrio justo entre las necesidades económicas, sociales y ambientales de las generaciones presentes y futuras. Estos son algunos de los problemas más apremiantes. Únete a *Jóvenes por el cambio* y ayúdanos a crear soluciones a largo plazo para asegurar un futuro mejor.

- ☐ el suministro de agua dulce
- ☐ la calidad del aire en las grandes ciudades
- ☐ la protección de las especies endémicas
- ☐ los desechos y la basura
- ☐ la explotación de los recursos naturales
- ☐ la sostenibilidad de los alimentos

EJEMPLO: E1: Para mejorar la calidad del aire, **es necesario que los gobiernos mejoren** los servicios de transporte público, **¿no crees?**
E2: Sí, y también **es fundamental que nosotros ayudemos**...

20-14 Mini debate Lean esta nota sobre los organismos modificados genéticamente (OMG) y compartan sus opiniones.

Un transgénico es un organismo cuyo material genético ha sido alterado de una forma que no sucede en la naturaleza. Los científicos pueden hoy seleccionar los genes de ciertos cultivos y alimentos para lograr determinadas características como mayor resistencia a pestes, cambios climáticos y condiciones adversas del suelo, lo que resulta en un mayor rendimiento. Estados Unidos es el país donde más proliferan este tipo de cultivos para la industria alimentaria. Por ejemplo, la mitad del maíz y gran parte de la soja de producción local han sido modificados genéticamente.

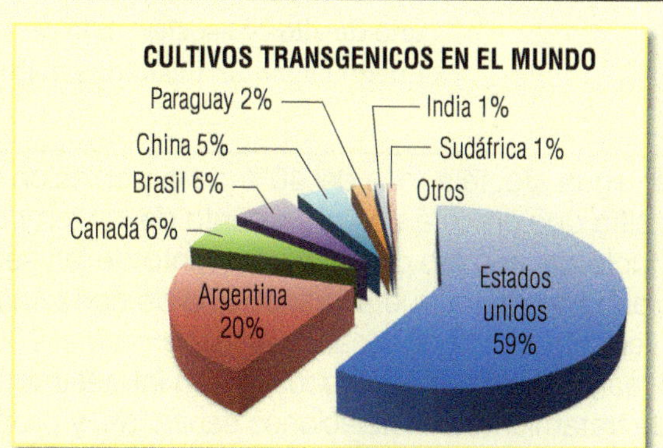

Los grupos ambientalistas, entre otros, tienen una percepción negativa de esta práctica y sostienen que es muy pronto para determinar si son peligrosos o no para las personas, los animales y el ecosistema en general. También argumentan que, desde el punto de vista ético, los pequeños agricultores se ven perjudicados porque los precios de los OMG son demasiado altos. De este modo, los campos de tamaño pequeño y medio no son rentables.

Mientras tanto, algunos representantes de la comunidad científica aseguran que no se ha podido demostrar que los OMG sean perjudiciales para la salud humana, que provoquen daños medioambientales o haya aumentado la tasa de alergias alimentarias. Además, argumentan que una mayor resistencia de los cultivos resulta en un aumento de la rentabilidad y un mejor abastecimiento para una población mundial en crecimiento.

EJEMPLO: E1: Yo creo que los OMG son buenos porque pueden alimentar a más personas en el mundo, **¿no te parece?**
E2: No sé, me parece fantástico alimentar a muchas personas, pero **es muy importante que** los científicos **continúen** investigando...

La clase se organizará en grupos de debate. En cada grupo habrá tres personas a favor y tres en contra. Escriban tres argumentos para defender su posición y después debatan el tema.

20-15 Situaciones: *Por un mañana mejor* Two students are participating in a Model UN debate. They are tasked with considering the effect of tourism on developing countries like Ecuador, a country rich in biodiversity that relies on tourism as an important source of income.

ESTUDIANTE A

Explain why you think that traditional tourism may have a detrimental effect on biodiversity. Then state your predictions for the future of these problems and give two recommendations for the government. Consider the following:

Problems
- Overuse of natural resources
- Increase of waste
- Other: ____________

Possible solutions
- Renewable energies
- Recycling
- ____________

ESTUDIANTE B

Explain why you think that tourism is pivotal for the economic growth of developing countries. Then state your predictions for the future of this issue and give two recommendations for the government. Consider the following:

Problems
- Increasing number of tourists
- Ocean contamination
- Other: ____________

Possible solutions
- Ecotourism
- Education campaigns and regulations
- ____________

Tarea global

Preparar una presentación sobre uno de los Objetivos de Desarrollo Sostenible relacionados con el medio ambiente

Preparación Estos son cuatro de los objetivos de la *Agenda 2030 sobre el Desarrollo Sostenible* para alcanzar la sostenibilidad ambiental. Lean la información sobre cada uno de ellos y asocien cada descripción con un objetivo de la columna de la derecha. Luego hagan una lista de palabras relacionadas con cada uno de los objetivos.

A. La escasez de agua afecta a más del 40% de la población mundial, una cifra que crecerá con el aumento de las temperaturas globales producto del cambio climático (aumento de las sequías y desertificación). Se estima que al menos una de cada cuatro personas se verá afectada por escasez de agua para el 2050. Es necesario realizar inversiones adecuadas en infraestructura, tecnologías de tratamiento e instalaciones sanitarias, y promover prácticas de higiene. Hay que proteger y recuperar los ecosistemas relacionados con el agua (bosques, montañas y ríos). También se requiere más cooperación internacional para estimular la eficiencia hídrica en los países en desarrollo.	 **Producción y consumo responsables** ODS: Reducir la huella ecológica y alcanzar patrones sostenibles de consumo.
B. La demanda de energía accesible crece al mismo tiempo que la población mundial. La dependencia de los combustibles fósiles y el aumento de las emisiones de gases de efecto invernadero están generando cambios drásticos en nuestro sistema climático. Desde el 2011, más de un 20% de la energía mundial es generada por fuentes renovables. Sin embargo, una de cada cinco personas aún no tiene acceso a la electricidad. Hace falta invertir en fuentes de energía limpia, como la solar, eólica y termal. También hace falta reducir el consumo mundial de electricidad en los edificios.	 **Acción por el clima** ODS: Adoptar medidas urgentes para combatir el cambio climático y sus efectos (según los acuerdos de la Convención de las Naciones Unidas sobre el Cambio Climático).
C. El consumo de gran parte de la población mundial sigue siendo insuficiente para satisfacer sus necesidades básicas. Casi una tercera parte de los alimentos que se producen en el mundo se desperdician o acaban en la basura. Es importante reducir a la mitad el desperdicio de alimentos en el mundo para obtener seguridad alimentaria. Para lograr este objetivo, hace falta una gestión eficiente de la manera en que se eliminan los desechos tóxicos y los contaminantes. Además, las industrias, negocios y consumidores tienen que reciclar y reducir los desechos. 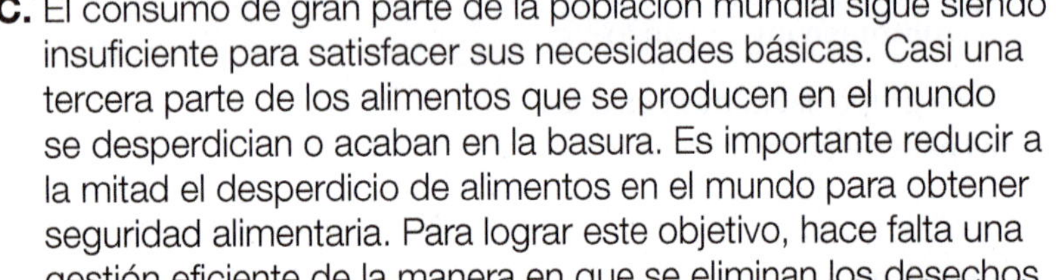	 **Agua limpia y saneamiento** ODS: Garantizar la disponibilidad de agua segura y asequible, y el saneamiento para todos.
D. Las emisiones de gases de efecto invernadero continúan aumentando y hoy son un 50% superiores al nivel de 1990. Además, el calentamiento global está provocando cambios permanentes en el clima, cuyas consecuencias pueden ser irreversibles si no se toman medidas urgentes. Las pérdidas anuales causadas por terremotos, tsunamis, ciclones tropicales e inundaciones son de cientos de miles de millones de dólares. El objetivo es movilizar 100.000 millones de dólares anualmente hasta el 2020, con el fin de abordar (*address*) las necesidades de los países en desarrollo y mitigar los desastres relacionados con el clima.	 **Energía asequible y no contaminante** ODS: Garantizar el acceso a una energía asequible, segura, sostenible y moderna para todos.

Paso 1 La clase se divide en grupos y cada grupo elige uno de estos cuatro objetivos. Completen la ficha con la información más importante.

Objetivo: ______________
Problemas relacionados con el objetivo:
1.
2.
Recomendaciones para alcanzar el objetivo:
1. Es necesario que...
2. Hace falta que...

Paso 2 Elijan una de estas soluciones para ejemplificar el ODS que van a a presentar. Investiguen (a) qué es, (b) cómo se relaciona con su ODS y (c) cómo, específicamente, ayuda a la consecución de este ODS.

- ☐ Fondos de agua
- ☐ Reutilización de aguas residuales
- ☐ Desarrollo de linternas solares
- ☐ Coches eléctricos
- ☐ Zonas de emisiones ultrabajas en las ciudades
- ☐ Ketchup verde
- ☐ Ropa sin poliéster

Joanna B. Pinneo / Cavan / Alamy Stock Photo

Randy Duchaine / Alamy Stock Photo

Peter Scholey / Alamy Stock Photo

Paso 3 Preparen una presentación de 10 minutos (cinco diapositivas) para la clase, que incluya:

1. Una presentación del ODS
2. Dos problemas específicos que el ODS quiere abordar
3. Dos soluciones específicas para que el ODS se pueda cumplir
4. Un ejemplo (Paso 2) de solución innovadora
5. Tres recomendaciones para sus compañeros/as sobre cómo pueden ellos/as contribuir a la consecución del ODS

Paso 4 Presenten en la clase y respondan a las preguntas de sus compañeros/as y su profesor/a.

Paso 5 Mi progreso
Mark with a ✔ the goals you think you have achieved and to what extent.

I can...

	very well	well	with difficulty
Goal 1: talk about environmental issues.			
Goal 2: express opinions and question others' points of view.			
Goal 3: suggest solutions for environmental problems.			

Ayuda

Elegimos este objetivo porque...
nos preocupa que...
nos parece triste que...
es importante que...
es necesario...
hace falta...

Gente que lee

Estrategias para leer

Reading an argumentative essay: cause and effect

By using cause and effect, the author gives us her/his arguments about the causes and consequences of an event, phenomenon, or problem. As in any persuasive text, the author always makes a claim. The author usually gives us some background so that we can better understand the problem. Then, the author introduces a convincing argument to persuade us that the presented causes and effects are plausible. In order to do that, the author uses facts, supporting evidence, examples, or anecdotes. The author usually ends by summarizing the claim, elaborating on it, emphasizing the consequences, or encouraging readers to take some action.

Antes de leer

20–16 Especies en peligro

1. ¿Cuáles de estas afirmaciones crees que son ciertas (C) y cuáles falsas (F)?

	C	F
Las especies con más movilidad son las más amenazadas de extinción.	☐	☐
En las próximas décadas desaparecerán un millón de especies del planeta.	☐	☐
El comercio de especies en extinción mueve 500 millones de dólares anuales.	☐	☐
En la historia de la tierra han vivido 500 millones de especies; ahora queda el 2%.	☐	☐

2. ¿En qué regiones de tu país existen especies amenazadas? ¿Hay organizaciones para protegerlas?

Después de leer

20–17 ¿Comprendes?

1. ¿Cuál o cuáles de estos fenómenos se menciona(n) en el primer párrafo?
   ☐ vertidos ilegales ☐ pesca ilegal ☐ caza ilegal
2. ¿Cuáles son los dos factores que amenazan la biodiversidad de las islas?
3. ¿Cierto o falso? El texto dice que...

	C	F
... los guías turísticos son parte del problema.	☐	☐
... muy pocos visitantes son ecoturistas.	☐	☐
... en las islas entra demasiada comida cada año.	☐	☐
... hay 1.900 especies en peligro de extinción.	☐	☐

4. ¿Cuántas especies hay en las Islas Galápagos?
5. ¿Por qué este problema tiene difícil solución?

20–18 Activando estrategias

1. Averigua qué significan estas palabras sin usar el diccionario: **cenizas, derramó, carguero** (párr. 1), **cupo** (párr. 2), **mina** (párr. 4) y **radicada** (párr. 5).
2. Determina si las palabras **embestidas, encalló** (párr. 1) **disfrazan de** (párr. 2) y **desechos** (párr. 3) son nombres, adjetivos o verbos. Después decide cuál es la entrada que tienes que buscar para cada una y búscala en el diccionario.
3. Explica el significado de estos tres conectores: **sin embargo** (párr. 2), **como consecuencia de** y **entre tanto** (párr. 4).

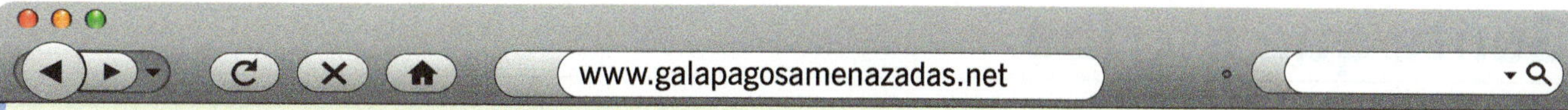

LAS ISLAS GALÁPAGOS, AMENAZADAS

Situado en el océano Pacífico a mil kilómetros de las costas de Ecuador, el archipiélago de Colón o Islas Galápagos continúa sufriendo las **embestidas** de la "modernidad". En 1985, un incendio gigantesco destruyó 400 km^2 de vegetación en Isabela (la mayor de las islas), y en 1994, en el mismo lugar, otro incendio redujo a **cenizas** 3.000 hectáreas de cultivos. En el 2001, un buque que **encalló** frente a la isla San Cristóbal **derramó** un millón de litros de petróleo. A mediados de agosto del 2017 fue detenido un **carguero** chino que pescaba ilegalmente en la reserva marina de Galápagos, una de las más importantes del planeta. En la bodega del barco había más de seis mil tiburones —entre ellos especies protegidas— que habían sido pescados ilegalmente.

En las Galápagos, donde Charles Darwin concibió su teoría de la evolución de las especies (1835), habita el 50% de las aves, el 32% de las plantas, el 86% de los reptiles y el 23% de la fauna marina de la costa del Pacífico. **Sin embargo**, debido a la afluencia masiva de visitantes que las empresas navieras **disfrazan de** "ecoturistas", la biodiversidad de las Galápagos (con un patrimonio exclusivo de 1.900 especies) está gravemente amenazada. El número de visitantes crece cada año. Inicialmente el **cupo** anual era de 12.000 turistas. En 1979 llegaron 11.475 y en 1993 la cifra se elevó a 46.810. En el 2002 llegaron más de 100.000 personas y en el 2006 fueron 220.000. El 97% del territorio de las islas es parte del parque nacional, y hay áreas que solo pueden ser visitadas con un guía certificado, pero la proliferación de hospedajes y restaurantes improvisados ha promovido la entrada de un turismo menos responsable y sin guías.

Otra de las causas de este desastre es la migración de colonos del continente, atraídos por el dólar fácil del turismo. La tasa de crecimiento de población de la provincia de Galápagos es de un 6% anual, la más alta de Ecuador. Con el aumento de residentes en las islas ha aumentado el número de especies ajenas a su ecosistema. En los barcos que llevan las 7.000 toneladas de comida cada año se esconden plantas y animales domésticos que no deberían vivir en el archipiélago. Actualmente, más de 10.000 habitantes pueblan la región, demasiados colonos para unas islas que exigen que se respete su disciplina de vida. Los asentamientos urbanos conllevan la sobreexplotación de los recursos marinos, la acumulación de **desechos**, y la introducción de enfermedades, plantas e insectos, entre otros.

Como consecuencia de todo esto, más de 70 especies están en peligro de extinción. Lobos marinos, tortugas y tiburones, especies que siempre fueron muy dóciles en el ecosistema de estas islas, se están volviendo agresivas. En el *Libro rojo de especies amenazadas*, publicado por la Unión Mundial para la Naturaleza, figuran el pingüino de Galápagos, quince especies de tortuga gigante y los pájaros pinzones, que jugaron un papel importante en la teoría de la evolución de Darwin. **Entre tanto**, la pesca ilegal **mina** los esfuerzos para salvar especies marinas en peligro.

Las islas estuvieron en la lista de la UNESCO de los sitios declarados Patrimonio de la Humanidad en peligro, entre el 2007 y el 2016. Para evitar que regresen a esta lista roja, la Fundación Charles Darwin (**radicada** en las islas desde 1959) recomienda que se congelen el flujo turístico y la migración, y se penalice más duramente la pesca ilegal. No es fácil: estas islas constituyen el 78% de los ingresos por turismo de Ecuador, pero no preservar este santuario marino sería como destruir un manual de funcionamiento de la vida en la Tierra.

20-19 Activando estrategias: la argumentación de causa y efecto

1. ¿Cuál es el objetivo del autor del texto?
2. ¿Cómo argumenta el autor sobre el problema específico? Marca los recursos que usa y escribe un ejemplo de cada uno.
   - ☐ datos y cifras
   - ☐ ejemplos
   - ☐ citas
   - ☐ datos de fuentes de autoridad
3. ¿Ofrece el autor algún contraargumento? ¿Cómo lo refuta?
4. Evalúa los párrafos de introducción y conclusión. ¿Usó estrategias efectivas?

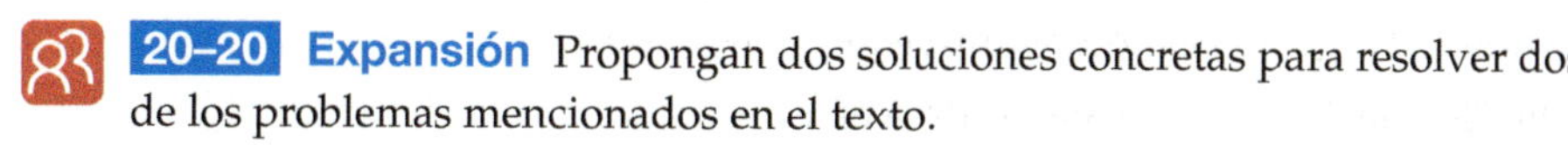

20-20 Expansión Propongan dos soluciones concretas para resolver dos de los problemas mencionados en el texto.

Gente que escribe

Estrategias para escribir

Writing argumentative texts (II): cause and effect

In order to write cause–effect arguments, you should consider these recommendations:

- State the problem and give the readers some background.
- Consider several possible and appropriate causes for this problem as well as the consequences or effects.
- Offer a convincing argument to persuade readers. Use facts, supporting evidence, examples, or anecdotes.
- Discuss alternate causes (the ones that readers may have in mind) and provide a reasoned dismissal of them.

MÁS ALLÁ DE LA FRASE

Connectors of cause and effect

- To introduce cause: ***ya que*** (since), ***dado que*** (given that), ***a causa de que*** (due to), ***debido a que*** (due to), ***puesto que*** (since), ***como*** (since), ***a causa de*** (due to), ***dado/a/os/as*** (given)
  - *Resolver el problema ecológico es difícil* ***ya que / dado que / puesto que*** *muchas empresas se oponen.*
  - ***Como*** *muchas empresas se oponen, resolver el problema ecológico es difícil.*
  - *Resolver el problema ecológico es difícil* ***debido a / a causa de / dada*** *la oposición de las empresas más poderosas.*
- To introduce consequence: ***por eso*** (because of that), ***entonces*** (so), ***por (lo) tanto*** (therefore), ***en / como consecuencia*** (in / as a consequence), ***por consiguiente*** (therefore, consequently), ***así que*** (so)
  - *Las empresas se oponen,* ***y por eso / y por consiguiente*** *es difícil resolver este problema.*
  - *Las empresas se oponen;* ***así que / por lo tanto / como consecuencia*** *es difícil resolver este problema.*

20-21 Un artículo de opinión Vas a participar en un foro de debate sobre el medio ambiente. Elige una de estas áreas relacionadas con el medio ambiente para escribir un artículo de opinión.

- ☐ La destrucción de la capa de ozono y la subida del nivel del mar
- ☐ El derretimiento de los glaciares y la desaparición de grandes regiones
- ☐ El efecto invernadero y el aumento de los desastres naturales
- ☐ Los desechos tóxicos y la contaminación de los mares

Antes de escribir

1. Piensa en un problema específico relacionado con el área que has elegido. Trata de responder a las siguientes preguntas para especificarlo: dónde, cuándo, cómo, por qué, quién.
2. Elabora una tesis basada en causas y consecuencias.
3. Haz una lista de tres causas de este problema y sus efectos o consecuencias.
4. Enumera tres ejemplos específicos o datos que sustenten tus argumentos.
5. Piensa en dos contrargumentos y escribe dos ideas para refutarlos.

A escribir

- Escribe una introducción para presentar el tema y asunto que vas a tratar.
- Explica cada una de las causas de este problema y sus efectos. Incluye ejemplos, datos, etc. para ilustrar lo que dices.
- Presenta los posibles contraargumentos y refútalos.
- Escribe una conclusión que resuma el tema y su importancia.

DESPUÉS DE ESCRIBIR

- Revisa tu artículo. Asegúrate de haber usado estructuras de causa y efecto (*Estrategias para escribir*).
- Revisa el uso de los conectores de causa y efecto (*Más allá de la frase*).
- Intercambia tu artículo con un/a compañero/a y usa la *Guía de Revisión entre Compañeros*.

Comparaciones culturales

 **20-22 Ecuador, en la mitad del mundo** Lean este texto sobre Ecuador y después respondan a las preguntas.

En la mitad del mundo

Ecuador está en la costa occidental de Sudamérica y es atravesado por la línea equinoccial. En 1736, los científicos franceses Pierre Bouguer, Louis Godin y Charles Marie de La Condamine, junto con los marinos españoles Jorge Juan y Antonio de Ulloa, y el científico ecuatoriano Pedro Vicente Maldonado, determinaron que el paralelo cero pasa por el territorio ecuatoriano. Un monumento que representa al mundo fue construido en 1979 para conmemorar ese gran momento. Sin embargo, aunque el monumento premia el ingenio de la misión de estos científicos, se sabe que hace miles de años los indígenas ya habían ubicado este punto, guiados por los rayos del sol. Estos antiguos pobladores (preincaicos) celebraban las fiestas del equinoccio el 21 de marzo y 23 de septiembre.

Monumento La mitad del Mundo (Ecuador)

Luc Brousseau / Alamy Stock Photo

Este monumento de forma piramidal-cuadrangular tiene la orientación geográfica de los cuatro puntos cardinales y se encuentra localizado en la línea ecuatorial de latitud cero grados, cero minutos y cero segundos. Esta línea pasa por diversos países y continentes, pero únicamente hay un país que basa todo su nombre en ello: La República del Ecuador. En el extremo superior de la pirámide hay un globo terráqueo. La orientación del globo corresponde a la posición real de la Tierra. En el interior del monumento se puede visitar el Museo Etnográfico, que contiene muestras de los diferentes grupos étnico-culturales del país. El objetivo del museo es presentar a Ecuador como un país multiétnico, pluricultural y multilingüístico.

1. ¿Saben si hay otros países hispanohablantes por donde pasa la línea del Ecuador? ¿Y otros países del mundo? ¿Han estado en algunos de ellos?
2. ¿Saben por qué países pasa el meridiano de Greenwich? ¿Han visitado algunos de ellos?
3. Hagan una lista de tres monumentos famosos de su país y tres de otros países.
   - o ¿Qué conmemoran o representan?
   - o ¿Se construyeron para provocar sentimientos específicos (orgullo, alegría, reflexión, etc.)?
   - o ¿Con qué otros objetivos se construyeron?

20-23 Los derechos de la naturaleza

1. ¿Crees que la naturaleza debe tener derechos protegidos constitucionalmente? ¿Por qué sí o por qué no?
2. Lee la información del eje cronológico y responde a las preguntas.

   En el año 2008, Ecuador se convirtió en el primer país del mundo en reconocer los Derechos de la Naturaleza en su constitución nacional. Otros hitos han ocurrido en el camino al reconocimiento de los derechos de la naturaleza.

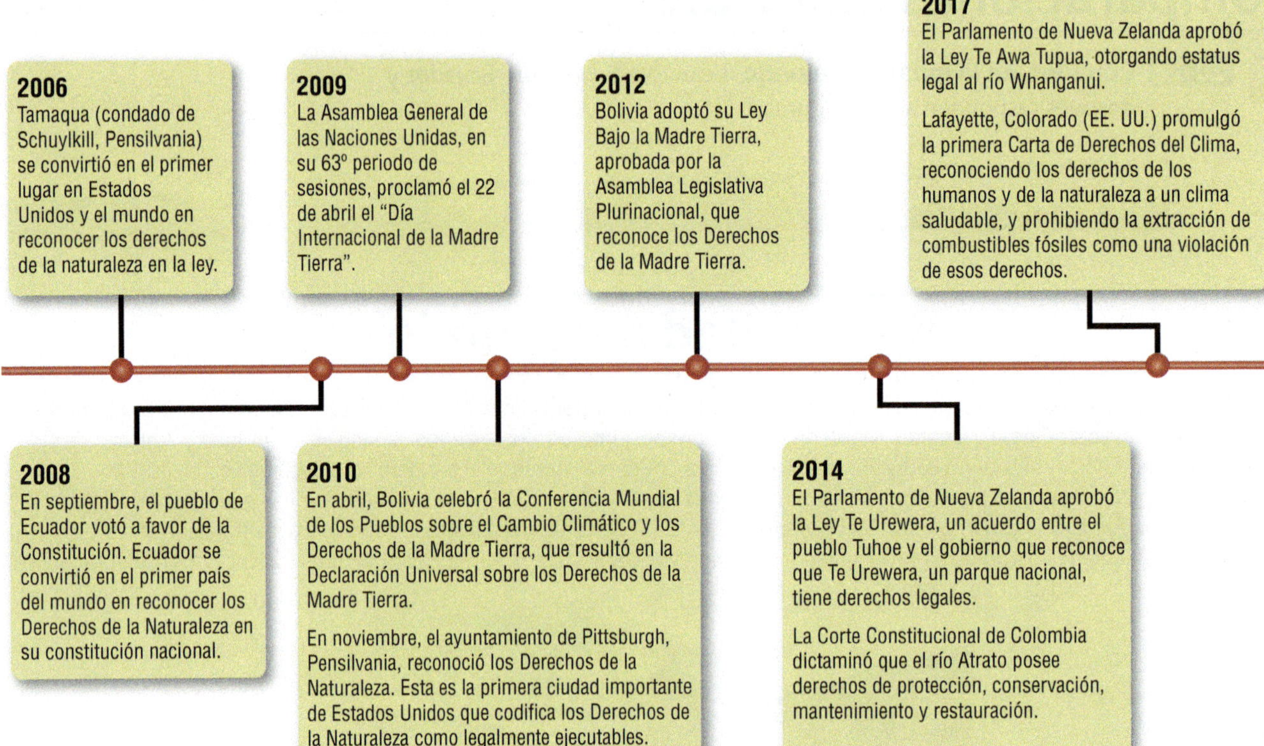

1. ¿Qué consecuencias positivas puede tener, en la práctica, la aprobación de derechos de una entidad no humana como la naturaleza? ¿Qué problemas?
2. En grupos, elijan uno de los eventos de la línea temporal y preparen una pequeña presentación para la clase.

20-24 Ecuatorianos en Estados Unidos Lean este texto sobre la población de ascendencia u origen ecuatoriano en Estados Unidos. Después respondan a las preguntas.

www.emigracionecuatoriana.com

Se estima que en los últimos 30 años entre el 3% y el 5% de la población ecuatoriana ha emigrado a Estados Unidos. Actualmente alrededor de 650.000 ecuatorianos viven en Estados Unidos, la gran mayoría (60%) en el área de Nueva York. Los ecuatorianos constituyen el cuarto grupo latino más grande de esta ciudad. Su perfil económico es diverso y abarca tanto a la clase obrera como a empresarios y universitarios que se incorporan al mundo profesional.

Cristina Jiménez

Diego Corredor/Media Punch/Alamy Live News

Cristina Jiménez, activista de inmigración y cofundadora de la organización *United We Dream*, es una de las personalidades ecuatorianas más reconocidas de Estados Unidos. La revista *Time* la incluyó en su lista de las 100 personas más influyentes del 2018, por la creación de la primera organización dirigida por jóvenes para defender los derechos de los inmigrantes.

Jiménez llegó a Queens, Nueva York (EE. UU.) desde Quito con su familia y permaneció con estatus de indocumentada durante casi veinte años. Entre el 2008 y el 2010 trabajó en el *Drum Major Institute of Public Policy*, en el área de política migratoria, al mismo tiempo que fundó la organización *United We Dream*. En el año 2014 consiguió la residencia permanente. En el 2017 consiguió la prestigiosa beca de la Fundación MacArthur por su trabajo para cambiar las percepciones públicas de los jóvenes inmigrantes y su papel en el debate sobre la política de inmigración. Hoy en día, la organización tiene 400.000 jóvenes.

1. ¿Qué llevó a Cristina Jiménez a interesarse en el activismo social?
2. ¿Qué características son necesarias para ser activista? Marquen las dos que les parezcan más importantes y justifiquen su opinión.

☐ solidaridad ☐ compromiso ☐ valor
☐ persistencia ☐ creatividad

Vocabulario

El medio ambiente	*(Environment)*
la capa de ozono	*ozone layer*
el carbón	*coal*
los combustibles fósiles	*fossil fuels*
la conservación	*preservation*
la contaminación	*pollution; contamination*
la deforestación	*deforestation*
el derrame	*leak*
el dióxido de carbono	*carbon dioxide*
la ecología	*ecology*
la emisión	*emission*
la energía renovable	*renewable energy*
la especie	*species*
el nivel del mar	*sea level*
los recursos naturales	*natural resources*
la sostenibilidad	*sustainability*
el vertido	*spill*

El cambio climático	*(Climate change)*
la bajada	*drop; decrease*
el calentamiento global	*global warming*
la capa de hielo	*ice layer*
la caza	*hunting*
el clima	*climate*
el cultivo	*crop*
el derretimiento	*melting*
la desaparición	*extinction*
los desechos	*waste*
el deshielo	*melting*
el efecto invernadero	*greenhouse effect*
la extinción	*extinction*
el grado	*degree*
el incremento	*increase*
la inundación	*flood*
la marea negra	*oil spill; large oil slick*
la pesca	*fishing*
la quema de combustibles fósiles	*burning of fossil fuels*
la sequía	*draught*
la subida	*increase*
el suministro de agua	*water supply*
la tala de árboles	*tree-felling*
la temperatura	*temperature*

La naturaleza	
el agua dulce	*fresh water*
la atmósfera	*atmosphere*
la biodiversidad	*biodiversity*
el bosque	*forest*
el ecosistema	*ecosystem*
la erupción	*eruption*
la fauna	*fauna*
la flora	*flora; plant life*
el glaciar	*glacier*
el mar	*sea*
el océano	*ocean*
el petróleo	*oil*
la selva	*rain forest*
el suelo	*soil*

Adjetivos	
ambiental	*environmental*
amenazado/a	*threatened*
contaminado/a	*contaminated*
dañino/a	*harmful*
desechable	*disposable*
destruido/a	*destroyed*
estancado/a	*stuck*
inundado/a	*flooded*
listo/a	*ready*
medioambiental	*environmental*
meteorológico/a	*meteorological*
preocupado/a	*worried*
preparado/a	*prepared*
protegido/a	*protected*
reusable	*reusable*
solucionado/a	*solved*
sostenible	*sustainable*
terrestre	*terrestrial*

Verbos	
agotarse	*to run out; to be used up*
alimentar	*to feed*
alterar	*to alter; to change*
amenazar	*to threaten*
consumir	*to consume*
contaminar	*to contaminate*
cultivar	*to grow (crops)*
derramar	*to spill*
derretirse	*to melt*
destruir	*to destroy*
molestarse	*to get upset*
permitir	*to allow*
plantar	*to plant*
predecir	*to predict*
preocupar	*to worry*
preocuparse de	*to worry about; to care*
prohibir	*to forbid*
proteger	*to protect*
quemar	*to burn*
reciclar	*to recycle*
reutilizar	*to reuse*
soportar	*to bear; to put up with*
tirar	*to throw away*

Consultorio lingüístico

 Use of Subjunctive: Expressing Personal Opinions and Feelings About Information

We use the subjunctive when we accept information as true or possible and only want to give an opinion or express our feelings about it. For example, we can give our opinion or express our feelings in different ways about this information:

Muchas especies **están** desapareciendo.
Ecuador **cuida** del medio ambiente.

- We can use a verb like ***gustar*** (most verbs that we use to express emotions or feelings are verbs like ***gustar***):

Me gusta
I like

Me alegra
It makes me happy

Me da pena
It makes me sad

Me da miedo / avergüenza
It scares me / embarrasses me

Me pone triste / nervioso
It makes me sad / nervous.

Me pone de buen humor / de mal humor
It makes me happy / mad

Me encanta
I love

Me fastidia / molesta
I hate / It bothers me

Me preocupa
It worries me

} que muchas especies **estén** desapareciendo.
that many species ***are*** *disappearing.*

que Ecuador **cuide** del medio ambiente.
that Ecuador ***cares*** *for the environment.*

¡ATENCIÓN!

Remember that we use the infinitive construction only when the person who expresses the feeling or emotion and the person who does the action are one and the same:

INFINITIVE **Same person:**	**SUBJUNCTIVE** **Different person or entity:**
Me encanta cuidar del medio ambiente. *I love* ***caring*** *for the environment.*	**Me encanta** que Ecuador **cuide** del medio ambiente. *I love* ***that*** *Ecuador* ***cares*** *for the environment.*
(a mí) = (yo)	(a mí) (Ecuador)

- We can use the verbs *parecer* or *ser* followed by an adjective that expresses our feelings:

Me parece (*I think it is*)	excelente / terrible / fantástico / normal / extraño / ridículo / bien / mal / absurdo	que	... mucha gente no **tenga** acceso al agua. ... *many people don't* ***have*** *access to water.* ... el agua **sea** una prioridad mundial. ... *water* ***is*** *a priority for the world.*
Es (*It is*)	excelente / terrible / fantástico / normal / extraño / ridículo / bueno / malo / absurdo	que	... mucha gente no **tenga** acceso al agua. ... *that many people don't* ***have*** *access to water.* ... el agua **sea** una prioridad mundial. ... *water* ***is*** *a priority for the world*

¡ATENCIÓN!

Notice the difference between using ***bien / bueno*** and ***mal / malo*** with ***parecer*** and with ***ser:***

Me parece **bien** / **mal** que...
Es **bueno** / **malo** que...

¡ATENCIÓN!

Remember that we use **infinitive** in order to generalize:

INFINITIVE To generalize:	SUBJUNCTIVE To emphasize the subject:
Es muy malo **arrojar** basura a los océanos. ***Throwing*** *garbage into the ocean is very bad.*	Es muy malo que la gente **arroje** basura a los océanos. *It is very bad that people* ***throw*** *garbage into the ocean.*

2 Use of Subjunctive: Expressing Recommendations / Advice

As we studied in Chapter 15, the subjunctive mode is used in clauses when we give **recommendations**, as they are only virtual ideas that may or may not happen:

MAIN CLAUSE		DEPENDENT CLAUSE
Aconsejo / recomiendo	que	los gobiernos **tomen** medidas contra el cambio climático.
I advise / recommend	*that*	*governments* ***take*** *measures against climate change.*
Propongo	que	los países industrializados **reduzcan** el uso de combustibles fósiles.
I propose	*that*	*industrialized countries* ***reduce*** *the use of fossil fuels.*
Hace falta	que	se **reduzca** la emisión de gases nocivos.
It is necessary	*that*	*toxic gas emissions* ***be reduced.***
Me parece / Es	importante / necesario / fundamental / aconsejable / imprescindible	que los objetivos de desarrollo **sean** una prioridad. *that development goals* ***be*** *a priority.*

¡ATENCIÓN!

Remember that we use the **infinitive** in order to generalize:

INFINITIVE **To generalize:**	**SUBJUNCTIVE** **To emphasize the subject:**
Es importante **reducir** los gases de efecto invernadero. *It is important **to reduce** greenhouse gases.*	Es importante que todos **reduzcan** los gases de efecto invernadero. *It is important that everyone **reduce** greenhouse gases.*

3 Characteristics: *Ser* vs *Estar*

- The verb ***ser*** is used with adjectives in order to express emotions, feelings, and recommendations, as seen earlier:

importante	excelente	terrible
necesario	fantástico	absurdo
fundamental	increíble	ridículo
aconsejable	genial	extraño
imprescindible	normal	raro

- ***Ser*** is also used with adjectives that express characteristics that define the nature of the subject:

  El pingüino enano **es endémico** de las Islas Galápagos, por eso está en peligro de extinción.

  *Dwarf penguins **are endemic** of the Galapagos Islands, that is why they are endangered.*

- ***Estar*** is used with adjectives that refer to the *condition* or *state* of a subject, especially one susceptible to change. These adjectives do not denote an inherent or defining characteristic of the subject. Many of these are verbs in the past participle that work as adjectives, and indicate that an action has been finished (i. e., the state or end result):

preocupado/a	amenazado/a	contaminado/a
interesado/a	listo/a	solucionado/a
inundado/a	resuelto/a	destruido/a
estancado/a	retrasado/a	protegido/a
preparado/a	habitado/a	abandonado/a

- ¿**Estás interesada** en el medio ambiente? —***Are you interested*** *in the environment?*
- Claro. **Estoy preocupada** por la situación actual. —*Yes.* ***I'm worried*** *about the situation.*

Varios de los ríos de la zona **están contaminados.**
Many rivers in the area ***are polluted.***

Muchos países no **están preparados** para enfrentar el cambio climático.
Many countries ***are not prepared*** *to face climate change.*

Varios problemas ya **están resueltos**, pero no todos.
Many problems ***are*** *already* ***solved****, but not all of them.*

¡ATENCIÓN!

Remember that we use ***estar*** to talk about:

1. **the location of people and things:**
   El Parque Nacional Pululahua **está cerca de** Quito.
   National Park Pululahua ***is close to*** *Quito.*
2. **actions in progress:**
   La temperatura de los océanos **está subiendo** a un ritmo mayor del esperado.
   Ocean temperatures ***are increasing*** *faster than expected.*

   Los turistas **están tirando** mucha basura en las islas.
   Tourists ***are disposing of*** *a lot of waste in the islands.*

Verb Charts

Regular Verbs: Simple Tenses

Infinitive Present Participle Past Participle	Indicative					Subjunctive	Imperative
	Present	**Imperfect**	**Preterit**	**Future**	**Conditional**	**Present**	**Commands**
hablar hablando hablado	hablo hablas habla hablamos habláis hablan	hablaba hablabas hablaba hablábamos hablabais hablaban	hablé hablaste habló hablamos hablasteis hablaron	hablaré hablarás hablará hablaremos hablaréis hablarán	hablaría hablarías hablaría hablaríamos hablaríais hablarían	hable hables hable hablemos habléis hablen	habla (tú), no hables hable (usted), no hable hablemos (nosotros), no hablemos hablad (vosotros), no habléis hablen (Uds.), no hablen
comer comiendo comido	como comes come comemos coméis comen	comía comías comía comíamos comíais comían	comí comiste comió comimos comisteis comieron	comeré comerás comerá comeremos comeréis comerán	comería comerías comería comeríamos comeríais comerían	coma comas coma comamos comáis coman	come (tú), no comas coma (usted), no coma comamos (nosotros), no comamos comed (vosotros), no comáis coman (Uds.), no coman
vivir viviendo vivido	vivo vives vive vivimos vivís viven	vivía vivías vivía vivíamos vivíais vivían	viví viviste vivió vivimos vivisteis vivieron	viviré vivirás vivirá viviremos viviréis vivirán	viviría vivirías viviría viviríamos viviríais vivirían	viva vivas viva vivamos viváis vivan	vive (tú), no vivas viva (usted), no viva vivamos (nosotros), no vivamos vivid (vosotros), no viváis vivan (Uds.), no vivan

Regular Verbs: Perfect Tenses

Indicative			
Present Perfect		**Past Perfect**	
he has ha hemos habéis han	hablado comido vivido	había habías había habíamos habíais habían	hablado comido vivido

Irregular Verbs

Infinitive Present Participle Past Participle	Indicative					Subjunctive	Imperative
	Present	**Imperfect**	**Preterit**	**Future**	**Conditional**	**Present**	**Commands**
andar andando andado	ando andas anda andamos andáis andan	andaba andabas andaba andábamos andabais andaban	anduve anduviste anduvo anduvimos anduvisteis anduvieron	andaré andarás andará andaremos andaréis andarán	andaría andarías andaría andaríamos andaríais andarían	ande andes ande andemos andéis anden	anda (tú), no andes ande (usted). no ande andemos (nosotros). no andemos andad (vosotros), no andéis anden (Uds.). no anden
caer cayendo caído	caigo caes cae caemos caéis caen	caía caías caía caíamos caíais caían	caí caíste cayó caímos caísteis cayeron	caeré caerás caerá caeremos caeréis caerán	caería caerías caería caeríamos caeríais caerían	caiga caigas caiga caigamos caigáis caigan	cae (tú), no caigas caiga (usted). no caiga caigamos (nosotros). no caigamos caed (vosotros), no caigáis caigan (Uds.). no caigan

Irregular Verbs *(Continued)*

Infinitive Present Participle Past Participle	Indicative					Subjunctive	Imperative
	Present	Imperfect	Preterit	Future	Conditional	Present	Commands
dar dando dado	doy das da damos dais dan	daba dabas daba dábamos dabais daban	di diste dio dimos disteis dieron	daré darás dará daremos daréis darán	daría darías daría daríamos daríais darían	dé des dé demos deis den	da (tú), no des dé (usted), no dé demos (nosotros), no demos dad (vosotros), no deis den (Uds.), no den
decir diciendo dicho	digo dices dice decimos decís dicen	decía decías decía decíamos decíais decían	dije dijiste dijo dijimos dijisteis dijeron	diré dirás dirá diremos diréis dirán	diría dirías diría diríamos diríais dirían	diga digas diga digamos digáis digan	di (tú), no digas diga (usted), no diga digamos (nosotros), no digamos decid (vosotros), no digáis digan (Uds.), no digan
estar estando estado	estoy estás está estamos estáis están	estaba estabas estaba estábamos estabais estaban	estuve estuviste estuvo estuvimos estuvisteis estuvieron	estaré estarás estará estaremos estaréis estarán	estaría estarías estaría estaríamos estaríais estarían	esté estés esté estemos estéis estén	está (tú), no estés esté (usted), no esté estemos (nosotros), no estemos estad (vosotros), no estéis estén (Uds.), no estén
haber habiendo habido	he has ha hemos habéis han	había habías había habíamos habíais habían	hube hubiste hubo hubimos hubisteis hubieron	habré habrás habrá habremos habréis habrán	habría habrías habría habríamos habríais habrían	haya hayas haya hayamos hayáis hayan	
hacer haciendo hecho	hago haces hace hacemos hacéis hacen	hacía hacías hacía hacíamos hacíais hacían	hice hiciste hizo hicimos hicisteis hicieron	haré harás hará haremos haréis harán	haría harías haría haríamos haríais harían	haga hagas haga hagamos hagáis hagan	haz (tú), no hagas haga (usted), no haga hagamos (nosotros), no hagamos haced (vosotros), no hagáis hagan (Uds.), no hagan
ir yendo ido	voy vas va vamos vais van	iba ibas iba íbamos ibais iban	fui fuiste fue fuimos fuisteis fueron	iré irás irá iremos iréis irán	iría irías iría iríamos iríais irían	vaya vayas vaya vayamos vayáis vayan	ve (tú), no vayas vaya (usted), no vaya vamos (nosotros), no vayamos id (vosotros), no vayáis vayan (Uds.), no vayan
oír oyendo oído	oigo oyes oye oímos oís oyen	oía oías oía oíamos oíais oían	oí oíste oyó oímos oísteis oyeron	oiré oirás oirá oiremos oiréis oirán	oiría oirías oiría oiríamos oiríais oirían	oiga oigas oiga oigamos oigáis oigan	oye (tú), no oigas oiga (usted), no oiga oigamos (nosotros), no oigamos oíd (vosotros), no oigáis oigan (Uds.), no oigan
poder pudiendo podido	puedo puedes puede podemos podéis pueden	podía podías podía podíamos podíais podían	pude pudiste pudo pudimos pudisteis pudieron	podré podrás podrá podremos podréis podrán	podría podrías podría podríamos podríais podrían	pueda puedas pueda podamos podáis puedan	
poner poniendo puesto	pongo pones pone ponemos ponéis ponen	ponía ponías ponía poníamos poníais ponían	puse pusiste puso pusimos pusisteis pusieron	pondré pondrás pondrá pondremos pondréis pondrán	pondría pondrías pondría pondríamos pondríais pondrían	ponga pongas ponga pongamos pongáis pongan	pon (tú), no pongas ponga (usted), no ponga pogamos (nosotros), no pongamos poned (vosotros), no pongáis pongan (Uds.), no pongan

Irregular Verbs *(Continued)*

Infinitive Present Participle Past Participle	Indicative					Subjunctive	Imperative
	Present	Imperfect	Preterit	Future	Conditional	Present	Commands
querer queriendo querido	quiero quieres quiere queremos queréis quieren	quería querías quería queríamos queríais querían	quise quisiste quiso quisimos quisisteis quisieron	querré querrás querrá querremos querréis querrán	querría querrías querría querríamos querríais querrían	quiera quieras quiera queramos queráis quieran	quiere (tú), no quieras quiera (usted), no quiera queramos (nosotros), no queramos quered (vosotros), no queráis quieran (Uds.), no quieran
saber sabiendo sabido	sé sabes sabe sabemos sabéis saben	sabía sabías sabía sabíamos sabíais sabían	supe supiste supo supimos supisteis supieron	sabré sabrás sabrá sabremos sabréis sabrán	sabría sabrías sabría sabríamos sabríais sabrían	sepa sepas sepa sepamos sepáis sepan	sabe (tú), no sepas sepa (usted), no sepa sepamos (nosotros), no sepamos sabed (vosotros), no sepáis sepan (Uds.), no sepan
salir saliendo salido	salgo sales sale salimos salís salen	salía salías salía salíamos salíais salían	salí saliste salió salimos salisteis salieron	saldré saldrás saldrá saldremos saldréis saldrán	saldría saldrías saldría saldríamos saldríais saldrían	salga salgas salga salgamos salgáis salgan	sal (tú), no salgas salga (usted), no salga salgamos (nosotros), no salgamos salid (vosotros), no salgáis salgan (Uds.), no salgan
ser siendo sido	soy eres es somos sois son	era eras era éramos erais eran	fui fuiste fue fuimos fuisteis fueron	seré serás será seremos seréis serán	sería serías sería seríamos seríais serían	sea seas sea seamos seáis sean	sé (tú), no seas sea (usted), no sea seamos (nosotros), no seamos sed (vosotros), no seáis sean (Uds.), no sean
tener teniendo tenido	tengo tienes tiene tenemos tenéis tienen	tenía tenías tenía teníamos teníais tenían	tuve tuviste tuvo tuvimos tuvisteis tuvieron	tendré tendrás tendrá tendremos tendréis tendrán	tendría tendrías tendría tendríamos tendríais tendrían	tenga tengas tenga tengamos tengáis tengan	ten (tú), no tengas tenga (usted), no tenga tengamos (nosotros), no tengamos tened (vosotros), no tengáis tengan (Uds.), no tengan
traer trayendo traído	traigo traes trae traemos traéis traen	traía traías traía traíamos traíais traían	traje trajiste trajo trajimos trajisteis trajeron	traeré traerás traerá traeremos traeréis traerán	traería traerías traería traeríamos traeríais traerían	traiga traigas traiga traigamos traigáis traigan	trae (tú), no traigas traiga (usted), no traiga traigamos (nosotros), no traigamos traed (vosotros), no traigáis traigan (Uds.), no traigan
venir viniendo venido	vengo vienes viene venimos venís vienen	venía venías venía veníamos veníais venían	vine viniste vino vinimos vinisteis vinieron	vendré vendrás vendrá vendremos vendréis vendrán	vendría vendrías vendría vendríamos vendríais vendrían	venga vengas venga vengamos vengáis vengan	ven (tú), no vengas venga (usted), no venga vengamos (nosotros), no vengamos venid (vosotros), no vengáis vengan (Uds.), no vengan
ver viendo visto	veo ves ve vemos veis ven	veía veías veía veíamos veíais veían	vi viste vio vimos visteis vieron	veré verás verá veremos veréis verán	vería verías vería veríamos veríais verían	vea veas vea veamos veáis vean	ve (tú), no veas vea (usted), no vea veamos (nosotros), no veamos ved (vosotros), no veáis vean (Uds.), no vean

Stem-Changing and Orthographic-Changing Verbs

Infinitive Present Participle Past Participle	Indicative					Subjunctive	Imperative
	Present	Imperfect	Preterit	Future	Conditional	Present	Commands
almorzar (z,c) almorzando almorzado	almuerzo almuerzas almuerza almorzamos almorzáis almuerzan	almorzaba almorzabas almorzaba almorzábamos almorzabais almorzaban	almorcé almorzaste almorzó almorzamos almorzasteis almorzaron	almorzaré almorzarás almorzará almorzaremos almorzaréis almorzarán	almorzaría almorzarías almorzaría almorzaríamos almorzaríais almorzarían	almuerce almuerces almuerce almorcemos almorcéis almuercen	almuerza (tú), no almuerces almuerce (usted), no almuerce almorcemos (nosotros), no almorcemos almorzad (vosotros), no almorcéis almuercen (Uds.), no almuercen
buscar (c, qu) buscando buscado	busco buscas busca buscamos buscáis buscan	buscaba buscabas buscaba buscábamos buscabais buscaban	busqué buscaste buscó buscamos buscasteis buscaron	buscaré buscarás buscará buscaremos buscaréis buscarán	buscaría buscarías buscaría buscaríamos buscaríais buscarían	busque busques busque busquemos busquéis busquen	busca (tú), no busques busque (usted), no busque busquemos (nosotros), no busquemos buscad (vosotros), no busquéis busquen (Uds.), no busquen
corregir (g, j) corrigiendo corregido	corrijo corriges corrige corregimos corregís corrigen	corregía corregías corregía corregíamos corregíais corregían	corregí corregiste corrigió corregimos corregisteis corrigieron	corregiré corregirás corregirá corregiremos corregiréis corregirán	corregiría corregirías corregiría corregiríamos corregiríais corregirían	corrija corrijas corrija corrijamos corrijáis corrijan	corrige (tú), no corrijas corrija (usted), no corrija corrijamos (nosotros), no corrijamos corregid (vosotros), no corrijáis corrijan (Uds.), no corrijan
dormir (ue, u) durmiendo dormido	duermo duermes duerme dormimos dormís duermen	dormía dormías dormía dormíamos dormíais dormían	dormí dormiste durmió dormimos dormisteis durmieron	dormiré dormirás dormirá dormiremos dormiréis dormirán	dormiría dormirías dormiría dormiríamos dormiríais dormirían	duerma duermas duerma durmamos durmáis duerman	duerme (tú), no duermas duerma (usted), no duerma durmamos (nosotros), no durmamos dormid (vosotros), no durmáis duerman (Uds.), no duerman
incluir(y) incluyendo incluido	incluyo incluyes incluye incluimos incluís incluyen	incluía incluías incluía incluíamos incluíais incluían	incluí incluiste incluyó incluimos incluisteis incluyeron	incluiré incluirás incluirá incluiremos incluiréis incluirán	incluiría incluirías incluiría incluiríamos incluiríais incluirían	incluya incluyas incluya incluyamos incluyáis incluyan	incluye (tú), no incluyas incluya (usted), no incluya incluyamos (nosotros), no incluyamos incluid (vosotros), no incluyáis incluyan (Uds.), no incluyan
llegar (g, gu) llegando llegado	llego llegas llega llegamos llegáis llegan	llegaba llegabas llegaba llegábamos llegabais llegaban	llegué llegaste llegó llegamos llegasteis llegaron	llegaré llegarás llegará llegaremos llegaréis llegarán	llegaría llegarías llegaría llegaríamos llegaríais llegarían	llegue llegues llegue lleguemos lleguéis lleguen	llega (tú), no llegues llegue (usted), no llegue lleguemos (nosotros), no lleguemos llegad (vosotros), no lleguéis lleguen (Uds.), no lleguen
pedir (i, i) pidiendo pedido	pido pides pide pedimos pedís piden	pedía pedías pedía pedíamos pedíais pedían	pedí pediste pidió pedimos pedisteis pidieron	pediré pedirás pedirá pediremos pediréis pedirán	pediría pedirías pediría pediríamos pediríais pedirían	pida pidas pida pidamos pidáis pidan	pide (tú), no pidas pida (usted), no pida pidamos (nosotros), no pidamos pedid (vosotros), no pidáis pidan (Uds.), no pidan
pensar (ie) pensando pensado	pienso piensas piensa pensamos pensáis piensan	pensaba pensabas pensaba pensábamos pensabais pensaban	pensé pensaste pensó pensamos pensasteis pensaron	pensaré pensarás pensará pensaremos pensaréis pensarán	pensaría pensarías pensaría pensaríamos pensaríais pensarían	piense pienses piense pensemos penséis piensen	piensa (tú), no pienses piense (usted), no piense pensemos (nosotros), no pensemos pensad (vosotros), no penséis piensen (Uds.), no piensen
producir (zc) produciendo producido	produzco produces produce producimos producís producen	producía producías producía producíamos producíais producían	produje produjiste produjo produjimos produjisteis produjeron	produciré producirás producirá produciremos produciréis producirán	produciría producirías produciría produciríamos produciríais producirían	produzca produzcas produzca produzcamos produzcáis produzcan	produce (tú), no produzcas produzca (usted), no produzca produzcamos (nosotros), no produzcamos producid (vosotros), no produzcáis produzcan (Uds.), no produzcan

Stem-Changing and Orthographic-Changing Verbs *(Continued)*

Infinitive Present Participle Past Participle	Indicative					Subjunctive	Imperative
	Present	Imperfect	Preterit	Future	Conditional	Present	Commands
reír (i, i) riendo reído	río ríes ríe reímos reís ríen	reía reías reía reíamos reíais reían	reí reíste rio reímos reísteis rieron	reiré reirás reirá reiremos reiréis reirán	reiría reirías reiría reiríamos reiríais reirían	ría rías ría riamos riáis rían	ríe (tú), no rías ría (usted), no ría riamos (nosotros), no riamos reíd (vosotros), no riáis rían (Uds.), no rían
seguir (i, i) (ga) siguiendo seguido	sigo sigues sigue seguimos seguís siguen	seguía seguías seguía seguíamos seguíais seguían	seguí seguiste siguió seguimos seguisteis siguieron	seguiré seguirás seguirá seguiremos seguiréis seguirán	seguiría seguirías seguiría seguiríamos seguiríais seguirían	siga sigas siga sigamos sigáis sigan	sigue (tú), no sigas siga (usted), no siga sigamos (nosotros), no sigamos seguid (vosotros), no sigáis sigan (Uds.), no sigan
sentir (ie, i) sintiendo sentido	siento sientes siente sentimos sentís sienten	sentía sentías sentía sentíamos sentíais sentían	sentí sentiste sintió sentimos sentisteis sintieron	sentiré sentirás sentirá sentiremos sentiréis sentirán	sentiría sentirías sentiría sentiríamos sentiríais sentirían	sienta sientas sienta sintamos sintáis sientan	siente (tú), no sientas sienta (usted), no sienta sintamos (nosotros), no sintamos sentid (vosotros), no sintáis sientan (Uds.), no sientan
volver (ue) volviendo vuelto	vuelvo vuelves vuelve volvemos volvéis vuelven	volvía volvías volvía volvíamos volvíais volvían	volví volviste volvió volvimos volvisteis volvieron	volveré volverás volverá volveremos volveréis volverán	volvería volverías volvería volveríamos volveríais volverían	vuelva vuelvas vuelva volvamos volváis vuelvan	vuelve (tú), no vuelvas vuelva (usted), no vuelva volvamos (nosotros), no volvamos volved (vosotros), no volváis vuelvan (Uds.), no vuelvan

Spanish to English Vocabulary

A

abogado/a *lawyer* (2) (6)
abrigo *coat* (4)
abril *April* (3)
abuelo/a *grandfather/grandmother* (2)
abuelos *grandparents* (2)
aburrido/a *boring* (1) (7)
aburrirse *to get bored* (9)
acampar *to go camping* (7)
accidente *accident* (12)
aceite *oil* (8)
acera *sidewalk* (9)
acogedor/a *welcoming; friendly; warm* (9)
acontecimiento *event* (10)
acordarse (ue) de *to remember* (13)
acostarse (ue) *to go to sleep* (5)
actividad *activity* (12)
actor *actor* (2)
actriz *actress* (2)
acuerdo *agreement* (10)
adaptar *to adapt* (16)
adelgazar *to lose weight* (12)
adjetivo *adjective* (1)
administración de empresas *business administration* (5)
adquirir (ie) *to acquire* (13)
aduana *customs* (7)
aeropuerto *airport* (3)
agosto *August* (3)
agotarse *to run out; to be used up* (20)
agradable *agreeable* (5); *pleasant; nice* (2)
agravar *to make worse; to aggravate* (19)
agricultura *agriculture* (18)
agua *water* (8)
aguacate *avocado* (8)
agua dulce *fresh water* (20)
ahorrar *to save (money)* (4) (19)
aire puro *clean air* (9)
ajo *garlic* (8)
alcalde/sa *mayor* (9)
alcanzar *to be enough; reach* (17) (19)
alegrarse *to be happy; to be glad* (15)
alegre *happy* (2)
alegría *happiness* (14)
alemán *German* (13)
alergia *allergy* (12)
alérgico/a *allergic* (12)
alfabetización; el alfabetismo *literacy* (19)
alimentación *food* (18); *nutrition* (12)
alimentar *to feed* (19) (20)
alimento *food* (8)
aliviar *to relieve* (19)
almorzar *to have lunch* (8)
alojamiento *lodging* (3)
alojarse (en) *to lodge* (3)
alquilar *to rent* (5)
alrededores *outskirts; surroundings* (9)
alterar *to alter; to change* (20)
alta definición *HD* (16)
amable; *kind* (2)
amargo/a *sour* (8)
amarillo/a *yellow* (4)
ambicioso/a *ambitious* (11)
ambiental *environmental* (9) (20)
ambiente *atmosphere* (15)
ámbito *field; sphere* (19)
amenaza *threat* (11) (17)
amenazado/a *threatened* (20)
amigo/a *friend* (2)
amistad *friendship* (10)
amistoso/a *friendly* (14)
amor *love* (10)
amueblado/a *furnished* (5)
analfabetismo *illiteracy* (19)
anaranjado/a *orange* (4)
animado/a *lively* (15)
animar *to encourage* (13)
antiguo/a *old* (3)
antipático/a *unpleasant; unfriendly* (2)
antropología *anthropology* (5)
añadir *to add* (8)
apagar *to turn off* (16)
aparcamiento *parking lot* (9)
apartamento *apartment* (3)
apellido *last name* (1)
aperitivo *appetizer* (8)
apoyar *to support* (6) (17)
apreciación *appreciation* (13)
aprender *to learn* (1)
aprendiz/a *learner* (13)
aprendizaje *learning* (13)
aprobar *to pass (a class)* (5)
apropiado/a *adequate* (13)
aprovecharse de *to take advantage of* (13)
apurarse *to hurry* (15)
árabe *arabic* (13)
árbol *tree* (9)
archivador *folder* (16)
archivo *file* (16)
aretes *earrings* (4)
argentino/a *Argentinian* (2)
argumento *plot* (15)
armario *closet* (5)
arreglar *to repair; to fix* (16)
arrestar *to arrest* (11)
arresto *arrest* (11)
arroz *rice* (8)
arte *art* (2)
artista *artist* (2)
asado *roasted* (8)
asar *to roast* (8)
asesinar *to assassinate* (10); *to kill; murder* (11)
asesino *killer* (11)
asesinato *assassination; killing; murder* (10) (11)
asistencia *assistance; aid* (19)
asistente *assistant* (6)
asistente social *social worker* (6)
asistir *to attend; to be present at* (15)
asociación *association; group* (17)
asociar *to associate* (17)
atentamente *attentively* (13)
aterrizar *to land* (7)
a tiempo completo *full-time* (6)
a tiempo parcial *part-time* (6)
atletismo *track and field* (12)
atmósfera *atmosphere* (20)
aula virtual *virtual classroom* (16)
aumentar *to increase* (10)
aumento *increase* (18) *growth* (19)
auto *car* (3)
autóctono/a *indigenous; native* (13)
autoevaluación *self-assessment* (13)
autónomo/a *self-sufficient; independent* (6)
autoritario/a *authoritarian* (14)
avance *advance* (14); *progress* (19)
avaricia *greed* (14)
aventurero/a *adventurous* (10)

averiarse *to break down* (16)
averiguar *to find out* (16)
avión *plane* (3)
avisar *to warn; to inform* (16)
ayudar *to help* (6) (19)
azúcar *sugar* (8)
azul *blue* (4)

B

bailar *to dance* (2)
baile *dance* (1) (15)
bajada *drop; decrease* (20)
bajar *to download* (16); *to go down; get out* (13)
baloncesto *basketball* (12)
balonmano *handball* (12)
banca *banking* (18)
banco *bank* (3) (6) (18)
barato/a *cheap* (4)
barco *boat* (3)
barrio *neighborhood* (9)
basura *garbage* (9); *junk food* (5)
batería *battery* (16)
batir *to beat* (8)
bebida *drink* (8)
béisbol *baseball* (12)
beneficiar *to benefit* (17)
biblioteca *library* (5)
bicicleta *bicycle* (3)
bienes de consumo *consumer goods* (19)
bienestar *well-being* (17) (19)
bien/mal situado/a *well/badly located* (9)
bilingüe *bilingual* (6) (13)
biodiversidad *biodiversity* (20)
biología *biology* (5)
blanco/a *white* (4)
blando/a *soft* (8)
blusa *blouse* (4)
boca *mouth* (12)
bolera *bowling alley* (15)
boleto *ticket* (3)
boleto de ida *one-way ticket* (7)
boleto de ida y vuelta *round-trip ticket* (7)
bolsa bag (8); *stock market* (20)
bolso *purse* (4)
bombero/a *fireman/woman* (6)
bondad *goodness* (14)
bonito/a *beautiful; pretty* (1)
bosque *forest* (3) (20)
bota *boot* (4)
botella *bottle* (8)
brazo *arm* (12)
brecha *gap* (19)
brecha digital *digital gap* (16)
brillante *brilliant* (10)
bueno/a *good* (2); *tasty* (5)

C

cabeza *head* (12)
cadera *hip* (12)
caer bien/mal *to like/dislike* (14)
caer(se) *to fall down* (12)
café *coffee* (8)
cafetería *coffee shop* (9)
caja *box* (8)
cajero/a *bank clerk; cashier* (4)
calabaza *pumpkin* (8)
calentamiento global *global warming* (20)
calentar (ie) *to heat* (8)
calidad *quality* (9)
caliente *warm; hot* (8)
calle *street* (3)
calor *heat* (7)
caluroso/a *hot (weather)* (7)
cama *bed* (5)
cambiar *to change* (6)
caminar *to walk* (3) (9)
camisa *shirt* (4)
camiseta *t-shirt* (4)
campamento *camp; campsite* (3)
campesino *farmer; peasant* (17)
campo *countryside* (3); *field* (7)
campus *campus* (5)
cancelación *cancellation* (7)
cancelar una reservación *to cancel* (7)
cancha de tenis *tennis court* (3)
candidato/a *candidate* (6)
cansado/a *tired* (5)
cansarse *to get tired* (12)
cantante *singer* (2)
cantidad *quantity* (8)
caos *chaos* (9)
capacidad *ability* (6)
capa de hielo *ice layer* (20)
capa de ozono *ozone layer* (20)
cara *face* (12)
característica *characteristic* (5)
carbón *coal* (20)
carne *meat* (8)
caro/a *expensive* (4)
carrera *college career, major* (5); *career* (10)
carretera *road; highway* (3)
carro *car* (4)
cartón *cardboard* (16)
casado/a *married* (2)
casarse *to get married* (10)
casco antiguo *historic district* (9)
castellano *Spanish* (13)
catorce *fourteen* (1)
caza *hunting* (20)
cazuela *casserole; pot* (8)
cebolla *onion* (8)
celebrar *to celebrate* (9)
celebrarse *to take place; occur* (15)
cenar *to dine, have dinner* (2); *to have dinner* (8)
centro *city center; downtown* (3)
centro comercial *shopping mall* (4)
cerdo *pork* (8)
cerebro *brain* (12)
cerrado/a *closed* (7); *narrow-minded* (20)
cerveza *beer* (8)
chaleco *vest* (4)
chaqueta *jacket* (4)
charla *talk; presentation* (15)
chino/a *Chinese* (13)
ciclismo *cycling* (12)
cien *one hundred* (2)
ciencias políticas *political science* (5)
científico/a *scientist* (2) (16)
cigarrillo *cigarette* (12)
cinco *five* (1)
cincuenta *fifty* (2)
cine *cinema; movies* (15); *movie theater* (1)
cintura *waist* (12)
cinturón *belt* (4)
cita *appointment; date* (15)
ciudad *city* (1)
ciudad universitaria *college campus* (5)
clase social *social class* (19)
clásico/a *classic* (4)
clave *key* (13)
clima *climate;* (20)
clínica *clinic* (6)
coartada *alibi* (11)
coche *car* (3)
cocido *stew* (8)
cocina *cooking* (8); *kitchen* (5)
cocinero/a *chef; cook* (8)
colaborar *to collaborate* (17)
coleccionar *to collect* (2)
collar *necklace* (4)
colombiano/a *Colombian* (2)

colorido/a *colorful* (9)
columna *spine* (12)
combustibles fósiles *fossil fuels* (20)
comedor *dining room* (5)
comenzar (ie) *to begin; start* (10)
comer *to eat* (2)
comercial *business-related* (18)
comerciar *to trade; to do business* (18)
comercio *commerce; trade* (18)
comercio justo *fair trade* (19)
cometer errores *to make mistakes* (13)
comida *food* (1)
comisaría *police station* (11)
compañero/a de clase *classmate* (1)
compañía *company; firm* (6) (18)
compartido/a *shared* (5)
complejo/a *complex* (13)
complicado/a *complicated* (16)
composición *composition* (13)
comprar *to buy* (4)
comprar los boletos/billetes *to buy the tickets* (7)
compromiso *commitment* (6)
computador/a *computer* (16)
computadora portátil *laptop* (16)
comunidad *community* (9)
concentrarse *to focus* (13)
concierto *concert* (15)
concurso *contest* (15)
confirmar *to confirm* (7)
conmovedor/a *moving* (15)
conocer (zc) *to meet (someone)* (10); *to know; to be familiar with* (1)
conocido/a *known* (10)
conocimiento *knowledge* (6)
conquista *conquest* (10)
conquistar *to conquest* (10)
conseguir (i) *to achieve* (10); *to obtain* (5)
consejo *advice* (12)
conservación *preservation* (20)
construir (irreg.) *to build* (6)
consulta *(doctor's) office* (12)
consumidor/a *consumer* (18)
consumir *to consume* (20)
consumo *consumption* (12) (18) (19)
contabilidad *accounting* (5)
contable *accountant* (6)
contaminación *pollution, contamination* (20) (9)
contaminado/a *polluted* (9); *contaminated* (20)
contaminar *to pollute; to contaminate* (9) (20)
contar (ue) *to tell (a story)* (11)
contar (ue) *to count* (17)
contento/a *pleased; happy* (5)
contratar *to hire* (6)
contrato *contract* (6)
contribuir *to contribute* (17)
contribución *contribution* (17)
convencer *to convince* (18)
convertirse en (ie) *to become* (10)
copa *drink* (15); *wine glass* (8)
corazón *heart* (12)
corbata *tie* (4)
coreano *Korean* (13)
corregirse *to correct oneself* (13)
correr *to run* (2)
cortar *to cut* (8)
cortometraje *short film* (15)
cosa *thing* (1)
costar (ue) *to cost* (4); *to find hard to* (13)
crear *to create* (10)
creativo/a *creative* (6)
crecer (zc) *to grow* (9); *to grow up* (10)
crecimiento *growth* (18) (19)
creencia *belief* (11) (17)
crédito *credit* (5)
cristal *glass* (16)
criticar *to criticize; to critique* (9)
crudo/a *raw* (8)
cruz *cross* (11)
cruzar *to cross* (11)
cuadro *painting* (15); *table* (11)
cuarenta *forty* (2)
cuarto *bedroom; room* (5); *fourth* (6); *quarter* (7)
cuarto de baño *bathroom* (5)
cuatro *four* (1)
cubano/a *Cuban* (2)
cuchara *spoon* (8)
cuchillo *knife* (8)
cuello *neck* (12)
cuenta *check; bill* (8)
cuero *leather* (16)
cuidarse *to take care of oneself* (12)
cultivar *to grow (crops)* (20)
cultivo *growing* (5); *crop* (20)
cultura *culture* (1)
currículo *resume; CV* (6)

D

danza *dance (classic or traditional)* (15)
dañino/a *harmful* (20)
dar *to give* (10)
darse cuenta de *to realize* (13)
dar una excusa *to make an excuse* (15)
dar un paseo *to take a walk* (15)
debilitar *to weaken* (17)
década *decade* (10)
dedicarse a *to work as; to concentrate on* (18)
defecto *fault; defect* (14)
defender *to defend* (19)
defensor/a *defender; advocate* (10)
deforestación *deforestation* (20)
dejar de *to stop doing something* (12)
dejar la habitación *to check out* (7)
delgado/a *thin* (5)
delincuencia *crime* (9)
demanda *demand* (18)
democracia *democracy* (10)
denunciar *to denounce; to report* (10) (17)
deporte *sport* (1)
deportista *athlete* (2)
deportivo/a *sporty; casual* (4)
deprimido/a *depressed* (5)
derecho *law* (5); *right* (17)
derechos civiles *civil rights* (10)
derramar *to spill* (20)
derrame *leak* (20)
derretimiento *melting* (20)
derretirse *to melt* (20)
desafortunado/a *unfortunate; less fortunate* (9) (19)
desanimarse *to get discouraged* (13)
desaparecer *to disappear* (11)
desaparición *disappearance* (11); *extinction* (20)
desarrollado/a *developed* (19)
desarrollar *to develop* (6) (18)
desarrollo *development* (6) (18)
desayunar *to have breakfast* (8)
descansar *to rest* (3) (12)
desconocido/a *stranger* (13); *unknown* (10)
descubrimiento *discovery* (16)
descubrir *to discover; find out* (10) (16)
descuento *discount* (18)
desechable *disposable* (20)
desecho *waste* (20)
desenchufar *to unplug* (16)
deshacer la(s) maleta(s) *to unpack* (7)
desigual *unequal* (17)
desigualdad *inequality* (17) (19)
desordenado/a *disorderly; untidy* (14)

despedir (i) *to fire* (6)
despedirse (i) de *to say goodbye to* (7)
despegar *to take off* (7)
despertarse (ie) *to wake up* (5)
despistado/a *absent-minded* (14)
destinar *to assign* (9)
destino *destination* (7); *destiny* (10)
destruido/a *destroyed* (20)
destruir *to destroy* (20)
detestar *to hate* (14)
deuda *debt* (19)
devolver (ue) *to return* (6)
diagnóstico *diagnosis* (12)
diciembre *December* (3)
dictador *dictator* (11)
dictadura *dictatorship* (11) (17)
diecinueve *nineteen* (1)
dieciocho *eighteen* (1)
dieciséis *sixteen* (1)
diecisiete *seventeen* (1)
diez *ten* (1)
digitalizado/a *digitalized* (16)
digitalizar *to digitalize* (16)
dinámico/a *dynamic* (6)
dinero *money* (3)
dióxido de carbono *carbon dioxide* (20)
dirección *address* (7)
director/a *director* (2)
discriminado/a *discriminated* (17)
discriminación *discrimination* (17)
discriminar *to discriminate* (17)
discurso *speech* (10)
diseño *design* (5) (18)
disfrutar *to enjoy* (15)
disminución fall (19); *reduction* (10)
disminuir *to reduce; to decrease* (19)
disponible *available* (5)
diurno/a *daily* (15)
diversión *fun; entertainment* (15)
divertido/a *fun* (1); *funny* (14)
divertirse (ie) *to have fun* (5)
divorciado/a *divorced* (2)
doce *twelve* (1)
docena *dozen* (8)
documental *documentary* (15)
doler (ue) *to hurt* (12)
dolor *pain* (12)
domingo *Sunday* (5)
dominio *mastery* (6)
dormir (ue) *to sleep* (2)
dormirse (ue) *to fall asleep* (12)
dormitorio *bedroom* (5)
dos *two* (1)
dulce *sweet* (8); *candy* (5)
dulzura *sweetness* (14)
duro/a *hard; tough* (6) (8)

E

ecología *ecology* (20)
económico/a *inexpensive* (16)
ecosistema *ecosystem* (20)
edificio *building* (3)
educación física *physical education* (5)
educado/a *well-mannered; well-educated* (14)
educativo/a *educational* (16)
efectivamente *really; exactly* (13)
efectivo/a *effective* (12)
efecto invernadero *greenhouse effect* (20)
egoísmo *egoism* (14)
egoísta *selfish* (2) (14)
ejército *military* (10)
elecciones *elections* (10)
electricidad *electricity* (16)
eléctrico electrónico/a *electronic* (16)/a *electric* (16)
elegante *elegant* (4)
elegir (i) *to choose* (3); *to elect* (10)
embotellamiento *traffic jam* (9)
emergente *emerging* (18)
emigrante *emigrant* (7) (17)
emisión *emission* (20)
emocionante *exciting; thrilling* (15)
emocionar *to excite; to touch* (14)
empezar (ie) *to begin; to start* (7) (10)
empleado/a *employee* (6)
empleo *job; employment* (6)
emprendedor/a *entrepeneurial* (18)
emprender to launch; *to undertake* (18)
emprendimiento *entrepreneurship* (18)
empresa *business; company* (6) (18)
empresarial *business-related* (18)
enamorarse de *to fall in love with* (10)
encantador/a *charming* (15)
encantar *to love* (3); *to please* (13)
encender *to turn on* (16)
enchufar *to plug in* (16)
enchufe *plug* (16)
encontrar (ue) *to find* (3) (9)
encontrarse (ue) *to be located* (9)
encontrarse en *to be in* (11)
en crecimiento *growing* (18)
energía *energy* (16)
energía renovable *renewable energy* (20)
enero *January* (3)
enfermarse *to get sick* (12)
enfermo/a *sick;* (5)
engordar *to gain weight* (12)
enlace *link* (16)
enojar *to anger* (14)
enojarse *to get angry* (15)
ensalada *salad* (8)
ensayo *essay* (5)
enseñanza *teaching* (13)
enterarse de *to find out* (11)
entrada *entry* (6); *ticket* (15)
entretenido/a *entertaining* (15)
entretenimiento *entertainment* (9) (15)
envase *container* (8)
enviar *to send* (6)
en vías de desarrollo *developing* (19)
envidia *envy* (14)
envidioso/a *envious; jealous* (14)
equidad *fairness* (19)
equilibrio *balance* (12)
equipaje *luggage* (7)
equipo *team* (6)
error *mistake* (13)
erupción *eruption* (20)
esclavitud *slavery* (10)
escolaridad *education; schooling* (19)
escribir *to write* (1)
escrito/a *written* (13)
escritor/a *writer* (2) (13)
escritorio *desk* (5)
escuchar *to listen* (1)
escuchar música *to listen to music* (2)
esencialmente *essentially* (13)
esfuerzo *effort* (13)
espalda *back* (12)
español/a *Spaniard/Spanish* (2)
especialidad *major* (5)
especie *species* (20)
espectáculo *show* (9) (15)
espejo *mirror* (5)
esperanza *hope; expectancy* (12)
esperanza de vida *life expectancy* (19)
esperar *to wait* (7); *to hope* (4)
esposo/a *husband/wife* (2)
esquema *outline* (13); *scheme* (11)
esquí *skiing* (12)
esquiar *to ski* (12)
esquina *corner* (9)
estación *season* (3); *station* (3)
estacionamiento *parking; parking lot* (9)
estadística *statistics* (5)
estadounidense *U.S. citizen/from the U.S.* (2)

estancado/a *stuck* (20)
estante/estantería *shelf* (6)
estar en forma *to be fit; to be in shape* (12)
este *east* (7)
estrategia *strategy* (13)
estrenar *to release* (15)
estreno *release* (15)
estresante *stressful* (6)
estropearse *to get damaged; to break down* (16)
estudiante *student* (2)
estudiar *to study* (1)
estudiar idiomas *to study languages* (2)
estudios en el extranjero *study abroad* (5)
ético/a *ethical* (19)
étnico/a *ethnic* (17)
euskera *Basque* (13)
evitar *to avoid* (12)
evolucionar *to evolve* (16)
examen *exam* (5)
excursión *field trip* (3)
excusarse *to excuse oneself* (15)
exilio *exile* (10)
exótico/a *exotic* (3)
experiencia *experience* (6)
explicación *explanation* (13)
explorador/a *explorer* (10)
exportación *exportation* (18); *exports* (18)
exposición *exhibition* (15); *exposition* (5)
extinción *extinction* (20)
extranjero/a *foreigner* (7)
extraño/a *strange; odd* (10)
extrovertido/a *extrovert* (14); *outgoing* (2)

F

fabuloso/a *fabulous* (3)
facturar la(s) maleta(s) *to check luggage* (7)
facultad *school (college)* (5)
falda *skirt* (4)
famoso/a *famous* (10)
farmacia *pharmacy* (4)
fauna *fauna* (20)
febrero *February* (3)
felicidad *happiness* (14)
feliz *happy* (5)
feria *fair* (15)
fidelidad *fidelity; loyalty* (14)
fiebre *fever* (12)
fiesta *festivity; party* (1)
filosofía *philosophy* (5)
final *ending* (15)
financiación *financing; funding* (18)
financiar *to fund* (18)
financiero/a *financial* (18)
física *physics* (5)
flexible *flexible* (6)
flora flora; *plant life* (20)
formación *training; education* (6)
fotocopiadora *copy machine; photocopier* (16)
fotografía *picture* (1)
fotógrafo/a *photographer* (2)
francés *French* (13)
freír (i) *to fry* (8)
frente *forehead* (12)
fresa *strawberry* (8)
fresco/a *fresh* (8)
frijoles *beans* (8)
frío *cold* (7)
frito/a *fried* (8)
frustrarse *to get frustrated* (13)
fruta *fruit* (8)
fuente *source* (11) (17)
fuerte *strong* (8)
fumar *to smoke* (12)
funcional *functional; practical* (16)
funcionar *to function; to work (for a machine)* (9) (16)
funcionario/a *public servant* (6); *government official* (11)
fundar *to found* (18)

G

galería de arte *art gallery* (6)
galletas *cookies* (8)
ganar *to earn* (6); *to win* (10)
garantía *guarantee; security* (17)
garantizar *to guarantee* (17)
gasolinera *gas station* (9)
gastar *to spend* (4)
género *genre* (15); *gender* (19)
generosidad *generosity* (14)
generoso/a *generous* (14)
genial *extraordinary* (15); *great* (10)
gente *people* (1)
geografía *geography* (5)
gerente *manager* (6)
gesto *gesture* (13)
gimnasia artística *gymnastics* (12)
gimnasio *gym* (3)
glaciar *glacier* (20)
gobierno *government* (17)
gordo/a *fat* (5)
gorra baseball *cap (baseball)*
gorro *hat* (4)
grado *degree* (20)
graduarse *to graduate* (5)
gramo *gram* (8)
grande *big* (1)
grasa *fat* (12)
gratis *free of charge* (7) (15)
gratuito *free* (9) (15)
grave *severe; serious* (9)
griego *Greek* (13)
gripe *flu* (12)
gris *gray* (4)
grupo *group* (1)
guantes *gloves* (4)
guapo/a *good-looking; handsome/ pretty* (2)
guardaespaldas *bodyguard* (11)
guerra *war* (10)
guía *guide* (3)
guion *script* (15)
guiso *stew* (8)

H

habitación *bedroom; room* (5)
habitación doble *double room* (7)
habitación simple *single room* (7)
hablador/a *talkative* (14)
hablante *speaker* (13)
hablar *to speak* (1)
hacer (irreg.) *to make; to do* (2)
hacer cola/fila *to wait in line* (7)
hacer dieta *to diet* (12)
hacer ejercicio *to exercise* (12)
hacer el registro en el *hotel to check in* (7)
hacer esquemas *to prepare outlines* (13)
hacer la(s) maleta(s) *to pack* (7)
hacer la tarea *to do homework* (5)
hacer planes *to make plans* (15)
hacer un *pedido* (18)
hacerse daño *to hurt oneself* (12)
hacerse un lío *to get all mixed up* (13)
hacer una reservación *to make a reservation* (7)
hacer un regalo *to give a gift* (4)
hacer yoga *to do yoga* (12)
hambre *hunger* (19)
harina *flour* (8)
hebreo *Hebrew* (13)
hecho *fact* (11)

heladería *ice cream shop* (4)
helado *ice cream* (4)
hemisferio *hemisphere* (18)
heredero/a *heir/heiress* (8)
herencia *heritage; legacy* (1) (17)
hermano/a *brother/sister* (2)
hervir (ie) *to boil* (8)
hijo/a *son/daughter* (2)
hipocresía *hypocrisy* (14)
hipócrita *hypocritical* (14)
hispano/a *Hispanic* (2)
historia *history* (1)
hogar *home* (9) (17)
holandés/a *Dutch* (13)
hombro *shoulder* (12)
honestidad *honesty* (14)
honesto/a *honest* (14); *decent* (11)
horario *schedule* (5)
hostelería *hotel management; hotel industry* (18)
hotel *hotel* (3)
huelga *strike* (17)
huevo *egg* (8)
humildad *humblessness* (14)
humo *smoke* (9)

I

idealista *idealist* (14)
idioma *language* (1) (13)
iglesia *church* (9)
igualdad *equality* (19); *equal opportunity* (17)
imitar *to imitate* (13)
impaciencia *impatience* (14)
impaciente *impatient* (14)
importación *imports* (18)
importado/a *imported* (16)
impresionante *impressive* (15); *outstanding* (3)
impresora *printer* (16)
impuestos *taxes* (18)
inalámbrico/a *wireless* (16)
inconsciente *unconscious* (12)
increíble *incredible* (3)
incrementar *to grow; to increase* (18) (19)
incremento *increase* (20)
independencia *independence* (10)
independiente *independent* (10)
indígena *indigenous person* (17); *native* (10)
indudablemente *certainly* (13)
industria *industry* (18)
infancia *childhood* (10)
infierno *hell* (11)
informal *casual* (4)
informática *computer science* (5); *computers* (6)
informático/a *computer technician* (6)
iniciar *to start* (19)
injusto *unfair* (17)
inmigrante *immigrant* (9) (17)
inmobiliario/a *real estate-related* (18)
innovador/a *innovative* (10)
inscribirse *to enroll* (5); *to register* (7)
inseguridad *insecurity* (9) (14)
inseguro/a *insecure* (14)
instalarse *to settle down* (9)
instrucción *instruction* (1)
inteligencia *intelligence* (14)
inteligente *intelligent* (2)
intentar *to try;* (17)
interactivo/a *interactive* (16)
interesante *interesting* (1)
introvertido/a *introverted; shy* (14)
inundado/a *flooded* (20)
inundación *flood* (20)
inventor *to invent; to make up* (10) (16) (18)
invento *invention* (10)
inversión *investment* (18)
inversionista *investor* (18)
inversor/a *investor* (18)
invertir (ie) *to invest* (9)
investigación *research; investigation* (11)
investigar *to research; to investigate* (11)
invierno *winter* (3)
involucrar *to involve* (13)
ir (irreg.) *to go* (3, 4)
ir al cine (irreg.) *to go to the movies* (2)
ir de camping *to go camping* (7)
ir de compras *to go shopping* (4)
ir de copas *to go out for a drink* (15)
irse (irreg.) *to leave* (6)
isla *island* (3)
itinerario *itinerary* (7)

J

jamón *ham* (8)
japonés *Japanese* (13)
jarabe *syrup* (12)
jardín *garden* (3)
jardín infantil *nursery* (6)
jardinero/a *gardener* (6)
joyas *jewelry* (4)
joyería *jewelry store* (4)
juego *game* (15)
jueves *Thursday* (5)
jugador/a *player* (2)
jugo *juice* (8)
juicio trial; *judgment* (17)
julio *July* (3)
junio *June* (3)
justicia *justice* (17)
justicia social *social justice* (19)
justo/a *fair; just* (17)
juventud *youth* (10)

K

kilo *kilogram* (8)

L

laboral *labor/work related* (6)
lácteos *dairy* (8)
lago *lake* (3)
lata *can* (8)
latino/a *Latino* (2)
latinoamericano/a *Latin American* (2)
leche *milk* (8)
lechuga *lettuce* (8)
lector/a *reader* (13)
lectura *reading* (13)
leer *to read* (1)
lengua *language* (1)
lengua extranjera *foreign language* (13)
lengua materna *mother tongue* (13)
lento/a *slow* (7)
lesión *injury* (12)
lesionarse *to get hurt; to get injured* (12)
levantarse *to get up* (5) (12)
ley *law; regulation* (17)
leyenda *legend* (11)
liberar *to free* (10)
libertad *freedom* (10) (17)
libertad de expresión *freedom of speech* (17)
libertad de pensamiento *freedom of thought* (17)
libre *free* (15) (18)
librería *bookstore* (4)
licenciatura *bachelor's degree* (5)
líder *leader* (10)
ligero/a *light* (16)
limón *lemon* (8)
limonada *lemonade* (8)
limpio/a *clean* (9)
lindo/a *nice* (15); *pretty* (3)
listo/a *clever; ready; witty* (20)
literatura *literature* (5)

litro *liter* (8)
llamar *to call* (3)
llegada *arrival* (7)
llegar *to arrive* (7) (10)
llegar a tiempo *to arrive on time* (7)
llegar con retraso *to be delayed* (7)
llegar tarde *to arrive late; to be late* (7)
lleno/a full; *booked* (7)
llevar *to carry* (6); *to live (a healthy life)* (12); *to take, to wear* (4)
llevar a cabo *to carry out* (16) (18)
llevarse bien/(mal) con *to (not) get along with* (14)
lluvia *rain* (7)
lluvioso/a *rainy* (7)
lograr *to achieve* (10); *to reach* (19)
luchar *to fight* (10) (19)
lugar *place* (3)
lunes *Monday* (5)

M

madera *wood* (16)
madre *mother* (2)
maestría *master's degree* (5)
maestro/a *teacher* (2)
maíz *corn* (8)
maldad *meanness* (14)
maleducado/a *ill-mannered* (14)
maleta *suitcase* (7)
malo/a *bad* (4)
malograrse *to break down* (16)
manejar *to drive* (9)
manifestación *demonstration* (17)
mano *hand* (12)
mantequilla *butter* (8)
manzana *apple* (8)
máquina *machine* (16)
mar *sea* (3) (20)
maravilloso/a *marvellous* (3)
marea negra *oil spill; large oil slick* (20)
mareado/a *dizzy* (12)
marginación *marginalization* (17)
marginado/a *marginalized* (17)
marginar *to marginalize* (17)
marisco *seafood* (8)
marítimo/a *maritime; sea* (18)
marrón *brown* (4)
martes *Tuesday* (5)
marzo *March* (3)
matar *to kill* (10)
matemáticas *mathematics* (5)
materia *subject, class* (5)
mayo *May* (3)
mayoría *majority* (13)
mayoritario/a *(majority group)* (19)
medias *socks* (4)
medicina *medicine* (5)
médico/a *doctor* (2) (6) (12)
medida *measure* (8)
medioambiental *environmental* (20)
medio ambiente *environment* (9)
medir (i) *to measure* (12)
mejorar *to improve* (13); *to make better* (18)
memoria *memory* (16)
mensaje *message* (13)
mercadeo *marketing* (18)
mercado *market* (4) (18); *grocery store* (7)
mercado de artesanías *craft market* (15)
mercancía *goods; merchandise* (18)
meta *goal* (19)
meteorológico/a *meteorological* (20)
metro *subway* (3)
mexicano/a *Mexican* (2)
mezclar *to mix* (8)
miedoso/a *fearful; scary* (14)
miércoles *Wednesday* (5)
migrante *migrant* (17)
militar *military* (10)
minoría *minority* (13)
minoritario/a *minority group* (19)
mirar *to look* (1)
misterio *mystery* (11)
misterioso/a *mysterious* (11)
mito *myth* (11)
mochila *backpack* (7)
moderno/a *modern* (4)
modesto/a *modest* (14)
molestar *to bother* (13)
molestarse *to get upset* (20)
moneda *currency* (7) (18)
monolingüe *monolingual* (13)
monótono/a *monotonous* (6)
montar bicicleta *to ride a bike* (12)
montaña *mountain* (3)
montarse en el tren, avión, autobús *to get on the train, plane, bus* (7)
morado/a *purple* (4)
morir (ue) *to die* (10)
mortalidad *mortality* (19)
motor *engine* (16)
movimiento *movement* (10) (17) (19)
mudarse *to move; to relocate* (10)
mueble *furniture* (5)
muerte *death* (10)
mujer *woman* (2) (17)
mundo *world* (1)
música en vivo *live music* (15)
músico/a *musician* (2)

N

nacer (zc) *to be born* (10)
nacimiento *birth* (10)
naranja *orange* (4) (8)
nariz *nose* (12)
narrar *to narrate* (11)
natación *swimming* (12)
naturaleza *nature* (1) (9)
navegador *browser* (16)
necesario/a *necessary* (12)
necesitar *to need* (4)
negocio *business* (6) (18)
negro/a *black* (4)
nervioso/a *nervous* (14)
niebla *fog* (7)
nieve *snow* (7)
niñez *childhood* (10)
niño/a *boy/girl* (7)
niños *children* (17)
nivel *level* (13)
nivel del mar *sea level* (20)
nocturno/a *nocturnal* (15)
nombre *first name* (1)
norte *north* (7)
nota *grade* (5)
noticias *news* (1) (15)
noticiero *news program* (15)
noviembre *November* (3)
novio/a *boyfriend/girlfriend* (2)
nublado/a *cloudy* (7); *foggy* (9)
nueve *nine* (1)
nuevo/a *new* (4)

O

obligar *to force* (17)
obligatorio/a *compulsory* (5)
obra de arte *work of art* (15)
obra de teatro *(theater) play* (15)
océano *ocean* (20)
ochenta *eighty* (2)
ocho *eight* (1)
octubre *October* (3)
ocupado/a *busy; taken; occupied* (7)
ocuparse (de) *to take care of* (7)
ocurrir *to happen; take place* (9) (11) (16)
odiar *to hate* (14)
oeste *west* (7)
oferta *offer* (7); *supply* (18)

oficina *office* (6)
oficina de turismo *tourist office* (7)
oficinista *office clerk* (6)
ofrecer (zc) *to offer* (6) (9) (18)
ojo *eye* (12)
olor *smell* (9)
olvidar *to forget* (4) (13)
once *eleven* (1)
opcional *elective* (5)
operación *surgery* (12)
opinar *to express an opinion* (19)
oportunidad *opportunity* (17)
optimista *optimist* (14)
oralmente *orally* (13)
ordenador *computer* (16)
organización no gubernamental (ONG) *nongovernmental organization (NGO)* (19)
organizado/a *organized* (6)
origen *origin* (17)
oro *gold* (16)
otoño *fall* (3)

P

paciencia *patience* (6)
paciente *patient* (6) (14)
pacífico/a *peaceful* (17)
padre *father* (2)
padres *parents* (2)
pagar *to pay* (4)
país *country* (1)
pan *bread* (8)
panadería *bakery, pastry shop* (4)
pantalla *monitor* (16); *screen* (16)
pantalones *pants* (4)
pañuelo *handkerchief* (4)
papa *potato* (8)
paquete *pack; package* (8)
parar *to stop* (10)
pareja *pair* (1)
parque *park* (3)
parque de atracciones/diversiones *amusement park* (15)
párrafo *paragraph* (4)
parrilla *grill* (8)
partido *game; match* (3); *sports game* (15)
pasante *intern* (6)
pasantía *internship* (6)
pasaporte *passport* (7)
pasar *to happen* (19); *to spend* (6)
pasarlo bien *to have a good time* (15)
pasarlo mal *not to have a good time* (15)
pasear *to walk* (3)
pasillo *corridor; hallway* (5)
pastilla *pill* (12)
patata *potato* (8)
patentar *to patent* (16)
patio *yard* (5)
pavo *turkey* (8)
paz *peace* (10) (17)
paz mundial *world peace* (19)
peatón *pedestrian* (9)
pedagógico/a *educational; pedagogical* (16)
pedido *order* (18)
pedir *to order (in a restaurant)* (8)
pelar *to peel* (8)
película *film* (15)
película animada *cartoon* (15)
película de acción *action movie* (15)
película ciencia ficción *science fiction movie* (15)
película policíaca *detective movie* (15)
película de terror *horror movie* (15)
peligroso/a *dangerous* (3) (6) (9)
pelo *hair* (12)
peluquería *hair salon* (3) (6)
peluquero/a *hairdresser* (6)
pensión *lodging house* (7)
pepino *cucumber* (8)
pequeño/a *small* (1)
pera *pear* (8)
perder (ie) *to lose* (6)
perezoso/a *lazy* (2)
perfeccionar *to perfect* (13)
perfumería *perfume store* (4)
periodista *journalist* (2)
permiso de conducir *driver's license* (7)
permitir *to permit* (6); *to allow* (20)
persecución *persecution* (17)
perseguir *to persecute* (17)
personaje *character* (11)
personas sin hogar, sin techo *homeless* (19)
pesado/a *boring; slow; tedious* (15); *heavy* (16)
pesar *to weigh* (12)
pesca *fishing* (20)
pescado *fish* (8)
pesimista *pessimistic* (14)
peso *weight* (8)
petróleo *oil; petroleum* (20)
picadura *sting; bite* (12)
picante *hot; spicy* (8)
pie *foot* (12)
pierna *leg* (12)
pimienta *pepper (spice)* (8)
pimiento *pepper (vegetable)* (8)
pintor/a *painter* (2)
piña *pineapple* (8)
piscina *swimming pool* (3)
pista *clue* (11); *court; rink* (3)
pizzería *pizza shop* (4)
placer *pleasure* (15)
planear *to plan* (15)
planificar *to plan* (15)
plantar *to plant* (20)
plástico *plastic* (16)
plata *silver* (16)
plataforma *platform* (16)
plátano *banana* (8)
playa *beach* (1)
plaza *square* (9)
población *population* (1) (9)
poblado/a *populated* (9)
pobre *poor* (10) (20)
pobreza *poverty* (19)
poder (ue) *to be able to; can* (4)
policía *policeman/woman* (6) *police* (11)
política *politics* (17)
político/a *politician* (2) (17)
pollo *chicken* (8)
polución *pollution* (9)
ponerse *to become* (20); *to get* (15)
ponerse de acuerdo *to agree (on a plan)* (15)
por desgracia *unfortunately* (19)
portugués *Portuguese* (13)
poseer *to possess; to own* (17)
postre *dessert* (8)
practicar *to practice* (2)
práctico/a *convenient; handy* (16)
precio *price* (4)
precioso/a *beautiful* (4); *precious* (8)
predecir *to predict* (20)
preferir *to prefer* (3)
pregunta *question* (1)
prender *to turn on* (16)
preocupado/a *worried* (5) (20)
preocupar *to worry* (14) (20)
preocuparse de *to worry about* (15) (20); *to care* (20)
preparado/a *prepared* (6) (20)
presentar *to introduce* (6)
presidente/a *president* (10)
préstamo *loan* (18)
prestar atención *to pay attention* (13)
prestar un servicio *to provide a service* (18)

primavera *spring* (3)
privado/a *private* (5)
privilegiado/a *privileged* (19)
productivo/a *productive; fruitful* (18)
producto interno bruto (PIB) *gross domestic product* (18)
profesión *profession* (2)
profesor/a *professor* (2)
programación *programming* (15)
programar *to program* (16)
progresista *progressive; liberal* (14)
prohibir *to forbid* (20); *to prohibit* (19) (17)
promover (ue) *to promote* (18) (19)
propiedad *property* (17)
propina *tip* (8)
protagonista *main actor/actress* (15); *main character* (17)
proteger *to protect* (20)
protegido/a *protected* (20)
protesta *protest* (17)
prototipo *prototype* (16)
publicidad *advertising* (18)
pueblo *people; nation* (10); *town* (3)
puerta *door* (5) (17)
puerta de embarque *boarding gate* (7)
puertorriqueño/a *Puerto Rican* (2)
puesto de trabajo *position;* (6)
pulsera *bracelet* (4)
puntual *punctual* (6)

Q

quedarse *to be (located); to be left, to remain* (10); *to stay* (15)
quema de combustibles fósiles *burning of fossil fuels* (20)
quemar *to burn* (20)
querer (ie) *to want* (1)
queso *cheese* (8) (18)
química *chemistry* (5)
quince *fifteen* (1)

R

racismo *racism* (19)
rápido/a *fast* (7)
rascacielos *skyscraper* (9)
ratón *computer mouse* (16)
rebajas *sales* (4)
recaudar *to collect; to raise (money)* (18)
recepción *reception desk* (7)
recepcionista *front-desk attendant* (6); *receptionist* (6)
receta *prescription* (12); *recipe* (8)
recibir *to receive* (9)
reciclar *to recycle* (20)
reclamar *to claim* (18)
reclamar el equipaje *to claim the luggage* (7)
recoger *to pick up* (7)
recomendable *advisable* (12)
reconocer *to acknowledge reconocer* (17)
reconocimiento *recognition* (17)
recursos *resources* (13) (17) (18)
recursos naturales *natural resources* (20)
red *network* (12); *the Web* (16)
reducción *reduction* (19)
reducir *to reduce* (19)
refresco *soft drink; soda pop* (8)
refugiado/a *refugee* (17) (19)
refugiarse *to take refuge* (17)
regla *rule* (13)
regresar *to come back; to return* (7) (11)
regreso *return* (11)
relaciones internacionales *international relations* (5)
relajarse *to relax* (12)
relato *tale* (11)
reloj *watch* (4)
remo *crew* (12)
rentable *profitable* (18)
renta per capita *income per capita* (19)
reparar *to repair; to fix* (16)
reprobar *to fail* (5)
requisito *requirement* (5)
reservar *to reserve* (3)
resfriado *cold* (12)
resfriarse *to get a cold* (12)
residencia estudiantil *dorm* (9)
respeto *respect* (14)
responsable *responsible* (6)
respuesta *answer* (1)
restaurante *restaurant* (3)
retraso *delay* (7)
reunión *meeting; gathering* (17)
reunirse (con) *to meet* (15)
reusable *reusable* (20)
reutilizar *to reuse* (20)
revolucionario/a *revoluctionary* (10)
rico/a *rich; wealthy* (10) (19); *tasty; delicious* (8)
riesgo *risk* (18)
río *river* (3)
riqueza *richness; wealth* (19)
robótica *robotics* (16)
rodear *to surround* (9)
rodilla *knee* (12)
rojo/a *red* (4)
romper *to break* (16)
romperse (algo) *to break (something)* (12)
ropa interior *underwear* (4)
rosa *pink* (4)
roto/a *broken* (16)
ruido *noise* (9)
ruidoso/a *noisy* (3)
ruso/a *Russian* (13)
ruta *route* (11)

S

sábado *Saturday* (5)
saber (irreg.) *to know (a fact)* (1)
sala de cine *movie theater* (15)
salado/a *salty* (8)
salida *departure* (7)
salir *to go out* (2) (15)
salir a cenar *to go out for dinner* (15)
salón/sala *living room* (5)
salud *health* (12)
sandalia *sandal* (4)
sandía *watermelon* (8)
sano/a *healthy* (12)
sartén *frying pan* (8)
satisfecho/a *satisfied* (19)
secuestrar *to kidnap*
seguir (irreg.) *to continue* (6); *to follow* (2)
seguridad *security* (17)
seguro *insurance* (18); *safe* (9); *certain; a sure thing* (5); *confident* (14)
seguro médico *health insurance* (12)
seis *six* (1)
selva *rain forest* (20)
semáforo *traffic light* (9)
semestre *semester* (5)
sencillo/a *simple; plain; modest* (2); *unassuming* (14)
sensible *sensitive* (14)
sentarse (ie) *to sit down* (12)
sentido del humor *sense of humor* (14)
señal de tráfico/tránsito *traffic sign* (9)
septiembre *September* (3)
sequía *drought* (20)
ser aficionado a *to be a regular of; to be a fan of* (15)
serie *TV series* (15)
seriedad *seriousness* (14)
serio/a *reliable; serious* (2) (14)
servicio *service* (18)
servicio a domicilio *home delivery* (18)

servicio de emergencias *emergency room* (12)
servir (i) *to serve* (8)
sesenta *sixty* (2)
setenta *seventy* (2)
siete *seven* (1)
silencioso/a *silent; quiet* (13) (16)
silla *chair* (5)
sillón *armchair* (5)
simpatía *sympathy; warmth; charm* (14)
simpático/a *nice* (2)
sinceridad *sincerity* (14)
sincero/a *sincere; genuine* (14)
sindicato *labor union* (17)
sitio *place, site* (3)
situado/a *located* (9)
sociable *friendly; sociable* (14)
sofá *sofa* (5)
sol *sun* (7)
soleado/a *sunny* (5) (7)
solicitante *applicant* (6)
solicitar *to apply to* (5)
solicitar un servicio *to request a service* (18)
solicitud *application* (6)
solidaridad *solidarity* (14) (17)
solidario/a *solidary; supportive* (14)
solo/a *alone* (3)
soltero/a *single* (2)
solucionado/a *solved* (20)
sopa *soup* (8)
soportar *to stand to bear; to put up with* (20)
sorprendente *surprising* (10)
sorprenderse *to be surprised; amazed* (15)
soso/a *tasteless* (8)
sospecha *suspicion* (11)
sospechar de *to suspect* (11)
sospechoso/a *suspect* (11)
sostenibilidad *sustainability* (20)
sostenible *sustainable* (9) (20)
subida *increase* (20)
subir *to raise; to go up; to increase* (1) (19); *to upload* (16)
suceder *to happen; to follow* (10)
sucio/a *dirty* (9)
sueldo/salario *salary; wage* (6)
suelo *soil* (20)
suéter *sweater* (4)
suministro de agua *water supply* (20)
superar *to overcome* (14); *to surpass; to excel* (16)
superficial *frivolous* (14)
supermercado *supermarket* (4)
superpoblado/a *overpopulated* (9)
sur *south* (7)
suspender *to fail* (5)

T

tacaño/a *stingy* (14)
tala de árboles *tree-felling* (20)
talento *talent* (14)
talentoso/a *talented* (10)
talla *size* (4)
taller studio (6); *workshop; car repair* (18)
talón *heel* (12)
taquilla *box office* (15)
tarea *task/homework* (1); *assignment* (5)
tarjeta de crédito *credit card* (4)
taxista *taxi driver* (6)
taza *cup* (8)
té *tea* (8)
teatro *theater* (15)
teclado *keyboard* (16)
tecnológico/a *technological* (16)
teléfono *phone* (1)
teléfono celular/móvil *cell phone* (16)
telerrealidad *reality TV* (15)
tema *topic* (1)
temperatura *temperature* (20)
temporada *season* (15)
tenacidad *tenacity* (14)
tendencia *trend* (15)
tenedor *fork* (8)
tener algo en común *to have something in common* (14)
tener curiosidad *to be curious* (13)
tener lugar *to take place* (11) (15)
tener planes *to have plans* (15)
tener sueño *to be sleepy* (12)
terminar *to end; to finish* (10)
ternura *tenderness* (14)
terraza *balcony* (5); *outdoor seating* (15)
terrestre *terrestrial* (20)
testarudo *stubborn* (14)
testigo *witness* (11)
tienda de deportes *sports store* (4)
tienda de regalos *gift store* (4)
tienda de ropa *clothing store* (4)
tierno/a *tender; soft* (8) (14)
timidez *shyness* (14)
tímido/a *shy* (2)
tirar *to throw away* (20)
tisana infusion, *herbal tea* (12)
título *degree* (6)
tocar *(instrumentos) to play (instruments)* (2)
tomar conciencia de *to become aware* (13)
tomar fotos *to take pictures* (7)
tomar un examen *to take an exam* (5)
tomar una decisión *to make a decision* (18)
tomar una copa *to have a drink* (15)
tomate *tomato* (8)
tormenta *storm* (7)
tos *cough* (12)
toser *to cough* (12)
trabajador/a *hardworking* (2); *worker* (18)
trabajar *to work* (2)
trabajo *work* (1); *paper* (5); *position; job* (6)
tradición *tradition* (1)
traducción *translation* (13)
trago *drink (alcoholic)* (15)
traje de baño *bathing suit* (4)
tranquilidad *calm; peacefulness* (5); *serenity* (12)
tranquilo/a *calm* (3)
transmitir *to pass on, to inform* (11); *to transmit* (17)
tratado *treaty* (10)
tratamiento *treatment* (12)
tratar de *to try* (11); *to be about* (15)
trece *thirteen* (1)
treinta *thirty* (2)
treinta y dos *thirty-two* (2)
treinta y uno *thirty-one* (2)
tren *train* (3)
tres *three* (1)
triste *sad* (5)

U

unirse a *to join* (10)
uno *one* (1)
uva *grape* (8)

V

vacío/a *empty* (7)
vacuna *vaccine* (16)
valiente *brave* (10) (14)
vanidad *vanity* (14)
vanidoso/a *vain* (14)
vapear *to vape* (12)
veinte *twenty* (1)
veinticinco *twenty-five* (2)

veinticuatro *twenty-four* (2)
veintidós *twenty-two* (2)
veintinueve *twenty-nine* (2)
veintiocho *twenty-eight* (2)
veintiséis *twenty-six* (2)
veintisiete *twenty-seven* (2)
veintitrés *twenty-three* (2)
veintiuno *twenty-one* (2)
vejez *old age* (10)
vendedor/a *sales associate* (4)
vender *to sell* (4)
venta *sale* (18)
ventana *window* (5)
verano *summer* (3)
verde *green* (4)
verdura *vegetable* (8)
vereda *sidewalk* (9)
verse *to meet* (15)
vertido *spill* (20)
vestido *dress* (4)
viajar *to travel* (2)
viaje *trip* (1)
vicio *vice* (14)
vida *life* (10)
vida nocturna *nightlife* (9) (15)
videojuego *videogame* (16)
viernes *Friday* (5)
vino *wine* (8)
viñeta *vignette* (6)
violación *violation* (17)
violar *to violate* (17)
violencia *violence* (9)
violeta *purple* (4)
virtud *virtue* (14)
visa; visado *visa* (7)
visitante *visitor* (7)
visitar *to visit* (3) (3)
vivienda *housing* (9)
volar (ue) *to fly* (7)
volcán *volcano* (11)
vóleibol *volleyball* (12)
voluntario/a *volunteer* (6)
volver (ue) *to return* (7)
vomitar *to vomit* (12)
votar *to vote* (10) (17)
voto *vote* (17)
vuelo *flight* (7)

Z

zanahoria *carrot* (8)
zapatería *shoe store* (4)
zapatilla *sneaker* (4)
zapato *shoe* (3)
zona peatonal *pedestrian zone* (9)
zona verde *green zone* (9)

English to Spanish Vocabulary

A

ability *capacidad* (6)
absent-minded *despistado/a* (14)
accessories *accesorios* (4)
accident *accidente* (12)
accountant *contable* (6)
accounting *contabilidad* (5)
achieve *conseguir (i)* (10); *lograr* (10)
acknowledge *reconocer* (17)
acquire *adquirir (ie)* (13)
action *acción* (15)
activity *actividad* (12)
actor *actor* (2)
actress *actriz* (2)
adapt *adaptar* (16)
add *añadir* (8); *sumar* (19)
address *dirección* (7)
adequate *apropiado/a* (13)
adventurous *aventurero/a* (10)
advertising *publicidad* (18)
advice *consejo* (12)
advisable *aconsejable* (20); *recomendable* (12)
advocate *defensor/a* (10)
aggravate *agravar* (19)
agree *estar de acuerdo* (3); (on a plan) *ponerse de acuerdo* (15)
agreement *acuerdo* (10)
agricultural *agrícola* (9); *agropecuario/a* (18)
agriculture *agricultura* (18)
aid *asistencia* (19)
airport *aeropuerto* (3)
alibi *coartada* (11)
allergic *alérgico/a* (12)
allergy *alergia* (12)
allow *permitir* (20)
alone *solo/a* (3)
alter *alterar* (20)
ambitious *ambicioso/a* (11)
amusement park *parque de atracciones/diversiones* (15)
anger *enojar* (14)
answer *respuesta* (1)
anthropology *antropología* (5)
apartment *apartamento* (3)
appetizer *aperitivo* (8)
apple *manzana* (8)
applicant *solicitante* (6)
application *aplicación* (16); *solicitud* (6)
apply for *solicitar* (7)
apply *to solicitar* (5)
appointment *cita* (15)
April *abril* (3)
arabic *árabe* (13)
architecture *arquitectura* (5)
Argentinian *argentino/a* (2)
arm *brazo* (12)
armchair *sillón* (5)
arrest; arrest (11) *detención* (11)
arrival *llegada* (7)
arrive *llegar* (1) (7) (10)
arrive late; to be late *llegar tarde* (7)
arrive on time *llegar a tiempo* (7)
art *arte* (2)
art gallery *galería de arte* (6); *pinacoteca* (15)
artist *artista* (2)
ask questions *hacer preguntas* (13); *preguntar* (17)
assassinate *asesinar* (10)
assign *destinar* (9)
assignment *tarea* (5)
assistance *asistencia* (19)
assistant *asistente* (6)
associate *asociar* (17)
association *asociación* (17)
athlete (2)
atmosphere *ambiente* (15); *atmósfera* (20)
attend *acudir (a)* (15); *asistir* (15)
attentively *atentamente* (13)
August *agosto* (3)
authoritarian *autoritario/a* (14)
auto *car* (3)
available *disponible* (5); *dispuesto* (6)
avocado *aguacate* (8)
avoid *evitar* (12)

B

bachelor's degree *licenciatura* (5)
back *espalda* (12); *fondo* (17); *respaldar* (18)
backpack *mochila* (7)
bad *malo/a* (4)
bag *bolsa* (8)
bakery *panadería* (4)
balance *equilibrio* (12)
balcony *terraza* (5)
banana *plátano* (8)
bank *banco* (3) (6); *orilla* (3)
banking *banca* (18)
baseball *béisbol* (12)
baseball cap *gorra* (4)
basketball *baloncesto* (12)
Basque *euskera* (13); *vascuense* (13)
bathing suit *traje de baño* (4)
bathroom *(cuarto de) baño* (5)
be able to *poder (ue)* (4)
be about *tratar de* (15)
be a fan of *ser aficionado a* (15)
be amazed *sorprenderse* (15)
beans *frijoles* (8)
bear *oso* (3); *soportar* (14)
be a regular of *ser aficionado/a a* (15)
beat *batir* (8)
bear *soportar* (20)
beautiful *bello/a* (3); *bonito/a* (1); *precioso/a* (4)
be born *nacer(zc)* (10)
become *convertirse en* (10); *hacerse (irreg.)* (20); *ponerse (irreg.)* (15); *volverse (ue)* (20)
become aware *tomar conciencia de* (13)
be curious *tener curiosidad* (13)
bed *cama* (5)
be delayed *llegar con retraso* (7)
bedroom *cuarto* (5); *habitación* (5)
beer *cerveza* (8)
be fit *estar en forma* (12)
be glad *alegrarse* (15)
be happy *alegrarse* (15)
be in *encontrarse en* (11)
be in shape *estar en forma* (12)
belief *creencia* (11) (17)
be located *encontrarse* (9)
belt *cinturón* (4)
benefit *beneficiar* (18)
be present at *asistir* (15)
be sleepy *tener sueño* (12)
be surprised *sorprenderse* (15)

be used up *agotarse* (20)
bicycle *bicicleta* (3)
big *grande* (1)
bilingual *bilingüe* (6) (13)
bill *cuenta* (8)
biodiversity *biodiversidad* (20)
biology *biología* (5)
birth *nacimiento* (10)
black *negro/a* (4)
blouse *blusa* (4)
blue *azul* (4)
boarding gate *la puerta de embarque* (7)
boat *barco* (3); *buque* (18)
bodyguard *guardaespaldas* (11)
boil *hervir (ie)* (8)
booked *lleno/a* (7)
bookstore *librería* (4)
boot *bota* (4)
boring *aburrido/a* (1) (7); *pesado/a* (15)
bother *fastidiar; molestar* (13)
bottle *botella* (8)
bowling *alley bolera* (15)
box *caja* (8)
box office *taquilla* (15)
bracelet *pulsera* (4)
brain *cerebro* (12)
branch *ramo* (18); *sucursal* (18)
brave *valiente* (10) (14)
bread *pan* (8)
break *romper* (16)
break (something in your body) *romperse (algo)* (12)
break down *averiarse* (16); *estropearse* (16); *malograrse* (16)
brilliant (10)
broken *roto/a* (16)
brown *marrón* (4)
browser *navegador* (16)
build *construir (irreg.)* (6)
building *edificio* (3)
burn *quemadura* (12); *quemar* (20); *arder* (17)
burning of fossil fuels *quema de combustibles fósiles* (20)
bus *autobús; bus; ómnibus* (3)
business administration *administración de empresas* (5)
business *empresa* (6) (18); *negocio* (6) (18)
business-related *comercial; empresarial* (18)
busy *ocupado/a* (7)
butter *mantequilla* (8)
buy *comprar* (4)
buy the tickets *comprar los boletos/ billetes* (7)

C

call *llamada* (18); *llamar* (3)
calm *calmar* (5); *tranquilidad* (5); *tranquilo/a* (3)
camp *campamento* (3)
campus campus; *la ciudad universitaria* (5)
can *lata* (8)
can (be able to) *poder (ue)* (4)
cancel a reservation *cancelar una reservación* (7)
cancellation *cancelación* (7)
candidate *candidato/a* (6)
carbon dioxide *dióxido de carbono* (20)
cardboard *cartón* (16)
care *cuidado* (12); *preocuparse de* (20)
carrot *zanahoria* (8)
carry out *llevar a cabo* (16) (18)
cartoon *película animada* (15)
cashier *cajero/a* (4)
casserole *cazuela* (8)
casual *deportivo/a* (3); *informal* (4)
celebrate *celebrar* (9); *festejar* (20)
cell phone *teléfono celular/móvil* (16)
certainly *indudablemente* (13); *ciertamente* (14)
chair *silla* (5)
change *cambiar* (6); *alterar* (20); *cambio* (4)
chaos *caos* (9)
character *personaje* (11); *carácter* (14)
charm *encanto* (9); *simpatía* (14)
charming *encantador/a* (15)
cheap *barato/a* (4)
check *comprobar* (18); *cuenta* (8)
check in *hacer el registro en el hotel* (7)
check luggage *facturar la(s) maleta(s)* (7)
check out *dejar la habitación/salir del hotel* (7)
cheese *queso* (8)
chef *cocinero/a* (8)
chemistry *química* (5)
chicken *pollo* (8)
childhood *infancia; niñez* (10)
children *niños* (17)
Chinese *chino/a* (13)
choose *elegir (i)* (3) (10)
church *iglesia* (9)
cigarette *cigarrillo* (12)
cinema *cine* (15)
city *ciudad* (1)
city center *centro* (3)
civil rights *derechos civiles* (10)
claim *reclamar* (18); *reivindicación* (19)
claim the luggage *reclamar el equipaje* (7)
classic *clásico/a* (4)
classmate *compañero/a de clase* (1)
clean *limpiar* (3); *limpio/a* (9)
clean air *aire puro* (9)
climate *clima* (6); *entorno* (3)
clinic *clínica* (6)
closed *cerrado/a* (7)
closet *armario* (5); *ropero* (17)
clothes *ropa* (4); *vestimenta* (14)
clothing store *tienda de ropa* (4)
cloud *nube* (7)
cloudy *nublado* (7)
clue *pista* (11)
coal *carbón* (20)
coat *abrigo* (4)
coffee *café* (8)
coffee shop *cafetería* (9)
cold (illness) *resfriado* (12)
cold (temperature) *frío* (7)
collaborate *colaborar* (17)
collect *coleccionar* (2); *recaudar* (18)
college *universidad* (2)
college campus *ciudad universitaria* (9)
college career *carrera* (5)
colorful *colorido/a* (9)
commitment *compromiso* (6)
community *comunidad* (9)
company *compañía, empresa* (6) (18)
complex *complejo/a* (13)
complicated *complicado/a* (5) (16)
composition *redacción* (13)
compulsory *obligatorio/a* (5)
computer *computador/a* (16); *ordenador* (16)
computer science *informática* (5)
computer technician *informático/a* (6)
concentrate on *dedicarse* (18)
concert *concierto* (15)
confident *seguro/a* (14)
confirm *confirmar* (7); *comprobar* (18)
conquest *conquista* (10)
consume *consumir* (20)
consumer *comsumidor* (18); *consumidor/a* (18)
consumer goods *bienes de consumo* (19)

consumption *consumo* (12) (19)
contaminate *contaminar* (20)
contaminated *contaminado/a* (20)
contamination *contaminación* (20)
contest *concurso* (15); *festival* (1)
continue *seguir (irreg.)* (6); *continuar* (11)
contract *contrato* (6)
contribute *contribuir* (17)
contribution *aporte* (9)
contribution *contribución* (17)
convenient *conveniente* (5); *práctico/a* (16)
convince *convencer* (18)
cook *cocinar* (2); *cocinero/a* (8)
cookies *galletas* (8)
copy machine *fotocopiadora* (16)
corn *maíz* (8)
corner *esquina* (9); *rincón* (9)
correct oneself *corregirse* (13)
cough *tos; toser* (12)
count *contar* (17)
countryside *campo* (3)
craft market *mercado de artesanías* (15)
create *crear* (10)
creative *creativo/a* (6)
credit *crédito* (5)
crew *remo* (12)
crime *delincuencia* (9)
criticize *criticar* (9)
critique *criticar* (9)
crop *cultivo* (20) *cross cruz* (11); *atravesar* (12); *cruzar* (11)
Cuban *cubano/a* (2)
cucumber *pepino* (8)
culture *cultura* (1)
cup *taza* (8)
currency *moneda* (7) (18)
customs *aduana* (7)
cut *cortar* (8)
CV *currículo* (6)
cycle *ciclo* (19)
cycling *ciclismo* (12)

D

dairy *lácteos* (8)
dance *bailar* (2); *baile* (1); (classic or traditional) *danza* (15); *danzar* (17)
dangerous *espinoso* (18); *peligroso/a* (3) (6) (9)
date *cita* (15); *datar* (11); *dato* (10); *fecha* (7)
death *muerte* (10)
debt *deuda* (19)
decade *década* (10)
December *diciembre* (3)
decent *digno/a* (19); *honesto/a* (11)
decrease *disminuir* (19); *bajada* (20)
defect *defecto* (14)
defend *defender* (19)
defender *defensor/a* (10)
deforestation *deforestación* (20)
degree *grado* (20); *título* (6)
delay *retraso* (7)
delicious *delicioso/a* (8); *rico/a* (8)
demand *demanda* (18)
democracy *democracia* (10)
demonstration *manifestación* (17)
denounce *denunciar* (17)
departure *salida* (7)
depressed *deprimido/a* (5)
design *diseñar* (6) (14); *diseño* (18)
dessert *postre* (8)
destination *destino* (7)
destroy *destruir* (20)
destroyed *destruido/a* (20)
detective movie *película policíaca* (15)
develop *desarrollar* (6) (18); *desarrollar(se)* (13); develop photos *revelar fotos* (7)
developed *desarrollado/a* (9) (19)
developing *en vías de desarrollo* (19)
development *desarrollo* (6) (17) (18)
diagnosis *diagnóstico* (12)
dictator *dictador/a* (11)
dictatorship *dictadura* (11) (17)
die *morir (ue)* (10)
diet *dieta* (8); *régimen* (12); *hacer dieta* (12)
digital gap *brecha digital* (16)
digitalize *digitalizar* (16)
digitalized *digitalizado/a* (16)
dine, have dinner *cenar* (2)
dining room *comedor* (5)
director *director/a* (2)
dirty *sucio/a* (9)
disappear *desaparecer* (11)
disappearance *desaparición* (11)
discount *descuento* (4) (16) (18)
discover *descubrir* (10) (16)
discovery *descubrimiento* (16)
discriminated *discriminado/a* (17)
discriminate *discriminar* (17)
discrimination *discriminación* (17)
dislike *caer mal* (14)
disorderly *desordenado/a* (14)
disposable *desechable* (20)
dizzy *mareado/a* (12)
do *hacer (irreg.)* (2)
do business *comerciar* (18)
do homework *hacer la tarea* (5)
doctor *médico/a* (6) (12)
doctor's office *consulta* (12)
documentary *documental* (15)
door *puerta* (5) (17)
dorm *dormitorio* (5); *residencia estudiantil* (9)
double room (7)
download *bajar* (16)
downtown *centro* (3)
do yoga *hacer yoga* (12)
dozen *docena* (8)
drama *película dramática* (15)
dress *vestido* (4)
drink *beber* (5); *bebida* (5); *copa* (15)
drink (alcohol) *tomar (alcohol)* (5); *trago* (15)
drive *conducir* (7); *manejar* (9)
driver's license *licencia de conducir* (6); *permiso de conducir* (7)
drop *bajada* (20)
drought *sequía* (20)
Dutch *holandés/a* (13)
dynamic *dinámico/a* (6)

E

earn *ganar* (6)
earring *aretes* (4)
east *este* (7); *oriente* (7)
eat *comer* (2)
ecology *ecología* (20)
economics *economía* (5)
ecosystem *ecosistema* (0)
educated *educado/a* (14)
education *formación escolaridad* (6) (19)
educational *educativo/a; pedagógico/a* (16)
effective *efectivo/a* (12)
effort *esfuerzo* (13)
egg *huevo* (8)
egoism *egoísmo* (14)
Egyptian *egipcio/a* (14)
elect *elegir (i)* (10)
elections *elecciones* (10)
elective *opcional* (5)
electric *eléctrico/a* (16)

electricity *electricidad* (16)
elegant *elegante* (4)
emergency room *servicio de emergencias* (12)
emerging *emergente* (18)
emigrant *emigrante* (17)
emission *emisión* (20)
employee *empleado/a* (6)
employment *empleo* (6)
entrepreneurship *emprendimiento* (18)
empty *vacío/a* (7)
encourage *animar* (13)
end *cabo* (5); *terminar* (10)
ending *terminación* (2); final (15)
energy *energía* (16)
engine *motor* (16)
enjoy *disfrutar* (15) (19)
enroll *enrolar* (10); *inscribirse* (5)
entertaining *entretenido/a* (15)
entertainment *entretenimiento* (15); *diversión* (15)
entrepeneurial *emprendedor/a* (18)
envious *envidioso/a* (14)
environment *entorno* (3); *medio ambiente* (9)
environmental *ambiental* (9) (20); *medioambiental* (9)
envy *envidia* (14)
equality *igualdad* (19) (17)
equal opportunity *la igualdad* (17)
eruption *erupción* (20)
essay *ensayo* (5); *trabajo escrito* (13)
essentially *esencialmente* (13)
ethical *ético/a* (19)
ethnic *étnico/a* (17)
event *acontecimiento* (10)
evolve *evolucionar* (16)
exactly *efectivamente* (13); *exactamente* (14)
exam *examen* (5)
examine *examinar* (4)
excel *sobresalir* (8); *superar* (16)
excite *emocionar* (14)
exciting *emocionante* (15)
excuse oneself *excusarse* (15)
exercise *ejercicio; hacer ejercicio* (12)
exhibition *exposición* (15)
exile *exilio* (10)
exotic *exótico/a* (3)
expensive *caro/a* (4)
experience *experiencia* (6)
explanation *explicación* (13)
explorer *explorador/a* (10)
exports *exportación* (18)
express an opinion *opinar* (19)
extinction *extinción; desaparición* (20)
extraordinary *genial* (15)
extrovert *extrovertido/a* (14)
eye *ojo* (10)

F

fabulous *fabuloso/a* (3)
face *cara* (12); *rostro* (2)
fact *hecho* (11)
fail *reprobar* (5); *suspender* (5)
faint *desmayarse* (12)
fair *equitativo/a* (6); *feria* (15); *justo/a* (17)
fairness *equidad* (19)
fair trade *comercio justo* (19)
fall *caer se* (10); *otoño* (3); *disminución* (19)
fall asleep *dormirse (ue)* (12)
fall in love with *enamorarse de* (10)
famous *famoso/a* (10); *célebre* (11)
farmer *campesino* (17)
fast *rápido/a* (7)
fat *gordo/a* (5); *grasa* (12)
fault *defecto* (14)
fauna *fauna* (20)
fearful *miedoso/a* (14)
February *febrero* (3)
feed *alimentar* (19) (20)
festivity / party *fiesta* (1)
fever *fiebre* (12)
fidelity *fidelidad* (14)
field *campo* (7); *ámbito* (19)
field trip *excursión* (3)
fifty *cincuenta* (2)
fight *lucha* (11); *luchar* (10) (19); *pelearse* (20)
file *archivo* (16)
finance *finanzas* (5)
financing; funding *financiación* (18)
financial *financiero/a* (18)
find encontrar (9); *hallar* (20)
find hard to *costar (ue)* (13)
find out *averiguar* (16); *encontrar (ue)* (3); *descubrir* (10); *enterarse de* (11)
finish *terminar* (10)
Finnish *finlandés* (13)
fire *despedir (i)* (6); *fuego* (8); *incendio* (16)
fireman / woman *bombero/a* (6)
firm *compañía; empresa* (6)
fish *pescado* (8); *pez* (3)
fishing *pesca* (20)
fit *caber* (13)
five *cinco* (1)
fix *componer* (5); *fijar* (13); *reparar* (16); *arreglar* (16)
flexible *flexible* (6)
flight *huida* (11); *vuelo* (7)
flooded *inundado/a* (20)
flood *inundación* (20)
flora *flora* (20)
flu *gripe* (12)
fly *volar (ue)* (7)
focus *enfoque* (14); *concentrarse* (13)
fog *niebla* (7)
folder *archivador* (16)
follow *seguir* (2); *suceder* (10)
food *alimentación* (18); *alimento* (8); *comida* (1)
foot *pie* (12)
forbid *prohibir* (20)
force *obligar* (17)
forehead *frente* (12)
foreigner *extranjero/a* (7)
foreign language *lengua extranjera* (13)
forest *bosque* (20)
forget *olvidar* (4); *olvidarse de* (13)
fork *tenedor* (8)
forty *cuarenta* (2)
fossil fuels *combustibles fósiles* (20)
found *fundar* (18)
four *cuatro* (1)
fourteen *catorce* (1)
free *gratis* (15); *libre* (15) (17); *liberar* (10); *gratuito* (9) (15)
freedom *libertad* (17)
freedom of speech *la libertad de expresión* (17)
freedom of thought *la libertad de pensamiento* (17)
free market *libre mercado* (18)
French *francés* (13)
fresh water *agua dulce* (20)
fresh *fresco/a* (8)
Friday *viernes* (5)
fried *frito/a* (8)
friend *amigo/a* (2)
friendly *acogedor/a* (9) sociable, *amistoso/a* (14)
frivolous *superficial* (14)
fruit *fruta* (8)

fruitful *productivo/a* (18)
fry *freír (i)* (8)
frying pan *sartén* (8)
full *lleno/a* (7); *pleno/a* (9)
full-time *a tiempo completo* (6)
fun *diversión; divertido/a* (1)
function *funcionar* (9)
funcional *funcional* (16)
fund *financiar* (18); *fondo* (6)
funny *chistoso/a* (11); *gracioso/a* (11); *divertido/a* (14)
furnish *amueblar* (6)
furnished *amueblado/a* (5)
furniture *mobiliario* (18); *muebles* (5)

G

gain weight *engordar* (12)
game *juego* (15); *partido* (3)
gap *brecha* (19); *salto* (3)
garbage *basura* (9)
garden *jardín* (3)
gardener *jardinero/a* (6)
garlic *ajo* (8)
gas station *gasolinera* (9)
gathering *la reunión* (17)
gender *género* (19)
generosity *generosidad* (14)
generous *generoso/a* (14)
genre *género* (15)
genuine *sincero/a* (14)
geography *geografía* (5)
German *alemán* (13)
gesture *ademán* (17); *gesto* (13)
get a cold *resfriarse* (12)
get all mixed up *hacerse un lío* (13)
get along (poorly) with *llevarse bien/(mal) con* (14)
get angry *enojarse* (15)
get bored *aburrirse* (9)
get damaged *estropearse* (16)
get frustrated *frustrarse* (13)
get hurt *lesionarse* (12)
get injured *lesionarse* (12)
get married *casarse* (10)
get on *montarse en* (7)
get off *salir del* (7)
get sick *enfermarse; ponerse enfermo* (12)
get tired *cansarse* (12)
get up *levantarse* (5) (12)
get upset *molestarse* (20)
gift store *tienda de regalos* (4)
give *dar* (10); *entregar* (10)
give a gift *hacer un regalo;* (4)
glacier *glaciar* (20)
glass *vaso* (12); *cristal* (16); *vidrio* (16)
global warming *calentamiento global* (20)
gloves *guantes* (4)
go *ir (irreg.)* (3)
goal *meta* (19); *propósito* (6)
go camping *acampar; ir de camping* (7)
gold *oro* (16)
good-looking *guapo/a* (2)
goodness *bondad* (14)
go on foot *ir a pie/andando* (7)
go out *salir* (2) (15)
go out for a drink *ir de copas* (15)
go out for dinner *salir a cenar* (15)
go shopping *ir de compras* (4)
go to sleep *acostarse (ue)* (5)
go up *subir* (19)
government *gobierno* (17)
grade *nota* (5); *calificación* (9)
graduate *graduarse* (5)
gram *gramo* (8)
grandfather/grandmother *abuelo/a* (2)
grandparents *abuelos* (2)
grape *uva* (8)
gray *gris* (4)
great *genial* (10)
greed *avaricia* (14)
Greek *griego* (13)
green *verde* (4)
greenhouse effect *efecto invernadero* (20)
green zone *zona verde* (9)
grill *parilla* (8)
gross domestic product *producto interior bruto (PIB)* (18)
group *grupo* (1); *la asociación* (17)
grow *crecer (zc)* (9); *cultivar* (8); *incrementar* (19); *cultivar (crops)* (20)
growing *cultivo* (5); *en crecimiento* (18)
growth *crecimiento, aumento* (18) (19)
guarantee *garantizar* (17)
guide *guía* (3); *guiar* (4)
gym *gimnasio* (3)
gymnastics *gimnasia artística* (12)

H

hair *pelo* (12)
hairdresser *peluquero/a* (6)
hair salon *peluquería* (3) (6)
half *mitad* (1)
hallway *pasillo* (5)
ham *jamón* (8)
hand *mano* (12)
handball *balonmano* (12)
handsome/pretty *guapo/a* (2)
handy *práctico/a* (16)
happen *ocurrir* (9) (16); *suceder* (10); *pasar* (10) (19)
happiness *alegría* (14); *felicidad* (14)
happy *alegre* (2); *contento/a* (5); *feliz* (5)
harbor *puerto* (9)
hard *duro/a* (6)
harmful *dañino/a* (20)
hat *gorro* (4)
hate *odiar; detestar* (14)
have a cold *estar resfriado/a* (12)
have a drink *tomar una copa* (15)
have a good/bad time *pasarlo bien/mal* (15)
have breakfast *desayunar* (8)
have lunch *almorzar* (8)
have dinner *cenar* (8)
have fun *divertirse (ie)* (5)
have plans *tener planes* (15)
have something in common *tener algo en común* (14)
HD alta *definición* (16)
head *cabeza* (12)
health *salud* (12)
health insurance *seguro médico* (12)
healthy *sano/a* (12); *saludable* (12)
heart *corazón* (12)
heat *calentar (ie)* (8); *calor* (7)
Hebrew *hebreo* (13)
heel *talón heel* (12)
hell *infierno* (11)
help *ayudar* (6) (19); *echar una mano* (17)
herbal tea *tisana* (12)
highway *autopista* (6); *carretera* (3)
hip *cadera* (12)
hire *contratar* (6)
historic district *casco antiguo* (9)
history *historia* (5)
home *hogar* (9) (17)
home delivery *servicio a domicilio* (18)
homeless *personas sin hogar/sin techo* (19)
honest *sincero/a* (14); *honesto/a* (14)
honesty *honestidad* (14)
honorable *digno/a* (19)
horror movie *película de terror* (15)
hostelería *hotel industry* (18)

hot *caliente* (8); *picante* (8)
hot (weather) *caluroso/a* (7)
hotel *hotel* (3)
housing *vivienda* (9)
humbleness *humildad* (14)
hummingbird *colibrí* (3)
hunger *hambre* (12 19)
hunting *caza* (20)
hurry *apurarse* (15)
hurt *doler (ue)* (12)
hurt oneself *hacerse daño* (12)
husband/wife *esposo/a* (2)
hypocrisy *hipocresía* (14)
hypocritical *hipócrita* (14)

I

ice cream shop *heladería* (4)
ice layer *capa de hielo* (20)
idealist *idealista* (14)
illiteracy *analfabetismo* (19)
ill-mannered *maleducado/a* (14)
imitate *imitar* (13)
immigrant *inmigrante* (9) (17)
impatient *impaciente* (14)
impatience *impaciencia* (14)
imported *importado/a* (16)
imports *importación* (18)
impressive *impresionante* (15)
improve *mejorar* (13) (18)
income per capita *renta per cápita* (19)
increase *aumentar* (10); *subir* (19); *incrementar* (19); *incremento; subida* (20)
incredible *increíble* (3)
independence *independencia* (10)
independent *autónomo/a* (6); *independiente* (10)
indigenous people *indígenas* (17)
indigenous *autóctono/a* (13)
industry *industria* (18)
inequality *desigualdad* (19)
inexpensive *económico/a* (16)
inform *avisar* (16); *transmitir* (11)
infusion *tisana* (12)
inhabitant *habitante* (1)
injury *lesión* (12)
injustice *injusticia* (17)
inmobiliario/a (18)
innovative *innovador/a* (10); *novedoso/a* (18)
innovator *innovador* (2)
insecure *inseguro/a* (14)
insecurity *inseguridad* (9) (14)
intelligence *inteligencia* (14)
interactive *interactivo/a* (16)
intern *pasante* (6)
international relations *relaciones internacionales* (5)
internship *pasantía* (6)
introduce *presentar* (6)
invasion *invasión* (10)
invent *inventar* (10) (16) (18)
invention *invento* (10)
inventiveness *ingenio* (20)
invest *invertir (ie)* (18)
investigate *investigar* (11)
investigation *investigación* (11)
investment *inversión* (18)
investor *inversionista* (18); *inversor/a* (18)
involve *involucrar* (13)
island *isla* (3)
itinerary *itinerario* (7)

J

jacket *chaqueta* (4)
January *enero* (3)
Japanese *japonés* (13)
jealous *celoso/a* (20); *envidioso/a* (14)
jewelry store *joyería* (4)
jewelry *joyas* (4)
job *cargo* (6); *empleo* (6); *puesto de trabajo* (6); *trabajo* (6)
join *ensamblar* (18); *unirse a* (10)
judgment *juicio* (17)
juice *jugo* (8)
July *julio* (3)
June *junio* (3)
just *equitativo/a* (6)
justice *justicia* (17)

K

key *cayo* (3); *clave* (13); *llave* (11); *tecla* (16)
keyboard *teclado* (16)
kill *matar* (10); *asesinar* (11)
killer *asesino* (11)
kilogram *kilo* (8)
kind *amable* (2)
kitchen *cocina* (5)
knife *cuchillo* (8)
know (be familiar with) *conocer (zc)* (1)
know (a fact) *saber (irreg.)* (1)
knowledge *conocimiento* (6); *sabiduría* (15)
known *conocido/a* (10)
Korean *coreano* (13)

L

labor/work *related* (6)
labor *union sindicato* (17)
lake *lago* (3)
land *aterrizar* (7); *tierra* (11)
language *idioma* (13); *lengua* (13)
laptop *computadora portátil* (16)
large oil slicks *mareas negras* (20)
last name *apellido* (1)
launch *emprender* (18)
law *ley* (3) (17); *derecho* (5)
lawyer *abogado/a* (2) (6)
leader *líder* (10)
leak *derrame* (20)
learn *aprender* (1)
learner *aprendiz* (13)
learning *aprendizaje* (13)
leather *cuero* (16)
leave *dejar; irse (irreg.)* (6)
leg *pierna* (12)
legacy *herencia* (17)
legend *leyenda* (11)
lemon *limón* (8)
lemonade *limonada* (8)
less fortunate *desafortunado/a* (19)
lettuce *lechuga* (8)
level *nivel* (13)
liberal *progresista* (14)
library *biblioteca* (5)
life *vida* (10)
life expectancy *esperanza de vida* (19)
light *ligero/a* (16); *luz* (16)
like/dislike someone *caer bien/mal* (20)
link *vincular* (8); *vínculo* (8); *enlace* (16); *vincular (a)* (17)
liter *litro* (8)
literacy *alfabetización; alfabetismo* (19)
literature *literatura* (5)
lively *animado/a* (15)
live music *música en vivo* (15)
living room *salón* (5); *sala* (6)
loan *préstamo* (18)
located *situado/a* (9)
lodge *alojarse (en)* (3)
lodging *albergue* (3); *alojamiento* (3)
lodging house *pensión* (7)
lose *perder (ie)* (6)
lose weight *adelgazar* (12)
love *amor* (10); *encantar* (3); *amar* (20)

loyalty *fidelidad* (14)
luggage *equipaje* (7)

M

machine *máquina* (16)
main character *protagonista* (15)
major *carrera, especialidad* (5)
majority *mayoría* (13)
majority group *mayoritario/a* (19)
make a decision *tomar una decisión* (18)
make an excuse *dar una excusa* (15)
make a reservation *hacer una reservación* (7)
make better *mejorar* (18)
make mistakes *cometer errores* (13)
make plans *hacer planes* (15)
make up *constituir* (2); *inventar* (18)
make worse *agravar* (19)
manager *gerente* (6)
March *marzo* (3)
marginalization *marginación* (17)
marginalized *marginado/a* (17)
market *mercado* (4) (18)
marketing *mercadeo* (18)
married *casado/a* (2)
marvellous *maravilloso/a* (3)
master's degree *maestría* (5)
mastery *dominio* (6)
mathematics *matemáticas* (5)
May *mayo* (3)
mayor *alcalde/sa* (9)
meanness *maldad* (14)
measure *medida* (8); *medir (i)* (12)
meat *carne* (8)
medicine *medicina* (12)
meet *reunirse (con)* (7); verse (15)
meet (someone) *conocer (zc)* (10)
meeting *reunión* (17)
melt *derretirse* (20)
melting *deshielo; derretimiento* (20)
memory *memoria* (16)
merchandise *mercancía* (18)
message *mensaje* (13); *recado* (6)
meteorological *meteorológico/a* (20)
metro *subway* (3)
migrant *migrante* (17)
military *ejército* (10); *militar* (10)
milk *leche* (8)
minority *minoría* (13)
minority group *minoritario* (19)
mirror *espejo* (5)
mistake *error* (13)
mix *mezclar* (8)
modern *moderno/a* (4)
modest *modesto/a* (14)
money *dinero* (3)
monolingual *monolingüe* (13)
monotonous *monótono/a* (6)
mortality *mortalidad* (19)
mother tongue *lengua materna* (13)
mountain *montaña* (3)
mouse *ratón* (16)
mouth *boca* (12)
move *mudarse* (10); *trasladarse* (10)
movement *movimiento* (10) (17) (19)
movie *cine* (1); *película* (15)
movie theater *cine* (1); *sala de cine* (15)
moving *conmovedor/a* (15)
murder *asesinato* (10) (11); *asesinar* (11)
mysterious *misterioso/a* (11)
mystery *misterio* (11)
myth *mito* (11)

N

name *nombrar* (5)
narrate *narrar* (11)
native *indígena* (10); *natal* (9); *autóctono/a* (13); *originario/a* (17)
natural resources *recursos naturales* (20)
nature *naturaleza* (9)
necessary *necesario/a* (12)
neck *cuello* (12)
necklace *collar* (4)
need *necesitar* (4)
neighborhood *barrio* (9)
nervous *nervioso/a* (14)
new *nuevo/a* (4); *novedoso/a* (18)
news *noticias* (11) (15); *telediario* (15)
news program *noticiero* (15)
nice *agradable* (2); *amable* (2); *lindo/a* (15); *simpático/a* (2)
nightlife *vida nocturna* (9) (15)
noise *bullicio* (20); *ruido* (9)
noisy *ruidoso/a* (3)
nongovernmental organization (NGO) *organización no gubernamental (ONG)* (19)
north *norte* (7)
nose *nariz* (12)
November *noviembre* (3)
nursery *jardín infantil* (6)

O

occupied *ocupado/a* (7)
occur *celebrarse* (15)
October *octubre* (3)
offer *oferta* (18); *ofrecer (zc)* (6) (9); *ofrecer* (18)
office *consultorío/a* (18); *despacho* (6); *oficina* (6)
office clerk *oficinista* (6)
oil *aceite* (8); *petróleo* (20)
oil spill *mareas negras* (20)
old *añejo/a* (19); *antiguo/a* (3)
old age *vejez* (10)
one *uno* (1)
one hundred *cien* (2)
one-way ticket *boleto de ida* (7)
onion *cebolla* (8)
opportunity *oportunidad* (17)
optimist *optimista* (14)
orally *oralmente* (13)
orange *anaranjado/a* (4); *naranja* (8)
order *orden* (4); *pedido* (18)
order (in a restaurant) *pedir* (8); *hacer un pedido* (18)
organized *organizado/a* (6)
origin *origen* (17)
outdoor seating *terraza* (15)
outgoing *extrovertido/a* (2)
outline *esquema* (13)
outskirts *alrededores* (9)
overpopulated *superpoblado/a* (9)
own *propio/a* (6); *poseer* (17)
ozone layer *capa de ozono* (20)

P

pack *envasar* (12); *hacer la(s) maleta(s)* (7); *paquete* (8)
package *paquete* (8)
pain *dolor* (12)
painting *cuadro* (15); *pintura* (2)
pants *pantalones* (4)
paper *papel* (16); *trabajo* (5); *trabajo escrito* (13)
park *estacionar* (17); *parque* (3)
parking lot *aparcamiento* (9); *estacionamiento* (9)
part-time *a tiempo parcial* (6)
party *fiesta* (1)
pass (a class) *aprobar* (5); *pass on transmitir* (11)
passport *pasaporte* (7)
pastry shop *pastelería* (4)
patent *patentar* (16)
patience *paciencia* (6)
patient *paciente* (6) (14)
pay *pagar* (4)

pay attention *prestar atención* (13)
peace *paz* (10) (17); *sosiego* (16)
peaceful *pacífico/a* (17)
pear *pera* (8)
peasant *campesino/a* (17)
pedagogical *pedagógico/a* (16)
pedestrian zone *zona peatonal* (9)
peel *pelar* (8)
people *gente* (1); *pueblo* (10)
pepper (spice) *pimienta* (8)
pepper (vegetable) *pimiento* (8)
perfect *perfeccionar* (13)
perfume store *perfumería* (4)
persecute *pereseguir* (17)
persecution *persecución* (17)
pessimist, pessimistic *pesimista* (14)
pharmacy *farmacia* (4)
philosophy *filosofía* (5)
phone *teléfono* (1)
photographer *fotógrafo/a* (2)
physical education *educación física* (5)
physics *física* (5)
pick up *recoger* (7)
picture *fotografía* (1)
pill *pastilla* (12); *píldora* (12)
pineapple *piña* (8)
pink *rosa* (4)
pizza shop *pizzería* (4)
place *lugar* (3); *sitio* (3)
plan *planear; planificar* (15)
plant *plantar* (20)
plant life *flora* (20)
plastic *plástico* (16)
platform *plataforma* (16)
play (theater) *obra de teatro* (15)
pleased *contento/a* (5)
pleasure *placer* (15)
plot *argumento* (15)
plug *enchufe* (16)
plug in *enchufar* (16)
police *policía* (11)
policeman/woman *policía* (6)
police station *comisaría* (17)
political science *ciencias políticas* (5)
politician *político/a* (17)
politics *política* (17)
pollute *contaminar* (9)
polluted *contaminado/a* (9)
pollution *contaminación* (20); *polución* (9)
poor *pobre* (10) (19)
populated *poblado/a* (9)
population *población* (9)
pork *cerdo* (8)
Portuguese *portugués* (13)
position trabajo, *cargo* (6); *puesto de trabajo* (6); *trabajo* (6); *posición* (12)
possess *poseer* (17)
pot *cazuela* (8)
potato *papa / patata* (8)
poverty *pobreza* (19)
practical *funcional* (16)
predict *predecir* (20)
prefer *anteponer* (14); *preferir* (3)
prepare outlines *hacer esquemas* (13)
prepared *preparado/a* (6) (20)
prescription *receta* (12)
presentation *charla* (15)
preservation *conservación* (20)
president *presidente/a* (10)
pretty *bonito/a* (1); *guapo/a* (2); *lindo/a* (3)
price *precio* (4)
printer *impresora* (16)
private *privado/a* (5)
privileged *privilegiado/a* (19)
productive *productivo/a* (18)
profitable *rentable* (18)
program *pogramar* (16)
programming *programación* (15)
progress *avance* (19)
promote *ascender* (9); *promover (ue)* (18) (19)
property *propiedad* (17)
protect *proteger* (20)
protected *protegido/a* (20)
protest protesta (17); *protestar* (18)
prototype *prototipo* (16)
provide a service *prestar un servicio* (18)
public servant *funcionario/a* (6)
pumpkin *calabaza* (8)
punctual *puntual* (6)
purple *morado/a* (4); *violeta* (4)
purse *bolso* (4)
put up with *aguantar a* (20); *soportar* (14) (20)

Q

quality *calidad* (9)
quantity *cantidad* (8)
quiet *tranquilo/a* (3); *callado/a* (5); *silencioso/a* (16); *sosiego/a* (16)

R

racism *racismo* (19)
rain *llover (ue)* (9); *lluvia* (7)
rain forest *selva* (20)
rainy *lluvioso/a* (7)
raise (money) *recaudar* (18)
raw *crudo/a* (8)
reach *alcance* (16); *alcanzar* (19); *lograr* (19)
reader *lector/a* (13)
reading *lectura* (13)
ready *listo/a* (20)
real estate-related *inmobiliario/a* (18)
reality TV *telerrealidad* (15)
realize *darse cuenta de* (13)
really *de verdad* (11); *efectivamente* (13)
reception desk *recepción* (7)
receive *recibir* (9)
receptionist *recepcionista* (6)
recognition *reconocimiento* (17)
recycle *reciclar* (9) (20)
red *rojo/a* (4)
reduce *reducir* (10); *disminuir* (19)
reduction *disminución; reducción* (19)
refugee *refugiado/a* (17) (19)
regulation *ley* (17)
relax *relajarse* (5) (12)
release *liberación* (5); *toxina* (5); *estreno* (15)
relieve *aliviar* (19)
relocate *mudarse* (10)
remember *acordarse (ue) de* (13)
renewable *energy* (20)
rent *alquilar* (5); *alquiler* (6)
repair *arreglar; reparar* (16)
report *informe* (1); *denunciar* (17)
request a service *solicitar un servicio* (18)
requirement *requisito* (5)
reserve *reservar* (3)
resident of Madrid *madrileño/a* (15)
resources *recursos* (13) (17) (18)
respect *respetar* (19); *respeto* (14)
responsible *responsable* (6)
rest *descansar* (3) (12); *resto* (3); *descanso* (5)
restaurant *restaurante* (3)
résumé *currículo* (6)
return *devolver (ue)* (6); *volver (ue)* (7); *regresar* (7) (11); *regreso* (11); *retorno* (20)
reuse *reutilizar* (20)

reusable *reusable* (20)
revolutionary *revolucionario/a* (10)
rice *arroz* (8)
rich *rico/a* (10) (19)
ride a bike *montar bicicleta* (12)
right *derecha* (6); *verdad* (9); *derecho* (17)
riqueza *wealth* (19)
risk *riesgo* (18)
river *río* (3)
road *carretera* (3); *camino* (20)
roast *asado* (8); *asar* (8)
roasted *asado/a* (8)
robotics *robótica* (16)
room *cuarto* (5); *habitación* (5)
round-trip ticket *boleto de ida y vuelta* (7)
route *ruta* (11); *trayecto* (17)
rule *regla* (13)
run *correr* (2)
run out *agotarse* (20)
Russian *ruso/a* (13)

S

sad *triste* (5)
safe *seguro* (9)
salad *ensalada* (8)
salary *salario; sueldo* (6)
sale *venta* (18)
sales *ofertas* (7); *rebajas* (4)
sales associate *vendedor/a* (4)
sandal *sandalia* (4)
satisfied *satisfecho/a* (19)
Saturday *sábado* (5)
save *ahorrar* (19)
say goodbye to *despedirse (i) de* (7)
schedule *horario* (5)
school *escuela* (7); (college) *facultad* (5)
schooling *escolaridad* (19)
science fiction *ciencia ficción* (15)
scientist *científico/a* (2) (16)
screen *pantalla* (16)
script *guión* (15)
sea *mar* (3) (20); *marítimo/a* (18)
seafood *marisco* (8)
sea level *nivel del mar* (20)
season *estación* (3); *temporada* (15)
security *la garantía; la seguridad* (17)
self-assessment *autoevaluación* (13)
selfish *egoísta* (2) (14)
self-sufficient *autónomo/a* (6)
semester *semestre* (5)
send *enviar* (6); *mandar* (6)
sense of humor *sentido del humor* (14)
sensitive *sensible* (14)
September *septiembre* (3)
serenity *tranquilidad* (12)
serious *grave* (9); *serio/a* (14)
seriousness *seriedad* (14)
serve *servir (i)* (8)
service *servicio* (18)
settle down *instalarse* (9)
seven *siete* (1)
seventy *setenta* (2)
shared *compartido/a* (5)
shelf *estante,* (5); *repisa* (17)
shirt *camisa* (4)
shoe *zapato* (4)
shoe store *zapatería* (4)
shopping mall *centro comercial* (4)
short film *cortometraje* (15)
show *mostrar* (9); *manifestar* (10); *espectáculo* (15)
shy *tímido/a* (2); *introvertido/a* (14)
shyness *timidez* (14)
sick *enfermo/a* (5)
sidewalk acera (9); *vereda* (9)
silent *callado/a* (5); *silencioso/a* (13)
silver *plata* (16)
sincere *sincero/a* (14)
sincerity *sinceridad* (14)
singer *cantante* (2)
single *soltero/a* (2)
single room *habitación simple* (7)
sit down *sentarse (ie)* (12)
site *sitio* (3); *yacimiento* (9); *emplazamiento* (17)
six *seis* (1)
sixty *sesenta* (2)
size *talla* (4); *tamaño* (5)
skiing *esquí* (12)
skirt *falda* (4)
skyscraper *rascacielos* (9)
slavery *esclavitud* (10)
sleep *dormir (ue)* (2); *sueño* (5)
slow *despacio* (1); *lento/a* (7); *pesado/a* (15)
smell *olor* (9)
smoke *fumar* (12); *humo* (9)
sneaker *zapatilla* (4)
snow *nieve* (7)
sociable *sociable* (14)
social justice *justicia social* (19)
social worker *asistente social* (6)
socks *medias* (4)
soda pop *refresco* (8)
sofa *sofá* (5)
soft *blando/a* (8); *suave* (9); *tierno/a* (14)
soft drink *refresco* (8)
soil *suelo* (20)
solidarity *solidaridad* (14) (17)
solidary *solidario/a* (14)
solved *solucionado/a* (20)
soup *sopa* (8)
sour *amargo/a* (8)
source *fuente* (11) (17)
south *sur* (7)
Spanish *castellano* (13); *español* (11)
speak *hablar* (1)
speaker *hablante* (13)
species *especie* (20)
speech *discurso* (10)
spend *gastar* (4); *pasar* (6)
sphere *ámbito* (19)
spicy *picante* (8)
spill *derramar* (20); *vertido* (20)
spine *púa* (16); *columna* (12)
spoon *cuchara* (8)
sport *deporte* (1)
sports store *tienda de deportes* (4)
sporty *deportivo/a* (4)
spring *primavera* (3)
square *plaza* (9); *cuadrado/a* (16)
stadium *estadio* (9)
stand *soportar* (14)
start *comenzar (ie)* (10); *empezar (ie)* (7) (10); *iniciar* (19); *arrancar* (17)
statistics *estadística* (5)
stay *estadía* (7); *quedarse* (15)
stew *cocido* (8); *guiso* (8)
sting *picadura* (12); *picar* (12)
stingy *tacaño/a* (14)
stop *detener* (11); *parar* (10)
stop doing something *dejar de* (12)
storm *tormenta* (7)
strange *extraño/a* (10); *raro/a* (16)
strategy *estrategia* (13)
strawberry *fresa* (8)
street *calle* (3)
stressful *estresante* (6)
strike *huelga* (17)
strong *fuerte* (8)
stubborn *testarudo* (14)
stuck *estancado/a* (20)
student *estudiante* (2); *estudiantil* (18)
studio *estudio* (6)
study *estudiar* (1)
study abroad *estudioe en el extranjero* (5)
study languages *estudiar lenguas* (2)
stupid *estúpido/a* (14)
stupidity *estupidez* (14)

subject *materia* (5)
sugar *azúcar* (8)
suitcase *maleta* (7)
summer *verano* (3)
sun *sol* (7)
Sunday *domingo* (5)
sunglasses *lentes de sol* (7) (4)
sunny *soleado/a* (5) (7)
supermarket *supermercado* (4)
supply *oferta; surtido* (18)
support *apoyar* (6) (17); *apoyo* (11)
supportive *solidario/a* (14)
surgery *cirugía* (12); *operación* (12)
surpass *superar* (16)
surprising *sorprendente* (10)
surround *rodear* (9)
suspect *sospechar; sospechoso/a* (11)
suspicion *sospecha* (11)
sustainability *sostenibilidad* (20)
sustainable *sostenible* (9) (20)
sweater *suéter* (4)
sweet *dulce* (8)
sweeten *azucarar* (8)
sweetness *dulzura* (14)
swimming *natación* (12)
swimming pool *piscina* (3)
syrup *almíbar* (8); *jarabe* (12)

T

table *mesa* (5); *cuadro* (11); *tabla* (12)
take advantage of *aprovecharse de* (13)
take an exam *tomar un examen* (5)
take a walk *pasear* (3); *dar un paseo* (15)
take care of *ocuparse (de)* (7)
take care of oneself *cuidarse* (12)
take off *despegar* (7)
take pictures *tomar fotos* (7)
take place *ocurrir* (11); *tener lugar* (11) (15); *celebrarse* (15)
take refuge *refugiarse* (17)
taken *ocupado/a* (7)
tale *cuento* (7); *relato* (11)
talent *talento* (14)
talented *talentoso/a* (10)
talkative *hablador/a* (14)
task/homework *tarea* (1)
tasteless *soso/a* (8)
tasty *bueno/a* (5); *rico/a* (8)
taxes *impuestos* (18)
taxi driver *taxista* (6)
teaching *enseñanza* (13)
team *equipo* (6)
technological *tecnológico/a* (16)
tedious *pesado/a* (15)
tell (a story) *contar (ue)* (1); *relatar* (17)
temperature *temperatura* (20)
ten *decena* (17); *diez* (1)
tenacity *tenacidad* (14)
tender *tierno/a* (8) (14)
tenderness *ternura* (14)
tennis court *cancha de tenis, pista* (3)
terrestrial *terrestre* (20)
theater *teatro* (15)
the Web *red* (16)
thin *delgado/a* (5)
thing *cosa* (1)
thirteen *trece* (1)
thirty *treinta* (2)
thirty-one *treinta y uno* (2)
thirty-two *treinta y dos* (2)
threat *amenaza* (11) (17)
threatened *amenazado/a* (20)
threaten *amenazar* (11) (20)
three *tres* (1)
thrilling *emocionante* (15)
throw away *tirar* (20)
Thursday *jueves* (5)
ticket *boleto* (3); *entrada* (15)
tie *corbata* (4)
tip *propina* (8)
tired *cansado/a* (5)
tomato *tomate* (8)
topic *tema* (1)
touch *tocar* (5); *emocionar* (14)
tourist office *oficina de turismo* (7)
town *pueblo* (3)
track and field *atletismo* (12)
trade *comerciar; comercio* (18)
tradition *tradición* (1)
traffic jam *embotellamiento* (9)
traffic light *semáforo* (9)
traffic sign *señal de tráfico/tránsito* (9)
train station *estación de tren* (3)
training *entrenamiento* (5); *formación* (6)
translation *traducción* (13)
trash *basura* (9)
treatment *tratamiento* (12)
treaty *tratado* (10)
tree *árbol* (9)
tree-felling *tala de árboles* (20)
tren *train* (3)
trend *tendencia* (15)
trial *juicio* (17)
trip *viaje* (1)
try *tratar de* (11); *intentar* (17)
T-shirt *camiseta* (4)
Tuesday *martes* (5)
turkey *pavo* (8)
turn off *apagar* (16)
turn on *encender* (16); *prender* (16)
TV series *serie* (15)
twelve *doce* (1)
twenty *veinte* (1)
twenty-eight *veintiocho* (2)
twenty-five *veinticinco* (2)
twenty-four *veinticuatro* (2)
twenty-nine *veintinueve* (2)
twenty-one *veintiuno* (2)
twenty-seven *veintisiete* (2)
twenty-six *veintiséis* (2)
twenty-three *veintitrés* (2)
twenty-two *veintidós* (2)
two *dos* (1)

U

unassuming *sencillo/a* (14)
unconscious *inconsciente* (12)
understanding *comprensivo/a* (20)
work as *dedicarse a* (18)
undertake *emprender* (18)
underwear *ropa interior* (4)
unequal *desigual* (17)
unfair *injusto/a* (17)
unfortunate *desafortunado/a* (19)
unfortunately *desafortunadamente; por desgracia* (19)
unfriendly *antipático/a* (2)
unknown *desconocido/a* (10); *incógnito/a* (11)
unpack *deshacer la(s) maleta(s)* (7)
unplug *desenchufar* (16)
untidy *desordenado/a* (14)
upload *subir* (16)
U.S. citizen/from the U.S. *estadounidense* (2)

V

vaccine *vacuna* (16)
vain *engreído/a, vanidoso/a* (14)
vanity *vanidad* (14)
vape *vapear* (12)
vegetable *verdura* (8)
vest *chaleco* (4)
vice *vicio* (14)
videogame *videojuego* (16)
violate *violar* (17)
violation *violación* (17)
violence *violencia* (9)
virtual classroom *aula virtual* (16)

virtue *virtud* (14)
visa *visa; visado* (7)
visit *visitar* (3)
visitor *visitante* (7)
volcano *volcán* (11)
volleyball *vóleibol* (12)
volunteer *voluntario/a* (6)
vomit *vomitar* (12); *vómito* (12)
vote *votar* (17); *voto* (17)
vote *votar* (10)

W

wage *sueldo; salario* (6)
waist *cintura* (12)
wait *esperar* (7)
wait in line *hacer cola/fila* (7)
wake up *despertarse (ie)* (5)
walk *caminar, pasear* (7); *ir a pie* (7); *vuelta* (15)
war *guerra* (10)
warm *acogedor/a* (9); *cálido/a* (9); *caliente* (8)
warmth *simpatía* (14)
warn *advertir (ie) (de)* (12); *avisar* (16)
waste *desecho* (20)
watch *reloj* (4); *vigilar* (5)
water *agua* (8)
watermelon *sandía* (8)
water supply *suministro de agua* (20)
weaken *debilitar* (17)
wealthy *rico/a* (10)
wear *llevar* (4)
Wednesday *miércoles* (5)
weight *peso* (8) (12)
welcoming *acogedor/a* (9)
well/badly located *bien/mal situado/a* (9)
well-being *bienestar* (17) (19)
well-educated; well-mannered *educado/a* (14)
west *oeste* (7)
white *blanco/a* (4)
win *ganar* (10); *vencer* (20)
wind *viento* (9)
window *ventana* (5)
wine *vino* (8)
wine glass *copa* (8)
winter *invierno* (3)
wireless *inalámbrico/a* (16)
witness *testigo* (11)
women *mujeres* (17)
wood *leña* (3); *madera* (16)
work *trabajar* (2); *trabajo* (1); *funcionar* (9) (16); *obra* (5)
worker *obrero/a* (20); *trabajador/a* (18)
work of art *obra de arte* (15)
world peace *paz mundial* (19)
worried *preocupado/a* (5) (20)
worry *preocupar* (14) (20)
worry about *preocuparse de* (15) (20)
write *escribir* (1)
writer *escritor/a* (2) (13)
written *escrito/a* (13)

Y

yard *patio* (5)
yellow *amarillo/a* (4)
youth *joven* (6); *juventud* (10)

Index

T

U

V

W

Y

Z